존
메이너드
케인스

KB123834

존 메이너드 케인스

—

2021년 10월 27일 초판 1쇄 발행
2023년 10월 11일 초판 11쇄 발행

—

지은이 재커리 D. 카터
옮긴이 김성아
감수자 홍춘욱
펴낸이 강준규
책임편집 유형일
마케팅지원 배진경, 임혜솔, 송지유, 이원선

—

펴낸곳 (주)로크미디어
출판등록 2003년 3월 24일
주소 서울시 마포구 마포대로 45 일진빌딩 6층
전화 02-3273-5135
팩스 02-3273-5134
편집 02-6356-5188
홈페이지 http://rokmedia.com
이메일 rokmedia@empas.com

—

ISBN 979-11-354-6944-2 (03320)
책값은 표지 뒷면에 적혀 있습니다.

—

• 잘못 만들어진 책은 구입하신 서점에서 교환해 드립니다.

JOHN MAYNARD KEYNES

존 메이너드 케인스

THE
PRICE
OF
PEACE

돈, 민주주의, 그리고 케인스의 삶

재커리 D. 카터 지음
김성아 옮김
홍춘욱 감수

ROK
MEDIA

저자 소개 ──────────────────── **재커리 D. 카터**Zachary D. Carter

재커리 D. 카터는 〈허프포스트HuffPost〉의 선임 기자로 국회, 백악관, 경제정책에 대한 취재를 담당한다. 그는 케이블 TV 뉴스와 라디오 뉴스의 단골 게스트이며, 그의 글은 〈뉴 리퍼블릭The New Republic〉, 〈더 네이션The Nation〉, 〈아메리칸 프로스펙트The American Prospect〉 등 유수의 매체에 게재됐다. 특히 "신용사회: 은행과 상점과 워싱턴은 왜 당신을 외면하는가?Swiped: Bank, Merchants, and Why Washington Doesn't Work for You"는 〈컬럼비아 저널리즘 리뷰Columbia Journalism Review〉의 베스트 비즈니스 보도물로 선정되었다. 그의 첫 저서인 《존 메이너드 케인스》는 〈뉴욕타임스〉, 〈이코노미스트〉, 〈퍼블리셔스 위클리〉, 〈블룸버그〉, 〈마더 존스〉, 〈테크크런치〉 등 주요 매체로부터 올해의 책으로 선정되었으며, 책의 공공성과 저널리스트로서의 성과를 인정받아 2021년 힐먼상The Hillman Prize을 수상했다. 또한 컨딜 역사상The Cundill History Prize 후보, 전미 도서 비평가 협회상The National Book Critics Circle Award, SABEW 선정 최고의 비즈니스 도서상Best in Business Book Awards 최종후보에 선정되기도 하였다. 위대한 경제학자이자 사상가, 지식인, 정치가인 존 메이너드 케인스의 삶과 그의 사상을 빼어난 필력으로 풀어낸 이 책은 오늘날 전 세계의 경제, 정치, 사회 전반에 대한 새로운 시야를 넓혀주며, 케인스라는 복잡하고 매력적인 사상가에 대하여 이해도를 높여주는 지적인 평전이다.

역자 소개 ──────────────────── **김성아**

한국과 미국의 기업들에서 마케팅 일을 하다 현재는 번역과 리서치 일을 하며 더 건강하고 즐겁게 살고 있다. 주요 역서로는 《더 세일즈맨》, 《마케팅 평가 바이블》, 《끓어오르는 강》, 《한끗차이 디자인 법칙》, 《낯선 사람들이 만날 때》 등이 있다.

감수 소개 ──────────────────── **홍춘욱**

연세대학교 사학과를 졸업한 뒤 고려대학교 대학원에서 경제학 석사, 명지대학교에서 경영학 박사학위를 받았다. 1993년 한국금융연구원을 시작으로 국민연금 기금운용본부 투자운용팀장, KB국민은행 수석 이코노미스트 등을 거쳤다. 현재 EAR Research 대표이자 세종사이버대학교 경영학과 초빙교수, 그리고 '부동산 리치고'를 운영하는 데이터 노우즈의 주식경제 부문 총괄을 담당하고 있다. 2016년 조선일보와 에프앤가이드가 '가장 신뢰받는 애널리스트'로 선정했으며, 수년간 부동산 및 금융 분야, 국제 경제 전망을 아우르는 전문가로서 각종 미디어의 1순위 인터뷰어로 손꼽혀왔다. 지은 책으로는 《디플레 전쟁(2020)》과 《50대 사건으로 보는 돈의 역사(2019)》 외 10여 권에 이르며, 《순환 장세의 주도주를 잡아라(2018)》 등 여러 권의 책을 번역했다. 1999년부터 개인 홈페이지 '홍춘욱의 시장을 보는 눈'을 운영하면서 네티즌과 지식을 공유해왔으며, 최근에는 유튜브 채널 '홍춘욱의 경제강의노트'를 통해 어려운 경제 및 금융 시장 지식을 쉽게 전달하기 위해 노력하고 있다.

밍에게 바칩니다

종국에는, 모두가 죽는다.

존 메이너드 케인스 (1923년 12월)

종국에는 거의 모든 것이 가능하다.

존 메이너드 케인스 (1942년 4월)

명색이 '케인지언'이라고 말하고 다니면서 케인스의 생애를 다 룬 책을 완독한 것은 《존 메이너드 케인스》가 처음이었습니다. 여기서 케인지언이란, 케인스가 주창한 경제학 이론에 공감하며, 이를 활용하여 세상에 개입하고 미래를 전망하려고 노력하는 사람들을 통칭하는 개념입니다. 이 책을 접하기 전 케인스와 관련된 다양한 경제서적을 읽었고 최근 발간한 《케인스 하이에크》 등의 책도 살펴봤지만, 케인스의 생애와 결혼생활, 그리고 경제학적 성취에 대해 이렇게 풍성하고 내밀하게 들려준 책은 처음인 것 같습니다.

지난 2008년 글로벌 금융위기, 그리고 2020년 코로나 팬데믹을 겪으면서 케인스 경제학에 대한 관심이 무엇보다 높아지고 있는 것을 느낍니다. 물론 어떤 이들은 《케인스가 어떻게 재정을 파탄냈는가》라는 책을 발간해, 정부의 막대한 재정적자가 미래의 큰 위험이 될 것이라고 주장합니다. 물론 이런 주장에 아무런 근거가 없는 것은 아닙니다. 아래의 〈그림〉은 국내총생산GDP 대비 재정수지의 변화를 보여주는데, 2020년 재정적자 규모가 GDP의 15퍼센트에 이른 것을 발견할 수 있습니다. 제2차 세계대전이 한창이던 1943년에 마이너스 27퍼센트를 기록한 이후 최악의 재정위기라는 생각이 듭니다.

<그림> 미국 GDP 대비 재정수지 추이

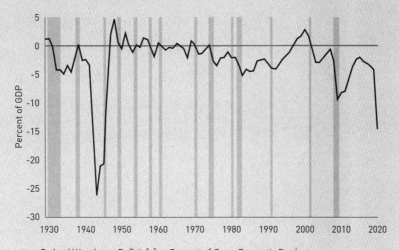

──── Federal Wurplus or Deflcit [-] as Percent of Gross Domestic Product
출처: 미국 세인트루이스 연방준비은행(https://fred.stlouisfed.org/series/FYFSGDA188S).

그런데 이 통계만 보고 '큰일 났다'는 식으로 이야기하기는 어렵습니다. 전쟁이 아닌 평상시 기준으로 가장 큰 적자를 냈으면, 그 성과도 봐야 할 것이기 때문입니다. 2020년 2분기 미국 경제는 전년 동기 대비 마이너스 9.1퍼센트라는 충격적인 성장률을 기록했습니다. 그러나 단 1년 만에 경제 성적표는 완전히 달라졌습니다. 2021년 2분기, 미국 경제 성장률은 12.2퍼센트에 도달해 지난 20년 동안의 연평균 성장률 1.9퍼센트를 6배 이상 뛰어넘는 성과를 기록했습니다.

이런 대단한 성장률을 기록할 수 있었던 원인은 무엇일까요? 그 답은 바로 재정지출의 증가에 있습니다. 코로나 팬데믹으로 소비심리가 얼어붙고 기업들의 연쇄 도산 우려가 높아지던 때 이뤄진 재정지출로 경제의 붕괴를 막을 수 있었던 것입니다. 불황에 단행된 재정지출의 증가가 경제 붕괴를 막고 회복의 계기를 마련하는 이유에 대해 케인스는 다음과 같이 이야기한 바 있습니다.

"만약 재무부가 낡은 병에 지폐를 가득 채워서 폐광 깊숙이 묻고 쓰레기 더미로 덮은 다음, 이후 성숙한 자유방임주의 원칙에 따라 민간 기업에 그것을 다시 파내라고 하면(물론 지폐가 묻힌 땅에 대한 정당한 임대권을 얻어서), 더 이상 실업은 없어지고 그 파급효과로 공동체의 실질 소득과 재산이 실제보다 훨씬 더 커지게 될 것이다. 이는 예시일 뿐 실제로는 주택 사업 같은 것이 더 타당할 것이다. 이런 프로그램을 추진하는 데 정치적이고 현실적인 어려움이 따른다고 할지라도 아예 안 하는 것보다는 나을 것이다."

저는 이 대목을 읽으면서 온몸에 소름이 돋았습니다. 2020년 3월, 그리고 2008년 9월 같은 미증유의 경제위기가 닥칠 때 정책 당국자들이 가장 먼저 새겨야 할 경구가 아닌가 싶습니다. 이 책 한 권을 읽고 케인스에 대해 다 알게 되었다고 이야기하는 것은 오만일 것입니다. 그러나 이 책도 읽지 않고 '케인스 경제정책 때문에 재정

존 메이너드 케인스

위기가 발생했다'는 식의 이야기를 펼치는 것은 경계해야 하지 않을까 생각됩니다.

　부디 많은 독자들이 이 책을 통해 케인스의 경제철학과 그가 새로운 경제이론을 펼치게 된 시대적 환경에 대해 이해할 수 있게 되기를 바라는 마음입니다. 끝으로 책을 번역하느라 수고한 번역가 김성아 님과 로크미디어에도 감사하다는 말씀 전합니다.

2021년 10월 4일 감수자 홍춘욱

1922년 봄, 존 메이너드 케인스는 사랑에 빠졌다. 그리고 겁에 질려 있었다. 기숙학교 시절부터 메이너드(친구들은 그를 그렇게 불렀다)는 줄곧 남성에게만 관심이 있었다. 그러다 서른여덟에 느닷없이 거의 열 살이나 어린 러시아 발레계의 스타, 리디아 로포코바에게 완전히 빠져 버린 것이다. 그는 친구인 리튼 스트레치에게 보낸 편지에 이렇게 썼다. "끔찍한 일이지만, 목이라도 졸린 사람처럼 그녀 앞에서는 말도 제대로 안 나온다네."[1]

런던 교양인들의 안식처인 블룸즈버리 클럽의 친구들은 메이너드의 이런 열병을 전혀 이해할 수 없었다. 리튼은 "다들 기도라도 해야 하는 거 아니야? 세상이 휘청거릴 일이 생겼는데"[2]라며 당혹감을 보였다. 버지니아 울프는 그가 연인 때문에 "무방비 상태에 빠졌다"는 사실에 충격에 빠졌다.[3] 광란의 사랑 따위는 이미 오래전에 가슴

속에 묻어 놨을 나이였다. 2년 전만 해도 메이너드 자신이 리튼에게 이렇게 말했었다. "이 나이가 되고 보니 얕은 물에만 뛰어들 수 있겠어. 기껏해야 가슴 정도고 귀 위로 올라오면 어림도 없지."[4] 메이너드는 리디아와 불시에 사랑에 빠진 상태에서도 심리학자 세바스찬 스프로트와 계속 관계를 이어갔던 것처럼 감정에 치우치지 않으면서 즉흥적인 관계를 선호했다.

상대의 성별과 메이너드의 열정은 이 충격적인 사건의 일부일 뿐이었다. 그는 세계적인 명사였다. 케인스는 존경받는 경제학자이자 전직 재무부 관리로서 큰 명성을 쌓았고 명석한 판단력으로 모은 재산도 만만치 않았다. 신문 금융면을 통해 케인스의 행적을 접하던 런던의 위엄 있는 은행가들과 귀족들은 위대한 케인스가 소위 "콜걸"에게 넘어갔다는 한 백작의 말에 본인의 귀를 의심했다.[5] 버지니아 울프의 친언니이자 중산층 출신 화가였던 바네사 벨조차 집안 하인들을 사회적으로 동등한 존재인 것처럼 대하는 리디아의 모습에 짜증을 냈다.

하지만 메이너드에게 리디아는 눈부신 존재였다. 리디아의 위트는 그녀의 팔다리처럼 날렵했다. 당시 그녀는 차이코프스키의 〈잠자는 숲속의 미녀〉에서 라일락 요정 역을 맡고 있었는데 메이너드는 그녀의 무대를 보기 위해 밤마다 공연장을 찾았다. 그는 리디아를 만나러 백스테이지로 찾아갔고, 그녀를 점심 식사에 초대했으며, 아침까지 함께 머무르며 그녀의 농담과 함께 여흥을 즐겼다. 그는 자신이 사는 런던 광장에 리디아를 위해 아파트 한 채를 얻어 줬는데 이 모든 게 불과 몇 주 만에 벌어진 일들이었다. 메이너드에게 리디아는 단순한 무용수가 아니라 상트페테르부르크, 파리, 런던, 뉴욕 등 주요 도시들의 고급 어휘를 모두 능숙하게 구사하는 예술가였다. 연애 초기에 메이너드는 영국 각료 한 명과 인도로 단기 출장을 가야 했는데, 그는 출장을 취소하고 대신 렌터카를 빌려 리디아와 런던 관광에 나섰다. "내 상태가 말이 아니야." 그는 바네사에게 이렇게 고백했다. "나에게 그녀는 모든 면에서 완벽하거든."[6]

그녀는 완벽했지만 그와 많이 달랐다. 리디아는 왕실 무용아카데미 오디션에 합격해서 가난에서 벗어나기 전까지 상트페테르부르크의 비좁은 아파트에서 네 명의 형제들과 부대끼며 살았다. 반면 메이너드는 케임브리지의 안락하고 학구적인 가정에서 자랐고 영국 정부에서 일하면서 국제적인 명성을 쌓았다. "당신과 나 사이에 뭐라도 닮은 점이 있을까요?" 리디아가 물었다. "아니! 이렇게 다르니까 서로 매력을 느끼는 거지!"[7] 게다가 메이너드에게 이 매혹적인 러시아 발레리나는 재능 많고 말도 많은 예술가 그 이상이었다. 8년 전 제1차 세계대전이 터지면서 잃어버렸다고 생각했던 자신의 이상적 가치들이 재현된 존재가 바로 그녀였기 때문이다.

블룸즈버리는 예술가와 지성인들을 세상으로부터 차단하는 작은 안식처 역할을 했지만, 역설적이게도 메이너드는 블룸즈버리를 통해 런던을 넘고 바다를 건너 더 넓고 활기찬 세상과 연결될 수 있었다. 전쟁 전에 바네사는 몽파르나스에 있는 파블로 피카소의 화실을 방문한 적이 있었고, 메이너드의 친구이자 한때 연인이었던 던컨 그랜트는 파리에서 거트루드 스타인과 함께 생활하기도 했다.[8] 메이너드 또한 오스트리아 출신의 철학자인 루드비히 비트겐슈타인

존 메이너드 케인스

과 친하게 지냈고, 블룸즈버리의 미술관 개관식이나 정원 파티, 토론의 밤을 통해 프랑스 후기 인상파부터 독일의 낭만파까지 언어와 국적을 초월한 여러 문화 사조들과 러시아의 평화주의 작가인 레오 톨스토이의 소설들을 감상할 수 있었다. 메이너드는 블룸즈버리를 통해 진보적 지식인들로 구성된 국제 공동체의 일원이 되었고, 이들은 민족들 사이에 구축된 중세의 거친 장벽을 사랑과 아름다움의 힘으로 허물 수 있다고 믿었다.

하지만 전쟁은 이러한 집단적 환상을 산산이 부서뜨렸다. 그 조각나고 쓰라린 후유증은 메이너드가 보낸 청춘의 황금기가 단지 영국이 식민 패권을 장악한 시기에 영국의 유한계급이 시도한 그저 하찮은 일탈이었다고 말해주는 것 같았다. 우울한 몇 년이 흐르고 나서 처음으로 리디아가 메이너드에게 희망을 보여준 것이다. 그것은 추상적이고 개연적인 낙관주의가 아니라, 젊은 시절 그가 추구했던 꿈이 다시 한번 실현될 것 같은 강력하고 흡사 종교적인 희망이었다. 유럽의 지도자들이 어떤 식의 복수를 원하든, 리디아와 케인스의 격렬하고 지독한 사랑은 아직 세상에 아름다운 잠재력이 가득하다는 증거였다. 돈과 정치가 장악한 추악하고 냉소적인 제국 아래에는 국경과 언어를 뛰어넘어 인류 통합을 기다리는 사상들로 점철된 더 깊고, 더 강력한 제국이 있었다.

존 메이너드 케인스는 전환점으로 가득한 삶을 살았다. 20세기 시민 가운데 케인스가 63년 인생을 통해 보여준 것처럼 규칙적으로 자신을 재창조한 사람은 극히 드물 것이다. 하지만 예기치 않게 케인스가 리디아 로포코바와 로맨스를 꽃피우던 때는 그가 세계 사상사의 실세로 거듭나는 시기와 정확히 맞물려 있었다. 또한 1922년 4월과 5월에 케인스와 리디아를 몇 주간 갈라놓았던 새로운 프로젝트는 그를 당대 가장 중요한 경제사상가로 만들었다는 점에서 그의 연애만큼이나 놀라운 사건이 된다.

그해 봄, 케인스는 이탈리아 제노바로 떠났다. 처음부터 위대한 경제 이론을 쓸 작정으로 떠난 것은 아니었다. 그는 다만 언론인으로서 자신의 이름을 알리고 싶었고, 유럽의 막강한 협상가들의 자문가로서 다시 입지를 다지고 싶었다. 즉, 자신의 경력을 실험해 보고자 떠난 여행이었다. 약 3년 전 케인스는 《평화의 경제적 결과The Economic Consequences of the Peace》라는 책을 써서 대전이 끝나는 시점에 평화의 조건을 내건 베르사유 조약을 전면 공격했고, 그로 인해 영국 정부와 의회에서 쫓겨난 바 있었다. 케인스는 책에서 1919년 이뤄진 평화회의에서 영국 정부가 노린 은밀한 술책을 폭로했고 베르사유 조약에 따른 재정적 조치로 유럽의 경제가 몰락하고 독재정치와 전쟁으로 내몰릴 것이라 전망했다.

케인스와 출판사 모두 전혀 예상치 못했지만, 이 암울한 책이 세계적 베스트셀러가 되면서 케인스는 단번에 유럽 귀족들과 미국 사교계의 유명인이 된다. 이후 3년간 영국에서 무자비한 실업 사태가 노동자들의 파업에 불을 붙이고, 이탈리아 전역에 폭동이 일어나고, 독일에서 대대적인 정치인들의 암살이 자행되는 등 케인스의 예측이 예언자적 기운을 발하자 그의 명성은 더 높이 치솟았다. 비엔나부터 뉴욕까지 서구 전역의 언론사들은 케인스가 베스트셀러 작가로서 계속 성공 가도를 달릴 인물이라고 장담했다.

그런 와중에 유럽 각국의 원수, 주요 은행가, 재무부 관리들이 종전 후 가장 중요한 재무 회의로 남을 행사에 참석하기 위해 제노바로 모인 것이다. 이는 베르사유 조약 이후 대전에서 승리한 연합국과 패전한 독일이 처음으로 만나는 자리로 유럽에서 가장 성대한 규모로 열리는 외교 행사였다. 심지어 혁명으로 권력을 잡은 러시아의 사회주의 정부까지 대표단을 파견할 예정이었다. 뉴욕, 맨체스터, 비엔나 등지의 신문사들은 케인스에게 675파운드(현재 돈으로 4만 5천 달러가 넘는)라는 엄청난 보수로 회담 내용을 취재해 달라고 요청했다. 유럽은 물론 북미까지 수백만 명의 독자 팬을 둔 그의 유명세 때문이었다.[9] 이는 단지 케인스가 유능한 기자라서 제안된 계약이 아니었다. 신문사들은 그의 책이 돌풍을 일으킬 수 있었던 이유, 즉 케인스 특유의 섬세한 안목과 날카로움이 그의 특전特電에도 그대로 나타나기를 바랐다.

케인스는 출판사들이 자신을 그토록 신임하는 이유를 납득하지 못했다. 그에게 대중적 글쓰기는 아직 새로운 영역이었고 《평화의 경제적 결과》의 성공도 그저 운이 따랐다고 여겼다. 젊었을 때 그는 거침없는 자신감으로 여러 논문을 쏟아냈었다. 하지만 중년이 되면서 머릿속에 있는 복잡한 개념을 일반인들이 이해할 수준으로 풀어 쓰는 데 어려움을 느꼈다. 케인스처럼 천재적 능력으로 오랫동안 찬사를 받아온 사람에게 이는 답답하고 수치스러운 경험이었다. "저널리즘은 사람을 소진시키는 일이야. 더 고결한 일을 처리할 만한 에너지가 없어지거든." 그는 리디아에게 이렇게 털어놓은 적도 있었다.[10] 게다가 지나치게 높은 사례비는 오히려 불안감을 높였다. 거절하기에는 너무 큰돈이었지만 그 정도의 값어치를 해낼 수 없을 것 같았다. 좋은 성과를 내지 못하면 그의 이름에 돌이킬 수 없는 흠집이 남을 수도 있었다.

그러나 케인스는 새로운 연인의 독려에 자신감을 되찾았고, 결국 권력자들의 집합지인 제노바로 향했다. 케인스와 리디아는 매일같이 성적이고 지적인 에너지가 넘치는 편지를 교환했는데, 리디아의 글에서는 타고난 은유적 표현력과 여성으로서는 좀 특이하고 아직 방향을 잡지 못한 영어 표현이 묻어나왔다. 그녀는 "내 입과 심장을 당신의 입과 심장에 섞어요" 같은 표현을 썼다.[11] 케인스가 회의장에서 보낸 특전들은 "깨끗하고 촘촘한 건물 같았다." 리디아로서는 "재무 전문가라는 사람들이 세계 주요 통화의 안정화를 원치 않는다는 사실에 짜증이 났지만", 그녀의 애인이라면 날카로운 분석으로 그들을 설득할 것으로 믿었다. "전쟁배상금 문제에 대한 오늘 기사는 에너지가 넘쳐서 회의 참석자들이 읽으면 올바른 방안을 채택하게 될 거예요."[12]

무엇보다 케인스는 그녀의 편지 덕분에 자신이 제노바에 파견된 목적을 계속 되새길 수 있었다. 제노바 회의는 금융 전문가들이 단순히 원금과 이자를 논하러 온 자리가 아니었다. 그것은 미래의 전체주의로부터 스스로를 구하려는 유럽의 최후이자 최선의 희망이었다. 그리고 케인스에게 그 자리는 리디아와 그가 창조한 예술, 아름다움, 다문화적 이해라는 작은 세상을 경제외교에도 답습할 수 있음을 보여줄 기회였다.

엄청난 독자 군단으로 무장한 케인스는 주위 권력자들도 자신의 가치를 인정하고 있음을 느꼈다. 그의 생각들은 진지했고, 그의 제안들은 중요했다. 영국 대표단은 심지어 전쟁이 끝난 뒤 자리 잡은 인플레이션, 디플레이션, 통화 가치 하락 등으로 혼란스러운 화폐 시장을 바로잡기 위해 케인스가 제안했던 국제 통화 시장 정비 방안도 잠깐이지만 고려했었다.

그러나 회의는 순조롭게 진행되지 않았다. "수면 아래에 짙은 음모가 도사리는 가운데, 유럽의 외교관들은 그들의 오랜 수법을 또 써먹고 있었다." 케인스는 〈맨체스터 가디언〉 지면을 통해 쓴소리를 했다. "연합국들이 (중략) 이는 어쩌면, 1914년에도 그랬듯이 유럽을 화염 속에 몰아넣을지 모른다. 지난 천 년간 유럽을 주기적으로 파괴해온 낡은 정치사상은 아직도 사라지지 않았다."[13]

영국 외교관들은 독일 외교관들을 향한 경멸을 숨기지 않았다. 영국 각료 한 명은 바이마르 공화국의 외무장관인 발터 라테나우를 "타락한 대머리 유태인"이라 불렀고, 소련 외상인 게오르기 치케린(동성연애자였던)은 "타락한 인간"이라 조롱을 당했는데, "그와 크라신을 제외한 러시아 대표단은 모두 유태인이었다."[14]

이런 악의적 정서는 제1차 세계대전에서 발생한 천문학적 부채에 대한 논의로 번졌다. 케인스에게 그 빚은 경제적 문제일 뿐 아니라 삽시간에 퍼져나갈 정치적 불씨로 보였다. 그는 유럽 경제가 전쟁으로 너무 피폐해져서 전쟁 채권자들에게 막대한 돈을 지급할 능력이 없다는 것을 알았다. 외국 은행과 정부에 그런 빚을 지고 있다는 사실은 국가들 사이의 오랜 경쟁심을 부추기고 회의 참석자들로 하여금 서로 등을 돌리게 했다. 게다가 바다 건너 채권자들에게 보낸 돈이 유럽 재건 사업이나 공공 원조 활동에 쓰일 리가 없었다. 또 다른 전쟁의 씨앗이 될 만한 민족주의적 움직임도 이미 포착됐다. 케인스에게 이번 회담의 목적은 부채 문제를 해소하거나, 그게 안 되면 적어도 부채를 해결할 만한 새로운 협력 프레임을 마련하는 것이었다. 1년 전 그는 친구에게 이런 편지를 썼다. "과거의 죗값이 아무리 클지라도 나는 피로 얼룩진 유럽의 갈등이 계속되는 일에는 관여하지 않을 작정이네."[15]

그러나 프랑스와 영국 입장에서 전쟁 부채는 부담이자 수입원이었다.[16] 양국은 모두 미국으로부터 막대한 돈을 빌렸지만 전쟁 초기에는 제정 러시아 정권에 엄청난 자금을 빌려줬기 때문이다. 그런데 혁명으로 탄생한 블라디미르 레닌의 볼셰비키 정부는 빚에 대해 발뺌했다. 이에 각국 각료들이 제노바에 집결하기로 했고, 영국과 프랑스는 소련 정부가 회의에 참석하려면 먼저 과거 차르 정권이 맺은 금융 계약을 공식적으로 인정해야 한다고 선포했다. 내부 경제 프로그램이야 자기들 입맛에 맞게 추진할 수 있었지만, 국제외교 문제의 경우에는 볼셰비키 정부도 19세기 자본주의 전통을 따를 필요가 있었다. 혁명 정부든 아니든 부채는 인정되어야만 했다.

케인스는 격분했다. 당시 러시아에서는 기근이 한창이었고 이 때문에 500만 명이 사망하는 비극이 진행 중이었다. 이런 와중에 러시아가 수십억 달러에 이르는 돈을 프랑스와 영국에 건네줄 수 있다고 믿는 것은 인도주의적 범죄이자 금전적 망상이었다. 어떤 식의 합의가 이뤄지든 그 돈은 절대 지급될 수 없었다. 케인스는 특전에 이렇게 썼다. "우리는 빚쟁이가 아니라 고귀한 성직자처럼 행동해야 한다. 우리가 제노바에서 해야 할 일은 불가능한 부채의 끝없는 고리를 풀려는 노력이 아니라 종교의식 같은 것인데, (회의는) 상황을 한층 더 혼란스럽게 만들고 있다."[17]

제노바 회의는 결국 사회주의에 대한 총투표로 마무리됐다. 케인스에게 이는 문제의 본질을 모르는 처사였다. 사회주의는 선의를 가진 사람들이 계몽주의적 진보주의라는 폭넓은 계통 안에서 논의하고 풀어야 할 현실적 문제였다. 진짜 위험은 국가의 영광을 위해 국제적 화합을 거부한 사람들, 다시 말해 유럽 전역에서 일어나고 있는 폭력적이고 극단적인 민족주의자들의 움직임이었다. 케인스는 제노바에서 쓴 글에서 이렇게 말했다. "조만간 볼셰비키 세력과 19세기 부르주아 세력 사이의 갈등이 주요 문제로 떠오를 것으로 예상하는 사람들이 많다. 그러나 나는 동의하지 않는다. 오늘날 우리가 힘든 진짜 이유는… 세계관의 차이 때문이다. 이로 인해 정부와 외교정책의 주요 목적이 달라지는데 먼저 자유주의나 급진주의는 평화, 자유로운 무역과 교류, 경제적 부를 중시하고 또 다른 세계관인 군국주의나 외교주의는 권력, 명성, 국가나 개인의 승리, 문화의 도입, 세습적, 인종적 편견이 앞선다."

케인스는 독자들에게 이렇게 말했다. "만약 군국주의자들이 승리한다면 조만간 경제적 질병이 확산되어 일종의 변종 섬망증 같은 혁명으로 끝나게 될 것이다." 그는 자유주의가 직면한 가장 큰 위협은 사회주의가 아니라 군사적 지배에 대한 갈증이라고 주장했다. "군인과 외교관들, 그들이야말로 불멸하는 영원한 적이다."[18]

케인스는 소련 정권의 망상적 잔혹함을 과소평가하고 있었다.

하지만 혁명의 모멘텀에 대한 그의 경고에는 선견지명이 있었다. 그가 제노바에서 열정적으로 작성한 특전은 베니토 무솔리니 휘하의 파시스트 당원들이 로마로 행진하기 6개월 전, 프랑스군의 루르 침공 9개월 전, 아돌프 히틀러의 뮌헨 폭동이 있기 9개월 전에 발표됐다. 하지만 제노바 회의에서 그가 한 말들은 묵살되었다. 케인스는 권력 엘리트들 사이에 다시 그의 존재감을 확립했지만, 그들은 아직 케인스의 조언을 받아들일 준비가 되어 있지 않았다.

케인스의 임무는 외교관들이 짐을 싸서 유럽 각지로 귀국한 후에도 끝나지 않았다. 런던에서 리디아와 재회한 그는 제노바에서 쓴 특전 중 개인적으로 가장 만족하는 글들을 모았고, 이후 몇 주 동안 새로운 여러 자료를 보충하고 수정했다. 이 작업이 끝나자 그를 위축시켰던 대중적 저널리즘이라는 작업은 그가 처음으로 완성한 주요 경제 이론으로 변모돼 있었다. 1923년 12월에 출간된 《케인스의 화폐통화 개혁법안A Track on Monetary Reform》은 전작과 마찬가지로 충격적인 개념들로 가득하고 놀라운 정도로 전문적인 서적이었다.[19] 케인스는 독자들에게 국제 채무 계약이 갖는 신성함뿐 아니라 국가 간 자유 교류의 토대를 확립한 세계 금융 시스템 전체가 철폐되어야 한다고 전했다. 그는 오랫동안 건전한 경제적 판단의 근거가 됐던 금본위제는 평화와 번영을 막는 걸림돌이자 "시대 정신 및 시대의 요구들"과 양립할 수 없는 "미개한 유물"이라고 주장했다.[20] 케인스는 19세기 자본주의가 신성시했던 교리들을 하나씩 겨냥했다. 세상이 변화를 맞이하고 있었다.

오늘날 케인스가 경제학자로 기억되는 이유는 그의 생각들이 경제학 분야를 통해 영향력을 발휘했기 때문이다. 우리는 케인스가 불경기에 정부가 예산 적자를 감수하고 민간 부문이 할 수 없는 소비를 대신 해줘야 한다고 촉구했다는 사실을 대학에서 배운다. 그가 제시한 경제적 의제들은 항상 더 넓고 더 야심 찬 사회 프로젝트에 적용됐다. 케인스는 전쟁과 평화의 철학자였고, 정치 이론과 경제학, 윤리학을 하나의 문제로 고민했던 계몽주의의 마지막 지식인이었다. 그는 조세나 정부 지출보다 자신이 "문명화"라 부른 것, 즉 영국 재무부 관리와 러시아 발레리나를 이어준 국제 문화 환경을 어떻게 활성화할 수 있는지를 중점적으로 연구한 사람이었다.[21] 제노바 회의가 열리고 10년 후, 한 기자가 그에게 당시 벌어지고 있던 대공황 같은 사태가 이전에도 있었느냐고 묻자, 그는 진심을 담아 이렇게 답했다. "있었죠. 400년간 지속된 암흑기라 불린 시절이 있었습니다."[22]

1914년 전쟁이 터지면서 케인스는 처음으로 세상을 잠식하는 어둠을 목격했다. 그는 제2차 세계대전이 일어나기 이전에는 적을 "군국주의자"이자 "제국주의자"라 불렀고, 대전이 끝난 후에는 "도둑 권력"이나 심지어 "인류의 적"이라 이름 붙이기도 했다.[23] 그에게는 예술, 글, 문화적 삶으로 어우러진 그의 공동체를 권위주의로부터 보호할 수만 있다면 어떤 사상이나 전술이든 괜찮았다. 그는 경력의 전환점을 맞을 때마다 자유무역부터 강경한 관세까지 가능한 모든 것들을 잠재적 해결책으로 유연하게 받아들였다. 케인스의 저서 중 가장 유명한 《고용, 이자 및 화폐에 관한 일반이론The General Theory of

Employment, Interest and Money》(이하《일반 이론》)은 단지 공공사업 프로젝트에 대한 이론적 정당성을 마련하기 위해서가 아니라 반제국주의적 정책 수립을 위한 일종의 도구함처럼 활용되기를 바라는 마음에서 집필한 책이었다. 케인스는 이 책의 결말에 이렇게 썼다. "만약 국가들이 국내 정책을 통해 완전 고용을 창출하는 법을 배울 수 있다면, 한 나라의 이자율을 이웃 나라 이자율과 비교해 결정하는 경제적 힘은 필요치 않다."[24]

1930년대에 케임브리지대학에서 공부했던 케인스의 제자들에게 그 책은 삶 전체에 대한 철학을 의미했고, 그들 다수는 세계 각지에서 케인스의 사상을 직접 이행해나갔다. 그런 학생 중 한 명인 데이비드 벤수산-버트의 말을 인용하면, "우리에게《일반이론》은 경제학 이론서라기보다는 사유와 유쾌한 삶을 위한 하나의 선언문이었습니다. 그분을 만나본 사람에게는 지성과 흥을 겸비한 한 천재의 모습을 담은 작품일 겁니다. 이 책은 현대 인류의 건전함과 온전한 정신을 믿어야 할 합리적 토대이자 윤리적 호소문입니다."[25]

이는 파시즘이 부상하던 1930년대에는 견지하기 어려운 믿음이었다. 게다가 권위적 극단주의가 유럽과 미국, 중남미, 중동, 아시아 전역에 새로운 요새를 두르는 지금 시대에도 고수하기가 쉽지는 않다. 하지만 세계 문제들을 설득과 글로 해결하려는 사람이라면 꼭 필요한 신념이며 민주주의를 실천하는 근본적인 확신이다. 지금처럼 민주주의 제도가 맹공격을 받는 21세기 초기에 20세기 지식인 가운데 민주주의의 승리, 실패, 취약성과 관련된 사상을 논하기에 존 메이너드 케인스만큼 적합한 인물은 없다.

케인스는 역설로 점철돼 있었다. 그는 무용수와 결혼한 관료이자 한 여성을 가장 사랑한 동성애자, 제국주의에 맞선 대영제국의 충직한 공무원이자 두 번의 세계대전에 자금 조달을 도운 평화주의자, 현대 민족국가의 지식구조를 마련한 국제주의자이자 경제학의 토대에 이의를 제기한 경제학자였다. 모순투성이로 보이지만 그 이면에는 인간의 자유와 정치적 구원을 위한 일관된 비전이 있었다. 케인스는 이런 사상들을 하나의 궁극적 철학으로 집대성하지 못한 채로 생을 마감했다. 《일반이론》에 나타난 엄청난 열정도 케인스가 꾀했던 더 방대한 프로젝트의 극히 일부일 뿐이다. 이 책은 케인스가 후세에 남긴 에세이, 팸플릿, 편지, 책의 내용을 취합한 것으로 상황은 다를지라도 우리 시대에 여전히 많은 의미를 전한다.

이 책의 또 다른 목적은 대서양을 건너 미국의 정치 기질로 확실히 변모한 소위 케인스주의라는 사상을 역사적으로 정리하기 위해서이다. 이 또한 상당히 역설적인 일이다. 케인스는 더운 날씨에 시골에 가도 새조차 볼 수 없는 미국을 한 번도 좋아한 적이 없었다. 별안간 성질을 내고 예민한 미국인들도 마찬가지였다. 그럼에도 불구하고 그의 사상에 대한 미국 정치계의 지지가 없었다면 케인스라는 인물과 그의 업적은 그저 학자들의 호기심 대상으로 끝나고 말았을 것이다.

그와 리디아의 관계가 결혼으로 끝난 것과 달리, 케인스와 미국의 결합은 언제나 까다롭고 불행했다. 신흥 패권국의 지도자들은 새로운 국제 질서를 미국 중심으로 확립하기 위해 《일반이론》을 자신들의 입맛에 맞게 각색했을 뿐 케인스의 반제국주의적 사상에는 사실상 관심이 없었다. 미국의 유력 경제학자들은 대서양 너머에 있는 유럽의 경제학자들에 비해 자신들의 업적을 정치적으로 중립적이고, 케인스가 숭배했던 계몽주의 철학자들의 사색적 반추와는 한참 괴리가 있는 전문적인 수학으로 간주하고자 했다. 설사 미국 철학자들이 케인스주의 사상을 실천하고 싶어 했다 할지라도, 또한 케인스의 후계자 중 철학적 성향이 강한 존 케네스 갤브레이스 같은 경제학자들은 실제로 그 사상을 제국에 대항하는 도구로 이용하려 했지만 그들의 연구 결과가 미국의 정치적 시각에 따라 구속받는다는 사실만 확인했을 뿐이었다.

그래서 케인스주의라는 사상의 역사는 그것의 약속과 남용 측면에서 모두 미국 권력층의 지적 역사로 볼 수 있다. 케인스주의는 케인스 자신도 예상하지 못했던 삶을 스스로 떠안았다. 그것은 대학 강의 교재를 둘러싼 치열한 갈등이 군대 배치, 선거 결과, 주식시장의 붕괴만큼 중대한 역할을 한 역사이며, 숫자와 방정식뿐 아니라 발레리나와 야성적 충동에 대한 역사이다.

1934년 봄, 버지니아 울프는 '전기적 몽상'이라는 세 장짜리 정감 어린 글을 썼는데, 이 글의 도입부에는 그녀가 적어 놓은 메이너드의 모든 것을 말해주는 스물다섯 개의 주제어가 있다. "정치. 예술. 춤. 편지. 정치학. 젊음. 미래. 선腺. 계보. 아틀란티스. 죽음. 종교. 케임브리지. 이튼. 연극. 클럽. 진실. 돼지. 서섹스. 영국의 역사. 미국. 낙관주의. 말더듬이. 고본. 흄." 버지니아도 비슷한 삶을 살았지만, 그녀의 이야기는 이스트 서섹스의 한 농장에서 시작해 킹스 칼리지, 케임브리지, 코벤트 가든의 오페라극장, 고서점을 거쳐 그녀만의 친밀한 오마주로 끝난다. "그는 거리에서 사람들이 외치는 뉴스를 들었다. 그러고는 어깨를 으쓱하며 커다란 녹색 칠판 위에 붙어 있는 각종 기호로 채워진 종이를 뚫어져라 처다보았다. 그것은 y에 의해 움직이는 x값과 좀 더 아리송한 부호들이 포함된 놀이로, 그는 부호들을 한꺼번에 저글링하면 결국 한 단어, 그러니까 모든 문제를 영구적으로 해결할 수 있는 간단하면서 충분하고 포괄적인 한 단어가 나올 것으로 확신했다. 이제 풀이를 시작할 때였다. 그는 시작했다."[26]

차례

JOHN MAYNARD KEYNES

케인스, 금을 구하러 런던으로 오다

01

존 메이너드 케인스는 운동 신경이 뛰어난 편이 아니었다. 그는 혈기 넘치는 논쟁가였지만 허약한 체력으로 늘 힘들어했다. 그는 과로와 운동 부족으로 코감기와 독감을 달고 살았다. 1914년 8월의 첫 일요일에 서른한 살이 된 케인스는 그때까지의 인생 대부분을 케임브리지에서 보냈고, 그곳에서 아버지의 뒤를 이어 교수가 됐다. 그의 친구이자 멘토인 버트런드 러셀에게는 주말 오후마다 숫자들을 검토하거나 문서에 파묻혀 있는 이 젊은이의 모습이 익숙했다. 킹스칼리지 소속이었던 케인스는 마음이 극도로 불안해질 때면 러셀이 있는 트리니티칼리지의 잔디마당을 거닐며 마음을 다스렸다. 그는 킹스 게이트에 있는 중세 양식의 터렛 타워와 엘리자베스 여왕 때 세워진 예배당의 높이 솟아오른 고딕 창들, 그리고 윌리엄 셰익스피어가《햄릿》을 썼을 때 설계된 분수 아래 흐르는 잔잔한 물결을 바라보곤 했다. 케인스는 전통과 사색을 음미할 줄 아는 남자였다. 유서 깊은 대학에서 지내는 삶은 그에게 더없이 잘 맞았다.

하지만 그날 오후, 케인스는 바싹 깎은 촘촘한 잔디밭을 가로질러 판석이 깔린 낡은 포장길을 바삐 내려가고 있었다. 러셀이 그의 앞을 가로막으며 무슨 문제라도 생겼는지 물었다. 케인스는 무뚝뚝하게 말끝을 흐리며 런던으로 가야 한다고 했다. "그럼, 기차를 타는 게 낫잖아?" 하고 러셀이 물었다.

케인스는 어리둥절한 선배 러셀에게 "시간이 없어서요"라고 답한 후 서둘러 발길을 옮겼다.

궁금증은 더 커졌다. 케인스는 광장을 떠나 매제 비비안 힐의 오토바이가 서 있는 곳으로 갔다. 2미터 장신인 케인스가 긴 다리를 사이드카 안에 구겨 넣었고, 두 사람을 태운 오토바이는 거친 시동 소리와 함께 시속 60마일로 런던을 향해 쌩하니 달려 나갔다.[1] 이들의 특별하고 정신없는 여정으로 대영제국의 운명은 곧 바뀌게 된다.

잉글랜드에 역사상 가장 지독한 금융 위기가 터진 지 5일째 되는 날이었다. 국가 지도자들이 유럽 대륙에서 터진 전쟁에 과연 영국이 참여해야 하는지를 두고 씨름하는 와중에도 국가 경제에는 붕괴의 위기가 몰아닥치고 있었다. 지난 반세기 동안 유럽을 먹여 살린 경제 체제가 별안간 비참한 최후를 맞이했지만 런던에 모인 외교정책가와 금융전문가 중 이 사실을 눈치챈 사람은 없었다.

1871년에 프랑코와 프러시안 전쟁이 끝난 후부터 세계열강들과 주변 군소국들은 자국 시민들에게 제공되는 기본 식료품부터 중장

비까지 국제 무역협정에 대한 의존도를 점점 더 높여 갔다. 때는 후세인들이 '아름다운 시대La Belle Époque', '도금시대The Gilded Age'로 부를 만큼 귀족과 당시 세를 확장 중이던 중산층 모두에게 호화로운 번영의 시기였다.[2] 잉글랜드에서는 공장 노동자들이 이집트 면사와 뉴질랜드 양모를 자아내어 유럽 곳곳의 가정을 위한 장식품을 만들었다. 부유층과 상류층 사람들은 남아프리카산 다이아몬드나 상아를 호주산 금으로 세팅한 장신구로 몸을 치장했다. 파리의 리츠 호텔에서는 인도산 애프터눈 티를 즐길 수 있었고, 프랑스와 이태리, 독일의 지역 특산물에 신대륙의 식자재를 혼합한 최고급 요리들이 유럽 각지의 특급 호텔에 퍼져나갔다.[3]

후에 케인스는 이때를 이렇게 회상했다 "그 경제적 엘도라도, 그 경제적 유토피아에서는 적은 비용과 최소한의 수고로 다른 시대의 가장 부유하고 막강했던 군주들이 누렸던 수준을 뛰어넘는 편리함과 안락함, 쾌적함을 즐길 수 있었다."[4]

이런 문화적 풍요는 제국의 산물이었다. 잉글랜드, 스페인, 프랑스, 독일, 러시아, 벨기에, 네덜란드, 오스만 제국, 심지어 아직은 청년기였던 미국까지 군사력을 통해 다른 대륙의 자원과 그 사람들을 장악했다. 케인스는 영국 제국주의의 잔인함을 잘 알고 있었는데, 인도사무소에서 근무했을 때 인도를 초토화시킨 흑사병에 대한 영국의 냉혹한 대응을 다룬 보고서를 작성해 고위 관리에게 심한 질책을 받기도 했다.[5] 케인스는 정복 행위를 세계 경제구조의 필연적인 요소로 보지 않았다. 그에게 제국주의자들은 종국에 진보라는 엔진에 의해 축출될 부적절한 불순물이자 결함일 뿐이었다. 그는 "천국

존 메이너드 케인스

에서 사탄 노릇이나 할 군국주의와 제국주의, 인종과 문화의 경쟁, 독점과 규제 및 배척의 정치는 언론의 오락거리일 뿐이며 일반적인 사회경제적 삶에는 사실상 전혀 영향력이 없는 것 같다"[6]고 했다.

젊은 경제학자 케인스를 매료시킨 것은 유럽 열강들이 이런 물질적 풍요로움을 창출한 방식이 아니라 그들 사이에 '자본과 무역이 순조롭게 흘러가는' 방식이었다. 새로운 금융 계약들이 유럽 대륙 전역에서 글로벌 상거래 패턴으로 편입됐기 때문이다. 기업들이 한 나라에서 자금을 빌려, 다른 나라에서 제품을 판매하고, 또 다른 나라에서 보험에 가입하는 것은 이제 익숙한 광경이 돼 있었다. 자랑스러운 일은, 영국의 수도 중심에 자리 잡은 금융지구가 세계 기업 절반의 재원을 조달하며 이런 질서의 심장 역할을 하고 있다는 사실이었다.[7] 유럽 전역에 위세를 떨치던 로스차일드, 프랑스의 라자드, 함부르크의 슈뢰더, 미국의 모건 가문까지 당시 유명한 금융 실세들은 국적과 상관없이 하나같이 매년 민간 기업과 정부에 10억 달러 이상의 해외 채권을 발행하는 런던을 본거지로 사업을 하고 있었다.[8] 이런 금융 파워를 바탕으로 런던은 지구상에서 가장 견고하고 바쁜 대도시로 변모했고, 인구도 1861년의 약 두 배인 6백만 명으로 급증했다.[9]

이런 복잡한 구조에도 불구하고 런던이 관할하는 시스템은 놀랄 만큼 안정적이었다. 국가 간 거래계좌들은 회계적 균형을 유지했고, 자금 흐름은 꾸준하고 예측 가능했으며, 구대륙에서 일어나는 재정 혼란은 항상 신속하게 해결되어 일시적 사건으로 끝났다. 이런 멋진 균형에 비해 유한계급에 속한 상당수는 이 시스템의 취약점이라 할 수 있는 산업화에 의한 국내 빈곤 문제와 미국에서 20년간 지속된 농업 침체를 하찮게 여겼다. 케인스는 "런던 주민들은 아침에 침대 위에서 차를 홀짝대면서 전화로 전 세계 다양한 상품을 주문할 수 있었고, 원하는 만큼 주문한 상품은 집 앞까지 빠르게 배송될 것으로 기대했다. 무엇보다 런던 주민들은 이런 환경을 앞으로 더 발전할 수밖에 없는 정상적이고, 확고하며, 영구적인 것으로 기대했다"라고 썼다.[10]

새로운 금융 세상은 그에 맞는 정치적 이념을 낳았다. 1910년 영국의 저널리스트인 노먼 에인절은 20세기의 복잡하게 얽힌 국제 통상 관계로 인해 전쟁이 경제적으로 비이성적인 상황이 됐다고 설득력 있게 주장한 《위대한 환상The Great Illusion》이라는 책을 냈다. 에인절은 그 어떤 나라도 군사력으로 다른 나라를 정복해서 이익을 취하면 안 된다고 주장했다. 그런 식으로는 승자도 어떤 형태로든 재정적 손실을 입게 된다는 것이다.[11]

에인절은 틀렸고, 특히 상황을 잘못 이해하고 있었다. 하지만 그의 책은 수백만 권이 팔려나갔고, 이제 전쟁은 재정적 역효과를 낳는 과거의 문제가 됐다고 믿는 위세 높은 관료들을 추종하는 광신도 집단을 낳았다. 이는 에인절이 실제로 설파한 내용과도 달랐다. '비이성적인' 것이 '불가능한' 것은 아니기 때문이다. 하지만 문명화되고 이성적인 정부라는 이상에 사로잡힌 당대의 많은 정치 지도자들은 갈수록 전쟁을 '더 어렵고 일어날 것 같지 않은' 일로 전망하게 되었다.[12] 이런 주장은 그로부터 1세기 후 〈뉴욕타임스〉 칼럼니스트인 토머스 L. 프리드먼이 그의 베스트셀러에서 주장한 교리의 초기 버전이라고 할 수 있다. 그는 "주요 글로벌 공급망 역할을 하는 두 국가 중 서로 전쟁을 하려는 곳은 없다"라고 밝혔다.[13]

그러나 상상할 수 없었던 사건이 벌어졌다. 1914년 7월 28일, 민족주의에 불타는 유고슬라비아의 한 십 대 소년이 사라예보를 방문한 오스트리아-헝가리 제국의 왕위 계승자인 프란츠 페르디난트 대공을 암살했고, 제국이 이에 대한 보복으로 세르비아에 선전포고한 것이다. 프랑스에서 러시아까지 군대가 동원됐다. 복잡한 정치적 동맹으로 여러 제국이 결부되고 갈등이 확대되자 런던을 경제라는 우주의 중심으로 만들었던 난공불락의 지급 체계가 순식간에 무너졌다.

혼란은 비엔나 주식시장에서 시작돼 며칠 만에 유럽 각국의 수도로 퍼져나갔다. 한 도시에서 막대한 손해를 본 은행과 투자자들이 다른 도시에서 돈을 인출하면서 해외 곳곳에서 현금 인출 사태가 가속화되었다. 7월 30일 목요일이 되자 각국 정부가 곤두박질치는 주가를 저지하기 위해 증권거래소를 완전히 폐쇄하면서 유럽에서는 런던과 파리 증권거래소만 유일하게 문을 열었다. 하지만 외국 투자자들이 매도가와 상관없이 무조건 주식을 처분할 작정으로 런던 거래소에 주문을 넣자 주가는 더 나락으로 떨어지면서 프랑스와 영국의 금융시장에 더 큰 압박을 가했다.

이것만으로도 상황은 심각했지만, 더 큰 문제는 해외에서 런던 금융가로 유입되던 자금이 갑자기 끊긴 것이었다. 런던은 하루에도 납입 만기가 된 부채가 수백만 파운드씩 발생하는데 전쟁이 선언되자 지불 능력이 있는 외국 채무자들도 별안간 런던에서 부채를 갚지 못하게 돼버렸다. 분쟁의 한쪽 편에 속한 국가들이 투자자들로 하여금 반대쪽 국가에 있는 회사들에 돈을 못 갚게 했기 때문이다. 국가 간 금 송금 비용이 급등하면서 해외 자금 이동도 불가능해졌다. 선박 항로가 끊기자 국제 무역이 붕괴하기 시작했다. 파리는 프랑스 은행들을 지원하기 위해 영국의 중앙은행인 영란은행에서 400만 파운드에 달하는 금을 인출했다.[14] 돈이 나가기만 하고 들어오지는 않았다. 대영제국이 재정적 폭격 아래 놓인 것이다.[15]

이로써 금본위제라는 국제 통화 체제 전체가 위기에 처했다. 케인스는 나중에 "런던이 전 세계의 신용 상태에 미치는 영향력이 너무 강력해서 영란은행을 국제적 오케스트라의 지휘자라 주장해도 될 정도였다"[16]라고 밝혔다. 런던이 무너지면 세계 금융도 함께 무너질 수밖에 없었다.

영란은행은 일반적인 개념의 은행이 아니었다. 근로자들의 돈을 예치해주거나, 가정에 주택담보대출을 해주거나, 소상공인에게 돈을 빌려주는 곳이 아니었다. 대신 이자율을 정해서 영국의 통화시스템을 관리했는데, 이는 경제성장 속도와 전체적인 임금 수준, 무엇보다 수입과 수출 흐름을 좌우함으로써 영국 경제의 신용 가치를 결정하는 막강한 도구였다. 영란은행은 세계에서 가장 중요한 중앙은행이었고, 이는 우드로 윌슨 대통령이 미국에서 만든 연방준비제도 이사회의 모델이 됐다.

영란은행은 일반 고객을 상대하는 일반 은행들과 거래하면서 이 모든 활동을 관리했고, 사회의 실질적인 상업 활동을 수행하는 것은 일반 은행들이었다. 영란은행이 이러한 거래 활동을 하는 데 가장 중요한 자원은 대호황 시대에 경제를 평가하는 궁극적 척도인 금이었다. 주요국 통화는 금화나 지폐로 발행돼 특정 양의 금으로 교환될 수 있었다. 이는 영란은행이 일반 고객에게 해줘야 할 유일한 의무였다. 누구든 합법적인 지폐를 가지고 영란은행에 가면 금으로 교환할 수 있었다.

국가는 사회에 화폐가 더 많이 유통될수록 경제 활동을 더 많이 지원할 수 있었지만, 이 또한 그만큼의 화폐에 상응하는 금이 은행 금고에 있어야 가능했다. 당시 금융 사상가들은 금이 없는 상태에서 정부 지시와 상관없이 돈에 일정 가치를 주기 위해 신규 화폐를 발행하는 것은 경기 부양에 궁극적으로는 도움이 안 된다고 믿었다. 그래봤자 인플레이션이 초래되어 전체 물가만 상승하므로 사람들이 저축해놓은 돈의 가치가 떨어지고 봉급의 구매력이 떨어지기 때문이다.

영국은 영란은행에 다른 중앙은행들은 누릴 수 없는 이점을 제공했다. 그들은 남아프리카의 광산에서 생산된 금을 직접 구입해서 금 보유량을 높일 수 있었다.[17] 이 방식은 편할 때도 많았지만 전 세계 상거래 상황에서 일상 수요에 대응하기에도 느리고 불편한 프로세스였고, 금융 위기라는 급류에 부딪히자 문제가 더 악화됐다.

금이 국제 통화 체제를 확립한 것은 사실이지만 계좌 결산을 위해 국가 사이에 금이 오가는 경우는 상대적으로 적었다. 대신 중앙은행은 금리로 금 보유고를 규제했다. 금 보유량이 줄면 영란은행이 금리를 높였고, 은행 예금부터 회사채까지 모든 것의 수익률을 높여서 사람들이 영국 통화로 돈을 보유하게끔 유도했다. 금에는 이자가 붙지 않았다. 금의 가치는 특정 화폐 단위로 영원히 고정됐다. 하지만 파운드화의 금리 인상이 예상되면 변덕스러운 투자자들은 금을 사서 프랑스 프랑이나 미국 달러로 재투자하는 대신 런던에 현금을 묶어 두었다.

금리가 인상되면 소매상이나 제조업자들의 대출 금리가 높아지면서 대출 비용이 높아지므로 국내 경제에 타격을 줬다. 하지만 고금리 정책으로 영란은행의 금 보유량이 늘어나면 은행은 금리를 완화해서 국내 사업에 대한 압박을 풀어줬다. 이런 작전으로 각국의 중앙은행은 외국 중앙은행들에 금고를 각각 두고 그들의 계좌를 관리함으로써, 거래에 따라 말 그대로 금의 보관 위치만 바꿔서 일상적으로 일어나는 다수의 국제 거래를 처리할 수 있었다. 금의 국제 수송은 국가 간에 대규모 장기 잔고를 설정하거나 예기치 않은 비상사태에만 이뤄졌다.

하지만 1914년 8월, 이런 고금리 작전이 제대로 작동하지 않자 정책입안자들은 불안감에 휩싸였다. 영란은행은 7월 마지막 주에 금리를 세 배 이상 인상해서 10퍼센트라는 천문학적인 수치로 만들었지만 금의 유출 움직임은 멈출 기미가 전혀 없었다.

런던에 지급되던 외화 유입이 갑자기 끊기자 외국인들의 자금을 영국 금융 시스템으로 옮기는 일을 전문적으로 보조하던 런던의 "어음중개인"들이 바로 타격을 받았다. 어음중개인들은 투자 고객을 위해 거래소에서 주식을 매매하는 증권사 계좌를 다수 보유하고 있었다. 또 증권사는 주요 은행에 상당한 부채를 지고 있었다. 이들 모두의 사업이 유지되려면 이 시스템 안에서 돈이 움직여야 했다. 각 기

존 메이너드 케인스

관이 다른 기관에 진 부채를 갚기 위해서는 또 다른 기관에서 돈을 받아야만 했다. 이런 상황에서 어음중개인이 무너지면 런던의 복잡한 금융 시스템 전체가 무너지는 연쇄반응이 일어날 수 있어서 말 그대로 전쟁 위기에 놓인 국가로서는 감당할 수 없는 대참사를 촉발할 수 있었다.

이런 도미노 작용은 이미 벌어지고 있었다. 런던에 본사를 둔 외국계 은행들은 자국에 금을 보내기 위해 런던의 자산을 매각하기 시작했다.[18] 그러자 런던의 증권사들도 급히 현금을 확보하여 위기를 면하기 위해 어쩔 수 없이 가치가 높지만 유동성이 상대적으로 떨어지는 장기 증권들을 팔아버렸다. 증권사 여섯 곳이 단 며칠 만에 파산했고, 가격이 얼마든 너도나도 서둘러 주식을 매도하려 하자 시장은 급락세로 돌아섰다. 주식은 헐값이 됐고, 그나마 즉각적인 혼란을 넘어 장기적인 여파를 고민할 여유가 있는 기업인들도 여섯 개 대륙을 한데 엮는 교역의 거대한 매듭들에 부딪혔다. 이런 복잡한 매듭을 풀고 전쟁이 특정 기업이나 업계에 초래할 잠재적 위협을 산정하는 것은 불가능했다. 일주일도 안 돼 예측 가능하고 풍요로웠던 세계 경제가 불확실성의 늪에 빠졌다.

그러자 영국의 자본가들도 공황 상태에 빠졌다. 금융업자들은 갑자기 불안정해진 지폐 조각들을 국경 너머에서도 교환 가치가 있는 유일한 자산인 금으로 바꾸려 들었고 영란은행은 단 사흘 만에 금 보유량의 3분의 2를 잃고 말았다. 본인들의 상환 능력도 자신할 수 없는 상황에서 영란은행은 금을 비축하기로 했고, 폭풍우를 피하려고 단기 현금을 찾는 증권사들에 자금 지원을 거부하기 시작했다.[19] 수십 년간 신뢰를 쌓은 고객사에도 등을 돌렸다. 심지어는 생필품 구입을 위해 계좌를 인출하려는 지역 주민에게도 금화 지급을 중단했다. 이는 오늘날에도 롬바르드가Lombard St.(런던의 은행가-옮긴이)의 거대 은행들이 그들의 도덕적 수치로 여기는 불명예스러운 전술로 남아 있다.[20]

당시 영란은행에는 그런 분별력이 없었다. 대재앙이 임박했다는 징후가 분명해지자 수백만 명의 불안한 고객들이 금화를 받기 위해 중앙은행 입구에 길게 줄을 섰고 보행자들은 하루 종일 통행에 불편을 겪었다.[21]

영국 재무부는 주식시장을 폐쇄하고 4일간 은행 휴무를 선언하면서(영국 역사상 최장 기간으로 기록된) 대혼란에 대응했다. 재무장관인 데이비드 로이드 조지는 부실 어음상은 그들이 어떤 금융 청구를 하든 1개월간 지급을 보류하게 했다. 그리고 이 위기 속에서 궁극적으로 가장 중대한 결과를 초래할 비상 작전이 이루어졌다. 재무부는 이 금융 패닉과 싸우기 위해 당시 무명에 가까웠던 31세의 한 학자를 호출했는데, 표면상으로는 상당히 임의적인 인사 조치로 보였다.

케인스는 제1차 세계대전의 고위 전략회의에 소환될 만한 인물이 아니었다. 그는 케임브리지에서 경제학이 아닌 수학 학위를 받았고, 주로 어울려 다니는 사람들도 관료보다 예술가들이 많았다. 그의 사교 관계는 주로 친구들과 미학을 주제로 벌이는 지적인 논쟁과 대화를 중심으로 형성돼 있었다. 케인스와 친구들은 아주 친밀한 공동체 안에서 연인을 맞바꾸고 개방된 결혼생활을 즐기면서, 그런 낭

존 메이너드 케인스

만적 문란함이야말로 사회적 진보의 발현이며 세기의 전환점에서 창조적 정신을 억누르고 교양만 떨 줄 아는 빅토리아 시대의 위선을 없애는 행위라고 주장했다. 소설가, 화가, 철학자, 시인, 미술 비평가들로 구성된 이 사교집단은 자신들을 블룸즈버리 세트라고 불렀는데, 이는 런던 근교의 지역 이름을 딴 명칭으로 이들은 모여 살면서 끊임없이 이어지는 티파티와 디너파티 자리에서 서로의 아이디어를 교환하고 개인의 역량을 키워나갔다. 블룸즈버리 멤버들은 이후 미국의 유명 저널리스트인 월터 리프먼에게 깊은 인상을 심어줬고, 월터의 전기 작가에 의해 "광적이고, 삐딱하며, 기이한 옷차림을 즐기고, 농담에 공을 들이며, 수수께끼 같은 말을 하는" 별종 집단이라는 딱지가 붙었다.[22]

이 모든 지적이고 성적인 창조력에도 불구하고, 이 현란한 집단의 일원들은 중년이 되도록 이룬 것이 거의 없었다. 일단 케인스의 절친인 버지니아 울프는 스스로를 작가라 여기며 우쭐댔지만 그때까지 책 한 권을 내지 못한 상태였다. 케인스가 대학에서 비밀 사교클럽 활동을 할 때부터 가장 영향을 많이 준 친구였던 리튼 스트레치는 그때까지도 홀어머니에게 경제적 지원을 받고 있었다. 케인스 본인도 런던 밖으로 나갈 필요도 없는 요식 기관인 정부의 인도사무소에서 평범한 공무원 생활을 짧게나마 견뎌낸 참이었다.

케인스는 인도사무소에서 일하면서 알게 된 것들을 기록한 그의 첫 책 《인도 화폐와 금융Indian Currency and Finance》을 펴냈다. 1913년 초에 출간된 이 책은 그의 소박한 야심이 엿보이는 전문 서적이다. 케인스는 인도 내 일상적 상거래를 지원하기 위해 인도 화폐인 루피화를 금으로 바꾸게 하는 것은 불필요한 일이라는 점을 260페이지 내내 설파한다. 금을 중심으로 한 금융 시스템은 상인들이 다양한 화폐에 일관적으로 적용할 객관적 가치 척도가 필요한 국제 무역에만 의미가 있다는 것이다.[23] 젊은 시절 케인스는 이런 제국주의적 상황을 도덕적 딜레마가 아닌 현실로 받아들였다. 자신에게는 영국 통치 체제의 질을 향상시키고 현지 정부를 존중할 책임이 있다고 믿었지만, 대영제국에 과연 식민지를 통치할 권한이 있는지 의문을 제기하지는 않았다. 그는 인도의 통상교류와 관련된 세부 내용에만 관심이 있었고 그런 경제 상황의 기저를 이루는 권력관계나 인권은 생각하지 않았다. 책은 946권밖에 팔리지 않았고, 이후 케인스는 모교로 슬그머니 돌아가 자신보다 열한 살 많은 다재다능한 지식인 러셀의 의견과 조언을 받으면서 수학적 확률에 관한 관념적 논문을 쓰던 중이었다.[24]

1914년 여름에 케인스는 무명의 인물이었지만 그는 천재이기도 했다. 러셀은 "케인스의 지성은 내가 알고 있던 그 누구보다 더 날카롭고 명료했다"라고 증언했다.[25] "그와 논쟁을 벌일 때마다 사력을 다해야 했고 바보 같은 기분이 들 때가 다반사였다."

그는 이런 지력만으로 케임브리지부터 인도사무소까지 그와 가까이 지냈던 이들의 뇌리에 깊이 새겨졌다. 바질 블래켓은 전쟁이 터졌을 때 영국 재무부에서 10년째 근속 중이었고 인도의 금융 문제를 다루는 왕실 위원회에서 몇 달간 케인스와 같이 일한 경험이 있었다. 당시 케인스에게 깊은 인상을 받았던 그는 금융 붕괴가 종래 겪어보지 못한 속도와 강도로 영국의 관료 조직을 덮쳐버릴 것 같던

존 메이너드 케인스

8월 1일 토요일에 이런 편지를 썼다.

"나는 우리나라의 안녕을 위해 당신의 두뇌를 선택하고 싶고, 당신 또한 그 과정을 즐기리라 생각하오. 혹시 월요일에 나와 만날 시간이 있다면 더없이 좋겠지만 그때쯤이면 모든 것이 결정됐을 것 같아 두렵소."[26]

케인스는 블래킷의 정중한 서한에서 최후통첩의 기운을 직감했다. 다시 오지 않을 기회였다. 데이비드 로이드 조지는 월터 컨리프 영란은행 총재와 네이선 메이어 로스차일드 남작 등 영국 금융계 대가들로부터 조언을 구하고 있었다.[27] 위기 속에서 케인스의 능력을 입증할 수 있는 기회였다. 향후 며칠간 선택될 정책으로 전쟁 중 대국의 경제가 좌우되고 전쟁 자체의 결과가 판가름 날 수도 있었다. 로이드 조지는 이렇게 관망했다. "한 번의 실수로도 '전시 체력'을 백 퍼센트 발휘하는 데 필요한 신용과 자신감을 훼손할 수 있습니다." 이렇게 해서 운전을 할 수도, 자가용을 탈 만한 여유도 없는 케인스는 오토바이를 타고 런던으로 쏜살같이 달려가게 된 것이다.

그는 가장 지독한 금융 악마들에게 귀속된 은행가들이 지배하는 런던에 도착했다. 전쟁이 끝나고 한참 뒤에 로이드 조지는 당시를 이렇게 회상했다. "은행이 휴업에 들어간 그 3일이야말로 내가 평생 가장 숨 가쁘게 보낸 시간이었다. 공포에 휩싸인 금융업자들은 담대한 그림을 그리지 못한다."[28]

주요 은행들은 비밀 합동 위원회를 결성해서 구제책을 마련하고 재무부에 제출했다. 전략은 간단했다. 은행 안정화를 위해 외국 고객과 은행, 정부에 금 지급을 전면 중단하고 영국에 비축해둔다.

은행들이 연이어 파산하면 주식시장은 물론이고 농장부터 백화점까지 일상적인 사업 활동을 위해 자금을 대출받은 모든 사업체가 초토화될 것이다. 하지만 그중에서도 가장 섬뜩한 일은 영란은행의 금 보유량이 바닥날 것이라는 전망이었다. 이는 영국의 정치적 명성과 국제 통화 체제에 모두 엄청난 타격을 줄 수밖에 없었다.

은행가들의 비상 계획에는 그들의 위기의식이 반영돼 있었다. 즉, 그들은 수입 없이 생존해 나가야 했다. 그들이 제안한 해법은 전시 상황에 놓인 로이드 조지와 재무부를 솔깃하게 했다. 국내에 금을 비축해 놓으면 은행 구제 조치 이상으로 성과를 낼 것 같았다. 앞으로 이어질 전쟁 속에서 대영제국의 재정적 입지가 강화될 수 있었다. 은행가들의 계획을 옹호하는 사람들은 영국이 금을 더 많이 축적하면 적국에 비해 경제력을 강화하고 동맹국들에 더 큰 영향력을 발휘할 수 있다고 주장했다.

8월 3일 월요일, 독일이 프랑스에 선전포고를 하고 분쟁의 범위가 급격히 확산되자 이런 쟁점들이 로이드 조지에게 더 무겁게 다가왔다. 그날 오후에 영국의 외무장관인 에드워드 그레이는 하원 연설에 나서서 독일의 침공으로부터 프랑스를 지키기 위해서는 의회가 조약을 따라야 한다고 촉구했다. 오랫동안 강경한 평화주의를 추구해온 자유당 인사였던 그레이에게 이는 힘든 결정이었다. 많은 의원은 다른 열강들이 얽힌 폭력적 관계 속에 대영제국을 결부시키는 데 반대했고, 보수당 소속의 더 호전적인 의원 일부는 오래전에 다른 사람들이 서명한 조약에 따라 촉발된 전쟁 공표를 자동으로 승인하

존 메이너드 케인스

려 하지 않았다. 그레이는 주로 그들의 도덕적 분노심에 호소했다. 독일은 조만간 벨기에를 침략할 가능성이 컸다. 벨기에는 지난 20년간 거대한 동맹들이 유럽 대륙을 가로지르며 다투는 와중에도 중립 노선을 지키면서 독일에 어떤 군사적 위협도 가하지 않은 나라였다. 따라서 이는 순전히 지리적 위치로 말미암은 공격이었다. 독일은 프랑스로 진군할 길을 모색하고 있었고, 이는 독일 영토를 확장하려는 카이저 빌헬름 2세의 야심 외에 다른 이유는 없었다.

"이 나라가 역사의 한 페이지를 더럽힐 가장 끔찍한 범죄를 목격하고, 그럼으로써 죄악에 동참할 수 있을까요?" 그레이는 읊조리듯 말했다. 하지만 영국이 전쟁을 방관했을 때 따르는 더 냉혹하고 구체적인 결과, 즉 그것이 자국의 수익에 미칠 영향도 언급했다. 그는 "영국은 국제사회에서 신뢰라는 명예를 실추시켜 가장 심각하고 중대한 경제적 피해를 면치 못할 것입니다"[29]라고 주장했다. 하지만 그는 당시 영국이 이미 재정 파탄 위기에 처해 있다는 사실은 강조하지 않았다.

외무장관이 의회에서 연설을 하고 있을 때 로이드 조지와 재무부는 화이트홀Whitehall(런던 행정의 중심지로 정부 관청들이 밀집된 곳-옮긴이)에서 논쟁을 벌이고 있었고, 현장에 막 도착한 케인스는 런던의 재정 출혈을 막을 자신만의 계획을 세웠다.

그 계획은 은행가들이 제안한 내용과 정반대였다. 즉, 현금을 금으로 바꾸고자 하는 외국인들은 누구나 원하는 만큼 금을 상환받게 해야 한다는 것이 케인스 계획의 골자였다. 반면 은행권을 포함한 영국 내 수요는 새로운 지폐를 만들어 충당하면 영란은행이 해외에 상환할 금을 확보할 수 있게 된다.

은행가들은 경악했다. 하지만 케인스는 그들이 이 위기를 은행 자체의 생존을 중심으로만 생각하고 은행권의 생존이 궁극적으로 무엇을 위한 것인지는 생각하지 않는다는 것을 알았다. 그러다 보니 상황을 잘못 판단했던 것이다. 다가올 전쟁에서 핵심은 얼마나 많은 병력을 사용할 것인지가 아니라 대영제국의 정치적 지배력을 어떻게 지켜낼 것인가인 것처럼, 영란은행이 해결해야 할 것은 금이 아니라 경제력이었다. 금은 도구나 무기였을 뿐 그 목적이 아니었다. 케인스는 로이드 조지에게 "금을 위기의 순간에 활용할 생각이 없다면 평시에 비축해봤자 무용지물"이라고 썼다. 그 위기의 순간이 도래한 것이다.[30]

케인스는 런던의 진짜 재정 능력은 상대적으로 쓸모없고 빛나는 금속의 보유 여부가 아니라 영국의 신뢰도에 대한 국제적 평판에 달려 있다고 여겼다. 외국인들이 언제, 아니 얼마나 많이 요구하든, 그들에게 지속적으로 금을 지급하면 세계 금융의 중심지로서 런던의 우위를 입증하면서 다른 나라들을 경제적으로 계속 통제할 수 있었다. 그에 비해 국내 은행가들의 두려움과 요구는 덜 중요했다. 다른 모든 유럽 국가들이 사실상 금 사재기 전략을 취한다고 해도 그런 나라들은 최고의 금융 중심지가 아니었다. 하지만 대영제국은 금융의 중심지라는 지위와 그에 따른 엄청난 권력 때문에 상황이 민감했다. 만약 런던은 약속한 바를 확실히 지킨다는 인식이 깨진다면, 그들의 지위를 대체할 새로운 권력이 부상하면서 세계정세에서 영국이 가진 입지가 영원히 축소될 수 있었다.

존 메이너드 케인스

영란은행이 직면한 위기는 사실상 전부 은행들 때문이었다. 프랑스가 런던에 있던 자금을 빼가던 초기에 정책입안자들은 불안감에 빠졌지만, 은행권과 재무부는 유출되는 금 중 해외 수요와 직접 관련된 것은 극히 일부라는 것을 잘 알고 있었다. 그중 대부분은 그저 국내 은행가들의 공포심 때문에 일어난 결과였다. 영국의 은행들은 중앙은행의 금고가 곧 바닥날지 모른다는 두려움으로 당장은 필요 없지만 며칠 후 필요할 때 빈손이 되지 않으려고 금을 서둘러 인출했던 것이다. 하지만 정작 이런 공포심이 영란은행의 금고를 고갈시켰고 예언은 현실화되기 시작했다. 은행 휴업이 발표되기 하루 전, 중앙은행은 지난 며칠간 국내 은행들이 그들의 금고에서 인출한 금의 양이 총 2,700만 파운드가 넘어 프랑스가 인출한 양의 일곱 배에 달했으며, 그날 영업 종료 시점에 중앙은행의 금 보유량은 1,000만 파운드가 채 안 될 것으로 예상된다고 재무부에 보고했다.[31]

케인스는 8월 6일 아버지에게 보낸 편지에서 이런 표현을 했다. "은행가들이 완전히 얼이 나가서 두 가지 생각을 연이어 하지 못할 정도예요."[32]

케인스는 원래 국내에서는 영국 화폐와 금을 연결시키지 말자고 제안하려고 했었지만 그렇게 하지는 않았다. 원칙적으로는 시민들에게 새 지폐로 금을 교환할 수 있는 권리가 계속 주어지겠지만 해외 지급을 위해 금을 비축해야 한다는 분명한 목표를 감안하면 그 권리는 베니어판만큼 보잘것없는 법적 장치로 보호될 터였다. 이는 케인스가 《인도 화폐와 금융》에서 인도를 위해 주장했던 계획의 기능적 효과와 아주 비슷했다. 케인스는 로이드 조지에게 "금은 영란은행 본점에서만 취급해야 합니다"라고 말했다. "금이 일상생활에서 필요 없는 일반인이 금을 얻으려면 개인적으로 영란은행을 찾아가는 방법밖에 없어야 합니다."[33] 콘월이나 스코틀랜드에 사는 사람이 금을 인출하려고 며칠씩 걸려 런던으로 갈 가능성은 낮았다.

케인스는 그의 인생 수십 년을 금본위제와 씨름하며 보냈고 그의 이런 노고는 대서양을 사이에 둔 두 대륙의 정치 향방을 결정했다. 하지만 당시 케인스는 재무부에 정식 직책이나 공적이 없는 무명의 학자로서 런던의 금융 엘리트들이 공식적으로 합의한 내용을 반박하며 재무장관을 설득하고 있었다. 그는 자신의 전략이 성공하지 못했을 때 초래될 경제적 폐해를 알고 있었다. 그렇지만 케인스가 제안한 대담한 계획은 정부가 국가 경제를 관리하며 담당해야 할 역할에 대해 몇 달간 고민한 결과였다. 케인스는 영란은행과 재무부에 자신의 의견을 지지해줄 동지들이 있다는 것을 알았다. 결국 자신을 런던으로 소환한 사람들은 그들이었다. 그는 앞서 블래킷에게 보낸 서신에서 영란은행의 금 유출 상황을 해결하는 것은 단순히 금 보유량을 회복하는 문제가 아니라고 주장했다. "이는 훨씬 더 중요한 사안으로 향후 런던 금융시장에서 권력과 책임의 중심이 어디에 놓이느냐의 문제입니다."[34] 그 주인공이 재무부가 될 것인가, 아니면 거대 은행이 될 것인가?

위기 속에서 개인의 편협한 잇속만 챙기려는 은행가들의 모습을 지켜본 케인스는 그들의 정치적 영향력에 더욱 경계심을 갖게 됐다. 그는 경제 멘토인 앨프리드 마셜에게 쓴 편지에 금융 위기에 대한 협상 중 두 은행장이 행한 일을 이렇게 혹평했다. "한 명은 비겁

존 메이너드 케인스

하고 다른 한 명은 이기적이더군요. 둘 다 의심할 여지 없이 파렴치한 짓을 했습니다."[35] 나중에 쓴 서신에는 "공포심과 절망감에 휩싸인 은행가들이 당장의 금전적 이익에만 눈이 멀어 전통에 대한 도의나 미래의 명성에 대한 생각은 모두 내팽개쳤습니다"[36]라는 말도 적혀 있었다. 어떤 식으로든 국익을 보호하는 정치적 감시 체계가 필요했다.

8월 4일 화요일, 독일군이 벨기에를 침공했다. 영국 정부는 불과 몇 시간 만에 독일에 선전포고를 함으로써 보복을 감행했다. 데이비드 로이드 조지는 케인스가 쓴 메모의 설득력에 넘어가 그가 제안한 구제 금융안의 기본 원칙에 동의했다.[37] 재무부는 8월 7일 금요일에 은행 휴업이 해제되기 전에 부랴부랴 새 화폐를 발행했다. 목요일에는 의회가 새 지폐의 합법화 법안을 승인했다. 대중은 전선에서 전해지는 뉴스를 초조하게 기다렸고 금융계는 숨을 죽이며 장이 열리기를 기다렸다. 아침이 되면 구조든 붕괴든 둘 중 하나가 터질 것으로 보였다.

효과가 있었다. 영국 국민들은 새로운 지폐를 받아들였다. 영란은행은 안정화되기 시작했다. 물가는 폭등하지 않았다. 사람들은 돈을 인출하는 대신 지역 은행에 예금하기 시작했다.[38] 주식시장은 앞으로 5개월 더 폐장 상태로 있겠지만 가장 긴박한 위기 국면은 넘긴 것이다.[39]

그리고 런던의 금융 파워도 온전하게 유지될 수 있었다. 다른 국가들은 연이어 국제적 금 지급을 중단한다고 선포했지만 영국은 계

속해서 해외에 금을 지급하며 책임을 다한 유일한 나라가 되었다.**40**

이 경험은 케인스의 뼛속 깊숙이 남았다. 금융시장이란 경제학자들이 교과서에서 설명한 것처럼 깔끔하고 질서정연하게 돌아가지 않는다는 것을 그는 알게 됐다. 시장가격의 변동은 개인의 이득을 추구하는 이성적인 행위자들이 축적한 지식의 산물이 아니라 불확실한 미래를 헤쳐 나가려는 결함을 가진 인간의 판단에 불과했다. 시장 안정은 균형점을 찾는 수요와 공급에 의해서가 아니라 질서, 정당성, 신뢰를 유지하려는 정치권력에 의해 더 많이 좌우됐다.

22년 후, 이런 생각은 케인스의 최고 걸작인《고용, 이자 및 화폐에 관한 일반이론》에 나오는 경제 이론의 중심 원칙이 된다.

우리가 수행하는 긍정적인 활동의 대다수는 그것이 도덕적이든 쾌락적이든 경제적이든, 수학적 기대보다 자발적인 낙관론에 따라 이행된다. 무엇인가 긍정적인 행위를 하려는 대부분의 결정은 아마도… 가중 평균한 편익의 수량을 확률의 수로 곱한 결과로서가 아니라, 행동하지 않는 대신 행동하려는 자발적 욕구 같은 야성적 충동의 결과로만 나타날 것이다. 기업은 그들이 설립취지서에서 밝힌 선언에 따라 작동하는 것처럼 행동할 뿐이다… 기업이 향후 실현될 이익을 정확히 계산해서 행동한다면, 그것은 남극탐험을 떠나는 탐험가들보다 아주 조금 더 그럴 것이다. 따라서 야성적 충동이 약화되고 자발적 낙관주의가 흔들려 수학적 기대에만 의존하게 되면 기업은 쇠퇴하고 몰락할 것이다. 손실에 대한 두려움이 이익에 대한 희망보다 그 근거가 더 타당하지 않을 수도 있다.**41**

존 메이너드 케인스

이런 교훈이 심각한 위기에만 적용되는 것은 아니다. 시장은 수학 현상이 아닌 사회적 현상이라는 것이 케인스의 결론이었다. 경제학은 물리학처럼 철칙에 얽매인 딱딱한 학문이 아니라 정치처럼 관습, 경험 법칙, 조정이 필요한 유연한 분야였다. 상품의 가격이나 증권의 이자율 같은 시장의 신호는 실제 소비자의 선호도나 기업의 리스크를 보여주는 믿을 만한 지표가 아니다. 그런 것들은 기껏해야 대략적인 지침이며 불확실한 미래 전망에 따라 취해지는 새로운 태도에 의해 늘 변하기 마련이다.

1914년에 발생한 위기는 케인스에게 새로운 경력을 선사했다. 그는 영국의 전시 재정에 대한 최고 자문관이라는 재무부 직함을 얻었고, 더 이상 세속과 분리된 무명의 학자가 아닌 세계대전을 맞이한 영국 정부에서 가장 중요하고 영향력 있는 인물 중 하나가 됐다. 러셀 같은 케임브리지 학자들과 함께 수학적 개념들을 해부하던 케인스는 이제 최고위급 정치인들과 허물없이 대하면서 프랑스와 미국을 넘나들며 차관 협상을 하고 군사력과 식량 계획을 세우는 관료가 되었다. 버지니아 울프의 조카인 쿠엔틴 벨의 말을 빌리자면 "그가 앞으로 얼마나 큰 활약을 하고, 또 얼마나 지독한 고초를 겪게 될지 예측한 사람은 아무도 없었지만 그가 떠오르는 스타인 것만은 확실했다."[42]

1915년 1월 말에 케인스는 아버지에게 보낸 편지에 쏟아내듯 이렇게 말했다. "곧 파리로 갈 거고 일요일이나 월요일에는 바로 회담이 시작될 거예요. 로이드 조지, 몬태규, 영란은행 총재, 저 그리고 개인 비서들로 꾸려진 아주 엄선된 인사들만 프랑스 정부의 귀빈 자격으로 참석할 겁니다."[43]

확률에 대한 논문은 당분간 보류였다.

JOHN MAYNARD KEYNES

피로
물든
돈

02

목요일 저녁마다 열리는 파티는 "빵과 커피, 위스키, 그리고 담배 냄새로 가득했다"고 버지니아 울프는 회상했다.[1] 친오빠의 케임브리지 친구들은 고든 광장 46번지에 위치한 그녀의 집에 모여 밤새도록 논쟁과 부조리한 말들로 집안을 채웠다. 그곳에는 방랑자 같은 몰골에 기분 좋게 분위기를 돋우는 리튼 스트레치와 엄청난 비관주의자인 레너드 울프가 나란히 앉아 있었다. 재능은 있지만 무일푼 화가로 대화만큼 음식에 관심이 많은 던컨 그랜트 옆에는 시인인 색슨 시드니 터너가 있었다. 그 밖에도 에드워드 7세 시대의 여러 젊은이가 그녀의 집을 드나들었으며, 그중 일부는 유명했고 또 일부는 부자였다. 시인 W. B. 예이츠, 소설가 E. M. 포스터도 그녀의 집을 찾았으며, 레이스와 진주로 치장한 레이디 오톨린 모렐이라는 귀족 아가씨는 항상 새로운 연인을 데리고 나타났다. 물론 그곳에는

"엄청나게 멋진 지성의 갑옷을 입고 다정한 마음을 뒤로 한 채 자신에게 날아오는 어떤 주장도 촌철살인의 논리로 박살 내는 무적의 존 메이너드 케인스도 있었다."[2]

세계대전이 터지기 전 10년 동안 버지니아와 가까운 친구들은 고든 광장을 "이 세상에서 가장 아름답고 가장 흥분되며 가장 로맨틱한 장소"라 여기며 아꼈다.[3] 그들은 그곳의 4층짜리 집 하나를 자신들이 배우며 자란 엄격한 빅토리아 문화를 철저히 공격하는 아지트로 만들었다. 그들은 모여 앉아 예술, 시, 선과 악, 사랑과 섹스, 그리고 각각의 영역이 움직이는 역학까지 모든 것들에 대해 논쟁을 벌였고, 그러면서 그들의 "관습과 신념은 개조되었다"[4]라고 버지니아는 말했다. 레너드의 표현을 인용하면 그들은 "형식과 장벽을 철폐"하는 "생각과 표현의 완전한 자유"를 추구했고 그러면서 모두가 "아주 새롭고 엄청나게 짜릿해지는 것"을 느꼈다.[5]

버지니아와 그녀의 언니인 바네사에게 이 모임은 지적 각성제와 같았다. "그 젊은이들에게는 '매너'가 없었다… 그들은 상대의 주장만큼 자신의 주장도 혹독하게 비판했다. 우리가 어떤 옷을 입었는지, 외모가 뛰어난지 아닌지는 전혀 신경 쓰지 않는 것 같았다. 이들에게는 어릴 적에 축적된 외모와 행동에 대한 거추장스러운 짐이 완전히 사라지고 없었다. 파티가 끝나면 맞닥뜨리는 '오늘 너 참 예쁘더라', '너무 평범해 보였어', '머리 만지는 법을 꼭 배워야겠더라' 같은 끔찍한 심문을 더 이상 참지 않아도 됐다."[6] 버지니아와 바네사는 생전 처음으로 그들의 재능으로 인정받았다. 블룸즈버리에서 바네사는 파블로 피카소나 앙리 마티스(그녀가 파리 여행 중에 만났던)만큼 중요한 화가였다. 버지니아의 에세이도 포스터의 소설만큼 열광적인 평을 받았다.

이윽고 이 흥거운 자리는 목요일 저녁을 넘어 더 확대되었다. 바네사의 글에는 "온갖 종류의 파티가 밤이건 낮이건 끊임없이 이어졌다"는 구절이 나온다. 블룸즈버리의 명사들은 서로를 집으로 초대해 샴페인을 마시고, 방을 새롭게 단장하거나, 아침까지 초상화를 그리면서 시간을 때웠다.[7]

런던에는 이들에 대한 소문이 퍼지기 시작했다. 당시의 엄격한 격식에 따르면 남성들이 서로의 이름을 부르는 것은 예의가 아니었다. 게다가 남성이 여성을 이름으로 부르는 것은 상상할 수조차 없었다.[8] 하지만 고든 광장의 집에서는 미혼 남성들과 여성들이 함께 살았다! 때로는 개인의 희극적 습관에 따라 남자가 여자처럼 옷을 입기도 했다. 한번은 블룸즈버리 일당 전체가 폴 고갱의 타히티섬 그림 속 인물들처럼 거의 벌거벗은 채로 크로스비홀의 중세 유적들 앞에 나타난 적도 있었다. 그들이 때때로 알몸으로 파티를 즐긴다거나 케인스가 다른 사람들이 앞에 버젓이 있는데 소파에서 바네사와 사랑을 나눴다는 소문도 돌기 시작했다. 젊은이들조차 이런 소문에 불쾌감을 느꼈다. 후에 바네사는 사람들이 그들의 저녁 파티에 대해 "못마땅한 말투"로 날카롭게 따져 묻곤 했다고 회상했다.[9]

블룸즈버리는 완전한 성적, 지적 해방을 꿈꾸면서 급진적이고 사회 전복적인 행동규범을 다듬어 나갔다. 이런 새로운 윤리에 따라 예전의 익숙한 규범들은 모두 종교적 미신으로 간주되었고 종교 자체도 조롱의 대상이 되었다. 블룸즈버리 멤버는 그 누구도 소유

존 메이너드 케인스

의 감정을 가질 수 없었다. 당사자 모두가 자신의 감정에 솔직하다면 어떤 식의 관계도 적절한 것으로 인정받을 수 있었다. 남성이 남성을 사랑할 수 있었고 기혼 여성도 남성이든 여성이든 자신이 원하는 누구와 원하는 만큼 관계를 맺을 수 있었다. 부정직함만 빼면 상상할 수 있는 모든 관계가 정당화되었다. 또한 충절을 이유로 관계를 거부하는 사람은 우상 숭배자이자 윤리적 진보를 방해하는 걸림돌 취급을 받았다.

이는 도저히 지킬 수 없는 기준이었고 멤버들은 끊임없이 질투심에 불탔다. 바네사는 친오빠의 친구인 클라이브 벨과 1907년에 결혼했지만 클라이브가 계속해서 다른 파트너를 만들려고 했고, 뻔뻔하게 버지니아에게도 추파를 던지면서 금방 관계가 소원해졌다. 하지만 바네사 곁에도 미래를 함께할 만한 구혼자는 충분했다. 수학자인 해리 노튼은 로저 프라이라는 미술 평론가가 도르셋의 바위 해변에서 몇 달 동안 바네사의 누드 사진을 찍는 동안 그녀에게 홀딱 빠졌다. 바네사는 결국 던컨 그랜트에게 정착했고, 몇 년간 그와 뜨거운 관계에 있었던 케인스는 사랑의 패자가 되었다. 하지만 던컨은 이내 다른 남자들과 놀아났고, 특히 젊고 재기 넘치는 작가 데이비드 '버니' 가넷을 좋아했는데 버니는 가끔 메이너드의 품에 안길 때도 있었다. 블룸즈버리의 애정사는 그야말로 거미줄처럼 얽히고설켜 있었다. 하지만 동시에 놀랍도록 안정적인 공동체였다. 그들의 유대감은 개방성과 진정성으로 단단해진 참된 애정으로 짜여 있다. 멤버들은 바깥세상이 뭐라 하든 블룸즈버리는 자립하고 자족하는 하나의 우주로서 이 세상이 궁극적으로 따라야 할 발전 모델이라고 강하게 믿었다. 한 미술사학자에 따르면 이 집단은 1913년까지도 모든 유럽 사회는 "새롭게 각성된 질서의 궁지에 몰려 있었고 개인 간의 사심 없는 사랑과 협력이 정부와 위계질서를 해체할 것"으로 믿었다고 한다.[10]

하지만 전쟁이 모든 것을 날려버렸다. 버지니아의 표현대로라면 그런 파티와 사상 그리고 윤리 규범 모두가 그저 "찬란한 망상"으로 드러났다.[11] 그렇게 끊임없이 섹스와 진실을 논하면서도 블룸즈버리 그룹이 권력, 폭력, 제국주의 문제를 진지하게 다룬 적은 한 번도 없었다. 바네사는 이렇게 썼다. "아름다움이 어디서든 그렇게 생생히 솟아나는데 어떻게 제국주의 같은 문제에 관심을 가질 수 있었겠어?"[12] 군대가 유럽 대륙을 가로질러 진군하고 제국이 전율하자 블룸즈버리 클럽의 낭만주의는 갑자기 하찮은 것이 돼버렸고 그들의 새로운 도덕성은 방종한 일탈로 간주되었다.

케인스는 1914년 금융 위기에 관여하면서 전쟁이라는 외교적 조류에 자연스레 휩쓸려 들어갔다. 재무부에서 그가 맡은 일은 영국 동맹국들의 재무 상황을 분석하고 영국이 다른 나라에 원조를 해줄 경우 협상 조건을 봐주는 것이었다. 그는 나중에 당시의 상황을 "나는 전쟁 내내 재무부에 있었고, 우리가 빌리던 빌려주던 모든 돈이 내 손을 거쳐 갔다"라고 표현했다.[13] 정부 일에 관여한 지 불과 몇 달이 지나자 그는 세계 전역에서 열리는 정상회의에 파견됐고, 하원에서 열리는 의회 토론에 소집됐으며, 영국의 정치 엘리트들이 여는 사교 모임에도 줄줄이 초대됐다. 블룸즈버리의 다른 멤버들처럼 케인스도 전쟁으로 개인적인 비극을 맞이했다. 친구들이 최전선에 배

존 메이너드 케인스

치되면 마음을 졸였고 그들이 이제 돌아올 수 없는 몸이 됐다는 소식에 눈물을 흘렸다. 하지만 전쟁은 직업인으로서 그의 삶을 규정하는 계기도 되었다. 케인스는 전쟁을 통해 안분지족하던 무명의 학자에서 동세대의 가장 영향력 있는 인물 중 하나로 거듭났다.

한편 블룸즈버리 클럽은 멤버 한 명이 세계무대로 진출함에 따라 이제껏 한 번도 생각하지 못한 사상과 도덕적 딜레마에 직면하게 되었다. 이제 블룸즈버리는 예전과 같을 수 없었다. 1918년 봄날 어느 저녁, 케인스는 화이트홀에서 고된 하루를 보낸 후 지친 몸으로 고든 광장에 있는 집에 도착했다. 저녁 식사 시간이 지났건만 안으로 들어가니 바네사, 던컨, 데이비드, 해리, 그리고 고전 연구가인 J. T. 셰퍼드가 식사 후 느긋하게 앉아 대화를 나누고 있었다. 그들은 후기인상파 그림들의 정취와 의미가 모호한 영시의 운율에 대해 한바탕 설전을 벌인 후 그날 있었던 뉴스, 즉 오스트리아-헝가리 황제인 카를 1세의 평화 교섭이 실패로 끝난 일에 대해 왈가왈부하던 참이었다. 여러 사안으로 지친 케인스는 화가 및 시인 무리와 정치적 사담을 나눌 기분이 아니었다. 데이비드에 따르면 "메이너드는 그들의 의견을 아주 멸시했고," 대화가 삐걱대자 친구들의 진정성을 공격했다. 그는 블룸즈버리 멤버 다수가 정부의 병역 명단에 올라가 있고 그들 중 절대다수가 양심적 병역 거부를 선택한 상황이라면 그중 누구도 "진짜" 양심적으로 전쟁에 반대한다고 보기는 힘들다고 단언했다. 또 그 누구도 군대에 자원할 의무는 없지만 그런 욕구를 고매한 도덕적 원칙으로 싸잡아 논하는 것 자체가 우둔하다고 질책했다. 그러자 분노 가득한 반응들이 쏟아졌다. 바네사와 해리가 연이어 메이너드를 비난했지만 그는 더 이상 어떤 반박과 대화를 거부했다. 그러고는 말했다. "이제 그만 돌아가 잠이나 자."

셰퍼드가 그에게 경고했다. "오랜 친구들을 경멸하는 건 실수라는 걸 곧 알게 될 거야."[14]

케인스와 그의 절친들은 스스로를 블룸즈버리 세트라 부르기 전까지 사도들Apostles이라는 호칭을 썼는데, 이는 케임브리지대학의 남학생들로만 구성된 비밀 사교클럽의 이름이었다. 1902년 10월에 케인스가 케임브리지대학에 입학했을 때 사도들은 철학자인 헨리 시지윅과 알프레드 노스 화이트헤드 등 반전설적인 동문들을 배출하며 80년 가까운 역사를 자랑했다. 레너드 울프와 그의 친구인 리튼 스트레치가 신입생인 케인스를 영입했는데 이는 흔하지 않은 일로 두 상급생은 그가 수재라는 것을 알았다.

스트레치는 1905년 2월 울프에게 보낸 편지에 이렇게 썼다. "케인스와 대화를 하면 생각이 번쩍 트이고 정말이지 유쾌해. 뭔가를 분석할 때 그 집념과 명석함을 보면 입이 떡 벌어진다고. 그렇게 명민한 두뇌는 난생처음이라서(내 생각에는 무어나 러셀의 뇌보다도 더 똑똑한 것 같아)… 두려움마저 느끼게 돼."[15]

이는 사도들이 창조한 소우주 안에서 들을 수 있는 최대의 찬사였다. 당시는 버트런드 러셀의 이름을 세계적으로 알린 철학적 논문인 《수리철학의 기초Principia Mathematica》가 발표되기 몇 년 전이었지만, 그는 19세기 말엽에 클럽 회원이 됐고 이후 사도들의 행사와 토론이 있을 때면 늘 존경받는 선배 정치인의 기풍을 발산했다. 러셀 세대의 또 다른 사도였던 G. E. 무어는 그의 걸작인 《윤리학 원리 Principia Ethica》를 1903년에 출판했다. 오늘날까지도 20세기에 나온 가장 중요한 도덕적 철학책 중 하나로 평가받는 이 책은 케인스와 동료들 사이에서 센세이션을 일으켰다. 그들은 무어의 견해를 빅토리아 세대 전체에 대항하는 정치적 선언이자 자구책, 지적 선전포고로 채택했다.[16]

1938년에 케인스는 사도들 시절을 이렇게 회상했다. "그때 우리는 신념에 따라 행동하는 나이였고, 이는 중년층이 쉽게 잊어버리는 청년들의 특징이다. 그때는 모든 것이 흥분됐고 신났으며 새로운 땅에 새로운 천국이 열리는 르네상스가 시작되는 것 같았다. 우리는 새로운 체제의 선구자로서 아무것도 두려울 게 없었다."[17]

《윤리학 원리》는 18세기 후반부터 '공리주의'라는 이름으로 영국 사상을 지배해온 윤리적, 정치적 철학을 정교하게 공격한 책이었다. 공리주의는 제레미 벤담과 존 스튜어트 밀이 발전시킨 사상으로 쾌락이 모든 도덕의 기본이 된다고 선언했다. 좋거나 옳은 행동이라면 즐거움을 선사할 것이라는 논리다. 더 많은 사람을 위해 더 많은 즐거움을 만들어낼수록 그 선행은 더 옳은 일이었다. 이들의 이론대로라면 모든 정부는 더 많은 즐거움을 만들어내는 것을 목표로 삼아야 했다. 최고의 사회는 가장 행복한 사회였다.

계몽주의 철학의 계보를 잇는 벤담과 밀은 경험과학의 원리를 도덕적 분석에 적용해서 신성의 신비로움을 없애고 관찰하고 측정 가능한 대상으로 설명하려고 했다. 선이란 신비로운 관념이나 교회 권력이 정한 오랜 칙령이 아니라 자연 세상의 일부라는 것이다. 심지어 벤담은 여러 법과 행동을 통해 발생하는 쾌락의 양을 정확히 산출하는 도덕적 "계산법"도 만들 수 있다고 믿었다.

무어와 사도들은 영국 문화에서 빠르게 퇴보하고 있는 교회의 도덕적 권위를 되살리지 않으면서 공리주의를 뒤엎고자 했다. 무어는 즐거움을 준다고 해서 선한 것은 아니라고 주장했다. 그저 선하기 때문에 선하다는 것이다. 쾌락 자체는 좋을 수도 나쁠 수도 있었다. 사람들은 온갖 끔찍한 것을 즐겼고 거기서 얻는 쾌락은 선한 것이 아니라 비뚤어진 것이었다. 좋은 말, 좋은 곡, 좋은 사람을 딱히 하나로 정의할 수는 없지만 그것들에는 지극히 중요한 공통점이 있었다. 모두 선하다는 것이었다. 하지만 현미경으로 이런 선함을 확인할 수는 없었다. 선함은 측정할 수 없으며 자연계의 어떤 일련의 사실로부터 유추할 수도 없었다. 그것은 인간의 이성을 통해서만 직감할 수 있는 "단순하고 정의할 수 없고 분석할 수 없는" 근본적인 속성이었다.[18] 색상에 관한 어떤 사실들이 있는 것처럼 가치에 대한 객관적인 사실들도 있었다. 그것은 하늘이 파랗다거나 괴테가 위대한 시인이라고 주장할 수 있는 문제가 아니었다. 선한 것들은 그 "유기적 통일성"에 의해서만 이해될 수 있으며 더 작은 지적 요소로 나뉠질 수 없었다.

무어는 자신의 철학이 삶의 방식에도 철저한 영향을 미친다고 믿었다. 그에게 좋은 삶의 목적은 단지 쾌락이나 만족을 극대화하는 것이 아니라 가장 고매한 선을 실천하는 것이었다. 비극적 희곡을 읽으면 슬프지만 충실한 삶에는 약간의 셰익스피어적 요소가 필요했다. "성교의 쾌락이나 아름다운 대상이 주는 즐거움으로도 내략적

존 메이너드 케인스

으로는 설명될 수 있겠지만, 인간은 그런 특정 정신상태"를 함양하도록 애써야 한다.[19]

　케인스와 스트레치는 순식간에 무어의 개념을 개인적 에토스로 발전시켰고 젊음의 낭만적 탈선과 예술과 사회에 대한 미숙한 담론을 고매한 윤리적 지향점으로 끌어올렸다. 진보적 사도들에게 예술과 사랑은 인간의 다른 모든 경험보다 훨씬 더 중대했다. 심오한 진실은 연인들이 서로를 이해하거나 오후에 위대한 예술 작품을 고찰하는 순간에 이르는 순수한 "마음의 상태"에 있었다. 반면 정치판은 목적과 수단이 뒤섞인 하찮고 천한 혼란일 뿐이었다. 돈의 기괴함, 사회적 명성이라는 환상, 그리고 사회문제와 결부된 타협은 삶에 의미를 부여하는 그런 명료한 순간들과 정반대 선상에 있었다.

　공리주의에 대한 무어의 반격은 케인스의 지적 발전에 중요한 경험이 되었다. 공리주의와 고전 경제학은 영어권 사상에서 함께 발전했고 각 개념을 이루는 중요한 토대에는 공통점이 있었다. 일단 둘 다 효율성을 강조했다. 아담 스미스를 추종하는 경제학자들이 농업과 산업의 생산 효율성에 집중했다면, 공리주의 철학자들은 즐거움의 생산 효율성을 고민했다. 또 공리주의와 고전 경제학 모두 단순한 수학적 개념 체계를 중심에 뒀다. 다시 말해 더 많을수록 좋고, 더 적은 노력으로 더 많이 얻을 수 있으면 더 좋다는 것이다. 하지만 케인스는 《윤리학 원리》를 읽은 후 좋은 사회를 만드는 중심 원리가 효율성이라는 주장을 거부하게 됐다. 삶을 살아가는 최선의 방식을 가늠할 수 있는 단순한 방정식은 없었다.

　이런 철학적 고민들이 궁극적으로는 케인스를 독특한 경제학자로 만들었지만, 대학생 케인스에게는 귀족적 도피주의를 찬양하는 개인적 행동규범을 습득하는 계기가 됐다. 한편 사도들의 초창기 멤버들은 혼란에 빠졌다. 러셀은 1967년에 쓴 글에서 말했다. "나보다 십여 년 어린 세대의 분위기는 주로 리튼 스트레치와 케인스가 주도했다. 그 십 년이 바꿔놓은 사고방식을 보면 그저 놀랍기만 하다. 우리는 아직 빅토리아 시대에 머물러 있지만 그들은 에드워드 시대를 살고 있다. 우리는 사회가 정치와 자유로운 토론을 통해 순차적으로 진보한다고 믿었다. 우리 중 더 자신감 가득한 사람은 대중적 지도자를 꿈꿨는지 모르지만 대중과 아예 분리되길 원하는 사람은 없었다. 케인스와 리튼 세대는 실리주의자들과 어떤 식으로도 연대를 맺으려 하지 않았다. 그보다는 멋진 그늘에서 기분 좋게 지내는 은둔적 삶을 추구했고 엘리트 무리 안에서 서로를 열정적으로 찬미함으로써 선을 구현할 수 있다고 믿었다."[20]

사도들의 정기 모임은 대학원생 세미나와 저녁 파티가 합쳐진 형태였다. 사도 한 명이 다른 사람들 앞에서 논문을 발표하면 모두가 희열에 빠져 그와 관련된 열띤 토론이 저녁까지 이어졌고, 그 주제는 케임브리지에서 일어났던 사건들은 물론 예술적 동향, 때로는 예술계의 부정부패, 심지어 정치계로도 확대되었다.

사도들에게는 고약한 폐쇄성이 있었고 그들의 가식은 클럽의 비밀스러운 특징 때문에 더욱 악화되었다. 사도들은 스스로를 똑똑한 젊은이로 생각했을 뿐 아니라 자신들의 위대함은 클럽 내부에서만 온전히 인정받을 수 있다는 선민의식이 있었다. 그렇다고 케임브리지의 모든 비범한 인물들이 이런 자만심을 매력적으로 여긴 것은 아

존 메이너드 케인스

니었다. 케인스의 평생지기 친구였던 루드비히 비트겐슈타인은 사도들 모임을 "단순한 시간 낭비"라 여기며 멀리했다.[21]

그러나 케인스는 사도들 안에서 위안을 느꼈다. 그는 이튼 기숙학교를 다니면서 영국 상류층 분위기를 헤아릴 수 있게 됐지만 그의 기민한 정신력은 그들의 숭배를 받을 때조차 그들과 자신을 분리시켰다. 케인스는 자신과 귀족 사이에서 사회적 거리감을 느꼈고 이런 불편함은 그가 가족에게 보낸 편지에 카이저 빌헬름 2세부터 빅토리아 여왕까지 모든 귀족을 조롱하는 내용에서 엿볼 수 있다. 그렇다고 케인스가 가난한 가정에서 자란 것은 아니었다. 그의 조부는 성공한 화훼 사업가였고 그 덕분에 케인스의 가족은 하인 몇 명을 거느린 중산층 삶을 유지하고 있었다. 하지만 그렇다고 해도 그들은 상류층의 주변인일 뿐이었고 케인스는 가문의 명성이 아닌 장학금을 받고 이튼스쿨과 케임브리지에 입학할 수 있었다.[22] 케인스는 이튼에서 항상 자신을 증명해야 했다. 그러다 사도들을 통해 자신의 능력을 인정하고 관심사를 옹호하는 색다른 엘리트 집단을 발견했다. 그는 이런 사도들의 분위기를 평생 동경했고, 제2차 세계대전 시기까지 배타적이고 지적인 여러 사교모임을 결성해 이끌어나갔다.

사도들 특유의 은밀함은 멤버들의 사회적 유대감을 더 단단하게 만들었고 철학적 우월의식을 뛰어넘어 훨씬 더 급진적인 활동 공간을 창조했다. 케인스와 스트레치는 멤버들에게 동성애의 도덕적 정당성을 설파하면서 사도들 사이에서 성적 혁명을 이끌었다. 비록 성해방은 궁극의 유기적 통합을 위한 미학의 필요조건이라는 지적 거죽으로 그의 신조를 포장했지만, 케인스는 당시 대중의 도덕적 잣대로는 통탄할 만한 죄악으로 간주되던 욕망을 지닌 젊은이들을 위해 안전한 낙원을 만들었다. 때는 오스카 와일드가 남색으로 유죄를 받고 국제적 악명을 떨친 지 10년이 안 된 시점이었고 공개적인 동성애는 구속 사유가 됐다. 하지만 사도들끼리는 자유롭게 말할 수 있었다. 젊은이들의 난잡한 성생활이 알게 모르게 낭만적 경쟁을 조장했지만 공동체는 그 비밀을 철저히 함구했다.

케인스는 사도들 덕분에 본인의 성적 취향을 드러낼 수 있었을 뿐 아니라 외모에 대한 오랜 불안감도 극복할 수 있었다. 케인스가 1906년 스트레치에게 쓴 편지를 보면 "난 늘 괴로웠다네. 혐오스러운 외모 때문에 내 몸이 누군가의 몸 위에 던져질 일은 절대 없을 거라는 끝없는 강박에 시달려 왔거든"이라고 적혀 있다.[23] 이는 멤버들의 공통적인 정서였다. 버지니아 울프는 사도들의 외모를 "육체적 매력"이 부족하고 심지어 "우중충하다"는 말로 깎아내렸지만 결국 그중 한 명과 결혼했다.[24] 케인스는 사도들이 언제나 그의 지성에 감탄한다는 것을 알았고 이런 인식 덕분에 성적 자신감을 얻었다.

이 모든 해방은 여성 혐오주의자들에게 확실한 우위를 실어줬다. 케인스와 스트레치, 또 두 사람의 절친들은 그들의 성적 교리를 "상위의 소도미sodomy(동성 성교, 수간 등 도착적인 성행위-옮긴이)"로 찬양했다. 그들은 여성의 지적 능력이 남성보다 떨어지므로 남성 간의 사랑에 이성애보다 더 깊고 심오한 관계가 수반된다고 판단했다. 세기의 전환점에서 케임브리지는 제도적으로 여성에게 적대적이었다. 학부생 중 여성 비중이 워낙 적어 케인스는 그들과 마주치는 것을 동물학적 섭동으로 묘사할 정도였다. 던컨에게는 이런 편지를 쓴 적도 있었다. "내게는 여성의 마음이 어떤 식으로든 다 고약해 보인다네. 남성의 마음은 어리석고 추악할 때조차 혐오스럽진 않거든."[25]

블룸즈버리 클럽에 대한 연대기를 쓴 프랜시스 스팔딩에 따르면 그들이 보인 이런 성차별적 태도의 일부는 빅토리아 시대가 여성들에게 요구한 행동 규범에 대한 반감이 투영된 것으로 보인다. 당시는 자신의 성적 취향이나 생각, 관심사를 솔직하게 말하는 여성은 상류사회에 맞지 않는다고 여겼으므로 열띤 논쟁과 단호한 자기표현에 익숙한 케인스에게는 그들의 대화가 따분해 보였을 것이다. 졸업 후 바네사 벨과 리디아 로포코바같이 빅토리아 시대의 에티켓을 가차 없이 차버리고 높은 사회적 대가를 기꺼이 치르는 담대하고 진보적인 여성들을 만난 케인스는 그들이 '사랑스럽고', '아름답고', '유쾌하다'고 느꼈다. 물론 20대 후반까지는 그런 여성들도 진짜 뛰어나다고 여기지는 않았지만, 그는 재능 있는 남자처럼 행동하는 여성들을 높이 샀다.[26]

케인스와 스트레치는 한때 연인 관계였지만 연하인 케인스가 클럽의 리더십을 놓고 그와 맞붙기 시작하고 다른 학생들과의 애정사까지 가세하면서 둘의 관계는 소원해졌다. 두 사람의 우정은 그야말로 변덕스러웠다. 종종 동거도 하고 여행도 같이 다녔지만 제1차 세계대전이 시작되기 전까지 스트레치는 케인스의 지성이 너무 위협적이지 않고 그의 연애사가 자신을 기죽일 만큼 화려하지 않을 때, 즉 케인스가 좀 나약해진 시기에만 그와 느긋한 관계를 가질 수 있었다. 스트레치의 글에는 이런 내용이 있다. "가엾은 케인스! 내가 그를 보살펴줄 수 있을 때는 그가 위기로 나가떨어졌을 때뿐이군."**27**

케인스에게는 스트레치의 연인을 채가는 버릇이 있었다. 케임브리지에서는 스트레치가 갈망하던 아서 홉하우스와 연애를 시작했으며, 1908년에는 25세의 나이로 던컨 그랜트의 마음을 훔쳐 스트레치에게 깊은 상처를 남겼고 이 사건으로 그들의 사교 모임 전체가 파탄 날 위기에 처했었다. 그는 던컨을 오랫동안 일생일대의 위대한 연인으로 여겼지만 그런 특별한 관계도 스트레치와 쌓은 오랜 유대감과 별개로 생각할 수 없었다. 케인스를 사도들에 영입한 이 젊은이는 케인스의 일생을 통틀어 상대의 지적 비판을 선뜻 받아들일 수 있는 몇 안 되는 인물 중 하나였다. 그는 항상 스트레치에게 인정받고 싶어 했고, 자신이 가장 존경하는 남자의 애인을 빼앗는 것보다 자신의 탁월함을 더 잘 보여주는 방법은 없다고 생각했다.

케인스는 자기 회의가 강한 사람이었지만 연애 생활은 왕성했다. 그가 킹스 칼리지 시절에 쓴 논문들을 보면 군데군데 붙어 있는 메모지가 눈에 띄는데 거기에는 1901년부터 1916년까지 케인스가 가진 수십 건의 성관계를 집계한 것으로 보이는 표가 연필로 그려져 있다. 네 줄짜리 은밀한 통계 명단마다 상대를 만난 장소가 표기돼 있다. 케인스는 메모지에 적힌 익명의 파트너들을 첩보 영화에 등장하는 배역으로 묘사했다. '〈더 베스〉의 병사', '〈헤이그〉의 제화공', '〈대영박물관〉의 젊은 미국인', '〈성직자〉의 신부'처럼 말이다.**28** 그는 실제로 은밀한 이중생활을 했다. 그는 사도들이나 블룸즈버리 멤

존 메이너드 케인스

버들과는 자신의 성생활을 터놓고 말했지만 국가 지도자들이나 재무부 관리, 외교관들에게는 자신의 연애 관계를 철저히 함구했다.

이 때문에 사도들의 삶은 역설적인 면이 있었다. 그들은 급진적이고 개인주의적인 행동원칙을 철저히 따랐지만 자유를 만끽하기 위해서는 공동체의 협력과 보호가 필요했다. 사도들은 공직을 거부하면서도 일반 사회를 경멸했을 뿐 아니라 그에 대한 반감 속에서 살았으므로 그들의 생활방식 자체가 정치적 저항의 은밀한 발로였다.

러셀이 사도들을 "잘난 척하고 감상적인 여학교" 같다고 개탄했던 시절에도[29] 케인스는 정치에 관심을 두지 않는다는 그들의 이상을 제대로 따르지 않아 스트레치의 화를 돋웠다. 케인스가 1902년에 케임브리지에 입학했을 당시 그의 재능을 눈여겨본 사람은 스트레치와 울프만이 아니었다. 자유당 출신의 젊은 정치인 에드윈 몬태규도 케임브리지 유니온 토론 클럽에 그를 초대했다. 이 때문에 스트레치와 불화를 겪었지만, 이는 케인스가 젊은 엘리트들 사이에서 자신의 기개를 증명함으로써 부모님에게 물려받은 사회계층을 넘어 발전하는 기회가 되었다. 케인스는 보수당을 솜씨 좋게 비난하면서 금세 유명해졌다. 그는 자유당을 합리적인 탐구, 보수당을 억압적인 전통과 연결시켰다. 케인스는 영국의 사회복지 프로그램에 대한 완만한 확대 정책을 지지했지만 1903년 케임브리지 유니언에서 한 연설을 보면 그가 성적, 지적 횡포의 근원으로 여겼던 교회와 자유무역에 선입견이 있었다는 것을 알 수 있다. 그는 1903년 12월에 이렇게 선언했다. "나는 사제들과 보호주의자들이 모두 싫다. 자유무역과 자유사상만이 살길이다! 교황과 관세를 타도하라. 우리에게 천벌이 내릴 거라고 선언하는 자들을 타파하라. 구원이니 보복 같은 계략을 전부 무찌르자!"[30]

자유무역에 대한 그의 열망은 어떤 심오한 경제 이론에서 도출된 것이 아니었다. 1903년까지 케인스는 경제학을 공부한 적이 없었다. 그보다는 대영제국과 영국의 권력에 대한 그의 특별한 비전이 반영돼 있었다. 케인스에게 자유무역은 더 넓은 세계를 향한 자애롭고 개방적인 접근 방법의 하나였다. 자유무역은 여러 국민 사이에 "상호의존성을 확립하고 물질적 행복을 연결하는 것"이 가능하다고 일깨워주었다. 또한 전 세계를 온정주의적 호의로 결합한다는 대영제국의 궁극적 이상이 투영돼 있었다. 케인스는 1903년 1월에 유니언 토론 모임에서 이렇게 말했다. "우리는 제국주의자로서 영국의 통치가 정의와 자유와 번영을 증대할 것으로 믿습니다. 또 우리는 대영제국이 국가의 재정 강화라는 시각 대신⋯ 시민들의 부와 번영이라는 관점에서 발전하도록 감시할 겁니다." 이런 맥락에서 보면 영국은 영광과 약탈을 위해 다른 나라를 정복한 것이 아니라 전 세계에 부유함과 민주주의를 전파한 것이 된다. 그는 1903년 11월에 열린 유니언 모임에서 또 이렇게 말했다. "어떤 나라가 제국의 일부가 되면 그들은 더 이상 타국에 의해 시달리지 않고 자유와 정의의 비호 아래 자신들의 운명을 자유롭게 추구할 수 있습니다." 그가 꿈꾸는 "이상적"이고 "민주적"인 미래에는 세상이 대영제국의 일부로서 서로에게 "호의적"이고 "시기심 없이" 동등한 관계를 가진 "자치국"들로 구성될 것이었다.

이후 전쟁은 케인스를 추악한 진실과 대면하게 만들지만 당시

존 메이너드 케인스

대학생이었던 그는 제국주의가 의미하는 도덕적 측면 대신 제국주의의 변종인 보수당을 더 걱정했다. 토리당(영국 보수당의 전신-옮긴이)이 지향하는 경제관의 중심에는 관세가 있었고, 이는 케인스가 추구하는 고매한 국제주의적 이상과 양립할 수 없었다. 관세란 외국인들의 부담으로 영국이 이득을 보는 원리로 국가 사이에 장벽을 쌓았다. 케인스는 보수당의 제국주의적 이상은 순전히 권력에서 파생돼 "강압적이고 비현실적이며 무의미하다"고 말했다. 관세에는 "국수주의 정신"이 투영돼 있고, 이는 "문명화의 가장 큰 장애물 중 하나"이며, "다른 누군가의 번영이 당신에게는 피해를 준다는 시기심"일 뿐이라고 그는 주장했다.

케인스는 영국의 해외 정복이라는 폭력적 역사에 대해 순진한 태도를 보이면서도 자신의 순수한 이상에 다다르지 못한 현실은 날카롭게 비난했다. 1902년 베네수엘라 대통령이 해외에 지고 있던 막대한 국채에 대한 상환의무를 부인하자 영국 정부는 영국 투자자들 대신해 상환을 요구하기 위해 독일, 이탈리아와 함께 베네수엘라의 항구들을 무력으로 봉쇄했다. 케인스는 케임브리지 유니언에서 그 공격이 터무니없는 권력의 남용이라고 비난했다. 그는 1903년 1월에 이렇게 말했다. "남미 주식에 투자하는 사람들은 위험을 뻔히 알면서도 투자를 하는 겁니다. 그런 투자자들의 요구 사항을 포탄으로 지원하고 외채 보유자를 보호하는 것은 정부가 할 일이 아닙니다." 케인스는 그런 봉쇄 조치는 문명화된 대영제국이 아닌 "비스마스크"에게서나 할 법한 제국주의의 잔혹성이라고 여겼다.[31]

대학 토론 내용에 역사적으로 큰 의미를 부여하는 것은 실수일 수도 있다. 케인스의 경제사상과 정치 신념은 전쟁과 연이은 불황을 거치면서 극적 변화를 겪기 때문이다. 머지않아 그는 자유무역과 세계무대에서 영국의 역할에 환멸을 느끼게 될 것이다. 하지만 케인스는 사도들과 어울려 살면서 인간의 자유라는 개념을 형성해 나갔다. 그는 창의성과 실험정신을 철저히 보호하고 순수예술의 옹호자가 됨으로써 엘리트적 습성을 찬양하면서도 행동, 성, 그 밖의 단순한 원칙들에 회의감을 품고 영국의 엘리트 지배계층의 규범을 불신했다. 이런 개인주의는 보편적이고 국제적인 정서였다. 즉, 예술적 천재성은 영국의 독점 영역이 아니었다. 케인스는 합리적이고 계몽된 사도로서 진리와 아름다움을 그 태생지와 상관없이 직관적으로 알아볼 수 있었다. 다른 사도들은 정치에 등을 돌렸지만, 케인스는 자유당이야말로 세계정세에 대한 그들의 신념을 실천할 최고의 수단이라고 믿었다. 이런 개인주의적 기질을 세계무대와 흔들리는 제국 질서라는 잔인한 현실에 맞추는 일은 케인스 삶의 본질을 규정하는 지적 도전이 됐다.

그래서 블룸즈버리가 탄생했다. 메이너드 케인스, 레너드 울프, 리튼 스트레치, E. M. 포스터, J. T. 셰퍼드, 제럴드 쇼브, 색슨 시드니-터너, 클라이브 벨, 애드리안 스테판 등 일군의 사도들이 케임브리지에서 런던으로 이동해 고든 광장 46번지와 브런즈윅 광장 38번지 근처에 모여 살게 됐고, 이후 던컨 그랜트와 "버니" 가넷(본명은 데이비드 가넷으로 어린 시절 토끼 가죽으로 만든 망토를 즐겨 입어 '버니'라는 별명을 얻음-옮긴이)이 합류했다. 이윽고 이들의 연대는 결혼으로 더 공고해

존 메이너드 케인스

졌다. 클리브는 애드리안의 아름답고 도발적인 누이인 바네사와 결혼했고, 리튼 스트레치가 질세라 애드리안의 또 다른 누이인 버지니아에게 청혼했지만 민망하게 퇴짜를 맞았다. 버지니아는 리튼의 청혼을 거절하자마자 지고지순한 이성애자인 레너드 울프를 자극해 청혼을 받아냈다. 이후 블룸즈버리 클럽은 그들의 결혼 기간만큼 지속된다.

이 사교클럽에 속한 대다수 멤버와 달리, 케인스는 예술가가 아니었고 이 때문에 그는 가끔 동료들에게 열등감을 느꼈다. 이런 감정은 특히 스트레치와 클라이브 벨이 그의 미적 판단을 코웃음 치듯 비판할 때 더욱 커졌다. 블룸즈버리에서 이런 비판은 단지 취향의 문제로 끝나지 않고 사도들 모두가 지극히 신성시했던 "마음의 상태"를 위태롭게 뒤흔들었다.

이 모든 기이한 내적 경쟁심에도 불구하고, 버지니아 울프가 블룸즈버리라 이름 붙인 집단의 구성원들은 서로 끈끈한 애정을 나눴다. 리튼이 "취향이 정말 형편없어. 그래도 진정성은 있어"[32]라며 레너드에게 케인스를 놀려댄 적도 있었다. 1914년에 전쟁이 터졌지만, 이 감수성 풍부한 멤버들은 앞으로 이어질 고뇌의 시기에 대비하지 못한 상태였다. 케인스 등 멤버 대부분이 영국 유한계급인 블룸즈버리는 폭력 사태의 재정적 광기로 인해 전쟁을 오래 끌지 못할 것이라는 노먼 에인절의 견해에 수긍하면서 분쟁이 빨리 종식될 것으로 기대했다. 1915년 1월, 버지니아가 케인스와 저녁 식사를 한 후 쓴 일기에는 "영국인의 뛰어난 두뇌와 부유함 덕분에 승리할 수밖에 없으며 그것도 멋지게 승리할 것이다"라고 쓰여 있다.[33] 케인스는 전쟁이 초래한 경제의 미세한 변화에 태연했고, 버지니아는 그의 이런 모습을 "수은 칠을 한 슬로핑 보드처럼 차갑지만 아주 기분 좋은" 사람이라 표현했다. 그날 저녁 식사 자리에서 케인스는 페이비언 소사이어티Fabian Society(영국 노동당이 주축이 된 사회주의자 단체-옮긴이)가 레너드에게 100파운드의 사례금으로 전쟁의 원인과 예방에 대한 책을 써 달라고 한 제안을 거절해야 한다고 설득했다. 그는 울프 부부 같은 20세기의 진짜 지식인은 그보다 더 중대한 문제를 고민해야 한다면서 전쟁은 곧 역사에서 사라질 것이라고 주장했다.

케인스는 블룸즈버리의 여론에 영향력을 행사했다. 레너드 울프는 나중에 "그때는 군국주의와 제국주의, 반유대주의가 쫓겨나고 있는 것처럼 보였다. 세계 역사상 처음으로 유대인과 구두 수선공과 유색인들이 장교들과 융커(독일의 귀족)들과 백인들에 의해 구타당하거나, 교수형에 처해지거나, 사법적으로 살해되지 않을 권리가 공식적으로 인정될 것 같았다"라고 회상했다.[34] 블룸즈버리에서 유일하게 유태인이었던 레너드에게 인종차별은 추상적인 개념이 아니었다.

그리고 전쟁이 일어났다. 울프 부부에게는 자신만만한 모습을 보였지만 1914년 가을 케인스가 스트레치에게 보낸 편지를 보면 벌써부터 죄의식에 사로잡힌 한 남자의 모습이 드러난다. 그는 재무부 자리를 수락한 후 얼마 안 돼 던컨 그랜트에게 이런 글을 썼다. "나는 그야말로, 완전히, 피폐해졌다네. 매일매일 젊음이 권태와 불안감에, 그리고 살육에 스러지는 광경을 본다는 건 정말이지 참혹하군.[35] 어제 우리 학교 학부생 두 명이 죽었다는 소리를 들었어. 둘 다

존 메이너드 케인스

친하지는 않았지만 알고 있고 좋아했는데… 너무 끔찍해. 전쟁은 어떻게든 멈춰야 할 악몽이야. 우리처럼 암울한 삶을 사는 세대가 다시는 없었으면 하네."[36]

1914년 여름에 케인스가 제국의 재정을 살리기 위해 런던으로 급히 달려갔을 때, 그는 자신이 애국적 행동을 하고 있다고 생각했다. 금융 위기가 결부된 폭력은 관념적이고 이질적이며 괴리감이 있었다. 지금 그는 자신의 친구와 동창들을 죽음으로 내몰 계획에 정부가 돈을 쓰는 현장을 지켜보고 있었다.

전쟁이 발발하고 몇 달간은 작정한 듯 잔인함을 드러낸 적 덕분에 케인스는 도덕적 사치를 부릴 수 있었다. 전쟁 초기에 독일군이 저지른 만행들은 철저한 비폭력주의자들을 움찔하게 만들 정도로 무시무시하고 정치적으로 끔찍했다. 독일군 지휘자들은 극단적 비인간성을 그대로 드러내는 전쟁 전략을 세심하게 고안했다. 그런 잔인함으로 상대를 위축시켜 재빨리 항복을 받아내면 유혈사태를 최소화하면서 적진으로 치고 들어가 전쟁에서 금방 승리할 수 있다고 기대한 것이다. 군 지휘관들은 민간인들의 대량 학살을 지시했다. 1914년 9월 19일에 아르스훗이라는 벨기에의 작은 마을에서는 독일군이 약 150명의 주민들을 처형했다. 또 디낭에서는 664명이 죽었다. 중세의 문화 유적들이 파괴되고 마을 전체가 잿더미로 변했다. 독일군이 벨기에 마을마다 붙인 성명서에는 개인이 비행을 하면 공동체 전체가 끔찍한 처벌을 받게 된다고 써 있었다. 바바라 터크먼이 쓴 전기는 이렇게 증언한다. "그들이 주로 쓰는 방법은 마을의 중심 광장에 주민들을 집결시켜 한쪽에는 여성을 다른 쪽에는 남성을 쭉 세운 다음, 지휘관이 마음 내키는 대로 10의 배수나 2의 배수에 해당하는 사람들, 혹은 남성이나 여성 한쪽을 선택해서 가까운 들판이나 철도역 뒤로 행군시킨 후 전부 총살하는 것이었다."[37]

민간인을 대상으로 한 집단 학살은 1899년과[38] 1907년에[39] 열린 헤이그 협약에서 명백히 금지됐었다. 영국의 개입을 지지하는 사람들은 독일이 문명사회의 규범을 파기했으며 벨기에와 프랑스뿐 아니라 인간의 발전 자체에 전쟁을 일으켰다고 주장했다.

물론 이런 주장을 믿으려면 영국 정부가 경제적 이익을 추구하는 과정에서 세계 곳곳에서 자행한 행위들을 무시해야 했다. 영국인들은 19세기 말부터 약 3년간 일어난 보어전쟁에서 남아프리카 공화국 주민 수만 명을 소위 '집단수용소'에서 죽였고, 그보다 불과 몇십 년 전 일어난 인도 항쟁에서는 보수적으로 잡아도 10만 명 이상의 민간인들을 학살했다. 그러나 당시 유럽 지도자들은 식민지에서 벌어지는 그런 잔학 행위를 대수롭지 않게 여겼다. 레너드 울프는 수십 년 후에 블룸즈버리 멤버들이 전쟁 전에 보였던 태도를 이렇게 요약했다. "물론 그전에도 전쟁은 있었지만 그런 전쟁들은 백인이 황인종이나 흑인들을 학살한 식민지 전쟁이거나 아니면 발칸반도나 남미 지역에서 이류 백인들끼리, 혹은 그들의 영토를 놓고 벌어진 전쟁일 뿐이었다."[40] 그러다 유럽 내에서 벌어진 제국주의적 폭력의 실체에 부딪히자 많은 지식인이 동요했다. 버지니아 울프는 열성적인 평화주의자가 되었고 레너드는 제국주의를 노골적으로 비판했다. 점령국들이 다른 유럽 국가들을 이런 식으로 대한다면 다른 곳에서는 얼마나 끔찍한 일들이 벌어졌을지 상상조차 할 수 없었다.

존 메이너드 케인스

벨기에서 자행된 전쟁 범죄는 아군과 적군을 통틀어 수십만 명의 사상자를 냈지만 대중의 관심에서는 멀어졌다. 동쪽에서는 8월 중순에 이미 영국 편에 선 러시아 동맹국들이 갈리시아 지역을 점령하면서 수백 명의 유태계 민간인들을 학살한 바 있었다. 한 역사학자는 "강도와 강간이 여기저기서 자행됐고 유태인 마을들이 화염에 휩싸였다"고 증언했다. 천명 이상이 포로로 수용됐고 수만 명이 러시아 오지로 추방되었다.[41] 프랑스 전역의 참호 속에는 몸을 숨긴 수백만 명의 어린 병사들이 있었고, 쉴 새 없이 이어지는 폭격과 기관총 공격, 독가스가 닥치는 대로 사람을 살상하면서 전쟁은 기괴한 교착 상태에 빠졌다. 대중들의 뇌리에는 철조망을 따라 축 늘어져 있거나 들판에 쌓인 시신들의 모습이 떠나가지 않았다. 평화주의자들의 주장에 일리가 있었다. 전쟁은 그 누구에게도 도움이 되지 않았다.

그러나 케인스의 위상은 아찔할 정도로 고공 행진 중이었다. 1915년 봄에 허버트 헨리 애스퀴스 수상은 새로운 연립정부를 구성하면서 로이드 조지를 군수부 장관으로 임명하고 그의 전 보직인 재무장관에는 자유당 출신의 레지날드 맥케나를 앉혔다. 이미 영국 재무부의 없어서는 안 될 존재였던 케인스는 전시 재정 책임자로 승진했다. 그는 새로운 임무를 맡자마자 이제 막 연합군에 합류한 이탈리아에 제공해줄 대출의 조건을 협상하기 위해 프랑스 니스로 파견됐다.

케인스가 6월 1일 아버지에게 보낸 편지에는 "일이 쏟아지네요

(그래서 아주 신이 나요). 일어나서 좀 생소한 일에 대한 각서를 써야 하는데 제게 주어진 시간은 늘 그렇지만 24시간이 전부예요."[42] 맥케나는 이 새로운 부하직원이 아주 마음에 들었는지 그를 가족 휴가에 초대하고 애스퀴스에게도 소개했다. 케인스는 몸이 망가질 정도로 일에 매진했다. 니스로 파견된 직후 그는 맹장염으로 응급실로 실려 갔고, 수술 후 열흘 만에 폐렴으로 다시 쓰러졌다. 그러나 한 달이 지나자 그는 다시 전속력으로 업무에 매달렸고 프랑스와 미국 은행으로부터 차관을 끌어오는 문제를 협상하기 위해 다시 볼로냐로 떠났다.

연합국 간 자금 조달을 조율하는 것은 진을 빼는 일이었다. 농업부터 중장비까지 모든 경기가 전쟁으로 엉망이었다. 각국은 독일 등 적국 상품에 의존하지 않으면서 식량과 원자재 거래를 조정해야 했다. 밀, 철, 석탄 할 것 없이 한 국가가 특정 상품을 너무 많이 소비하면 똑같은 상품이 필요한 다른 동맹국들이 위험해질 수 있었다.

전통적인 경제 이론에 따르면 시장은 그런 문제를 스스로 해결할 수 있어야 했다. 가격은 상품 수급에 따라 오르거나 내리고, 상품은 그것이 가장 필요한 곳으로 유입되어야 했다. 철 생산량이 너무 많은 국가는 밀 생산량이 많은 국가와 서로 상품을 교환하면 그만이었다. 케인스도 그 개념을 원칙적으로 반박하지는 않았지만 시장이 스스로 조정될 때까지 기다리면 군대에 탄약이 바닥나고 시민들이 굶주릴 수 있다는 것이 케인스와 다른 연합국 담당자들의 우려였다. 자유시장은 전쟁 중인 국가들이 감당할 수 없는 사치였다.

거시경제라는 용어는 미국 경제학자들이 케인스의 후기 연구 내

존 메이너드 케인스

용을 전파하기 시작했던 제2차 세계대전 이후에 탄생했다. 하지만 케인스가 인도사무소 관료로 일하던 시절, 그는 이미 다양한 경제 장치들이 서로 들어맞거나 어긋나는 양상을 보면서 경제 시스템을 전체적으로 분석하는 데 익숙해져 있었다. 그는 인도 통화를 연구할 때 밀이나 차 시장뿐 아니라 영국 및 유럽 통화와의 관계도 파악했다. 이제 그는 재무부에서 대영제국의 관료로서 경제 패턴을 분석하고 있었다. 새로운 상관인 맥케나는 케인스를 일종의 전속 이론가로 활용하기 시작했고 내각 관료들이 전시 경제 현황을 이해할 수 있도록 문서들을 작성하게 했다. 금융 위기가 터지면서 케인스를 영국의 최고위 공무원으로 만든 로이드 조지는 정작 그가 발견한 다이아몬드 원석과 종종 부딪치는 일이 많았다. 후에 로이드 조지는 이런 불평을 했다. "맥케나는 케인스를 한층 더 묵직한 혼들의자에 앉히면 그의 서명이 박힌 재무부 문서에도 힘이 실린다고 생각했겠지."[43]

1915년 9월에 케인스는 인플레이션에 대한 제안서 두 개를 작성했는데 이 문서를 보면 경제 이론가로서 그의 잠재력을 일찌감치 알 수 있다. 경제학자들은 오래전부터 인플레이션을 전쟁 중에 흔히 발생하는 문제로 인식했다. 이론상으로 현금이 부족한 정부가 지불해야 할 것들을 위해 돈을 찍어내면 시중에 유통되는 화폐량이 많아지면서 상품 가격이 높아진다. 케인스는 인플레이션이 독일처럼 자급자족경제에서는 "숨겨진 세금" 같은 기능을 한다고 주장했다. 독일 정부는 전쟁하는 동안 노동자들의 임금을 동결했기 때문에 임금이 물가상승에 비례해서 오르지 않았다. 그래서 독일 국민은 1913년에 받았던 것과 동일한 급료를 집에 가져갔지만 그 돈이 가진 구매력은 이전과 달랐다. 지폐를 인쇄하면 정부의 전쟁 예산이 증가하지만 이는 세금과 마찬가지로 자원이 시민들에게서 정부로 옮겨질 뿐이므로 일반 시민들의 생활 수준은 더 낮아졌다. 이 시스템은 "사회 정의"라는 이름으로 공격받을 수 있었다. 왜 전쟁 비용을 부유층 대신 "노동자 계급"이 대야 하느냐는 것이다. 하지만 독일에서는 전쟁 중 발생한 인플레이션이 통제 불능의 재앙으로 이어질 위험이 없었다. 독일 정부가 군사비로 쓰일 여분의 돈을 마련하기 위해 찍어냈던 화폐 인쇄 작업이 중단되면 물가 상승도 중단될 수 있었다. 물가 상승이 국민에게는 고초였지만 정부에 필요한 인력과 원자재 조달 능력에는 지장이 없었다.

독일은 자급자족경제 능력을 얻은 지 얼마 안 된 상태였다. 전쟁 전 독일은 세계 수출시장 주도권을 두고 영국과 정면승부를 벌이는 자유무역의 강국이었다. 케인스의 제안서에 그런 변화가 일어난 원인이 상세히 담기지는 않았다. 전쟁이 터진 후 연합국은 독일에 해상 봉쇄 조치를 가해 무기부터 식량까지 모든 물품에 대한 국제 수송 능력을 차단했다. 요컨대, 독일의 자급자족경제는 필요에 의해서였다. 그렇다고 자급자족경제 체제가 영원히 지속될 수는 없었다. 봉쇄 상태로 시간이 흐르면 수십만 명의 민간인들이 목숨을 잃을 수밖에 없었다.

하지만 영국에서는 인플레이션의 결과가 아주 다르게 나타날 수 있었다. 케인스의 주장에 따르면 영국은 국제무역 의존도가 너무 높아서 인플레이션이 일시적인 방편만 될 수 있었다. 영국은 물가가 올라가면 일반 가정의 소비뿐 아니라 영국에 수입되는 제품의 가격

존 메이너드 케인스

에도 영향을 줬다. 반면 영국 생산자들이 상품 수출로 받는 가격은 오르지 않았다. 그들이 외국 시장에서 받는 낙찰가는 영국이 아닌 수출국 시장가에 따라 결정됐기 때문이다. 그 결과 인플레이션은 영국의 무역 적자를 더 악화시켰다. 즉 영국인들이 상품 수출로 버는 것보다 더 많은 돈을 수입 제품 소비에 쓰게 된 것이다. 게다가 해외 업체들은 판매대금을 외화나 금으로 받으려고 했으므로 인플레이션 상황이 더 악화해 영국의 수출 업체들은 파산의 위험에 처했다. 계속되는 무역 적자로 영국의 금 보유고는 점점 고갈돼 갔다. 금이 바닥나면 정부는 전쟁을 지속하는 데 필요한 식료품, 군수품, 원자재를 구입할 수 없었다.

이는 케인스의 지적 발전에서 중요한 쟁점이었다. 돈이라는 것은 단지 상품과 서비스의 가치를 매기는 수동적인 힘이 아니었다. 돈에는 그 자체로 능동적인 힘이 있었다. 통화체제가 가진 문제는 장비, 소비재, 공동체의 저축처럼 케인스가 "실제 자원"이라고 부르는 영역에서 예기치 못한 문제를 일으킬 수 있었다.[44]

전쟁을 중심으로 봤을 때 이런 고차원적 이론들은 가장 중대한 경제 문제로 효율성을 가리켰다. 케인스의 제안서에는 "국가의 산업 역량이 완전히 가동되어야만 한다"고 적혀 있었다. 모두가 가능한 많은 물자를 생산하기 위해 가능한 한 많이 일해야만 했다. 일반 가정에서는 인플레이션과 싸우기 위해 지출을 줄여야 했다. 경제가 전속력으로 돌아가기만 한다면 가용할 자원이 충분해지고, 그중 가능한 한 많은 것을 정부로 돌리면 됐다. 군복을 만들려면 면과 모직이, 전투식량을 보급하려면 밀과 소가, 군수품을 위해서는 쇠붙이와 다이너마이트가 필요했다. 케인스는 그의 어머니인 플로렌스를 통해 케임브리지 전시절약위원회에서 만든 팸플릿에 세금 인상에 대비에 각 가정이 지출을 줄여야 한다고 촉구하는 내용을 실었다. "연합군이 전쟁에서 승리하려면 '세금이나 대출금 형태로' 돈을 모금해야 합니다. 터무니없는 소리로 들리겠지만 그렇지 않으면 더 터무니없는 사태가 벌어질 겁니다. 연합군이 승리하지 않으면 우리의 주머니 사정은 더 고통스러워질 겁니다."[45] 전시 경제에서는 희소성이 가장 큰 문제 중 하나였다. 모두가 마음껏 쓸 만큼 물자가 충분하지 않았기 때문이다. 영국이 전쟁하는 동안 더 적은 돈으로 더 많이 생산할 수 있도록 보조하는 것이 케인스의 몫이었다.

케인스와 재무부는 가능한 한 많은 의사결정을 영국 정부에 집중시켜서 연합국의 재정 낭비를 없애고자 노력했다. 프랑스, 이탈리아, 러시아, 벨기에가 영국에 지고 있던 국채 상환 기간을 연장했고, 연합국 간 국제 거래를 감독해서 그 어떤 나라도 다른 연합국에 피해가 갈 무모한 거래로 자금이 낭비되지 않게 감독했다. 가령 이탈리아는 북미산 밀을 거의 전량 사들이는 바람에 영국과 러시아가 비싼 가격에 밀을 수입하게 만든 적이 있었다. 게다가 이탈리아는 밀수입에 필요한 자금을 영국에 의존하고 있었기 때문에, 케인스는 이탈리아 정부가 의도치 않게 연합군에 피해를 끼치지 않도록 적어도 국제 거래에 대해서는 영국 정부와 상의하게 만들었다.

케인스는 중앙 집중화를 효율성 측면에서 설명했지만 사실 그것은 권력 장악을 위한 노력이기도 했다. 연합국마다 전시 행정을 자율적으로 수행하려 할 경우 결국에는 돈줄을 거머쥔 나라가 동맹국과 이웃 국가에 어느 정도 정치적 통제력을 행사할 수 있다는 것을 케인스는 재빨리 깨달았다.

　　그러나 케인스가 수행하는 일상 업무 대부분은 이런 거창한 전략보다 숫자를 처리하는 쪽이었다. 구체적으로는 밀, 철광석, 금 보유량 데이터를 가지고 각 동맹국에 재화, 화폐, 금 중 어느 것으로 비용을 지불하는 것이 최선인지, 또 국제 시스템 측면에서 낭비를 없애는 가장 확실한 방법이 무엇인지 고민했다. 그는 숫자에 강했고 일을 즐겼다. 재무부 일은 실용적이고 유용했으며 참호 속에서 죽음에 처할 가능성도 없었다. 평화주의에 대한 추상적 관심을 키우는 것과 영국이 전쟁에서 적국에 패하게 놔두는 것은 완전히 별개의 일이었다. 영국 병사들을 적절한 무기 없이 전장에 보내봤자 죽은 루퍼트 브룩Rupert Brooke(제1차 세계대전 중 전사한 케임브리지대학 출신의 시인으로 출중한 외모로 특히 유명했음-옮긴이)을 되살릴 수는 없었다.

　　1915년 말이 되자 블룸즈버리 클럽의 예술 작품들은 사회 전복적인 색채를 띠게 되었다. 바네사가 그린 〈삼국동맹〉이라는 정물화는 램프, 와인 병, 진 디캔터를 배치해 제국 전략가들의 허세를 비웃었다. 버지니아는 친구에게 보낸 서신에서 애국심을 "천한 감정"이라고 일축하며 전쟁을 "터무니없는 남성적 허상"이라고 비난했다.[46] 바네사, 던컨, 로저 프라이는 오메가 워크숍이라는 전시회를 기획해서 평화주의자들의 작품을 선보이는 동시에 리튼과 극작가인 조지 버나드 쇼 등 반전 지식인들이 한자리에 모이는 계기를 마련했다. 갑작스레 도모된 이 예술 이벤트에서 전쟁 기금을 모금하는 재무부 관리는 조롱의 대상이 되었다.

1915년 11월, 입대를 거부한 던컨이 영국 경찰로부터 시달림을 당하자, 버니 가넷은 메이너드를 맹렬히 비난했다.

지금 자네 처지를 알기나 해? 그놈들은 상황이 절박해지니 똑똑한 놈 하나가 필요했던 거야… 자넨 야만인들이 흉악한 목적을 이루려고 병에서 꺼내 쓴 다음 다시 집어넣을 램프 요정일 뿐이라고. 자네야 상황이 어떻게 되든 말든 다시 병 안으로 돌아갈 날만 기다리고 있겠지. 근데 너무 잘난 체하지는 마. 야만인들은 그저 야만인일 뿐이니 믿지도 말고… 자네가 배후에서 조종해봤자 괴물 같은 전쟁은 입만 떡 벌리고 눈은 감을 걸세.**47**

물론 핵심은 도덕적 원칙보다는 관계의 균열이었다. 케인스는 유럽의 운명을 좌우하는 중차대한 문제를 다루는 정부 인사가 됐지만 그의 블룸즈버리 친구들은 아직도 그저 복잡한 연애사가 골칫거리의 전부인 사람들이었다. 멤버들은 케인스와 그들 사이에 생긴 커다란 사회적 격차를 알 만큼 똑똑했고 그의 출세를 부러워할 만큼 불안했다.

케인스를 비난하고 한 달이 흐르자 버니는 다시 이런 편지를 보냈다. "우리 부모님은 더 이상 파리든 다른 어디든 내 생활비를 지원해주실 수 없게 됐다네… 내가 다시 무슨 일을 할 수 있겠나?… 뭐 친구들에게 빌붙어 어떻게든 살 수는 있겠지."**48** 또 다른 편지에는 버니가 케인스에게 1파운드를 빌려달라고 부탁하는 내용이 나오는데,**49** 이렇게 빌린 돈이 "20파운드 가까이"로 불어났다.**50** 그리고 한

존 메이너드 케인스

두 달 만에 이런 요청은 상습적 의존성으로 발전했다.

친애하는 메이너드에게,

이미 알고 있겠지만 자네가 없는 동안 던컨과 나는 자네 집에서 편하게 지냈다네.

내가 독감에 걸리는 바람에 어쩔 수 없었어. 물론 독감은 바로 다음 날 다행히 완쾌됐다네.

아침 식사는 즐거웠고, 채프먼 양도 우리가 거기서 지내는 걸 싫어하지 않는 눈치였어.

자네의 후한 배려가 고마울 뿐이네.

애정을 담아, 데이비드 가넷

참, 자네 집에 있던 위스키 한 통은 우리가 비웠다네.[51]

하지만 평화주의자들의 노여움은 진심이었다. 그들의 분노는 케인스의 마음을 크게 울렸다. 많은 사도를 유기적으로 연합시키고 선한 마음 상태로 이끄는 고뇌하는 예술가라는 위대한 원천이야말로 그가 가진 윤리적 위계에서 가장 궁극의 권위가 부여된 천명이었기 때문이다.

버니에게서 가시 돋친 편지를 받을 즈음 케인스는 업무 지시에 따라 운송비나 개선하는 일개 공무원이 아니었다. 전쟁 자금을 조달하는 일은 전후 세계 권력의 균형이 어떤 식으로 구축될 것인지에 영향을 줄 수 있는 전쟁 전략의 아주 중요한 요소였다. 케인스와 그의 상관인 맥케나는 로이드 조지와 전시 국무장관인 호레이쇼 허버트 키치너와 의견 충돌이 잦았다. 군 장성들은 비록 실패로 끝났지만 독일이 1914년 8월에 민간인을 대상으로 시도한 것처럼 독일에 "치명적 한 방"을 먹여야 한다고 주장했다. 즉, 적을 완전히 격파해서 빨리 전쟁을 끝낼 수 있는 거대한 공격을 가하길 원했다. 하지만 케인스는 그런 프로젝트는 재정적으로 감당할 수 없으며, 그보다는 정부가 독일에 경제적 출혈을 일으킬 전략을 강구해야 한다고 주장했다. 그는 재무부 내부 문서에 이렇게 썼다. "현재 우리의 지출 규모로는 한시적 공격만 가능함. 자원의 한계가 가시화되고 있음."[52]

케인스와 맥케나는 영국이 가진 가장 강력한 무기가 경제력이라고 생각했다. 영국은 러시아, 프랑스, 이탈리아 등 모든 연합국에 자금을 제공하고 있는 분쟁국 중 가장 부유한 나라였다. 이런 넉넉한 군수 자금은 결국 세계 각지의 식민지를 거느리는 대영제국의 막강한 자원과 우월한 해군, 또 탄탄한 산업 분야에서 나왔다. 영국이 자국 병사들을 지원하기 위해서는 기계를 돌리고 밭을 갈구는 기본적인 경제 활동을 수행할 일군들이 필요했다. 하지만 병력 수가 급격히 확대되면 국내 경제 인구가 고갈될 수밖에 없었다.

이는 생산과 비용 지급 양쪽 모두에 문제가 됐다. 영국은 전선에서 쓰일 무기를 생산할 공장 노동자가 필요했다. 해외, 특히 미국에 판매할 수출품을 생산할 인력도 필요했다. 영국이 미국에서 물자를 사 오면 미국의 무역 파트너에게는 달러로 비용을 지불해야 했다. 그리고 영국이 달러를 얻는 가장 믿을 만한 방법은 그곳으로 상품을 수출하는 것이었다. 영국 정부는 달러를 확보하기 위해 주식과 채권, 왕실의 보물 같은 자산을 팔 수 있었지만 전시 상황에서 급하게 팔면 좋은 가격을 못 받을 테고, 그러면 대영제국의 재산만 영원히 줄어들 뿐이었다.

이보다 훨씬 더 효과적인 조치는 소비재와 원자재를 미국으로 더 많이 수출하는 것이었다. 하지만 공장 노동자가 전부 프랑스에서 싸우고 있으면 수출을 늘릴 수 없었다. 케인스에게 치명적 한 방 계획은 경제적 자멸을 뜻했다. 그를 정치적으로 후원했던 에드윈 몬태규가 전시내각회의에서 말했듯이 영국은 "지원할 무기도 없이 남자들을 징집하는 일을 멈춰야 했다."[53] 키치너는 민간인 중 160만 명 이상을 새로 모집하려 했지만 케인스와 뜻이 같았던 월터 런시머 무역위원회 의장은 경제 상황을 고려하면 84만 명 이상은 안 된다고 역설했다.[54]

케인스에게는 애스퀴스 총리라는 강력한 동맹군이 있었다. 두 사람은 전쟁 전략에서 뜻이 통했을 뿐 아니라, 서로를 진심으로 아껴서 집에서 개인적으로 만나는 일도 잦았다. 전쟁에 돈을 쏟아부으면서 끝없이 목을 매면 대영제국의 힘이 약화될 것이라는 그들의 견해는 옳았다. 하지만 주별, 월별로 이어지는 단기 문제에 대해서는 그들도 틀린 판단을 할 때가 많았고, 전쟁이 국내 생산에 미치는 영향력을 제대로 예측하기란 상당히 어려웠다. 무역 경로가 붕괴되고 국가 경제가 전시 체제로 전환되면서 영국의 생산량은 1914년과 1915년에 전반적으로 감소했지만, 정부는 1916년까지 대규모 경제 성장을 목표로 조정 작업을 벌이고 있었다. 실제로 전쟁이 끝날 무렵 영국 경제는 인플레이션의 영향을 감안해도 15퍼센트 가까운 성장을 이룬다.[55] 케인스, 애스퀴스, 맥케나는 이런 경험을 바탕으로 교훈을 얻는다. 전쟁이 끝난 후 세 사람은 전쟁 중에 성공한 조치는 평시에도 효과를 낼 수 있다는 믿음으로 경제 부양을 위한 실천주의 정부 정책들을 옹호한다.

하지만 1915년 가을, 영국군은 독일군에 즉각적이고 압도적인 힘을 가하는 데 혈안이 돼 있었다. 그리고 연합군과 함께 프랑스 북부 근처에서 독일군에 대한 대대적 합동 공세에 나섰다. 이 공격의 참담한 결과는 현재 파스드칼레 추모관에 남겨져 있는데, 이곳에는 유해를 찾지 못한 영국 참전용사들을 기념하는 2만 개 이상의 비석이 세워져 있다.[56] 이는 영국군이 독가스 무기를 사용한 첫 번째 전투이기도 했다. 그들은 실패했고, 전쟁은 계속됐다.

반면 로이드 조지와 키치너에게 문제의 핵심은 돈이 아니라 인력이었다. 치명적 한 방의 설계자들은 전쟁에 자원한 군인들만으로는 프랑스와 영국 장군들이 원하는 병력 수에 못 맞춘다는 것을 이제 확실히 알 수 있었다. 그들은 참호에서 목숨을 잃은 병사들을 보충하기 위해 모든 미혼 남성들이 징병에 응해야 한다고 촉구했다.

징병제 문제는 평화주의자인 케인스의 친구들 사이에 거센 저항을 낳았다. 러셀은 전쟁을 비난하는 팸플릿을 찍어 반전 순회 연설에 나섰고, 그러다 결국 투옥됐다. 클라이브 벨은 두 가지 반전 팸플릿을 찍었는데 그중 하나는 너무 체제 전복적이라 런던 시장으로부터 전량 소각 명령을 받았다.[57]

1915년 12월에 케인스는 친구들에게 자신이 징병제에 대한 항의로 맥케나, 런시머와 동반 사퇴를 고려하고 있다고 밝혔다. 이는 전시내각에서 로이드 조지 및 키치너와 대립 중인 애스퀴스 수상에게 힘을 실어주기 위한 결정이었다. 1월에 케인스는 〈데일리 크로니클〉 편집자에게 '정치학자Politicus'라는 가명으로 과격한 편지 한 통을 보냈는데, 글에서 그는 "강제 병역"은 "지배계급이 노동력을 그들의 마음대로 진압하기 위한 새로운 무기"라고 비난했다. 또한 징집이라는 "군의 과도한 욕심"이 영국 경제를 망가뜨리고 연합국의 승리를 위태롭게 할 것이라고 주장했다.[58]

그는 재무부에서 각종 보호 조치와 예외 사항을 넣어 징집에 대한 법안 초안을 수정했다. 최종 법안이 의회를 통과하면 18세부터 41세 사이의 미혼 남성은 모두 징집 대상이 되지만 전쟁에 대한 "양심적 거부"를 선언한 이들과 "국가적으로 중요한" 일을 하는 남성들은 징집을 피할 수 있었다. 이런 최종 법안 내용은 케인스를 실망시켰고 결국 징병제는 유효했지만 그가 재무부를 그만둘 정도는 아니었다. 그는 어머니에게 보낸 편지에서 이렇게 말했다. "세상은 흘러가고 저도 아직은 이곳에 머물러야 할 것 같지만, 제 친구 중 하나가 고문을 받기 시작한다면 그때는 달라지겠죠."[59]

블룸즈버리 멤버들의 인내심은 한계에 다다르고 있었다. 리튼은 케인스가 사임하지 않자 이를 개인적 배신으로 간주했다. 1916년 2월 어느 저녁, 식당에서 식사를 하는 케인스를 만난 리튼은 그의 접시에 편지 봉투 하나를 떨어뜨렸다(미리 계획된 일이었다). 그 안에는 주전론에 대한 몬태규의 연설 내용을 다룬 신문 기사와 함께 "친애하는 메이너드, 왜 아직 재무부에 있는 거지? -리튼"이라는 짧은 메모가

동봉돼 있었다.[60]

리튼의 목표는 자신이 대학 시절부터 비난해온 케인스의 정치적인 일면을 공격하면서 그의 영혼에 흠집을 내는 것이었다. 몬태규는 케임브리지 유니언이라는 정치토론 클럽으로 케인스를 인도하고 그곳에서 간사를 거쳐 회장 자리에 오르게 한 사람이었다. 그는 케인스가 인도사무소에 보직을 얻고 영국 관료제에 합류하는 데 도움을 줬으며, 케인스가 1914년 금융 위기 해결을 위해 자신을 런던으로 소환했던 블래킷과 처음 만났던 왕실위원회에 자리를 마련해준 것도 바로 그였다. 몬태규는 심지어 금융 위기가 끝난 다음에도 케인스가 재무부에 남을 수 있게 영향력을 행사했다. 후에 케인스가 아내에게 보낸 편지에는 "내가 살면서 이룬 직업적 성장은 거의 다 그분 덕분이었소"라고 적혀 있다.[61] 하지만 리튼은 케인스가 재무부에서 행한 모든 헌신적 일들도 지독한 위선일 뿐이라고 매도했다.

리튼이 전달한 신문 기사는 케인스가 후세를 위해 개인적으로 보관할 만큼 그에게 깊은 영향을 미쳤다. 기사에는 "전쟁은 게르만 민족의 뼛속 깊이 뿌리내려져 있다. (중략) 그들에게는 교훈이 필요하다"라고 한 몬태규의 말이 인용돼 있었다.[62] 이는 케인스가 전쟁에 대해 갖고 있던 생각과 달랐다. 괴테의 글을 너무 많이 읽은 그에게는 독일인에게 선천적으로 문제가 있다는 말이 와닿지 않았다. 케인스는 전쟁을 불가피한 충돌이 아니라 거대한 실수라고 판단했다. 심지어 케인스의 절친한 친구들도 적군에서 싸우고 있었다. 1914년 케임브리지대학에서 공부 중이던 비트겐슈타인은 서둘러 비엔나로 귀국해 동맹국(독일, 오스트리아, 헝가리 등 제1차 세계대전 중 연합국에 대항해

존 메이너드 케인스

서 공동으로 싸운 나라들-옮긴이)의 보병으로 지원한 후 러셀의 연구 내용과 확률에 대한 케인스의 생각을 계속 듣기 위해 전선에서 그에게 편지를 보내기도 했다.[63] 그는 유럽 열강들이 선의에 따라 전쟁을 평화롭게 끝내길 바랐지만 그의 정치적 후원자들은 이제 맹목적인 영국 우월주의로 그를 압박하고 있었다. 당황스러운 일이었다.

징병제 법안이 통과된 직후 영국 정부는 케인스가 재무부에서 한 일들을 중요한 국가적 공로로 치하하며 그에게 징병 면제 권한을 부여했고 이로써 그가 전장으로 보내질 일은 없어졌다. 그러나 케인스는 블룸즈버리의 구원자들을 잃는 게 두려웠다. 리튼이 석식 자리에서 기행을 벌인 며칠 후 케인스는 양심적 병역 거부자 지위를 공식적으로 신청했다.

저는 병역 이행이라는 아주 중대한 문제에 판단의 자유를 포기하는 것에 양심적 거부감이 있기에 징병에 대한 완전한 면제권을 주장합니다. 이는 병역의무에 저 자신을 자발적으로 제공해야 할 상황이 아예 없다고 말하는 것이 아닙니다. 하지만 모든 현실적 상황을 고려했을 때 저 자신을 군에 바쳐야 할 의무는 없다고 확신했으며, 이 문제에 있어서 권위에 굴복하지 않겠다는 제 뜻이 진정한 양심에 따른 행동임을 군면제 심사국에 엄숙하게 주장하는 바입니다. 저는 병역 문제에 있어서 무엇이 저의 의무이고 또 무엇이 저의 의무가 아닌지 결정할 권리를 다른 누군가에게 양도할 준비가 돼 있지 않으며 그렇게 하는 것은 도덕적으로 잘못됐다고 생각합니다.[64]

케인스는 양심적 병역 거부자라는 지위를 위해 공식 청문회에도 기꺼이 참석했지만 이는 결국 무의미한 일이었다. 하지만 이런 무의미한 행동 또한 그가 이 사안에 대해 얼마나 깊이 고민했는지를 말해준다.

케인스가 영향력을 행사해서 친구들의 징집을 막자 블룸즈버리의 조롱도 마침내 잠잠해졌다. 소설 집필과 초상화 그리기는 "국가적으로 중요한" 일로 간주되지 않았으므로 케인스는 던컨과 버니에게 과수원에 일자리를 구해주고 농업 근로자 자격으로 군복무 면제권을 신청하도록 도왔다. 하지만 정부는 그들의 신청을 거부했고 케인스는 양심적 병역거부 청문회에서 이들을 위해 증언했다. 덕분에 친구들은 무기를 지니지 않는 비전투원 지위를 획득했지만 그것만으로 안전을 보장할 수는 없었다. 케인스의 형인 제프리도 비전투 의무병으로 참전했는데, 특히 참혹했던 한 전투 이후 연락이 끊기자 그의 가족들은 불안감에 몸을 떨었다(다행히 그는 생존해서 이후 외과의사로 명성을 떨쳤다). 이 때문에 케인스는 던컨과 버니가 공식 면제권을 완전히 부여받을 때까지 양심적 병역의무의 권리를 계속 밀고 나가도록 압박했다. 이는 일시적이고 우발적인 행동이 아니었다. 그가 1916년 6월에 쓴 글에는 "나는 친구들의 진정성, 미덕, 진실을 증명하는 지루한 싸움에 내 시간의 절반을 할애하고 있다"라고 적혀 있다.[65]

그의 신념은 기이하게 뒤엉켜 있었다. 케인스는 영국군에 병사를 내놓지 않으려고 기를 쓰는 한편 전쟁 자금을 모으고 있었다. 그는 영국 정치인들의 민족주의적 우월감에 넌더리가 났지만 그런 지

존 메이너드 케인스

도자들이 제국 영토를 지키는 전쟁에서 승리하도록 보조하고 있었다. 케인스는 자기 자신과 전쟁을 벌이고 있었다.

죽음은 도처에 널려 있었고 집 앞도 예외는 아니었다. 케인스가 블룸즈버리 아파트에서 어머니에게 쓴 편지에는 "이 글을 쓰는 지금도 체펠린 폭탄이 거의 1분 30초에 한 번씩 런던 전역에 떨어지고 있고 그 굉음과 섬광이 너무 무서워요. 생각했던 것보다 더 끔찍하네요"라고 적혀 있다.[66] 그는 외교 일로 교전 중인 바다를 건너 출장을 갈 일이 많았다. 1916년에 한 출장에서 막판에 담당자가 변경되지 않았다면 케인스의 삶은 그해 여름으로 끝났을 것이다. 원래 그는 키치너 국무장관과 같이 배를 타고 러시아를 방문할 예정이었다. 하지만 출발 직전에 런던에 남아 있으라는 정부의 지시가 있었다. 몇 주나 걸리는 러시아 출장으로 케인스의 자리를 비우게 할 수 없었기 때문이다. 그가 타기로 했던 여객선은 출항한 지 불과 몇 시간 만에 독일군이 설치해 놓은 기뢰를 들이받고 침몰했고 이 사고로 키치너는 물론이고 십여 명을 제외한 모든 승객이 사망했다. 케인스는 어머니에게 보낸 편지에 이렇게 썼다. "너무 충격적이네요. 다들 저와 바로 며칠 전까지 붙어 일하던 분들이니까요."[67] 그의 어머니도 놀라기는 마찬가지였다. "사랑하는 아들아. 네가 천우신조로 배를 안 탔다는 소식을 듣고 놀란 가슴을 쓸어내렸단다."[68]

1916년에 전시내각의 내부 정치는 예측 불허였다. 징병제를 둘러싼 대결로 전시내각의 핵심 권력이 키치너와 로이드 조지라는 사실이 드러났다. 이제 키치너는 죽었고, 로이드 조지는 이런 정치적 기회를 놓치지 않았다. 애스퀴스와 그는 모두 자유당 출신이었지만

1916년 12월, 로이드 조지는 보수당 평당원들의 지지를 업고 애스퀴스에 대한 유혈 쿠데타를 일으켰다. 실각한 애스퀴스 총리는 아내인 마고와 함께 정치적 기반을 되찾고자 애썼고, 그러던 어느 날 케인스와 저녁 식사를 했다. 케인스는 버지니아 울프에게 그날의 이야기를 전하며 이렇게 말했다. "전임 총리는 그래도 평정심을 유지하셨는데 마고 여사는 수프를 드실 때부터 울기 시작했어. 그러다 담배를 찾더니 완전히 자제력을 잃고 수프 접시를 눈물과 담뱃재로 채웠지."[69]

재무부 안에서 점점 가중되는 책임들로 힘겨워하던 와중에 케인스는 애스퀴스의 우군으로서 자신의 정치적 입지가 축소됐다는 것을 깨달았다. 한편 전시 내각의 장관들은 전쟁 전략을 짜는 데만 몰두하느라 정작 나라의 재원이 줄고 있는 상황은 잘 몰랐다. 반면 1914년 8월에 금융 위기가 시작되면서 케인스는 돈이 곧 권력이라는 것을 알게 되었다. 지난 반세기 동안 영국이 경제적 위세를 떨칠 수 있었던 이유는 상당 부분 채권국이라는 지위에서 비롯되었다. 다른 국가들은 자금이 필요할 때 런던을 쳐다봤고, 영국은 이런 위치 덕분에 그 돈이 어떻게 쓰이고 누구에게 혜택을 주는지 영향력을 미치는 고유한 권한을 갖게 되었다. 하지만 이제는 전쟁 때문에 대영제국도 해외에서 원조의 손길을 찾게 됐고, 외국에 대한 의존력이 커지면서 영국이 발휘했던 지정학적 영향력이 사라졌다는 것을 케인스는 깨닫게 되었다.

영국에 전쟁 자금을 대줄 유일한 나라는 미국밖에 없었지만 우드로 윌슨 대통령과 윌리엄 제닝스 국무장관은 전쟁에 관여한 국가

존 메이너드 케인스

에는 자금을 빌려주지 않으려 했다. 그래서 영국 재무부는 미국의 민간 투자자들에게 눈을 돌렸다. 물론 민간차관에도 제약은 있었다. 전쟁은 미국에서 인기가 없었고 지지자들이 있다 해도 호응도가 달랐다. 뉴욕, 보스턴, 필라델피아에는 영국을 지지하는 상당수의 아일랜드 이민자들이 있었지만 미국 중서부 전역에 정착한 독일인과 그 후손들이 영국의 희망을 복잡하게 만들었다. 결국 미국 은행들은 영국인들을 부유한 개인들과 연결해주었고, 영국을 재무적으로 구제해줄 만한 곳은 결국 월가의 몇 개 공동체로 좁혀졌다. 케인스의 계산으로는 영국이 1916년 중반까지 전쟁에 소모한 하루 평균 500만 파운드라는 비용의 40퍼센트는 미국 자금이었고, 그 돈의 대부분은 금융계의 유력 인사 몇 명이 편성한 것이었다.[70]

이런 원조 관계의 가장 큰 수혜자는 JP모건이었는데 회장인 존 피어폰트 모건 주니어는 돈을 정치권력으로 바꾸는 요령을 아버지로부터 물려받은 친영파 인사였다. 그와 JP모건은행은 미국에서 영국의 채권 발행 및 상품 구입을 대신해주는 독점 대리인 역할을 하고 있었다. 제1차 세계대전 동안 영국이 미국에서 구매한 상품의 절반 정도를 JP모건이 수입했고 그 비용의 1퍼센트를 수수료로 받았다. 미국은 공식적으로 전쟁에 중립적 입장을 표명했지만 모건은 전쟁 덕분에 자금 대출과 구매 수수료라는 일거양득의 효과를 보고 있었다. 영국의 미국 상품 구매량이 증가하자 JP모건은 구매대행 수수료로만 3,000만 달러의 순이익을 벌었다. 이는 20세기 초반의 금융업에서는 전례가 없는 거래 형태로 은행이라는 거대 산업의 역사에서 가장 중요한 사건으로 인식된다.[71] 모건은 이런 식으로 대서양을 사이에 둔 양 대륙에 영향력을 행사하면서 초당적 힘을 가진 미국의 비공식 외교 기관이 되었다. 독실한 공화당 지지자로서 윌슨 행정부에는 정치적 적수임에도 불구하고 모건은 연방정부의 고문 역할을 하게 되었고, 자신의 오른팔인 토머스 W. 라몬트를 1919년에 파리로 보내 전쟁이 끝날 때까지 평화조약 협상을 보조하게 했다. 윌슨과 브라이언이 원했든 아니든 모건은 단기적으로 미국의 경제력을 전쟁에 효과적으로 동원했고 연합군의 승리와 미국의 개입에 관심이 있는 경제인들의 네트워크를 만들었다.[72]

모건의 이런 열정은 상당 부분 그의 가족이 영국 왕실과 다져온 돈독한 관계 덕분이었다. 하지만 월가의 다른 많은 투자회사도 세계 금융의 수도인 런던에 적어도 인력 몇 명은 두고 있었다. 1914년의 월가는 영국의 주요 은행들의 관행과 제도를 모방하면서 아직은 신흥 경제 권력으로 부상하던 중이었다. 런던과 월가 사람들에게는 모두 엘리트 의식이 있었고, 국제사회의 이런 계급적 연대감은 블룸즈버리 멤버들이 가진 국제적 미학주의와는 차이가 있으면서도 서로 관련돼 있었다.

하지만 전쟁이 장기화되면서 영국의 경제적 권위는 물론 미국의 원조 기관들에 대한 정치적 영향력도 확실히 힘을 잃고 있었다. 케인스는 전후 국제사회가 재편될 것으로 예견했고, 프랑스와 영국은 신대륙의 고객 국가로서 역사의 뒤안길로 쇠락해가는 가운데 미국과 월가의 금융 세력이 향후 서구를 지배할 것으로 전망했다.

케인스를 포함한 영국과 프랑스의 외교관들로 구성된 합동 대표단은 1916년 10월 3일부터 10월 10일까지 미국으로부터 전쟁 자

존 메이너드 케인스

금을 더 조달할 방법을 모색하기 위해 JP모건의 최고 인사들과 여섯 차례 회의했다. JP모건 측에서는 잭 모건과 영국의 구매 대행 업무를 총괄하는 헨리 데이비슨, JP모건 파리 사무소의 최고 파트너인 존 하레스, JP모건 런던 사무소의 수장인 에드워드 그렌펠이 참석했다. 케인스가 작성한 회의록에 따르면 영국 대표단이 향후 몇 달간 15억 달러의 추가 자금이 필요하다고 말하자 모건 측은 "당황스러움을 감추지 않았다"고 한다. 데이비슨은 그런 통보를 "어처구니없는 일"로 표현했다. 그는 "당신들이 말한 액수는 우리가 가진 돈 전부, 아니 그 이상입니다"라고 말했다. 게다가 1916년 가을이 되자 잭 모건은 본인의 회사가 이미 돌이킬 수 없을 정도로 막대한 돈을 영국의 전쟁에 투입했다는 것을 알게 됐다. 협상이 끝날 무렵 모건은 영국이 요구하는 돈을 3월 31일까지 마련하지 못하면 자금이 확보될 때까지 영국이 기존 차관에 대한 변제가 한참 더 미뤄질 수밖에 없다는 것을 깨달았다. 만약 그런 상황이 되면 모건은 영국이 채무 불이행을 선언하게 만들 작정이었다.[73] 모건은 영국 고객들에게 관대한 척했지만, 영국의 운명을 좌우할 키를 누가 쥐고 있는지는 분명했다.

10월 10일에 케인스는 '영국의 미국 금융 의존도'라는 보고서를 외무부에 급히 보냈다. 문서에는 윌슨 대통령과 연방준비국이 언제라도 미 금융권의 영국 채권 매입을 저지해서 영국의 전쟁 활동을 "현실적으로 불가능하게" 만들면서 서부전선에 "극강의 중압감"을 줄 수 있다는 내용이 담겨 있었다. 영국 정부는 더 이상 외교 문제를 미국과 협상할 입장이 아니었다. 구걸이 필요했다.

케인스는 "이 나라는 앞으로 6개월에서 9개월 안에 현재 국가부채 총액의 몇 배에 달하는 막대한 자금을 미국에서 또 빌려야 하므로 계층과 분야를 막론한 모든 투자자에게 호소해야 할 것"이라고 썼다. "몇 달 후면 미국의 기업인들과 대중은 그들보다 우리에게 더 큰 영향을 미치는 사안들에 영국보다 더 큰 영향력을 행사할 것이며 이는 절대 과언이 아님. 그들의 이런 특별한 역할을 고려했을 때, 미국에 대한 영국의 정책은 어떤 형태로도 보복이나 의도적 자극을 피해야 하며 그들을 회유하고 기분 좋게 만드는 방향으로 나아가야 한다는 게 재무부의 견해임"이라고 지적했다.[74]

우드로 윌슨은 미국 대통령으로서 이미 전쟁의 대가를 어느 정도 치른 상태였다.[75] 일단 복잡한 경제 상황으로 인해 결국 미국이 전쟁에 개입할 것을 우려한 브라이언 국무장관은 이에 대한 항의의 표시로 사임했다. 게다가 윌슨은 "전쟁을 피하게 해준 대통령"이라는 반전 슬로건을 내걸고 1916년 재선에 도전했지만 큰 효과도 없이 엎치락뒤치락하다 캘리포니아에서 딱 56표 차로 가까스로 패배자의 운명을 모면했다. 이는 미국 역사상 가장 박빙의 선거 중 하나로 남았다.

장로교 목사의 아들인 윌슨은 국정 활동의 거의 모든 측면을 중대한 도덕적 위기 문제로 생각했다. 그는 "신자유" 정책을 통해 불로소득으로 먹고사는 특권층과 귀족 권력에 정면으로 맞섰다. 또 연방거래위원회를 설립해서 연방정부가 독점 기업들과 싸울 수 있도록 힘을 실어주었다. 그가 연방준비제도를 만든 것은 '금전신탁(당시 미국에서는 모건 등 소수의 은행가가 카르텔 형태로 신탁 업무를 독점하고 있었음-옮긴이)'을 공격하기 위해서였다. 그는 미국의 민주주의가 독특하고 신성하다고 믿었으므로 타국의 전쟁에 휘말려 그런 가치를 훼손하는 위험을 무릅쓸 마음이 없었다.

그러나 윌슨은 정치 경력이 쌓이면서 유럽과 유럽인들에 대한 생각이 바뀌었고 해외 분쟁도 완전히 다른 눈으로 바라볼 만큼 지적 변화를 겪었다. 윌슨은 1902년에 발표한 저서 《미국인의 역사A History of the American People》에서 동유럽과 남유럽 출신 이민자들을 "기술도 없고, 에너지도 없으며, 민첩하게 지능을 쓰려는 의지도 없는" 사람들로 폄훼했다.[76] 하지만 그는 1912년 대통령 선거에서 이민자들의 표가 간절해지자 "국가는 모든 편견을 버려야 한다"고 선언하고 유럽의 다양한 이민자들을 환대함으로써 태도를 선회할 수밖에 없었다.[77] 하지만 모든 편견을 버려야 한다는 말은 진심이 아니었다. 윌슨은 자신의 개혁 정책에서 흑인을 계속해서 배제했고 심지어 인종적으로 통합된 정부 부처를 분리하려 애쓰기도 했다. 그러나 대통령으로서 뉴욕 이민자 공동체에 한 약속을 잘 지켰고, 이에 1915년에 추진된 유럽 이민자들을 제한하는 법안에 거부권을 행사했다.[78] 윌슨은 이제 동유럽과 남유럽에서도 자기 절제와 책임을 지는 생산적인 사람이 배출될 수 있다고 믿게 됐다.

이런 변화는 제국주의 시대의 유럽인에 대해 윌슨이 갖고 있던 미국의 책임의식도 바꾸어 놓았다. 윌슨에게 미국은 높은 도덕성의 표상이었고, 그런 만큼 윤리성을 욕보이는 제국주의자들에 대해 미국이 현명한 영향력을 행사해야 한다고 목소리를 높이게 됐다. 제국의 열강들은 국가 간 공정한 외교 활동을 막고 무의미하고 불필요한 전쟁을 야기했다. 세계대전의 폭력성이 짙어지면서 세상을 암흑에서 빛으로 끌어내야 할 미국의 의무가 윌슨 행정부의 위대한 도덕적 책임으로 빠르게 자리 잡고 있었다. 하지만 윌슨은 전쟁에 개입해서 불안한 선거 결과를 위태롭게 할 만큼 둔한 정치가가 아니었다. 그는 양측 모두에 외교적 압박을 가해 전쟁에서 손을 떼게 만든 다음 미국이 중재하는 평화협정에 동의하기를 바랐다. 케인스가 우려했던 대로, 윌슨은 자금력으로 문제를 해결하기로 결정했다.

케인스와 모건이 만나고 두 달이 채 안 된 1916년 11월 28일에 미국 연방준비제도이사회 의장인 윌리엄 깁스 매커두는 자국의 모든 투자가에게 영국과 프랑스에 발행하는 단기채권에 대해서는 신중을 기하라고 권고하는 공식 포고령을 발표했다. 전면적 금지는 아니었지만 매커두의 이런 선포는 미국 정부가 연합국의 신용을 믿지 않는다는 공식적인 표현이자 경고였다. 이는 즉각적인 효력을 발휘해 미국 자금이 영국에 유입되는 것을 효과적으로 차단했다. 모건마저 연준의 압박으로 발을 뺐다. 윌슨은 어느 쪽이든 소위 "승리 없는 평화"를 추구해야 한다는 지론에 따라 유럽의 군수자원을 옥죄었다.

연준의 포고령으로 인해 영국은 1917년에 접어들면서 본격적인 금융 위기를 맞이했다. JP모건 등 미국의 주요 투자자들로부터 추가 자금을 확보하지 못하자 영국은 해외 부채를 금으로 변제할 수밖에 없었다. 3월 17일, 케인스는 재무부 장관에게 재무부의 금 보유고가 몇 주 안에 소진될 것이라고 보고했다. 세계 금융의 중심지라는 런던의 위세가 사라질 위기에 처한 것이다. 미국이 자금을 수혈하지 않으면 영국의 군수물자는 그대로 바닥날 처지였다.

케인스는 미국의 의도를 의심했고 세계무대에서 축소되고 있는 자국의 위상에 두려움을 느꼈다. 하지만 윌슨의 전술이 잘못된 것도 아니었다. 케인스 역시 전쟁이 끝나길 바랐고, 전쟁이 끝나려면 미군을 동원하는 것보다 미국의 자금 유입을 막는 편이 훨씬 효과적인 방법이라는 것을 알고 있었다.

하지만 독일은 순순히 전쟁에서 물러나지 않았다. 독일은 몇 주만 더 버티면 전쟁에서 완승할 수 있다는 확신이 있었기에 미국의 민간 선박에 대한 잠수함 공격을 더 확대했고, 그중에는 연합군에 군수물자를 나르던 배도 포함돼 있었다. 이는 영국 해군의 독일 봉쇄로 독일과 오스트리아 도시들에 영양실조가 만연하고 기아 상황에 이르자 독일이 행한 보복 행위였다. 하지만 대부분의 미국인에게는 독일의 공격이 중립국에 대한 이유 없는 잔혹 행위로 보였고, 그로 인한 민간인 희생은 정치적으로 용납될 수 없었다. 매커두는 유럽 채권에 대한 경고를 철회해서 자금원의 밸브를 다시 열었고 민간 은행들은 영국 정부에 다시 채권을 발행하게 됐다. 4월 6일, 케인스가 영국 국고가 바닥날 것이라고 예고한 때보다 딱 일주일 전에 미국 의회는 전쟁을 선포했다. 공적 자금도 곧 민간 자금의 뒤를 따랐다. 의회가 프랑스와 영국에 30억 달러의 차관을 승인하면서 연합군은 처음으로 미국 정부의 전폭적 신뢰와 신용을 얻게 됐다.

전쟁으로 인한 영국의 두 번째 재정 위기가 그렇게 끝났다. 연합군은 구조되었다. 역설적이게도 미국의 개입으로 전쟁은 계속됐지만 케인스의 개인적 고뇌는 한동안 많이 진정됐다. 이제 대학살을 연장시킨 데 대한 책임은 미국에 있었다. 금 보유고의 고갈을 늦추기 위한 그의 노력이 윤리적으로 무의미해진 것이다. 그래서 케인스는 재무부의 유능한 관료라는 명성, 아니 적어도 마지못한 존경심이라도 얻으면서 자리를 보전하게 되었다. 또 그해 5월에는 재무부에서 전쟁을 위해 애쓴 공로로 기사 작위에 버금가는 높은 영예인 배스 훈장을 받았다.

하지만 케인스는 미국의 재무 담당자들이 부과하는 새로운 제약들이 못마땅했다. 윌슨과 매커두는 전쟁에 개입한 이후로 전쟁 관련 비용을 의심하기 시작했다. 그들은 영국이 비용을 부풀려서 미국에 청구하거나 국내 문제에 은밀히 전용하고 있다고 믿었다. 케인스는 영국 정부가 JP모건에 진 부채를 갚느라 전쟁 관련 채무를 소홀히할 일은 절대 없다는 메모를 매커두에게 보냈다. 그는 이번 전쟁이 역사상 최대 규모인 만큼 막대한 비용이 투입될 수밖에 없다고 강조했다. 미국이 개입된 이후로 영국이 프랑스, 러시아, 이탈리아, 벨기에에 제공한 총 지원금 규모는 미국이 동일 국가들에 투입한 지원금의 두 배 이상이었다.[79] 미국이 영국에 자금을 조달하는 동안 영국은 나머지 유럽 국가들에 계속 자금을 제공하고 있었다.

블룸즈버리 덕분에 영국 정부가 돈을 낭비하지 않은 일도 있었다. 1917년 9월에 에드가 드가가 사망하자 프랑스의 미술상인 조르주 프티트는 드가의 스튜디오에 남겨진 모든 유작을 경매에 부친다고 발표했고, 던컨은 케인스에게 정부 차원에서 경매에 참여하라고 부추겼다.[80] 케인스는 재무장관인 보너 로에게 이 내용을 보고하면서 일종의 경제 논리로 경매 계획을 최선을 다해 포장했다. 드가가

존 메이너드 케인스

사망한 지 불과 몇 달이 지난 시점이었고, 그의 작품들이 후세 화가들에게 영향력을 미친다면 시간이 지날수록 그 가치는 점점 올라갈 수밖에 없었다. 파리 근교에서 벌어지는 교전 때문에 경매 수요도 낮을 것이 분명했다. 세계적 걸작을 아주 낮은 가격에 살 수 있는 절호의 기회라는 것이 그의 논리였다.

케인스는 강력하게 밀어붙였지만 터무니없는 소리였다. 후기 인상파 작품의 미래 가치는 아무도 알 수 없었고, 아무리 위대한 프랑스 화가라지만 영국 정부가 일일이 그들의 작품을 영국의 박물관에 전시할 의무도 없었다. 하지만 케인스가 바네사에게 보낸 편지를 보면 보수적인 재무장관은 "그림을 사고 싶어 하는 내 모습을 아주 재미있어 하더니 결국에는 농담처럼 내가 원하는 대로 하라더군"이라고 적혀 있다.[81] 케인스는 내셔널갤러리 관장인 찰스 홈즈와 함께 파리로 떠났고, 20점이 넘는 그림을 2만 파운드에 구입할 수 있었다. 그는 500파운드가 조금 안 되는 자비로 개인 소장용 작품 4점도 별도로 구입했다.[82]

이는 케인스의 말대로 "위대한 그림 쿠데타"였고,[83] 전쟁 기간 동안 블룸즈버리 멤버들의 찬사를 받은 흔치 않은 사건이었다. 케인스는 고든광장 46번지 집에서 그중 한 작품을 바네사와 버지니아, 세퍼드, 로저 프라이에게 공개했는데, 바로 사과 여섯 개가 그려진 폴 세잔의 정물화였다. 버지니아는 그때 일을 이렇게 썼다. "로저는 거의 정신을 잃을 뻔했다. 그렇게 넋을 잃은 모습은 처음이었다. 마치 해바라기에 붙어 있는 꿀벌 같았다."[84]

버니는 케인스에게 편지를 썼다. "네사와 던컨이 자네를 아주 자랑스럽게 여기더군. 이제부터 자네는 어떤 죄를 지어도 용서받을 수 있는 완전한 면죄부를 얻었네."[85]

블룸즈버리 멤버들은 전쟁이 이어지는 동안에도 흥겨운 일상을 완전히 포기하지 않았다. 가끔이지만 케인스는 여전히 저녁 파티를 열었고 바네사는 석세스 지역에 있는 찰스턴 농장을 매입했는데, 이후 농장은 블룸즈버리 클럽이 가장 좋아하는 시골 은둔지가 되었다. 던컨도 곧 그녀를 따라 농장으로 이주했고(이 일로 케인스는 그가 사랑의 경쟁자라는 힌트를 얻었지만), 케인스 또한 한적한 시골이야말로 골치 아픈 런던과 친구들의 도덕적 질책에서 벗어날 피난처라는 것을 깨달았다. 버지니아는 여성 참정권 운동가들의 연설에 참여하기 시작했고 레너드는 노동당에서 유급 당원 일을 시작했으며, 바네사는 강경하고 진심 어린 태도로 정치에 일관적으로 무관심했다. 일례로 전쟁 초기 그녀는 저녁 파티에서 애스퀴스 총리 옆에 앉을 기회가 있었는데 그에게 비꼬는 기색 없이 이렇게 물었다. "선생님은 정치에 관심이 있으세요?"[86] 블룸즈버리 멤버들 가운데 케인스가 공무원의 부조리한 일상과 기행에 대한 장광설을 늘어놓으며 보이는 절충된 윤리적 태도에 무언의 분노를 품지 않고 사심 없이 웃을 수 있는 사람은 바네사밖에 없었다. 바네사에게 정치는 죄와 구원의 시험대가 아닌 문학적 미학 분야로서 인간 군상의 드라마가 펼쳐지는 또 다른 장이었다. 버지니아의 표현을 빌리면 케인스는 바네사를 향한 "충직한 애정"[87]이 가득했다.

블룸즈버리 멤버들과 긴장이 완화되자 이번에는 미국과의 마찰이 격화되었다. 케인스는 연합군 전쟁협의회를 "몽키 하우스"[88]라

존 메이너드 케인스

표현했는데, 그들의 회의가 관료주의적 무능함의 "극치"[89]를 보여주었기 때문이다. 그의 친구인 바질 블래켓에 따르면 케인스는 가을에 외교 문제로 미국을 방문했을 때 "무례한 행동으로 끔찍한 평판을 얻었다"[90]고 한다.

미국의 자금도 승리의 속도를 앞당기지 못했고, 미군은 1918년이 되어서야 비로소 전투에 합류했다. 그러는 동안 유혈 사태는 더욱 심해졌다. 미국인들이 전쟁 비용에 아주 옹졸한 태도를 취하는 통에 영국인들은 궁여지책으로 자국 내 식량 공급을 제한했다. 연합군이 전쟁에서 승리한다고 해도 케인스가 자라면서 경험한 세계 질서와 영국 문화는 이제 사라지고 없었다. 이 때문에 케인스는 우울함과 환멸감을 느꼈다.

그는 어머니에게 보낸 편지에 이렇게 썼다. "이번 크리스마스에 든 생각인데, 전쟁이 더 길어지면 이미 많은 것들이 변한 것처럼 우리가 지금까지 알고 있던 사회질서는 사라질 것 같아요. 후회는 되지만 섭섭할 것도 없어요. 부자들이 없어지는 게 오히려 위안이 되고, 어쨌든 옳은 일이니까요. 다만 두려운 것은 사회가 전체적으로 궁핍해질 것 같아요. 우리가 신대륙에 대해 갖고 있는 청구권은 머지않아 박탈당할 테고 이 나라는 미국에 저당 잡힐 겁니다."

"제게 주어진 유일한 길은 낙천적인 볼셰비키 당원이 되는 것이겠죠. 오늘 아침 이렇게 침대에 누워 있자니 마음이 아주 충만해지면서 여러 생각이 들어요. 우리의 통치자들이 광적이고 사악하고 또 그만큼 무능하다 보니 한 문명의 한 시대가 조만간 끝날 것 같아요."[91] 케인스는 본인도 그에 대한 책임에서 배제하지 않았다. 그는 던컨에게 보낸 편지에 이렇게 고백했다. "나는 스스로 범죄자라 멸시하는 정부를 위해 일하고 있네."[92]

케인스가 미국에 대해 갖고 있던 경쟁의식과 미국 문화에 대한 경멸감은 평생 이어졌다. 제2차 세계대전 동안 그는 미국 전원 지역의 아름다움을 깔보았고 미국 지식인들은 "직관력"이 없다고 무시했다. 그런데 역설적이게도 나중에 그를 유명하게 만들어줄 경제사상의 도약의 발판을 마련해준 곳이 바로 이 미국이었다. 게다가 제1차 세계대전 중 케인스가 겪은 양심의 마지막 위기를 해결해줄 사람도 바로 한 미국인이 될 것이다.

1918년 1월 8일에 윌슨은 그의 인생에서 가장 중요한 연설을 한다. 그보다 한 달 전, 윌슨 대통령은 그의 다섯 번째 국정연설에서 미국의 전쟁 개입 범위가 오스트리아-헝가리 제국까지 확대되어야 한다고 의회에 요청했다. 며칠 후 의회가 이를 승인하자 그는 또 다른 사안을 논의하기 위해 국회의사당에 의원들을 소집했고, 겨울철 휴회 기간을 맞아 집에서 쉬고 있던 의원들에게 이는 여간 성가신 일이 아니었다. 당시는 국내선 항공편이 자주 있던 시절이 아니어서 국회의원들이 워싱턴에 한 번 가려면 가족, 친구, 유권자들과 몇 주씩 떨어져 있어야 했다. 하지만 윌슨에게는 강력한 비전이 있었고, 이를 통해 자신의 정권뿐 아니라 세계정세에서 미국이 담당할 역할을 재정의할 수 있다고 믿었다. 국회의원들이 한자리에 모인 가운데 그는 소위 14개조라는 것을 제시했는데, 이는 평화조약이 궁극적으로 지속되기 위해 대전의 당사자들이 고수해야 할 원칙들이었다. 전체는 14개 조항으로 구성돼 있었지만 윌슨의 연설은 모든 민족이 외압에서 벗어나 스스로 선택한 정부 아래서 살아갈 권리인 소위 "민족자결주의"라는 광의의 개념을 전달하는 데 집중돼 있었다.

14개조 안에는 일반적인 원칙들도 있었다. 제1조는 비밀 외교협정의 중단을, 또 제4조는 군비를 "국내 안전에 맞춰 최저 수준"으로 축소할 것을 요구했다. 제3조는 "가능한 한 모든 경제 장벽을 없애고 동등한 통상 조건을 확립"하는 경제적 공정성을 주창했다. 이런 통상 원칙은 "항해의 자유"를 보장하는 제2조를 통해 도모될 수 있었다.

윌슨이 설명한 조항의 절반은 영토 문제를 다루고 있었다. 그는 여러 민족 집단이 유럽의 제국주의 열강으로부터 독립해 자율적으로 발전할 수 있도록 새로운 국경선을 그리고자 했는데, 이는 사실상 그가 자국에서 전개하던 생물학적 인종차별주의를 좀 자비롭게 표현한 것뿐이었다. 그밖에 제8조는 벨기에의 독립을, 제10조는 오스트리아-헝가리제국의 "자율권"을 내세웠다. 또 제11조에 따르면 모든 군대는 루마니아, 세르비아, 몬테네그로에서 철수해야 했고, 제12조와 제13조는 터키와 폴란드의 독립을 주장했다. 중앙집권 세력과 연합국 지도자들을 모두 경악시켰던 볼셰비키 치하의 러시아조차 "그들 스스로 정치적 발전을 이루고 국가 정책을 결정할 수 있는 기회를 방해와 통제 없이 부여하고 그들이 자유주의 국가에서 진정으로 환대받을 수 있게 보장해야 한다"고 주장했다. 윌슨은 유럽 내 영토 정복을 전쟁의 합당한 결과로 수용하면 안 된다는 것을 세부적으로 제시했고 항구적인 평화를 유지하기 위해 강국들 사이에 새로운 완충 국가를 만들어야 한다고 역설했다.

14개 조항에는 전쟁 종식을 위한 일련의 지시사항 이상의 큰 의미가 있었다. 그것은 전후 세계 질서에 대한 도덕적 지침이었다. 독단적이고 잔인한 전쟁의 참사로부터 지속적이고 선한 의미를 만들어내려는 시도였다. 윌슨에게 세계 정의라는 개념은 개인의 권리보다 민족주의와 정체성에 중심을 둔 19세기 사상에 뿌리를 두고 있었다. 윌슨이 제시한 유일한 인권은 독립국가의 일원이 될 권리였다. 크든 작든, 승전국이든 패전국이든, 모든 국가가 국제 정치라는 테이블에서 동등한 자격을 누려야 한다는 그의 주장은 수 세기 동안 지속됐던 제국의 힘을 종식시킬 만큼 강력하고 급진적인 생각이었다. 청렴한 장로교 신자인 윌슨 대통령이 유럽에 스스로 만회할 기회를 준 것이다.

이 모든 웅대한 비전에도 불구하고 윌슨은 이런 논리를 정작 미국에는 적용하지 않았다. 만약 다양한 민족 집단에 자치권이 주어져야 한다면 당연히 아프리카계 미국인들도 새로운 국가를 가질 자격이 있었다. 윌슨에게 미국은 다양한 인종들이 독특하게 결합된 문명화된 민주주의 국가였다. 윌슨의 정치적 성공을 위한 인종 공식에는 흑인들의 자리가 없었고 그들의 민족자결권마저 부정했다. 미국이 후진적이고 부당한 중세 파벌주의로부터 유럽을 해방시키는 영웅이 되려면 자국 내 차별은 무시해야 할지도 몰랐다.

그러나 윌슨이 약속한 면죄부가 케인스에게는 안도감을 줬다. 14개 조항은 전쟁이 벌어지는 동안 케인스가 한 일들에 더 광범위한 도덕적 의미를 부여했다. 윌슨의 법령 덕분에 전쟁은 영토 확장을 위한 무의미한 쟁탈전에서 제국주의를 영원히 종식시키는 십자군 원정으로 탈바꿈했다. 케인스는 어머니에게 보낸 편지에서 윌슨의 사상을 "4계명"이라 부르며 치하했다.[93] 윌슨의 메시지에 블룸즈버리 멤버들도 하나같이 깊은 감화를 받았고, 그들은 향후 외교 분쟁을 심판할 국제연맹 창설로 이어질 윌슨의 14개 조항의 헌신적인 지지자가 되었다. 블룸즈버리 멤버들은 재무부에서 일하는 그들의 친구에게도 변화가 생겼다는 것을 알게 됐다. 윌슨의 연설이 있은 지 일주일이 채 안 됐을 때 버지니아 울프가 쓴 일기를 보면 "케인스가 마법 같은 기운을 뿜어내며 우리 예술 공동체에 집단적 활기를 불어넣고 있다"[94]라고 쓰여 있다.

윌슨은 14개 조항을 처음 발표한 지 거의 9개월 만에 뉴욕 메트로폴리탄 오페라극장에서 또 다른 연설을 하는데, 그는 내용 전체를 국제연맹에 할애하며 자신의 의지를 더욱 강력히 천명했다. 미국이 선전포고를 한 날부터 8개월이 지난 10월 6일, 독일은 윌슨의 사상을 수용했다. 당시 독일 국민은 경제적으로 아주 궁핍한 상황이었다. 영국 재무부는 미국의 차관 덕분에 회생됐지만 독일, 오스트리아, 터키로의 식량 수송을 차단하는 연합국의 해상 봉쇄 조치는 전혀 수그러들지 않았다. 후에 전문가들의 추정에 따르면 이 조치로 40만 명 이상의 민간인들이 굶어 죽었다. 불과 몇 달 전까지도 독일 정부는 완전한 승리가 코앞에 왔다고 믿었지만, 그것으로 끝이었다. 바덴의 막시밀리안 왕자는 연합국이 윌슨의 평화원칙을 준수한다면 독일도 전쟁에서 철수하겠다는 각서를 보냈다. 그리고 몇 주 후인 11월 11일 11시에 공식적인 휴전이 이뤄졌다. 전쟁은 그렇게 막을 내렸다.

"세계 역사에 이렇게 경이적인 2주가 다시 있을까요?" 희망에 부푼 케인스는 어머니에게 이런 편지를 썼다. "이제는 모든 게 끝났고, 언론이 뭐라 하던 세계 각국 모두 평화를 바란다고 저는 믿어 의심치 않습니다."[95]

존 메이너드 케인스

JOHN MAYNARD KEYNES

실망으로 점철된 파리평화회의

03

1918년 12월 16일, 윤기 나는 흑마를 타고 파리 시내를 행진하는 수십 명 기병들의 허리춤에 걸린 사브르와 머리에 쓴 황동 헬멧이 햇빛에 빛나고 있었다.

기병들 뒤로는 프랑스의 조르주 클레망소 총리, 영국의 로이드 조지 총리 등 세계열강의 지도자들이 탄 마차 행렬이 이어졌다. 보도를 따라 나란히 선 보병들과 천천히 지나가는 호위대의 총검이 하늘을 가리켰다. 고관들 뒤로는 각국 정상의 수행단이 탄 고급 세단들이 앞선 기술을 과시했다. 세계대전은 끝났고, 전쟁의 승자들이 샹젤리제 거리를 따라 개선문 쪽으로 이동하는 중이었다. 한 세기 전, 승전보를 울리며 이 도시로 입성했지만 미완성된 목조 개선문 모형에 만족해야 했던 나폴레옹 1세의 영광을 가로챌 정도로 성대한 행사였다.

존 메이너드 케인스

의기양양한 군중들은 함성을 지르며 거리로 몰려나오거나 옥상에서 손을 흔들었고, 건물 창가에서 환호성을 질러 도시 광장이 떠들썩했다. 당시 파리 인구는 100만 명 정도였지만 그날에는 200만 명의 추종자들이 미국 대통령 우드로 윌슨의 모습을 잠깐이라도 훔쳐보기 위해 찬 바람 부는 거리로 나섰다. 영부인인 이디스 여사는 당시 상황을 이렇게 설명했다. "사방이 인류애를 외치며 환호하는 사람들로 가득했어요. 우리 부부가 파묻힐 정도로 꽃비가 한가득 뿌려졌고요."[1]

전쟁이 끝날 무렵 윌슨은 유럽 대륙에서 최고로 유명한 인사였다. 일단 미국은 수년간 교착 상태에 있던 피로 얼룩진 전쟁의 조류를 바꾸는 결정적 역할을 했다. 하지만 유럽 시민들이 윌슨에게 빠진 데에는 또 다른 이유가 있었다. 그가 평화협정에 참석하기 위해 프랑스의 수도로 왔고, 그 협정으로 후세대를 위한 국제정치 조건들이 확립될 예정이었기 때문이다. 윌슨은 대전의 승리자 중 유럽이 자초한 대혼란이 재발되지 않도록 국제연맹이 외교력을 발휘하는 새로운 세계 질서를 비전으로 제시한 유일한 지도자였다. 전쟁으로 지친 대중들에게 윌슨은 정치인이 아닌 예언자 같았다. 한 첩보요원에 따르면 로마 시민들은 윌슨 대통령을 말 그대로 "평화의 신"이라 칭송했다고 한다.[2] 끔찍한 전쟁으로 아버지와 아들, 생계를 잃은 프랑스, 이탈리아, 영국의 수백만 가정은 윌슨이 제시한 꿈에 매료되었다. 그의 인기는 정파, 언어, 국적을 초월했다. 파리의 공산당 기관지인 〈위마니테〉조차 윌슨에게 찬사를 보냈고,[3] 향후 남아프리카 공화국의 수상이 될 얀 스머츠는 "전쟁 역사상 가장 고귀한 인물,

아니 아마도 유일하게 고귀한 인물"이라고 선언했다.[4]

케인스는 나중에 그의 책에서 당시의 감흥을 이렇게 표현했다. "윌슨 대통령이 조지워싱턴호를 타고 대서양을 건너왔을 때 세상 사람들은 얼마나 들뜨고 희망에 가득했던가! 승리의 열기가 식기도 전에 이렇게 유럽을 방문하다니 얼마나 위대한 분인가!"[5]

퍼레이드가 센느강 너머까지 이어지자 10만 명 이상의 파리 시민들이 환호하며 콩고르드 광장으로 몰려들었다.[6] 귀빈 행렬이 루아얄 거리로 접어들자 그들이 지나가는 머리 위로 윌슨의 안녕을 염원하는 반짝거리는 현수막이 거리 전체를 가르며 걸려 있었고 구경꾼들은 "윌슨은 언제나 옳다!"라고 외치며 그를 환호했다. 초로의 대통령은 소년처럼 생긋 웃으며 이에 대한 답례로 모자를 벗어 흔들었다.

그로부터 해를 넘긴 1919년 1월 10일, 존 메이너드 케인스가 파리에 도착했을 때 그를 위한 퍼레이드 같은 것은 없었다. 그는 "이 회의가 끝나면 전 자유의 몸입니다"[7]라는 말로 파리 일정이 영국 공무원으로서 그의 마지막 임무라는 것을 재무부에 통보한 상태였다. 그는 블룸즈버리의 윤리 강령과 세계무대에 대한 열망 사이에 존재했던 실존적 혼란이 마침내 끝났다는 희망을 품고 영국을 떠났다. 케인스는 모친에게 안정적이고 지속적인 평화를 낙관하며 회의의 모든 일정이 마무리되는 대로 한 달 안에 고향으로 돌아가겠노라고 알렸다. 그는 풍족한 수입과 다양한 여흥으로 이어질 전후의 삶을 즐겁게 상상하면서 그에게 제안된 새로운 일자리까지 이미 검토하고 있었다.[8]

하지만 평화회의는 이런 그의 희망을 산산이 깨버렸다. 케인스는 "상상이 되겠지만, 이곳은 엄청난 군중들 사이에 온갖 잡담과 험담, 음모가 끊이질 않아요"라고 가족에게 전했다.[9] 협상은 한창 진행 중이었다. 영국 대표단의 숙소는 호텔 네 곳으로 흩어져 있었는데 그중 샹젤리제 거리에 있는 호텔 마제스틱이 가장 괜찮았다. 특히 그곳은 호텔 레스토랑에서 영국 요리사가 조리한 음식을 무료로 즐길 수 있어 그들에게 일종의 "만남의 장소"가 되었다. 케인스는 가능한 한 호텔 대신 도시 외곽의 고급 레스토랑에서 다른 교양인들과 점심을 하려고 했다. 외부 식사는 그의 사회적 지위를 과시함과 동시에 자신은 우물 안 개구리 같은 동료들과 달리 외국 언론인이나 유력 인사들과 어깨를 나란히 할 만큼 세계적으로 앞서간다는 평판을 유지하는 데에도 도움이 됐다.[10]

협상은 혼란스럽고 황당했다. 월가의 변호사인 폴 크래바스가 케인스에게 말하길 미국 대표단이 머무는 콩고르드 광장의 호텔 크릴론은 "토끼굴이 따로 없고"[11] 경계가 어찌나 삼엄한지 클레망소 총리조차 회의를 하러 안으로 들어가는 길에 미국 경호원들에게 제지를 당했다고 한다.[12] 협상을 시작한다는 공식적인 선언도 없었다. 휴전 후 몇 주가 지나자 전 세계 각국의 외교관들이 파리의 고급 호텔로 밀려 들어와 만찬을 열고, 술자리를 빌려 전략을 논하고, 리무진을 타고 센 강변에 위치한 프랑스 외무성을 오가며 회의를 했다. 전쟁을 거치면서 연합국 사이에 여러 위원회가 생겼고, 그중 상당수가 활동 무대를 파리로 옮긴 후 전후 조치에 대한 제안과 그 대안의 초안을 마련하고, 영토 경계선 및 통화 문제로 벌써부터 실랑이를 벌이다가 마침내 1월 18일에 윌슨과 클레망소가 첫 번째 본회의를 주관하게 되었다. 이 회의에서 1월 21일에 열리는 협상의 지침이 될 일련의 규정이 발표됐지만 협상 절차를 정하는 과정이 또 다른 외교적 격전지가 되었고, 3월이 되자 회담은 윌슨, 클레망소, 로이드 조지, 비토리오 올랜도 이탈리아 총리 등 네 명의 자문 위원회를 중심으로 재편되었다.[13]

케인스는 줄곧 엄청난 일정을 소화하고 있었다. 그가 파리에 도착한 지 나흘째 되던 날 가족에게 보낸 편지를 보면 정전위원회, 최고전쟁위원회, 최고구급구제위원회에 참석하는 것은 물론이고 보나르 로 재무장관과 로드 리딩(영국 사법부의 권력자)과의 단독 브리핑, 미국 대표단과 전략회의, 또 매일 석식 후에는 회의록 내용을 비교하고 다음 날 계획을 세우기 위해 영국 재무부 멤버들과 별도로 회의를 했다. 이 모든 일정을 평일 하루 동안 소화했다.[14]

독일과 다른 패전국들은 회담에 초대받지 못했다. 연합국들이 본인들의 조약 조건을 결정한 다음 그 내용을 독일 지도자들에게 제시하고, 그때부터 유럽의 미래를 판가름할 진짜 협상이 시작될 것이라는 게 사람들의 생각이었다. 파리에 모인 대표자들은 해외 외교관들이 꾸준히 보내온 보고서에 담긴 적국의 생생한 참상을 통해서만 패전국의 상황을 인식하고 있었다. 베를린에서는 격렬한 혁명이 한창이었다. 비엔나 거리에서는 외국 장교들이 굶주린 아이들의 갈비뼈를 세고 있었다. 미국 대표인 허버트 후버는 정전협정이 체결된 후 "군국주의에 의한 위험이 경제 붕괴에 따른 위험으로 일시에 대체되었습니다"라고 전했다.[15] 휴전이 되면서 파리 시민들은 집단적 안도감에 더해 한 달 전 윌슨의 방문으로 황홀감마저 경험했지만 이제는 그 자리에 불안과 불길함, 심지어 질병의 전조가 깔리고 있었다. 지난 2년 동안 치명적인 인플루엔자가 전 세계를 휩쓸면서 많은 목숨을 앗아갔고 전 세계 인사들이 파리에 모여들자 회담 자체가 전염병의 매개체가 되었다. 영국의 외교관인 윌리엄 스탕이 이미 파리에서 독감으로 사망한 상태에서 로이드 조지, 윌슨, 클레망소, 케인스도 회담 중 언제든 이 병마와 싸우게 될지 몰랐다.[16]

케인스는 그의 책에서 "파리는 악몽 자체였고 그곳 사람들 전부가 병에 걸린 것 같았다. 그 경박한 현장에 재앙이 임박했다는 것이 느껴졌고, 거대한 상황들에 맞닥뜨린 인간의 하찮음과 무의미함, 여러 결정에 뒤얽힌 의미와 비현실성, 경솔함, 맹목성, 오만함, 결핍으로 인한 혼란스러운 외침 등 고대 비극의 모든 요소가 거기에 있었다"라며 절망감을 토로했다.[17]

회담이 시작되고 처음 며칠 동안 케인스에게 가장 큰 좌절감을 안겨준 것은 다름 아닌 영국 정부였다. 그는 블룸즈버리 친구들에게 이렇게 말했다. "마제스틱 호텔이야말로 정부 관료들과 정치인들이 자기 과시와 권태로운 흥분감을 방출하는 빌어먹을 곳이야."[18] 그의 지위는 1918년 12월 14일에 실시된 영국 선거 이후 격상돼 있었다. 로이드 조지는 연합군의 승리를 자신의 정치적 입지를 굳히는 절호의 기회로 여겼고, 휴전협정이 체결되자마자 총리 자격으로 의회선거를 지시했다. 전쟁 중에는 자유당과 보수당이 연립정부 형태로 대영제국을 통치해왔지만 이제 로이드 조지는 연정에서 자신의 주도권을 강화하는 것은 물론이고 자유당 출신의 정적들을 일부 축출하고 싶었다. 결국 맥케나, 런시먼, 그리고 애스퀴스까지 케인스의 가장 막강한 정치적 아군들이 선거 날 의회에서 밀려났다. 케인스는 격노했고 이는 "개인의 야망"을 위해 선거를 이용한 "정치적으로 부도덕한" 행위라며 로이드 조지를 공개적으로 비난했다.[19]

그 결과 케인스가 더 명예로운 직함을 달고 파리에 당도했지만 (그는 대영제국의 최고경제위원회 대표로 임명됐으며 영국 대표단의 최고 위원으로 회담에 참가했다) 그가 가장 의지했던 정치적 후원자들은 더 이상 화이트홀에 없었다.[20] 게다가 그와 로이드 조지가 전시에 겪은 불화는 휴전 후에도 끝나지 않았다. 이번에는 전쟁 배상금, 즉 독일이 전쟁으로 인한 경제적 피해를 보상하기 위해 승전국들에 지불해야 할 비용의 규모를 놓고 또다시 충돌했기 때문이다.

전쟁이 공식적으로 끝나기도 전에 재무부는 케인스에게 독일이 지불 가능한 배상금 액수를 정확히 산정하라고 지시했다. 케인스는 그 금액이 최대 20억 파운드라고 파악했고, 그중 절반을 먼저 지급하고 나머지 절반은 향후 30년에 걸쳐 갚게 해야 한다고 판단했다.[21] 물론 그보다는 훨씬 더 많은 돈이 전쟁에 투입됐지만 배상금을 정확히 계산해봤자 역효과만 날 뿐이었다. 배상금을 확보하려면 독일은 수출을 활성화하고 영국 생산자들이 차지하고 있는 국제 무역시장 점유율을 빼앗아야 하는데, 그러면 궁극적으로 영국의 경제력이 축소될 수밖에 없었다. 그렇다고 연합국들이 독일의 금이나 광산, 공장을 장악한다면 그들의 전쟁 배상 능력이 오히려 약화될 뿐이었다. 케인스는 영국 대표단 보고서에 "독일의 젖을 짜내려면, 일단 독일을 망하게 해서는 안 된다"라고 썼다.[22]

그런데 로이드 조지는 1918년 선거 운동 동안 영란은행의 전 총재인 월터 컨리프와 섬너 경 판사에게 각각 배상 보고서를 작성하도록 지시했고 영국 국민에게는 패전국으로부터 가능한 한 최대 규모의 배상금을 확보하겠다고 약속했다. 섬너와 컨리프는 독일의 지급 능력이 240억 파운드(1,200억 달러로 환산됨)에 달한다고 제시했는데, 우연인지 모르지만 이는 전쟁에 들어간 총비용과 같았다.[23] 게다가 240억 파운드는 전쟁 전 독일 경제 규모의 다섯 배가 넘었는데[24] 너무 터무니없는 수치여서 로이드 조지가 유세장에서 엄숙하게 이 수치를 말하자 외교관들 입에서 웃음이 새어 나왔다. 윌슨과 파리 대표인 토마스 라몬트는 "완전히 터무니없는 숫자"라고 지적했다.[25]

결과적으로 영국 정부는 각각 다른 목적을 가지고 동시에 협상을 진행하게 됐다. 현실적인 배상액을 타진하기 위해 재무부에서 파견된 케인스는 폴 크래바스 같은 미국의 금융 전문가와 윌슨 행정부의 재무부 대표이자 JP모건 파트너인 헨리 데이비슨의 오랜 친구인 노먼 데이비스와 이미 배상 협상을 진행 중이었다. 그런데 로이드 조지가 강경파인 섬너와 컨리프를 이번 평화회의의 공식 배상위원회 대표로 임명한 것이다.

케인스가 인생에서 복잡하게 뒤얽힌 돈과 숫자들을 마주치면 으레 그랬듯이 배상금을 둘러싼 갈등 역시 실상은 숫자 싸움이 아니었다. 그것은 전쟁의 의미, 정치적 발전의 한계, 인간 자유의 본질에 대한 근본적인 의문을 제기했다. 라몬트에 의하면 "평화회의에서는 베르사유 조약에서 체결된 다른 어떤 사안보다 배상금 문제가 여러 이슈, 복잡한 논쟁, 감정적 갈등, 지연을 초래했다"고 한다.[26] 그에 반해 유럽, 아시아, 아프리카, 중동에 걸쳐 국경을 조정한 조약은 상당한 성과로 기록되었다. 케인스는 깊은 이념적 충돌에 시달리게 되었다.

월슨은 유럽 제국주의를 고칠 수 있다는 신념에 대통령 직을 건 사람이었다. 연방준비제도이사회FRB와 연방무역위원회FTC를 설립하고 독점에 대한 전쟁을 선포하는 등 월슨은 1916년 재임 전 첫 임기에 이룬 업적만으로도 이미 훌륭한 개혁가로 유산을 남길 만했다. 물론 회의론자들은 월슨이 미국 기업인들의 주머니를 채우려고 세계대전에 개입했다고 비난했지만, 그에게 미국은 불완전한 해외 경쟁국들이 일으킨 분쟁 때문에 어쩔 수 없이 한쪽 편을 든 중립적인 국가였다. 월슨은 정치에 입문하기 전까지 학자 생활을 했다. 그는 존경받는 정치 이론가였으며 사학자로 프린스턴대학을 미국 최고의 연구기관으로 격상시키는 데 일조했다. 월슨은 세계대전이 단지 인간의 탐욕과 야망에 의해 일어난 것이 아니라 구세계의 낡은 정치 체제가 낳은 산물이라고 믿었다. 독일과 오스만 제국은 정부 자체가 위법이었으므로 불완전할 수밖에 없는 독재국가였다. 그들은 독립국가로 존립해야 할 민족 집단들을 계속 장악하기 위해 맹목적인 패권을 추구했다. 프랑스와 영국 제국은 민주 정부를 갖췄다는 점에서 그나마 나았지만 월슨의 눈에는 여전히 제국주의에 오염된 나라들이었다. 그는 1917년 러시아에서 정권을 잡은 볼셰비키 정부에 대해 조심스럽지만 낙관적 견해를 밝혔다. 공산주의자들이 어떤 결정을 하든, 낡은 차르 정권은 독재적이고 불법이었다.

월슨도 전쟁의 원인으로 독일을 탓했다. 하지만 그는 독일 국민

존 메이너드 케인스

을 비난하지 않았다는 점에서 파리에 온 다른 대표들과 달랐다. 그는 실제로 독일 시민들은 벨기에와 프랑스와 러시아와 영국 국민들이 희생하기 이전에 이미 독일 황제의 극심한 압제에 시달린 희생자일 뿐이라고 여겼고, 이는 윌슨이 1917년 4월에 의회에서 한 "우리는 독일 국민과 싸우지 않습니다. 연민과 우호를 제외한 다른 감정은 없습니다. 독일 국민의 욕심 때문에 독일 정부가 전쟁을 일으킨 것은 아닙니다. 그들이 사전에 알고 있었던 것도 아니며 그들의 승인을 받은 것도 아니었습니다. 그것은 통치자들이 국민을 전혀 고려 대상으로 여기지 않았던 불행했던 시절에 결정된 전쟁이며, 자신들의 동족을 볼모와 도구로 사용해온 왕족과 소수 야심가의 사리사욕을 채우기 위해 도발된 전쟁이었습니다"라는 연설을 통해서도 알 수 있다.[27]

요컨대 윌슨은 정복당한 민족들이 그들의 정부에 의해 거부당했다는 점에서 그 전쟁이 독재정치로 인해 일어났다고 믿었다. 그런 점에서 윌슨에게 평화의 해법은 제국주의의 종말을 뜻하는 민주주의였다. "평화를 위한 견고한 협력은 민주주의 국가들의 공조 없이는 절대 유지될 수 없습니다. 어떤 독재 정부도 그 안에서 신뢰가 유지되거나 약속이 준수된다는 믿음을 줄 수 없습니다… 오직 자유로운 국민만이 공동의 목적에 준거하여 자신의 목적과 명예를 추구할 수 있고 개인의 사소한 이익보다 인류의 이익을 우선시할 수 있습니다."[28] 유럽에 대재앙을 몰고 온 것은 거대한 제국들이었다. 유럽을 구원하려면 더 작은 민족국가 중심의 민주주의라는 새로운 질서가 필요했고, 이를 위해서는 전쟁 없이 국제적 갈등을 해결할 국제연맹의 설립이 시급했다. 윌슨의 마음속에 미국은 영토상 이득이나 평화 회의에서 영향력을 행사하기보다는 새로운 시대의 윤리적 리더로서 권리를 주장하고 있는 것이었다. 미국은 새로운 영토를 획득하거나 배상액을 요구할 생각이 없었다. 조약의 경제적 측면은 국제연맹의 설립보다 덜 중요한 사안이었고, 연맹은 미국이 아닌 세계의 이익을 증진하기 위해 필요했다.

발상지는 미국이지만, 윌슨의 비전은 케인스를 매료시켰다. 그는 친구인 알린 영에게 보낸 편지에 "윌슨 대통령은 회의에 참석한 그 누구보다 고귀한 역할을 담당했다네"[29]라고 썼으며, 회의가 끝난 후 노먼 데이비스에게 이렇게 말했다. "네 명의 정상 중 옳은 행동을 하려고 애쓴 사람은 윌슨밖에 없더군요."[30] 케인스가 파리에 도착하자마자 데이비스와 미국 대표단은 그에게 호의적인 태도를 보이며 친해졌다. 영국은 전쟁 말미에 미국 자금에 의존했고 이런 사정은 국내 경제가 다시 정상화될 때까지 계속될 수밖에 없었다. 엄밀히 말해, 영국에 대한 재정 지원을 의회가 승인한 것은 11월에 교전이 끝나면서 그 효력을 다했다고 보는 것이 맞았다. 하지만 데이비스가 조용하지만 확신에 찬 어조로 말한 바에 따르면 미국의 최우선 과제는 윌슨이 정한 원대한 외교 의제를 영국과 조율하는 것이었다. 케인스는 "돈 문제로 우리와 섣부른 설전을 벌이는 것은 전혀 미국의 관심사가 아닙니다"라고 재무부에 보고했다.[31]

윌슨의 이상주의는 진심이었지만, 그는 경제적 특권층으로서 배상에 대한 거부감을 표명했다. 11만 6,708명이라는 미군 전사자 수는 미국에 충격을 안겨 줬지만 전체 연합군 사망자의 고작 2퍼센트에 불과했고, 루마니아군의 사망자만 따로 떼어놓고 봐도 그 절반이 채 안 됐다.[32] 미국의 농장과 공장들은 연합군이 4년 반 동안 전쟁을 치르면서 주문한 물자로 엄청난 부를 축적했고, 미국의 자금을 얻으려는 연합국들의 움직임은 월가를 세계 금융 권력의 중심지로 만들었다. 게다가 미국 대표단은 무자비한 채권자였다. 윌슨의 고문이었던 오스카 T. 크로스비는 케인스가 파리에 도착하기도 전에 연합군의 전쟁 부채를 줄이거나 회피하기 위한 논의는 그 무엇이든 "평화회의의 적절한 의제"가 아니라고 못을 박았다.[33] 이유는 쉽게 파악할 만했다. 전쟁이 끝날 무렵이 되자 유럽 연합국들은 미국 정부에 총 70억 달러를, 또 미국 은행권에는 별도로 35억 달러를 빚지고 있었다.[34] 전쟁이 일어났던 불과 몇 년 만에 미국은 산업화가 한창인 젊은 국가에서 세계적 강대국으로 변모한 만큼, 윌슨이 급변하는 세계 변화를 논하는 것은 쉬운 선택이었을 것이다.

프랑스의 상황은 또 전혀 달랐는데, 유행성 독감으로 죽은 이들을 제외해도 140만 명의 군인과 30만 명의 민간인 사상자가 발생했기 때문이다.[35] 전쟁이 지속되는 동안 프랑스의 총 산업 생산량은 3분의 1 가까이 감소한 상태였다.[36] 북부 프랑스에서는 6천 평방 마일에 달하는 영토가 황폐화되었고, 프랑스 경제에 가장 크게 기여했던 일부 자산도 같은 운명에 처했다. 해당 지역에서 프랑스 농작물의 20퍼센트, 석탄의 70퍼센트, 철의 90퍼센트, 철강의 65퍼센트가 생산됐기 때문이다. 최소 25만 채의 건물이 "완전히 붕괴되었고", 또 다른 건물 25만 채가 "피해를 입었으며", 120만 에이커의 산림이 "훼손"되었다.[37] 프랑스는 미국 정부에 30억 달러, 영국 정부에 20억 달러, 그리고 영국과 미국 투자자들에게는 그보다 더 많은 빚을 지고 있었다.

프랑스의 경제 상황이 어찌나 심각했던지 프랑스 정부는 북부 프랑스에 "공휴일"을 하루 선포하고 케인스를 초청해 릴, 랭스, 솜므 등 교전으로 피해를 본 지역들을 직접 둘러보면서 그가 참상의 규모를 절실히 느끼게 했다.[38] 프랑스 국민에게는 자원 및 자본의 긴급 수혈이 절실했기에 파리에 온 대표단은 패배한 독일인들을 경제적 전리품을 취할 정당한 원천으로 여겼다.

파리 회의에서 클레망소 프랑스 총리는 순식간에 케인스의 이념적 주적이 되었다. 별명이 '호랑이'인 이 프랑스 총리는 성인이 된 이후로는 줄곧 정치적 풍파를 겪었다. 젊은 시절 급진적 신문사에서 기자로 일했던 그는 나폴레옹 3세를 비난하는 기사를 쓰면서 투옥됐었고, 이후 프랑스를 떠나 맨해튼에 머물면서 남북전쟁 직후 잠시 워싱턴을 집권했던 급진적 공화당원들을 존경하게 됐다. 그는 프로이센 프랑스 전쟁(1870~1871년) 중에 파리로 돌아왔고, 나폴레옹 정권이 몰락한 후 국회의원으로 선출되었다. 드레퓌스 사건으로 반유대주의가 들끓었던 1898년 1월에 클레망소는 자신이 편집장으로 있던 일간지 〈로로르L'Aurore〉 1면에 당시 국제적 명성을 떨치던 작가 에밀 졸라의 '나는 고발한다J'Accuse…!'라는 사설을 발표함으로써 독일군 간첩으로 활동했다는 억울한 누명을 쓰고 투옥됐던 알프레드 드레퓌스 대위의 무죄를 알렸다. 이후 1902년까지는 다시 상원의원으로 정치 활동을 했다.

하지만 클레망소의 이상주의는 나이가 들면서 점점 퇴색되었다.

존 메이너드 케인스

그는 1906년부터 1909년까지 총리로 선출된 첫 임기 대부분을 파업을 철폐하고 좌파 진영 내 입지를 축소하는 활동에 바쳤다. 게다가 그는 습관적인 결투(그는 열두 번의 결투를 했다)로 정계에서 타락한 정치인 이미지마저 얻었다.[39] 클레망소의 공격적 기질은 정치에 국한되지 않았다. 그는 국회의원 재임 시절 자신의 미국인 부인을 간통죄로 투옥시키고 프랑스 시민권을 박탈한 후 뉴욕으로 쫓아냈다.[40] 그리고 77세가 된 현재의 클레망소에게 정치란 영원히 권력을 탐하는 행위일 뿐이었다. 1919년 그는 프랑스의 한 국회의원에게 "인생은 투쟁일 뿐이오. 그 투쟁은 당신도 억누르지 못할 것이오"[41]라고 말했다. 그는 윌슨이 제안한 국제연맹에 관심이 없었으며 14 조항에 대해서도 독일의 항복을 보장하는 법률상의 조치라는 점에서 입에 발린 말만 했다. 윌슨이 각국의 수상들과 가진 비공개회의에서 무력 외교는 "실패"로 끝날 뿐이라고 주장하자, 클레망소는 "미합중국 또한 무력으로 건국되고 무력으로 통합된 나라요. 당신도 그 점을 인정해야 합니다!"[42]라고 반박했다. 케인스는 후에 《평화의 경제적 결과》에서 "클레망소는 페리클레스 장군이 아테네에 품었던 고유한 가치를 프랑스에 투영했지만 그의 정치 이론은 비스마르크와 다를 바 없었다. 그는 프랑스에 대해서는 환상을, 인류에 대해서는 환멸을 품은 인물이었다."[43]

케인스는 이 구절로 클레망소를 인신공격했다. 독일 제국을 탄생시킨 프로이센의 군국주의자인 오토 폰 비스마르크 왕자는 19세기 말 클레망소에게 가장 골치 아픈 외적 중 하나였다. 클레망소는 프랑스 국회의원으로서 1871년 프랑스와 독일 간 평화협정 체결에 반대표를 던졌었고, 프랑스가 무참히 공격당하고 있는 것을 알면서도 적국에 굴복하느니 전쟁을 계속하는 쪽을 택했다.[44]

클레망소로서는 평화회의에서 균형을 맞추거나 향후 국가 간 갈등을 방지하려 노력하는 것이 무의미했다. 유럽은 결국 이런저런 이유로 다시 무력 다툼을 하게 될 것이 뻔했고, 그는 그런 순간이 왔을 때 적들이 약자가 되고 프랑스가 강자가 되길 원했다. 그의 세계관에 인류의 발전이나 더 평화로운 미래를 향한 전망은 거의 없었다. "나는 사람을 있는 그대로 받아들이고 사실도 있는 그대로 받아들입니다. 인간은 그렇게 빨리 변하지 않습니다"라고 그는 말했다.[45] 그것은 힘겨운 세상에서 나온 경직된 신조였다. 케인스는 그의 글에서 "누군가 클레망소를 경멸하거나 싫어하진 않더라도 문명인의 본질에 대해서는 다른 견해를 가질 수 있고, 적어도 다른 희망을 꿈꿀 수 있다"라고 썼다.[46]

파리에서 논의된 많은 난제의 기술적, 전략적 질문들에 대해 윌슨과 클레망소는 서로 다른 견해를 가졌다. 구 제국들 내 어떤 민족에게 그들만의 새로운 국가를 건립할 권리가 있을까? 국민을 어떻게 정의해야 할까? 국경을 어디에 그어야 할까? 특히 배상금 문제에 있어서는 그들의 세계관이 정면충돌했다. 클레망소를 위시한 프랑스 대표단은 방법을 가리지 않고 독일이 초래한 전쟁 피해액의 산정치나 독일의 피해 보상 능력의 추정치를 높일 수 있는 통계 기법을 지지했다. 반면 미국 대표단은 유럽 내 교전국 간 지속가능한 경제 균형을 추구했으므로 그 수치들을 낮추려고 했다.

그 두 기둥 사이에 로이드 조지가 있었다. 그도 젊었을 때는 클레망소 같은 급진주의자였다. 그는 하원의원일 때 정부 주도의 노인 연금 프로그램을 만들었다. 전쟁 전 재무장관에 있었을 때는 "빈곤과 부패에 대항해 확고한 복지정책 추진을 위한 자금 마련" 프로젝트라는 명목으로 부유한 지주들 대상의 새로운 세금 정책을 고안했다.[47] 외교 정책에 있어서는 영국이 남아프리카 공화국에서 보어족과 벌인 전쟁을 반인도주의적 범죄로 공격하며 명성을 높이기도 했다.

하지만 보어 전쟁을 반대하는 그의 태도에는 거창하고 뻔뻔한 제국주의적 야심이 숨어 있었다. 클레망소에게, 윌슨과 로이드 조지를 상대로 협상을 벌이는 것은 "오른편에는 예수 그리스도를, 또 왼편에는 나폴레옹 1세"를 둔 것과 같았다.[48] 정전협상에서는 여러 영토 문제가 영국에 유리하게 체결됐었다. 독일령 동아프리카를 포함한 독일의 식민지가 연합군 차지가 되면서 영국은 이집트부터 남아프리카 공화국으로 이어진 영토에 대한 지배권을 얻게 됐다. 차르 정권이 무너지면서 러시아가 중앙아시아를 거쳐 인도를 침입할 수 있다는 영국의 오랜 두려움도 완화되었다. 게다가 세계 최강인 영국 해군의 유일한 라이벌이었던 독일 해군이 잠수함과 배 운항을 중지한 상태였다.

이런 승리가 목전인 상태에서 독일 처벌은 영국에 가장 시급한 과제였다. 로이드 조지는 세계대전이 제국주의 때문이 아니라 독일제국 특유의 무모함 탓에 발발했다고 여겼다. 그는 전쟁 내각을 이끌면서 "독일은 엄청난 범죄를 저지른 만큼 그런 범법 행위를 반복하려는 시도는 아예 싹을 잘라버려야 합니다"[49]라고 말했다. 섬너와 컨리프에게 별도의 보고서를 지시해서 터무니없이 높은 배상금 수치를 산출한 것도 그런 노력의 일환이었다. 하지만 로이드 조지에게는 특정 금액의 배상금을 받거나 배상금 자체를 중요한 처벌 방식으로 활용하려는 강한 의지가 없었다. 만약 영국의 이익에 더 잘 부합되는 다른 방법이 있었다면, 아마 그 방법을 택할 수도 있었을 것이다.

게다가 독일은 경제적 난관에 처해 있었다. 전쟁으로 백만 명의 군인과 민간인이 사망한 상태였다. 세계적 강국으로서 독일에 가장 심각한 문제는 천연자원이나 인력이 아닌 금융 상황이었다. 전쟁 전 독일 제국에 막강한 자금줄이 돼줬던 영국 은행들은 전쟁으로 소진 상태가 돼 있었다. 게다가 영국에서 빌려온 돈이 기업의 생산 활동 대신 파괴적 전쟁에 소모됐기에 영국의 동맹국들, 특히 프랑스는 독일의 상환 능력에 심각한 의문을 제기하고 있었다. 클레망소가 자신은 프랑스의 생산력과 안보를 지키기 위해 싸우고 있다고 여겼다면, 로이드 조지는 월가와 함께 세계 금융의 중심지로서 런던의 지위를 유지하는 데 더 관심이 많았다. 제1차 세계대전으로 영국에 위협이 됐던 독일과 러시아가 결국 격파됐다. 로이드 조지는 파리에서 벌어지는 승전국들의 자리 다툼에서 확고한 발판을 마련하고 싶었다.

세 사람에게는 모두 자신의 입장을 견지할 고매한 원칙이 있었다. 클레망소도 때때로 자신이 윌슨의 "유토피아적" 사상과 충돌하는 것은 근본적인 가치관의 차이라기보다 개인적인 경험의 차이라고 여겼다. 그는 파리에서 윌슨의 통역관에게 이렇게 말했다. "윌슨 대통령은 민주주의를 상당히 안정적으로 추구할 수 있는 세상에서 살아왔습니다. 저는 민주주의자를 쏴버리는 게 좋은 세상에서 살아왔고요."[50]

존 메이너드 케인스

파리평화회의는 기본적으로 제1차 세계대전에서 연합했던 3대 열강이 주도권을 다투는 장이었다. 동시에 이 회의를 통해 계몽적 자유주의는 지적 위기에 부딪혔다. 전쟁이 닥치기 전까지 유럽인들 대부분은 제국주의를 전혀 부끄러워하지 않았다. 제국주의는 그냥 존재할 뿐이었다. 그러나 전쟁으로 유럽 사회가 대혼란에 빠지면서 유럽의 지식인들은 제국주의 식민지에서 오랫동안 자명했던 의문들과 씨름하게 됐다. 로이드 조지, 클레망소, 윌슨, 케인스가 자국에서 옹호했던 진보적 이상들이 해외의 제국주의적 통치 권력과 과연 화해할 수 있을까? 어떤 형태의 정치 질서가 세계를 전쟁으로 몰아넣은 제국주의를 대체할 수 있을까? 전후 경제 구조나 자유로운 제국주의 이념 모두 독일의 전쟁 배상금 문제를 확정하지 않는 한 해결될 수 없었다. 그렇게 해서, 독일의 배상금 문제가 평화회의를 상징하는 핵심 드라마가 돼버렸다.

　　그러나 연합국은 향후 세계 질서를 바로잡는 문제들을 해결하기 이전에 인도주의적 위기부터 해결해야 했다. 1918년 11월 11일에 휴전협정이 체결됐지만, 연합국은 영국이 독일과 오스트리아의 교역 활동을 제한하기 위해 지시한 해상 봉쇄령을 아직 해제하지 않은 상태였다. 중앙 유럽의 두 열강은 전쟁 때처럼 해외에서 식량을 수송해올 방법이 전혀 없었다. 이는 적의 사기를 말살하고 인구를 대량으로 줄이려는 기아 전략의 일환이었다. 해상 봉쇄라는 비인도주의적인 조치가 전쟁 동안 발생시킨 총비용에 대해서는 다양한 추정치가 나올 수 있겠지만, 총격이 멈춘 후 몇 달 동안에도 근 25만 명의 독일 민간인이 기아로 사망했다.[51] 연합국들은 평화회의를 시작하는 데도 시간을 질질 끌었고, 평화조약의 조건들이 확정되기 전까지 매달 재개되는 휴정 협정을 독일의 양보를 얻어내는 기회로 이용하고 있었다.

프랑스는 독일의 금, 증권, 심지어 독일 마르크를 찍어내는 윤전기를 손에 넣고자 독일과 단독으로 휴정 협정을 시작했다.[52] 독일은 봉쇄 해제에 관심이 없었는데, 이는 국민들에게 식량을 제공하기 싫어서가 아니라 누군가에게 식량 비용을 지불하고 싶지 않아서였다. 독일이 국내 기아 문제에 얼마를 쓰든, 결국 그 비용은 배상금 형태로 프랑스에게 넘어가게 돼 있었고 독일은 그 점이 싫었다.

미국 식량청의 허버트 후버 청장은 영국의 해상 봉쇄가 혁명을 초래할 비인도적 재앙이라고 비난하며 격노했다. 그는 나중에 "인류 전체가 볼셰비즘이나 평화의 희망이 전무한 무정부주의로 치닫는 것처럼 보였다"라는 글을 남겼다.[53] 케인스도 이에 동의했다. "나는 왜 우리 영국이 지속적인 봉쇄정책을 지지하는지 납득할 수 없다."[54] 한편 프랑스가 독일과 개별적으로 접촉하고 있다는 사실을 알게 된 영국과 미국은 케인스를 독일 트리어에 파견해서 영국의 입장을 대변하게 했다. 그곳에서 적국 관계자들을 처음 대면한 케인스는 후에 그 순간을 이렇게 회상했다. "당시 낙담한 얼굴과 지친 눈빛으로 우리를 응시하던 그들의 모습이 마치 주식이 급락해서 정신을 못 차리는 투자자들 같더군."[55]

케인스도 후버와 마찬가지로 윤리적 측면에서 상황을 빨리 타개해야 한다고 여겼다. 후버는 선의라고 믿었지만, 케인스는 미국인들이 독일에 식량을 원조한 후 나중에 그 비용을 부풀려서 청구하리라는 것을 알았다. 때마침 미국의 식량청 청장으로서 후버는 남아도는 국산 돼지고기를 대량으로 팔아야 할 곳이 필요했다. 전쟁 동안에는 프랑스와 영국이 어떤 수입 물품이든 무조건 후한 가격을 쳐줄 태세였으므로 그 비용을 두 나라에 쉽게 전가할 수 있었고, 그래서 미국 정부는 농부들에게 높은 농산물 가격을 보장해주겠다는 말로 생산 활동을 장려했었다. 하지만 전쟁이 끝나고 독일의 잠수함 공격이 멈추면서, 이제 프랑스는 원하는 식품을 남미에서 훨씬 더 저렴한 가격으로 수입할 수 있었다.[56] 미국에는 갓 잡은 신선한 돈육이 가득했지만 후버가 원하는 높은 가격에 구입할 사람이 없었다. 밀을 1억 부셸이나 주문하고 나 몰라라 하는 이탈리아인들도 똑같이 골칫거리였다.[57]

케인스는 1월 14일 재무부 최고 관료인 존 브래드베리 경에게 "상황이 기이합니다"라며 보고문을 제출했다.

독일은 다양한 물자를 아주 풍족하게 제공받을 수 있게 됐습니다. 볼셰비키 당은 축출될 것이고 새로운 시대가 열릴 겁니다. 최고전쟁위원회에서 윌슨 대통령은 이 사안들에 즉각적 조치가 필요하다는 것을 아주 설득력 있게 전달했고요. 하지만 이 모든 일의 배후에는 어떤 식으로든 누군가에게, 그러니까 연합국을 망가뜨린 적폐 세력에 비싼 가격에 떠넘겨야 할 넘쳐나는 하급 돈육이 존재합니다. 후버 청장은 밤이면 엄청난 돼지 떼가 침대 이불 위에 떠다니는 환영에 시달리고 있고, 그런 악몽에서 반드시 헤어 나와야 한다고 솔직하게 인정했습니다.[58]

미국에만 숨은 속셈이 있었던 것은 아니었다. 영국은 케인스를 통해 자국 경제에 귀중한 자산이 될 독일의 상업용 선박들을 장악하려고 했다. 결국 케인스와 후버는 프랑스를 제압하고 독일에 구호식량을 보냈다. 하지만 동시에 그 비용을 과도하게 매겨서 독일이 금과 선박으로 갚게 만들었다. 케인스는 이후 블룸즈버리 친구들에게 "우리와 그들의 관계는 일부는 선의였고, 일부는 악의였네"라며 이런 속내를 인정했다.[59]

식량 위기는 평화회의의 축소판이었다. 독일은 식량이 없었다. 미국은 식량이 남아돌았다. 자유, 발전, 이타심 같은 멋진 말로 포장했지만 실상 미국은 무자비한 재정 외교를 추진하고 있었다. 영국 또한 미국의 이타주의를 증언하고 프랑스 대통령과 재무장관의 비인도적 행위를 규탄했지만, 그런 와중에 케인스는 대영제국의 재원을 확보할 기회를 노리고 있는 자신을 발견했다.

케인스가 독일의 상업용 선박들을 영국의 것으로 만들자, 로이드 조지로서는 파리회의에서 영국의 이익이 걸린 가장 중요한 사안이 해결된 셈이었다. 그는 이렇게 말했다. "진실은, 우리는 우리의 길을 가고 있다는 겁니다. 우리는 스스로 얻으려고 한 대부분을 손에 넣었습니다. 만일 우리가 12개월 전에 영국 국민에게 그들이 앞으로 이런 것들을 얻게 되리라 말했다면 그들은 코웃음을 쳤을 겁니다. 독일 군함이 우리 것이 되었고, 독일의 상업 선박들이 인도되었으며, 독일의 식민지들도 해방됐습니다. 국제 무역에서 우리의 가장 큰 경쟁자 중 하나는 엄청난 타격을 받았고 우리 연합국들은 그들의 최대 채권국이 될 겁니다. 이는 절대 작은 성과가 아닙니다."[60]

존 메이너드 케인스

한편, 트리어에서 귀국하던 케인스는 자신의 몸이 이상하다는 것을 느꼈다. 다시 파리로 복귀한 다음 날에는 열과 오한이 났고 호텔 스위트룸 장식물이 무서워지면서 "의식이 혼미해졌다". 이때의 경험을 그는 이렇게 말했다. "어둠 속에서 아르누보 양식의 벽지 패턴들이 전부 일어서는 환영에 시달렸고, 공포감에 불을 켜고 현실임을 깨닫자 잠시나마 안도했지만 이내 환영 속 패턴들이 더 흉물스럽게 변하며 저를 압박했어요."[61] 3일을 꼬박 침대에서 앓은 후 그는 마제스틱 호텔 꼭대기에 독감 환자들을 위해 임시로 마련한 회담장 병실로 옮겨졌다.[62] 케인스는 아직 "힘은 하나도 없지만" 열이 마침내 내렸다며 어머니에게 소식을 전했다. "예상과는 달리 의사 말이 제 병은 독감이 아니고 독일에서 어떤 중독물질에 감염된 거라고 했어요. 저와 함께 출장을 갔던 사람 중 다른 두 명도 똑같은 증세로 앓아누워 있더라구요. 다행히 재정 문제들은 당분간 상당히 안정될 겁니다! 물론 독일인들은 구호식량 지원이 늦어지면서 더 굶주리겠지만요!"[63]

케인스는 독감과 2차 세균 감염으로 시달렸던 것으로 보이며, 이는 항생제가 없었던 당시에 치명적인 병이었다. 블룸즈버리 멤버 중에는 전염성 독감이 한창일 때 외출 자체를 자제한 이들도 있었으며[64] 그런 만큼 케인스의 상태는 상당히 걱정스러웠다. 케인스가 병에 걸린 지 거의 2주 후인 2월 2일에 클라이브 벨이 그에게 보낸 편지에는 "자네가 직접 쓴 편지를 받아서 정말 기뻤다네. 고든 광장으로 흘러 들어온 소문을 듣고 내가 어찌나 놀랐던지… 메이너드 자네는 생사의 고비를 자주 드나드는 사람이라 이번에는 정말 비극적인 일이 벌어지는 건 아닌지 걱정돼 죽을 뻔했다네."[65]

3월에 마침내 식량 봉쇄령이 풀리자 케인스는 바로 전쟁 배상금 문제에 뛰어들었다. 그가 가족들에게 보낸 편지에는 "아침부터 밤까지 나랏일만 신경 쓰느라 사생활도 없고 일요일도 없어요. 지루함과 흥분이 기이할 만큼 뒤섞여 있고 사안이 아주 별나서 조만간 정신이 이상해질 것 같아요"[66]라고 썼다. 케인스는 몇 가지 이유로 아직은 낙관적인 면이 있었다. 독일에 대한 구호 협상이 성공적으로 마무리되면서 케인스의 위상은 윌슨 및 로이드 조지와 함께 격상되었고, 로이드 조지 수상은 극적인 수사적 표현으로 케인스의 공로를 세계 지도자들에게 힘주어 치하했다.[67] 평화회의가 시작되기 전 대표단의 비공식적 위계와 비교하면 케인스의 처지는 괄목할 만큼 나아져 있었다. 또한 케인스가 유럽 번영의 토대를 마련하는 데 필요하다고 믿었던 영국과 미국의 외교 동맹이 구축되고 있다는 뜻이었다.

그러나 배상위원회의 영국 대표인 섬너와 컨리프가 여전히 문제였다. 두 사람은 자신들이 추정한 1,200억 달러라는 독일의 상환 능력을 계속 고집했는데, 숫자가 너무 터무니없이 높다 보니 프랑스 대표단은 미국과 영국이 싸우는 모습을 그냥 앉아서 지켜볼 뿐이었고, 그나마 자신들의 목표 수치에 더 가까운 영국 쪽에 이따금씩 지원사격을 해주었다. 위원회 멤버가 아니었던 케인스는 그들의 작업에 대항하기 위해 미국 대표단인 데이비스와 라몬트에게 자신이 분석한 수치를 제공했다. 사실 로이드 조지도 "천상의 쌍둥이[68](케인스는 언제부턴가 섬너와 컨리프를 이렇게 부르기 시작했다)"가 제시한 수치에 신뢰성이 없다고 수긍했지만, 타당한 배상금 숫자가 영국 내에 미칠 정치적 영향력을 고려하면 조바심이 생길 수밖에 없었다. 그러다 결국에는 1,200억 달러라는 금액을 묵시적으로 제시하며 선거운동을 한 것이다. 3월 말에 섬너와 컨리프가 문제를 너무 키우자 데이비스와 라몬트는 배상위원회의 작업에 대한 희망을 버렸고 클레망소, 윌슨, 로이드 조지, 올랜도 네 명과 직접 담판을 벌이는 쪽으로 방향을 선회했다.

데이비스는 케인스에게 말했다. "차라리 한시적으로 그 바보 같은 보고서 내용에 동의해서 천상의 쌍둥이를 조용히 시키고 위원회 일을 마무리 짓는 건 어떨까요? 그런 다음 몇몇 인간다운 사람들과 함께 문제를 새롭게 시작하는 겁니다."[69] 케인스는 배상위원회 멤버는 아니었지만 최고경제위원회에 속해 있었고, 독일에 대한 구호 협상 후에는 로이드 조지에게 직접 보고할 수 있게 됐다. 미국 대표단의 제안처럼 배상위원회에서는 섬너와 컨리프의 의견에 따른 다음, 더 막강하고 냉철한 협상 기구를 만들어 배상위원회가 내놓은 작업 결과를 폐기하는 것이 최선일 것 같았다.

한편 클레망소의 경제 고문인 루이스 루처는 전리품이 어떤 식으로 분배될 것인지를 두고 잡음을 내기 시작했다. 그는 위원회가 어떤 숫자의 배상금을 정하든, 프랑스가 영국이 받을 몫의 세 배 이하를 받으면 절대 만족하지 않을 것이라고 케인스에게 은밀히 귀띔했다.[70]

배상금 문제가 4인 위원회에 상정되자 영국 대표단의 나머지 일원들은 불만으로 가득 찼다. 남아프리카의 얀 스머츠 장군은 조약에 대한 케인스의 진단에 동의했다. 하지만 로이드 조지가 부하들에게 전쟁 피해를 부풀릴 만한 숫자를 달라고 계속해서 압박하자 스머츠도 결국 회유되었다. 그는 전쟁 중 연합국 정부가 군인들에게 지급한 연금뿐 아니라 그들이 국가의 의무를 수행하러 떠난 사이 그 가족들에게 제공된 분리수당까지 전부 독일이 책임져야 한다고 주장하는 보고서를 국가 수장들에게 제출했다. 그러자 독일이 배상해야 할 비용이 두 배로 불어났고, 윌슨의 법률 고문 중 누구도 이 조치가 윌슨의 14개조 논리와 일치한다고 믿는 사람은 없었다. 하지만 숫자들이 연이어 자신을 공격하자 윌슨은 내부 회의 중 변호사들에게 분노를 폭발하며 소리쳤다. "논리! 논리! 젠장, 논리가 다 무슨 소용이야. 연금 비용을 포함시키겠소."[71] 이 말은 라몬트에 의해 녹음됐고, 4월 1일 미국 대표인 존 포스터 덜레스가 작성한 우울한 메모를 통해 확인됐다. "대통령이 논리에 얽매일 필요가 없다고 말했음."[72]

대통령이 격노하자 미국 대표단은 당황했지만 윌슨이 가진 분노의 본질은 근본적으로 옳았다. 영국이나 프랑스 모두 배상금 문제를 논리나 이성에 근거한 법적, 경제적 문제로 다루지 않았다. 협상은 그야말로 정치적 제스처일 뿐이었다. 연금을 법적으로 왜곡해서 만든 터무니없는 숫자도 클레망소를 만족시키지는 못했고, 그는 조약에서 최종 배상금에 대한 언급은 아예 빼 버리자고 요구하기 시작했다. 클레망소는 독일 징계에 대한 프랑스 국민의 바람이 너무나 강해서 만약 대중이 현재 논의 중인 배상금 수치를 알게 되면 자신이 관직에서 물러서야 할 것이며, 그렇게 되면 조약에서 결정된 사항들이 죄다 재협상되어야 한다고 으름장을 놓았다. 몇 달 동안 수치 싸움이 계속되자 클레망소는 이 문제를 국제연맹 산하 신규 조직인 국

존 메이너드 케인스

제배상위원회에 상정해서 독일과 조약이 체결된 후 문제를 해결하게 하자고 제안했다.

이는 각종 재건 사업을 몇 개월씩 지연시키고 중요한 자금 조달 문제를 그대로 방치하는 끔찍한 조치였다. 또한 파리에 온 각 리더가 궁극적으로 체결될 배상 청구서를 어떤 식으로든 자신이 원하는 방향으로 포장해서 자국민들에게 안심을 줄 만한 정치적 책략이었다. 라몬트의 회의록에는 이런 내용이 기록돼 있었다. "타국의 정치적 쟁점들을 절대 고려하지 않는 로이드 조지 총리도 이 원리에는 순순히 동화되었음."[73]

유럽 경제를 장기적으로 회복할 방안들에 대한 진지한 논의는 없었다. 케인스는 외국의 경제적 원조 없이 프랑스와 벨기에가 전쟁의 피해를 해결하는 방법은 없다고 믿었다. 게다가 그는 전쟁하는 동안 영국 경제가 재정적 파탄 직전에 처하는 상황을 직접 목격했었다. 어떤 식으로든 도움을 줄 수 있는 국가는 미국밖에 없었다. 미국의 공장들은 쌩쌩 돌아가고 있었고, 근로자들이 받는 임금도 치솟았으며, 농부들은 농작물을 연일 최고가에 팔아치우고 있었고, 은행 금고는 유럽에서 가져온 금으로 가득했다.

가장 간단한 형태의 원조는 채무 면제였다. 미국이 영국과 프랑스의 전쟁 부채를 탕감해주면 두 나라는 그들의 자원을 유럽 재건에 할애하는 재정적 여유를 가질 수 있었다. 미국 대표단은 케인스가 파리에 도착하기 전부터 부채 감면이라는 발상에 찬물을 끼얹었지만,[74] 케인스는 3월에 이를 다시 한번 시도했다. 그는 만약 미국이 전쟁 부채를 모두 탕감해주면 영국도 그렇게 할 것이라고 제안했다. 미국은 엄청난 재정적 희생을 감수해야 하지만 그로 인한 거대하고 직접적인 혜택은 영국뿐 아니라 프랑스, 이탈리아, 러시아, 벨기에로 확대될 수 있었다. 미국 정부(물론 JP모건도)는 이자 수입을 포기해야 하지만, 재정적으로 안정화된 유럽 국가들이 미국 수출품을 사들이면 미국 농부들과 제조업자의 경제 사정도 계속 나아질 수 있었다.

케인스가 제안서에서 역설한 주요 내용은 손익에 대한 이야기가 아니었다. 그것은 인간 심리에 대한 정치적 견해였다. 승전국, 패전국 할 것 없이 전쟁 부채가 너무 과하면 향후 몇 년간 사회적 혼란이 벌어질 게 뻔했다. 해외에 이자를 계속 지급하려면 정부는 자국민을 위한 서비스를 억제할 수밖에 없었다. 해외에 자금을 보내려면 세금 인상도 불가피했다. 정부관리와 금융인들은 채무는 미국이 전쟁에 도움을 준 것에 대한 정당한 보상이라고 여기겠지만 일반 시민들을 납득시킬 수는 없었다. 전쟁으로 아들과 농경지 절반을 잃은 농부가 뼈 빠지게 일해 번 돈이 상당 부분 미국 은행가들의 부를 축적하는 데 쓰인다면 그들이 감사를 표할 리가 없었다. 외채 상환을 위한 긴축정책은 시민들의 분노를 낳고 자국이 겪는 문제를 외부인 탓으로 돌리려는 기회주의자들의 선동을 부추길 것이 뻔했다.

케인스가 윌슨과 나눈 비밀 메모에는 "세계대전으로 인한 부채가 유럽 곳곳의 재정 안정을 위협하고 있습니다. 조만간 유럽 전역에서 부채지급 거부 문제가 정치적 화두로 떠오를 겁니다. 그렇지 않아도 불만에 찬 유럽인들에게 납득할 수 없는 정의감과 의무감 때문에 매일같이 일해서 번 결과의 상당 부분을 외국에 진 빚을 갚는 데 내라고 하면 누군들 순순히 따르겠습니까? 그런 공물이 계속 지

존 메이너드 케인스

급될 리 없습니다. 기껏해야 한두 해 정도는 버티겠죠. 그런 정책은 인간의 본성에 어긋나며 시대 정신과도 맞지 않습니다"라고 쓰여 있었다.[75]

하지만 케인스가 주장한 다른 많은 혁신적 이론들과 마찬가지로 그런 번뜩이는 통찰력에는 순진함이 내포돼 있었다. 케인스는 월슨 대통령이라면 유럽 연합국들이 공동의 대의를 위해 이미 미국보다 훨씬 더 많은 피를 흘린 만큼 미국도 약간의 재정적 희생을 감수해야 한다고 여길 것으로 확신했다. 하지만 월슨은 미국이 인색하다는 뉘앙스를 풍기는 케인스의 제안에 분노를 느꼈다. 그는 이미 1917년에 영국과 프랑스를 구제하기 위해 자신의 정치 생명을 건 데다 남의 나라 전쟁에 자국 아들들의 목숨을 희생시킨 상태였다. 그에 비한다면 연합국이 미국에서 빌린 돈을 갚는 것은 최소한의 보답일 뿐이었다. 1921년 라몬트는 "월슨 대통령과 그 보좌관들은 평화회의가 시작된 이래로 부채 탕감에 대한 제안을 일관적으로 강력하게 반대했고 끝내 거부했다. 이 문제는 이런저런 형태로 끊임없이 제기됐고, 미국 대표단에 의해 항상 뭉개졌다."[76]

그 어떤 시도도 효과가 없었다. 케인스는 조약에 포함될 경제적 조건들을 바꾸려고 필사적으로 노력했고 또 다른 경제적 방책을 마련하기 시작했는데, 만약 그것이 채택된다면 파리회의에서 제시된 모든 재정 조건들을 대체할 수 있었다. 케인스가 '유럽의 신용 회복과 금융구제 및 재건을 위한 계획'이라는 거창한 제목까지 붙인 이 제안은 정치적 필요에 의해 고안된 만큼 지나치게 복잡했다. 하지만 케인스는 그 난해한 장치가 협상 테이블에 앉은 고집스런 모든 당사자의 사리를 충족시켜야 한다고 믿었다. 그 계획에 따르면 독일은 배상금을 갚기 위해 자금을 모을 것이고 신규 채권을 발행해서 경제를 재건할 가능성이 높았다. 독일의 말을 곧이곧대로 믿지 않을 투자자들을 유인하려면 독일의 채권은 채무불이행 사태를 막는 연합국 정부들의 담보가 필요할 것이다. 독일은 그런 담보를 통해 대량의 자금을 유치할 것이고, 그렇게 되면 연합국 정부들도 독일에 더 큰 규모의 전쟁배상금을 부가할 수 있었다. 영국, 프랑스, 벨기에는 그 배상금을 받아 자국 경제를 재건할 수 있고 그 돈으로 미국에 진 빚을 갚을 것이다. 이런 전체적인 계획이 관련국 사이에서 공정하게 전개되도록 국제연맹이 관리자 역할을 할 것이며 어떤 나라가 얼마나 과도한 청구를 하든 원하는 몫을 받을 수 있을 정도로 충분한 자금이 회전될 수 있었다.

기가 막힌 메커니즘이었다. 하지만 케인스는 자신이 화살로 달을 맞추려 한다는 것을 알고 있었다. 4인 위원회가 몇 달에 걸쳐 마련한 제안 및 타협 내용을 포기하도록 설득하려면 무엇보다 로이드 조지의 강력한 지원이 필요했다. 그러나 영국 총리는 이제는 그 결과가 뻔히 보이는 케인스와 천상의 쌍둥이 간의 논쟁을 판정하느라 지쳐 있었고, 배상금 문제를 평화회의 이후로 연기하자는 클레망소의 제안에 점점 더 흔들리고 있었다. 케인스에게는 새로운 정치적 동맹군이 필요했다.

그래서 케인스는 극단적 조치를 취했다. 파리를 떠나기로 한 것이다. 그는 런던으로 돌아가 전시 내각 각료들을 소집해 자신의 아이디어를 설명했다. 두 도시는 놀라울 정도로 대조적이었다. 케인스

존 메이너드 케인스

는 어머니에게 보낸 편지에 이렇게 적었다. "유럽 상황은 과히 절망적이에요. 경제 시스템은 꽉 막혀 있고 사람들은 희망을 잃었어요. 하지만 여기 잉글랜드는 모든 게 아주 정상적이고 모든 이들이 상당히 안락해 보여서 커튼 뒤에서 무슨 일이 벌어지고 있는지가 분명히 보이더군요."[77] 전시 내각과 가진 회의는 아주 순조로웠다. 오스틴 체임벌린 재무장관은 케인스의 계획을 개인적 사명으로 받아들여 로이드 조지에게 직접 호소했고, 결국 그를 설득했다. 일명 "거대한 계획"을 검토하던 로이드 조지는 바로 그 가치를 깨달았다. 케인스가 고안한 재무적 루브 골드버그 장치Rube Goldberg device(미국의 만화가 루브 골드버그가 만화적 상상력으로 고안한 장치로 모양이나 작동 방법은 아주 복잡하고 거창한데 하는 일은 어이없이 단순한 기계를 일컫는 말-옮긴이)는 비난 여론을 일으키지 않으면서 전쟁 부채를 탕감하고 배상을 최소화해서 모든 이해당사국에 장기적인 경제 혜택을 제공할 수 있었다. 부담스러운 세금을 추가로 징수하지 않아도 됐다. 로이드 조지는 케인스가 작성한 이 계획을 자신의 서명이 찍힌 설명용 각서와 함께 곧바로 윌슨에게 들이밀었다. 이번에는 미국인들을 향한 칭찬도 아끼지 않았다. 후버의 구호 노력은 생명을 구하고 있었다. 하지만 그런 영웅적인 구호 작업은 유럽이 아직도 외부 조력에 얼마나 철저하게 의존하고 있는지를 드러낼 뿐이었다. 케인스는 윌슨을 위한 각서에 "한마디로 유럽의 경제 메커니즘은 고장 나 있고 현대 세상이 직면한 이런 전례 없는 최악의 금융 문제를 풀 수 있는 것은 미국 지도부뿐입니다"라고 적었다.[78]

각서에는 거대한 계획이 더 나은 미래를 위한 연합국들의 공동 노력으로 기술돼 있었지만 계획의 성공 여부는 전적으로 미국의 관대한 처사에 달려 있었다. 독일이 채권을 발행하려면 미국 투자자들이 자금을 모아야 했으므로 결국 미국의 돈이 필요했다. 채무불이행 상황에 대비해 모든 연합국이 독일 채권을 보증한다는 내용이 명확히 대출 조건에 명시돼 있을지라도 투자자들에게 중요한 것은 오직 미국의 약속이었다. 미국 이외의 국가들은 사실상 파산 상태였다. 케인스의 제안대로라면 미국은 연합국이 진 빚을 독일이 진 빚으로 교환해서 투자금에 대해서는 비슷한 수익을 받게 되지만 패전국에 돈을 빌려주는 훨씬 더 높은 리스크를 감수해야 했다. 윌슨은 5월 3일 로이드 조지에게 보낸 서한을 통해 이 모든 계획을 전면 거절했다. 윌슨에게는 더 괜찮은 보상을 받고자 미국에 맹렬한 비난을 퍼부었던 프랑스와 영국 대표단에 대한 기억이 아직 생생했다.

윌슨은 외교 서한에 이렇게 썼다. "배상 문제를 논의하는 동안, 미국 대표단은 제안된 계획으로는 독일이 배상금을 지불할 방법이 없다고 다른 대표단에 누누이 지적해 왔습니다. 저도 계속 같은 생각이었습니다. 하지만 우리 중 누군가 그 점을 지적하면 바로 친 독일 인사라는 비난을 받았죠." 당시 가장 중대한 문제가 독일을 볼셰비즘의 위협으로부터 지키는 것이었다면, 영국은 어차피 전쟁 배상금이라는 명목으로 다시 빼앗을 자금인데 왜 독일을 위한 자금 유치 계획을 세웠을까? 영국은 사실상 독일에서 벌어지는 정치적 위기를 이용해 자신들을 위한 간편한 자금원을 만들려고 했다. "미국은 항상 전반적인 상황에 도움이 되기 위해 재정적으로 만반의 태세를 갖춰 왔고 앞으로도 그럴 것이라는 게 제 판단입니다. 그렇지만 미국

존 메이너드 케인스

도 나름대로 큰 어려움을 겪어 왔습니다… 당신은 우리 모두가 독일의 자립을 돕는 방향으로 문제를 다뤄야 한다고 제안했지만 독일이 기존에 가진 자본도 이제 막 전부 몰수하기 시작한 시점에, 당신네 전문가든 우리 전문가든 다시 독일에 자본을 대줄 새로운 계획을 세우리라 누가 예상이나 했을까요? 유럽 국가들이 가져갈 것을 뻔히 알면서 미국이 상당량의 운전자본을 독일에 넘길 것으로 기대하는 이가 누가 있겠습니까?"[79]

케인스도 이런 윌슨의 기술적 반론에 뭐라 딱히 할 말이 없었다. 결국 거대한 계획은 나쁜 상황을 최대한 이용해보자는 시도였다. 그럼에도 불구하고, 그는 국제협력과 민주주의를 위한 자신의 고매한 생각을 파리에서 논의 중인 현실적 재정 문제와 연결할 시도조차 하지 않는 윌슨의 태도에 격분했다. 유럽에 미국의 원조를 기대할 권리는 당연히 없었지만, 윌슨은 파리에서 선의와 강한 윤리원칙의 증거인 조약에 따라 미국이 배상에 대한 청구권을 포기하겠다고 주저없이 말해왔기 때문이다. 케인스의 거대한 계획은 윌슨이 조약에 따라 확립하겠다고 주장해온 내용에 정확히 부합했다. 즉 미국의 자금과 호의에 의해 보장될 수 있는 의욕적인 국제외교 행위였다. 그러나 윌슨은 추가 협상의 출발점에서 자세한 내용은 따져보지도 않은 채 그 계획을 바로 거절한 것이다. 4개월간 느꼈던 케인스의 좌절감이 분노로 끓어올랐다. 케인스는 던컨 그랜트에게 보낸 편지에도 미국 대통령에 대한 노여움을 감추지 않았다. "사람은 겪어봐야 안다고, 윌슨이야말로 지상 최대의 사기꾼이더군."[80]

윌슨에 대한 이런 가혹한 평가는 시간이 흐르면서 좀 누그러진다. 이후 케인스는 윌슨을 사기꾼이 아니라 유럽의 교활한 지도자들로 인해 "얼이 빠진" 멍청이로 여기게 된다. 케인스는 몰랐지만, 윌슨은 파리에 머무는 동안 가끔 기이하고 엉뚱한 행동을 했다고 전해진다. 당시 그가 보인 정신 착란 증세의 정확한 원인에 대해서는 역사학자들도 계속 논쟁을 벌였지만(그가 4월 초 독감에 걸리면서 경미한 뇌졸중과 인지 장애를 앓았을 것으로 추측돼왔다), 평화회의 후반에 윌슨 대통령의 정신이 항상 명민하지 않았다는 것만은 확실하다.

그럼에도 불구하고, 윌슨이 거대한 계획을 뿌리치면서 혼란만 일으킨 것은 아니었다. 미국에서 연합국의 전쟁 부채를 탕감하려는 사람은 아무도 없었다. 데이비스, 라몬트, 버나드 바룩 등 미국 대표단 다수는 윌슨 행정부에 합류하기 전에 금융 분야에서 활약했던 인물들로 대부분의 은행가처럼 그들 역시 채권자에게 유리하게 대출 조건을 고치는 것에 개념적으로 반대했다.

게다가 데이비스와 라몬트는 JP모건과 얽혀 있었다. 1929년에 주식시장이 붕괴되고 10년이 지난 후 데이비스는 JP모건이 은밀히 자행한 내부자 거래의 수혜자로 밝혀진 바 있다.[81] 또 라몬트는 모건의 가장 실세 파트너였던 것으로 알려져 있다. 그는 파리행 비행기를 타면서 영국과 미국의 새로운 금융 카르텔이 확립되기를 바랐다. 그는 윌슨이 케인스의 계획을 거절하고 한 달 만인 6월에 영국의 은행가인 R. H. 브랜드 및 케인스와 가진 회의에서 모건이 이끄는 미국 은행협회가 영국 최대 은행들의 지분 50퍼센트를 차지하는 아이디어를 은근슬쩍 내놓았다. 유력 은행들이 하나로 합치면 수익을 낮추는 경쟁의 압박에서 해방될 수 있었다. 미국의 자본과 영국

존 메이너드 케인스

의 탄탄한 사업 인맥이 결합하면 미국의 철로를 페르시아의 원유 및 인도의 향신료 거래와 연결하는 민간 금융 제국을 구축할 수 있었다. 케인스가 거대한 계획을 통해 향후 유럽 재정을 국제연맹의 책임 아래 두겠다는 비전을 품었을 때, 라몬트는 JP모건이 지배하는 또 다른 세상을 상상했다.

대륙을 아우른 금융 독점은 실현되지 못했지만, 라몬트가 베니토 무솔리니의 믿음직한 조언가가 되어 미국 정부와 무솔리니 독재 정권과의 관계를 개선시키고 1926년에는 JP모건이 그에게 1억 달러의 융자를 연장해주면서 모건 하우스는 대전 후에도 유럽 정계에서 막강한 영향력을 계속 유지하게 된다.[82] 라몬트는 본인 스스로를 이탈리아 파시즘의 "전도자 비슷한" 사람으로, 그리고 파시즘은 "상당히 뛰어난 친구"가 이끄는 "건전한 사상"으로 묘사했다.[83] 무솔리니는 라몬트의 불미스러운 정치인 고객 중 한 명에 불과했다. 1931년에 일제는 중국 만주를 침공했고, 이는 국제연맹 규약을 명백히 위반한 행위로 "계급 침략 행위"라는 후버 대통령의 비난을 받았다. 일본 재무성은 성명을 내고 만주에서의 일은 1만 5,000명의 일본군이 "자기방어"를 위해 한 행위를 전 세계가 오해한 것이며 일본은 "중국과 전쟁을 벌일 의도가 전혀 없고 중국에 대해 우호적인 감정을 갖고 있다"고 주장했다. 사실 일본은 진주만 전쟁으로 절정에 달할 일련의 무력 정복 행위들을 시작한 상태였다. 〈뉴욕타임스〉에 실린 그들의 선전 내용은 전혀 사실이 아니었다. 그 기사의 작성자는 토마스 라몬트였다.[84]

케인스는 연합국의 전쟁 부채에 대한 미국 정치인들의 견해를 절대 납득하지 못했다. 배상금 문제는 그들도 케인스의 의견에 합의한 상태였으므로 케인스는 그들의 완고함을 "공무에 대한 경험 부족"으로 돌렸다.[85] 윌슨이 거대한 계획을 거절하자 그는 데이비스와 라몬트를 설득해서 윌슨과 다시 협상의 길을 열어보려고 애썼고, 윌슨이 서명한 거절 서한의 실제 작성자가 라몬트였다는 사실은 모른채 한동안은 일이 진전될 수 있다고 믿었다.[86]

그러나 케인스는 결국 파리에서 완전히 무너졌다. 5월 14일 그는 어머니에게 이런 편지를 보냈다.

몇 주 만에 다시 누군가에게 편지를 쓰네요. 일도 일이지만 주위의 악마들 때문에 생긴 우울증으로 완전히 만신창이가 돼 있었어요. 지난 2, 3주만큼 비참한 적은 없었던 것 같아요. 평화라는 건 터무니없고, 불가능하며, 그 이면에는 역경밖에 없더라고요. 개인적으로는 독일이 조약에 서명할 리가 없다고 믿지만 다른 사람들 생각은 저와 다른 것 같아요(불평과 불만을 좀 토로한 다음 결국에는 서명을 하게 될 거라는 게 그들의 생각입니다). 하지만 그들이 정말로 동의한다면 이는 여러모로 더 나쁜 대안이 될 거예요. 왜냐하면 독일은 그 약속을 어떻게든 지켜야 하고(지킬 능력이 없음에도) 그렇게 되면 무질서와 불안만 야기될 게 뻔하니까요. 제가 독일 입장이라면 평화조약에 서명하느니 차라리 죽음을 택하겠어요.

저 또한 이 모든 악과 어리석음의 공범이겠지만 이제는 그 끝에 다다랐어요. 가능하면 6월 1일, 늦어도 6월 15일 전에는 일을 그만두겠다고 재무부에 보고할 참이거든요.[87]

케인스는 6월 5일에 노먼 데이비스에게 작별을 고했다. "저는 토요일부로 이 악몽의 현장에서 빠져나갈 겁니다. 더 이상 여기서 제가 기여할 일은 없는 것 같네요. 미국인들은 갈대처럼 믿을 수 없어서 이 사태가 실제로 개선될 것처럼 보이지 않습니다."[88]

같은 날 케인스가 공식적으로 사임을 표하며 로이드 조지에게 보낸 편지도 비슷한 내용이었다.

친애하는 총리님께, 제가 토요일부로 이 악몽의 현장을 빠져나간다는 사실을 말씀드려야 할 것 같습니다. 저는 여기서 더 이상 기여할 것이 없습니다. 끔찍했던 요 몇 주 동안 그래도 총리님이 이 조약을 어떤 식으로든 정당하게 만들 방법을 찾으실 것으로 희망을 가져왔습니다. 하지만 이제는 너무 늦었습니다. 저희가 졌어요. 유린당한 유럽 상황을 즐거워하고 영국 납세자들에게 남겨진 것을 음미할 몫은 섬너와 컨리프 쌍둥이에게 남겨 놓겠습니다.[89]

평화회의는 케인스가 4년간 전시 재정에 헌신한 후 염원했던 구원을 실현하지 못했다. 블룸즈버리 친구들이 맞았다. 그는 잔학 행위에 가담했을 뿐이었다. 그는 분노와 수치심에 휩싸인 채 지친 몸을 이끌고 영국으로 돌아왔다.

그러나 전쟁을 겪고 파리에서 몇 개월을 보내면서 케인스는 돈과 권력을 새로운 방식으로 이해하게 되었다. 전쟁 전에 그는 일반적인 상황에서 정부는 시장에 개입하면 안 된다는 경제학자들의 생각에 동의했다. 그러나 4년간 영국 정부의 일원으로 국가의 경제 활동을 직접 관리하면서 그는 더 이상 확신할 수 없었다. 독일의 배상금과 연합국의 전쟁 부채는 당대 가장 중요한 경제 이슈였고, 그 중대한 문제는 근본적으로 정치와 분리될 수 없었다. 시장경제란 국가와 무관한 채로 그 자체의 원칙에 따라 운영될 수 있는 독립된 영역이 아니었다. 무역의 리듬, 그 논리와 메커니즘은 정치권력에 의해 정의되고 지원되어야 했다. 배상금과 연합국 간 부채 문제를 둔 고전 끝에 그는 긴축재정, 즉 정부가 지출과 부채 상황을 줄임으로써 경기 침체를 타개할 수 있다는 원칙을 평생 배척하게 되었다. 이제 케인스는 정부가 과도한 부채를 떠안게 되면 국민들의 삶의 질이 낮아지므로, 빚을 갚는 것보다 차라리 빚을 갚지 않기로 선언하는 편이 낫다는 믿음을 갖게 되었다.

이런 세계관의 변화가 무엇을 의미하는지는 케인스도 확실히 몰랐다. 하지만 몇 달 후 케인스는 이런 변화에 따른 성과를 대중에게 선보이게 될 것이다. 또 그로 인해 세상에 큰 파장을 일으키게 될 것이다.

존 메이너드 케인스

JOHN MAYNARD KEYNES

평화의
결과

04

오후 햇살이 창을 타고 부서지듯 내려와 반짝이는 크리스털 샹들리에에 와닿은 후 베르사유 궁전 거울의 방에 있는 커다란 거울들에 부딪혀 눈부시게 빛났다. 순금 장식이 수놓인 우아한 대리석 벽면 공간마다 언론인들과 사진기자들이 빽빽이 들어선 거울의 방에는 세 개의 긴 테이블이 놓여 있었고 이윽고 세계 정상들이 자리에 앉았다. 높은 아치형 천장을 가로질러 성경의 예언자들과 위대한 전쟁 영웅들의 모습을 담은 바로크 시대의 천장화가 내려다보는 가운데 우드로 윌슨 대통령은 그 역사적인 순간이 내뿜는 에너지에 손을 떨면서 모든 전쟁을 종식시킬 전쟁The War to End All Wars(제1차 세계대전을 일컫는 말로 영국의 시사평론가인 H.G. 웰스가 처음으로 사용-옮긴이)을 끝낼 조약에 서명했다.[1]

윌슨은 미국 언론을 위한 성명에서 이렇게 선언했다. "이는 독일과 맺는 단순한 평화조약이 아닙니다. 이 조약으로 지금까지 자유의 길을 찾지 못했던 위대한 국민들이 해방될 겁니다. 또 몇몇 이기적인 집단들이 위대한 제국의 국민들을 권력과 지배라는 야욕의 시녀로 삼기 위해 이용했던 끔찍한 구습을 영원히 종식시킬 겁니다… [이 조약은] 새로운 세계 질서를 위한 위대한 헌장과 같습니다."[2]

궁전 바깥에 몰려든 군중은 7개월 전에도 파리를 찾았던 이 남자에게 "윌슨 만세!"를 외치며 다시 한번 환호했다. 여성들은 프란츠 페르디난드 대공 암살 후 5년 만에 평화를 되찾아준 윌슨 대통령을 직접 만져보려고 앞으로 달려 나갔다.

이 조약이 지닌 변혁적 가치를 부인할 사람은 없었다. 먼저 권력의 중심이었던 제국주의 열강들이 산산조각이 났다. 오스트리아-헝가리 제국은 오스트리아, 체코슬로바키아, 유고슬라비아, 헝가리, 그리고 몸집이 커진 루마니아로 분리되었다. 영국은 몰락한 오스만 제국에서 빠져나온 팔레스타인과 오늘날의 이라크를 차지하게 됐고, 프랑스는 현재의 시리아와 레바논을 손에 넣었다. 15개월 전에 독일은 러시아를 장악한 볼셰비키 정권으로부터 핀란드, 에스토니아, 라트비아, 리투아니아를 도려낸 바 있었다. 그러나 지금은 국제연맹의 보위 하에 이 모든 속국들이 독립 국가가 되어 독일의 손아귀에서 벗어나게 되었다. 독일의 서쪽 국경에 놓인 알사스-로렌 지역은 석탄이 풍부한 사르 분지의 광업권과 함께 프랑스로 넘어갔고, 라인 강을 따라 길게 늘어져 철과 구리가 풍부한 지역은 앞으로 수년간 프랑스의 지배에 놓이게 됐다. 동쪽의 경우 단치히와 메멜 지역은 자치령이 됐지만 프로이센에 있던 독일의 속주는 폴란드에 양도되었다. 리베리아, 카메룬, 동아프리카(현재의 탄자니아, 르완다, 부룬디), 남아프리카의 독일 식민지는 곧바로 국제연맹의 지배를 받다가 독일령이었던 태평양 섬들이 일본, 뉴질랜드, 호주의 소유가 되면서 프랑스와 영국에 넘어갔다. 독일이 보유한 5,000대 이상의 기관차와 15만 대의 철도 차량이 곧 연합국들에 넘겨질 예정이었고 주요 강을 오가는 수송선들은 연맹의 소유가 되었다. 독일은 연합국에서 들여오는 물품에 관세를 철폐해야 하지만 연합국은 독일 제품에 대해 마음대로 관세를 부과할 수 있었다. 배상금에 대한 명확한 조건은 없었다. 클레망소가 제안했던 것처럼 파리에서 풀지 못한 숙제들은 국제연맹의 특별위원회가 해결하게 돼 있었다. 한편, 독일은 배상위원회가 활동을 시작하는 1921년 5월 1일까지 연합국에 200억 금마르크gold mark를 지불해야 했다. 최종 법안이 어떤 형태로 나오든 독일은 이미 엄청난 경제적 대가를 치른 상태였다.

그렇다고 윌슨이 베르사유에서 느낀 희열감을 모두가 공유한 것은 아니었다. 케인스의 친구인 남아프리카 출신의 얀 스머츠는 조약에 서명했지만 독일에 대한 가혹한 조건들에 반대하는 추가 성명을 제출했다. 스머츠는 윌슨이 미국 정치인 중 에이브러햄 링컨을 능가하는 인물이 될 것으로 믿으며 존경했었다.[3] 하지만 윌슨의 민족자결주의는 패전국에만 적용되는 원칙 같았다. 흑인 사회주의자로서 이 조약을 토대로 아프리카계 미국인들에게 힘을 실어주려던 W.E.B. 뒤 보이스의 압박을 윌슨이 무시했기 때문이다. 프랑스와 영국도 기존의 식민지와 보호령 중 어떤 곳도 포기하지 않았다. 베르사유 조약은 심지어 영국 본국과 혁명적 게릴라전을 벌이고 있던 아일랜드 민족주의자들의 명분에 대해서도 침묵했다. 서명식을 치른 장소만 봐도 윌슨 또한 제국주의 질서가 시대를 초월해 계속되길 바랐다는 것을 알 수 있었다. 48년 전 오토 폰 비스마르크와 프로이센의 장교들은 프로이센-프랑스 전쟁의 종식을 기념해 비밀의 방에 모여 호엔촐레른 가문의 빌헬름 프리드리히 루트비히를 통일 독일의 첫 황제로 선포했었다. 그리고 이번에는 대전의 승전국들이 동일한 장소에 모여 독일 대표단을 모욕하고 있었다. 오래전 죽은 군주들 간의 맹렬한 경쟁심은 그 장면에서 뗄 수 없는 요소였다. 루이 14세를 위해 지어진 츄테오 정원에서 다가올 날들을 기념하는 축포 소리가 울려 퍼졌다.[4]

그곳에서 영국해협을 가로질러 북서쪽으로 300마일 떨어진 또 다른 정원에는 존 메이너드 케인스가 있었다.[5] 그는 던컨과 바네사의 농가에서 카페트 조각으로 만든 무릎 보호대를 차고 주머니칼로 과실나무와 채소밭 사이 자갈길에 난 잡초를 베며 오후를 보냈다. 어찌나 규칙적으로 일을 하는지, 버니 가넷은 깨끗해진 길을 보고 케인스가 그곳에 몇 번 왔고 얼마나 머물렀는지를 파악할 정도였다.[6] 케인스는 정원 일을 하러 나가기 전에 신문을 읽었고, 그러면서 영국의 전시 재무 책임자를 언급하는 기사들을 이따금씩 모아두었다. 케임브리지 킹스칼리지에 보관된 그의 논문들 사이에는 1919년 6월 11자 〈맨체스터 가디언〉에서 오려낸 토막 기사 하나가 끼워져 있었는데, '메이너드 케인스 사임하다'라는 제목이 사건에 대한 호기심과 미스터리를 한층 고조시킨다.

파리회의에서 영국의 재정 고문 역할을 한 메이너드 케인스에 대한 여러 소문이 런던 언론에 나돌고 있었다. 그는 건강 악화로 재무부에서 사임한 것으로 알려져 있었다. 하지만 기자가 만난 케인스의 친구는 그가 사임한 것이 사실이지만 건강 때문은 아니며, 그가 곧 케임브리지대학에 복귀할 것이라고 밝혔다.

케인스가 사임한 이유는 그의 재정 관련 조언을 정부가 거부했기 때문인 것으로 보인다. 그가 전쟁 배상금을 결정하는 일련의 체계를 고안했지만 받아들여지지 않았고, 금번 경제 조치들이 재정적 참사로 이어질 수 있다는 우려까지 더해지면서 결국 사임할 수밖에 없었던 것이다.[7]

격분한 케인스가 파리를 떠난 후 몇 주 동안 영국 사람들은 베르사유 조약이 "재정적 참사로 이어질" 수 있다는 그의 생각에 힘을 싣지 않았다. 대부분의 국민들은 윌슨처럼 그 조약을 14개 조항과 다가올 민주주의 시대에 대한 승리로 간주했다. 또 복수심에 불탔던 사람들은 새로운 독일 정부가 실의에 빠져 낙담하는 모습으로 위안을 삼았다. 정말 모두를 위한 평화가 실현되는 것 같았다.

이런 보편적인 만족감은 평화회의에 참석했던 대표단을 불안하게 만들었다. 최종 조약에 대한 윌슨의 말을 곱씹어보면, 얕은 미사여구로 포장했지만 평화조약이 실효성을 거두기 위해서는 몇 해에 걸친 섬세한 외교 노력이 필요하다는 것을 미국의 대통령 또한 인정했다는 것을 알 수 있었다. 국민이 이미 조약을 승리로 여기는 상황에서 그중 가장 골치 아픈 조항을 해결하겠다는 정치적 의지가 표출되기는 힘들었다.

아직 자리를 보전하고 있는 정부 인사 중 반년 이상의 협상 끝에 도출된 이 조약을 대놓고 반대해서 자신의 위치를 위태롭게 할 만한 사람은 없었다. 하지만 파리평화회의 출신의 케인스 동맹군 몇 명은 이제 백수가 된 경제학자야말로 잃을 것이 크게 없다는 점에서 그 일에 적임자라는 의견을 내놓기 시작했다. 이 전임 영국 관리는 특유의 가혹한 비판으로 연맹의 활동을 방해하거나 미국으로 하여금 대놓고 그 조약을 반대하게 만들 수 있었다. 그럼에도 불구하고 이성적인 사람들의 마음속에 몇 가지 의구심을 불러일으킬 만한 책임감 있는 비평가가 필요했다. 로버트 세실 국무부 외교 차관은 케인스에게 이렇게 제안했다. "선생께 아주 훌륭한 기사를 쓸 시간이 있다면, 철저하게 경제적 관점에서 이 조약이 얼마나 위험한지 알려주세요. 그러면 큰 도움이 될 겁니다."[8]

사실 케인스에게는 이 문제를 함구하면 막대한 돈을 벌 기회가 있었다. 케인스는 파리에 체류할 때부터 금융 쪽에서 영입 제안을 받았는데, 모두 거절하기는 했지만 런던은행은 현재 돈으로 환산하면 35만 달러를 훨씬 웃도는 약 5,000파운드 연봉으로 회장직을 제시했다. 이는 당시 케인스가 재무부에서 받았던 1,500파운드(1914년 초봉은 700파운드였다)라는 연봉의 세 배가 넘는 금액이었다. 그런 자리들은 정부를 공개적으로 비난해서 도마 위에 오를 악당이 아니라 정계와 재계에 인맥이 넓은 사람을 원했다. 은행으로부터 처음 제안을 받은 후 케인스는 어머니에게 "그런 종류의 일"에는 관심이 없고, 재무부와 런던 금융권 사이에 놓인 어느 건물의 회전문을 통과하는 것도 망설여지지만 그보다 더 마음에 걸리는 것은 업무량 때문이라고 말했다. "일 없는 이사직을 위해 재물 욕심은 포기해야겠죠"[9]라고 그는 털어놓았다. 케인스가 파리회의에서 돌아온 직후, 이번에는 스칸디나비아 은행이 일주일에 한 번만 나가고 1년에 2,000파운드를 주겠다는 제안을 했지만 이번에도 거절했다. 외국 회사를 위해 영국 정부에 로비할 마음이 없었기 때문이다.[10] 케인스는 이처럼 평화회의에 참석한 이후로 영국 지도자들에 대한 환멸을 느꼈지만 국가에 대한 충성심까지 무너진 것은 아니었다.

파리에서 그런 악몽을 겪은 후 정착한 찰스턴 농장에서의 삶은 평온하고 즐겁기 그지없었다. 케인스는 보통 오후에 정원에서 차를 마신 후 실내로 돌아와서 그에게 온 편지들을 확인하곤 했다. 한번은 스머츠가 보낸 편지로 케인스가 다시 공무원 세계로 돌아갈 뻔한 적도 있었다. 스머츠는 이 "전원 속 남자"가 파리에서 벌어진 상황을 다시금 이해할 만한 이야기를 꺼냈다. "그 조약은 어떤 식으로든 끔찍한 사태를 몰고 올 것이고 우리는 모두 진심으로 이 상황을 부끄러워해야 할 겁니다. 이 고약한 문서가 폐기될 수 있도록 당신이 대중을 도와야 해요."[11]

케인스가 당시에 썼던 책 《평화의 경제적 결과》는 편협하고, 근시안적이며, 공격적이고, 여러 면에서 상당히 불공평한 비판을 담고 있다. 하지만 그와 동시에 케인스가 자신의 이름으로 내놓은 책 중 필시 가장 영향력 높은 역작일 것이다.

케인스는 영국의 전문가라는 좁은 독자층을 대상으로 온몸을 불사르듯 이 책을 썼다. 그는 정부의 내부 분쟁에서 한쪽 편을 들었고,

존 메이너드 케인스

그의 첫 책인《인도 화폐와 재무》에서도 그랬듯이 자기 편 정파에 도움이 될 만한 통계 사례를 만들고 싶었다. 이런 편협하고 분명한 목적 덕분에《평화의 경제적 결과》는 영국 공무원 사회에서 케인스의 위신을 높여 주었지만 돈과 명예를 불러오지는 못했다.

하지만 케인스가 생각했던 협소한 청중 속에는 블룸즈버리 멤버들도 포함돼 있었다.《평화의 경제적 결과》는 대영제국에 대한 케인스의 짓밟힌 이상과 타협하고자 쓴 첫 번째 저작물이었다. 1914년까지만 해도 그는 자신의 모국을 민주주의의 등불이자 현명한 제국 통치를 통해 세계의 번영을 이끄는 동력으로 여겼었다. 하지만 전쟁과 평화회의는 그 나라가 실상은 훨씬 평범하다는 것을 드러냈다. 제국의 리더들은 독일 황제나 클레망소와 마찬가지로 매 순간 자신의 이익을 위한 정복과 지배에 사로잡혀 있었다. 케인스가 속한 자유당 역시 대담한 미국인들이 세운 도덕적 기준을 충족시키기에는 역부족인 것으로 판명되었다. 그는 자신의 어리석음을 속죄해야 했지만 그의 기도를 들어줄 교회가 없었다. 블룸즈버리만이 그를 구원할 수 있었다.

전쟁은 케인스를 변화시킨 만큼 블룸즈버리 멤버들도 변화시켰다. 모임에 팽배했던 심미적 도피주의는 그새 절박할 엘리트적 책임감으로 대체돼 있었다. 리튼은 1916년 3월에 있었던 양심적 병역 거부 재판에서 이렇게 말했다. "저는 국제분쟁을 무력으로 끝내려는 이 모든 체제 자체가 악행이라고 확신합니다."**12** 게다가 블룸즈버리에서 가장 그럴 것 같지 않았던 리튼이 예술을 통해 그런 잘못을 바로잡기 시작했다. 1918년에 그는 네 명의 인물을 사실 그대로 묘사한 《빅토리아 시대의 명사들Eminent Victorians》이라는 전기를 발표했는 데 산만한 문체뿐 아니라 인물을 묘사하는 방식으로도 런던 문학계에 충격을 줬다.[13] 빅토리아 시대의 존경받는 영웅들은 리튼의 손에서 세상을 파괴의 길로 인도하는 타락한 질서의 거짓 우상이 됐다. 리튼은 영국의 기숙학교, 국교회, 식민주의를 하나같이 맹렬히 공격했고, 그러면서 케인스의 괴짜 친구는 블룸즈버리의 첫 번째 유명인사가 되었다. 한때 리튼의 연인들을 가로채는 방법으로 자신의 자존감을 높이려 했던 케인스로서는 친구들 앞에 엎드려 자책하는 것만으로 성이 차지 않았을 것이다. 그는 예술가로서 자신의 가치를 증명해야만 했다.

그렇게 해서 탄생한 《평화의 경제적 결과》는 오늘날까지도 획기적 정치 이론서이자 감정적으로도 설득력이 강한 경제서 중 하나로 손꼽힌다. 케인스의 다른 걸작들처럼 이 책도 기본적으로는 경제서가 아니고 독재, 전쟁, 허술한 정치인 등 20세기의 거대한 정치적 이슈들에 열띤 논쟁을 하며 그에 대한 해법을 제공한다. 이 책은 당시 세계를 좌지우지하던 인물들을 직접 겨냥해 분노를 표출했고 머지않아 다시 유럽 대륙을 휩쓸 불길한 폭력을 예언했다.

이 책의 서두는 프랑스와 프로이센 전쟁이 끝난 후 1914년 여름까지 세계를 화려하게 지배했던 금융질서를 묘사한다. 자유로운 국제무역 체제가 인류 역사상 유례없이 번영을 이끌던 시기였다. 경제적 불평등이 사회발전을 일으키는 씨앗이었고, 부유층은 벌어들인 돈으로 사회의 요구를 해결하고 "문명화"를 앞당기는 새로운 기업에 투자해 또 다른 부를 창출했다. 최상층 자본가들이 최하층 노동자들보다 경제적으로 훨씬 더 많은 이득을 거뒀으므로 성장의 메커니즘 자체가 불공평하다 말할 수 있었지만 그렇게 창출된 이윤으로 경제 활동에 참여하는 모든 이들이 더 윤택한 삶을 영위할 수 있었다. 더 좋은 음식, 더 근사한 세공품, 그리고 나날이 팽창하는 중산층 덕분에 계속 하락하는 가격에 살 수 있었던 벨 엘포크La Belle Époque(프랑스어로 '좋은 시대'를 뜻하며 구체적으로 제1차 세계대전 이전의 평화롭고 풍요롭던 시기를 일컬음-옮긴이)의 사치품들이 넘쳐났다. "사회는 오늘날처럼 소소한 즐거움이 아니라 미래의 안전과 인류의 발전, 즉 '진보'를 위해 작동하고 있었다."**14**

수십 년 동안 물질적 부가 축적되면서 사람들은 그들의 시스템이 강력하고 회복력이 뛰어나다는 인식을 갖게 되었다. 하지만 케인스 눈에 그런 풍요로움은 언제라도 깨질 수 있는 역사적인 변칙일 뿐이었다. 그 시스템은 "이중 속임수나 허풍"에 의존했다. 다시 말해 노동자들이 시스템을 믿어야만 작동할 수 있었고, 시스템이 작동하지 않으면 노동자의 믿음을 얻을 수 없었다. 더 나은 내일에 대한 집단적 믿음이 깨지면 노동자들은 직장을 떠나거나, 폭동을 일으키거나, 그보다 너 나쁜 상황이 초래될 수 있었다.

전쟁은 시스템이 작동하는 데 필요한 확신과 예측 가능성이라는 환상을 완전히 깨버렸다. 여러 나라와 문화를 잇던 경제적 줄들이 1914년에 허무하게 끊어졌고, 이제 사람들의 경제생활은 전쟁 속에서 끓어오르는 애국심과 타국의 지배에 대한 두려움으로 지탱되었다. 전쟁 전 경제를 움직이던 동력은 마치 아무 일도 없었던 것처럼, 재가동될 수 없었다. 모든 것이 전쟁으로 고작 몇 달, 혹은 몇 년 만에 파괴될 수 있는 상황에서, 과연 누가 대호황기의 전례 없이 심한 불평등을 받아들이겠는가? 그러기에는 인생이 너무 짧았다.

케인스는 책에서 "불평등을 토대로 한 축적의 원리는 전쟁 전 사회질서와 당시 우리가 이해했던 진보의 중요한 일부였다"라고 말했다. "그 원칙이 이제는 그때의 부를 재창출할 수 없을지도 모른다는 불안정한 심리 상태에 의지하게 된 것이다. 전체 인구 중 아주 소수의 사람이 안락한 생활을 영위하고 그들만 막대한 부를 축적하는 것은 자연스러운 상황이 아니었다. 전쟁은 모두에게 소비의 가능성을 보여주는 동시에 많은 이들에게 금욕의 덧없음을 일깨워 주었다."[15]

19세기처럼 "신대륙의 천연자원이 선사하는 부와 샘솟는 잠재력을" 20세기에도 기대할 수는 없었다. 유럽은 식민주의를 통해 외국의 값싼 노동력에 접근할 수 있었다. 그러나 신대륙의 "풍요로운 자원"은 인구 변화와 "실제 비용의 꾸준한 상승"으로 더 이상 저렴하지 않았다. 그는 비용이 왜 상승했는지 자세한 이유는 설명하지 않았지만 노예제가 폐지되면서 노동 비용이 상승한 것은 사실이었다.

평화회의는 세계 지도자들에게 자본주의가 작동하기 위해서는 사회적 진보가 필요하다는 것을 대중에게 설득시킬 기회를 마련했다. 그러려면 승전국, 패전국 가릴 것 없이 공공복지에 대한 투자가 필요했다. 유럽 전역에는 채워야 할 참호와 재건해야 할 공장, 그리고 땅에서 걷어내야 할 철조망이 있었다. 하지만 조약의 결과로 막대한 전쟁 부채와 배상금을 짊어진 상태에서 공동체가 재건될 수 있을 것처럼 구는 것만큼 어리석은 일도 없었다. 세계 시민들이 그런 운명을 아무 저항 없이 순순히 받아들일 리가 없었다. 전쟁 부채는 탕감되어야 하고, 배상금 청구는 완화되어야 하며, 채권자가 아닌 국민들의 요구가 우선시되는 국제 협력체제가 확립되어야 한다는 것이 케인스의 신념이었다. 번영은 현명한 투자와 고된 노력만으로는 이뤄질 수 없었다. 오직 정치적 리더십만이 진보에 필요한 확신과 예측 가능성을 제공할 수 있었다.

케인스는 이런 프로그램을 보다 급진적인 대안을 통해 벨 엘포크의 문화적 업적들을 구하려는 방어적 전략으로 이해했다. 볼셰비키 정권 또한 이런 대안적 사회 비전을 제시한 경우로 이미 기세를 확대하고 있었고, 대중은 낡은 질서가 붕괴하면서 생긴 불확실성 때문에 안정과 예측 가능성을 약속하는 교리는 그 무엇이든 지지할 태세였다. 유럽 전역, 무엇보다 패망한 독일제국에서 독재자가 등장할 조짐이 무르익고 있었다. 유럽은 또 다른 전쟁의 기로에 서 있었다.

"우리가 중부유럽이 빈곤에 빠지도록 의도적으로 노린다면 단언컨대 복수심은 수그러들지 않을 것이다. 그렇게 되면, 그 어떤 것도 반동의 힘과 자포자기식 혁명 사이에서 마침내 폭발할 내전을 막을 수 없을 것이다. 독일이 일으킨 지난 전쟁의 공포가 사라지기도 전에 또 내전이 발생한다면 그 승리자가 누구든 문명과 우리 세대의 발전을 모조리 파괴할 것이다."[16]

케인스가 이런 암울한 비전을 갖게 된 데에는 허버트 후버의 역할도 있었다. 두 사람은 파리평화회의에서 독일에 대한 식량 구호 계획을 협의했었다. 그때 후버는 "한쪽에서는 군국주의자, 또 다른 한쪽에서는 공산주의자들로부터 혁명의 위협이 가해질 수 있다"라고 말했었다. 그러고는 두 집단 모두 "굶주린 사람들의 감정을 이용하고 있다"고 강조했다.[17] 케인스가 책 집필을 마친 1919년 가을은 식량 원조가 이미 실현된 시점이라 독일의 사정이 파리평화회의 때처럼 그렇게 심각하지는 않았다. 하지만 오랫동안 가해진 심리적 압박으로 긴장감이 고조되던 차에 앞으로 몇 년간 또다시 경제적 몰수가 이어진다는 사실을 독일은 감당할 수 없었다. 게다가 그런 몰수가 외국에 지불해야 할 엄청난 규모의 채무와 얽혀 있다는 사실은 손쉬운 희생양과 함께 선동가를 낳을 수 있었다. 즉 경제적 불만이 민족적 적대감으로 이어지는 것이다.

케인스가 《평화의 경제적 결과》에서 쓴 뛰어난 수사법 중 하나는 독일과 오스트리아에 닥친 "지독한 경제난"이 대륙 전체의 경제 위기로 확대될 수 있다고 전망한 부분이다. 프랑스와 이탈리아, 벨기에도 영국과 미국에 지불해야 할 무거운 이자가 여전히 장부상에 남아 있어서 언제라도 독일과 같은 처지에 놓일 수 있었다. 케인스의 주장처럼 유럽의 운명은 서로 깊게 얽혀 있었고 그런 경제 연합이 유럽의 정치적 미래를 좌우할 수밖에 없었다.

케인스의 예상대로라면, 막대한 빚을 진 정부들은 정치적으로 불안한 전쟁 중에도 그랬듯이 부채의 부담을 덜기 위해 인플레이션에 의지할 가능성이 높았다. 물론 인플레가 미치는 영향은 동일하지 않았다. 현금 가치가 급락했기 때문에 1919년 인구 중에는 비록 소수지만 저축량이 많은 사람이 가장 심각한 타격을 받았다. 인플레이션이 특정 경제층에는 "숨겨진 세금" 역할을 했던 것이다. "부의 재정비가" 그렇게 임의적으로 발생하면 "자본가 계층"의 분노를 부채질할 수밖에 없었다. 케인스는 이렇게 설명했다. "레닌이 분명 옳았

존 메이너드 케인스

다. 사회의 기존 토대를 미묘하고 확실히 뒤엎는 데 화폐 가치를 급락시키는 것보다 확실한 방법은 없다."[18] (케인스는 순수한 의미로 사용했지만 이 문구는 마르크스주의 지도자가 수년 동안 사용했던 가장 유명한 격언 중 하나가 되었다. 케인스의 이 표현은 뉴욕의 한 신문에 실린 레닌의 인터뷰 기사에서 따온 것이었다.)[19]

볼셰비키 세력은 집권 후 차르 시대에 발생한 러시아 부채를 부인했었다. 케인스는 사실상 모든 유럽 국가들이 레닌처럼 전쟁 중에 발생한 부채를 탕감받아야 한다고 촉구하고 있었다. 그 결과 《평화의 경제적 결과》에는 급진주의를 뛰어넘는 기운이 감돌았다. 그는 부채, 경제적 불평등, 심지어 자본주의의 투자 과정 자체도 문명화를 이루는 성스러운 토대가 아니라 단순한 관습일 뿐이라고 주장했다. 그런 관습들은 인류를 전체적으로 향상시키도록 채택된 것이므로 변화하는 요구에 따라 수정되어야 했다.

하지만 레닌을 참고했든 아니든, 케인스는 마르크스주의자들이 부르주아가 가진 불로소득 특권을 공격한 부분은 언급하지 않았다. 케인스의 정치 성향은 에드먼드 버크의 영향을 받아 근본적으로 보수적이었다. 스코틀랜드 철학자인 버크는 1790년에 펴낸 걸작, 《프랑스혁명 성찰Reflections on the Revolution in France》에서 프랑스의 기존 사회질서를 공격한 혁명가들을 혹평한 바 있었다. 버크는 혁명가들이 주장하는 인권과 민주주의에 어떤 철학적 가치가 있든, 프랑스의 군주제를 타도하려는 행위는 평화통치를 가능하게 한 전통과 관습의 사회적 유대를 파괴하고, 폭력적 쿠데타와 혼란을 통해 질서를 잡을 "대중적 장군"에게 힘을 실어줄 것으로 예상했다.[20] 그런 군국주의는 낡은 군주제보다 혁명가들이 추구하는 이상에 훨씬 더 큰 피해를 입힐 뿐이었다. 18세기 말 자행된 공포정치와 19세기 초에 연이어 일어난 나폴레옹의 폭동은 버크의 심리학적 분석에 어떤 자극을 줬던 것으로 보인다. 케인스는 실존적 위험에 처한 기존 체제 중 구할 수 있는 것을 지켜야 한다는 원칙 안에서 급진적인 주장을 했다.

버크에 대한 케인스의 존경심은 블룸즈버리 멤버로는 특이한 경우였다. 블룸즈버리는 프랑스 혁명이 보수주의와 그들이 추구하는 진보적 자유주의를 분리하는 거대한 장벽이었던 현대 정치에서 기본적인 연결점 역할을 했다고 여겼다. 레너드 울프는 "세상은 아직 페리클레스Pericles(고대 아테네에서 민주주의의 전성기를 이룬 정치가-옮긴이)와 프랑스 혁명을 지지하는 사람들과 의식적 또는 무의식적으로 크세르크세스Xerxes(사치스런 생활로 유명한 고대 페르시아 제국의 황제로 그리스 정복을 꾀함-옮긴이), 스파르타, 루이 14세, 샤를 1세, 빅토리아 여왕 등과 같이 현대 권위주의자들의 정치적 태도를 받아들이는 사람들로 분명히 나뉘어져 있다"[21]고 밝혔다. 케인스 역시 권위주의를 동시대의 최대 악으로 규정했다. 하지만 친구들보다는 사회적 안정을 우선시했다.

케인스의 버크 사랑은 블룸즈버리 탄생 이전부터 시작됐다. 그는 학부 시절에 이미 버크의 정치 이론에 관한 80장짜리 글로 논문 경연대회에서 우승했고 이 스코틀랜드 철학가의 사상 안에 빠져 살았다. 그는 정부는 양도할 수 없는 개인의 권리가 아닌 그 결과, 즉 사회적 안정과 공공의 행복을 달성하는 개인의 능력에 의해 정당화된다는 버크의 생각에 공감했고 사회적 격변을 깊이 두려워한다는 공통점도 있었다. 하지만 케인스는 버크의 목표와 분석 방식에 동의하는 동시에 몇 가지 방법론을 반박했다. 버크는 인구 이론가인 토머스 맬서스와 마찬가지로 인간의 삶에서 경제적 희소성이 불가피하다고 여겼다. 부는 모두가 누릴 만큼 충분치 않고, 인류가 무엇이 됐든 문화적으로 영원한 업적을 이룩하려 한다면 정부가 불평등 완화까지 책임질 필요는 없다는 것이다. 버크에게 민주주의는 집단적 빈곤과 안락한 삶이 한꺼번에 사라지는 길이었다. 그에게는 사유재산권을 보호하는 군주제야말로 품위 있는 사회를 지키는 유일한 길이었다.

케인스 역시 인구 과잉은 번영에 위협이 된다고 여겼지만 나날이 풍요로워진 시대에 성장한 사람으로서 버크와 달리 민주주의를 통해 더 여유로운 사회로 나아갈 수 있다고 믿었다. 민주주의의 전통과 관습은 예술과 사상이 만개할 여건을 마련했다. 그의 논문에는 이런 글이 있었다. "민주주의는 여전히 시험대에 올라와 있지만 아직까지 스스로에게 불명예를 일으키지 않았다."[22]

케인스는 혁신적이고 복합적인 철학을 만들어냈다. 그는 버크처럼 혁명과 사회적 격변을 두려워했다. 또 칼 마르크스처럼 향후 자본주의에 엄청난 위기가 발생할 것으로 예측했다. 그리고 레닌처럼 제국주의적 세계 질서가 마침내 한계에 도달했다고 믿었다. 하지만 이런 사상가 중에서 오직 케인스만 그 모든 위기가 약간의 호의와 협력만 있으면 해결될 수 있다고 믿었다. 그가 1919년에 예견한 재앙은 경제나 자본주의, 혹은 인류의 근본적 논리에 고착화된 불가피한 일이 아니었다. 그 재앙은 올바른 리더십만 있으면 극복 가능한 정치적 실패일 뿐이었다. 마르크스가 고장 나고 비이성적인 자본주의 질서에 맞서 혁명을 요구했다면, 케인스는 베르사유에 모인 지도자들을 비난하고 조약 개정을 요구하는 것으로 만족했다. 버크와 마찬가지로, 케인스가 피하고 싶었던 것은 혁명 그 자체였다. 그는 자본주의의 불안과 불평등이 민주주의를 확립하는 대신 사회적 격변을 몰고 올 것이라 비난하면서도 낙관적인 태도를 버리지 않았다.

케인스가 《평화의 경제적 결과》에서 한 경고들은 유럽 전역에서 나타난 호전적인 선동가들이 불평등, 긴축예산, 인플레이션, 불확실성을 이용해 복수와 증오심을 부추겨 권력을 얻었던 것처럼 유럽 역사에 반향을 일으킬 것이다. 그로부터 3년 뒤 이탈리아에서는 베니토 무솔리니가 로마 진군에 나설 것이다. 독일에서는 하이퍼 인플레이션과 함께 아돌프 히틀러의 비어홀 폭동이 일어나고, 그 직후 소련에서는 이오시프 스탈린이 등장할 것이다. 케인스가 쓴 이 얇은 걸작은 오늘날에도 중요성을 인정받고 있는데, 이는 책에서 다뤄진 통계 기법이나 세부 분석 내용 때문이 아니라 그가 제시한 군중심리가 20세기의 큰 비극들을 이해하는 데 꼭 필요하기 때문이다. 게다가 21세기의 거대한 쟁점들도 조금만 변형하면 케인스의 해석을 적용할 수 있다. 즉, 세계대전을 2008년의 경제위기로 바꾸고, 전쟁 부채와 배상금을 유럽의 긴축예산과 미국의 주택 압류 사태로 바꾸면 호전적인 극우 민족주의가 현대에 어떤 형태로 발현했는지 알 수 있을 것이다.

《평화의 경제적 결과》에는 전체적으로 환희와 비난이 교차하는 케인스 개인의 감정이 어려 있다. 향후 다가올 어둠에 대한 케인스의 분노는 19세기의 잔혹했던 식민통치는 외면하고 유한계급으로서 개인적 경험에 의존한 전쟁 전 정치에 대한 순진한 향수가 뒤섞여 있었다. 그는 "1914년 8월에 막을 내린 경제적 부흥기가 얼마나 특별한 시대였던가! 그때는 노동자 계층도 어느 모로 보나 자신의 몫에 만족했다. 만족하지 못하는 사람에게는 탈출구가 있어서, 평균 이상의 능력과 인격을 갖춘 이들은 그 누구든 중산층으로 올라갈 수 있었다"[23]라고 말했다. 케인스는 단지 예전의 유럽이 아니라 엘리트들이 누렸던 행복하고 순수했던 생활을 떠올리며 애도했다. 그는 블룸즈버리 회고록 클럽Memoir Club(1920년 블룸즈버리 회원이었던 몰리 맥카시가 데스몬드와 클럽의 회고록을 쓰고 전쟁 후 회원들의 재결성을 위해 만든 모임-옮긴이)에서 밝혔듯이 전쟁을 겪으면서 "문명화는 극소수의 인격과 의지에 의해 확립되고 올바른 규칙과 관습을 능숙하고 교묘하게 다룰 수 있을 때만 보존되는 얇고 위태로운 껍질일 뿐"[24]이라는 것을 처음으로 깨달았다. 버크처럼 케인스가 궁극적으로 보존하고 싶었던 것은 엘리트 문화였다. 케인스에게 기아와 유혈사태가 주는 진짜 공포는 사망자 수가 아니라 그로 인한 예술, 문학, 배움의 붕괴였다. 블룸즈버리의 건강한 마음은 전쟁과 민족 박해에 혈안이 된 호전적 독재자나 선동가에 휘둘린 폭동의 세계에서는 존속될 수 없었다. 그의 독특한 민주주의적 이상에서 대중의 안녕은 엘리트들의 문화 수준을 높이는 편익적 요소였지만, 대중 자체는 진정시켜야만 하는 위험 요소였다.

《평화의 경제적 결과》는 유럽에 관한 책이었다. 케인스는 대영제국과 인도와의 과거 관계는 가볍게 넘어갔고, 이는 인도도 곧 유럽과 미국이 맺은 새로운 자유무역 연합에 포함된다는 것을 말했다. 케인스는 14조항을 전폭적으로 지지했지만, 그에게 더 근본적인 원칙은 민족자결주의보다 일련의 정치적 합의를 이끌 세계적 화합과 발전의 통로가 되는 자유무역이었다. 또한 케인스는 조약에 따라 정치적으로 가장 가혹한 조치가 가해질 중동, 아프리카, 일본의 경제 상황에는 전혀 관심이 없었다. 그가 석유라는 말을 한 것은 전쟁 전 독일의 수입 품목을 정리한 표를 언급했을 때 딱 한 번뿐이었는데 그때에도 케인스는 '석유'를 씨앗에서 생기는 것으로 착각했었다. 그는 향후 석유가 세계 정치에 미칠 중요성을 몰랐고 로이드 조지, 윌슨, 클레망소가 석유에 대한 이권 다툼으로 세계를 분열시키리라는 것도 몰랐다.

케인스는 파리에서 진행되었던 영토 관련 논쟁에는 참여하지 않았으므로, 책에 표출된 감정적 호소는 그가 공격하는 조약 항목들과 밀접히 관련돼 있었다. 그가 석유 문제를 간과한 데에는 전문지식의 부족이나 유럽 우월주의 같은 요소도 물론 작용했겠지만 그 외에도 다른 이유가 있었다. 21세기에 케인스는 세계를 움직이는 것이 석유가 아니라 부채라고 믿었다. 신기술과 전문화로 사회는 생존에 필요한 상품을 더 쉽게 대량 생산할 수 있게 됐으나 그 과정에 결부되는 비용 지불 문제가 새로운 쟁점들을 만들어내고 있었다. 파리에서 세계 정상들은 다수의 문서로 자원과 노동력을 이끌어낼 수 있을 것으로 확신했지만 실제로는 어림없는 일이었다. 돈과 생산의 연관성 영역에는 독특한 환상 같은 것이 있었다. 케인스는 돈과 희소성 문제

존 메이너드 케인스

에서 이러한 통찰력을 발전시키면서 대공황 시대의 가장 중요한 경제학자로 부상한다.

《평화의 경제적 결과》는 케인스가 한 첫 번째 선언이었다. 하지만 20세기에는 전쟁 전 유럽이 누렸던 것보다 훨씬 더 거대한 물질적 가능성이 열릴 것이라 믿게 되면서 케인스는 이후 20년간 민주주의, 이성, 열정에 대한 견해를 가다듬게 된다. 그때가 되면 케인스에게 빅토리아 시대의 경제 정책은 인류가 도달한 정점은커녕 비과학적인 미신이 될 것이다. 세계 경제가 더 풍요로워질 것이라는 믿음이 생기면서 케인스는 전쟁 중 지독히 급진적이라고 여겼던 정치적 견해를 인정하게 될 것이다. 그렇다고 버크를 완전히 내팽개치는 일은 없을 것이다. 케인스에게 가장 중요한 것은 인생을 더 품격 있게 만드는 것들이었기 때문이다. 경제학이 할 일은 그런 품격 있는 것들을 얼마나 많은 사람이 누릴 수 있는지 판단하는 것이었다.

케인스는 책의 초안을 마무리한 다음 친구들과 가족에게 자문을 구했다. 사실상 블룸즈버리 클럽을 뺀 모든 이들이 그의 글에 당황했다. 그들을 긴장시킨 것은 케인스의 정치적 비전이 아니라 그가 평화조약의 실패를 책임져야 한다며 각국 정상들을 정면으로 공격했기 때문이었다. 그는 윌슨을 "눈과 귀가 먼 돈키호테"라고 묘사했다.[25] 로이드 조지는 "고대 켈트족 마을의 사악한 마법에 걸린 숲에서 우리 시대로 건너온 사이렌, 염소발이 달린 돼지, 반인 반수의 방문객"으로 묘사돼 있었다. 파리는 "악몽이었다".

케인스의 책 곳곳에 등장하는 이런 신랄한 조롱은 빈정대는 어투가 특징적인 《빅토리아 시대의 명사들》의 영향을 직접적으로 받은 것이었다. 케인스의 인물 묘사는 간결했지만 스트레치의 표현보다 한층 더 생생했고, 버지니아 울프의 찬사를 받을 정도로 인물의 특징을 잘 잡아냈지만 극단적인 성향으로 남부럽지 않은 스트레치조차 표현을 좀 누그러뜨려야겠다고 여겼다. 스트레치가 1919년 10월 4일 케인스에게 편지를 보냈다. "자네의 친구인 미국 대통령이 불같이 노여워했다는 신문 기사가 눈에 보이는 것 같네. 자신이 얼마나 끔찍한 실수를 했는지 조금씩 인식하고 깨닫게 된다고 그가 무너질 것 같은가? 만약 그렇다면 아주 극적이긴 하겠지. 설사 그렇다 할지라도 자네가 한 표현은 너무 잔인하지 않은가? 만약 그가 죽기라도 한다면 어떡할 거야? 얼마나 난처하겠어! 난 그의 쾌유를 빌겠네."[26]

한편 케인스의 부모님은 섬너 경을 공격한 부분이 명예훼손에 해당될 수 있으며, 로이드 조지를 묘사한 내용은 아예 들어내야 한다고 경고했다. "설사 의견이 다르다고 해도 네가 모셨던 최고 상관에게는 어느 정도 충성심이 필요하단다."[27] 이 두 부분은 모두 삭제됐지만 책의 공격적인 어조는 그대로였다. 케인스는 파리 최고경제위원회 서기였던 아서 살터에게 이런 편지를 보냈다. "온건한 사람들도 좋은 일을 할 수 있고 극단적인 사람들도 좋은 일을 할 수 있습니다. 하지만 후자에 속하는 사람이 전자인 척 행동해봤자 소용없는 일입니다. "게다가 자신의 행동이 미칠 심리적 영향을 계산하는 것은 훨씬 더 의미 없는 일이며, 저는 어떤 상황이든 최대한 직설적으로 진실을 말하는 것이 최선이라고 생각합니다."[28]

이제 케인스가 조약을 옹호한다고 오해할 사람은 아무도 없었다.

존 메이너드 케인스

케인스의 오랜 친구인 다니엘 맥밀런이 책을 내주겠다고 했지만 케인스는 몇 가지 골치 아픈 일들을 겪은 후 자비로 책을 출판하기로 했고, 이는 출판과 관련된 결정 전부를 스스로 하고 판매 로열티를 대폭 인상하는 결과로 이어졌다. 맥밀란이라는 출판사 이름이 책 표지에 박혔지만 그들은 책의 유통만 책임지게 됐으므로 판매 수익의 10퍼센트만 가졌고 나머지는 케인스와 서점의 몫으로 돌아갔다.[29]

이 결정은 케인스에게 횡재였다. 1919년 12월 12일에 마침내 발표된 《평화의 경제적 결과》는 영국에서 출간된 초판 5천 권이 순식간에 완판되었다. 맥밀란은 재빨리 2쇄를 찍었지만 부채와 선적량 표들이 글자 사이에 어지럽게 배치된 1쇄 상태 그대로였다. 참고로 1915년 3월에 발표된 버지니아 울프의 첫 소설인 《출항The Voyage Out》은 1쇄로 2천 부를 찍었지만 그마저 다 팔리지 않았었다.[30]

통념은 즉각적인 효력을 발휘했다. 책이 출간되기 이틀 전에 우드로 윌슨 대통령은 노벨 평화상을 받았다. 그리고 순식간에 조약은 독이 되었다. 책이 나온 지 몇 달 후, 영국 자유당은 자유당 출신인 로이드 조지가 버젓이 총리직을 유지하고 있는데도 정당의 공식 홍보물에 로이드 조지의 1918년 선거 캠페인을 비난하는 케인스의 책 내용을 그대로 발췌해서 실었다.[31] 21세기 유럽의 대표적 경제사학자인 애덤 토제는 "베르사유 조약의 정치적 정당성을 해치는 데 케인스의 통렬한 저서보다 더 많이 일조한 것은 없었다"[32]라고 말했다.

오스틴 체임벌린 재무장관은 "평화회의를 다룬 장"에 대해 이야기하면서 악의적인 즐거움에 취해 "깔깔대고" 웃으면서도 자신의 옛 부하직원이 재무부 동료들의 노력을 폄훼한 데 대해 비난했다. "솔직히 저는 파리회의에 참석한 영국 대표단으로서 그렇게 큰 신뢰를 받고 중요한 지위에 있었던 사람이 이 나라가 평화 협상에서 행한 역할에 대해 그런 글을 쓸 수밖에 없었다는 점에 애석함을 느낍니다… 저는 전임 공무원의 발언으로 국제적 대의가 더 손상되는 것은 아닐지 우려감이 들 수밖에 없습니다."[33] 케인스가 베르사유 조약을 보며 얼마나 큰 좌절감을 느꼈든 간에《평화의 경제적 결과》는 전쟁이 독단적 공격으로부터 문명을 구하는 정의로운 행위였다는 영국 진보주의자들의 주장을 약화시켰다.

그것이 핵심이었다. 케인스가 책을 쓴 이유는 단지 조정이 필요한 숫자들을 부각하기 위해서가 아니었다. 조약의 조항들은 정당한 전쟁이라는 영미권의 서사 전체를 거짓으로 만들었다. 케인스는 그런 가식을 참을 만큼 참은 상태였다. 그는 체임벌린에게 "미국과 함께 마련한 사기성 정책은 시도는 좋았지만 그리 성공적이지는 않았습니다. 반만 정직하기보다는 솔직한 견해를 밝히는 것이 더 도움이 될 겁니다"[34]라고 답했다.

케인스의 옛 상관이었던 레지날드 맥케나는 이 말에 동의했다. "나는 그 책을 비판하는 의견을 딱 한 번 들었는데 그것도 '미국이 입을 피해 때문에' 책을 읽으면서 비탄에 잠겼다는 말이었네. 억지일 뿐이야! 자네의 책은 어떤 식으로든 도움이 될 테니까. 우리가 진실을 돌아보지 않는 한 세상에 희망은 없네."[35]

한편, 그의 책이 대서양 건너편에서 큰 센세이션을 일으키며 거대한 영향력을 촉발시킨 것은 케인스나 그의 추종자의 의지가 아니

존 메이너드 케인스

었다. 미국 대표단 자격으로 파리에 왔던 코넬대학의 경제학자인 알린 영은 "정말 위대하고 대담한 성과입니다"라고 선언했다.[36] "다들 읽고 있는 책이죠"라고 폴 크레이바스는 흥분해서 말했다.[37] 《평화의 경제적 결과》를 발췌한 내용은 의회 기록에도 수록되었다. 케인스와 함께 연합국 전쟁위원회에서 일했던 미국의 재무부 관료였던 오스카 T 크로스비는 "케인스 씨가 세상에 던진 억센 고기를 미국 상원의원들이 탐하고 있습니다"라고 전했다. "영국도 그렇지만 여기 미국에서는 당신의 책이 공직자와 대중의 마음속 깊이 울림을 줄 겁니다. 부끄럽지만 당신은 이곳 사람들이 하지 못한 것을 해줬습니다. 계몽된 영국 진보주의자는 여전히 대의를 위한 세계 최고의 대변자입니다."[38]

《평화의 경제적 결과》가 미국에서 거둔 성공은 〈뉴 리퍼블릭〉을 설립한 월터 리프만이라는 기자의 공이 컸는데 그는 미국 좌익 진영의 다양한 파벌들 사이에서 윌슨 지지자들을 만드는 데 일조한 인물이었다. 리프만은 파리에서 케인스를 처음 만난 후 (이후 평생 우정을 나누었다) 평화 조약에 깊은 환멸을 느끼고 본인의 잡지에도 이를 비난하는 장문의 기사를 실었다. 그 사건으로 〈뉴 리퍼블릭〉 잡지보다 대통령에 더 헌신적이었던 만 명 가량의 구독자를 잃었지만 진보 성향의 지식인들 사이에서는 강력한 힘으로 남았다.[39] 비록 케인스는 책의 해외 판매 로열티가 15퍼센트밖에 안 된다고 투덜댔지만(당시는 물론 현재 기준으로도 합당한 수준이었지만 영국과 비교하면 상당히 낮았다), 미국 내 판매부수는 이윽고 6자리 숫자로 솟구쳤다.

책이 가공할 만한 성공을 거둔 것은 케인스의 강력한 논거 때문은 아니었다. 사실은 질타 대상인 위인들의 개인적 특징이 짓궂고도 세밀하게 묘사된 덕분이었다. 1916년부터 1917년까지 미국의 경제 호황이 인플레이션과 깊은 불황에 자리를 내주면서 세계대전의 인기는 바닥을 쳤고, 그 와중에 나온 케인스의 책은 전쟁에 대한 대중의 반감에 불을 붙였다.

월슨은 전쟁 동안 입으로는 민주주의의 영광을 부르짖으면서도 자신에 대한 반대 여론을 압박하면서 신뢰를 잃었다. 그는 간첩법과 선동법을 밀어붙였고, 반전 운동가를 탄압했으며, 비평가들과 평화주의자들을 감금하고, 반전 신문과 잡지를 검열하는 무기로 사용했다. 전쟁에 환멸을 느낀 대중들에게 케인스가 묘사한 클레망소의 냉정하고 무자비한 면과 로이드 조지의 의뭉스럽고 기회주의자 같은 모습은 유럽이 구제 불능의 후진 대륙이라는 미국인들의 의심에 방점을 찍었다. "속임수에 넘어간" 월슨이라는 케인스의 잔인한 묘사는 미국이 평화 조약을 통해 충분한 전리품을 얻지 못했다고 여긴 민족주의자들의 마음을 동요시켰다.

나의 마지막, 그리고 가장 생생한 기억은… 밀려드는 군중과 웅성거리는 소리에 둘러싸인 대통령과 수상, 뒤섞인 욕망, 즉흥적인 회유와 그에 대한 회유, 모든 소리와 분노가 점점 무의미해지고, 논쟁의 대상이 비현실적인 문제가 되면서, 오전 회의에서 다뤄졌던 쟁점들은 잊혀지고 간과돼버린다. 냉담한 얼굴로 침묵하는 클레망소… 회색 장갑을 끼고 비단 의자에 앉아, 메마른 영혼과 텅 빈 희망 속에, 몸은 늙고 지쳤지만, 비열하고 냉소적인 눈초리로 요리조리 분위기를 살핀다.[40]

존 메이너드 케인스

때때로 인간은 적보다 가까운 친구에게 더 깊은 상처를 입힌다지만, 케인스는 자신이 할 수 있는 가장 가혹한 모욕을 나약하고 한심한 인물로 묘사된 윌슨을 위해 남겨두었다.

그 대통령은 영웅도, 예언자도 아니었다. 철학자 또한 아니었다. 그저 다른 이들처럼 약점이 많은 의도적인 인간이었고, 여러 세력과 인물들의 대충돌 속에서 신속한 협력과 타협의 승자로 정상에 오른 교묘하고 위험한 웅변가들을 다룰 만한 뛰어난 지력도 없었다… 구세계의 돌심장은 이 의협심 가득한 기사의 날카로운 칼날을 무디게 할 것이다. 하지만 이 돈키호테는 귀와 눈이 먼 채 적들이 날렵하게 반짝이는 칼을 들고 기다리는 캄캄한 동굴 속으로 들어가고 있었다.[41]

《평화의 경제적 결과》는 케인스가 주로 영국 정부의 관점에서 쓴 책이었다. 하지만 이 책은 국제연맹 창설을 거부하고 미국이 세계 무대에서 물러나야 한다고 외치는 사람들의 강력한 무기가 되면서 상황이 케인스가 전혀 생각하지 못했던 방향으로 전개되었다. 미국의 공화당 지도부와 조약을 반대하는 자칭 "비타협주의" 미국인들은 유럽의 금융 상황에 관심도 없었으므로 실상은 케인스의 주장에 동의하지 않았지만 베르사유 조약과 국제연맹을 부정하기 위해 그의 비판을 열심히 전파했다. 코넬대의 알린 영은 "우리 공화당 정치인들은 이 조약이 독일인들에게 너무 가혹하다고 생각하지 않습니다. 다만 대부분이 대통령을 배척하므로 프랑스 입장을 지지할 겁니다"[42]라고 케인스에게 전했다.

책이 출간됐을 즈음에 윌슨은 스스로를 방어할 만한 상태가 아니었다. 1919년 10월, 미국의 대통령은 스트레치가 예언했던 것처럼 격노하지 않았지만, 심각한 뇌졸중을 겪은 후 영원히 회복하지 못했다. 이후 4년 반을 더 살았지만 정권 유지를 위해 대통령이 해야 할 임무들을 내각 각료와 가족들이 떠맡느라 윌슨의 남은 임기는 혼란스럽기 그지없었다. 파리회의에서 케인스를 친구라고 여겼던 노먼 데이비스는 1920년 3월에 확연히 냉랭해진 편지를 보내 케인스가 미국 대통령을 부당하게 모독하고 자신을 모욕했다고 비난했다. 데이비스는 편지에서 윌슨을 "그는 누가 봐도 사악한 외교의 달인이 아니며 그보다 훨씬 더 소중한 무언가의 달인이다"라고 평했다.[43]

따끔한 힐책이었다. 케인스는 데이비스를 존경했다. 4월 18일, 케인스는 반격에 나섰다. "사람들은 어리석기보다는 사악하다고 여겨지기를 원합니다. 그래서 윌슨 대통령에 대한 제 표현이 실제보다 훨씬 더 적대적으로 인식된 것이겠죠. 제게 윌슨 대통령은 추락한 영웅입니다. 전 다른 사람들을 아주 영리하고 사악한 사람들로 묘사했습니다. 그리고 윌슨 대통령은 성실하고, 선의를 가지고 옳은 일을 하자고 결심했겠지만, 혼란스러움과 자기기만에 빠진 인물로 그렸습니다."[44] 하지만 대통령이 입은 피해를 되돌릴 수는 없었다. 케인스에게 조약에 관한 비평을 쓰라고 격려했던 스머츠마저 이제 자신의 제안을 후회했다. "그가 윌슨을 조롱거리로 만들 줄은 몰랐습니다."[45]

버나드 바루크와 존 포스터 덜레스는 윌슨 행정부 관료로서 대응책을 내놓았다. 1920년에 그들은 바루크의 이름으로 《조약에 따

존 메이너드 케인스

른 배상과 경제 조치The Making of the Reparation and Economic Sections of the Treaty》라는 책을 출간했다. 1912년 대통령 선거운동 때부터 윌슨을 후원했던 남부 금융인들 중 하나였던 바루크는 미국의 경제 고문으로서, 그리고 덜레스는 법률 전문가로 파리회의에 참석했었다.[46] 책에서 그들이 케인스의 주장에 대해 내놓은 변론들은 꽤 주목할 만했다. 바루크는 베르사유 조약의 경제 조치들을 지지할 수 없으며 그런 결과가 우드로 윌슨과 미국 대표단의 탓이라는 것을 부인하지 않았다. 바루크는 이렇게 말했다. "그 조약은 인간의 열정으로 불타는 용광로 속에서 탄생했다. 그 문제에 익숙하고 공정한 사람이라면 누구나 복수심에 따른 조치들을 자제하고 최소화하는 일이야말로 윌슨과 그가 세운 고매한 목적이 행할 몫이라는 주장에 동의할 것이다."[47]

미국은 베르사유 조약을 비준하지 않았고, 이것으로 국제연맹의 운명이 결정됐다. 하지만 미국 상원이 베르사유 조약을 거부한 것은 케인스가 퍼부은 맹렬한 비판이나 윌슨이 고집스럽게 입법 조항을 양보하지 않았기 때문이 아니라 미국인들의 정서와 비타협적인 파벌주의의 영향이 더 컸다. 그런 반대 앞에서 허약해진 윌슨과 국제연맹에 승산은 없었다.

한편 프랑스 정부는 케인스의 책에 격앙된 반응을 보였다. 클레망소의 최측근 고문 중 한 명인 안드레 타르디외는 〈에브리바디 매거진〉에 기고한 장문의 칼럼에서 "케인스는 파리평화회의의 핵심 인사가 아니었다"고 밝혔다.[48] 파리에서 클레망소의 통역 업무를 했던 폴 망투는 케인스가 파리에서 4인 위원회 정기회의에 한 번도 참석하지 않았다고 주장했는데, 이 말이 사실이라면 그의 감탄할 만한 인물 묘사는 일개 관료의 일탈적 공상에 불과하다는 것이 되므로 케인스의 명성에 큰 흠집을 낼 수 있었다.[49] 하지만 망투의 말은 사실이 아니었다. 4인 위원회의 여러 회의록에는 케인스의 존재가 기록돼 있었고 책이 출간된 지 5년 후인 1924년에 케인스를 노벨 평화상 후보로 고려했던 노르웨이 노벨위원회가 이에 대한 조사에 착수하자[50] 프랑스 통역관은 이전 주장을 철회했다.

비록 상을 수상하지는 못했지만 케인스가 노벨 평화상 수상자로 진지하게 고려됐다는 점은 《평화의 경제적 결과》가 전 세계 여론에 얼마나 중요한 영향을 미쳤는지 보여주는 증거이다.

이 책은 케인스의 경력을 완전히 바꿔놓았다. 《평화의 경제적 결과》의 성공은 블룸즈버리 클럽의 이상주의가 세계무대에서 통했다는 승리의 징표가 됐지만 케인스가 영국 정부와 쌓은 친분에 금을 내면서 정부에 복귀할 기회를 날려버렸다. 수년 만에 다시, 케인스는 앞으로의 삶을 설계해야 했다.

JOHN MAY NARD KEYNES

형이상학의
세계에서
돈의 세계로

05

학부생 때 존 메이너드 케인스의 가장 큰 야망은 재무부 관리가 되는 것이었다. 가까스로 들어간 인도사무소에서 케인스는 젊은 나이에 엄청난 재능을 발휘했지만 정작 본인은 큰 실망감을 느꼈고 이후 8년은 어떻게든 재무부 관리로 도약하는 방법을 모색하며 대부분의 시간을 보냈다. 1908년에는 재무부에 적합한 경력이 되리라는 바람으로 연봉 100파운드, 오늘날로 치면 약 1만 2,500달러의 하찮은 연봉으로 케임브리지대학에서 경제학 강의를 맡았고 자신의 가치를 높이기 위해 학술 논문을 내기 시작했다.[1] 그러다 전쟁 초기에 재무부의 부름을 받자 케인스는 마침내 꿈을 이뤘다는 환희에 벅차 카페로얄에서 성대한 축하파티를 열었고 블룸즈버리 멤버들을 모두 불러 재무부 입성을 자축했다.[2]

5년 후, 그는 스스로 쌓아 올린 두터운 명성과 국제적 금융 엘리

존 메이너드 케인스

트들 틈에서 살아가는 삶에 익숙해져 있었다. 《평화의 경제적 결과》
가 그의 이름에 후광을 더하기 전에도 케인스는 암스테르담에서 네
덜란드은행 총재나 미국 투자은행의 전설인 폴 워버그 같은 인사들
의 비공개회의에 초청되어 미국의 유럽 구제자금에 대한 계획을 논
의했다.[3] 계획은 실패로 끝났지만 케인스의 선의를 의심하는 사람
은 없었다. 영란은행 국장인 찰스 애디스 경은 케인스를 "의인화된
지성"으로 여겼고 화이트홀에서는 "영국에서 가장 뛰어난 금융 이
론가"로 통했다.[4]

　《평화의 경제적 결과》 덕분에 지식인으로서 케인스의 명성은 하
늘을 찌를 듯 높아졌지만 영국 정부에서 쌓은 창창한 이력은 한순간
에 무너졌다. 그 책은 너무 독선적이고, 너무 유명했으며, 너무 뛰어
났다. 정책상 갈등을 빚을 경우 언제라도 자신을 공개적으로 모독할
가능성이 있는 자문가를 고용할 정치인은 없었다. 특히 애스퀴스와
로이드 조지가 서로에게 음모의 칼날을 가는 자유당이라는 전쟁터
에서는 더욱 그랬다.

　이 때문에 기대하지 않았던 명성을 새롭게 쌓았음에도 불구하
고 케인스는 전후 몇 년을 직업적으로 깊은 좌절감을 느끼며 보냈
다. 케인스는 4년이라는 힘든 전쟁 기간을 보낸 후 쉬고 싶은 마음
이 간절했고, 그래서 파리평화회의가 시작되기 전에 재무부를 떠나
기로 결심했지만 권력에서 물러날 의도는 전혀 없었다. 그의 삶은
다시 1913년으로 돌아간 것 같았지만 젊은 시절의 낙천주의와 혈기
는 이제 엉키고 좌절된 중년의 야심에 자리를 내준 뒤였다. 36살에
그는 또다시 케임브리지대 경제학부에서 평범한 철학자가 돼 있었

다. 1920년에 케인스를 알던 사람들 중 그가 몇 년 뒤 동시대에서 가장 중요한 경제이론가로 변모하리라는 사실을 예상한 사람은 아무도 없었으며, 그런 명예가 정치적 영향력을 행사하는 데 성공적으로 활용된다는 사실을 예측한 이는 더더욱 드물었다.

하지만 1920년대의 케인스는 경력에서 또 한 번 좌절을 겪는다. 1908년 이후로 케임브리지 경제학부 소속이 된 케인스는 경제학 학술지인 〈이코노믹저널The Economic Journal〉의 편집자로서 어느 정도 명성을 쌓았다. 그러나 경제학이라는 학문은 아직 역사가 짧고 영역이 좁았으며 별난 측면도 있었다. 20세기의 경제학 실무자들은 대부분 토마스 맬서스, 데이비드 리카도, 존 스튜어트 밀처럼 부유하고 영향력이 높은 사람들이었지만 그렇다고 경제학으로 명성을 쌓은 경우는 아니었다. 경제학과 관련된 그들의 업적이 진지하게 고려된 것은 그들이 권위 있는 인물이었기 때문이다. 케임브리지대학에는 1903년이 돼서야 별도의 경제학부가 생겼고 경제학자로서 케인스가 내놓은 학문적 업적들은 주로 재부무에서 정책 결정자로서 일한 경험을 통해 이루어졌다. 그가 캠퍼스에서 영향력 있는 지식인으로서 명성을 쌓은 것은 버트런드 러셀, G. E. 무어 등 철학자로서 성공한 케임브리지 철학 학부와의 인맥 덕분이었다. 하지만 전쟁이 끝나고 케임브리지 생활로 다시 돌아간 후, 철학자로서 케인스의 경력은 와해된다.

전쟁은 평화로운 케임브리지를 혼란에 빠뜨렸다. 1916년에 버트런드 러셀이 지속적으로 반전 운동을 벌이자 대학은 그의 교직을 박탈하고 캠퍼스 내 교수 사택에서도 쫓아냈다. 그러자 러셀에 대한

존 메이너드 케인스

학교의 홀대에 격분한 다른 교수들이 학문의 자유라는 명분으로 조직적 시위를 시작했고, 러셀은 비폭력 범죄로 6개월 동안 복역을 했지만 1919년에는 교수직을 되찾을 수 있었다.

하지만 다른 사도들은 대학으로 돌아오지 못했다. 시인인 루퍼트 브룩은 전쟁 초기에 사망했고 그로부터 1년 후 청년 사도이자 시인인 프랜시스 케나드 블리스도 솜므 전투에서 목숨을 잃었다. 케인스는 제1차 세계대전의 양쪽 진영에서 모두 친구를 잃었다. 킹스칼리지에서 역사를 공부하던 중 사도들 모임에 빠진 헝가리계 시인인 페렌츠 베카시는 1915년 오스트리아-헝가리군으로 싸우던 중 전사했다. 비트겐슈타인 또한 전쟁이 터지자 급히 동맹군에 자원입대한 후 1915년에는 영국군을 통해 가까스로 케인스에게 편지를 전했지만(케인스도 "지금쯤은 자네가 포로수용소에 안전하게 지냈으면 하네"라는 답장을 보냈다[5]), 이후 소식이 끊겼다.

1919년 3월, 케인스가 파리평화회의에서 벌어진 독일을 위한 식량원조 대란에서 빠져나왔을 때 그는 러셀로부터 뜻밖의 편지를 받는다. 비트겐슈타인이 연합군의 포로로 잡힌 후 이탈리아 카시노 근방의 어느 포로수용소에 감금돼 있다는 소식이었다. 러셀은 자신의 편지 안에 비트겐슈타인으로부터 최근 받은 편지를 동봉했고, 케인스에게 연합군 정부의 연줄을 동원해 그를 포로수용소에서 빼 달라고 부탁했다. 또 비트겐슈타인을 영국으로 바로 보낼 수 없다면, 자신이 그와 좀 더 자유롭게 연락을 취하도록 조치를 취해줄 수 있는지 물었다. 오스트리아 출신의 가련한 철학자는 수용소에서 일주일에 짧은 엽서 두 장을 보내는 것 외에는 모든 것이 금지돼 있었고,

그 상태로는 두 사람이 진지한 철학적 생각을 제대로 교환할 수 없었다.[6]

러셀의 서신에서 케인스의 마음을 끈 것은 짧은 구절 하나였는데 이는 궁극적으로 케인스의 철학 경력을 부질없게 만들었고, 궁극적으로 20세기에서 가장 중대한 작품 하나를 탄생시키는 일련의 사건으로 이어진다. 비트겐슈타인은 러셀에게 자신이 전쟁 중 책 한 권을 썼는데 그 원고가 수용소에 있다고 말했다. 포로수용소는 토론이나 비평을 하기에 적합한 환경이 아니었고 스스로 자신의 인생 역작이라 칭한 작품에 대한 비트겐슈타인의 흥분감이 편지에서 튀어나올 듯 생생히 느껴졌다. 그는 "믿을 수 없지만 내가 우리가 가진 문제들을 마침내 해결한 것 같아요. 오만하게 들리겠지만 전 믿어 의심치 않아요"라고 전했다. 그 모든 해답이 비트겐슈타인이 쓴 작은 책 안에 있었지만 워낙 글이 간결해서 추가 설명이 없으면 러셀조차 내용을 이해하지 못할 게 분명했다. 물론 러셀이 이해하지 못한다면 다른 누구도 이해할 수 없었다. "저한테는 모든 것이 너무 명확해졌어요. 제 책은 진실, 계급, 숫자, 그 밖의 모든 이론을 뒤엎을 겁니다."[7]

비트겐슈타인의 오만함은 케인스도 못 당할 정도였다. 훗날 비트겐슈타인이 특히나 화려한 방문을 했을 때 케인스는 진지한 어조로 "신이 도착했네. 내가 5시 15분 기차에서 그를 봤다네"라고 말했다.[8] 그렇다고 비트겐슈타인이 이탈리아 수용소에서 자신의 소지품 속에 숨겨둔 그 기이한 원고를 과대평가한 것은 아니었다. 케인스는 파리에서 영국 정부에 편지를 보내 비트겐슈타인의 책을 자신에게

존 메이너드 케인스

안전하게 보내 달라고 압력을 넣었다.[9] 퇴직을 고려하고 있었지만 어쨌거나 케인스는 여전히 영국의 전시 재정을 책임지는 재무부의 고위 관리였다. 6월 말이 되자 책이 도착했다. 평화조약이 체결되던 날, 그는 던컨과 바네사의 농장에서 아직 이탈리아에 있는 비트겐슈타인에게 그의 원고를 러셀에게 보내겠다는 편지를 썼다.[10]

러셀과 케임브리지의 젊은 철학가인 프랭크 램지의 도움으로 비트겐슈타인의 원고는 1922년 마침내 《논리철학논고Tractatus Logico-Philosophicus》라는 제목으로 출간됐고 언어, 논리, 궁극적 진실 간의 관계를 독특한 방식으로 도출해냄으로써 영어권 국가 전체에 철학적 혁명을 일으켰다. 비트겐슈타인은 "사고의 한계를 긋기 위해" 책을 썼다고 밝혔다. 그는 한계의 한쪽 끝에는 참된 지식의 문제가 있고 "또 다른 반대편에는 그저 허튼소리"가 있을 뿐이라고 주장했다.[11]

세상에는 의미 있게 탐색하고, 논의하고, 논쟁할 수 있는 몇 가지 진실, 즉 지성에 의해 "표현"될 수 있는 것들이 존재한다는 것이 비트겐슈타인의 생각이었다. 그 영역은 본질적으로 경험이라는 과학으로 밝혀질 수 있는 사실의 세계다. 하지만 철학자들이 관심을 두는 선하고, 이성적이고, 논리적인 것들은 거의 다 언어로 표현될 수 있는 영역의 바깥에 있다. 심지어 논리도 언어가 가진 내부 구조의 일부일 뿐이다. 아무도 논리 없이 무엇인가를 의미 있게 말할 수 없지만, 철학자들이 논리가 어떻게 작동하는지 말할 수 있다고 해도 그 또한 아무 의미가 없다. 이것이 궁극적으로 불가사의한 점이다.

케인스에게 비트겐슈타인의 책은 그냥 관념적인 것을 뛰어넘어 아주 심오하고, 괴로울 만큼 개인적으로 중요한 의미로 다가왔다.

학부 시절에 케인스는 리튼 스트레치와 함께 G. E. 무어의 철학 논문인 《윤리학 원리》를 읽고 큰 감동을 받았다. 전쟁이 일어나기 전 몇 년간 케인스와 러셀은 무어의 사상을 합리성, 지식의 본질, 윤리학, 정치이론 등 다양한 사상을 망라하는 학파로 만들고 확장하는 작업에 매진했다. 1920년에 케임브리지로 복귀한 후 케인스는 그 작업을 재개했고 그 결과로 《확률론A Treatise on Probability》을 발표했다. 주요 학자들은 이 책에 대해 더없이 높은 기대를 했다. 심지어 러셀은 개인적으로 진행 중이던 인과관계의 본질에 대한 연구를 보류하면서 케인스가 확률에 대해 어떤 내용을 가져오든 그 완성도를 같이 높이려고 애썼다.[12] 비트겐슈타인의 《논리철학논고》가 발표되기 몇 달 전인 1921년 5월, 케인스는 마침내 그 원고를 출판인 다니엘 맥밀런에게 보냈고 자신이 필생의 역작을 완성했다고 믿었다. 그는 맥밀런에게 보낸 편지에 "전쟁으로 인한 5년간의 외도 기간을 제외하고 지난 15년간 저를 줄곧 지배했던 생각들의 마지막 구문을 쓰려니 감상에 좀 젖더라고요. 이렇게 방대한 작업은 뭐가 됐든 다시는 시도하지 않을 겁니다"[13]라고 말했다.

어떤 면에서는 사실이었다. 케인스는 미래의 불확실성으로 인해 생기는 문제들을 중심으로 합리성과 인간행동에 대한 포괄적인 이론을 썼다. 케인스는 사람들이 어떻게 미래에 대한 믿음을 토대로 현재에 합리적인 결정을 내릴 수 있는지 의문을 제기했다. 미래에 대한 믿음은 향후 일어날 사건들에 따라 정당화될 수도 있고 아닐 수도 있기 때문이다. 미래의 상황도 모르는 상태에서 우리는 어떻게 현재에 할 행동을 합리적으로 결정할 수 있을까? 케인스의 결론은

존 메이너드 케인스

정교한 확률을 이용하는 것이었다.

케인스는 확률과 통계적 빈도에는 차이가 있다고 주장했다. 케인스에 따르면 어떤 일이 가능하다는 것을 수학적 시뮬레이션에서 그 일이 특정 비율만큼 일어날 것(가령 가방 안에 있는 100개의 동전 중 50개가 25센트짜리 동전이라면, 가방 안으로 손을 뻗을 때마다 25센트 동전을 꺼낼 확률이 50퍼센트라는 것)이라고 단순히 말해서는 안 된다는 것이다. 개인이 확률을 판단하는 데 수학적 데이터가 유용할 수는 있지만 그것이 확률 자체는 될 수 없다.

케인스는 G. E. 무어의 합리주의 전통을 확고히 받아들였다. 그는 진정한 확률이란 단순히 예감이나 주장이 아니라 사건이 전개되기 전에 판단할 수 있는 객관적인 현실이라고 주장했다. 어떤 사건이 1922년 시점에서 돌이켜보면 실제로는 한 번도 발생하지 않았을지라도 1920년에는 객관적으로 일어날 가능성이 있다는 것이 케인스의 생각이었다. 그리고 인간의 이성에 중요한 것은 사건이 이어지는 후속 과정이 아니라 객관적인 확률이다. 그러므로 합리적인 것과 옳은 것 사이에는 차이가 있다.

다른 많은 윤리적 추론가처럼 케인스도 자신의 성향과 선호도를 정당화하기 위해 합리성이라는 개념을 권위 있게 정의하려고 애썼다.[14] 그래서 확률에 대한 본인 생각의 밑그림을 그린 다음, 사람들과 사회를 위해서는 소소하지만 달성 가능성이 높은 좋은 것들을 추구하는 것이 달성 가능성이 아주 작은 거대한 유토피아를 꿈꾸는 것보다 더 합리적이고 제안했다.

케인스는《확률론》이 지성인으로서 그의 경력에 최고봉이 될 것으로 기대했다. 하지만 비트겐슈타인 덕분에, 그 책은 케인스가 이후 경제학자로서 발전시킬 주요 개념 일부를 처음으로 소개한 그저 과도기적 작품으로 남았다. 불확실성에 대한 집착, 수학은 인간의 추론 행위에 믿음직한 지침이 될 수 없다는 불신, 또 오랜 노력 끝에 힘겹게 얻은 지혜에 대한 회의감은 케인스 경제학의 특징적 요소가 될 것이다.

확률론의 핵심은 계몽주의 시대의 과학적 합리주의를 확률과 불확실성에 적용해서 합리성 그 자체에 대한 깊은 진실을 밝히려는 것이었다. 반면 비트겐슈타인은 그런 작업은 사실상 언어로 표현할 수 없는 무언가를 언어로 표현하려는 것이므로 말 그대로 터무니없는 노력이라고 일축했다. 비트겐슈타인에 따르면 케인스는 본질적으로 신비로운 영역을 엄격함과 정확함으로 이해하려고 애썼다. 비트겐슈타인은 "어떤 것에 대해 말할 수 없다면 침묵해야 한다"고 말했다.[15] 케인스가 인간의 행동방식을 조사하고 사람들이 실제로 결정을 내리는 방식의 경향성을 연구한 것은 과학으로서 의미 있는 탐구 주제였다. 하지만 합리성 자체를 파헤치는 것은 의미가 없었다. 합리성은 그저 합리적이거나 합리적이지 않을 뿐이다.

그래서 케인스가 이탈리아 카시노 포로수용소에서 빼낸 원고는 결과적으로 케인스를 철학이라는 분야 밖으로 밀어내는 역할을 했다. 물론《확률론》도 처음에는 케임브리지의 주요 철학자들 사이에서 열심히 논의됐지만 이내 인기를 잃었다. 반면 비트겐슈타인의 책은 오늘날까지도 영어권 국가의 지배적인 철학 사상으로 남아 있으며, 언어가 철학자들이 밝혀낼 수 있는 모든 진리의 원천이 되는 분석철학의 기초 이론서가 되었다.

케인스는 2년 만에 다시 직업적 방황을 겪게 되었다. 역설적이게
도 케인스는 그사이 꽤 부자가 되어 있었다. 1905년부터 그는 주식
거래에 손을 대면서 수입을 보충해왔는데 1910년이 되자 순이익이
539파운드(현재 가치로 약 7만 달러)나 됐다. 돈이 돈을 낳아 1914년 말
에 이르자 케인스의 투자액은 4,617파운드(현재 가치로는 50만 달러 이
상)로 눈덩이처럼 불어나 있었다.[16]

케인스는 도박도 즐겼는데 경마장에서 조랑말을 가지고 노는 것
과 주식투자 사이에 실질적인 차이를 두지 않았다. 둘 다 술을 마시
는 것처럼(보통은 즐겁지만 가끔 폭망할 수 있는) "즐거움과 약간의 흥분"을
가져다주었다. 그는 "이 나라 사람들 모두가 매주 일요일 아침에 일
어나 기지개를 켠 다음 이번 주에는 과연 내 앞으로 돈이 굴러올까,
하는 가능성을 품으며 신문을 편다면 삶에 활력이 더해질 거라고 생
각합니다. 어떤 일이든 가능하다고 상상하는 것은 기분 좋은 일이니
까요"라고 공식적인 의회 위원회에서 말한 적도 있었다.[17]

기분 좋은 일은 맞지만 영국 정부의 가장 민감한 경제 기밀에 접
근할 수 있는 남자에게는 윤리적으로 의심스러운 일이었다. 케인스
는 전쟁이 일어나는 동안 계속해서 주식과 원자재에 투자했고, 이는
모든 유형의 상품 가격 및 공급에 영향을 미치는 결정을 내리는 재
무부 일의 특성상 노골적인 사익추구 행위였다. 물론 케인스가 자신
의 투자 이익을 극대화하기 위해 정부에 어떤 전략적 결정을 내리도
록 자문한 적은 없었다. 가령 1914년에 케인스가 금을 현금화하는

것을 금지하라고 정부에 간청했을 때, 케인스는 그 결정으로 몇백 파운드를 손해 보게 돼 있었다. 하지만 케인스의 주식투자는 오늘날까지 논란이 된다. 그가 화이트홀을 거니는 것만으로 얻을 수 있는 고급 정보와 별개로 신중한 투자를 했다는 것은 말이 되지 않는다. 전쟁이 끝날 무렵 그가 보유한 주식 가치는 세 배 이상 뛰어 1만 4453파운드가 돼 있었다.

전쟁이 끝나자 케인스는 통화 가치에 베팅하는 쪽으로 관심을 옮겼다. 이는 전쟁 중 국가들이 하나둘씩 금본위제를 중단하면서 투자자들에게 새로운 개척지가 되었다. 더 이상 화폐의 가치를 특정 양의 금으로 결정할 수 없게 되자 통화별 가치가 크게 변동하면서 눈치 빠른 거래자들에게 새로운 수익 기회가 됐다. 6개월 후 케인스는 통화 투기로만 6,154파운드의 수익을 벌었다. 투자의 달인으로 유명해지자 킹스칼리지가 학교 대신 돈을 투자해 달라며 케인스에게 3만 달러를 맡기는 일까지 벌어졌다. 그는 3만 파운드라는 종잣돈을 가지고 친구, 가족과 함께 공동 투자활동을 시작했는데 투자액의 절반은 그가 냈고 나머지는 가족, 지인, 그리고 오스왈드 토인비 포크라는 투자자의 돈이었다. 케인스는 손해가 나면 그 돈을 자기 돈으로 메우려 했지만 수익은 투자금 비율대로 똑같이 나눠 갖기로 했다. 오랫동안 케인스의 성공적 투자 활동을 곁에서 본 던컨과 리튼, 바네사로서는 안전한 베팅이었다.

하지만 이번에는 투자금을 거의 날리고 말았다. 케인스는 달러화가 강세를 보이고 대부분의 유럽 통화 가치가 좀 약화되는 쪽으로 투자를 했고, 이는 미국 경제가 상대적으로 강하다는 점에서 합

존 메이너드 케인스

리적인 예측이었다. 그러나 임의적 낙관주의로 인해 통화 가치는 일시적으로 그 반대 방향으로 움직였고 케인스는 빈털터리가 되었다. 1920년 4월 그는 오늘날 돈으로 수백만 달러에 달하는 2만 2,575파운드의 엄청난 손실을 입었다. 마지막은 아니었지만, 케인스는 비합리적인 시장의 희생양이 되었다.

케인스는 좌절할 새도 없이 "압박을 견뎌낼 수 있는 사람이라면 상당한 수익을 낼 거라고 장담하며, 이번에는 쾰른의 은행가인 어니스트 카셀 경과 손을 잡았다. 그는 정치계 지인들을 통해 조만간 이뤄질 통화 가치의 전반적 추세를 바꿀 수 있는 국제 채권 상품이 없다는 것을 "사실상 확신"하게 되었다. 카셀이 19만 파운드의 투자금만 케인스에게 대준다면 그가 수익률을 얼마나 원하든 받아들일 작정이었다. 본인과 지인의 돈을 크게 잃고 난 케인스는 오늘날 가치로 2,500만 달러나 되는 돈을 원래 투자금을 회복하기 위해 요구하고 있었다.

케인스는 원하는 규모에 훨씬 못 미치지만 5,000파운드를 대출할 수 있었다. 몇 주가 지나자 케인스의 과감한 예측이 빛을 발하기 시작했다. 1922년 말이 되자 친지와 추진했던 공동 투자 활동은 빚을 청산하고 2만 1,000파운드가 됐다. 1924년에는 그에게 떨어지는 순자산만 6만 3,797파운드였다. 그리고 1940년대 중반이 되자 킹스 칼리지가 케인스에게 맡긴 투자금은 대학의 다른 투자 건의 세 배에 달하는 성과를 냈다.

이윽고 그는 허세 가득한 귀족 놀이를 하듯 자신의 부를 과시하며 동네를 활보했다. 여러 번의 경력 후퇴가 있었지만 그래도 케인스에게는 지킬 명성이 있었다. 《평화의 경제적 결과》의 저자라면 부자여야 마땅했고, 자신이 다소 우스꽝스러워질지라도 케인스는 그에 걸맞게 행동하겠노라고 결심했다.

"나의 첫 사냥이 방금 끝났소." 그는 엑스포드의 크라운 호텔에서 이렇게 전했다.

도망가는 사냥감을 봤는데 다시 눈에 띄지 않았어. 거의 4시간, 아니 5시간을 달렸는데… 말이란 동물이 그렇게 오래 달릴 수 있다는 걸 처음 알았다네. 그다음에는 사냥개, 그리고 사냥개 지기와 같이 다녔지. 얼마 있다 보니 사냥개들은 저만치 앞서 달리고 있고 탁 트인 들판에 나 혼자 있더군… 그러다 깊은 골짜기 안에서 길을 잃었고 말은 한쪽 말발굽이 사라져 더 이상 달리는 건 무리일 것 같았다네. 천천히 말에 올라탔지만 말 다리에 점점 힘이 풀려 갔고, 결국 그놈을 구해주기 위해 다시 내렸지. 몇 마일 걷다 보니 여관 하나가 나타났고, 말을 그곳에 남겨 두고 여관 주인에게 맥주 한 파인트를 주문해 마신 다음 차를 빌려 타고 집으로 왔다네. 모든 게 흥미로운 모험처럼 들리겠지만 사실은 그렇지도 않더군![18]

그 주 후반에 케인스는 다른 말을 타고 사냥을 한 번 더 나갔고 실력도 나아졌지만 두 번째 여우 역시 결국에는 도망가고 말았다.[19]

여우 사냥을 나가지 않을 때 케인스는 저녁 파티를 열거나 지인들과 함께 자주 발레 공연을 보러 갔다. 공연장에 갈 때는 좋은 자리를 예약해 "레이스 장갑과 티아라" 장식으로 치장한 사람들 사이에

존 메이너드 케인스

서 무대를 관람하고는 했다.[20] 그러던 1921년 겨울, 그는 차이콥스키의 〈잠자는 숲속의 미녀〉를 각색한 한 발레 공연에서 오로라와 라일락 요정 역할을 겸한 리디아 로포코바의 춤을 보게 됐다.

케인스는 몇 년 전에도 리디아의 발레 공연을 본 적이 있었지만 이번에는 뭔가 달랐다. 이윽고 그는 밤마다 리디아의 몸동작에 매료되어 돌아오는 자신의 모습을 발견했다.

리디아는 세르게이 디아길레프가 1911년에 만든 획기적인 발레단인 발레뤼스 단원이었고 1921년에는 발레뤼스 최고의 스타 중 한 명이었다. 이 전위적인 발레단이 런던에 왔을 때 영국 언론은 그녀를 "런던의 참새"처럼 "완벽한 평민형 미인"이라고 찬사를 보냈다.[21] 한 회사는 유럽의 주요 도시마다 리디아를 보러 발레장을 빽빽이 메운 군중들을 위해 '리디아 인형'을 만들어 팔기도 했다.

발레뤼스의 공연들은 19세기 제정 러시아의 웅장한 오페라 작품들에 필적할 만큼 호화스러운 동시에 실험, 대립, 과격함 같은 요소도 열심히 예술로 담아냈다. 디아길레프는 파블로 피카소, 앙리 마티스, 장 콕도 등 세계적으로 유명한 예술가들에게 무대 디자인을 의뢰했고 발레 음악을 작곡한 클로드 드뷔시는 그들과 손을 잡은 혁신적 음악인 중 한 사람일 뿐이었다. 1913년 5월, 디아길레프는 이고르 스트라빈스키라는 젊은 작곡가와 함께 작업한 교양악 발레 신작을 선보였는데 시각과 청각 요소들이 너무 파격적이고 전위적이었던지라 공연을 본 파리 관객들은 충격에 빠졌고 갈채와 야유가 뒤섞여 공연장은 아수라장이 됐다. 〈봄의 제전The Rite of Spring〉은 즉시 논란의 클래식이 되었다.

1921년 말 리디아의 애정사는 상당히 뒤얽혀 있었다. 6년 전, 그녀는 미국 투어 중에 디아길레프의 사업 관리자인 랜돌포 바로치와 결혼했다. 리디아는 몰랐지만 바로치는 이 유명한 발레리나와 혼인신고를 하기 전에 이미 메리 하그리브스라는 여성과 결혼한 상태였다. 리디아와 그의 관계는 1919년 깨졌지만 부부로서 그들의 법적 관계는 리디아가 법원에 이의 신청을 할 때까지 유효했다.

게다가 리디아는 바로치와 결혼한 지 4개월 만에 유부남인 이고르 스트라빈스키와 은밀한 불륜관계에 빠졌다.[22] 이후 이고르가 가족에게 돌아가면서 둘의 관계는 몇 년간 소원해졌고 그녀는 공연 일정을 소화하느라 유럽과 미국을 바삐 오갔다. 이 커플의 로맨스는 발레뤼스가 마드리드에서 〈페트루시카Petrushka〉를 제작했던 1921년 봄에 다시 불붙었지만, 그해 여름 프랑스 여배우인 베라 수데이키나가 지조 없는 이고르의 눈을 사로잡으며 새로운 애인 곁에 머물고자 발레뤼스 극단의 단역을 수락했다. 발레단이 런던에 도착했을 때 이들의 삼각관계는 폭발하기 일보 직전이었다.[23]

스트라빈스키는 12월에 베라와 같이 프랑스로 떠났고, 실연의 아픔에 빠져 있던 리디아에게 마침 케인스가 관심을 보이기 시작했던 것이다. 케인스는 〈잠자는 숲속의 미녀〉 공연에서 가능한 한 무용수들 가까이 앉기 위해 가장 비싼 좌석을 구입했고, 그녀 또한 이 헌신적인 관객의 존재를 알아차렸다. 어느 날 케인스는 공연 후 무대 뒤로 가서 그녀의 안부를 묻고는 12월 18일에 점심 식사를 같이 하자고 제안했다. 5일 후, 그들은 함께 식사하고 새벽 한 시까지 대화를 나누었다.[24] 12월 26일에는 리디아가 차를 마시자며 케인스를 초대했고, 누가 봐도 두 사람은 서로에게 홀딱 빠져 있었다.[25] 리디아의 전기 작가에 따르면 케인스가 "리디아의 활력과 재능에 얼이 나간" 것처럼 그녀 또한 "케인스의 놀라운 지력에 매료돼 있었다"고 한다.[26]

리디아는 자라면서 지식인들을 존경하게 됐다. 그녀의 아버지는 상트페테르부르크에 있는 알렉산드린스키 극장의 안내원이었는데 자신의 일터를 자주 드나드는 지식인들과 발레에 대한 흥미로운 감상평을 자식들에게 들려주곤 했었다.[27] 리디아는 발레 이외에 다양한 분야에 관심이 많았고 그녀를 유명하게 만든 주아 드 비브르 joie de vivre('삶의 기쁨'이란 프랑스어로 일상에서 행복을 발견하려는 태도-옮긴이)라는 가치관을 버리지 않으면서 "진지한 여성"으로 인정받기를 갈망했다.[28] 케인스 역시 블룸즈버리의 일원으로서 예술가를 마치 초자연적 존재처럼 숭배해왔다. 4월이 되자 그들은 편지로 에로틱한 내용을 교환했다. 리디아는 완벽하지 않은 자신의 영어를 의식했지만 케인스는 영어가 모국어가 아닌 그녀의 독특한 은유적 표현에 오히려 더 매료되었다. 그녀는 "사랑하는 메이너드, 저는 당신을 탐욕스럽게 삼켜요"[29]라든지 "나는 당신의 몸 전체를 선율처럼 쓰다듬어요"[30] 같은 표현을 썼다. 리디아는 케인스의 생각과 그를 향한 에너지로 가득 차 있는 상태였다.[31]

〈잠자는 숲속의 미녀〉는 리디아와 디아길레프에게는 드문 일이었지만 상업적으로 실패한 작품이었다. 전후 냉소적인 사회 분위기에 비해 너무 호사스럽고 열정적이었기 때문이었다. 〈잠자는 숲속의 미녀〉의 런던 공연이 실망스런 성적으로 막을 내렸을 때, 케인스는 리디아를 위해 고든 광장 50번지에 아파트를 장만하고 그녀 이름으로 은행계좌를 개설했다(그녀는 그동안 월도프 호텔의 사환에게 자신의 돈을 보관하도록 맡겼었다).**32** 리디아가 공연 때문에 런던을 떠나 있을 때면 케인스는 자신이 쓴 신문 기사나 그가 연구하는 분야의 최신 정보를 편지에 동봉해서 보냈다. 두 사람은 수년간 지속적으로 에로틱한 서신을 교환했다. 1926년에 케인스는 고대 바빌로니아 화폐를 발굴하면서 가장 오래된 연가로 보이는 시 한 편을 우연히 발견했는데, 이를 기뻐하는 리디아에게 시 내용을 인용하며 읊었다. "나의 이스타바르, 부디 내게 와서 당신의 남성다운 힘을 보여주세요/당신의 것을 밀어 넣어 나의 작은 공간을 만져주세요."**33**

리디아의 편지는 그녀가 케인스만큼 경제 정책에 관한 케인스의 기사에 관심이 많았다는 사실을 보여준다. "'유럽 재건'에 관한 기사를 오늘 아침에야 받았어요. 정말 훌륭하고 당신의 글이라서 더 힘이 느껴져요… 기사를 읽고 나니 정말 통화 안정이 필요하다는 생각이 드네요."**34** "당신의 글을 읽으면 왠지 내가 실제보다 더 큰 사람으로 느껴져요. 제게는 정말 근사한 일이죠. 제 입과 가슴을 당신의 입과 가슴에 섞습니다."**35**

두 사람이 교제를 막 시작했던 몇 달은 예술가인 리디아가 케인스의 문학 친구들과 편지를 교환하고, 같이 쇼핑을 가고, 그들을 초대해 함께 차를 마시는 등 잘 어울렸던 것으로 보인다. 발레뤼스에서 수년을 보내면서 그녀 또한 블룸즈버리의 사교생활을 규정하는 사랑의 삼각관계나 질투심 같은 것들에 익숙해져 있었다. 정확한 날짜는 없지만 1922년 10월 말이나 11월 초에 리디아가 보낸 듯한 편

존 메이너드 케인스

지를 보면 그녀와 블룸즈버리 무리가 케인스가 없을 때도 함께 만났던 것을 알 수 있다.

사랑하는 메이너드,

우리는 지금 W(알아볼 수 없는 글씨)에 있어요

어찌나 마셔댔던지

다들 좀 비틀거리네요

던컨 덕분에 바네사와 저는 커다란 맥주병 하나를 다 들이켰어요…

다들 당신의 건강을 염원하며 잔을 마주쳤고 당신에게 키스를 보내

요. 물론 전 다른 누구보다 더 많은 키스를 보냅니다

리디아.[36]

하지만 블룸즈버리 친구들은 이내 리디아가 케인스가 통계 분석용으로 메모지에 적어두는 많고 많은 연애 상대 중 하나가 아니라는 것을 알게 되고, 그러면서 이 젊은 러시아 여성에게서 위협을 느낀다. 리디아의 명성에 비해 그들의 업적은 보잘것없었고, 그런 그녀가 블룸즈버리에서 가장 유명한 멤버(또한 가장 큰 후원자)의 관심을 독차지하고 있었기 때문이다. 버지니아, 바네사, 리튼은 사적인 편지에서 하나같이 리디아를 험담했고, 그녀의 악센트를 흉내 내면서 고약한 즐거움을 느꼈으며, 영국 문학과 정치에 익숙해지려고 애쓰는 그녀를 무시했다. 버지니아가 프랑스 화가인 자크 라베라트에게 보낸 편지에는 "며칠 전에는 리디아가 여기에 와서는 이렇게 말하지 뭐야. '레너드, 램지 맥도널드 씨에 대해 좀 알려 주세요. 저는 진지

해요. 정말 진지하다고요.' 그러더니 개구리 한 마리를 잡아서 사과 나무에 올려놓는 거야. 사실 그 여자는 그런 행동으로 남자를 홀린 다고. 근데 남자가 개구리만 잡으면서 살 수는 없잖아?"라는 내용이 보인다.[37]

물론 1923년 9월에 케인스와 리디아는 레너드, 버지니아 커플과 함께 휴가를 보내기도 했지만 그런 은근한 경멸감은 어떤 식으로든 표현됐을 것이다. 리디아는 예술가로서 돈과 명예를 얻었지만 케인 스가 영국인의 모범으로 여겼던 블룸즈버리의 원년 멤버들보다 열 살 가까이나 어렸다. 리디아는 그들에게 지성인으로서 인정받기를 간절히 원했지만 그런 일은 일어나지 않았다. 버지니아는 이렇게 표 현했다. "장담하건대, 그녀가 우리의 리어왕 옆자리를 꿰찬다면 정 말 비극일 거야. 젊고 근사한 남자 중 아무도 리디아를 진지하게 여 기지는 않아도 다들 그녀와 키스는 하고 싶어 하잖아. 리디아는 발 끈해서 자기도 바네사, 버지니아, 알릭스 사르겐트 플로렌스, 카 콕 스 같은 여자라고 따지고 들겠지만."[38]

1922년 12월에 버지니아는 언니 바네사에게 사랑의 노예가 된 경제학자 친구가 돌이킬 수 없는 결정을 하기 전에 그를 설득해야 한다고 강하게 말했다.

정말로, 너무 늦게 전에 언니가 메이너드를 말려야 해. 그 일이 어 떤 결과를 가져올지 그가 깨닫기나 할까? 리디아가 육감적이고, 매 력적이고, 빈틈이 없다는 건 나도 잘 알아. 메이너드가 공작들과 수 상들의 쉼터인 고든 광장 46번지를 아무리 드나들며 살아도, 그도

존 메이너드 케인스

우리처럼 분석적이지 않은 그냥 단순한 남자일 뿐인지라 자신의 처지를 깨닫기 전에 침몰해 오래전 일은 기억도 안 나게 될 거야. 그런 만큼 메이너드가 정신을 차리고 원래 삶을 완전히 되찾고 통제해야 한다고.

내 개인적인 불만이야 뭐가 됐든 이게 내 객관적인 판단이야. 언니 의견을 지금 메이너드에게 말하지 않으면 정말 대참사가 벌어졌을 때 언니가 어떻게 되든 자기 멋대로 할 거야. 게다가 어느 하나 얽매일 것 없고, 아직 원하는 것도 많고 이룰 것도 많은 보헤미안 리디아가 이제 기대할 것도 없고, 얻을 건 이미 다 얻은 나이 지긋한 여성보다는 훨씬 낫다고.**39**

리디아 로포코바는 1922년에 디아길레프 극단 생활을 끝냈다. 평생 천재로 불렸던 디아길레프 감독은 사후에도 수십 년간 극도로 예민하고 고압적인 성격으로 악명을 떨쳤다. 마이클 파웰과 에메릭 프레스버거가 1948년에 발표한 매혹적인 영화 〈빨간 구두The Red Shoes〉에 나오는 보리스 레르몽토프 역은 대부분 디아길레프를 모델로 만들어졌다는 설이 있다. 케인스 덕분에 리디아는 금전적으로 충분히 자유로웠으므로 발레뤼스 무대에 더 이상 의존하지 않고도 원할 때, 원하는 곳에서 발레를 하면서 원하는 생활방식을 유지할 수 있었다(리디아도 재력을 과시하는 쪽으로는 케인스에 뒤지지 않았다).

또한 리디아는 그녀의 새로운 연인이 내놓는 글에 대한 대중의 요란한 관심도 즐겼다. 그녀는 "메이너드, 당신은 정말 유명하군요"**40**라는 진심 어린 찬사를 후렴구처럼 반복했는데, 그녀가 연애 초기에 보낸 편지에는 "정말이지 너무 유명해요!"[41]나 그저 짧게 "정말 유명해요!"[42] 같은 말이 계속 등장한다. 케인스가 자신의 생각을 대중이 이해할 만큼 쉬운 논평 기사나 잡지 기사로 옮기지 못해 낙담할 때면 리디아는 이렇게 격려했다. "당신의 기사를 그렇게 혹평하지 마세요. 그냥 얼마나 많은 사람이 당신의 기사를 읽고, 이해하고, 기억하는지만 생각하세요. 그리고 잠자리에 들 때 당신의 머리와 영감에서 어떤 글이 완성됐는지 온전히 느껴보세요."[43]

리디아로 인해 케인스의 성적 가치관에도 큰 변화가 생겼다. 자신이 누군가에게 끌렸던 일을 기억해보면 그는 이제껏 열정적인 게이로 살아왔던 게 사실이었다. 그런 그가 여성에게 홀딱 빠진 것이다. 사실 블룸즈버리 멤버들은 게이 남성이 여성 동지와 정착하는 일에 점점 익숙해지고 있었다. 던컨과 바네사는 농장에서 함께 살았고, 리튼도 화가인 도라 캐링턴과 따로 살림을 차렸으며, 버니는 삽화가인 레이 마샬과 1921년에 결혼했다. 다만 이들의 관계는 모두 상당히 파격적이어서 남성은 파트너의 합의에 따라 결혼 후에도 동성연애를 계속할 수 있었다. 케인스는 리디아에게 완전히 빠져 있었지만 일부일처제로 넘어가기까지는 시간이 걸렸다. 리디아는 케인스의 사정을 알고 있었고 연애 초기에는 애인의 새로운 욕망을 채워주기 위해 다리를 놔주는 일도 서슴치 않았다. 리디아는 또한 남성용 잠옷 두 벌을 사거나 골프복을 입고 케인스를 유혹하기도 했다. 손가락과 입을 통한 다양한 시도는 리디아와 케인스 모두에게 성공적이었다.[44] 케인스는 리디아와 사랑에 빠지고도 2년 동안 여전히 세바스찬 스프로트와 야릇한 시간을 보냈으나, 1923년 늦겨울에 리

존 메이너드 케인스

디아가 신의를 간청하며 애원하자 자신의 행실을 뉘우쳤다.[45] 그것이 케인스가 남성과 가진 마지막 진지한 관계였다. 케인스의 편지를 보면 그가 리디아를 통해 충분히 만족하고 있었다는 것을 알 수 있다. 그는 리디아의 탐욕스럽고 매혹적인 품 안에 끝없이 파묻히길 원했다.[46]

케인스에게는 발레리나를 열심히 꼬시는 것 말고도 신경 써야 할 전문적인 일이 있었다. 그는 철학자로서 가치가 없어지자 자신의 필력 대부분을 신문이나 잡지에 올라오는 《평화의 경제적 결과》에 대한 비평을 받아치고 편집자들의 서신에 답하거나 개인적인 글을 쓰는 데 바쳤다. 〈맨체스터 가디언〉은 그를 국제금융 전문 칼럼니스트로 영입했고, 그는 베르사유 조약을 개정하고 최종 배상금 수치를 정하려는 노력들에 관한 장문의 칼럼들을 썼다. 이는 자신의 평판을 관리하고자 시작한 일이었지만 놀랍게도 저명한 저널리스트로서의 경력을 꽃피우는 계기가 된다.

그는 "여론을 바꾸는 설명과 상상력의 힘을 활용하고, 새로운 지적 리더들은 아직 표현되지 못한 신세대의 진짜 목소리를 찾아야 한다"고 당부하며 《평화의 경제적 결과》를 끝맺은 바 있었다.[47] 당시 그는 전쟁 전에 그랬던 것처럼 학술지에 글을 싣고 고결한 전문가들을 위한 책을 쓰는 일로 사회가 새로운 공감대를 형성하는 배후에서 자신만의 역할을 할 수 있을 것으로 상상했다. 대중을 설득하는 것은 사도 출신인 그에게는 기술적으로 어려웠고, 좀 천박하게 느껴지는 데다, 정치 및 선동과 너무 비슷했다. 하지만 〈맨체스터 가디언〉

에 발표한 여러 기사가 좋은 반응을 얻자 케인스는 1922년 봄에 300 파운드라는 사례금으로 제노바에서 열리는 금융회의를 취재하기로 계약했고, 얼마 지나지 않아 취재 내용을 비엔나와 뉴욕의 다른 신문사들에도 파는 조건으로 375파운드에 또 다른 계약을 맺었다. 이를 합치면 현재 가치로 약 4만 5,000달러이며 단어당 비용으로 환산하면 국제적 베스트셀러가 된 그의 책보다 더 좋은 조건이었다.[48]

제노바 회의에 파견되는 것은 단지 돈이나 대서양을 아울러 여러 신문에 그의 이름이 실린다는 명예보다 케인스에게 훨씬 더 큰 의미가 있었다. 그것은 바질 블래켓이나 영란은행의 찰스 애디스 등 영국 재정을 좌지우지하는 베테랑들 대부분이 참석하는 회의였다. 케인스에게 제노바는 대중적 지식인으로서 높아지는 그의 명성을 이용해 권력자들의 환심을 사서 다시 정치계로 돌아갈 좋은 기회로 보였다. 1922년 봄이 되면서 케인스에게는 전후 국제 통화 질서를 쇄신할 새롭고 야심 찬 정책에 대한 아이디어들이 많았다.

전쟁 동안 영국이 공식적으로 금본위제를 폐지한 적은 없었다. 영국 정부는 국민들이 현금을 금으로 거래하지 못하도록 아주 복잡한 조치들을 이것저것 채택했다. 1914년에 프랑스, 독일, 러시아, 오스트리아-헝가리가 금본위제를 폐지하자 런던 금 시장 딜러들은 해당 국가에는 상품 대금으로 금을 지급하지 않기로 했다. 이는 영국이 기술적으로 금본위제를 유지하는 방편이었다. 미국을 제외한 거의 모든 국가가 금 거래를 끊었으므로 영국도 똑같은 조치를 취했고 이는 효과가 있었다.[49]

그런 긴급 조치 덕분에 정부는 새로운 화폐를 찍어내고 상당한

존 메이너드 케인스

전쟁 비용을 충당할 수 있었다. 전쟁이 끝나자 1913년에 50억 달러였던 영국의 총 통화 공급량은 120억 달러로 불어났지만, 영국의 금 보유고는 안정세를 유지했다. 하지만 이내 소비자 물가가 전체적으로 상승하는 인플레이션이 이어졌다. 1920년이 되자 표준 소비재 비용이 전쟁 초기보다 두 배 이상 증가해 있었다.[50]

평화를 되찾은 초기에는 인플레이션이 어디서든 일어났다. 미국, 프랑스 독일 모두 전쟁 비용을 감당하기 위해 막대한 양의 돈을 발행했기 때문이다. 프랑스의 통화 공급량은 전쟁을 거치면서 이미 세 배 이상 늘어나 있었고, 독일의 통화 공급량은 네 배 이상 증가했다.[51] 예측 가능하고 안정적이었던 환율이 이리저리 휘청거렸다. 영국은 전쟁 전에 파운드화 가치를 4.86달러로 고정했지만 1920년대로 넘어가면서 평균 3.66달러를 거쳐 3.40달러까지 곤두박질쳤다.[52] 무역도 예측할 수 없게 됐다. 환율이 요동치면서 국가 간 맺은 계약이 갑자기 헐값으로 바뀌거나 훨씬 부풀려지기도 했다. 물가가 급등하고 외환시장이 길드시대Gilded Age(경제 팽창과 금권정치가 횡행하던 1870~1898년의 미국을 가리킴-옮긴이)의 금융시장에서도 볼 수 없었던 수준으로 크게 흔들리자 세계 금융시장에서는 질서 회복을 위해 금본위제로 복귀해야 한다는 주장이 입을 맞춘 듯 나왔다.

전쟁 전에는 인플레이션, 디플레이션, 환율이 금본위제의 지배를 받았다. 화폐의 유통량은 국가의 금 보유고에 따라 제한되었고 주요 통화 모두 특정 가중치가 적용된 금으로 환산될 수 있었으므로 국제 무역에 있어서도 고정된 환율을 통해 국가 간 거래 패턴을 예측할 수 있었다. 각국 통화는 본질적으로 금에 부가된 다른 가중치를 말했으므로 국제 무역에서 가격을 쉽게 구분할 수 있었다.

금본위제 옹호자들에게 이 시스템은 가격 안정화 이상의 많은 의미를 내포했다. 금본위제 덕분에 정부의 개입 없이 국경을 넘어 상품을 교환할 수 있는 자유무역의 특별한 비전을 더 확고히 추구할 수 있었기 때문이다. 결국 어떤 화폐에 특정 가치의 금을 고정해 놓는 시스템의 핵심은 정부가 화폐 가치로 거래의 패턴을 조작하지 못하게 하는 데 있었다. 경제학자들은 금본위제 덕분에 무역 활동이 자연스러운 경로로 자유롭게 진행될 수 있다고 믿었다.

자유무역에 대한 이런 이상은 상품의 교환을 호의 교환과 분리하지 않는 인도주의적 정서와 얽혀 있었다. 이런 사상에서는 국제무역이 상호 이해를 높이고 다양한 사람들이 서로의 관습과 생각을 인식하는 데 도움을 준다고 믿었다. 케인스는 자유무역에 이런 자비로운 힘이 있다는 기본적인 믿음이 있었고, 다른 모든 정치적 견해와 제안들은 그런 핵심 신념에 따라 조화를 이루거나 폐기되어야 했다.

상업적 교류에 정치적 문제들을 평화롭게 해결하는 힘이 있다는 생각은 사실 금본위제의 전성기보다 훨씬 더 오래전 개념으로 1700년대 중반에 프랑스의 사상가인 몽테스키외에 의해 대중화됐었다.[53] 하지만 이런 계몽적 자유주의의 오랜 원칙 때문에 금본위제에는 심오한 사회적 의미가 내포돼 있었다. 금은 세계가 평화, 번영, 진보를 향해 가열차게 나아가는 정상적인 상태를 나타냈다. 전쟁 전에 확립되었던 금본위제가 그 절정에서 붕괴되었기 때문에 다시 그 시스템으로 복귀한다는 것은 잃어버린 영광을 되찾는 기회로 여겨졌고, 심지어 세계대전도 파괴할 수 없는 것이 존재한다는 것을 증명했다. 케인스는 저명한 은행가들에게 파운드화의 금 환산 가치를 회복하는 것이야말로 "더 영광스러운" 대영제국을 확실히 만드는 "국격"의 문제라고 강조했다.

하지만 대부분의 금융 사상가들은 금본위제로의 복귀가 전쟁 동안, 그리고 이후 뿌리내린 인플레이션과 화폐가치 하락 등 사실상 다른 문제들과 "절망적으로 얽혀 있다"는 것을 알았다. 금융계 지도자들도 영국이 금에 대한 지위를 되찾는 것은 물론이고 전쟁 전 화폐 가치와 환율로 복귀하길 바랐다. 그들은 이 계획을 "안정화" 프로그램이라고 불렀지만 실상은 디플레이션을 통해 달러 대비 파운드화의 가치를 강화하려는 의도적인 정책으로 또 다른 통화 붕괴일 뿐이었다.[54]

이런 전략은 순전히 혼란 때문이거나 예전 방식에 집착해서가 아닌 다른 이유가 있었다. 더 수준 높은(교양 있는) 런던의 고위층은 런던이 전쟁을 겪으면서 월가에 넘겨준 금융 파워를 되찾으려면 영국에 투자하는 것이 미국에 투자하는 것보다 더 나은 선택임을 증명해야 한다고 믿었다. 그러려면 영국 돈이나 영국 부채에 투자한 돈은 어떤 식으로도 손해 보지 않는다는 사실을 영국 정부가 세계 금융시장에 증명해야만 했다.

케인스는 1914년 금융 위기 때도 비슷한 주장을 했는데, 당시 그는 영국의 금 보유고가 바닥이 날지언정 외국인들에게 금 지급을 계속해야 한다고 촉구했었다. 하지만 케인스는 이후 세계 경제가 근본적으로 변했다고 믿었다. 그는 제노바로 파견됐을 당시, 유럽 국가들 전부가 이제는 막대한 부채를 안고 있고 10년 전과는 전혀 다른 양상의 자원 부족을 겪고 있다고 주장했다. 국경이 다시 그어졌고 농경지, 광산, 공장들은 파괴됐다. 1913년의 금융 조치들이 1922년의 요구를 충족할 수 있다고 믿은 것은 우둔한 일이었다.

무엇보다 케인스는 케임브리지에서 공부했던 고전적인 경제 이론들에 대한 확신이 근본적으로 흔들리고 있었다. 과거에 만들어진 교과서에서는 디플레이션 같은 문제는 지속적으로 경제 피해를 야기하지 않는 것으로 간주되었다. 가격이 하락하면 임금도 하락하므로 노동자들의 생활은 이전과 다를 게 없다는 주장이 지배적이었다. 일시적인 혼란은 있겠지만 시장 세력들이 재빨리 세계를 정상 상태로 되돌려 놓을 것이고, 그렇게 되면 판매자와 구매자, 공급과 수요 사이에 안정적이고 발전적인 균형이 확립될 수 있었다. 경제 혼란의 해결책은 언제나 동일했다. 시장이 제 역할을 하도록 놔두면 됐다.

이 원리는 1920년 2월, 세계 각국이 마치 경쟁이라도 하듯 심화하는 디플레이션 상황에 놓이면서 실험대에 올랐다. 프랑스, 이탈리아, 스웨덴, 노르웨이, 덴마크, 그리고 결정적으로 미국까지 모두 공격적으로 국내 물가를 내렸다. 이는 낮은 물가를 미덕으로 여기는 집단적 믿음 때문이었다. 게다가 미국의 고집도 한몫했다. 연준이 미국 물가를 끌어내리기 위해 금리를 인상하자 전 세계 금이 미국으로 흘러 들어갔다. 나머지 나라들도 금 고갈 사태를 막으려면 역시 금리를 인상할 수밖에 없었다. 최대 금 보유고와 최대 경제력을 자랑하는 미국은 이제 영란은행이 한때 그랬던 것처럼 국제 금융의 조건들을 조정할 수 있게 되었다.

영국 물가는 절반 수준으로 떨어졌다.[55] 이에 따른 사회적 비용은 충격적이었다. 농장은 압류되었고 기업은 파산했으며 수백만 명이 일자리를 잃었다. 영국의 실업률은 1921년에 23퍼센트까지 치솟았고 1922년까지도 평균 14.3퍼센트를 유지했다.[56] 임금이 곤두박질치면서 노동조합, 특히 광부들 사이에서 격렬한 동요가 일어났다. 1921년 4월에 광산주들이 일반 광부들에게 임금 삭감을 요구하자, 영국 정부는 광부들과 철도원, 운송 노동자들의 대규모 파업을 우려하여 11개 보병 부대와 3개 기병 연대, 군 탱크를 소집했다.[57] 영국은 일촉즉발의 상황에 있었다.

한창 세력을 키우던 노동당의 사회주의자 다수에게 이런 갑작스런 디플레이션은 그들이 오랫동안 의심해온 것이 사실임을 확인시켜주었다. 즉 자본주의는 부당하고 불공평할 뿐만 아니라 제대로 작용할 수 없다는 것이다. 케인스는 진지하게 마르크스 사상을 공부한 적은 없었지만, 설사 그렇다 할지라도 자본주의의 미덕에 대한 믿음을 버려야 하는 정서적 단절이 너무 컸을 것이다.

아마도 문제는 돈 자체였을 것이다. 케인스는 〈맨체스터 가디언〉에 기고한 글에서 "오늘날의 개인주의적 자본주의는… 가치를 측정하는 안정적 지표가 있으며, 그런 지표 없이는 효율성이 사라지고 생존할 수 없다고 간주한다"고 말했다.[58] 인플레이션과 디플레이션 같은 통화 붕괴는 사회 부류마다 다른 영향을 미쳤다. 인플레이션이 대출 기간 내내 지속되면 채무자에게는 아주 좋은 상황이 펼쳐진다. 채무자는 자신이 빚진 금액만 정확히 갚으면 되는데 달러화의 실제 가치가 인플레이션으로 하락했기 때문이다. 디플레이션에서는 정반대의 상황이 벌어지므로 채무자의 잘못이 아닌데도 갚을 빚이 더 부담스러워진다.

즉 채무자가 채권자에게 줄 돈과 노동자가 고용주에게서 받을 임금, 내국인이 외국인에게서 받을 금액이 제각각 달라진다. 자본주의적 거래에 필요한 경기장이 왜곡되는 것이다. 케인스는 수요와 공급, 혹은 자유무역과 자유사상을 포기하는 것은 절대 이에 대한 해법이 아니며, 통화 체계를 안정화하여 관련 세력들이 저마다 마법을 부릴 수 있게 해야 한다고 여겼다.

케인스는 제노바에서, 그리고 〈맨체스터 가디언〉 지면을 통해 전세계 물가를 안정화시키기 위한 공개 캠페인을 시작했다. 물가 불안은 자국 정부와 공공 기관들에 대한 시민들의 신뢰를 떨어뜨렸다. 케인스는 "물가를 잡지 못하면 계약, 주식, 그 밖의 자본주의 시스템 전체가 타격을 입을 겁니다"라고 재무부에 말했다.[59] 전쟁 기간에 일어난 인플레이션을 회복시키는 것은 런던 금융인들이 주장하는 내리막길로 떨어지는 것이 아니라 새로운 안정기를 되찾는 일이었다.

케인스의 계획에 의하면, 전쟁 전 금값에 가깝게 이미 통화가치를 변화시킨 나라들은 그대로 진행해도 되지만, 연 6퍼센트 이상으로 통화를 수축해서 1914년 수준으로 만들어서는 안 됐다. 통화 가치가 1914년보다 적어도 20퍼센트 이상 떨어진 경우에는 디플레이션이 더 악화되는 고통이 따를 뿐이었다.

정치적으로 보면 이 계획은 기가 막힐 정도로 대담했는데, 전쟁 동안 연합국들이 부분적으로 달성했던 재정 조율을 세계 열강들이 평화 시대에 걸맞게 끌어올려야 가능한 일이었다. 리디아는 블룸즈

존 메이너드 케인스

버리 지역에 있는 새 아파트에서 그녀의 새 애인에게 더 대담해져야 한다고 편지를 썼다. "당신은 전 세계가 반드시 주목해야 할 새로운 성과물을 매일 내놓고 있어요. 회담이 끝날 때까지는 그곳에 계속 있어야 해요. 그들에게 당신이 얼마나 필요한 존재인지 모르겠어요? 당신은 모르는 것 같지만 저는 제3자로서 당신이 꼭 필요한 사람이라는 게 확실히 보여요."[60]

하지만 케인스의 계획은 실현되지 못했다. 달러화가 논의에 포함되지 않는 한 파운드, 프랑, 마르크의 국제 가치에 별다른 진전이 있을 수 없었다. 미국은 프랑스가 독일의 배상금 축소 문제를 조금도 고려하지 않고 거부하자 이에 대한 항의로 제노바 회담에 불참했다. 제노바에 온 영국 대표단은 미국과 협의 없이 케인스의 아이디어를 무모하게 추진하려 하지 않았다. 리디아는 편지에 "금융 전문가라는 양반들이 안정화를 원치 않다니요. 답답하지만 다들 당신처럼 똑똑할 수는 없으니(메이너드는 한 명밖에 없잖아요) 이해는 돼요"[61]라고 편지에 썼다. 때가 되면 미국은 돌아오게 될 것이다. 리디아는 "조금만 기다리면 미국이 당신 생각에 분명히 동의할 거예요. 당신이 얼마나 유명한 사람인데요"[62]라며 케인스를 위로했다.

하지만 실제로는 제노바 회담 이후 20년이 지나서야 이 문제에 미국을 끌어들이게 된다. 케인스는 1944년 뉴햄프셔, 브레튼우즈에서 열린 회의에서 마침내 미국 지도부와 국제 통화 시스템을 논할 수 있었는데 한차례 충돌을 겪고 나서야 마침내 합의점을 도출할 수 있었다.

한편 케인스는 자신의 계획을 발전시키기 위해 새로운 이론 세계로 걸어 들어갔다. 영국에서는 경제학 이론에서 불가능하다고 선언한 경제 현상이 벌어지고 있었다. 극심한 실업 사태가 장기화되고 있었던 것이다. 1922년에 케인스는 실업이라는 악과 그것에 수반되는 사회적 불안의 원인은 통화의 불안정성에 있다고 주장했다. 이를 해결하는 방법은 정부와 중앙은행이 통화 가치를 직접적으로 규제하고 물가 안정을 위해 금리를 올리거나 낮추는 것이다. 정부가 통화 공급을 전체적으로 관리하는 것이 경제 성장과 물가 안정을 이루는 최선의 방법이라는 이 원칙은 이후 통화주의라는 이름으로 통용된다.

이는 중앙은행의 기존 운영 방식을 재고하는 급진적인 사상이었다.[63] 영란은행은 일반적으로 국제 무역의 변동 요인을 중심으로 은행의 금 보유고를 관리해서 과도한 수입이나 수출 부족으로 영국에 금이 바닥나는 사태를 막았다. 만약 영국이 무역 적자라면, 이는 외국인에게 파는 물건보다 사들이는 물건이 더 많다는 것이므로 금화가 나라 밖으로 흘러나가게 될 것이다. 이런 상황에는 은행이 금리를 인상하여 무역 균형이 이뤄질 때까지 국제 시장에서 거래되는 영국 상품의 가격을 효과적으로 낮출 것이다. 즉 상품 교역조건의 조정을 통해 무역 불균형을 완화하는 것이다. 하지만 케인스는 가격을 규제해서 통화 안전성을 유지하는 정반대 제안을 했는데, 이는 무역 절차에 영향을 미치는 전략이었다. 이는 공직자들이 경제 문제에 개입하면 안 된다는 자유방임주의 원칙과도 위배되는 생각이었다. 정부가 환율 안정과 물가 안정 중 하나를 어쩔 수 없이 선택해야 하기 때문이다. 케인스는 이런 선택 상황에 처했을 때 주저하면 안 된

존 메이너드 케인스

다고 말했다. 즉 물가부터 안정시키고 환율을 조정해야 한다는 것이었다. 잦은 인플레이션과 디플레이션이 벌어지면 "종국에는" 경제가 나가떨어질 수 있었다. "하지만 이 종국이라는 말 때문에 현재 상황이 오도되고 있다"고 케인스는 여겼다. "종국에는, 모두가 죽는다. 경제학자들이란 사람들이 폭풍우가 몰아치는 계절에 폭풍이 지나가고 나면 바다는 다시 잔잔해질 것이라는 식의 전망을 한다면 자신들의 역할을 스스로 너무 쉽고 쓸모없게 규정하는 것이 된다."[64] 정부가 인플레이션이 진정되기만을 그저 기다리는 동안 실업, 기아, 폭동, 혁명까지 아주 많은 일이 벌어질 수 있다. 그가 《확률론》에서 주장했던 것처럼, 절대 실현될 리 없는 장기적 개혁을 추진하는 것보다 사회복지적 발전을 통해 쉽게 구현할 수 있는 단기적 개혁이 더 우선시되어야만 했다.

"종국에는, 모두가 죽는다"는 영리함을 뛰어넘는 표현이었다. 그 말로 케인스는 현대의 다른 화폐학자들, 또 향후 우익 정치에 가담할 사람들과 구분됐다. 화폐학자인 밀턴 프리드먼처럼 케인스는 물가 안정을 고전 경제학적 사고를 강화하는 방식으로 간주했다. 그는 자유방임주의 경제학이 대체로 효과적이라고 믿었다. 수요와 공급은 사회에 발전적 균형을 가져왔다. 자유방임주의 경제학이 제대로 작동하려면 재산권, 법규, 물가 안정화 같은 몇 가지 기본적인 경제 구조가 필요했다. 하지만 케인스는 프리드먼과 달리 통화주의가 전후 삶에서 불확실성 및 불안을 극복하도록 국가의 힘을 확대하는 창의적인 방법이라고 여기게 되었다. 통화주의로 선을 실현할 수 없다면, 즉 단기적으로 경제와 정치적 안정을 실현하지 못한다면, 케인스는 기꺼이 다른 방법을 시도할 사람이었다.

케인스는 이런 생각들을 모아 1922년에 《케인스의 화폐통화 개혁법안》라는 책을 냈는데 그중 상당수는 일찍이 〈맨체스터 가디언〉 기사를 통해 소개된 내용이었다. 이는 케인스가 쓴 최초의 주요 경제 이론서로 그를 논란의 주인공으로 만들었다. 월가와 런던의 금융인들은 케인스가 책을 통해 사실상 금본위제 폐지를 요구하고 있다고 인식했고 이에 충격을 받았다. 그가 화폐와 금의 연관성을 공식적으로 끊자고 제안한 것은 아니었지만, 유사시에 정부가 그들의 통화 가치를 재평가하도록 허용한다는 것은 결국 같은 말이었기 때문이다. 비평가들은 이렇게 물었다. 파운드에 부가되는 금의 일정 비율을 즉흥적으로 바꿀 수 있다면 그 비율을 고정해두는 게 무슨 의미가 있겠는가? 케인스는 이렇게 반박했다. 금본위제가 사회 불안만 조성한다면 거기에 무슨 이득이 있겠는가?

케인스는 영란은행의 찰스 애디스에게 경고했다. "돈과 신용에 대한 통제 방법을 혁명적으로 개선하는 아이디어를 묵인하는 것은 개인주의적 자본주의가 몰락하도록 씨를 뿌리는 것과 같습니다. 화폐 혁명의 루이 16세가 될 생각은 마세요."[65]

케인스의 새로운 경제 이론서는 《평화의 경제적 결과》에 열광했던 대중을 감화시키지는 못했지만 런던 지도층의 뜨거운 관심과 비평을 받았다. 이런 위축된 명성의 케인스가 대중의 존경심과 신성한 교리에 아랑곳하지 않고 계속해서 도전 의식을 발휘했다는 점에서 블룸즈버리 클럽에서는 오히려 명예로운 훈장이 됐다. 게다가 케인

존 메이너드 케인스

스는 대중적 지식인이라는 점 때문에 그의 이론서가 일반 학자들이 쓴 이론서보다 훨씬 더 긴박감을 조성했다는 것을 깨닫게 되었다. 결과적으로 케인스의 책을 낸 출판사에는 편지들이 날아왔고, 각국의 중앙은행에는 회의가 이어졌으며, 화이트홀에서는 이따금씩 케인스를 초청하는 일이 생겼다. 〈맨체스터 가디언〉의 전문 칼럼니스트로서 꽤 근사한 몇 년을 보낸 케인스는 신문사 하나를 직접 인수해서 자신의 대중적 페르소나를 확대하기로 결심했다.

〈네이션 앤드 아테네움The Nation and Athenaeum〉(이하 〈네이션〉)은 오랫동안 자유당의 기관지 역할을 했지만 편집장인 헨리 매싱엄이 노동당 소속이 되면서 레너드 울프처럼 좌익에서 자유당을 공격하는 젊은 노동당 소속 작가들에게 기사를 의뢰하고 있었다. 1923년 1월에 케인스는 투자자 컨소시엄을 통해 신문사를 인수했고 본인이 이사회 회장이 되어 매싱엄을 퇴출했다.

울프 부부는 실망했다. 자유당에 대한 케인스의 헌신 때문에 노동당을 통한 그들의 밥줄이 끊겼기 때문이었다.[66] 40대 초반이 된 레너드와 버지니아 울프 부부는 편안하게 살았지만 금전적 여유를 누린 적은 없었다. 버지니아의 책은 잘 팔리지 않은데다 그녀는 불안한 정신상태 때문에 종종 장기 입원을 했는데 당시는 국가 의료보험이 시행되기 전이라 치료비로 큰돈이 나갔다. 버지니아 울프의 첫 책과 두 번째 책이 별 볼 일 없는 결과를 얻자 1922년 10월에 부부는 그녀의 세 번째 소설인《제이콥의 방Jacob's Room》을 호가스 프레스라는 그들의 출판사에서 직접 출간하기로 한다. 버지니아는 이 책으로 그토록 갈망했던 비평가들의 찬사를 받지만 작품에 대한 좋은 평이 금전적 성과로 이어지지는 않았다. 1924년에 그녀가 세 편의 소설과 단편집으로 번 총소득은 미국에서의 판매액을 포함해도 겨우 37파운드였다(그해 호가스 수익은 3파운드였다).[67] 게다가 〈네이션〉마저 주인이 바뀌자 레너드에게는 새로운 일자리가 필요했다.

그럼에도 불구하고 주간지 책임자를 친구로 둔 것은 금전적으로 도움이 됐다. 1922년의 끝자락에서 버지니아는 장래가 촉망되는 시인 한 명을 재정적으로 후원하기 위한 계획을 세우고 있었는데, 한 가지 걱정이 있다면 로이드 은행이라는 그의 직장이 창조적 에너지를 갉아먹고 있다는 점이었다. 그녀는 가난한 시인이 안정적인 은행 일을 관두고 전업으로 시만 쓸 수 있도록 모금 활동을 시작했으나 이런 대의명분에도 불구하고 모인 돈은 고작 몇백 파운드에 불과했다. 그녀는 케인스에게 시인을 위해 연봉이 "300에서 400파운드" 정도 되는[68] 일자리를 구해줘서 그가 은행 일에서 해방될 수 있게 도와달라고 부탁했다.

마침 케인스는 문예란 편집자를 찾고 있었으나 문제가 하나 있었다. 〈네이션〉의 이사회 멤버 그 누구도 버지니아의 시인 친구에 대해 들어본 적이 없었다. 사실 영국 전체에서도 그를 아는 사람은 손에 꼽았다. 그때까지 가장 주목할 만한 그 시인의 작품은 케인스가 신문사를 인수하기 불과 몇 달 전에 시인이 직접 만든 문예 잡지 첫 호에 발표한 긴 시 한 편이 전부였다. 케인스는 그 시가 마음에 들었는데, 이는 그의 시가 케인스가 《평화의 경제적 결과》에서 선보였던 것처럼 자유로운 시적 은유와 주제와 사상의 추상화를 통해 재창조된 형식을 취했으므로 자연스런 일이었다. 케인스의 역작처럼 그 시는 다시는 돌아오지 않을 이상적인 대륙을 열정적으로 찬양하는 동시에 그곳을 파괴한 지도자들을 비난했다.[69] 심지어 그 시에는 카르타고의 모습을 나타내는 "불탄다 탄다 탄다 불타고 있다"라는 구절이 있었는데, 이는 케인스가 베르사유 조약을 빗대기 위해 사용했던 핵심적인 은유 표현이었다. 조약에서 나온 최종 평화 문서는 패자에게 혹독한 "카르타고식 평화Carthaginian Peace"였고, 케인스는 로마가 고대 지중해 지역의 위대한 문화였던 카르타고 시대를 종식시켰던 것처럼 연합국 또한 독일을 유럽에서 몰아내고 그 시민들과 전통을 말살할 것이라고 경고했었다. 버지니아는 그 시에 완전히 매료되어 그해 9월에 레너드와 함께 별도의 시집으로 출간했을 정도였다. 하지만 그렇게 발표된 T. S. 엘리엇의 《황무지》 영국 초판은 450부밖에 판매되지 않았다.[70]

버지니아는 케인스가 다른 이사들을 설득하도록 도왔다. 그녀는 리튼 스트레치에게 엘리엇을 문예 담당 편집자로 뽑아주면 자신도 〈네이션〉을 위한 기사를 쓰겠다고 약속하는 편지를 케인스에게 보내달라고 부탁하며, "메이너드가 기고비는 두둑하게 챙겨줄 거야"[71]라고 덧붙였다. 이사회와 드라마 같은 2주를 보낸 케인스는 마침내 엘리엇에게 편집자 자리를 제안했다.

그런데 이번에는 시인이 갑자기 주저했다. 그는 일단 휴가부터 내야 했다. 게다가 엘리엇은 은행에서 상당히 전문적인 일을 담당하고 있었으므로 적어도 세 달 전에 퇴직 통보를 해야 했다. 당시 〈타임스〉 기자들은 보통 5년 계약을 했는데 자신도 그 정도 기간을 보장받을 수 있을지, 아니면 2년이라도 보장받을 수 있을지 의문이었다.[72] 협상이 몇 주 동안 지지부진하게 이어지면서 엘리엇 프로젝트는 케인스의 표현을 빌자면 "실패작"[73]이 되었다.

그는 엘리엇을 포기했다. 1923년 3월 23일에 케인스는 문제의 문예 편집자 자리를 "당황하는" 레너드 울프에게 제안했다.[74] 2년간 연봉 500파운드를 받으면서 일주일에 이틀 반만 출근하는 조건이었다. 그날 오후 버지니아는 케인스에게 반 사과성 편지를 보냈다. "엘리엇 때문에 많이 수고해줘서 고마워. 그런데 이제 와서 생각해보니 엘리엇은 그 일에 적임자가 아니었다는 생각이 드네."

케인스의 주간지 일은 버지니아가 1928년에 《올랜도》를 발표하고 마침내 주목을 받기 전까지 울프 부부의 생계를 지탱해주었다(참고로 버지니아 울프는 《올랜도》로 1928년 한 해에만 오늘날 가치로 10만 달러에 해당하는 1,434파운드를 벌었고 남은 여생은 글쓰기 일로만 안락한 생활을 할 수 있었다).[75] 그 일은 버지니아에게 생계 이상을 의미했다. 레너드는 편집자로서 리튼 스트레치, 클라이브 벨, 로저 프라이, 버니 가넷 등 오랜 친구들에게 일을 주었고, 그러면서 〈네이션〉은 점차 블룸즈버리의 목소리를 대변하게 되었다. 레너드의 일은 파트 타임에 가까워서 울프 부부가 더 많은 시간과 자원을 호가스 출판사에 할애할 수 있었고 1년에 몇 권 안 됐던 출판물이 수십 편으로 늘어나면서 로저, 클라이브, E. M. 포스터는 물론이고 로버트 그레이브나 그보다 더 유명한 거트루드 스타인, H. G. 웰스, 심지어 지그문트 프로이트 같은 새로운 친구들의 책을 출간하게 되었다. 케인스가 쓴 정치 팸플릿도 호가스의 가장 안정적인 베스트셀러 중 하나였다.[76] 케인스는 〈네이션〉과 그의 유명세를 활용해 모든 블룸즈버리 친구들에게 일

존 메이너드 케인스

을 주었다. 그렇게 해서 친구들이 자신의 생각을 공유할 수 있는 플랫폼을 마련하는 동시에 그들의 후반기 인생에 돈과 명성을 만들어주었다. 그의 인생 또한 그가 꿈꾸는 상태, 즉 경제적 동력을 바탕으로 인간의 진정한 목적인 예술과 글을 실현하는 축소판이 되었다.

게다가 이런 변화는 케인스를 계속 괴롭혔던 미적 진실에 대한 불안감에서 해방시켜주었다. 그의 예술적 취향에 대해 클라이브와 리튼이 뭐라 하든, 그에게는 자신이 원하는 바를 표출할 수 있는 매체가 있었다. 블룸즈버리가 1920년대에 쏟아냈던 다양한 모더니즘 걸작들처럼 아름답고 완벽한 작품들을 이제 다시는 창조해내지 못할지라도, 그가 예술계의 일원임을 증명하기 위해 더 이상 세잔의 작품들을 힘들게 구하지 않아도 됐다. T. S. 엘리엇 같은 시인도 케인스의 책을 토대로 시를 짓지 않았던가? 그렇다고 그가 블룸즈버리 친구들의 생각에 더 이상 관심이 없다는 것은 아니었다. 블룸즈버리에서 그의 위치는 확고했고, 친구들은 앞으로도 계속 그의 북극성 역할을 할 것이다. 케인스는 클라이브 벨에게 "정부 각료들과 〈타임스〉가 아무리 자신에게 찬사를 보낼지라도 리튼 스트레치, 던컨 그랜트, 버지니아 울프, 바네사 벨이 뭔가 시큰둥하다는 느낌이 들면 불안감 때문에 대중의 아첨이 오히려 부끄러워질 거야"라고 고백했었다.[77]

케인스는 또 다른 용도로 〈네이션〉지를 활용하고 있었다. 노동당이 새로운 진보 세력으로 부상하는 가운데 그가 지지하는 자유당의 이념을 수호하는 데 자신의 매체를 적극적으로 이용했던 것이다. 전쟁이 일어나기 8년 전에 허버트 애스퀴스와 데이비드 로이드 조지는 온건한 수준에서 복지국가를 추진하기 위해 엄격한 자유방임주의 정책들로부터 자유주의를 분리했다. 시장의 정의가 모든 것을 지배하던 시절도 있었지만, 이제는 노동이 불가능한 사람들도 노령 연금과 실업급여로 최소한의 삶의 질을 유지할 수 있었다. 로이드 조지와 애스퀴스는 전쟁 방식에 대한 이견으로 서로 등을 돌리게 됐고, 로이드 조지가 그 싸움에서 승리하면서 영국의 진보적 사회복지 의제들을 그가 추구하는 한층 더 넓은 제국주의적 이익, 즉 연립정부를 확립하기 위해 오랜 정적이었던 노동당과 손을 잡는 프로젝트에 편입시키기로 했다. 그 결과 자유당은 연금부터 세계대전에 이르기까지 일련의 승리를 이끌어냈지만 이념적으로는 길을 잃고 말았다. 1923년 5월 5일 케인스는 그가 발간한 첫 번째 〈네이션〉 사설에서 자유당을 위한 새로운 선언문을 발표했다. 전쟁, 평화, 경제라는 당시의 쟁점들이 전쟁으로 뒤죽박죽인 상태였다. "모든 이들이 사상적으로 너무나 불안정하고 불안해져서 논란의 진짜 핵심이 드러나지 않았다. 자유무역과 빈곤층 대상의 소소한 복지 프로그램의 자금원이 됐던 누진세 정책도 전쟁 부채로 와해되었다." 다시 번영의 길을 확보하는 것은 케인스가 〈맨체스터 가디언〉 지면을 통해 탐구했던 통화주의 사상처럼 아직 공식화되지 않은 경제 구조 및 "산업 통제"와 씨름하는 것을 의미했다.

하지만 케인스는 중앙은행에 대한 그의 생각들이 논쟁의 끝이 될 것으로 여기지 않았다. 〈네이션〉이 새롭게 싹트는 사상들을 제시하고 그것들을 더 날카롭게 다듬어 국회의원들이 정책 결정의 도구로 활용하게 만들 작정이었다. "우리는 좌익에 중심을 둔, 확실한 변

존 메이너드 케인스

화와 발전 중에 있으며, 세상에 불만을 품고, 많은 일을 추진하지만, 노동당보다 더 대담하고 자유로우며, 더 사심이 없고, 구식 교리들을 떨쳐낸 자유당을 지지한다."[78]

1923년 말이 되자 케인스는 《평화의 경제적 결과》, 《케인스의 화폐통화 개혁법안》, 그리고 〈네이션〉지에 발표한 논평들 덕분에 자유당에서 가장 유명한 당원 중 한 명이 돼 있었다. 비록 케인스를 고문으로 쓰려는 사람은 아무도 없었지만 선거철이 되면 누구나 그를 자기 쪽으로 끌어당기려 애썼고, 이는 불과 몇 년 전까지 따돌림당하는 지략가였던 그에게는 놀라운 변화였다. 게다가 전쟁 중 벌어진 경제적 격변으로 인해 영국은 많은 당원이 혼란을 겪고 있었다. 1918년 12월 선거에서 데이비드 로이드 조지는 연립 내각을 성공적으로 내세우며 확실한 승리를 거뒀지만 영국은 1922년부터 1924까지 3년 내내 총선거를 치렀다. 자유당은 전쟁 후 확대된 당세를 바탕으로 최초로 의회의 다수당이 되길 기대했지만 선거는 참담한 실망을 안겨주었다. 영국에서 처음으로 여성에게 선거권이 부여되었고 (그래봤자 30세가 넘은 여성만 가능했다) 이후 21세 이상의 남성에게만 부여되었던 제한도 사라졌다. 1918년 노동당의 부진은 로이드 조지의 연정이 다수당이 되기 위해 보수당에 크게 의지했기 때문이었다. 1922년까지도 이는 세력 강화를 위한 보수당의 강력한 전략이었다. 로이드 조지는 총리로서 전후 인플레이션과 디플레이션의 요요 현상에 책임을 졌고, 토리당은 자유당과의 동맹을 깨고 정부를 완전히 장악했다. 하지만 보수당의 보너 로(한때 케인스의 재무부 상관이었고 연립내각의 또 다른 총리였던)는 6개월 정도 정부의 수장 역할을 하다 식도 암으로 건강이 위중해졌고 얼마 후 결국 사망했다. 보수당은 총리가 사퇴하자 또 다른 선거를 치르기로 했다.

자유당은 이 위기를 극복하기 위해 케인스를 시골 지역으로 파견했다. 그는 타고난 연설가는 아니었다. 지나치게 큰 키에 어깨가 구부정한 케인스는 교수의 임무 중 강의를 가장 달갑지 않게 여겼다. 스스로도 인정했지만, 정치 관련 행사에서는 특히 지나치게 말이 빨랐고 이는 기술과 이론 분야의 전문가에게는 치명적인 약점이었다.[79] 하지만 케인스는 정치에 관심을 갖고 있는 사람들이 직접 보러 올 만큼 유명한 사람이었다. 아일랜드 해안 지역인 블랙풀에서 케인스는 3천 명이나 되는 청중 앞에서 연설을 했다.[80] 다음 날 저녁 그는 리디아에게 "청중들의 관심이 대단하더군. 극장 안이 사람들로 그렇게 빽빽한 경우는 난생처음이었소. 문이 열리기 한 시간 전부터 사람들이 안으로 들어가려고 줄을 서 있었고, 내 뒤에 있던 무대는 물론이고 강당 좌석도 꼭대기까지 사람들로 가득 차 있었어"[81]라고 전했다. 그의 연설 내용은 〈맨체스터 가디언〉과 현지 언론에 대서특필되었고 지역 주민들은 기차역까지 나와 그의 행운을 빌었다.

1923년 선거는 수입 제품에 보호 관세를 부과해서 경제를 활성화하겠다는 보수당의 계획에 대한 국민 투표였다. 선거의 쟁점이 완전히 경제 정책에 집중돼 있었으므로 세계에서 가장 유명한 경제학자의 지원 사격은 자유당에 상당한 힘이 되었다. 케인스는 정부가 관세 형태로 경제에 개입하면 오히려 역효과가 난다는 자유당의 오랜 신조를 기꺼이 설파했다. 그는 외산 제품에 매기는 관세를 인상

존 메이너드 케인스

하면 영국 소비자들의 주머니 돈만 더 축낼 뿐이고, 그렇게 되면 많은 가정의 생활 수준이 떨어지게 된다고 주장했다. 자유무역이 더 효율적이었다. 모든 국가가 타국의 특산품을 즐길 수 있다면 모두가 더 풍요로운 세상을 누릴 수 있었다.

케인스는 연설에서 그가 새롭게 고안한 통화 이론을 강하게 제시했다. 각국이 자국 통화의 가치를 재평가해서 디플레이션(혹은 인플레이션)과 싸워야 한다는 것은 사실상 영국의 번영을 위해 국제 무역의 흐름을 재정비해야 한다는 것이었다. 달러 대비 파운드 가치가 "강세"면 영국 상품이 더 비싸지고, 그러면서 미국 시장에서 인기가 떨어지는 반면에 파운드가 "약세"일 때는 상품 가격이 더 저렴해지면서 인기는 높아지게 된다. 자유무역에 있어서는 통화 가치의 재평가가 관세와 동일한 효과를 거둘 수 있었다.

케인스의 청중 중 그런 모순에 동조하는 사람은 거의 없었다. 당시나 지금이나 무역 정책에 관한 정치는 신중한 분석가보다 선동 문구에 더 좌지우지됐다. 게다가 자유당 입장에서는 케인스의 입장이 정치적으로 활용하기에 더 편리했다. 당 지도부는 케인스를 치솟는 실업률에 고장 난 경제 상황을 혁신적인 통화 아이디어로 바로잡을 수 있는 전문가로 포장하는 동시에, 자유당이 오래전부터 내세웠던 자유무역에 관한 정책이 계속 옳았다는 사실을 그를 통해 새삼 드러낼 수 있었다.

케인스는 불과 1년 전만 해도 보수당과 공식적으로 연정을 맺었던 자유당이 사회주의를 표방하는 노동당과 새로운 동맹을 맺도록 돕고 있었다. 그는 영국 북서쪽에 있는 배로인퍼니스로 다시 파견되었지만, 당 지도부와 케인스 모두 자유당 후보는 전혀 당선 가능성이 없다는 것을 알게 되었다. 그의 임무는 보수당 표를 빼앗아 노동당 후보의 당선을 밀어주는 것이었다.[82] 총선은 그들의 뜻대로 되었다. 보수당이 다른 어떤 당보다 많은 의석수를 차지했지만 나름대로 선방한 노동당과 자유당이 연합하면서 다수당이 되었고 램지 맥도널드는 영국 최초의 노동당 출신 총리가 되었다. 총선 결과가 나오자 케인스는 자유당을 위한 새로운 기회에 한껏 흥이 올랐다. 1923년 12월 9일 그는 리디아에게 이런 편지를 썼다. "정치는 그야말로 혼란 덩어리요. 빨리 런던에 가서 사람들이 어떤 말을 하는지 듣고 싶소. 자유당은 한눈팔지 않고 노동당을 향한 노선을 지켜야만 해요."[83]

애스퀴스에게 노동당과의 연합은 안전한 실험이었다. 보수당은 절대 사회주의 정당과 손을 잡을 리가 없었으므로(윈스턴 처칠은 노동당이 이끄는 정부는 전쟁에서 패배하는 것에 버금가는 "국가적 불행"이라고 말했다) 자유당은 중요한 쟁점에 대해 노동당을 본인들의 의지대로 회유할 수 있었다.[84] 한편 자유당과 노동당의 연정에 대해 부정적인 언론 기사가 나오면 맥도널드와 사회주의 개종자들이 정면으로 타격을 받을 수 있었다. 애스퀴스는 자유당 당원들에게 "우리가 하는 일의 의미를 우리가 정말 잘 알고 있다면 스스로 상황을 통제해야 합니다"라고 말했다.[85]

디플레이션과 실업은 새로운 정부가 국내에서 가장 시급하게 풀어야 할 문제였지만 새로운 정권이 들어선 시기는 베르사유 조약으로 인한 국제 경제 상황이 국제 위기로 이어지고 있을 때였다. 독일

존 메이너드 케인스

은 청구된 전쟁 배상금을 지불하지 않았다. 1919년 조약이 산정한 초기 지급금 200억 마르크 중 1921년 5월 데드라인까지 연합국 기금에 들어온 돈은 고작 80억 마르크에 불과했다.[86] 부족한 금액은 국제연맹 내 배상위원회가 정한 마지막 배상금에 합산되었다. 이제 독일은 매년 약 30억 마르크, 총액 1,320억 마르크의 배상금을 내야만 했다. 케인스는 이런 최종 조건들을 감안해 평화조약을 재산정했고, 당연한 일이지만 여전히 금액이 너무 가혹하다는 결론에 이르렀다. 30년간 분할한다 해도 독일이 1년에 감당할 수 있는 최대 금액은 12억 5천만 마르크였다.

오로지 배상금 때문에 독일에 금융 혼란이 일어난 것은 아니었지만 재앙에 강력한 촉매제가 된 것은 사실이었다. 신생 바이마르 공화국은 거의 정기적으로 격변을 겪는 중이었다. 연합국이 파리에서 조약 조건을 협의하는 동안 독일군은 공산주의 폭동을 진압하고 그 리더들을 (대표적으로 마르크스주의 지식인인 로사 룩셈부르크를 포함해) 사살했다. 한편 독일의 라이트당은 궁극적 권한을 왕조나 군대가 아닌 독일 의회에 부여한 새로운 민주 헌법에 적대적이었다. 전후 경제가 혼란에 빠지고 최근까지 대기근을 겪은 신생 민주주의 국가의 지도자들은 새로운 사회 혜택들을 승인함으로써 그들의 정당성을 공식적으로 확립하려고 했다. 1920년에 독일 의회는 전쟁 피해자들에게 복지 혜택을 받을 수 있게 하고 청년 지원과 더 관대한 실업 구제 프로그램을 위한 계획을 세우기 시작했다.

독일의 정치인들은 해외에 배상금을 지급하기는커녕 그 돈을 마련하기 위해 전쟁으로 피폐해진 국민들에게 세금을 더 부과하는 것조차 극도로 경계했다. 보수적인 의원이자 석탄업자인 휴고 스틴네스는 "생명이 돈보다 귀하다"라는 말로 목소리를 높였다.[87] 그래서 독일은 하이퍼 인플레이션을 유도해서 부족한 예산을 해결했다. 독일 외무장관인 발터 라테나우는 1922년 6월 미국 대사와 만난 베를린 회의에서 자국 경제를 군대에 비유하며 "아무리 많은 희생이 뒤따른다 해도 그 상황을 돌파해야 살아남을 수 있는 것처럼, 아무리 큰 손실을 입는다고 해도 숨을 쉬고 생존의 기회를 잡으려면 어쩔 수 없습니다"라며 자신들의 전략을 두둔했다.[88] 회의가 끝나고 10시간 후에 라테나우는 우익 테러리스트에 의해 살해되는데, 이는 베르사유 조약의 여파로 분노한 극우파가 저지른 수백 건의 정치적 살인 사건 중 하나일 뿐이었다.

이런 인플레이션 전략은 한동안 효과가 있는 것처럼 보였다. 1922년 한 해에만 물가가 40배나 상승했지만 임금이 그런 물가상승률에 보조를 맞췄고, 영국과는 대조적으로 노동자들이 어렵지 않게 일자리를 구할 수 있었다. 하지만 1922년 11월에 독일 정부가 프랑스에 배상금을 지급하지 못하자 1923년 1월 11일에 보수당 출신의 신임 프랑스 총리인 레이몬드 푸앵카레는 독일의 루르 계곡 침략을 지시했다. 단순한 이익 계산에 따라 자행한 일이었다. 그는 루르 탄광을 손에 넣으면 프랑스가 쓴 군사비를 보상받을 수 있다고 믿었다.

그의 생각은 맞았다. 그러나 이로 인해 프랑스는 이후 여론 재판에서 혹독한 대가를 치르게 된다. 케인스는 1월 17일에 독일국립은행 총재인 루돌프 헤이븐스타인에게 보낸 편지에 "프랑스 정부가 자행한 폭력적인 행태는 심히 유감입니다. 그들의 행위는 법적, 도덕적, 그리고 방법적으로 잘못됐다고 생각합니다"[89]라고 적었다. 램지 맥도널드는 프랑스의 루르 계곡 점령을 "사악하다"고 비난했다.[90] 영국과 미국 외교관들이 그들의 전시 동맹국보다 서둘러 최근 격파한 적국의 편을 든 것은 1919년에 케인스가 내놓은 논점이 계속해서 영향력을 발휘했다는 것을 보여준다. 독일은 결국 평화회의에서 정한 배상의 의무를 완수하지 못했다. 세계 지도자들이 프랑스의 군사 작전을 불법적인 침략 행위로 간주했다는 것은 배상금 조치가 정당하고 실용적이라고 믿은 권력자가 거의 없었다는 사실을 보여준다.

전 세계가 독일 상황에 동정 어린 시선을 보내고 민족주의적 정파들이 총체적 난국에 빠진 상황에서 베를린 정부는 루르 지역에서 일어난 민중 저항운동에 재정 지원을 약속했다. 공식적인 군대는 아니었지만 독일 시민들은 광산 일을 거부했고, 철도 객차들을 파괴했으며, 간혹 프랑스 군대와 격렬한 싸움에 휘말렸다. 프랑스군의 루르 점령으로 약 120명의 루르 시민이 사망했고 프랑스 군대는 약 14만 7,000명에 달하는 독일인들을 계곡에서 몰아냈다.

보수적인 경제사학자인 니얼 퍼거슨은 "하이퍼 인플레이션은 언제, 어디서 발생하든 늘 정치적 현상이다"라고 말했었다.[91] 프랑스 점령에 의한 정치적 혼란은 곧바로 통화 시장에 끔찍한 연쇄반응을 일으켰다. 마르크에 대한 국제적 신뢰가 무너진 것이다. 1월에는 미화 1달러로 독일 마르크 7,260개를 살 수 있게 되었다. 8월에는 1달러로 600만 개라는 셀 수 없이 많은 마르크를 살 수 있었다.[92] 1924년이 되자 전쟁 전에 거래되었던 1 마르크 금화로 전후 마르크 지폐를 1조 이상 교환할 수 있었다. 돈이 무의미해지면서 상거래 시스템이 무너졌고 실업률은 20퍼센트로 치솟았다.

정치적 상황은 한층 더 비참했다. 함부르크에서는 급진적인 공산주의자들이 분리 독립을 시도하면서 일어난 봉기에서 수십 명이 사망했다. 뮌헨에서는 아돌프 히틀러와 극단적 민족주의 장군인 에리히 루덴도르프가 악명 높은 비어홀 폭동을 시도했다. 비록 폭동 주동자들은 체포됐지만 나치는 독일 정계로 진출하는 합법적인 발판을 마련하기 위해 하이퍼 인플레이션과 루르 점령에 따른 국민의 분노와 절망감을 이용해 1924년 5월 선거에서 거의 200만 표를 얻어 32개 의석을 확보했다.

베르사유 조약으로 성문화되었던 국제 금융 질서가 무너지고 있었다. 미국이 가진 채권은 돌려받지 못할 가능성이 높아졌다. 1919년에 윌슨은 어쩔 수 없이 부채에 2년의 상환 유예 기간을 두었고 1923년에는 워런 하딩 행정부가 연간 상환액 부담을 줄여주기 위해 부채지급 기간을 60년 이상으로 연장했다. 제한적이지만 그런 완화 조치가 따른 뒤에도 미국이 받을 연간 상환 이자액이 1913년 당시 영국이 안고 있던 모든 국가 부채의 이자보다 높았으므로 "런던은 씁쓸한 원통함"을 느꼈다.[93]

독일에서 전개되던 정치적 위기는 외교적으로 무감각했던 미국 캘빈 쿨리지 행정부를 뒤흔들어 놓았다. 쿨리지 대통령은 모건그룹을 미국 외교정책의 비공식 대리인으로 임명했고 이 계획의 조건에 따라 국무부가 모건은행을 어떤 식으로 압박할 것인지가 명확해질 것이다. 잭 모건이 독일에 반감을 갖고 있다는 사실을 양 대륙 모두 잘 알고 있었고, 이제 그의 은행은 독일 원조의 수혜자가 될 것이

존 메이너드 케인스

다. 이 프로젝트는 모건 가문의 동맹군인 시카고의 은행가이자 그해 가을에 미국의 부통령으로 선출될 찰스 도스의 이름을 딴 도스안 플랜Dawes Plan으로 정해졌다. 그러나 이 계획의 주요 설계자는 모건 가문의 충직한 종들인 제너럴 일렉트릭GE과 RCARadio Corporation of America의 수장이었던 토머스 라몬트와 오웬 D. 영이었다.

　도스안은 야심만만한 목표를 갖고 있었다. 일단 독일에 전쟁배상금 부담을 덜어주고, 프랑스를 루르 지역에서 몰아낸 다음, 독일이 하이퍼 인플레이션 상황에 돌입하면서 중단되었던 유럽 무역을 재개하자는 것이었다. 여기서 핵심은 이런 목표들을 아주 한정된 몇 가지 도구로 달성하고자 했다는 점이다. 프랑스는 계속해서 독일이 지불해야 할 총 배상금 규모를 그대로 유지해야 한다고 고집했지만 쿨리지 대통령은 도스에게 미국이 받아야 할 전쟁 부채에 대해서는 논의하지 말라고 당부했다. 이에 따라 모건 패밀리는 독일이 수십 년에 걸쳐 부채를 나눠 낼 수 있도록 상한 기간을 늘리는 방식으로 연간 상환금 규모를 줄여주기로 결정했다. 독일의 "지불능력"을 산정해 연간 상환액 규모를 정하는 대신 영국과 프랑스가 부담하는 세금에 따라 배상금을 지수화하는 전략이었다. 이는 새로운 외교 방식을 정당화하기 위한 영리한 기교일 뿐이었지만 순환적 추론이 뒷받침하고 있었다. 영국과 프랑스는 조세율을 정할 때 미국에 지급해야 할 부채와 독일로부터 받을 배상액을 고려했다. 이렇다 보니 국민이 부담해야 할 세금율은 고정적이지 않았다. 라몬트와 영, 도스는 얼마가 됐든 독일이 실제로 지급할 배상금에 따라 달라질 수치를 토대로 자신들의 배상금을 책정했다. 하지만 도스 계획에는 독일과 프랑스 모두에게 구미가 당길 만한 다른 요소들이 포함돼 있었다. JP모건은 독일이 그들의 새로운 책임을 다하고 무역을 재개할 수 있도록 2억 달러의 차관을 마련했다. 프랑스는 프랑스대로 1억 달러를 빌려받는 대가로 루르 지역에서 철수하기로 했다. 그것이 시작이었다.

하지만 이 계획의 설계자들은 이제 세계 대중들 사이에서 가장 영향력 있는 지식인이 된 케인스의 공개적인 비난을 두려워했다. 그래서 관련 조건들이 공개되기 전에 도스안 초안의 사본을 슬그머니 그에게 보냈다. 배상위원회 영국 대표인 조시아 스탬프는 케인스에게 보낸 편지에 "프랑스 관료들조차 다들 '케인스가 뭐라고 할까요?' 라며 궁금해하고 있습니다. 그러니 당장은 터지는 분노를 좀 진정하세요"[94]라고 썼다.

케인스는 자제하려 노력했지만 진보의 이름으로 응수했다. 그는 1924년 24일자 〈네이션〉에 이런 사설을 냈다. "그 보고서는 이 불가능한 문제에 대해 지금까지 나온 해법 중 가장 나아 보인다. 그럼에도 불구하고, 그 내용은 때때로 정신병원에 갇혀서 어떻게든 감금 생활에 적응해야 하지만 제정신을 찾을 수 없는 정신병자의 표현 같다. 그래서 불가능한 것과 타협하고 심지어 그 불가능한 점들을 고민하면서도 그것이 불가능하다고는 절대 규정하지 않는다. 그 파사드와 디자인은 대낮에 올린 건물에는 절대 적용될 수 없을 것이다. 하지만 그것은 훌륭한 문서이며 새로운 장을 열었다."[95]

케인스의 신랄한 축복을 확인한 연합국 대표들은 베르사유 조약을 공식적으로 개정하고 그 조치를 이행하기 위해 런던에서 회의를 소집했다. 그런데 프랑스 정부는 케인스보다 더 도스의 제안에 열의

존 메이너드 케인스

가 없었다. 맥도널드의 다이어리를 보면 프랑스 외교관은 "무력에 대한 환상, 권모술수, 그리고 어리석은 경제에 사로잡혀 있다"고 적혀 있었다.[96] 회의가 몇 주째 지지부진해지면서 프랑스는 결국 고집을 꺾었다. JP모건이 내줄 1억 달러로 프랑스는 독일에 막중한 배상금을 요구할 때마다 좋은 명분이 됐던 시급한 국가 재건 노력에 긴급 자금을 수혈할 수 있었다.

도스안 플랜은 꽤 탄탄해서 유럽이 더 나은 해법을 찾을 시간을 벌어주었다. 하지만 이 계획은 유럽 내부, 그리고 유럽과 미국의 무역을 토대로 작동하도록 설계돼 있었다. 미국이 JP모건을 통해 독일에 자금을 제공하면, 독일은 이어 그 돈을 배상금 형태로 프랑스와 영국에 지급하고, 그 돈이 전쟁 부채라는 명목으로 다시 미국에 보내진 후 그 사이클이 또 시작되는 것이다. 그것은 언제라도 깨질 수 있는 시스템이었지만, 독일이 외채를 계속 받을 수 있는 한 효과를 발휘했다.

케인스는 사설에서 이렇게 말했다. "진짜 나가는 돈은 없으며 한 푼이라도 더 손해 보는 사람도 없다. 인쇄사의 인쇄 틀과 거푸집은 더 바삐 돌아간다. 하지만 덜 먹고 더 일하는 사람도 없다. 문서에 적힌 총액은 복리로 증가할 텐데… 그 놀이가 얼마나 계속될 수 있겠는가? 그 답은 미국 투자자들에게 있다."[97]

도스안은 본질적으로 파리에서 케인스가 촉구했던 시스템을 큰 값을 치르고 나서 뒤늦게 따라 한 캐리커처였다. 마침내 유럽 대륙의 재건을 위해 미국의 자본이 마지못해 투입되고 있었다. 그러나 각국 정부는 이 복잡하게 뒤얽힌 시스템에 깊이 개입하지 않았고 묘한 외교 채널이 민간 금융기관과 함께 일을 주도했다. 세계는 이후 수십 년간 케인스가 막고자 했던 재앙에 굴복한 후 왜곡된 형태의 케인스 해법을 자주 접하게 될 것이다.

존 메이너드 케인스

JOHN
MAY
NARD
KEYNES

**사회주의로의
입문**

06

만약 세력이 약화되던 유럽 귀족들의 정치적 지배력이 제1차 세계대전으로 종식됐다면 그 누구도 루마니아의 마리 여왕에게 말을 걸지 않았을 것이다(마리 여왕이 지은 《킬딘의 아주 특별한 여행》속 킬딘 공주를 빗댄 말. 독수리들이 지키는 높은 탑으로 보내진 공주는 아무도 그녀의 말에 귀 기울이지 않는 세상에서 살게 된다. 이 동화와 주인공은 마리 여왕이 자신을 본떠 만들었다는 설이 있다-옮긴이). 그녀는 영국 빅토리아 여왕과 러시아 알렉산데르 2세의 손녀이자 빌헬름 황제와 조지 5세의 사촌으로 열일곱 살 때 루마니아의 페르디난드 왕자와 결혼했다. 그녀는 남편보다 열 살이나 어렸지만 루마니아 법정에서 실권을 휘두르고, 전쟁 중에는 연합군의 명분을 위해 평화회의에서 제2의 고국인 루마니아의 영토를 크게 확장하는 데 기여했다. 유럽 전체에서 미인으로 통했던 그녀는 꽤 사치스러운 편이어서 치렁치렁한 진주 목걸이 장식을 즐겼으며 이런 모습은 찰리 채플린의 콧수염과 우스꽝스러운 걸음걸이처럼 20세기 초 패션의 상징이 됐다. 한 번은 마리 여왕이 파리 거리에 나타났는데 그 존재만으로 열광한 군중들이 그녀의 차로 몰려들면서 차가 공중으로 들렸다는 소문이 나기도 했다.[1]

마리 여왕이 런던을 방문하자 극소수의 인사들이 그녀를 환대하는 자리를 마련했다. 1924년 5월 27일, 영국의 핵심 권력자들이 그녀를 위한 호화로운 석식 파티에 참석했다. 데이비드 로이드 조지와 보수당 대표인 스탠리 볼드윈이 있었고 스페인의 알폰소 13세와 보라색의 화려한 제의복을 입은 캔터베리 대주교도 보였다. 존 메이너드 케인스는 바스 훈장을 달고 로이드 조지보다 두 자리 아래에 앉아 있었다. 1922년에 보수당의 지지를 잃은 로이드 조지는 한때 경쟁자였던 자유당 의원들과 다시 화합하려는 노력을 공개적으로 벌이고 있었다. 심지어 그는 석식 자리에서 전쟁 때 그에게 여러 골칫거리를 안겨 주고 끝내 그를 배신했던 경제학자를 칭찬하기도 했다. "제가 케인스를 인정하는 이유는 그는 옳든 그르든 항상 현실 문제들을 다루기 때문입니다." 하지만 볼드윈의 경우는 케인스가 절대 보수당으로 전향할 일이 없다는 것을 알고 있었으므로 상대적으로 냉랭하고 심드렁했으며 케인스의 왕실 훈장을 비웃기도 했다. "목에 그런 칼라를 두르니 아주 충직한 개처럼 보이는군요."[2]

케인스는 그날 저녁의 번잡했던 분위기를 자세히 들려주는 흥미진진한 편지 두 통을 리디아에게 보냈다. 편지에서 그는 쏟아내듯 말했다. "근사한 파티였어. 정말 멋진 하루이고 말고![3] 알폰소 왕은 자신이 런던에서 그 누구보다 나를 만나고 싶었다고 하더군. 내 책을 아주 주의 깊게 읽었다고 했어."[4]

1924년이 되자 케인스는 정치인들은 물론 각국 왕족들의 관심을 받으면서 유럽 사회에서 누구도 대체할 수 없는 지위에 확실히 올라 있었다. 하지만 리디아가 그녀의 친구들에게 그 일을 전하자 당황하며 말했다. "당신에게는 오해받을 일이 없으니 자랑했던 거요. 그건 우리끼리의 일이니까. 그런데 다른 사람에게 말하는 건 별로인 것 같아"라며 그의 연인을 나무랐다.[5] 엘리트 사회에서 인정받는 기쁨은 블룸즈버리가 추구하는 가치가 아니었다. 적어도 공식적으로는 그랬다.

블룸즈버리는 항상 귀족적 습성을 칭송하는 것과 귀족 사회에 참여하는 것 사이에 선을 그어 왔다. 블룸즈버리 멤버들은 예술과 문학, 배움에 대한 애정이 단지 계급적 특권을 표현하는 것이 아니라 진실과 아름다움의 가치를 깊이 인정하는 것이라고 주장했다. 케인스 또한 수년간 특파원 일을 하고, 에세이 초안을 쓰고, "돈과 사랑"과 "미다스(손에 닿는 것마다 금으로 바뀌는 신화 속 왕)의 저주"에 대한 연설을 하면서 개인적으로 그런 구분을 해왔다. 미다스의 비극은 부유함이 전해주는 것을 사실상 즐길 수 없는 그의 능력에 있었다. 돈은 더 근사한 것들에 쓰이기 위해 존재했다. 사도들이 "좋은 정신상태"를 추구하는 것도 바로 그 때문이었다. 케인스는 학부 때부터 죽을 때까지 그런 좋은 것들이 배타적이면 안 된다고 믿었다. 그림을 그리는 자의 즐거움이 그림을 감상하는 자의 즐거움을 해치지 않는 것처럼, 좋은 삶을 사는 자가 좋은 삶을 살 수 있는 또 다른

존 메이너드 케인스

자의 능력을 빼앗을 수는 없었다.

이런 가치관은 대부분의 엘리트 구성원들이 부를 이용하는 방식과 달랐다. 그들은 마치 상을 모으듯이 그림을 수집했고, 책을 읽을 때는 그들의 문화적 우월성을 알리기 위해 올바른 책을 읽었다. 돈이란 사회적 계급을 구분하기 위한 도구로, 말하자면 루마니아 여왕이 참석하는 파티 초대권을 얻는 데 도움이 되는 것이었다. 그리고 돈의 가치는 버지니아 울프가 1934년에 발표된 마리 여왕의 전기에 대한 리뷰를 쓰면서 말했듯이 그것의 배타성에 있었다. 울프는 "왕족이 거리에서 빈둥댄다면 더 이상 왕족이라고 할 수 없다"고 밝혔다.[6]

케인스의 작품에는 전체적으로 풀리지 않는 긴장감이 배어 있었는데 그것은 지배계급이 누리는 삶을 민주화하려는 욕구와 그런 지배계급에 대한 개인적 숭배가 섞여 있었기 때문이었다. 그의 동료이자 조력자인 조앤 로빈슨은 이렇게 표현했다.[7] "케인스의 가장 큰 문제는 그가 이상주의자라는 점이다." 지적인 이론이 어리석은 이론을 압도할 것이라는[8] 그의 믿음은 모두에게 폭넓은 혜택을 주는 개혁을 "기득권"이 거부하는 세상과 조화를 이루기 어려웠다. 게다가 케인스는 사회적 서열 꼭대기에 기득권의 자리를 보전할 수 있는 한 오류가 있을지라도 기존 시스템을 선호했다.

하지만 그런 모순이 케인스를 정치적 실세로 만들었다. 유럽의 왕족들이 케인스를 알아본 것처럼 좌파 사회주의 지도자들도 그의 지적 아우라가 실제 귀족들은 아닐지라도 영향력 있는 청중 사이에서, 아니면 재무부 관리와 의원들 사이에서 그들의 평등주의 사상을 합법화할 수 있을 것으로 여겼다.

《평화의 경제적 결과》가 출간되기 전에는 케인스와 좌파 모두 서로에게 거의 관심이 없었다. 그의 정치 성향은 노동당보다 자유당에 더 헌신적이었고 경제적 신념 또한 자유무역과 금본위제를 옹호했다는 점에서 보면 철저한 주류에 속했다. 전쟁 동안 케인스의 절친들은 그를 영국의 정치적 기득권을 상징하는 인물로 여겼다. 케임브리지의 전통주의와 재무부의 재정력이 하나의 거만한 인격으로 결합된 것이 바로 케인스였다. 하지만 케인스의 베스트셀러는 대중들에게 그를 완전히 다른 인물로 인식시켰다. 그들에게 케인스는 평화주의자였고 사회주의자들의 표적인 권력층에 냉혹한 진실을 주저 없이 말할 수 있는 사람이었다. 1920년대 후반을 거치면서 케인스는 영국 좌파 정치에서 가장 중요한 인물 중 한 명이 되었다. 이러한 사실은 그의 사생활이 노동자들의 관심사와 점점 더 괴리되고 있다는 점에서 역설적이었다.

1925년 11월 12일에 영국의 저널리스트인 헨리 노엘 브레일포드는 케인스에게 그가 최근에 발표한 《오늘날의 사회주의Socialism for Today》의 사본 한 권을 보냈다. 그 책은 카네기 국제평화재단의 일원이었던 브레일포드가 1913년에 있었던 발칸 전쟁에서 여러 민족주의 종파들이 저지른 잔혹한 만행들을 기록한 것이었다.[9] 이제 열정적인 사회 운동가가 된 그는 노동당의 정책 의제를 마련하고 있었고, 국가를 통해(사회주의자들은 역사적으로 국가를 특권층의 도구로 여겨왔지만) 부유층이 가진 재산과 권력을 빈곤층으로 이전할 수 있는 창의적 방법들에 대한 의견을 모색하고 있었다. 12월 3일에 케인스는 브레

존 메이너드 케인스

일포드에게 이 문제에 대한 주목할 만한 답장을 썼는데, 편지는 심오한 이론의 광대한 우주를 담은 짧은 문단 두 개로 이뤄져 있었다.

> 친애하는 브레일포드 씨,
> 책을 보내주셔서 대단히 감사합니다. 그 내용을 하나도 빠짐없이 아주 즐겁게 읽었습니다. 그중에는 동의하는 부분도 있었지만 여전히 좀 혼란스러운 내용도 있었습니다. 제가 지금은 돈과 신용과 관련된 논문을 쓰느라 바쁘답니다. 논문을 끝내면 제 생각을 확실히 정리해서 사회주의의 이상적인 미래에 관한 제 입장을 제시하겠습니다. 현재로서는 이 문제를 경제적 효율성이라는 기술적 관점보다 윤리적인 측면에서 먼저 공격해야 한다는 생각이 듭니다. 우리에게 필요한 사회는 윤리적으로 견딜 수 있고, 경제적으로는 견딜 수 없지 않은 형태여야 합니다.
> 여러 문제에 있어서 제 생각이 바뀌고 있어서, 제가 어디로 이끌려가고 있는지는 저도 잘 모릅니다. 가령 저는 정치적인 측면에서 노동조합이 싫습니다.
> 안녕을 빕니다.
> JMK[10]

사회주의 권력의 근원인 노동조합은 인정하지 않으면서 사회주의 정책 의제의 장점을 찾는 것은 케인스 정치학의 전형적인 예다. 또한 케인스가 어떤 경제학적 견해를 갖고 있는지는 그가 지적 서열화를 추구한다는 점에서 단적으로 알 수 있다. 케인스가 좋은 삶의 구성 요소로 여기는 윤리는 케인스를 유명하게 만든 경제학 분야보다 공공정책에 더 중요한 고려 요인이었다. 케인스의 점잖은 야망이 뚜렷이 드러나는 이 편지에는 일찍이 에드먼드 버크를 존경했던 그의 사상적 잔재가 엿보인다. 케인스는 "사회주의의 이상적인 미래"에 대해서도 "견딜 수 있는 것"과 "견딜 수 없지 않은 것" 사이에서 균형을 잡는 것만 상상할 수 있었다.

케인스는 사실 이미 자신의 정치 이론을 발전시키고 있던 중이었다. 케임브리지 킹스칼리지 기록 보관소에는 1924년 6월 8일에 작성된 것으로 보이는 케인스 특유의 거미 다리 같은 필체로 된 노트 한 장짜리 기록이 있다. 케인스는 이 글에 임시로 달았던 제목을 결국 좀 더 접근하기 쉬운 제목으로 바꾸지만, 원래 제목을 보면 그가 이 프로젝트를 통해 혁신과 흥분을 느꼈다는 것을 알 수 있다. 그는 21세기 사회를 위한 새로운 철학적 기반을 마련하고 있었다. 케인스는 노트 맨 위에 적은 "새로운 사회주의로의 입문-자유방임주의의 기원과 종말"이라는 제목으로 이 프로젝트를 제안했다.

케인스는 사회주의라는 단어와 모호한 관계에 있었다. 때로는 그 단어를 통칭해서 사용했고, 상황에 따라서는 진보적 이상을 묘사하기 위해 사용하기도 했다. 1923년 〈네이션 앤드 아테네움〉 독자들에게는 이런 글도 썼었다. "'사회주의, 그것이 무엇을 의미하든 그저 한 단어일 뿐이고 노동정책의 맨얼굴을 점잖게 은폐할 때만 유용성을 발휘한다."[11] 하나의 교리나 일련의 원칙보다 표식에 더 가깝다는 말이다. 케인스는 "새로운 사회주의로의 입문"이라는 글의 최종 버전에 《자유방임주의의 종언》이라는 제목을 붙였는데,

그는 이 책에서 철학적 통념을 비판하고 앞으로 나아갈 길을 도식화했다. 그는 지금까지 사회를 지배해온 질서가 실패했다는 점에서 사회주의자들의 주장에 동의했다. 이제는 새로운 형태의 정치 조직을 실험할 때였다. 하지만 그의 비판은 마르크스주의자들의 일반적인 분석과 확연히 달랐다. 마르크스는 자본주의를 사회가 피할 수 없는 마지막 위기로 치달으면서 겪는 똑같이 피할 수 없는 역사적 국면이라 생각했다. 케인스도 자유방임주의적 자본주의가 사회 경영의 가장 중요한 요소들을 제대로 관리하지 않고 방치했다는 점에서 역사적 실수라 여겼다. 자본주의를 타도하기보다는 "현명하게 관리"해야 할 때였다. 케인스도 확실한 방법은 몰랐다. 그는 책에서 "우리가 해결할 문제는 만족스러운 삶의 방식에 대한 우리의 생각을 손상시키지 않고 최대한 효율적인 사회 조직을 만드는 것이다"라고 썼다. 이 말은 그가 브레일포드에게 보낸 편지 내용과 연장선상에 있었다.[12]

케인스는 자유방임주의가 대중의 상상력을 사로잡은 이유는 그 사상이 서로 불협화음을 이루는 다양한 지적 전통 사이에서 조화로운 색깔을 찾았기 때문이라고 주장했다. 이는 버크, 존 로크, 데이비드 흄이 발전시킨 개인 재산권에 대한 보수적인 방어 태세를 취하면서 그것을 장 자크 루소의 "민주적 평등주의"와 제레미 벤담의 "공리 사회주의" 안에 녹여 넣은 것이었다. 동시에 사회 다원주의(경쟁을 통해 가장 좋고 가장 강한 것이 발전한다는)와 인간의 모든 일은 신의 계획에 따라 이행된다는(즉 승자는 신이 선택한다는) 여러 기독교 이론을 논리적으로 만족시켰다.

케인스는 마지막 두 가지 교리가 비인간적이고 잘못됐다며 거부했다. 하지만 그가 진짜 말하고 싶었던 쟁점은 보수주의와 사회주의에 관한 것이었다. 버크와 흄은 현대 보수주의의 아버지였던 반면, 루소는 프랑스 혁명의 발단이 되면서 사회주의적 전통에 큰 영향을 주었다. 버크는 부유층의 재산을 지키려고 애썼는데 이는 곧 사회적 불평등을 비호했다는 뜻이다. 루소는 평등을 상업적 교류가 아닌 민주주의라는 "일반 의지"를 통해 이룰 수 있는 인류의 기원이자 궁극적인 이상으로 여겼다.[13] 그러나 자유방임주의가 설사 부유층의 재산권을 옹호한다 할지라도 그것이 상업이라는 마법을 통해 정부의 야심 찬 계획보다 권력과 부를 더 균등하게 분배할 수 있다면 두 사상가의 신봉자들은 자유방임주의를 칭송할 것이다.

케인스의 주장은, 자유방임주의가 어쩌다 보니 서로 양립할 수 없는 사상을 양립하게 만들었고 그러면서 아주 대중적인 교리가 되었다는 것이다. 그러나 자유방임주의로 선한 결과를 낳을 수 없다면, 다시 말해 번영을 폭넓게 공유하지 못한다면 그것이 결합한 이념적 연합은 불안정해질 것이다. 케인스는 자유방임주의가 17세기와 18세기에만 제대로 작동하는 것처럼 보였던 이유는 유럽 군주들의 부패로 인한 역기능이 너무 심해서 그들의 경제력을 박탈하는 것이 더 나았기 때문이라고 설명했다. 하지만 군주들이 사라지면서 사회는 개인들이 시장의 중재 없이 혼자 행동하는 것으로는 해결될 수 없는 문제들에 직면했다. "우리 시대의 가장 심각한 경제적 해악 중 다수는 위험, 불확실성, 무지의 결과로 생긴다. 좋은 환경이나 능력을 타고난 특정 부류의 사람들은 불확실성과 무지를 이용할 수 있고 대기업들도 똑같은 이유로 큰돈을 거머쥘 수 있다. 이런 식으로 엄청난 부의 불평등이 생긴다. 게다가 실업, 실망스러운 사업 결과, 효율성과 생산성이 저하되는 원인도 바로 이런 요소들 때문이다. 하지만 이를 해결하는 방법은 개인의 영역 밖에 있다. 어쩌면 병을 악화시키는 것이 개인에게는 이득이 될 수도 있다."[14]

케인스는 자유방임주의가 다른 사상으로 대체되는 것은 시간문제라고 믿었다. 사람들이 자유방임주의가 특별히 효과적이어서 그것에 의존한 것은 아니었다. 그저 무의식적 신조로 고착화됐을 뿐이었다. "런던시에 공익을 위한 사회적 조치를 제안하는 것은 60년 전의 천주교 주교와 《종의 기원》을 논의하는 것과 같다. 지적인 반응보다 도덕적인 반응이 더 먼저 나온다. 정통성에 의문을 제기하면 주장의 설득력이 강할수록 공격은 더욱 거세진다."[15]

1924년 11월에 그가 옥스포드대학에서 《자유방임주의의 종언》으로 강연을 했을 때 영국의 실업률은 거의 5년 연속 두 자릿수를 기록하고 있었다. 자유방임주의는 평등과 화합을 촉진하는 대신 엄청난 불평등과 사회적 불안을 야기했고 신선한 사고와 위대한 예술, 좋은 와인, 흥미로운 대화처럼 진보적 개인주의가 육성해야 할 근사한 결과물 모두가 사회적 불안 때문에 위협받고 있었다. 변화가 필요했다.

케인스는 책에서 "개인이 경제 활동을 하면서 규범에 따라 '당연한 자유권'를 갖는다는 말은 사실이 아니다. 그런 자유권을 갖고 있거나 스스로 취득한 사람들일지라도 그들에게 그 권리를 영원히 부여하는 '계약' 같은 것은 없다. 세상일은 위에서 지시한다고 되는 게 아니라서 개인의 이해와 사회의 이해는 항상 충돌한다. 계몽된 개인의 사리 추구가 항상 공익과 같은 방향으로 작동할 것이라는 추론은 경제 원칙에 맞지 않다"라고 말했다.[16]

케인스는《케인스의 화폐통화 개혁법안》에서 전후 경제 문제들은 정부의 물가 통제로 해결할 수 있다고 주장했었다. 당시 그는 영국의 실업률이 지속적으로 높은 것은 자본주의의 기본 요소 중 하나인 물가 안정이 이뤄지지 않았기 때문이라고 믿었다. 그는 자유시장 스스로 모두를 위한 발전적 균형에 도달할 것이라는 일반적인 사상에 전혀 문제가 없다고 믿었다.

그로부터 불과 몇 년이 흐른 지금, 케인스는 영국 경제에 보다 근본적인 문제가 있다고 믿게 됐다. 문제는 그가 제안한 새로운 국정 의제가 놀랍도록 모호하다는 점이었다. 케인스는 "정부 입장에서 중요한 것은 개인이 이미 하고 있는 일을 하거나 그런 일을 개인보다 조금 더 잘, 혹은 조금 더 못하는 것이 아니라 현재 전혀 행해지지 않는 일들을 하는 것이다."[17] 국가는 기본적인 사회 니즈가 있지만 민간 부문이 충족시키지 못하는 주요 영역에서 반자율적 기업과 반자율적 기관이 경쟁적인 시장 역할을 하게 만들어야 한다.[18] 예를 들어 영란은행은 엄밀히 말해 민간 기업이지만 영국 정부의 의도와 목적에 따라 기능을 수행해왔다. 정부가 광산이나 철도 같은 주요 산업들을 공식적으로 국유화할 필요가 있는지의 문제는 "국가 사회주의" 같은 19세기의 낡은 비전에 대한 독단적 충성심에 의해서만 촉발되는 변화이다. "최근 몇십 년간 이뤄진 가장 흥미롭지만 눈에 띄지 않는 현상 중 하나는 대기업을 사익보다는 공익에

존 메이너드 케인스

맞춰 사회화하는 추세다"[19]라고 썼다.

이는 케인스가 전쟁 전에 제국주의적 자본주의를 너무 장밋빛 관점으로만 봐오면서 생긴 대기업에 대한 지나친 낙관론 때문이었다. 하지만 "반사회화"라는 비전은 이후 몇십 년간 정부가 전력부터 은행, 항공에 이르기까지 다양한 산업을 적극적으로 규제함에 따라 현대 민족 국가의 중심 사상이 되었다. 프랭클린 델라노 루스벨트의 뉴딜 정책에 따라 만들어진 독립 기관들, 즉 TVA(테네시 밸리 개발 공사)부터 FDIC(연방예금보호공사) 같은 기관들은 1930년대에 민간 기업들이 맡지 않으려 하거나 맡을 수 없는 임무들을 책임지고 있었다. 《자유방임주의의 종언》은 뉴딜에 대한 청사진이라 부르기에는 너무 모호했다. 1924년의 케인스는 시골 지역의 전기 공급이나 예금보호 같은 개념 자체를 생각할 수 없었다. 하지만 이는 앞으로 일어날 일들에 대한 철학적 근거가 되었다.

케인스가 《자유방임주의의 종언》에서 밝힌 도덕적, 윤리적 약속은 궁극적으로 그가 학부생 때 영웅으로 여겼던 버크의 재산권 옹호보다 루소의 "민주적 평등주의"와 더 관련이 높았다. "내가 교조적 국가 사회주의를 비판하는 이유는 그것이 인간의 이타주의적 충동을 사회 서비스에 끌어들이려 한다거나, 자유방임주의에서 벗어난다거나, 100만 달러를 벌기 위해 인간의 당연한 자유를 빼앗는다거나, 그것이 너무 대담한 실험을 자행해서가 아니다. 나는 그 모든 것에 박수를 보낸다. 내가 교조적 사회주의를 비판하는 이유는 그것이 실제로 일어나는 일의 중요성을 간과하기 때문이다."[20]

하지만 케인스는 여전히 버크의 말을 인정할 여지가 있었다. 그는 버크와 마찬가지로 "국가가 대중의 지혜를 따르기 위해 스스로 떠맡아야 할 것과, 가능한 한 간섭하지 않고 개인의 노력에 맡겨야 할 것"이 무엇인지에 대한 질문이 사회에서 경험에 의한 경제적 사실들, 즉 권리와 의무에 대한 추상적 원칙보다 세계가 실제로 어떻게 작동하고 무엇이 번영을 이끄는지와 같은 문제들에 영향을 미칠 것으로 믿었다.[21] 경제적으로 더 생산적인 1920년대 세상에서는 18세기에 버크가 상상할 수 있었던 것보다 국가 경제를 더 평등하게 운영할 수 있을 만한 여지가 많았다.[22]

이는 케인스가 경제학자로서 평생 공식화하려고 애썼던 주목할 만한 통섭의 작업이었다. 어떻게 하면 버크의 실용적이고, 위험 회피적이며, 반혁명적인 보수주의를 루소의 급진적 민주주의의 이상과 조화를 이루게 할 수 있을까? 요컨대 그는 프랑스 혁명 이후로 철학자들이 극단적으로 다르게 이해했던 두 가지 정치 이론의 전통을 통일시키려고 애썼다.

하지만 이는 1920년대 중반에는 케인스의 능력을 뛰어넘는 어려운 작업이었다. 그는 자유방임주의가 버크의 보수주의와 루소의 평등주의를 결합할 수 없는 경제 이론이라는 것을 이미 확인한 상태였다. 케인스는 이를 가능케 하는 경제 이론을 연구하는 데 남은 생을 바치게 된다.

1925년 8월 4일에 존 메이너드 케인스는 리디아 로포코바와 런던 중심부에 있는 세인트판크라스 등록사무소에서 조촐하게 결혼식을 올렸다. 그는 마흔둘이었고 신부는 몇 달 후면 서른셋이 됐다.

존 메이너드 케인스

그들은 이미 2년째 함께 살고 있었지만 리디아의 전남편인 랜돌포 바로치와 했던 혼인신고를 국제 소송으로 힘겹게 무효화하고 나서야 마침내 결혼식을 올릴 수 있었다. 리디아는 발레리나로서 경력의 정점을 찍은 직후였지만 두 사람이 국제적으로 워낙 유명한 커플이었기에 두 사람의 결혼사진은 영국 북부의 뉴캐슬부터 머나먼 타국 버마까지 각종 신문을 장식했다.[23] 〈보그〉는 "영국에서 가장 명석한 경제학자와 러시아 최고의 발레리나의 결혼은 예술과 과학의 상호 의존이라는 달콤한 상징이다"라는 평을 냈다.[24] 법원 밖은 두 사람의 추종자들로 가득했고, 케인스는 신문 기자들에게 사진 찍을 기회를 주고자 무질서한 사람들을 진정시키려 애썼지만 이내 통제 불가능한 상황에 몰렸다. 미쳐 날뛰는 낯선 이가 리디아 얼굴에 색종이 조각들을 뿌리면서 그녀의 웨딩드레스 아래에 가방 하나를 쑤셔 넣으려는 순간, 케인스는 그녀를 재빨리 택시에 태워 고든 광장으로 돌아갔다.[25]

대부분의 커플이 그렇듯, 그들의 결혼도 우선순위의 조정을 의미했다. 블룸즈버리 멤버들과 리디아 사이에 놓인 긴장은 한 번도 누그러진 적이 없었고 케인스는 결국 사랑을 선택했다. 그의 친구들 중에는 던컨 그랜트만 유일하게 결혼식에 참석했다. 케인스는 《평화의 경제적 결과》로 전쟁에 자신이 행한 역할에 대한 보상을 받았지만, 버지니아 울프가 묘사한 케인스 영혼의 "세속성"은 치유 불가능해 보였다. 수수한 결혼식에 몰려든 사진기자들이 증명하듯 유명 발레리나와의 결혼은 그가 대중에게 그대로 노출되는 삶을 받아들였다는 뜻이며 그와 가까운 사람들은 케인스의 이런 태도 변화에 주목했다. 케인스의 케임브리지 제자였던 리처드 칸과 그의 첫 경제학 스승인 앨프리드 마셜의 미망인이자 그의 제자인 메리 페일리는 모두 그 결혼을 "메이너드가 한 일 중 최고로 잘한 일"이라고 밝혔다. 칸에 따르면 "케인스는 블룸즈버리의 인텔리 멤버로서는 한참 멀어졌고 진지한 창작 작업에 훨씬 더 전념하게 되었다."[26]

그의 오랜 친구들은 자신들의 우선순위가 강등되자 공개적 비난과 은밀한 소문으로 반기를 들었다. 리튼, 버지니아, 바네사는 케인스 부부의 빈약한 환대를 불평하는 편지를 썼다. 조류로 만든 요리는 양이 너무 적었고 와인도 넉넉히 내놓는 법이 없었다. 친구들에 대한 대접은 인색했지만 케인스 자신은 늘어나는 재산과 함께 "가식적"인 사람이 되고 있다고 버지니아는 꼬집었다.

한때 무리를 끈끈하게 결속시켰던 예술이 이제는 분열의 씨앗이 되었다. 바네사와 케인스는 던컨이 그린 그림 한 점의 소유권을 동시에 주장하면서 한때 연애했던 사이였음에도 깊은 감정의 골이 생겼다. 문제는 던컨과 바네사가 고든 광장 46번 케인스 집에서 그들의 짐을 빼기로 했을 때, 바네사가 은근슬쩍 그 그림을 빼가려 하면서 시작되었다. 하지만 이를 예상한 케인스가 화장실 벽에 못으로 그림을 단단히 고정시켜버리자, 이를 알게 된 바네사는 당혹감에 빠졌다. "화가 머리끝까지 난" 바네사는 그대로 "당할 수는 없어서" 패배한 척하며 케인스를 찰스턴 농가로 주말에 초대했다. 케인스가 그녀의 집으로 오고 있을 때쯤 바네사는 스크루드라이버를 들고 급히 고든 광장으로 가서 따로 챙겨둔 열쇠로 46번지 집으로 들어갔다. 그러고는 그림을 훔쳐 찰스톤 농장으로 돌아갔고 그녀의

비밀작전에 대해서는 한마디도 하지 않았다.[27]

부부에 대한 친구들의 험담은 케인스가 경제적으로 이들 대부분을 직간접적으로 도와주는 와중에 일어났다. 케인스는 레너드 울프가 여전히 편집자로 있으면서 버지니아, 클라이브 벨, 버니 가넷, E.M. 포스터, 그리고 던컨의 글을 출판해주는 〈네이션 앤드 아테네움〉의 경영자였으며, 친구들의 개인 투자까지 관리해주고 있었다. 그는 납에 투자해서 1923년 한 해만 바네사와 던컨에게 수백만 파운드의 수익을 만들어주었다.[28] 리튼의 경우에는 그의 책《빅토리아 여왕Queen Victoria》의 미국 출판을 위한 계약 협상을 해주었고 달러 가치의 급락에 따른 피해를 보지 않도록 조치를 취해주었다. 이는 리튼조차 "굉장히 영리하고 예상치 못했던 자비"라 여긴 행동이었다.[29] 블룸즈버리 멤버들의 신용으로는 대출을 받는 데 제한이 있었고, 그 누구도 케인스에게 수표를 돌려줄 생각을 하지 않았다. 결혼식 이후 버지니아는 사적인 편지에 남편이 일하는 신문사를 험담하면서 친구들에게 구독을 취소하라고 권했다. 레너드는 일을 그만두지 않았다.

하지만 시간이 흐르면서 케인스의 친구들도 새로운 사회적 균형에 적응해 나갔다. 결혼이 과거와의 완전한 단절을 뜻하는 것은 아니었다. 케인스 부부는 찰스턴 농가 근처인 틸턴에 농가를 임대했고, 케인스 부부와 바네사 부부는 1940년대까지 서로 계속해서 왕래하며 지냈다(물론 처음에는 바네사가 "틸턴 부부"와 참을 수 없을 만큼 가까워졌다는 이유로 이사를 고려했었지만). 버지니아와 레너드 부부도 매년 케인스 부부와 함께 성탄절을 보냈고 이 전통은 바네사가 죽을 때까지 계속되었다. 전쟁 중 케인스와 함께 양심적 병역거부를 위해 싸웠던 고전주의자인 잭 셰퍼드는 일찍이 리디아의 위트와 에너지를 높이 샀다. 블룸즈버리에서는 늘 과소평가됐지만 창의력이 번뜩이는 던컨 역시 친구들이 리디아의 지성을 공격할 때면 그녀를 옹호하곤 했다.

레너드는 특히 리디아와 가까웠다. 그는 친구들은 물론 자신의 아내도 무심히 던지는 유대인을 공격하는 말들을 수십 년간 참아야 했다. 블룸즈버리는 사실상 레너드를 그들과 동류로 받아들였지만, 고매한 정신의 소유자로서 가끔씩 던지는 유대인의 억양과 유대인의 복장에 대한 농담은 괜찮다고 여겼다.[30] 그들 공동체의 기둥인 동시에 부적응자였던 레너드는 러시아 이민자인 리디아의 처지를 금방 이해했다. 아이러니한 점은 리디아가 이런 레너드에게 고마워하면서도, 그녀의 유머 감각에 대한 반유대주의적 기류에 대해서는 그녀의 남편이나 그 친구들보다 더 무감각했다는 점이다.[31]

블룸즈버리 멤버들이 상황에 적응하면서 틸턴의 부부는 새로운 친구들과 바쁜 나날들을 보냈다. H. G. 웰스, 조지 버나드 쇼, 페이비언 사회주의자인 베아트리체와 시드니 웹 같은 사람들이 그들의 시골집에 자주 초대되었고 리디아를 지적이고 매력적인 벗으로 여겼다. 찰스턴 농가가 바로 길 아래 있었지만 리디아와 케인스는 그들만의 사교 모임을 만들어갔다. 1926년 바네사는 "두 사람은 우리가 보고 싶어 하는 것만큼 우리를 보고 싶어 하지 않는 것 같아"라고 던컨에게 말했다.[32]

리디아도 시간이 지나면서 (또 거리가 가까워지면서) 블룸즈버리 친

존 메이너드 케인스

구들을 좋아하게 되었다. 케인스의 오랜 친구들, 특히 버지니아는 리디아를 향해 품었던 적대감을 후회했다. 케인스가 케임브리지에서 더 많은 시간을 보내자 바네사, 던컨, 리튼은 그를 만나러 먼 거리를 달려왔고 콘서트를 보거나, 저녁 식사를 같이하거나, 다른 축하 파티를 하며 밤을 지새웠다. 심지어 결혼식 바로 뒤 몇 달 동안에도 애틋한 순간이 있었다. 버지니아가 케인스를 비판하는 편지를 자주 쓰긴 했지만(특히 언니와 교환하는 편지에서) 그녀의 일기에는 그에 대한 연민의 감정이 더 강했다.

> 메이너드와 리디아가 어제 이곳에 왔다. M은 톨스토이 블라우스에 검은색 아스트라한 모자를 쓰고 있었다. 밖에서 보니 둘 다 근사했다! 메이너드의 구석구석에서 엄청난 선의와 정력이 느껴졌다. 그 위대한 남자의 아내는 그의 활력에 콧노래를 불렀다. 흠을 잡을 수도 있겠지만 둘은 아주 잘 어울린다. 나이가 들고 가을이 오니 오랜 시간 봐온 그를 향한 마음이 조금은 따뜻해진다.[33]

결혼식이 끝난 후 케인스는 리디아와 함께 레닌그라드행 기차를 타고 길고 호화로운 신혼여행을 떠났고, 목적지에 도착해 리디아의 어머니인 카를루샤와 그녀의 형제자매인 페도르, 에브게니아와 함께 새롭게 시작하는 그들의 삶을 자축했다. 러시아 여행은 그때까지도 소련 정부의 심한 제재가 있었지만 케인스는 모스크바 회의에서 연설해 달라는 요청을 수락한 대가로 부부의 통행권을 얻을 수 있었다. 그때까지 케인스는 리디아의 가족을 만난 적이 없었다. 그녀는 십 대 때 가족을 떠난 이후로 한 번도 러시아를 찾지 않았다. 그 후 15년이 지나면서 그녀의 아버지는 수년간 과음으로 몸을 혹사한 탓에 젊은 나이에 세상을 떠났다. 그녀의 어머니는 리디아가 어린 시절 사용했던 소지품들을 아직도 집안 곳곳에 보관하고 있었고, "내 아이와 이렇게 멀리 떨어져 사는 것"에 오랫동안 가슴 아파했다. 그녀의 가족은 모두 두 사람의 결혼을 허락했고 카를루샤는 리디아에게 명망 높은 남편을 위해 "좋은 아내가 되어야 한다"고 당부했다.[34]

리디아가 유년 시절을 보낸 상트페테르부르크는 이제 소비에트 레닌그라드가 되었지만 그녀는 소련 역사상 배고픔과 약탈로 가장 파괴적이었던 나날들을 조금은 그리워했고, 그녀가 가장 좋아했던 레스토랑의 케이크와 여전히 국가의 자부심인 발레 학교 등 그녀의 기억 속에 저장돼 있던 상트페테르부르크의 모습이 아직도 꽤 많이 남아 있다는 데 놀라움을 느꼈다. 가장 골치 아픈 변화는 태도와 분위기 등의 미묘한 차이였다.

케인스는 러시아에 도착한 그 순간 혐오감과 활력을 동시에 느꼈다. 그는 소련에 대한 느낌을 일련의 에세이로 〈네이션 앤드 아트리움〉에 실었고, 레너드와 버지니아는 그 내용들을 엮어 그들의 출판사에서 팸플릿 형태로 출판했다.[35] 케인스는 사회주의라는 소련의 새로운 실험에 마음을 뺏겼지만 "잔인함과 어리석음"[37]이 가득한 "억압적 분위기"[36]에는 탄식했다. 그들의 경제 방식이 무엇이든, 소련 정부가 육성하는 삶의 방식에 재미는 없었다.

편안함과 습관은 쉽게 포기를 부르지만, 나는 일상의 자유와 안전을 아

존 메이너드 케인스

무렇지도 않게 파괴하고 박해와 파괴, 국제분쟁이라는 무기를 의도적으로 사용하는 신조는 달갑지 않다. 자국 가정과 집단들에 스파이를 심어 놓고 해외에서 혼란을 일으키는 데 수백만 달러씩 쓰는 정권을 내가 어떻게 존중할 수 있겠는가? 외부의 비판에 아랑곳하지 않고, 과학적으로도 잘못됐을 뿐 아니라 현대 세상에 유익하지도 않고 적용할 수도 없으며 낡은 경제 교과서에서나 볼 수 있는 교리를 내가 어떻게 수용할 수 있겠는가? 물고기보다 진흙을 선호하고, 설사 어떤 잘못이 있든 삶의 질을 알고 인류 발전의 모든 씨앗을 옮기는 부르주아와 지성인보다 천박한 프롤레타리아를 더 높이 평가하는 신조를 내가 어떻게 채택할 수 있겠는가?[38]

바네사와 버지니아만 블룸즈버리의 유일한 속물이 아닌 것만은 확실했다. 그러나 새로운 경제 체제를 몇 주 겪으면서 케인스는 이제껏 구시대적이고 곧 소멸할 것으로 여겼던 영국의 경제 시스템을 새로운 시각으로 보게 되었다. 케인스는 "만약 내가 러시아에서 살았다면 새로운 폭군들의 행위를 옛 폭군들의 행위보다 덜 혐오하지는 않았을 것 같다. 하지만 내 시선은 더 이상 그들이 추구하는 새로운 가능성을 피하지 않고 그쪽을 향하고 있다"고 썼다.[39] 적어도 소련은 뭔가 독창적인 것을 시도하고 있었다.

그는 이제 영국이 대량 실업이라는 물리적 고통만 참고 있는 게 아니라고 확신할 수 있었다. 영국은 영혼의 병도 앓고 있었다. 지난 반세기 동안 영국 국민들 대부분이 도덕적 지침 역할을 했던 기독교를 저버린 상태였다. 예배 참석률은 낮아졌고, 사람들은 더 이상

무신론을 충격적이거나 비뚤어진 태도로 여기지 않았다. 영국은 공동의 책임이나 공동체 의식을 함양하지 않고 지속적인 만족감도 줄 수 없는 자본주의자들의 "돈에 대한 사랑"으로 신의 공백을 채웠다. 오직 "점점 더 많은" 사치만이 영국 시민의 공허한 마음을 달랠 수 있었다.[40] "우리는 현대적 자본주의가 단순히 삶의 기준을 유지할 뿐 아니라, 우리를 경제적 우려에서 해방해줄 경제적 천국으로 서서히 인도해주리라 믿어 왔다. 이제 우리는 그 자본주의가 정말 지금보다 훨씬 더 나은 목적지로 우리를 이끌 수 있을지 의심을 품게 되었다. 참을 만한 방법이라고 여겼던 것이 그렇게 만족스럽지 않은 종착역으로 여겨지고 있다."[41] 케인스는 소련의 실험을 참을 수 없었다. 하지만 영국으로 귀국하고 보니 그곳의 정체된 문화도 참을 수 없기는 마찬가지였다. 그의 고국은 12년 전에 종식된 시절에 중독된 채 현재를 받아들이지 못하고 있었다.

심지어 케인스는 어렸을 때부터 그의 정치적 정체성의 토대가 된 정파적 충성심에 대해서도 의문을 품기 시작했다. "새로운 시대를 위한 새로운 지혜를 창조해야 할 때다. 현재의 우리를 만든 것들에 문제를 일으키고, 위험하고, 불복종하는 존재가 되어야 하는데"[42] 이는 자유당의 성격과 맞지 않았다. 자유당은 1906년에 노령연금과 실업급여 자금을 마련하기 위해 자유무역과 적당히 진보적인 소득세라는 원칙을 설파했다. 자유당은 그들의 교리에 너무 집착한 나머지 금본위제의 부활을 옹호했고, 이는 그들을 또 다른 보수당으로 만드는 결정이었다.

케인스는 노동당이 노동계층에만 집중하느라 정치력이 너무 약

존 메이너드 케인스

하고, 정의를 너무 협소하게 규정하며, 국가의 문화적 업적을 붕괴시킬 생각만 한다고 여겼다. "나는 정의롭고 분별력이 있어 보이는 것에 영향을 받을 수 있다. 하지만 계급전쟁이 벌어진다면 나는 교육받은 부르주아 편에 설 것이다."[43] 하지만 노동당에는 "이기적이지 않고 열정적인 정신"이 있었다. "인류가 당면한 정치적 문제는 경제적 효율성, 사회적 정의, 개인의 자유라는 세 가지 가치를 결합하는 것과 관련돼 있다"라고 케인스는 밝혔다. "두 번째 요소는 프롤레타리아 정당이 가진 최고의 가치다."[44] 이런 주장들은 정치판에서 지적 영역을 확실히 점령하려는 사람의 말이라 할 수 없었다. 그는 노동당이 추구하는 윤리적 목표를 향해 자유주의를 더 공격적이고 더 효과적인 정당으로 재편하고 싶어 했다. 케인스는 〈네이션 앤드 아테네움〉 독자들에게 "내 상상 속 공화국은 천체의 왼쪽 끝에 위치해 있다"[45]라고 말했다. "자유당이 노동당에 비해 덜 진보적이서는 안 되고, 새로운 생각에 덜 개방적이어서도 안 되며, 새로운 세계를 건설하는 데 뒤처져서는 안 된다."[46]

케인스만 자신의 정치적 충성심을 재고한 것은 아니었다. 자유당이 1924년 선거에서 전멸하자 윈스턴 처칠은 몰염치하게 당적을 바꿔 스탠리 볼드윈 총리 휘하 새 보수당 내각의 재무장관 자리에 안착했다. 영국은 1925년까지 10년간 실질적으로 금본위제를 폐지한 상태였고 런던 금융가에서는 다시 예전으로 복귀해야 한다는 아우성이 극에 달했다. 전쟁 이후로 전국적으로 실직자가 백만 명 이상이었고 1924년 실업률이 10퍼센트 이하였던 적은 고작 5개월이었는데 그때의 실업률 또한 9.3퍼센트나 됐다. 이는 영국의 노동자 대부분에게 새로운 유형의 위기였다. 전쟁 전에도 빈곤과 심각한 경제적 불평등 문제는 있었지만 1887년 이후로 실업률이 두 자릿수였던 적은 없었고 두 자릿수의 실업률일 때도 3년 이상 지속된 적은 없었다. 영국의 불황은 이제 6년째로 접어들고 있었다.[47] 영국의 수출 물량은 전쟁 전보다 25퍼센트 하락했는데 국제무역 의존도가 가장 높은 영국에게 이는 엄청난 격차였다.[48] 많은 이들에게 이런 시련은 영국이 금본위제에서 탈피한 결과로 보였다. 금본위제로 복귀하면 높은 수익, 높은 고용, 높은 제국의 영광이 되살아날 것 같았다.

케인스는 이런 시각에 그다지 열광하지 않았다. "금본위제만 부활하면 그런 호시절로 돌아갈 수 있다고 여기는 사람들은 바보이자 장님이다." 그는 〈네이션 앤드 아테네움〉에 이렇게 썼다.[49]

정치적 이념과 문화적 정체성에 대한 케인스의 좌절감은 대부분 영국의 통화 문제에 대해 그가 느끼는 무력감과 관련돼 있었다. 《케인스의 화폐통화 개혁법안》이 발표된 이후로 그는 예측 가능한 무역과 사회안정이라는 명분으로 영란은행에 물가 안정을 촉구해왔다. 하지만 이런 간청은 묵인되었다. 1920년에 인플레이션이 치솟은 이후 영란은행은 파운드화 공급을 거의 30퍼센트까지 점진적으로 낮춰온 터였다. 은행은 금리를 인상함으로써 국내 물가를 억제했고 1913년 수준의 환율을 되찾기 위해 외국 통화에 비해 파운드화의 가치를 상승시켰다.

낮은 임금은 디플레이션 정책의 실질적인 방책이 된다. 노동력을 포함해 모든 것의 가격을 낮추는 것이다. 고전적 경제 이론에서

존 메이너드 케인스

는 이런 비용 절감이 꼭 대량 해고로 이어지지 않는다고 설명한다. 케인스와 동시대 학자인 오스트리아의 루드비히 폰 미제스는 1927년에 쓴 글에서 "실업은 노동이 아닌 임금의 문제"라고 주장했다.[50] 그의 논리에 따르면 고금리로 인해 고용주에게 더 높은 신용 비용이 발생하거나 상품에 대한 수요가 줄면 기업은 전반적으로 임금을 삭감하는 방법으로 인건비를 줄인다. 미제스는 물가가 하락하면 노동자들에게 이전만큼 많은 돈이 필요하지 않으므로 임금 삭감이 근로자들에게 심각한 피해를 입히지 않는다고 주장했다. 이런 추론을 토대로 보수당과 은행가들, 심지어 자유당 정치인들까지 영국의 일자리 위기를 노동조합의 탓으로 돌렸다. 이들의 주장에 따르면 근로자들이 해고되어야만 하는 이유는 기업이 높은 임금 수준을 계속 유지해야 하는 단체 교섭 계약을 맺었기 때문이라는 것이다. 임금을 낮출 수는 없으므로 회사는 비용을 낮추기 위해 결국 직원을 해고할 수밖에 없게 된다. 사람들을 해고할 수 없다면 회사 문을 닫아야 한다. 케인스는 소위 "정통적" 설명, 즉 "노동자들이 너무 적게 일하면서 너무 많이 받는 것을 탓하라"식 변명을 비웃었다.[51]

케인스는 이 모든 주장이 이론상으로는 타당할 수 있지만 실제 현실과는 완전히 다르다고 주장했다. 그는 〈이브닝 스탠더드〉에 기고한 글에서 "디플레이션이 임금을 '자동으로' 낮추지 않는다. 디플레이션은 실업 사태를 초래함으로써 임금을 낮춘다"[52]라고 주장했다. 케인스는 노조에 대한 열의가 거의 없었지만 1925년이 되자 정부가 기업계 일에 깊숙이 관여하지 않는 한 급격한 디플레이션은 대량 해고 없이 이뤄질 수 없다고 믿었다. 단체교섭만 일괄적인 임금 삭감을 막아서는 것은 아니었다. 그것은 인간의 심리였다. 정신이 온전한 노동자라면 다른 노동자들도 전부 똑같은 임금 조건을 수용할 것이라는 보장이 없는 한 단지 폭넓은 사회복지라는 명목으로 상사와의 협상에서 임금 삭감을 받아들이지는 않을 것이다. 그는 이내 아무 이득 없이 자신의 임금이 줄었다는 사실을 알게 될 것이다. 케인스는 이렇게 썼다. "임금 삭감이라는 공격을 먼저 받은 사람들은 다른 사람들 모두가 공격을 받아야 생활비가 줄어들므로 그전까지는 삶의 질이 떨어지게 된다. 임금 삭감을 먼저 당한 계층은 나중에 그에 상응하는 생활비 하락으로 보상을 받을 수 있다는 보장이 없고, 생활비가 하락된다 할지라도 다른 계층만큼 그 혜택을 누리지 못한다. 따라서 그들은 할 수 있는 한 계속해서 저항해야 한다. 그것은 경제적으로 가장 약한 사람들이 스스로 나가떨어질 때까지 벌여야 할 전쟁이다."[53] 일반 통념과는 다르게 영국의 경제가 악화된 원인은 금본위제 탈피가 아니라 전쟁 전의 금 교환율로 돌아가려는 국가의 열망이었다.

금과 관련된 문제는 단순히 실업뿐 아니라 국제 권력이 결부돼 있었다. 전쟁 전에 영국은 지구상에서 가장 존경받는 금융 시스템을 관할했다. 하지만 이제는 미국이 그런 지위를 누렸다. 또한 연합국들이 여전히 지고 있는 막대한 전쟁 부채로 인해 금이 이미 유럽에서 미국으로 유입되고 있었다. 미국의 방대한 금 보유고는 국제 경제에서 미국에 커다란 자유를 부여했다. 미국이 어떤 결정을 하든 금이 고갈될 일은 거의 없었다. 만약 영국이 국제 무역에서 환율을 고정하는 금본위제로 복귀한다면 미국 연준이 어떤 조치를 취하든 따를 수밖에 없으므로 영국은 국제 금융 질서에서 지위가 강등될 것이다. 만약 미국이 그들의 달러화 가치를 내린다면 영국은 그에 따라 파운드 가치를 내려야 할 것이다. 반대로 미국이 통화 가치를 높이면 영국도 높여야 할 것이다.

케인스는 찰스 애디스 국장에게 보낸 편지에서 이렇게 물었다. "런던과 뉴욕의 금융시장이 연결된 상황이 긍정적인 영향만 미치리라 확신하세요? 그 말인즉슨 우리는 스스로를 도울 힘도 없이 미국에 인플레이션 붐이 있을 때마다 그 희생자가 되어야 한다는 겁니다."[54]

케인스는 외로운 십자군 같았다. 1913년으로 돌아가는 것은 불가능할 뿐 아니라 어리석은 짓이라는 케인스의 말을 들으려는 이가 아무도 없었다. 재무부에서는 존 브래드베리 경이 금본위제로의 귀환이 영국 경제에 "무오류성 안전장치knaveproof"를 확립해서 영국의 수출을 되살리고 인플레이션 붐이라는 "가짜 번영 속 바보들의 천국"으로부터 경제를 보호할 것이라고 설파했다.[55] 런던의 주요 은행들은 한 곳만 빼고 금본위제로 돌아가 파운드당 4.86달러라는 1913년 환율을 되찾는 것이 영국이 추구할 수 있는 가장 중요한 경제 정책이라는 믿음을 견지했다. 처칠이 의회에서 연설했던 것처럼 말이다. "효과적인 금본위제로의 복귀는 오랫동안 이 나라가 결정하고 선언한 정책입니다. 전쟁 이후 브뤼셀과 제노바 같은 곳에서 국제회의가 열릴 때마다 우리나라 전문가 위원회는 금본위제로 복귀할 것을 촉구해왔습니다. 어떤 책임 기관도 그 외 다른 정책을 옹호한 곳은 없었습니다. 영국의 어떤 정부, 어떤 정당, 재무장관을 역임한 어떤 장관도 제가 기억하는 한 국제 문제에 있어서 가능한 한 빠른 시일 내에 금본위제로 돌아가야 한다는 원리에 이의를 제기한 사람은 없었습니다."[56]

하지만 케인스는 경제이론가이자 정치평론가로서 역량 덕분에 적어도 자신의 주장을 펼칠 수 있는 자리를 갖게 된다. 디플레이션으로 파운드 가치가 4.86달러에 가까워지자 처칠은 케인스를 만찬에 초대해 영국이 이제 금본위제로 돌아가 환율을 영원히 고정해야 하는 것은 아닌지 관련 문제를 논의했다. 재무부 시절 케인스의 상관이었던 레지나 맥케나도 석식에 참석했는데, 그는 당시 런던 금융가에서 유일하게 케인스와 뜻을 같이했던 자로 미드랜드은행의 총재가 돼 있었다. 존 브래드베리 경은 두 사람의 주장에 반대했고 석식을 마칠 무렵에는 맥케나조차 처칠에게 여론을 감안할 때 다른 정치적 대안이 없다고 시인했다. 그는 "도망갈 곳이 없습니다. 돌아가야만 합니다. 하지만 고통이 따를 겁니다"라고 말했다.[57]

1925년 4월 28일에 처칠은 마침내 파운드의 금본위제 복귀를 선언했다. 영국 1파운드는 전쟁 전 수준인 4.86달러로 고정되었다. 언론의 헤드라인마다 국제 안정과 협력의 새로운 시대를 기념했다.

거의 즉각적으로 재앙이 뒤따랐다. 문제는 금본위제가 아니라 4.86달러라는 환율이었다. 끝 없는 디플레이션을 수년간 겪었지만 금본위제로 복귀하기 바로 전날까지도 파운드는 4.40달러 정도로 거래돼 10퍼센트 이상 차이가 났다. 영국은 파운드 가치를 4.86달러로 높임으로써 대미 수출품의 달러 가격을 10퍼센트 이상 인상한 꼴이 되었다. 그러자 영국 상품, 특히 석탄에 대한 미국 수요가 급락했다. 미국인들이 더 값싼 국내 상품으로 눈을 돌렸기 때문이다. 상황이 이렇게 되자 영국의 광산업자들은 미국산 석탄에 대한 가격 경쟁력을 만회하기 위해 광부들의 임금을 대폭 삭감하려 했다. 광산 노동자들과 노동조합은 이런 요구를 거부했고 긴장이 고조되자 볼드윈 총리가 급한 불을 끄기 위해 정부 보조금으로 그들의 임금을 현재 수준으로 맞춰주기로 했다.

케인스에게 프롤레타리아적 계급의식이 있었던 것은 아니지만, 어리석음에 대한 분노가 계급의식을 초월했다. 그는 노동자 편에 섰다. 케인스는 〈네이션 앤드 아테네움〉에 이런 글을 썼다. "왜 탄광 광부들이 다른 노동계층보다 더 낮은 생활 수준을 견뎌내야 하는가? 그들이 게으르고 필요한 만큼 열심히, 혹은 오래 일하지 않는 사람들일 수도 있다. 하지만 그들이 다른 사람들보다 더 게으르고 아무짝에도 쓸모없다는 증거가 있는가? 사회적 정의를 근거로 광부들의 임금을 삭감하는 경우는 없다. 그들은 거대 경제의 희생양이다. 그들은 4.40달러와 4.86달러 사이의 '크지 않은 격차'를 메우기 위해, 그리고 재무부와 영란은행이라는 런던 대부들의 조바심을 없애기 위해 마련된 '근본적인 조정책'의 살점일 뿐이다."[58]

1926년에 광산 보조금 조치가 끝나자 다시 혼란이 찾아왔다. 광산업자들은 노조의 양보를 끌어내려고 노동자들을 일에서 배제했다. 이에 질세라 영국의 노동조합은 모든 노동자를 동원해 총파업을 선언하고 영국 산업 전체를 마비시켰다. 노동계 지도자들은 정부와 직접적인 대치 상황에서는 그들의 승산이 낮다고 판단하고 파업을 막으려고 했지만, 토리당 정부가 고용주 편을 들자 그들의 분노가 마침내 폭발하고 말았다. 정부는 식량 수송을 보호하기 위해 군을 소집했다.

갈등은 임금을 둘러싼 문제 이상으로 확대되었다. 철도와 부두 노동자, 전기 및 가스 기사까지 곤경에 처한 광부들을 지지하기로 선언하면서 노조는 영국의 정체성과 시민권에 대한 성명을 발표했다. 정부는 경제 정책 수립에 있어서 런던시의 이익을 우선시했고, 파운드화 강화를 위해 산업 근로자들을 부수적 피해자로 만들었다. 그것은 문명화된 민주주의가 시민들을 대하는 방법이 아니었다.

볼드윈은 즉시 이 분쟁이 상징하는 본질을 간파했고 처칠이 수정한 〈영국 관보The British Gazette〉라는 선전 매체를 인쇄하기 시작했다. 볼드윈은 이를 통해 토리당 정부가 마그나카르타와 법치주의를 옹호한다고 선언했다. 그는 "헌법 정치가 공격을 받고 있습니다. 우리가 법을 보호해야 합니다. 우리는 헌법의 수호자로 의회를 만들었습니다. 총파업은 의회에 대한 도전이며 무정부상태와 파멸로 가는 길입니다."[59]

케인스는 정부의 무력 탄압을 혐오했고 광산 노동자들의 생계를 위협하는 가파른 임금 삭감을 중지하고 분쟁 해결을 위해 추가 협상을 해야 한다고 촉구했다. 케인스와 레너드 울프는 노동자를 옹호하는 기사와 파업 중 어느 쪽이 더 도움이 될지를 두고 〈네이션 앤드 아테네움〉에서 언쟁을 벌였다. 누구든 노조 파업에 동조하는 사람들은 직장에 나갈 수 없었으므로 파업은 점점 더 일반 경제에 큰 영향을 미쳤고 노동자들은 점점 더 정부의 압력을 강화하는 데 이용되고 있었다. 케인스는 기사를 통해 계속해서 노동자들을 보호하고 싶었지만 호가스 출판사 소유의 인쇄기는 실제로 울프가 통제하였으므로 논쟁은 그의 승리로 끝났다.[60]

총파업은 9일 만에 끝났고 노동자들이 얻은 것은 아무것도 없었다. 광부들은 그 후로도 몇 달 동안 일에서 배제됐고 가혹한 임금 삭감을 받아들인 다음에야 일터로 복귀할 수 있었다. 광산 소유주와 볼드윈 정부가 이긴 것이다. 하지만 그 승리는 무엇을 뜻할까? 자칭 보수주의자들 중 환율 하락보다 거리의 탱크와 파업이 조성하는 "전쟁 기류"를 선호하는 사람이 누가 있을까? 케인스는 볼드윈과 처칠이 "낡은 정통성"을 수호하고자 "이 나라의 평화와 번영"을 위험에 빠뜨렸다고 비난했다.[61]

케인스는 '처칠의 경제적 결과The Economic Consequences of Mr. Churchill'라는 제목으로 금본위제 복귀에 대한 화이트홀의 실수를 공격하는 기사를 발표함으로써 그가 한때 로이드 조지에게 했던 것처럼 처칠에게도 여론의 뭇매를 맞게 했다. 호가스가 같은 제목으로 출간한 팸플릿 역시 초판 7천 매가 "일시에" 동이 났다.[62]

케인스는 파업이 노동 계층과 자본주의 체제 간의 역사적으로 불가피한 갈등이 아니라 단순한 지적 실수로 빚어진 사회적 재앙이라고 믿었다. 처칠과 영란은행이 잘못했고, 그들은 실수를 지적하는 논리적 근거에 귀를 기울이지 않았다. 케인스는 궁극적으로 그의 대표적 정책 공식이 될 내용을 제안했다. 금본위제와 결별하고 비전통적인 좌파 개혁을 이행해서 계층 갈등을 피하는 보수주의적 목적을 추구해야 한다는 것이었다. 처칠은 케인스의 제안을 거절했는데, 그가 기득권이나 부유층과 결탁했기 때문이 아니라 제대로 생각하지 않았기 때문이었다. 그게 아니라면 케인스의 논리에 설득됐을 것이다. 아이디어와 설득에 대한 케인스의 믿음에는 순진한 구석이 있었지만, 그는 지적 발전에 대한 희망을 행정수반보다 다른 합리적인 정부 인사들에게 걸기로 했다. 케인스가 《자유방임주의의 종언》에서 주장했던 것처럼 만약 대기업의 사회적 책임의식이 발전하고 있다면 그 과정은 매우 더디게 진행될 것이다. 케인스는 베를린대학에서 연설했을 때 "기업인들은 속이 좁고 무식해서 적응력이 없다"라고 말했는데 이는 그가 1914년 영국의 금융 위기 때 발견한 사실이었다.[63]

처칠 또한 금본위제로 복귀한 것이 그의 공직 경력에서 가장 중대한 실수라는 사실을 이내 깨달았다. 그는 1930년에 이런 말을 했다. "다들 제가 역대 최악의 재무장관이라고 말했습니다. 그리고 지금은 저도 그 말에 동의하는 편입니다. 전 세계가 만장일치를 본 거죠."[64]

탄광 산업 붕괴를 기점으로 자유당 기득권 세력에 대한 케인스의 저항은 더욱 심화되었고, 이 때문에 그는 정치권에서 가장 오랜 우정을 다져온 인물과도 결별하게 된다. 케인스와 허버트 헨리 애스퀴스는 공익 문제를 바라보는 시각도 같았지만 전쟁 초기부터 같은 사교 집단에서 관계를 다졌었다. 게다가 애스퀴스의 아내인 마고는 블룸즈버리 만찬에 초대됐던 몇 안 되는 정치권 인물 중 하나였다.

그러나 총파업이라는 대혼란 속에서 자유당의 수장인 애스퀴스는 볼드윈이 그랬던 것처럼 권위주의적 민족주의 물결에 철저히 휩

존 메이너드 케인스

쓸려 갔다. 로이드 조지가 영웅은 아니었지만 적어도 그는 볼드윈의 노골적인 군국주의에 대한 대안으로 추가 협상을 지지했지만, 애스퀴스는 법과 질서만을 부르짖었다. 애스퀴스는 로이드 조지가 또 다른 쿠데타를 모의하고 있다는 사실을 감지한 후 자신을 지지하는 사람이라면 로이드 조지가 어떤 파벌을 결성하든 그것을 제압할 것이라고 여기면서 자유당에 대한 충성심을 시험했다. 마고는 케인스에게 보낸 편지에 이렇게 썼다. "이 문제에 있어서 당신은 로이드 조지 쪽인가요, 아니면 애스퀴스 쪽인가요? 전자를 선호하는 사람이라면 당신의 진정한 친구로 남을 수 없을 겁니다."[65]

케인스는 금과 석탄을 둘러싼 갈등에 자신의 직업적 명성을 건 상태였고, 자신의 지적 명분을 버리고 다른 사람의 실수를 감싸기에는 너무 많은 고통을 겪은 뒤였다. 금본위제를 공격하면서 그는 런던 금융계 기득권 세력의 신뢰를 잃을 수밖에 없었다. 또한 처칠과 볼드윈에 대한 공격으로 전쟁 중 토리당과 쌓은 관계도 허물어졌다. 케인스가 오랜 친구인 애스퀴스를 지지한다면 그는 자신이 총대를 메고 반대했던 매우 과대평가된 금본위제를 잔인하게 밀어붙이는 자들을 방어하는 꼴이 될 것이다. 케인스는 마고에게 보낸 편지에 자신은 두 사람이 원하는 지지를 공개적으로 할 수 없다고 밝혔다. "저도 로이드 조지가 어떤 사람인지 알고 있고 이 문제에 대해서는 다른 사람들 대부분과 비슷한 감정을 갖고 있습니다. 우리에게는 환상이 없으니까요. 하지만 이번 분열은 자신의 정치사상을 그 인격에 완전히 종속시킬 준비가 안 된 급진주의자는 선택의 여지가 전혀 없는 급진적인 방식이 돼 버렸습니다."[66] 케인스는 〈네이션 앤드 아테네움〉지면에 "급진주의자"로서 로이드 조지의 자격을 아주 조심스럽게 옹호하면서 그를 토리당이 아닌 노동당과 함께하기로 결심한 자유당 인물로 묘사했다.[67]

애스퀴스 부부는 격노했다. 마고는 파업에 대한 케인스의 "잔인하고 악의적인" 보도를 비난했고 그를 부부의 주말 휴양지인 옥스퍼드서 시골집에 더 이상 초대하지 않았다. 케인스는 그녀를 설득하려고 했지만 마고는 들을 생각이 없었다. 케인스는 리디아에게 "좋은 말로 해결하고 싶었는데 아무 소용이 없었다"며 비탄에 잠겼다.[68] 깨진 관계는 다시는 회복되지 못했다. 마고가 케인스에게 절교의 뜻을 전한 지 2주가 채 안 돼 애스퀴스는 뇌졸중으로 쓰러졌다. 그리고 10월에는 당 대표직을 사임했다. 1월에는 또다시 발생한 뇌졸중으로 다리가 마비되었고 1927년 말 세 번째 발작을 겪은 뒤로는 뇌의 기능이 급격히 쇠퇴했다. 그러다 결국 1928년 2월에 사망했다. 애스퀴스는 영국에서 가장 강력한 정치인 중 한 명이었지만 그의 마지막 20개월은 신체적, 정신적으로 무능력한 비극으로 끝났다.

예상하지 못했으나, 케인스는 생애 처음으로 로이드 조지의 영광스러운 측근 중 한 명이 돼 있었다. 은행가들과 브로커들이 롬바르드 가의 케인스에 대해 뭐라고 하든, 로이드 조지는 영국 금융 정책을 한결같이 비판하는 이 비평가를 지속적인 경제 혼란의 시대에 유용한 동맹자로 인식했다. 그들의 동맹이 전술적 편의에 따라 맺어졌을지라도 로이드 조지는 케인스를 자유당의 중요한 이념적 표준이 되는 사람으로 대우했고 이 점을 잘 활용했다. 케인스의 자유당 서열은 이 사건을 계기로 크게 격상했다. 애스퀴스는 케인스의 충성을 당연시했고 최근 몇 년간 케인스가 〈네이션 앤드 아테네움〉 지면에 밝힌 정책 관련 발언들을 함부로 다루기도 했다. 로이드 조지는 경험상 케인스가 무조건적인 충성심을 지는 이가 아니라는 것을 알았고, 그래서 영국 정치를 좌지우지하는 자유당의 경제 플랫폼을 개발하고 홍보하는 일에 그의 도움을 받기로 했다.

케인스로서는 자신이 《평화의 경제적 결과》로 시작한 오랜 프로젝트가 마침내 그 정점에 도달한 기분이었다. 1919년에 그는 내부자라는 관련성을 거부하고 정권을 잔인할 정도로 솔직하게 공격하는 외부인으로서 영향력을 발휘했었다. 그것이 당시 케인스에게는 정부 정책에 영향을 미치는 최고의 방식으로 보였다. 이후 10년 동안 그의 책과 팸플릿, 신문은 대중의 머릿속에 그의 사상을 깊이 새겨 넣었지만 런던의 은행가들은 그의 혁신적 이론을 조롱했고 정치인들은 정책에 대한 그의 조언을 무시했다. 이제 세계대전 때부터 해묵은 그의 양심에 마침내 강한 일격을 날릴 기회가 온 것이다.

이는 또 그가 5년 전 "새로운 사회주의로의 입문"에서 개략적으로 설명했던 주제들을 실행에 옮길 수 있는 기회였다. 케인스는 경제학자인 허버트 헨더슨과 같이 일하면서 프랭클린 델라노 루스벨트가 미국에서 뉴딜정책의 일환으로 전개할 많은 사업을 사전 검토하는 야심 찬 프로그램을 〈로이드 조지는 해낼 수 있을까?〉라는 팸플릿으로 만들었다. 이들의 핵심 정책은 영국의 교통 인프라를 혁신해서 현대 사회를 작동시키는 경이로운 토대 중 하나를 마련하는 거대한 도로 건설 프로젝트였다. 이것은 기존의 도로 네트워크를 확충하는 지엽적인 노력이 아니라 영국의 여러 지역을 연결하는 새로운 고속도로와 순환도로, 다리, 터널을 만들고 농촌 구석구석까지 포장도로를 까는 엄청난 사업이었다. 이 프로젝트로 2년간 1억 4,500파운드 비용이 들어가고 사업 첫해에만 35만 명의 노동자가 투입될 전망이었다.

이 사업은 금본위제의 완패 후 영국을 계속 괴롭혀온 실업 사태를 직접 해결할 수 있었다. 파운드화가 달러보다 높은 환율에 고정되면서 영란은행은 국제 시장에서 영국산 제품의 가격을 낮추기 위해 영국 경제에 엄청나게 높은 이자율을 부과할 수밖에 없었다. 이는 성공적인 전략이었지만 상품 가격 하락은 근로자들의 실직을 통해 가능했다. 결과적으로 세계대전이 끝나고 10년이 지난 시점에도 백만 명 이상이 여전히 일자리를 찾고 있었다.

이처럼 유휴 인력이 넘쳐나는 상황에서 케인스가 엄청난 사업을 제안한 것이다. 그 정도의 인력을 동원하는 것은 이전에 정부가 병력을 징집했을 때나 가능한 규모였다.

첫해에 도로 건설을 위해 창출된 35만 개의 일자리는 케인스와 자유당이 예상하는 전체 일자리의 일부일 뿐이었다. 그 모든 인력이 도로와 다리 건설에 투입되면 건설 자재를 생산하고 운송하는 데 또 다른 일자리가 창출될 수 있었다. 게다가 건설 인력이 일에서 받은 임금을 소비하면 소매점과 식당의 일자리를 보조할 수 있었다. 결국 정부가 도로 건설에 1파운드를 지출하면 그 이상의 경제 효과가 창출되는 것이다. 이것이 바로 "승수"라고 알려진 케인스의 첫 번째 개념이었다. 즉 정부 지출이 경제에 반향을 일으켜 초기 투

존 메이너드 케인스

자를 뛰어넘는 간접 성장을 일으킨다는 개념이다. 케인스의 계산에 따르면 도로 건설 사업 하나에서 발생하는 직간접 고용 효과는 첫해에만 총 85만 개의 일자리를 창출하게 된다.[69]

케인스와 로이드 조지는 영국을 자동차 사회로 탈바꿈하는 것에 만족하지 않았다. 그들은 런던의 악명 높은 빈민가에 100만 채의 집을 지어 동네를 탈바꿈하고, 이를 통해 10년 동안 직간접적으로 15만 명의 인력을 고용하는 계획도 프로젝트에 포함했다. 또 전화 개발과 농촌의 전기 공급 사업에 또 다른 15만 명이 투입될 전망이었다.[70] 거기서 끝나지 않고 "구릉과 황무지, 호수, 숲, 언덕, 농촌의 공유지를 보호하고 미래 세대를 위해 자연의 아름다움과 쾌적함을 보존하는 국가의 단호한 조치도 필요할 것이다."[71] 이는 영국의 전 지역에서 실직자들을 완전히 없애고 실업 문제를 해결하는 전면적인 조치였다.

이 프로젝트는 대부분 부채로 조달될 것이다. 사람들이 공공 일자리를 받아들이면 재무부는 실업 급여를 지급하지 않아도 되므로 유급 일자리를 제공하는 데 생각보다 많은 돈이 들지 않을 수 있었다. 경제가 활성화되면 세수가 증가하고 그러면 재무부 금고가 든든해지므로 그 돈으로 남은 부채를 갚으면 됐다.

이는 사회 진보의 동력으로 여겨졌던 자유방임주의적 개인주의를 전면 거부하는 것이었다. 민간 기업이 개별적으로 움직여서는 그것이 아무리 대담할지라도 영국의 역사를 다음 단계로 발전시킬 수 없었다. 자동차, 전화, 교류 전류 등을 발명한 것은 뛰어난 위인이지만, 위대한 사회가 그 잠재력을 실현하기 위해서는 집단적인 노력이 필요했다.

케인스도 자신의 계획이 급진적이라는 것을 알았다. 6년 전에도 런던의 정통 금융계 인사들은 가격 안전성을 통제하자는 그의 제안에 겁을 먹었었다. 그런 케인스가 이번에는 정부 주도로 군대 규모의 엄청난 인력을 동원해서 영국인들의 삶을 재편하자고 제안하고 있었다. 이제 케인스의 관심사는 통화 시스템에 국한되지 않았다. 그는 영국 상업의 구조적 기반을 재편해서 가까이는 런던 빈민가부터 멀게는 영국 촌락까지 사회 전체를 변혁시키는 계획을 세우고 있었다. 케인스의 정치학은 1920년대 내내 좌파 쪽에서 표류했지만 〈로이드 조지는 해낼 수 있을까?〉를 내면서 그는 자유당의 의미를 근본적으로 재정의하게 되었다. 자유무역과 금본위제 중심의 정당은 이제 대규모 정부투자 사업과 적자 지출을 주도하는 정당이 되었다.

이 제안은 본질적으로 급진주의적이었지만 팸플릿 전반적으로는 강한 보수주의적 기류가 흘렀다. 케인스에게는 이 계획보다 실업자들을 그대로 방치하고 지난 10년간 지속된 경제적 고통을 새롭고 정상적인 삶으로 인정하는 것이 훨씬 더 위험했다.[72] "이 계획이 적당한 악을 해결하자고 벌이는 훨씬 더 위험한 도박이라고들 하는데, 사실은 그 반대다. 이는 엄청나게 기형적인 상황을 바로잡는 그저 작은 위험일 뿐이다."[73] 영국에는 해야 할 일이 있고, 가용할 수 있는 노동력이 있었다. 그 둘을 합치는 것은 상식이었다. 유휴 인력을 놀리고 그들의 분노를 방치하는 것이야말로 파괴로 가는 지름길이었다.

존 메이너드 케인스

사실 사람들이 유용한 일을 하도록 돈을 지급하는 것이 불가능하고 어리석은 짓이라고 설득하는 것이야말로 기이한 지적 곡예가 필요했다. 정작 현재의 상황에 대해 용서를 구해야 할 사람들은 공공사업이 미래 세대의 일자리를 빼앗을 것이라고 주장했다. 미래 세대가 해야 할 일을 미리 끝내 버린다는 것이 그들의 논리였다. 케인스는 팸플릿에 "우리의 주요 임무는 합리적으로 보이는 것이 합리적이고 비합리적으로 보이는 것이 비합리적이라는 독자의 본능을 확인시켜주는 것"이라고 밝혔다.[74]

이것은 사회주의였을까? 케인스는 스스로에게 던진 이 질문을 이내 접어두었다. "이 문제의 관건은 민간 기업과 공공 기업 중 하나를 선택하는 것이 아니다. 선택은 이미 끝났다. 전부는 아닐지라도 여러 방향에서 이는 정부가 이 일에 손을 대느냐 전혀 손을 대지 않느냐의 문제이다."[75]

이 세련된 비유는 케인스와 로이드 조지가 제시하는 엄청난 변화를 두려워하는 사람들을 달래려는 것이었다. 고통에서 벗어나는 일일지라도 불확실한 미래에 대해서는 어느 정도의 두려움이 따르기 때문이다. 케인스의 비유가 독자들의 두려움을 얼마나 진정시켰든, 민간 경제가 다 하지 못하는 영역을 정부가 메우는 것은 케인스가 달성하려는 이념적 변화를 전부 반영하지 못했다. 이 게임을 위해서는 자연 세계를 보전하기 위한 사업은 포기해야 할지도 몰랐다. 강, 개울, 산을 보존하는 데 인간의 적극적인 노력은 필요하지 않았다. 자연은 스스로 자신을 보호했다. 자연 보호라는 조치가 필요한 이유는 비협조적인 개인으로서의 인간이 무언가를 너무 과도하게 하기 때문이었다. 방향성 없는 상업 행위들은 세상을 추하고 황폐한 삶의 터전으로 만들고 있었다. 케인스는 민간 산업을 공공 활동으로 대체할 경제를 위해 정부에 새로운 역할을 요구했지만 정부의 활동 영역에 대한 원칙적인 한계를 극복하지 못했다.

케인스가 〈로이드 조지는 해낼 수 있을까?〉에서 근본적으로 추구한 개혁은 수학적 개념이 아닌 심리적인 개념이었다. 전쟁이 끝난 후 영국은 케인스가 예상했던 것보다 더 강한 회복력을 보여줬다. 이탈리아는 파시즘에 굴복하고 독일은 국가사회주의 정치와 고군분투했지만 영국은 10년간 지속된 불황 속에서도 권위주의가 총파업이 일어난 동안에만 잠깐 등장했었다. 하지만 그 또한 가까스로 위기를 모면한 것뿐이었다. 국가의 경제 시스템이 안정적이고 예측 가능한 혜택을 제공해줄 수 있다는 국민의 집단적 신뢰가 무너져버렸다. 또 영국의 수백만 노동자들이 국가의 경제 활동 전체를 폐쇄하려는 시도에 합류했었다. 대부분의 사람이 정치적 쟁점화를 위해 본인들이 속한 사회에 적극적으로 피해를 입혔다. 그런 소요 사태가 실업자 집단을 넘어 확대됐다. 결국 파업이란 일자리를 가지고 있어야 가능한 일이다. 대중에게 국민 복지의 기반이 탄탄하다는 말은 분명한 헛소리였다.

전쟁이 일어나기 이전에 있었던 "이중 속임수"가 마치 거꾸로 뒤집혀 의심과 쇠락의 하향곡선을 만드는 것 같았다. 사람들이 불평등한 사회 제도를 받아들였던 시대가 있었다. 그런 구조가 일반 시민들의 삶까지 개선했고 사회적 번영을 창출할 수 있었기에 가능한 일이었다. 이제는 탄광 광부부터 부동산 투자의 거물까지 모두가 미래는 암울하고 세상은 한계에 도달했다고 믿는다(은행가들이 금본위제에 대해 어떤 장밋빛 환상을 심어줬든 투자 활동이 실제로 잘 일어나지 않는다는 점이 시민들의 진심을 더 정확히 보여주는 척도였다). 이런 집단적 암울함이 개인의 대담한 행위로 깨질 수는 없었다. 자신은 무슨 일이든 할 준비가 되어 있다고 외치는 도시의 근로자가 진짜 유용성을 발휘하려면 일자리를 제공해야 했다. 특유의 자신만만함으로 피폐화된 경제 체제로 뛰어드는 투자자가 있을지라도 그는 자신의 돈이 대중의 비관주의라는 바다로 함몰되는 광경을 목격하게 될 것이다.

일이 제대로 되려면 모두가 함께 뛰어들어야 한다는 것을 케인스는 알았다. 공동체의 유대를 위해 가족과 친구들이 사랑하는 이를 구하려고 함께 발 벗고 나서는 것처럼 시민들 모두가 사회가 번영할 수 있는 토대를 마련하는 데 앞장서야 했다. 그러려면 경제적 지침과 조정이 필요했다.

지난 10년간 케인스가 전쟁 부채를 없애기 위해 《평화의 경제적 결과》를 출발점으로 시작한 프로젝트가 일련의 새롭고 방대한 행정 조직과 정부의 책무들로 무장돼 국가를 야심 차게 갱신시키기 위한 꽃을 피우고 있었다. 케인스는 여전히 버크의 사상에서 영감을 받았다. 그는 총파업으로 정부와 대중 사이의 사회적 응집력이 무너지면 파괴적인 결과가 생길 수 있다고 확신했던 것이다. 하지만 그는 무대응의 위험이 엄청난 만큼 그들에게 사회적 변혁과 번영의 거대한 잠재력이 있다는 자신감도 없었다.

팸플릿은 다소 우스꽝스러운 표현으로 끝을 맺었다. "우리가 대담함을 발휘하고, 마음을 열고, 실험하고, 행동을 취해 그 가능성을 확인하지 않을 이유가 없다. 그리고 긴 프록코트를 단단히 여민 채 그 길을 가로막고 서 있는 늙은 신사 몇 명은 적당한 무례함으로 볼 링핀처럼 쓸어버리면 된다. 일단 충격에서 벗어나면 그들 스스로도 아마 즐기게 될 것이다."[76]

〈로이드 조지는 해낼 수 있을까?〉는 케인스가 궁극적으로《고 용, 이자 및 화폐에 관한 일반이론》을 통해 간단하고 접근하기 쉬운 종합세트로 공식화하려고 했던 혁신적인 이론 몇 개를 명확히 제 시한 선언문이라 할 수 있다. 이 소책자는《자유방임주의의 종언》, 《러시아에 관한 짧은 고찰》과 더불어 미국이 그로부터 몇 년 뒤 거 대한 규모의 국가사업에 적용할 독특하고 실용적인 정치 이론의 핵 심이 된다. 이번에는 블룸즈버리마저 케인스에게 찬사를 보냈다. 버지니아는 바네사의 아들인 쿠엔틴에게 보낸 편지에 자신은 "선 거의 지형을 바꿀 팸플릿"을 쓴 메이너드와 "더 비슷한 사람"이라고 말했다.[77]

하지만 이는 1929년 5월의 영국과는 맞지 않는 선언이었다. 대 중에게는 더 이상 자유방임주의가 한계에 부딪혔다고 설득할 필요 가 없었다. 대중은 1926년에 그들의 결정에 따라 거리로 나섰다. 케 인스의 멋지고 자신감 넘치는 팸플릿 내용이 "행복한 날들이 여기, 다시" 식의 루스벨트 행정부 초기에는 완벽했겠지만 계급 갈등으로 점철된 정치 환경에는 설득력이 전혀 없었다. 총파업 이후 사람들 은 노동자 중심의 노동당이거나 정부와 한통속인 보수당으로 나뉘 었다. 토리당은 이번 선거에서 국민들이 법과 질서, 그리고 오합지 졸의 폭민정치 중 하나를 선택하길 바라며 "안전 제일"이라는 슬로

존 메이너드 케인스

건을 내걸고 적극적인 캠페인에 나섰다.

보수주의자들은 10년간 이어진 불황으로 사람들이 얼마나 많은 것들을 잃었는지 과소평가하고 있었다. 1929년 선거에서 노동당은 136석을 더 얻어 이전 151석의 거의 두 배를 차지했으며 다수당보다 겨우 21석이 모자랐다. 자유당은 1924년 다수의 의석을 잃었던 118석에서 극적 반전을 이뤄 19석을 더 얻었지만 여당이 되기에는 한참 못 미쳤다. 자유당은 전후 경제사정 때문에 불과 10년여 만에 전성기에서 밀려나 이후 영원히 군소 정당이 돼버렸다. 자유당이 노동당 왕좌의 배후에서 실세 역할을 하려 했던 1923년 애스퀴스의 도박은 오히려 역효과를 냈다. 자유당의 59석 의석은 새로운 여당의 5분의 1이 채 안 되는 의석으로 영향력이 제한될 수밖에 없었다. 케인스는 자유당이 190석으로 선거에서 승리하리라 기대했었다.[78]

케인스는 리디아에게 보낸 편지에 "선거 때문에 다시 우울해졌소. 이 상황에서는 어떤 것도 만족스러운 결과를 기대할 수가 없군"[79]이란 말로 우울함을 전했다.

하지만 정작 코앞에 닥친 재난은 전혀 눈치채지 못했다.

JOHN MAY NARD KEYNES

대공황

07

1920년대에는 윈스터 처칠이 어디에 있든 경제 위기가 그를 따라다녔다. 1929년 선거 결과로 재무장관에서 물러난 그는 월슨의 고문이었던 버나드 바루크가 뉴욕에서 여는 기념 만찬에 초대됐다.[1] 월가의 가장 막강한 은행가들이 참석하는 자리로, 처칠은 상류사회의 떠들썩한 술자리를 마다하는 법이 없었다. 처칠의 위스키 소비량과 폴 로저의 샴페인 사랑은 이미 아주 유명했다. 그는 당을 이적한 다음 또 한 번 정치적 몰락을 겪은 상태였지만 미국의 유력 브로커들 사이에서 자신의 신용을 높이기 위해 떠난 여행에 특별한 격려는 필요치 않았다. 노동당의 램지 맥도널드가 다우닝가 10번지(영국 수상의 공식 관저 주소로 영국 정부를 지칭하기도 함-옮긴이)에 다시 입성하면서 처칠로서는 영국의 정치 현장에서 잠시 물러나 휴식을 취하기에 적절한 시기로 보였다.

존 메이너드 케인스

처칠은 바루크의 5번가 자택에서 비공개 만찬이 열리기 전날 아침에 뉴욕증권거래소^{NYSE}를 방문했다.[2] 도스안으로 유럽이 미국에 지급해야 할 전쟁 부채 이자의 안정적이지만 위태로운 유입 기반이 확립되었고 영국의 과대평가된 파운드화는 미국 주식 가치를 높이는 동시에 미국 수출업자들에게 자금 대출로 쉽게 수익을 낼 기회를 만들어서 미국 제조업체들에게 경쟁우위를 마련했다. 연방준비제도이사회^{FRB}는 1920년대 중반에 상대적으로 낮았던 금리 수준을 계속 유지해서 기업들이 저금리로 빌린 돈으로 사업을 확대하고 신기술과 생산에 투자하도록 유도했다. 1924년에 일반 은행들이 기업체에 자금을 대줄 수 있도록 연준에 돈을 빌릴 때 청구하는 이자율이 3퍼센트 선까지 인하되었다. 세계의 투자자들은 월가에 감당할 수 없을 정도로 많은 돈을 쏟아부었다. 예일대 교수인 어빙 피셔처럼 존경받는 경제학자들이 경제 상승세가 "영원히 지속될 높은 고지"에 올랐는데도 사실상 더 오를 수도 있다고 주장하자, 끝없이 상승하는 것처럼 보였던 주식시장은 그 어느 곳보다 좋은 투자처로 보였다.[3]

처칠이 뉴욕증권거래소의 내방객 홀로 올라갔을 때 연준은 이미 역대 최고 수치를 찍은 금리를 3개월간 인상해온 참이었다. 하지만 높은 금리도 뉴욕 은행계에 가장 달콤한 자본 수익 중 하나가 된 것에 대한 열광적인 인기를 꺾을 수는 없었다. 연준의 할인율은 6퍼센트로 엄격히 정해져 있어서 이제 12퍼센트로 치솟은 은행권 이자율에 비하면 새 발의 피였고, 그 사이에서 수익을 창출할 여지가 많았다. 게다가 주식 브로커들은 은행에 주식 형태로 대출 담보물을 제공했는데 이 또한 계속 가치가 상승했다. 이 모든 것이 매우 건전하고 안전한 사업 활동으로 보였고 다들 그 사업에 편입되길 원했다. 1929년이 되자 브로커들의 대출 잔액은 1920년 초반 이후로 네 배나 증가한 60억 달러를 기록했다.[4]

유감스럽게도 증권거래소는 윈스턴 처칠 무리를 오래 대접하지 못했다. 주식 브로커들이 거래소를 오가며 엄청난 양의 주문을 넣자 오전 10시 개장과 함께 거래량이 치솟았다. 처음에는 미세한 조정으로 시작했지만, 결국 급락한 것이다. 일단 숫자들이 하락하자 놀란 투기꾼들은 예상치 못한 기록적 손실을 볼 수 있다는 당혹감에 빠졌다. 그중 다수는 빌린 돈으로 투자하고 있었다. 돈을 빌려 투자할 경우 주가가 오르면 부자가 될 수 있었다. 하지만 주가가 떨어지면 빌린 돈을 갚아야 하기에 그들은 차를 팔고, 곧이어 집도 팔게 될지 몰랐다. 더 나빠지기 전에 빠져나오는 편이 나았다. 지금 탈출하는 게 최선이었다. 한 사학자에 따르면 거래소 바닥을 타고 "본능적으로 빨리 팔아 치우려는 움직임이 위협을 넘어 광란의 도가니로 변하고 있었다."[5] 거래별 가격을 기록하는 주식 시세 표시기도 상황에 압도당한 듯 어찌할 바를 모르는 브로커들의 움직임을 따라가지 못했다. 불안한 투자자들은 너도나도 할 것 없이 더 많이 팔기 위해 증권거래소로 몰려들었다. 투기꾼들이 미리 정해둔 안전조치로 특정 가격 이하로 떨어진 주식을 팔아 치우는 손절매 주문이 이뤄지면서 추가 매도가 쏟아졌고, 그러자 주가가 걷잡을 수 없는 속도로 곤두박질쳤다. 재앙은 그 자체의 추진력으로 가속도가 붙었고 오전 11시 30분이 되자 시장은 맹목적이고 가차 없는 공포에 "굴복했다."[6] 거래소

존 메이너드 케인스

내방객 홀이 폐쇄되었고 국빈인 처칠조차 쫓겨나다시피 그곳을 떠났다.[7] 이 무시무시한 소문은 곧 뉴욕 곳곳에 퍼졌고 증권거래소 밖 월가와 브로드가 모퉁이로 군중들이 빽빽이 몰려들었다. 기업인들이 증권사 이사회실로 모여들었고 투기꾼들이 그들의 사무실 주변을 에워쌌다. 한 기자는 "지금껏 처음 보는 낯선 주가에 놀라 비명을 지르는 사람도 있었고, 믿기지 않는다는 듯 실소를 터뜨리는 사람도 있었다"고 전했다.[8] 수천 명의 사람이 충격에 숨을 헐떡거리고, 신음하고, 비명을 지르자 맨해튼의 고층빌딩들 사이로 어둡고 기묘한 괴성이 울려 퍼지기 시작했다. "폭력의 기운이 감돌았고,"[9] 치안을 위해 경찰이 출동했다. 한 남성이 보수공사를 위해 고층 빌딩 꼭대기에서 작업을 했는데, 그가 스스로 목숨을 끊을 작정이라고 "오해한" 군중들이 아래에서 그가 뛰어내리기를 초조하게 기다렸다"[10]

처칠이 월가 현장을 떠날 무렵, 오래전 케인스와 논쟁을 벌였던 이들도 근처 사무실로 모이고 있었다. 1919년 참담했던 파리회의를 통해 생긴 케인스의 친구와 적 중에서 전쟁의 여파로부터 토머스 라몬트만큼 큰 수혜를 받은 이는 없었다. 기자였던 라몬트는 뉴욕 통근 열차에서 투자 은행가인 헨리 데이비슨을 우연히 만나 친해졌고 1911년에 그의 회사에 합류해 JP모건의 일에 뛰어들었다.[11] 모건은 라몬트를 엄청난 부자로 만들었다. 1928년에 JP모건의 파트너들은 전부 보너스로 100만 달러를 받았는데(오늘날 1,500만 달러에 상응하는) 라몬트는 일반 파트너들보다 훨씬 더 두둑이 받았다.[12] 그는 미국 정부의 요청에 따라 준공무 외교 목적으로 자주 외국에 파견되었고, 공화당 동료들 사이에서는 드물게 진보적 세계관을 갖고 있다는 데 자부심을 느끼며 H. G. 웰스와 월터 리프만 같은 사람들과 친분을 쌓았다.[13] 그는 베니토 무솔리니와 일제의 대리인으로서, 권력과 이익을 추구하는 냉철함과 무정함을 잘 드러내지 않았다. 1929년에 JP모건의 공식 수장은 아직 존 피어폰트의 아들인 잭이었지만 다들 은행의 실세는 라몬트라고 생각했다. 주식 시장이 붕괴됐을 때 마침 잭은 유럽 여행 중이었고 라몬트는 월가 23번지에 있는 모건의 사무실에 있었다.[14] 그날 오후 라몬트는 기자들에게 "증권거래소 거래에 약간의 문제가 있었다"고 냉정하게 말했다.[15]

사실 라몬트는 붕괴로 인해 예기치 못한 공격을 당한 상태였다. 불과 닷새 전에 그는 케인스의 전 측근인 허버트 후버 대통령에게 서신을 보내 과도한 투기가 주식시장 및 일반 경제에 위험을 초래할 수 있다는 우려를 일축한 바 있었다. 라몬트는 "투기에 대한 무성한 소문들은 굉장히 과장돼 있다는 것을 기억해야 합니다. 전쟁 이후 이 나라는 놀랍도록 건전한 번영의 시대를 맞이했습니다… 미래도 밝아 보입니다."[16]

후버는 수십 년간 정부 일을 하면서 전쟁 기간은 물론 전쟁 이후까지 헤아릴 수 없을 만큼 많은 생명을 구한 성실한 인도주의자로서 명성을 쌓아왔다. 그런 업적이 한순간 무너지려 하고 있었다. 1952년에 그의 회고록이 발표되었을 때 후버는 그저 대공황으로 경제를 망친 남자로 알려져 있었다. 수백만 명의 미국인처럼 그 또한 자신의 불행을 월가의 탓으로 돌렸다. 그는 1929년 10월에 라몬트가 쓴 "장문의 메모는 지금 읽어도 흥미로울 것"이라고 싸늘하게 말하며 "뉴욕 은행가들 전부가 시장이 '건전'하지 않다는 말에 코웃음을 쳤다"

존 메이너드 케인스

고 회고했다.[17] 그의 대통령 자료실에 지금도 보관돼 있는 메모에는 "이 문서는 상당히 놀랍다"는 후버의 냉소적인 손글씨가 적혀 있다.[18] 후버는 또 회고록에서 뉴욕증권거래소의 회장 대행이자 JP모건 브로커인 리처드 휘트니에게 과도한 투기에 대해 조치를 취해줄 것을 간청했으나 안타깝게도 그가 거절했다고 밝혔다. 그는 지자체에 대한 분노도 표출했다. "증권거래소를 연방정부가 적절히 통제했는지에 대한 의구심도 들지만, 국가가 그런 위기에 처한 만큼 나는 적어도 뉴욕 주지사가 자신의 기본적인 책임을 인정하고 그에 합당한 조치를 취하길 바랐다. 하지만 그런 희망은 그저 희망일 뿐이었다."[19] 당시 뉴욕의 주지사는 프랭클린 D. 루스벨트였고 그는 조만간 후버의 대통령직에 도전장을 내밀게 된다.

라몬트는 후버에게 그가 듣고 싶은 말만 해주고 있었다. 월가에 재즈 시대Jazz Age(제1차 세계대전 때부터 1920년대까지 재즈가 대유행이었던 미국의 향락적이고 사치스러웠던 시기-옮긴이)가 한창일 무렵에는 아무도 그 음악이 멈추기를 바라지 않았다. 후버는 행동주의적 연방정부를 믿지 않았고 그의 후임 대통령이 어떤 행정 구조를 구축할지 상상하지 못했다. 1929년 10월에는 대통령이 무엇을 시도하기에는 이미 상황이 걷잡을 수 없는 상태가 돼 있었다. 게다가 미국 은행가들 사이에는 극단적인 금융 압박이 있을 때면 누구보다 똘똘 뭉쳐 영웅적 구조 활동을 벌이는 전통이 있었다. 1907년에 존 피어폰트 모건은 그의 서재에 뉴욕의 유력 인사들을 불러 모아 미국 최대 은행들의 자금으로 미국 신탁회사TCA와 뉴욕 최대의 증권사 중 하나를 구조하기 위한 계획을 세웠다. 자신의 지위를 잘 이용할 줄 아는 라몬트 또한 증권거래소 건너편에 있는 자신의 사무실에 주요 은행가들을 소집했다. 그렇게 내셔널 시티은행의 총재이자 회장인 찰스 미첼, 체이스 내셔널은행의 앨버트 위긴, 뱅커스 트러스트의 슈어드 프로서, 보증신탁의 윌리엄 포터가 한자리에 모였다.

그들은 재빠른 조치에 나섰다. 시장을 조작하기로 한 것이다.

그것은 얼마 전 경제 호황기에 유행했던 조작 기법을 본뜬 작전이었다. 은행가들은 그들이 가진 엄청난 자금 중 일부를 동원했고, 이렇게 모인 60억 달러라는 막대한 자금을 함께 운용하기로 하고[20] 급락한 주식을 사들였다. 갑작스레 주가가 상승하자 투기꾼들은 (이름만 대면 알 만한 인사들은 말할 것도 없고) 주가가 더 오를 것으로 예상하고 (또 모건 음모단의 추가 지원도 있을 가능성이 크므로) 다시 차오른 자신감으로 주식을 구매하기 시작했다. 1927년과 1928년에는 이 방법으로 주가를 확실히 부풀릴 수 있었다. 이는 전형적인 반경쟁 행위였지만 모두가 시장 급등으로 돈을 벌거나 시장이 붕괴 직전에 있을 때는 자유 경쟁의 불편함을 걱정하는 사람이 거의 없었다.

상황은 분명 위험했다. 라몬트와 그의 측근은 급히 돈을 벌려는 게 아니라 밀려오는 금융 사태를 되돌리려 애쓰고 있었다. 만약 그 도박이 실패한다면 은행들은 필시 이어질 암울한 시기에 훨씬 더 귀중하게 쓸 자원만 낭비하는 꼴이 된다는 것을 모두가 알고 있었다. 그런 사태가 벌어진다면 미국의 재산은 가차 없이 파괴될 것이다. 은행가들은 주식시장 구조 작전에 2억 4천만 달러를 내주었다. 후버의 간청보다 며칠 늦긴 했지만 휘트니는 그날 1시 30분에 증권거래소에서 유에스 스틸 주식 2만 주를 원래 매매 가격보다 훨씬 웃도는

존 메이너드 케인스

205달러를 주고 샀다.

이는 투자자들에게 확실한 신호가 됐다. 휘트니는 모건의 브로커였고 유에스 스틸은 1901년에 모건의 승인하에 기업 합병으로 탄생한 독점기업이었다. 기병대가 도착한 것이다. "돌격에 성공한 전쟁터처럼 우렁찬 함성소리가 울려 퍼졌다."[21] 주가가 갑자기 급등했다. "공포는 사라지고 그 자리에는 이 새로운 기회를 놓치지는 않을까, 하는 우려가 자리 잡았다. 장이 끝날 때쯤에는 그날 오전에 발생한 끔찍한 손실을 거의 회복할 수 있었다. 심지어 유에스 스틸 주가는 상승 마감했다.[22] 〈월스트리트 저널〉은 흥분감에 휩싸여 구조위원회의 실제 투자액을 네 배 이상 늘린(그것도 실제 쓰인 돈은 전체의 일부였다) 승리의 헤드라인 기사를 실었다. "은행가들이 1억 달러 지원금으로 주식 대란을 멈추다: 모건 사무실에서 열린 회의로 2시간 만에 매도 대란 중단"[23] 윈스턴 처칠과 은행 회장들과의 석식은 말할 것도 없고, 시장도 구조되었다.

물론 이 승리는 오래 지속될 수 없었다. 검은 목요일에 이어 검은 화요일이 왔고, 검은 화요일 이후에는 4년간 가혹할 정도로 점점 악화되는 불황이 왔다. 존 메이너드 케인스에게는 금융시장의 변덕스러운 동요가 새롭지 않았지만, 그런 그에게도 미국의 사태는 충격이었다. 그는 그 주 금요일에 리디아에게 이런 편지를 썼다. "월가가 어제 일을 크게 냈더군. 혹시 기사는 읽었소? 역사상 가장 큰 폭락이야… 하루 종일 금융만 골똘히 생각했더니 이제 속이 다 울렁거리는군."[24]

지난 여름부터 미국 경제가 난국에 접어들고 있다는 분명한 조짐이 있었다. 주택 건설 경기는 전년보다 하락했고 소비지출 증가세도 상당히 둔화되었다.[25] 후버 등 정계와 사회 지도층도 월가의 날뛰는 주가가 경제 전반에 영향을 줄 수 있다고 우려를 표명했다. 1913년에 연방준비제도이사회의 설립을 도왔던 보수당 계열의 은행가인 폴 워버그는 이미 3월에 "무절제한 투기"를 경고했었다.[26] 게다가 미국 중앙은행의 정책 대응에 그간 우려를 표했던 케인스에게는 이런 돌발 상황이 심각한 불안 요소로 보였다.

국제적 금본위제는 기본적으로 달러를 기준으로 했다. 미국은 전쟁을 기점으로 막대한 양의 금을 확보할 수 있었고, 그러면서 다른 나라의 통화를 통제할 수 있게 되었다. 연준이 주식시장의 거품을 거두려고 금리를 인상하면 영국도 금리를 인상해야만 했다. 게다가 투자자들이 점점 파운드를 달러로 환전하면서 영란은행은 금 보유고가 줄어드는 상황을 지켜볼 수밖에 없었다. 미국의 주식시장이 붕괴되기 전 여름에 영란은행의 금 보유량은 이미 20퍼센트 줄어든 상태였고 1929년 8월에 은행 총재인 몬태규 노먼은 연준을 향해 미국이 고금리 정책을 유지하면 영국과 유럽 국가 대부분이 한꺼번에 금본위제에서 이탈할 수 있다고 경고했다.[27] 연준의 고금리 정책은 뉴욕의 주식 투기를 억제하는 데는 별 도움이 안 되면서 해외에서 대혼란을 일으켰다.

그래서 미국의 사태를 보는 케인스의 마음은 오히려 편안했다. 미국 금융시장에서 곪고 있던 문제가 터져서 더 이상 악화하지는 않을 것 같았다. 또한 이 사태를 통해 미국의 국회의원들이 전 세계 실업률을 완화할 조치를 취할 수도 있었다. 그러나 블랙 목요일 다음 날 〈뉴욕 이브닝 포스트〉에 발표된 케인스의 성명은 라몬트가 후버에게 보냈던 낙관적인 편지보다 아주 조금 더 깊이가 있을 뿐이었다.

영국은 미국은 물론이고 전 세계 비즈니스를 무겁게 짓누르던 악령이 사라진 것 같아 큰 안도의 한숨을 내쉬지 않을 수 없다. 지난 몇 달간 월가의 비정상적인 투기 과열은 금리를 전례 없이 높은 수준으로 상승시켰다. 금본위제는 국제 대출 활동의 유동성을 높이므로 이는 곧 고금리 정책의 세계적 확산을 의미했다. 하지만 미국 이외 지역의 산업과 기업들이 이전보다 더 높은 금리를 지탱하게 해주는 조치는 지금까지 전혀 없었다. 그 결과 월가에서 수천 마일 떨어진 외국에서는 새로운 사업 활동이 위축되고 상품 가격이 하락해왔다. 이것은 순전히 인위적인 원인에 따른 결과이다. 지금 수준의 고금리가 6개월간 지속됐다면 그야말로 대참사가 벌어졌을 것이다.

하지만 우리는 지난 몇 주간 극단적이고 끔찍한 사태를 겪은 후 다행히 다시 햇빛을 보게 되었다. 이제는 값싼 돈의 시대가 올 것으로 보인다. 이는 전 세계 기업들에게 실질적인 도움이 될 것이다. 미국의 돈은 이미 상당히 저렴해졌다. 뉴욕 연방준비제도이사회는 금리를 더 낮출 수 있는 첫 번째 기회를 잡을 것이다. 만약 그렇게 된다면 단언컨대, 영란은행 및 유럽의 다른 중앙은행들도 그 행보를 곧바로 따를 것이다. 그러면 전 세계 기업들이 다시 도약할 것이다. 동시에 상품 가격은 회복되고 농부들의 형편도 나아질 것이다.

이런 식의 내 예언이 잘못됐을지도 모른다. 그러나 내 의견이 작금

의 상황에 대한 영국 금융권의 본능적인 반응을 반영하고 있다는
점은 확실하다. 월가의 슬럼프가 런던과 뉴욕 양쪽에서 활발히 거
래되는 몇몇 영미권 주식을 제외하면 런던에 심각하고 직접적인 타
격은 주진 않을 것이다. 게다가 장기적으로 보면 이 사태는 분명 고
무적인 기회가 될 수 있다.[28]

고금리와 디플레이션이라는 "고리채"의 시대는 저금리와 안정의
"저리채", 더 나아가 소폭의 물가 상승 시대에 자리를 내줄 것이다.
비록 급락한 주가로 많은 투자자가 피해를 입겠지만 이는 궁극적으
로 정책입안자들이 미국뿐 아니라 전 세계 경제를 다시 돌아가게
하는 기회가 될 것이다.

케인스의 말은 어디 하나 틀린 점이 없었다. 적어도 처음에는 그
랬다. 주가가 폭락하자 뉴욕 연방준비제도이사회의 조지 해리슨 총
재는 즉시 맨해튼 은행에 거의 무제한의 긴급 자금을 지원했고 그의
독촉에 따라 연준은 할인금리를 6.0퍼센트에서 2.5퍼센트로 인하했
는데 이 조치로 주가 붕괴에 따른 디플레이션 가능성이 상당히 완화
되었다. 그러나 케인스의 낙관적인 견해는 그가 간과한 한 가지 요
인과 그가 잘못 판단한 또 다른 요인으로 완전히 틀린 것으로 판명
된다. 즉, 위태로운 미국 금융 시스템은 유럽까지 구제하기에는 너
무 무력했고, 디플레이션과 싸우려는 연준의 의지 또한 미약하고 일
시적이었다.

증시 폭락으로 주식 대출 시장은 44억 달러 축소됐으며 이는 검
은 목요일 전 최고점의 절반 이상 떨어진 수치였다.[29] 뉴욕 연준의

존 메이너드 케인스

지원을 받은 뉴욕 은행들이 주식 시장의 총체적 붕괴를 막기 위해 뛰어들었지만 매도 행렬은 크게 줄지 않았다. 주식 매수를 위해 제공된 대출금의 상환이 불투명해졌다. 게다가 그 대출금의 담보인 주식들의 가치 또한 계속 떨어지고 있었다. 이는 은행의 대차대조표에 엄청난 압박이 되었고, 그러면서 은행권은 새로운 대출 승인에 더욱 신중해지고 연체된 대출금은 어떻게든 회수할 방법을 모색했다. 신용 비용이 높아지고 변제 가능성은 줄어들자 미국의 제조업체들은 생산을 줄일 수밖에 없었고 기업들도 사업자금 조달에 어려움을 겪으면서 직원들을 해고하기 시작했다. 실직으로 수입이 끊긴 사람들은 상품과 서비스를 구매할 수 없게 되었고, 제품 매출이 감소한 회사들은 더 많은 근로자를 해고할 수밖에 없었다. 엄격한 신용 관리로 시작된 이런 연쇄 반응과 수요 붕괴로 11월이 되자 물가가 폭락하기 시작했고 옥수수 가격은 그해 말에 15퍼센트, 그리고 커피 가격은 3분의 1이나 하락했다. 악순환이 시작된 것이다.[30]

이런 금융 불안이 국제 경제에는 더 끔찍한 결과를 초래했다. 1923년에 하이퍼 인플레이션 위기를 겪은 후 독일과 오스트리아 경제는 미국의 돈에 완전히 의존하게 되었다. 대서양을 가로질러 들어오는 대출금이 고갈되기 시작하자 두 나라의 은행 시스템도 무너졌다. 이런 사태는 1929년 여름에 미국 연준이 금리 인상을 단행했을 때 이미 시작되었다. 주식시장 붕괴 이후 미국 은행들이 대차대조표 건전성을 강화하려고 대출을 제한하자 금리의 상승세는 가속화되었다. 유럽과 미국 경제는 도스안에 의해 확립된 금본위제와 신용 사이클을 중심으로 하나로 묶여 있었다. 따라서 동반 추락은 당연한 결과였다.

케인스에게 이 재앙은 기회와 영감이 되었다. 그는 낡은 질서가 무너진 후 새로운 사상들이 더 나은 세상을 만들 수 있기를 바랐다.

그 후 18개월에 걸쳐 모든 것은 산산조각이 난다. 한편 케인스는 자신이 정치적 실세라는 익숙하지 않은 위치에 있다는 것을 깨달았다. 과거 10년간 전 세계 거의 모든 주요 경제 문제에 대해 옳은 소리를 했을 때는 애써 무시했던 영국 정부가 이제껏 케인스가 한 전망 중 최악에 속하는 이번 의견은 수용하면서 그를 즉시 활용하기로 결정한 것이다.

1929년 11월에 램지 맥도널드는 이제 막 설립된 재무산업위원회에 케인스를 영입했는데, 이 위원회는 의장인 판사 출신의 휴 패티슨 맥밀런의 이름을 딴 맥밀런 위원회로 더 잘 알려져 있다. 노동당 정부는 놓치면 안 되는 두 번째 집권 기회를 앞둔 상황에서 폭도들을 이성으로 통치할 수 있다는 것을 증명하기 위해 전문가들을 통한 경제 자문 활동을 공공연히 드러냈다. 맥도널드는 맥밀런 위원회 외에도 경제자문위원회를 만들었고 케인스는 그곳에도 이름을 올렸다. 맥도널드 수상은 그를 오찬에 초대했고 이 만남을 언론에 홍보했다. 케인스는 이런 상황이 더없이 기뻤다. 11월 25일에 그는 "내 주가가 다시 오르고 있군"이라며 으스댔다.[31]

두 직책 모두 공식적인 정책 결정 권한은 없었다. 케인스는 규정을 정할 수도, 돈을 빌려줄 수도, 무역 협정을 중개할 수도 없었다. 하지만 세계 경제가 요동치면서 두 위원회는 중요한 논쟁의 장이 되

존 메이너드 케인스

었다. 특히 맥밀런 위원회는 "경제적 슬럼프"의 역학을 처리하고 그것의 원인과 잠재적 해결책을 대중에게 설명하는 임무를 부여받아 미국 대공황을 다루는 영국의 가장 공식적인 기관이 되었다. 맥밀런 청문회는 영국 정계에서 가장 주목받는 곳이 되었고, 비록 케인스의 직접적인 소관은 아니었지만 고위 재무부 관리부터 영란은행의 총재인 몬태규 노먼까지 영국의 재정 문제를 주무르는 실세들을 조사하면서 마치 스타처럼 정치적 이목을 끌고 매 순간을 음미하는 훨씬 더 막강한 인물이 되었다.

맥밀런 위원회는 케인스가 1925년에 저널리스트인 헨리 노엘 브레일포드에게 보낸 편지에서 언급했던 "기술적 논문"인 《화폐론 Treatise on Money》을 위해 모아둔 생각들을 제시하고 개선하는 플랫폼이 되었다. 7년간 힘겨운 집필, 재고, 수정 과정을 거친 후 1930년에 마침내 이 책이 출간되자, 케인스는 10년 전 《확률론》을 완성했을 때와 마찬가지로 다시 한번 자신이 필생의 역작을 냈다고 믿었다.

두 권의 묵직한 책으로 출간된 《화폐론》은 《고용, 이자 및 화폐에 관한 일반이론》보다 두 배 이상 길고 셰익스피어부터 새로운 국제 통화 연합에 대한 제안에 이르기까지 전방위적 정의, 방정식, 표, 주장으로 가득해 여러모로 케인스의 야심이 한층 더 엿보이는 작품이다. 케인스는 이 책이 "예술적으로는 실패작이다"라고 인정했다. "책을 쓰는 동안 내용의 유기적 결합을 신경 쓰느라 생각이 시시때때로 바뀌었다."[32] 그러나 787쪽이라는 부담스러운 분량을 기꺼이 이겨내겠다는 독자들에게 《화폐론》은 진정한 코미디와 눈부신 지적 쇼맨십으로 가득한 즐겁고 활력 넘치며 프리드리히 니체에 필적하는 격언들로 가득한 난장판이 될 수도 있다. "적당한 악보다 더 나쁜 것은 없다! 만약 말벌과 쥐가 사실은 장수말벌과 호랑이라는 것을 알았다면 일찌감치 멸종시켰어야만 했다. 영국이 전쟁 덕분에 비상한 불로소득자에게 지고 있는 채무와 함께 말이다."[33]

사실 《화폐론》은 두 개의 별도 프로젝트였다. 그중 하나는 선사시대부터 1930년까지 세계의 경제 역사를 다뤘고, 또 다른 하나는 대공황에 대한 독특한 진단인데 대공황은 케인스가 선호하는 경제 활성화 치료법을 적용한 가장 극단적인 사례가 되었다. 케인스는 경제 침체가 정말 심각할 때는 "정부가 자체적인 공공사업 프로젝트를 주도해 국내 투자를 촉진해야 한다"고 주장했다.[34] 1930년대 경제학자들과 정책입안자들은 대공황에 대한 케인스의 이론에 주목했지만 오늘날 경제사상에 더 중요한 영향을 끼친 것은 경제적 역사에 대한 내용이다.

케인스는 1920년대를 고대 화폐의 매력에 사로잡혀 살았다. 1924년 1월에 그는 리디아에게 이런 말을 했다.

오늘 저녁은 미치광이처럼 기분이 좋소. 딱 3년 전에도 이런 적이 있었지. 좀 따분하던 차에 오래전에 썼던 바빌로니아와 그리스의 영향력에 대한 에세이를 다시 펼쳐봤어. 완전히 터무니없고 쓸모없는 글이더군. 그런데 그때처럼 다시 열정적으로 몰입하게 되는 거야. 어젯밤 새벽 2시까지 매달렸는데 오늘도 일어나서부터 저녁때까지 계속 파고들었소. 대단하지! 누군가는 정말 따분한 주제라고 생각할 거야. 바빌로니아의 마술사가 뭔가 마법을 부린 게 분명

존 메이너드 케인스

해. 그러니까 내가 이렇게 바보처럼 흥분한 거지.[35]

1925년 11월에 그는 다시 작업에 착수했고, "나 자신을 완전히 소진시킬 때까지 바빌로니아 돈에 대한 글을 쓸 작정이오"라고 말했다.[36] 이튿날 밤 그는 "옛 화폐가 통제할 수 없는 광기로" 그날 오후와 저녁 내내, 그리고 다음 날 아침까지 자신을 사로잡았다고 밝혔다. "시간이 섬광처럼 지나갔어. 휴식과 온전한 정신을 위해 밤늦게까지 붙들고 있지 않겠다고 맹세했지."[37] 하지만 며칠이 지나지 않아 케인스는 다시 그 중독성의 시험에 빠졌다. 그는 "저녁에 쓸 편지들은 다 끝냈소. 그럼 천천히 옛날 화폐 일로 돌아가도 되지 않을까?" 하며 리디아에게 의사를 전했다.[38] 사흘 후 그는 "여기서 그만 은퇴하고 바빌로니아에 가고 싶어"라고 하소연하며 파티와 콘서트 계획을 막무가내로 취소하려 했다.[39]

케인스는 아담 스미스로 거슬러 올라가는 경제학의 기본 교리를 뒤엎고 거의 3세기 동안 지속되었던 계몽주의 정치 이론을 약화시키는 아주 오래된 역사서 하나를 발견했다. 토머스 홉스가 1651년에 《리바이어던Leviathan》을 발표한 이후로 대부분의 유럽 철학자들은 정부를 홉스가 "자연 상태"라고 부른 것에 인위적으로 부여한 존재로 생각해왔다. 홉스에게 자연 상태라는 것은 "심술궂고, 잔인하고, 짧은"[40] 삶의 폭력적이고 무질서한 악몽이므로 정부, 특히 군주제를 인간 구원의 원천으로 삼았던 것이다. 홉스의 정치학에 반대한 사상가들도 그의 역사관은 수용했다. 애덤 스미스는 《국부론The Wealth of Nations》에서 시장을 정치 국가가 발전하기 훨씬 이전에 생겨난 주요 세력으로 제시했다. 상업은 염소와 밀을 교환하거나 천을 단추와 맞바꾸는 물물교환을 통해 시작되었다. 하지만 사람들이 물건을 번거롭게 마차에 실어 보내는 것보다 서로 토큰을 건네는 것이 더 편리하다는 사실을 알게 되면서 결국 교환의 매개체로 돈을 채택했다. 이 모든 활동은 변덕스럽고, 간섭하고, 가끔 속임수도 쓰는 통치자가 등장하기 전 자유로운 사람들 사이에서 일어났다. 시장은 자연스럽게 움직였던 반면에 국가는 무역의 독립적인 리듬을 왜곡하거나 간섭하는 비교적 최근에 만들어진 책략이다.

케인스는 아테네, 바빌론, 아시리아, 페르시아, 로마를 연구하면서 이 역사가 모두 잘못되었다는 결론을 내렸다. 자본주의 자체는 적어도 기원전 3천 년 바빌로니아 제국까지 거슬러 올라가는 고대 정부의 창조물이었다. 케인스는 "개인주의적 자본주의와 그와 관련된 경제 관행은 의심할 여지 없이 바빌로니아에서 발명되었고 고고학자들이 발굴해낸 것보다 더 오래전부터 이미 수준 높은 발전을 이뤘다"[41]라고 썼는데, 이는 그가 1920년대 수행한 연구 결과로 얻은 단편적인 주장이자 70페이지에 달하는 그의 미발표 자료에 기록된 놀라운 통찰력 중 하나다. 하지만 돈은 지역 상인들이 편의성을 높이기 위해 개발한 관습이 아니라 문자, 도량형 등 국가가 만든 다른 발명품과 함께 등장한 정교한 통치 도구였다.

스미스와 다른 사상가들은 화폐제도의 발전과 돈의 발명을 혼동해서 오판했던 것이다. 케인스는 화폐제도를 "그리 중요할 게 없는 대담한 허영심의 파편일 뿐"[42]이라고 말했다. 돈은 훨씬 더 오랫동안 "대리물" 형태로 존재했었다. 돈의 진짜 중요성은 정부가 수천 년

존 메이너드 케인스

동안 장부, 두루마리, 점토판에 채무와 법적 이행 의무[43]를 구분해서 기록해온 "회계 단위"였다는 점에 있다. 강력하고 정교한 경제 시스템을 가진 제국은 화폐를 전혀 사용하지 않으면서 발전해왔다.

게다가 국가들은 항상 적극적인 통화 관리를 통치의 기본 조건으로 삼아 왔다. 그들은 보상이나 처벌의 일환으로 채무를 부과하고 폐지했으며, 순진한 상대를 속이기 위해서는 물론이고 무역을 촉진하거나 사회적 긴장을 완화하는 방편으로 화폐 가치를 낮추거나 통화의 측정 단위를 개편해왔다. 1920년대 정통 경제학자들은 인플레이션을 자연 질서를 전복시키려는 국가의 부정직한 시도로 간주했지만 이 방법은 "기록된 역사의 거의 모든 시기에 꾸준히 발생해왔다."[44]

케인스는 결국 이렇게 알게 된 사실들을 국가 중심의 통화 이론으로 엮었고 이것이 곧 《화폐론》의 근간이 되었다. 그는 돈이란 본질적으로 정치적인 수단이라고 주장했다. 금이건 종이건 그 무엇이건, 어떤 물질을 돈으로 할 것인지, 또한 어떤 "물건"을 국민과 정부가 유효한 지불 수단으로 받아들일 것인지 결정하는 주체는 국가였다. 그러므로 국가는 돈을 만들었고 그 가치를 항상 규제해왔다. "돈에 대한 이러한 권리는 모든 현대 국가가 주장해왔으며 그 역사가 족히 4천 년은 된다."[45] 금이 경제사적으로 중요해진 것은 비교적 최근 일로, 실질적인 중요성은 최근 수십 년간 임의적으로 부각돼왔다. 통화 안정의 진정한 원천은 금을 교환 매체로 선택한 정치권력의 공적 정당성에 있었다. 정치권력 없이 돈은 아무 의미가 없었다.[46]

케인스는 그래서 근본적으로 경제사를 정치사로 보게 되었다.

즉 제국이 흥망성쇠하면서 정치권력에 의해 정복하고 인수한 재물의 이야기로 본 것이다. 더 나아가 경제학은 확고부동한 자연의 법칙에 대한 냉혹한 과학적 탐색이 아니고 인간이 택한 정치 방식의 동향에 대한 일련의 관측일 뿐이었다. 학문으로서 경제학은 인간의 사회적 행동에 맞춰 나가야 했고, 그런 만큼 시간이 지나면서 많은 변화를 겪게 되었다. 케인스가 또 맥밀런 위원회 앞에서 이렇게 설명했다. "임금이 현실을 거슬러 삭감되어야 한다면 나는 그것을 더 이상 경제 법칙이라 여기지 않습니다. 그것은 사실의 문제일 뿐입니다. 경제 법칙은 사실을 규정하지 않고 그 결과가 무엇인지만 알려줍니다."[47]

게다가 현대 경제의 발전은 유럽 식민주의의 부상과 불가분의 관계에 있었다. 스페인 정복자들이 아메리카 대륙에서 다시 유럽으로 은화를 운송하기 시작하자 급격한 물가 상승을 초래하면서 이후 80년 동안 물가가 다섯 배나 뛰었다.[48] 그는 "이 황금기에 현대 자본주의가 탄생했다"라고 썼다.[49] 갑자기 돈이 넘쳐나면서 새로운 경제 프로젝트와 투자가 봇물 터지듯 이뤄졌고 기업가들의 상품 가격과 수익이 동시에 상승하면서 새로운 사업 투자가 진행됐다. 신대륙의 귀금속을 통해 발생한 인플레이션은 이내 프랑스와 영국으로 퍼져 나갔고, 모든 종류의 상품 생산자들이 생산량을 높이고 임금 상승이 이뤄지기 전에 가격 인상으로 이윤을 극대화하면서 예술적 각성이 일어났다. 케인스의 글에는 "당시 셰익스피어가 자신의 진가를 드러내려 했을 때 우리에게는 그를 지원해줄 여유가 있었다!"[50]라고 적혀 있다. 영국은 드레이크 선장이 "골든하인드호로 약탈해온 전리품"으로 그런 발전을 더 풍성하게 했고, 골든하인드호는 "영국의 해외 투자의 원천"으로 간주되었다. "이 모든 경제적 요인들이 엘리자베스 여왕 시대를 확립하고 그 위대함을 가능하게 만들었다."[51] 케인스는 자신의 분석이 시사하는 의미를 가볍게 지나쳤지만, 이는 복잡한 현대 경제의 역사가 대륙 간 약탈의 부산물이라는 것을 말해준다.

《화폐론》에는 경제사학자들 사이에서 논쟁거리가 된 내용이 많았다. 가령 유럽에 은 공급이 증가한 것은 16세기부터 유럽의 정치력이 강화됐기 때문이며 셰익스피어의 작품과는 별로 상관이 없다는 주장이 그에 속한다. 하지만 국가의 창작물로서 돈에 대한 이야기는 역사적 연구 대상으로 이후로도 수십 년간 계속되었다. 현대 금융 시스템이 교전국들의 요구에 부응하기 위해 개발되었다는 생각은 케인스에게 적대적인 경제사학자들 사이에서도 널리 수용되고 있다. 2001년에 니얼 퍼거슨은 "시작은 전쟁이었다"고 결론지었다.[52]

당시 《화폐론》은 자유방임주의의 지적 토대를 전면적으로 공격했다. 정부의 간섭이 없는 자유시장 같은 것은 없었다. 자본주의 사상은 그 자체로 돈과 부채에 대한 규제처럼 정부의 적극적인 경제 관리가 필요했다. 케인스는 또 경제 정책의 목표를 열정적인 지적 문화의 기반을 확립하는 것으로 규정했다. 그에게 경제적 승패를 결정하는 기준은 성장이나 생산성이 아니라 "위대함"이었다. 예컨대 그에게는 셰익스피어처럼 경제 정책이 지원해야 할 미학적 문화라는 객관적인 달성 지표가 있었다. 이는 자유시장 경제학자들이 향후 수십 년간 발전시킬 사상에 정면 대치되는 인간 자유에 대한 개념이었다.

케인스는 모든 역사 자료에는 현시대가 배워야 할 실용적인 교훈이 있다고 믿었다. 디플레이션은 사회적 불안과 국가적 쇠퇴를 초래했다. 그는 1930년 2월 20일에 위원회에서 "수 세기 동안 역사 서적을 읽어보니 어떤 경우든 현금 수입이 감소하면 늘 사회에 대한 강한 저항이 생겼다"고 말했다. "근대나 고대 역사에서 현금 수입의 일반적인 감소를 큰 투쟁 없이 순순히 받아들인 공동체는 없었다."[53]

노조 간부들이 급여를 낮추면 일자리를 더 창출할 수 있다고 호소하며 노동자들의 양보를 요구해도 소용없었다. 그것은 세상이 돌아가는 방식이 아니었다. 케인스는 이런 문제의 근원과 해결책이 모두 통화 시스템에 있다고 주장했다. 은행 등 금융 기관들이 존재하는 이유는 돈을 저축하려는 사람들과 새로운 사업 투자를 위해 그 돈이 필요한 사람들을 서로 연결해주기 위해서다. 일이 원활하게 진행될 경우 어떤 사람이 저축한 돈은 생산적인 연구나 공장 증설 작업에 빠르게 투입될 수 있었다. 한 사회의 총저축액은 그 사회의 총투자액과 같을 것이다. 여기서 케인스가 말하는 "투자"란 주식이나 채권에 자금을 투입하는 개인의 결정이 아니라 사업에 돈을 투입하는 투자를 의미한다. 즉 생산을 전체적으로 확장할 수 있도록 새로운 장비를 구입하거나 관련 연구를 하는 것이다.

이상적인 경우, 사람들이 저축한 돈은 비즈니스 업계에 투자한 돈과 같아야 한다는 것이 케인스의 주장이었다. 하지만 일은 꼬일 수 있다. 저축한 돈이 투자금으로 자동 전환되는 과정이 없기 때문이다. 게다가 저축을 하려는 동기와 공장을 지으려는 동기는 다르

존 메이너드 케인스

다. 케인스는《화폐론》에서 이렇게 썼다. "사람들이 부의 축적을 즉각적인 소비의 즐거움을 포기하고 개인의 자발적인 금욕을 통해 힘들게 쌓아 올리는 절약으로 생각해왔기 때문이다. 하지만 금욕만으로는 도시를 발전시킬 수 없다는 사실을 명시해야 한다. 세계의 재산들을 지어 올리고 개선하는 주체는 기업이다. 기업이 움직이면, 절약 행위가 어떤 식으로 이뤄지든 부는 축적된다."[54]

은행의 역할은 사회의 저축이 사회의 투자 역량에 완벽히 부합되도록 하는 것이다. 만약 대출 기관의 이자율이 올바로 정해져 있다면 저축은 투자로 이어질 것이고 사회는 완전한 고용상태 하에서 행복하게 운영될 것이다. 그러나 만약 총투자금이 그 사회가 원하는 총저축액보다 높다면 인플레이션이 발생할 것이다. 또한 그 사회가 투자액보다 더 많이 저축한다면 그 반대 상황이 벌어져서 "경기 침체"에 빠질 것이다.

케인스는《평화의 경제적 결과》에서 제시했던 경제사상을 스스로 내던지고 있었다. 1919년에 그는 절약과 금욕을 훌륭한 프로젝트에 투자할 자본금을 마련하는 빅토리아 시대의 미덕으로 칭송했다. 1930년대가 되자 케인스는 지나친 절약이 고상한 척하는 빅토리아 시대의 특징처럼 삶의 재미를 앗아간다는 것을 알게 됐다. 즉 사회의 에너지를 빼앗고 발전을 저해할 수 있었다. "세계의 7대 불가사의가 절약과 금욕에 의해 만들어졌을까? 나는 그렇게 생각하지 않는다."[55] 소비 부족으로 표현되는 과도한 절약은 경제적 문제를 야기할 수 있다.

케인스는 7년 전에 금본위제를 반대하면서 급진주의적 정치를 내포한 기술적 논평을 내놨었다. 그는 은행이란 엄청난 권력을 갖고 있지만 믿을 수 없다고 주장했다. 은행이 예측력을 가지고 완벽하게 운영된다는 보장이 없다는 것이다. 과잉투자와 과소투자의 불균형을 조정할 수 있는 보이지 않는 손은 없다. 은행가들은 잘못된 운영으로 그들의 수익이나 대차대조표에 중대한 손해를 끼쳐도 그런 사실을 드러내지 않고 그냥 넘어갈 것이다. 실제로 은행들은 본인들을 국가 경제를 감독하는 규제 기관으로 여기지 않았다. 은행은 그저 이익 추구만 할 뿐이거나 적어도 무모한 투자로 큰 손해를 보지 않는 데만 관심이 있었다.

하지만 누군가는 배를 조종해야 한다. 이런 사령관 역에 최적은 금리를 조절할 수 있어서 사업에 투자될 돈을 대중이 저축하도록 움직일 만한 마법의 숫자를 찾을 수 있는 중앙은행일 것이다.

이는 케인스가 《케인스의 화폐통화 개혁법안》에서 취했던 것보다 더 급진적인 태도였다. 케인스는 이 책에서 중앙은행은 정상적인 상업 활동이 인플레이션이나 디플레이션으로 인해 붕괴되지 않도록 금리를 조정해서 물가 안정을 주도면밀하게 추구해야 한다고 주장했다. 그랬던 그가 이제는 중앙은행이 그보다 더 중요한 다른 경제 문제를 해결하기 위해 인플레이션이나 디플레이션을 의도적으로 일으켜야 한다고 촉구하고 있었다. 이제 그 목표는 물가 안정이 아니라 지속적인 투자와 실업 문제였다. 필요하다면 각국의 중앙은행들이 실업률을 완화하기 위해 인플레이션을 추구해도 된다는 주장이었다.

이는 새로운 생각이었다. 하지만 케인스의 논거가 당시의 학계

존 메이너드 케인스

통설에 위배된다는 점을 과장해서는 안 된다. 그는 줄곧 실업을 수요와 공급이라는 기본적인 문제로 봤으며 이 점은 루드비히 폰 미제스 같은 보수주의 오스트리아 학자들도 마찬가지였다. 케인스는 그저 시장이 문제를 스스로 풀어낼 수 있다거나 국가가 비현실적으로 높은 임금을 책정하려는 노조의 힘을 억제함으로써 국가 사업을 가속화할 수 있다는 견해를 반박했을 뿐이었다. 인플레이션은 궁극적으로 모든 이들의 임금을 삭감되게 만드는 우회적인 방법이다. 물가 상승은 근로자의 급여가 가진 구매력을 축소시킨다. 하지만 임금이 줄면 사주는 더 많은 직원을 고용할 수 있다. 의도적인 인플레이션 정책은 조직화된 노동자를 공격하는 것보다 정치적으로 더 수월할 뿐 아니라 특정 산업이 부당하게 발탁되는 경우도 막을 수 있다. 9월에 열린 경제자문회의 회의록에 따르면 케인스는 "물가상승이라는 방법은 훨씬 더 넓은 영역에 부담을 줍니다. 임금 근로자처럼 수입이 고정적인 계층은 그들의 몫만큼 부담을 받을 겁니다. 따라서 정의와 사익을 둘 다 고려한다면 임금 삭감보다는 물가상승을 선호하는 노조 지도자들의 입장은 옳습니다"라고 말했다.[56]

이런 《화폐론》도 케인스가 몇 년 뒤 제시할 생각들과 비교하면 완곡한 편이었다. 1930년에 금융계는 케인스의 새로운 이론이 지독히 위험하다고 여겼다. 견실한 도시 금융까지, 금융의 거의 모든 면을 한결같이 공격했기 때문이다. 케인스에게 약간의 인플레이션은 정상적인 것이었다. 그리고 심각한 인플레이션이 가끔 일어나는 것도 좋은 정책이었다. 케인스에게 금은 수 세기 동안 경제적 선의를 실천한 원천이 아니라, 자유방임주의와 번영에 대한 위험한 미신을 조장한 "보수주의적 장치의 일부"[57]일 뿐이었다. 중앙은행은 국제무역의 지속적 균형을 유지하는 것 이상을 책임져야 한다. 즉, 물가는 물론 국가의 고용 수준도 규제해야 한다는 것이다.

하지만 《화폐론》도 여전히 급진적이었다. 케인스는 중앙은행이 적절한 금리로 적절한 규모의 국내 투자를 이끌어낼 수 있다고 장담할 방법은 없다고 주장했다. 상황에 따라 금리 인하가 해외 사업에 대한 투자를 촉진할 수는 있을 것이다. 케인스는 영국이 바로 그런 상황에 처했는데 4.86달러라는 과대평가된 파운드 가치 때문에 영국산 제품이 국제 시장에서 배척되었던 사례를 설명했다. 그런 상황에서 저금리는 자본이 해외, 특히 미국같이 더 경쟁력 있는 투자 프로젝트가 있는 곳으로 유입되게 만든다. 케인스는 파운드의 가치를 낮추고 적정 수준을 유지해서 상황을 개선해야 한다고 말했다. 하지만 그 말은 곧 금본위제를 중단해야 한다는 의미였다. 1930년 대공황에 대해 전 세계 경제가 어떤 반응을 할지 예측할 수 없었고, 이에 케인스는 또 다른 정책적 대안을 제시했다. 영국 경제가 직면한 궁극적인 문제는 부족한 투자 자본이므로 국가가 공공사업에 더 많은 돈을 투입하고 사람들의 일자리를 창출하라는 것이었다.[58] 그는 영국에는 세 가지 선택권이 있다고 말했다. 대규모 공공사업 정책을 수용하거나, 파운드화 가치 절하를 통해 금본위제를 거부하거나, 금본위제와 자유방임주의의 교훈을 바탕으로 "혁명"을 이끄는 것이다.[59] 케인스는 1930년 3월에 맥밀런 위원회에서 이렇게 말했다. "이미 밝힌 것처럼 제가 가장 선호하는 해법은 바로 이것입니다.[60] 우리는 기존의 틀에서 벗어날 수 있도록 과감한 정부 프로그램을 강구

존 메이너드 케인스

해야 합니다."**61**

《화폐론》은 지진처럼 경제학계를 뒤흔들었다. 이 책을 읽은 대서양 건너편 독자들은 위대한 작가의 말을 직접 들으러 케임브리지로 순례 여행을 왔고 그들 중 많은 학생이 다음 세대에 큰 영향력을 발휘할 정책입안자 대열에 합류하게 된다. 《화폐론》은 학계에서 특별한 매력과 논란을 동시에 일으켰다. 케인스의 이 거대하고 기이한 책에 대해 다들 한마디씩 의견을 보탰고, 케인스는 그중 가장 거센 공방이 오갔던 미국 경제학자, 어빙 피셔의 명성을 실추시켰다. 《화폐론》에 관한 가장 중요한 비평은 젊은 오스트리아 출신 경제학자 프리드리히 폰 하이에크에게서 나왔다. 하이에크는 자유방임주의를 심각하게 위협하는 지적 이론이 대두했다는 인식에 따라 저명 학술지, 〈이코노미카〉에 두 편에 걸쳐 《화폐론》을 공격하는 글을 실었다. 그는 케인스 저서의 "믿을 수 없을 정도로" 밀도 높은 내용을 조롱했고 케인스가 제시한 정책을 비난하고자 그가 말하는 "이익"과 "투자"의 정의를 공격했다. 하이에크는 경기침체에 대한 해법으로 케인스가 제안한 공공사업에 대해서도 적대적이었을 뿐 아니라 "지출을 확대해서 위기를 극복하려는 시도" 자체를 반박했다.**62**

하이에크의 비평은 표현은 강경했지만 이론적 무게는 없었다. 그는 화폐를 발행해서 침체된 경기를 바로잡으려는 시도는 그 무엇이든 인플레이션과 역효과를 낳는다고 주장함으로써 정부의 공공사업 투자뿐 아니라 통화 정책으로 위기를 완화하려는 중앙은행의 시도를 반대했다. 20세기 후반에 하이에크의 이념적 동지로서 가장 유명한 밀턴 프리드먼은 하이에크가 "이 세상이 바닥을 치고 빠져나오도록 내버려 둬야 한다"고 주장함으로써 "아무것도 하지 않는 정책"을 부추긴 것이라고 믿었다.[63]

하이에크는 자신을 포함해 더 심오한 오스트리아 경제학자들이 연구해온 위대한 사상들을 케인스가 알아듣지 못했다고 호된 비난을 퍼부었고, 이런 강도 높은 공격은 케인스의 가시 돋친 응답("내가 읽어본 가장 끔찍한 헛소리 중 하나"[64])을 〈이코노미카〉에 이끌어낼 만큼 그에게 큰 상처를 입혔다. 20세기 후반에 하이에크가 미국 우파 정치에 미치는 영향력이 높아졌을 때 일찍이 그와 케인스 사이에 오간 논쟁은 거물 경제학자들의 위대한 충돌이라는 점에서 거의 신화 같은 이야기로 일컬어진다.[65]

하지만 두 사람의 논쟁은 신화가 아니며 사실상 수 세대에 거쳐 전개될 정치이론을 둘러싼 아주 진지한 싸움을 시작이었다. 다만 그 길고 긴 싸움에서 가장 중요한 논쟁은 아직 수십 년을 기다려야만 했다.

경제학자들이 케인스의 최근 이론을 다루는 동안 대공황은 전 세계적으로 더 심각해졌다. 미국의 경우 1929년 8월부터 1930년 8월까지 총생산량이 27퍼센트 급락했으며 도매가격은 13퍼센트 이상, 개인 소득은 17퍼센트 하락했다. 미주리, 인디애나, 일리노이, 아이오와, 아칸소, 노스캐롤라이나에 걸쳐 수백 개의 은행이 파산했고 뉴욕에서는 주로 이민자들을 상대했던 상업은행인 BUS(뱅크 오브 더 유나이티드 스테이츠)가 미국 역사상 가장 큰 규모의 파산을 맞이했다.[66]

공장의 생산량이 적어지거나 폐업하면서 근로자 수백만 명이 일자리를 잃었다. 무료급식소마다 배고픈 이들을 먹이느라 애썼지만 이런 자선단체들도 한계에 부딪혔다. 한 번도 겪어보지 못한 상황이었다. 미국 사회복지 공동모금회 연합회장인 아서 번즈는 "우리가 가진 자금을 다 모아도 이 상황을 타개할 수 없습니다"라고 토로했다. 당시에는 연방 실업수당이 없었고 실업자들에게 보조금을 지급하는 주가 고작 여덟 개밖에 안 됐으며 그런 보조금도 가속화되는 사회적 비상사태를 충족시키기에는 턱없이 부족했다. 역사학자인 로버트 S. 맥엘베인에 따르면 미국 시골에서는 "굶주림에 지친 사람들이 때때로 잡초를 따 먹었고", 미국 도시에서는 "쓰레기통을 뒤지는 사람들의 모습"이 흔한 풍경이었다고 한다. 1930년 3월에는 무료급식소 앞에서 기다리던 수백 명의 뉴요커가 배달 트럭을 습격하는 일도 있었다.[67]

영국에서는 실업률이 1930년 한 해에만 12.4퍼센트에서 19.9퍼센트로 치솟았다.[68] 이미 부풀려진 파운드화 가치로 부진을 면치 못하던 영국의 수출 규모는 1929년 최고치에서 거의 40퍼센트나 감소했다.[69]

미국과 영국의 위기는 독일에서 벌어지는 재앙에 비하면 새 발의 피였다. 9월 14일에 아돌프 히틀러의 나치당은 640만 표와 107석의 의석을 확보하여 세계를 충격에 빠뜨린 동시에 분열된 독일에서 두 번째로 인기 있는 정당이 됨으로써, 세계를 충격에 빠뜨렸다. 10월에는 1923년에 하이퍼 인플레이션 사태를 겪은 후 독일 부흥을 주도했던 금융계의 연금술사 흐잘마르 샤흐트가 미국의 주요 도시를 돌며 연설에 나섰다. 그는 히틀러의 부상이 독일이 베르사유 조약에 따라 황폐해졌기 때문이라고 주장하며 나치의 인기를 가혹한 전쟁 배상금 문제와 결부시켰다. 1930년이 되자 배상금은 독일 경제를 붕괴시키는 여러 원인 중 하나에 불과했는데 미국에서 받는 대출 자금이 줄고, 독일의 수출을 지탱하던 국제 시장이 붕괴되면서 배상금은 여전히 부담스럽지만 그저 하나의 희생양이 되었다. 샤흐트는 〈뉴욕 타임스〉에 "독일인들이 굶어 죽게 되면 더 많은 히틀러가 등장할 것"이라고 전했다.[70]

그런 깜깜한 어둠 속에서도 케인스는 활기찬 정신상태를 유지했다. 상황이 나쁘다는 것은 부인할 수 없었다. 하지만 그는 그 불행이 계속되지 않을 것을 확신했다. 케인스는 〈네이션 앤드 아테네움〉 독자들에게 "지금 세계를 시끄럽게 하는 두 개의 대척점에 있는 비관주의적 오류는 모두 우리가 사는 동안 그 잘못이 밝혀질 것이다. 그 두 가지는 상황이 너무 나빠서 폭력적인 변화밖에 해법이 없다는 혁명가들의 비관론과 우리 경제와 사회생활의 균형이 너무 위태로워서 실험을 감행해서는 안 된다는 수구론자들의 비관론을 말한다"[71]고 전했다.

그런 밝은 태도는 케인스였기에 가능했다. 그의 낙관론은 도덕적 확신에 가까운 문제로 그의 내면에 깊이 새겨져 있었고 자신이 다시 세상의 중심이 됐다는 개인적 기쁨도 그의 낙관적 태도에 한몫했을 것이다. 케인스가 하는 말은 언제나 화제가 됐다. 그는 책을 써달라거나 총리의 자문 역할을 해달라는 부탁은 물론이고 영국 정치계의 새롭고 강력한 매체로 1922년에 설립돼 영국방송공사가 운영하는 라디오에 출연해 달라는 러브콜도 받았다. 케인스는 1931년 1월, 라디오 청취자들에게 호소했다. "따라서 애국심 가득한 주부 여러분, 내일은 일찍 거리로 나가 여기저기서 광고하는 멋진 세일 행사에 가보세요"라며 분위기를 띄웠다. "이렇게 상상도 못할 만큼 저렴한 가격은 절대 없었으니 행운을 잡을 절호의 기회입니다. 당신이 원하는 모든 조건을 충족해줄 가정용 이불과 시트, 담요를 넉넉히 챙겨 두세요. 그리고 유익한 구매 활동에 참여해서 국가에 부를 더하고 있다는 기쁨을 만끽하세요… 우리에게 지금 필요한 것은 허리띠를 졸라매는 게 아니라 무언가를 하고, 물건을 사고, 뭔가를 만들어내서 활동을 확장시키는 분위기를 조성하는 겁니다."[72] 이 방송 내용은 《청취자에게》라는 에세이로 출간됐고 케인스는 어느덧 팬레터 속에 파묻혀 있었다.

케인스의 열정적인 기질은 대부분 사상의 힘에 대한 지속적인 믿음에서 비롯되었다. 그는 10년 동안 전후 세계의 경제적 고통에 대해 생각해왔고, 그런 세계적 재난이 단순한 지적 오류로 발생했다는 결론에 도달했다. 엄청나게 거대한 문제들이었지만 거기에는 간단하고 고통 없는 해법이 존재했다.

1930년 10월에 케인스는 《우리 손주 세대의 경제적 가능성 Economic Possibilities for Our Grandchildren》이라는 제목의 에세이를 발표했다. 이는 사람들이 "3시간 교대 근무를 하거나 1주일에 15시간"만 일하면서[73] 여덟 배나 향상된 생활 수준을 향유할 수 있는 가까운 미래를 이상적으로 그린 책이었다. 그는 기술 발전과 복리의 힘으로[74] 조만간 인류가 전례 없이 높은 경제적 생산성을 얻게 되고, 새로운 기계 덕분에 인간의 노동력이 점점 더 쓸모없어질 것으로 전망했다. 케인스는 이런 과정이 이미 시작됐으며 100년 안에 결실을 맺을 것이라고 주장했다. "우리는 농업, 광업, 제조업 등 모든 작업을 지금까지 투입해온 물리적 노동력의 4분의 1만으로 해치울 수 있게 될 것이고… 그런 세상이 우리가 사는 동안 현실화될 것이다."[75]

그런 엄청난 변화는 경각심보다는 축복할 일이었다. "미래를 전망해보면 경제적 문제는 인류의 영구적 문제가 아니라는 것을 알 수 있다."[76] 인류가 식량, 주거지, 의복을 구하려고 고군분투하고 운이 좋으면 가끔 사치를 부리던 시대는 끝나가고 있다. 시민들은 지루한 일과 바닥이 보이는 은행 잔고로 인한 걱정에서 곧 해방되는 것은 물론이고 문화적으로 가치 높은 혁명이 바로 눈앞에 올 것이다. 케인스는 책에서 또 이렇게 말했다. "부를 축적하는 것에 대한 사회적 중요도가 떨어지면 윤리 규범에도 큰 변화가 생길 것이다. 소유물로서 돈을 아끼는 태도는 삶의 즐거움과 현실적인 것들의 수단으로서 돈을 아끼는 태도와 구별되며, 전자는 정신건강 전문가에게 맡겨야할 다소 범죄적이고 병적인 성향 중 하나로 인식될 것이다."[77]

자원 부족의 시대가 저물고 있으며 효율성을 위해 도덕적, 윤리적 문제를 희생했던 시대 또한 곧 끝이 날 것이다. "우리는 자유로워질 것이고 종교와 전통적 미덕이 가장 확실한 원칙, 다시 말해 탐욕은 악덕이고, 고리대금은 못된 짓이며, 돈에 대한 애정은 혐오스럽다는 원칙으로 돌아가는 것은 내일은 가능한 한 생각하지 않으려는 미덕과 건전한 지혜의 길을 걸어가는 가장 진실된 방법이다. 우리는 다시 한번 수단보다는 목적의 가치를 우선시하고 유용한 것보다

존 메이너드 케인스

는 좋은 것을 더 선호하게 될 것이다."[78] 시민들이 좋은 정신 상태와 창조적인 삶의 기쁨을 음미할 수 있을 때 블룸즈버리는 월가를 이길 것이다. 이런 일들이 앞으로 80년 안에 일어날 것이다. 우리가 해야 할 일은 자본의 축적과 분배를 주시하면서 전쟁과 인구 급증을 피하는 것이다. 케인스는 역사상 최악의 불황이 한창이 순간에도 모든 경제적 고통이 조만간 영구적으로 종말을 고할 것이라 선언했다.

로버트 스키델스키와 다른 역사가들은 케인스의 비전이 마르크스가 기대했던 공산주의 혁명 이후의 삶을 제시하는 유일한 자료 중 하나인 《독일 이데올로기The German Ideology》와 비슷하다고 강조했다. 마르크스에 따르면 자본주의 체제에서는 "한 인간의 행위가 그에 대항하는 이방인의 힘이 되고, 그는 지배자가 아닌 노예로 전락한다. 노동의 분배가 이뤄지면 그 즉시 인간에게는 그에게 강요되고 벗어날 수 없는 배타적인 특정 활동 영역이 주어진다. 그는 사냥꾼이나 어부, 양치기, 비판론자가 되고 생계 수단을 잃지 않으려면 그 일을 계속해야 한다. 반면 공산주의 사회에서는 아무도 배타적인 특정 활동 영역을 갖지 않으며, 자신이 원하는 분야 어디서든 원하는 것을 성취할 수 있고 사회는 일반적인 생산 활동을 조절해서 아침에는 사냥을 하고 오후에는 낚시를 하며 저녁에는 소를 키우고 저녁 식사 후에는 비판적 글을 쓸 수 있다. 사냥꾼이나 어부, 양치기, 비평가가 될 필요 없이 오늘은 이 일을 하고 내일은 또 다른 일을 할 수 있다."[79]

케인스는 마르크스의 글을 읽은 적이 없었다. 마르크스 생전에는 유포가 금지되다 1932년이 돼서야 비로소 책으로 출판되었기 때문이다.[80] 케인스의 유토피아는 마르크스의 비전보다 보수적이었다. 케인스의 이상향은 자본주의의 평화로운 결과이지 폭력적 전복의 결과는 아니었다. 하지만 두 남자가 구현하려고 노력했던 좋은 사회에 대한 비전은 놀랍도록 비슷했다. 두 사람 모두 물질적 생활 유지와 생각 없이 일하는 노동자들의 고단함보다 시민들의 일상적 관심사와 시민들의 생각이 우선시되는 세상을 갈망했다.

케인스와 마르크스는 또한 다가올 혁명에 대한 예측은 옳았으나 그것이 부여하는 사회적 의미에 대해서는 틀렸다는 불행한 운명도 공유했다. 마르크스가 예언한 대로 20세기에는 전 세계적으로 공산주의자에 의한 자본주의 타도 물결이 일었다. 케인스 또한 올바른 계산을 했다. 그는 향후 전개될 경제 상황을 아주 비관적으로 전망했다. 노벨 경제학상 수상자인 조지프 스티글리츠는 2008년의 세계 총 경제생산량은 미국의 빈곤선을 넘어 지구상의 모든 남녀노소를 부양할 만큼 충분한 수준에 다다랐다고 지적했는데, 이는 미국 내 빈곤층을 위한 큰 개선이며 전 세계 빈곤층을 위해서는 놀라운 성과라 할 수 있다.[81] 게다가 하버드대 경제학자인 벤저민 M. 프리드먼의 최근 분석을 보면 1인당 총 경제생산량이 생활 수준을 의미할 경우 미국의 생활 수준은 2029년까지 현재의 여덟 배로 향상될 것으로 보인다.[82] 또 다른 노벨상 수상자인 로버트 솔로는 케인스의 에세이가 나온 이후 수십 년간 세계는 여러 번의 비극적 전쟁을 피하지 못했지만 "케인스가 책에서 말한 수치들은 아직 유효하다"고 말했다.[83]

하지만 농부, 어부, 비평가의 시대는 아직 우리 앞에 도래하지 않았다. 아직 우리는 사람들 모두가 일주일에 15시간만 일하면서 나머지 시간에는 그림을 그리거나 책을 읽고 공원을 산책할 수 있는 유토피아에 살고 있지 않다. 뭐가 잘못된 것일까? 케인스는 에세이에서 인간의 생존에 필요한 필수적인 욕구와 우리의 기분을 고조시키고, 스스로가 남들보다 우월하다고 느끼게 하는 반필수적인 욕구를 구별했다. "우월감을 가져다주는 후자는 사실 충족될 수 없을지도 모른다."[84] 사람들은 여유 있는 이웃을 따라잡으려는 욕심 때문에 더 긴 시간을 일하게 될 가능성이 높다. 하지만 이런 차이가 발생하는 주된 원인은 불평등 때문이다. 지난 90여 년간 생산과 생산성의 급격한 팽창은 대부분 사회의 아주 작은 분야에서 달성돼왔다. 나머지 분야는 1920년대 중반이나 지금이나 큰 차이가 없다(물론 1930년부터 1970년까지 노동시간이 전반적으로 감소했고 이는 사람들이 더 오래 일하고자 하는 열의가 별로 없다는 사실을 명확히 말해준다). 어떤 노동자 계층 가정에서나 확인할 수 있겠지만 그들은 일해야만 하기 때문에 일한다.

요컨대, 케인스는 시장 구조나 행동주의 조세 정책을 통해 경제적 분배 문제를 규제해야 한다는 필요성을 간과했다. 《우리 손주 세대의 경제적 가능성》에서 제시한 삶이 실현되기 위해서는 부유층에 과중한 세금을 부여해야 하는데 이는 노동자들이 기업의 이익을 나눠 갖는 메커니즘이자 권력 기관이 기업의 성과를 가로채지 못하게 하는 정치적 프로세스였다.

《우리 손주 세대의 경제적 가능성》은 가벼운 마음으로 상상의 나래를 푼 글이 아니었다. 이는 케인스의 다른 경제 이론에도 정치적 맥락을 부여하는 진지한 글이었다. 케인스는 경제학을 신중한 정치 설계의 기반이 되는 기초과학으로 여기지 않았다. 그에게 경제학은 이제는 관련성이 거의 없어진 과도기적 사상이었다. 자원의 희소성이라는 제약이 없다면 경제학이라는 원칙은 전혀 문제될 것이 없었다. 계급이 없는 가까운 미래 사회에서 경제학자들은 존경할 만하고, 전문적이며, 정치와 무관한 "치과의사"나 다름없었다.

《우리 손주 세대의 경제적 가능성》은 케인스가 〈네이션 앤드 아테네움〉에서 마지막으로 출판한 주요 에세이였다. 영국 정계의 2군으로 전락한 자유당의 운명은 1929년 선거로 확고해졌고 당의 의제를 정립하려는 노력도 점점 불필요한 일이 돼가고 있었다. 한편 〈네이션 앤드 아테네움〉과 비슷한 성향의 잡지인 〈뉴 스테이츠맨The New Statesman〉에서 새로운 편집자를 찾고 있었는데, 마침 아내의 최근 소설들이 인기를 얻으면서 경제적으로 안정된 삶을 영위하게 된 레너드 울프는 몇 안 되는 직원과 지지고 볶는 주간지 발행 일을 그만둘 생각을 하고 있던 참이었다.[85] 〈뉴 스테이츠맨〉은 킹슬리 마틴을 새 편집장으로 임명하고 케인스 자신이 회장직을 맡는 조건으로 〈네이션 앤드 아테네움〉과의 합병에 동의했다. 이렇게 한 몸이 된 신문은 〈뉴 스테이츠맨 앤드 네이션〉이라는 새 이름을 달게 되었다. 하지만 지엽적 매체의 거물로서 케인스의 삶은 그렇게 끝이 났다. 그의 칼럼과 논평은 합병을 통해 살아남은 〈네이션 앤드 아테네움〉이 가진 정체성의 유일한 요소로 남는다. 케인스의 이후 여생은 학문 연구와 공직 수행에 집중되기 때문이다.

합병으로 기존 독자가 많이 떨어져 나가지는 않았다. 참혹한 대공황은 기존의 금융 정설들을 타파하려는 케인스의 다양한 요구에 더 폭넓은 독자들의 호응을 이끌었다. 전쟁 전 런던시의 금융 정책에 어떤 장점이 있었든, 그것이 더 이상 작동하지 않는다는 사실이 만천하에 드러났다. 케인스는 1919년 이후로 중대한 정치적 논쟁에서 매번 공개적으로 패했었고 그의 이번 조언도 기이하게 들릴 수 있었다. 하지만 적어도 현 상황에 대해서는 그를 비난할 수 없었다. 케인스에게 자신이 옳다는 기쁨보다 유일하게 더 큰 즐거움은 존경받는 다른 모든 사람이 틀리고 그만 옳을 때였다. 게다가 월가 붕괴 후 케인스가 정치적으로 겪은 가장 충격적인 변화는 돈이나 공공사업, 혹은 그가 20년 전에 제시했던 무한한 번영에 대한 비전이 아니라 관세 부과에 대한 그의 생각이었다.

케인스의 변화를 가장 먼저 알게 된 이들은 그의 친구들이었다. 버지니아는 1930년 9월에 한 친구에게 이런 편지를 보냈다. "메이너드가 보호주의자가 됐더라고. 너무 놀라 바로 기절했지 뭐야."[86]

1931년 3월에 케인스가 〈뉴 스테이츠맨 앤드 네이션〉 2호에 낸 칼럼은 전 세계적으로 각종 매체의 주목을 받았고 그에 대한 일련의 시사만화까지 등장했다. 칼럼에는 저금리와 공공사업을 촉구하는 그의 경제관에 딱 들어맞는 제안이 담겨 있었다. 영국은 1925년에 파운드 가치를 부풀리는 바람에 영국 수출 상품들의 가격을 너무 비싸게 만들었고 수입 제품들이 자국 시장에서 우위를 점하는 결과를 초래했다. 인건비를 낮춰 수출품 가격을 인하하는 방식으로 이런 상황을 개선할 수는 있었지만 6년이 지나도록 그런 묘수는 실현되지 않았다. 통화 가치를 낮추면, 즉 금본위제로 복귀하면 사태를 해결할 수도 있었지만 케인스는 《화폐론》에서 그런 극적인 변화는 예기치 못한 파행으로 이어질 수 있다고 경고한 바 있었다. 또 다른 방법은 영국이 수입 제품에 관세를 부과해서 국내 시장의 경쟁 양상을 조정하는 것이었다. 이 방법으로 수출 실적을 개선할 수는 없겠지만 어쩔 수 없이 값싼 수입 제품과 경쟁하고 있는 영국 제조업체들의 국내 판매 성적은 증진할 수 있었다. 물론 영국 소비자들은 물가 인상으로 생활비가 증가하겠지만 큰 폭은 아닐 것이며, 적당한 생활비 증가를 감수하면 상당히 많은 일자리를 창출할 수 있었다. 영국은 이미 무역 시장에서 정상의 자리를 뺏긴 상태였으므로 신규 일자리로 늘어날 소득은 영국인들이 더 많은 수입품을 구입하는 데 도움이 될 터였다. 무엇보다 관세로 발생하는 세수를 공공사업에 사용할 수 있었다.

원론상으로는 이 중 어떤 것도 케인스가 1920년대 초기 〈맨체스터 가디언〉을 통해 제안했던 유연한 환율 운용보다 더 급진적이지는 않았다. 관세와 통화 조정은 모두 무역의 흐름을 바꿔 국내 생산과 고용을 확대하려는 노력이었다. 한쪽은 상품 가격을 바꾸자는 것이고 다른 한쪽은 돈의 가치를 바꾸자는 것이었지만 기대하는 효과는 같았다.

게다가 영국의 자유무역 경제는 수입보다 수출 의존도가 더 높았다. 영국은 식품과 석탄, 철 같은 중공업 기초 자원이 풍부했고 자국에 부족한 자원들은 제국주의 체제를 통해 식민지에서 제공받을 수 있었다. 효율성 측면의 타격은 있겠지만 그것도 이상적인 자유무역 상황보다 떨어지는 상대적인 타격이었다. 그리고 케인스도 1931년의 세계가 이상적이지 않다는 것을 알았다. 1920년대 통화제도의 오류는 무역이 항상 자유로운 것은 아니라는 증거였다. 영국은 이미 무역 전쟁으로 최악의 고통을 겪고 있었다. 그러므로 잃을 게 없었다.

이런 무역 전쟁이 벌어지는 와중에 관세를 부과하겠다는 것은 정치적 폭탄선언과 같았다. 게다가 그 주인공이 자유당과 노동당의 연합을 이끈 장본인인 케인스였다. 그가 보수당 경제 플랫폼의 골자를 지지하고 나선 것이다. 20세기가 시작된 이후로 보수당이 내건 대영제국의 비전은 관세를 통해 자국 번영의 기틀을 마련하는 것이었다. 세수를 사회복지 활동에 투입해서 자국 산업을 해외 경쟁으로부터 보호하겠다는 취지였다. 사실 환율 및 금본위제 문제가 케인스의 이론적 노력으로 전면에 부각됐던 1923년 선거에서도 케인스 본인은 유세장에서 관세 부과를 외칠 수 없었다. 예전 학부 시절 외쳤던 "자유무역과 자유사상!"이 올바른 자유주의자의 교리로서 그의 머리에 너무 뿌리박혀 있었기 때문이다. 노동당의 사회주의자조차 자유무역의 가치를 믿었다. 관세는 단지 "런던 권위자들의 금언"에 반하는 것이 아니라 자유주의의 근간을 무너뜨리는 이단이었고, 케인스 자신도 그 점을 알았다. 그래서 케인스는 자유주의의 교리를 완전히 포기하지 않고 정책을 받아들이는 방법으로 충격을 줄이는 방법을 강구했다.

그는 신문 칼럼에 이렇게 썼다. "자유무역상들은 기존 신념에 따라 수입 관세를 그저 위급할 때 한 번 사용하는 비상용 휴대 식량 정도로 여길지도 모른다. 하지만 그런 비상사태가 발생했다. 우리가 숨 쉴 수 있는 공간과 우리를 지탱할 자금력을 확보해서 계약주의와 공포에 대항할 수 있는 국내외 정책과 계획을 모두 세워야 한다."[87]

그러나 별 효과가 없었다. 케인스와 정치적 노선을 같이했던 지식인들은 거의 모두가 경악하며 그에게 등을 돌리거나 분노 가득한 공격을 가했다. 심지어 케인스가 경영하는 〈뉴 스테이츠맨 앤드 네이션〉에서도 케임브리지 동창인 라이오넬 로빈스와 윌리엄 베버리지를 포함해 열 명가량의 저명한 작가들이 연이어 비평을 실었다. 윌리엄 베버리지는 나중에 영국의 국립보건서비스NHS를 설립한 후 케인스와 손을 잡고 제2차 세계대전 이후 복지국가 건설에 힘쓴다.[88] 노동당 출신의 재무장관이었던 필립 스노든의 부인은 1931년 3월 7일에 케인스에게 이런 편지를 보냈다. "당신의 기사를 읽었고, 시간이 될 때 제 남편에게 그 내용을 들려줄 생각입니다. 감히 말하자면 당신이 이런 노선을 택했다는 데 분명 남편도 저만큼 낙담할 겁니다. 당신이 옳다고 생각하는 만큼, 저희는 그 노선이 잘못됐다고 확신하거든요."[89]

실제로 1920년대에는 개혁을 거부하지 않았던 많은 경제사상가들이 이제는 지성인으로서 그들의 기준에 부합하는 것에만 집착함으로써 악화 일로를 걷는 국제 무역과 고용 상황에 대응했다. 무언가가 잘못돼 보였지만 그들이 믿었던 모든 것을 폐기할 필요는 없었다. 케인스가 이제 와서 관세를 요구한다면, 그가 생각했던 다른 아이디어가 개혁가들이 믿었던 것만큼 효과가 확실하지 않았기 때문일지도 몰랐다. 1929년에 케인스와 함께 〈로이드 조지가 해낼 수 있을까?〉를 집필했던 〈네이션〉의 편집자인 허버트 헨더슨도 이제는 자신의 친구가 부도덕하다며 비난했다.

내가 불만스러운 점은 당신이 작년쯤 발표한 글이나 발언에는 그 어디도 정부의 예산 상황이 엄청나게 심각하며 그 문제야말로 정말 진지하게 다뤄야 할 쟁점 중 하나라고 언급한 흔적조차 없다는 사실입니다. 반면 당신은 예산은 문제될 게 없으며, 정부 때문이든 아니면 다른 누군가 때문이든 당신이 강조하고 싶은 것은 지출이며 그것이 예산 청구와 관련되는지 아닌지는 사실상 고려할 가치가 없는 사소한 문제라는 듯이 말해왔습니다… 그렇다 보니 제아무리 똑똑하고 사고가 개방적인 사람일지라도 재정적 어려움을 어느 정도 이해하는 사람이라면 모두가 당신이 제정신이 아니라는 인상만 받게 됐습니다.[90]

영국의 예산 상태가 좋지 않다는 헨더슨의 말은 맞았다. 금본위제하에서 정부는 말 그대로 과도한 지출로 돈이 바닥날 수도 있었다. 만약 정부의 금 보유고가 바닥나면 국가가 파산할 수 있었으므로 어떤 채무를 이행하고 또 어떤 것은 불이행할 것인지 선택할 수밖에 없었다. 부진한 경제 실적과 무역 적자가 10년째 이어지는 상황에서 국고는 곧 한계에 다다를 것으로 보였다. 영란은행은 지속적인 금리 인상이 불황의 원인이 된다는 것을 알면서도 더 많은 금을 확보하기 위해 1931년까지 금리를 인상해온 상태였다. 심지어 노동당 정부도 파운드화에 대한 투자자들의 신뢰를 유지하고 파운드 보유자들이 현금을 금으로 바꾸는 것을 막기 위해 정부 지출보다 세수를 늘림으로써 잉여 예산을 관리했다. 하지만 영국은 해외 수출로 버는 돈보다 더 많은 비용을 수입품에 지출했으므로 자금이 바닥날 위험을 감수했다. 수입 전체를 금지할 수는 없으므로, 케인스는 관세를 징수해서 수입과 자금유출을 억제하려던 것이었다.

케인스는 자신을 비판하는 이들을 "옛날 얘기나 떠드는 무의미한 앵무새들"이라 부르며 가차 없이 지탄했다.[91] 윌리엄 베버리지는 그의 주장이 "명성이 부족한 다수의 자유무역주의 지지자들 사이에서 하나같이 확인되는 완전한 지적 오류"일 뿐이라고 공격했다.[92] 케인스 입장에서 그런 비평가들은 전부 세계 경제가 10년간 전혀 문제를 바로잡지 못하는 상황에서 본인들은 시장이 스스로 문제를 해결하는 국제 경제 안에서 살고 있다고 주장하고 있었다.

케인스는 〈뉴 스테이츠맨〉에 낸 후속 기사에서 이렇게 주장했다. "자연적 힘들이 저절로 문제를 바로잡는 이상적인 상황을 오늘날에는 기대할 수 없다."[93] 그에 반대하는 힘들이 너무 강하기 때문이다. "나를 비평하는 이들은 지난번 내 기사에서 자세히 다뤘고 궁극적으로 관세 부과를 제안하게 된 현 상황에 대한 분석은 전혀 고려하지 않았거나 아예 관심이 없었던 것 같다… 이것이 그저 자유무역에 대한 오디엄 씨올로지쿰odium theologicum(신념이 다른 신학자들 간에 생기는 반감이나 증오심을 뜻하는 라틴어-옮긴이)의 오류일까? 경제학이 워낙 기묘한 주제이기 때문일까? 이유를 막론하고 내 새로운 사고방식이 자유무역을 신봉하는 근본주의자들에게는 호소력이 없는 것만은 확실하다. 내가 많은 시도 끝에 우리가 처한 난관들을 해결할 수 있는 길을 찾았음에도 불구하고, 그들은 내가 썩어버린 양고기를 다시 잘근잘근 씹으면서 다 녹아버린 촛불 하나를 들고 캄캄하고 긴 지하묘지로 여행을 떠나도록 들이밀고 있다."[94]

관세 부과는 금본위제로 복귀하는 과정에서 파운드화의 고평가를 유발한 처칠의 실수를 처리하기 위해서였지만, 이 때문에 케인스는 자신이 믿어왔던 자유무역과 국제화합의 관계를 재평가해야만 했다. 그에게는 무역을 통해 다양한 문화를 연결하고 이질적인 사람들이 서로를 이해할 수 있다는 신념이 여전히 있었다. 그러나 국가 간 상호 이해를 실제로 촉진했던 문화 수출은 현대 경제를 이루는 요소 중 극히 일부로 퇴색되고 있었다. 19세기 초에 경제학자인 데이비드 리카도가 자유무역에 대한 고전적 주장을 했을 때는 희소성이 경제의 가장 시급한 문제였다.[95] 리카도는 각 국가가 자유무역을 통해 그들이 가장 잘할 수 있는 것에 전문화될 수 있고, 세계 경제는 국가별로 자급자족할 때보다 더 높은 생산성을 발휘할 수 있다고 설명했다. 하지만 기술의 발전으로 국가별 전문화가 가진 장점들이 대부분 사라졌다. 국제무역은 이제 사실상 어디서나 같은 비용으로 생산 가능한 중공업 제품들이 점령하고 있다. 상품의 원산지가 어디든 석탄은 석탄이고 강철은 강철이며 자동차는 자동차일 뿐이다. 케인스는 1933년에 이렇게 썼다. "현대 자본주의의 경험은 현대적인 대량생산 프로세스가 대다수 국가와 기후에서 거의 동일한 효율로 전개될 수 있다는 사실을 지속적으로 보여준다."

자국 경제를 대부분 스스로 일궈내려면 비용이 투입되어야 한다. 하지만 혁신 덕분에 그런 비용이 크게 절감되었다. 케인스는 글에서 "원한다면 자급자족 경제는 우리가 감당할 수 있는 사치품이 될 것이다"라고 말했다.[96]

또한 케인스는 자급자족 경제를 원하는 나라에는 합당한 이유가 있을 것으로 여겼다. 세계 경제의 초금융화는 기업 소유주와 소유자로서 그들의 결정이 미치는 사회적 영향력을 분리했다. 월가의 주주들은 펜실베니아강을 오염시키거나 미네소타 노동자들을 해고해서 생기는 이익에 대해 크게 걱정하지 않았다. 그들은 그 강에서 수영을 하거나 실직자들과 함께 성탄절을 보낸 경험이 없기 때문이다. 하지만 그런 악폐가 다국적으로 벌어졌을 때는 분노를 표출한다. 통화와 산업체에 유입되었던 투기성 자본은 그런 자금으로 풍족해진 공동체 구성원들에게 무슨 일이 벌어지건 말건 상관없이 한순간에 다른 곳으로 빠져나갈 수 있다. 케인스는 기고문에서 이렇게 주장했다. "오너십과 경영을 분리하는 것은 장기적으로 긴장과 반목을 조성할 가능성이 높거나 확실하므로 인간관계의 악이라 할 수 있다." 그러나 적어도 국경 안에서는 금융 기관이 행동해야 하는 방식에 대한 규칙을 정할 수 있는 정치 기구가 있고 경찰이 잘못을 처벌할 수도 있다. 하지만 국경을 넘어서면 사회적 책임감이 사라지곤 한다. 케인스는 "외국 자본가들의 자원과 영향력이 한 나라의 경제 구조에 침투하고 우리의 경제생활이 요동치는 외국의 경제 정책에 긴밀히 의존하는 것이 과연 국제평화를 지키고 보장하는 것인지 이제는 확신이 없다. 아이디어, 지식, 예술, 서비스, 여행 같은 것들은 국제성이라는 본질을 지켜야 한다. 하지만 상품은 합리성과 편리성이 보장되는 한 자국에서 직접 만들어야 한다. 그리고 무엇보다 금융은 국가 중심으로 운영되어야 한다."[97] 이것은 전쟁 전 케인스가 갖고 있던 세계관을 전면 부인하는 말이었다.

공교롭게도 관세의 운명은 진보주의 잡지에서 벌어지는 논쟁보다 세계 통화의 흐름과 의회의 현실정치로 정해졌다. 1931년 5월 11일에 오스트리아의 자금이 바닥났다. 비엔나에서 절대적 규모를 자랑하며 자국 내 예금액의 절반을 관리하던 크레디트안슈탈트은행이 파산한 것이다. 이는 오스트리아 금융 시스템에 극심한 타격을 주었다. 크레디트안슈탈트는 오스트리아에서 가장 권위 있는 은행이었다. 이사회에는 영란은행과 연준을 설립한 폴 와버그가 속한 독일의 금융제국인 M.M. 와버그 소속 인사들뿐 아니라 루이스 드 로스차일드 남작도 포함돼 있었다.[98] 크레디트안슈탈트가 붕괴됐다면, 다른 오스트리아 은행들은 상황이 어떨지 예금주들은 당황할 수밖에 없었다.

오스트리아 은행의 예금자들이 뱅크런을 일으키자, 오스트리아 중앙은행의 금고가 곧 바닥날 것으로 예상한 불안한 투자자들과 투기꾼들까지 오스트리아 실링화를 금으로 바꾸기 시작했다. 이 과정에서 오스트리아 정부의 금 보유고는 급속도로 줄어들었다. 런던에서는 영란은행 총재인 몬태규 노먼이 오스트리아 금융 시스템을 구제하고 금본위제 국가로서 자격을 유지할 수 있도록 긴급 자금을 지원하겠다고 약속했다. 이는 영란은행도 절대 안전하지 않다는 사실을 잘 알고 있던 노먼이 택한 영웅적 작전이었다. 하지만 큰 도움은 되지 않았다. 미국, 프랑스, 벨기에 등 여러 국가가 연합해 1,400만 달러의 구제 자금을 제공했지만 크레디트안슈탈트가 상환해야 할 1억 달러의 단기 해외 채권에 비하면 너무 미미한 규모였다.[99]

오스트리아에 대한 국제 원조는 너무 적고 너무 늦었기에, 결국

금본위제를 포기할 수밖에 없었다. 그리고 이런 상황은 독일로 확대
돼 자금이 놀라운 속도로 빠져나가고 있었다. 독일의 위기는 오스트
리아와 차원이 달랐다. 도스안으로 확립된 국제적 채권 사이클 덕분
에 미국도 직접적인 피해를 입을 수 있었다.

오스트리아 경제가 위기에 처한 그때, 케인스는 미국으로 향하
고 있었다. 그는 시카고에서 여러 강의를 한 후 워싱턴에서 후버 대
통령과 연준 의장인 유진 메이어와 만날 예정이었다.[100] 여정 중에
케인스는 1929년 주식시장 붕괴에 대한 자신의 낙관적인 분석 내용
에 결함이 있다는 것을 깨달았다. 그는 런던 경제자문회의에 이런
내용을 전했다. "문제는 은행과 예금자들의 불안감이 전국적으로 확
대되고 있다는 것인데, 미국으로 떠나기 전에는 완전히 가늠하지 못
했지만 그 불안감이 현재 상황에서 가장 큰 장애물 중 하나라고 생
각합니다."[101]

도스안에 따라 미국 은행들은 독일에 자금을 빌려주었고, 독일
은 그 돈으로 프랑스와 영국에 전쟁배상금을 지불했으며, 프랑스와
영국은 그 돈으로 미국과 미국 은행들에 전쟁 부채에 대한 이자를
갚았다. 미국 은행들이 새로운 국제 채권을 독일에 발행해서 이 사
이클을 재개하지 않으면 유럽의 재정은 무너질 수밖에 없었다. 게
다가 1929년 주식시장 붕괴 이후 독일에 투입되어야 할 미국 은행
권의 자금이 급격히 줄어들고 있었다. 1930년의 마지막 두 달 동안
에만 총 5억 5천만 달러의 예금을 관리하는 608개의 미국 은행이 파
산했다.[102] 문제는 베를린이 재정적 생존을 위해 뉴욕에서 제공되는
대출 자금에 의존하는 것만큼 뉴욕 은행들의 지급 능력 또한 독일

존 메이너드 케인스

의 배상금 상환 여부에 달려 있었다. 케인스는 당시 독일이 총 2억 파운드를 뉴욕 은행들에 빚지고 있었고 그중 맨해튼에 있는 5대 은행에 각각 갚아야 할 돈이 평균 2천만 파운드 이상이라는 것을 알았다. 이 엄청난 부채는 "위기에 처한 다른 문제들까지 고려할 때 그들이 처리할 수 있는 수준을 뛰어넘어 있었다."[103] 만약 베를린이 무너진다면 뉴욕을 포함한 모두가 공황 상태에 빠질 것이고, 그렇게 되면 금본위제로 연결된 달러화와 글로벌 경제 질서 전체가 공황 상태에 빠질 수 있었다. 세계 경제는 벼랑 끝에 서 있었다.

뉴욕에서는 토머스 라몬트가 허버트 후버에게 전화를 걸었다. 이제 다른 모든 시도가 실패한 만큼 1919년에 확정된 문제, 즉 갚을 수 없는 전쟁 부채와 배상 문제를 직시할 때가 되었다. 후버는 비상 조치로 만기된 모든 전쟁 부채와 배상금 상환을 1년간 유예할 수 있었다. 이런 정치적 제스처로 공황을 잠재우고 국제 금융 시스템의 대붕괴를 막을 시간을 벌 수 있었다. 라몬트는 그런 묘책을 생각해낸 후버를 치하하는 동시에 이제 1년 남짓 남은 1932년 대통령 선거에서 공화당의 주요 경선 후보들을 말끔히 정리해주겠다고 넌지시 약속했다. 라몬트는 이렇게 말했다. "최근 1932년 전국 정당 대회에서 현 행정부를 밀어내겠다느니 하는 소리를 많이 들으셨을 겁니다. 하지만 각하가 이 계획을 들고나오신다면 그런 수근거림이 단숨에 잠잠해질 겁니다."[104]

후버는 토머스 라몬트의 제의를 수용했다. 프랑스인들은 독일에 대한 미국의 관대함에 격분했지만 통화 위기가 가속화되자 그들도 어쩔 수 없이 7월에는 유예 조치에 합의했다. 케인스에게는 영광스러운 순간임이 틀림없었다. 예전 파리에서 전쟁 부채를 둘러싸고 자신을 방해했던 바로 그 미국 외교관들이 마침내 케인스의 생각이 전부 옳았다는 것을 인정한 셈이었다. 그러나 승리는 너무 늦게 왔다.

프랑스와 후버가 합의에 도달하는 동안 독일 은행들이 파산하기 시작했다. 독일은 가장 먼저 영국, 그리고 가능성은 희박했지만 최후의 수단으로 프랑스에 긴급 차관을 요청했다. 독일이 어떤 제안도 거절할 입장이 아니라는 것을 아는 프랑스는 원조 계획에 일련의 정치적 조건들을 포함시키려 했다. 즉, 독일과 오스트리아가 계획 중이던 무역 연합을 포기하고, 두 척의 전함 건조를 중단하며, 민족주의자들의 거리 시위를 금지해 달라는 요구였다. 가혹한 조건은 아니었지만 독일 정부로서는 불과 6년 전에 루르를 침략했던 프랑스의 정치적 요구에 굴복하고 싶지 않았다. 독일은 국제적 불명예를 당하는 대신 재정 파탄의 위기를 무릅쓰고 프랑스의 제안을 거절했다. 그런 다음 하락한 독일 화폐의 위상을 재건하기 위해 다시 한번 필사의 경제 제한 조치에 들어갔다. 이는 1923년에 겪었던 하이퍼 인플레이션이 다시 일어나지 않게 하려는 최후의 몸부림이었다. 독일의 중앙은행 라이히스방크는 15퍼센트라는 충격적 수준까지 금리를 올렸다. 재무부는 외채에 대한 이자 지급을 중단하고 국내 자본의 출금을 제한했다.[105] 독일의 금본위제도 그렇게 끝났다. 해외 채권자들이 독일에 자금을 넣을 수도 빼낼 수도 없다면 라이히스마르크는 더 이상 금으로 교환 가능한 화폐가 아니었다.

독일의 채무 불이행과 자본 통제는 상황이 불안정한 또 다른 나라들에 자금을 투입한 국제 투자자들과 통화 투기꾼들의 불안감을 증폭시켰다. 그리고 이 공황은 미국이 아니라 그보다 더 취약한 영국의 금융 시스템으로 확산되었다.

7월 13일에 맥밀런 위원회는 영국의 은행 시스템과 경제적 역할에 대한 최종 보고서를 발표했다. 이 작업은 케인스에게 전체적으로 만족스러운 경험이었다. 그는 청문회 자리에서 전쟁 이후 처음으로 영국의 주요 금융권 인사들과 직접 접촉할 수 있었고, 그가 공개 석상에서 던진 질문들은 그의 숙적들, 특히 몬태규 노먼에게 당혹감을 선사했다. 케인스는 청문회를 주도했으며 위원회의 보고서에 대해 다양한 관점이 "장황하게 섞인" 것이 단점이지만 그럼에도 "꽤 만족스러운 절충안"이라고 평했다.[106] 하지만 안타깝게도 보고서에 담긴 이론이나 제안된 정책에 관심을 갖는 이는 없었다. 투자자들은 보고서 안에 수록된 일련의 통계 자료에 집중했다. 런던의 은행들은 4억 7백만 파운드가량의 해외 단기 부채를 안고 있었다.[107] 그렇다고 이 사실이 대차대조표에서 가장 중요한 측면은 아니었다. 런던의 은행들이 보유하고 있는 자산 중 독일에 묶인 자산이 1억 파운드에 달했기 때문이다.[108] 이처럼 막대한 부채와 동결 자산의 존재를 알게 된 투자자들은 이내 영국의 은행 시스템이 부실하다는 우려를 갖게 되었다. 독일 수상인 하인리히 브루닝이 7월 15일에 채무 불이행을 발표하자 영국 은행권에서도 대규모 예금 인출 사태가 시작되었다. 영란은행에서 8월 1일까지 매일 250만 파운드의 금이 빠져나가자, 이에 대응해 프랑스 은행과 뉴욕 연방준비제도이사회로부터 총 5,000만 파운드의 자금을 지원받았다.[109]

맥도널드 수상은 침착하게 케인스에게 편지를 보내 노동당 정부가 고려 중인 긴축 정책에 대한 의견을 요청했는데, 이는 예산의 균형을 맞추면서 영국에 대한 투자자들의 신뢰를 높이기 위한 전략이었다.

케인스는 크게 당황했다. 그는 맥도널드에게 정부 예산 삭감과 세금 인상 계획은 "형편없고 효과도 없는" 정부 정책이라고 혹평했다. 예산 안정화라는 명목으로 하락하는 화폐 가치의 부담을 교사와 실업자들에게 떠안기는 것은 "사회적 정의"에 대한 모욕이었다. "우리가 조만간 언제라도 금본위제에서 벗어날 것이라는 전망은 이제 거의 확실해졌습니다. 과거에 어떤 일이 있었든 이를 피하기에는 너무 늦었습니다. 잠시 날짜를 미룰 수는 있지만… 현재 스털링화가 겪고 있는 것처럼 화폐의 미래에 대한 의구심이 존재한다면 게임은 끝난 겁니다."[110] 케인스는 유럽 대륙과 각국의 경제를 정말 재건하려면 정부의 현재 계획은 접어 두고 국제적 차원의 공공사업 활동과 더불어 새로운 통화 연맹을 마련해야 한다고 주장했다.

프랑스와 미국의 차관으로 영국은 파운드화에 대한 예금인출 사태가 재개되기 전에 가까스로 일주일의 시간을 벌 수 있었다. 맥도널드는 영국 화폐를 지키기 위한 또 다른 차관 협상을 위해 휴가를 반납하고 야간열차로 런던에 복귀했다. 그는 미국의 비공식 외교 대리인인 모건그룹과 접촉했고 월가의 투자자들로부터 자금을 수혈받는 데 성공했다. 모건그룹은 차관에 대한 영국의 의지를 정치적 이권 양보라는 조건으로 확인하려 했다. 죽어가는 청교도의 대사제들처럼 그들은 영국 정부에 균형 예산을 통해 파운드화 가치를 낮추

존 메이너드 케인스

라고 요구했다. 1919년의 갈등이 재현된 것처럼 케인스와 긴축주의자들이 또 한 번 붙은 것이다.

모건그룹의 파트너인 에드워드 그렌펠은 맥도널드 총리에게 정부 지출과 근로자 임금을 크게 조정하지 않으면 차관은 제공할 수 없다고 분명히 밝혔다. 그는 영국 총리에게 "저희도 이런 약조에 지쳐 가네요"라고 토로했다.[111] 사실 그렌펠은 노동당 지도자들에 정말 근로자들의 임금과 사회 복지를 삭감하려는 의지가 있는지 개인적인 의구심이 있었다. 그는 맥도널드를 신임하지 않았으므로 라몬트에게 "그가 가진 것 중 하얀 것은 오직 간뿐이고 그의 몸에서 붉지 않은 것은 피뿐입니다"[112]라고 말했는데 이는 모건 일족이 갖고 있는 인종과 경제적 세계관을 함축해서 보여주는 이중 모욕이었다.

8월 12일에 케인스는 자신의 암울한 예측을 조금 수정했다. 그는 맥도널드에게 영국이 금본위제를 유지할 수는 있지만 그러려면 정부가 관세, 대대적 공공사업, 대폭적인 금리 인하를 통해 디플레이션을 방지하는 포괄적 프로그램을 이행해야만 한다는 내용의 서신을 보냈다. 무엇보다 기존 시스템을 완전히 뒤흔드는 필사의 대형 사업을 전개해야만 한다는 점을 강조했다. "제가 오늘 받은 인상으로는 아주 과감하고 공격적인 조치를 취하지 않는 한 영국은 한 달 내에 큰 위기에 처할 것입니다."[113]

금융시장의 혼란은 문화적 사태가 돼가고 있었다. 총파업이 일어났을 때와 마찬가지로 경제 대란은 저녁 식사 자리나 거리에서 주된 화제가 되었다. 일부 지역에서는 파운드 가치가 떨어진다거나 영국이 금본위제에서 탈퇴할 것이라는 전망이 "국가 자긍심"에 상처를 줬고 국민들의 불안이 전국에서 요동쳤다.[114] 버지니아 울프는 8월 15일 일기에 이렇게 적었다. "국가가 위기로 격통을 앓고 있다. 엄청난 사건들이 일어나는 중이다. 메이너드는 총리 관저를 방문해 충격적인 소문들을 퍼뜨리고 있고… 우리가 겪는 (재정적) 난관을 후세 사람들도 공포심 속에서 볼까?"[115]

맥도널드 수상과 재무장관인 필립 스노든은 겁쟁이가 아니었다. 두 사람 모두 자신의 신념을 위해 개인적으로 엄청난 희생을 했고 세계 무대에서 대담한 정치적 입장을 내세웠던 인물이었다. 열렬한 평화주의자였던 스노든은 전쟁에 반대하느라 자신의 정치 인생을 거의 무너뜨릴 뻔한 적도 있었다. 맥도널드로 치자면 미국이 전후 유럽의 위기 상황에 발을 들이게 된 것도 결과적으로 보면 프랑스군의 루르 침공에 대한 그의 분노 덕분이었다. 하지만 맥도널드 총리는 모건그룹, 뉴욕 연준, 영란은행과 연이은 비밀 회동을 한 다음 케인스의 계획을 받아들이지 않았다. 사회주의자인 총리에게도 그 계획은 너무 과격했다.

대신 맥도널드와 스노든은 세금을 6,000만 파운드 더 걷고, 정부 지출을 7,000만 파운드 삭감하며, 실업 수당을 10퍼센트나 줄이는 방법으로 모건이 승인한 프로그램에 힘을 실어주었다.[116] 이는 정치적 날벼락이었다. 실직자가 백만 명이 넘는 상황에서 실업 수당을 건드리는 것은 노동당 정부의 나머지 멤버들에게도 몹시 불쾌한 결정이었다. 영국의 사회주의 행정부가 공약으로 내세운 기본적인 사회 정의가 미국 은행가들에 의해 인질로 잡힌 것과 다름없었다. 협상이 8월 23일 일요일 저녁에 최고조에 달하자 노동당 정부는 아수라장이 되었고 장관들은 계속된 "언쟁"으로 "열이 나고 지쳐" 있었다. 밤 10시 20분에 녹초가 된 맥도널드 총리는 국왕에게 사임을 표했다.[117]

하지만 그것으로 끝이 아니었다. 다음 날 노동당에 대항하는 모든 야당이 연합한 새로운 정당이 맥도널드를 그들의 당 대표로 선출하면서 그는 토리당 정부의 좌익 수장이 되는 동시에 수상으로 재임명되었다. 예산 삭감은 승인되었고 모건그룹이 약속을 이행하면서 영국 정부는 미국으로부터 2억 달러를, 그리고 프랑스로부터 2억 달러의 차관을 추가로 받았다.[118]

케인스는 절망했다. 그는 어머니에게 보낸 편지에 "이 나라가 디플레이션 효과를 보려고 막무가내로 달려드네요. 하지만 그 결과가 어떨지는 하늘이 알 거예요"라며 불만을 털어놓았다.[119] 또 뉴욕의 은행가인 월터 케이스에게는 "침울하기 그지없네요… 이제 신문을 펼치면 대혼란의 광경이 펼쳐지겠죠"[120]라고 전했다.

케인스는 공개적으로 맥도널드와 모건그룹의 거래를 비난했다. 하지만 소용없었다. 구제를 향한 영국의 의지는 꺾을 수 없었다. 모건그룹의 차관은 메마른 땅의 단비가 될 것이다. 유럽은 금본위제로 고장 난 것이 사실이었다. 1925년에 케인스가 경고했듯이, 유럽이 전쟁의 화염에 휩싸인 동안 야금야금 금을 비축해둔 미 연준은 금본위제라는 명목으로 그들의 우선순위에 따라 영국을 옴짝달싹 못하게 만들었다. 케인스의 눈에는 1914년에 발생한 금융 위기에 영국이 대응했던 방식과 1931년 연준이 위기를 관리하는 방식 간의 차이가 그대로 보였다. 영국은 수요에 맞춰 현금이 필요한 곳에 자금을 계속 공급했지만 연준은 미국의 채무불이행 상황을 우려했기에 비축된 자금을 그대로 보호했다. 당시 세계의 금 보유고 절반 이상이 미국에 있었는데도 그들은 재정난에 빠진 국가나 파산 직전에 놓인 미국 은행들에 이를 빌려주는 대신 금고 안에 쓸데없이 쌓아두었다. 영국 정부의 예산이나 자금 수혈 모두 근본적인 문제를 해결할 수는 없었다.

케인스는 〈뉴 스테이트맨 앤드 네이션〉 칼럼에서 이렇게 말했다. "정부의 정책에는 사실상 정책이라는 것이 전혀 없다. 그들은 단지 외화로 단기 차관을 받아 스털링화로 단기 차관을 상환하기 위해 정부 예산을 조정하는 조건으로 외국 채권기관이 요구하는 조건을 그대로 받아들였다… 국제적 금본위제가 작동하는 가운데 전 세계는 그 이기주의와 아둔함에 신물이 나 있다. 금본위제는 국제무역을 촉진하기는커녕 세계 경제에 저주를 퍼부었다."[121]

파운드화에 대한 공격이 계속되면서 모건그룹과 맥도널드가 세운 계획의 허점이 드러났다. 9월 16일, 하원의원들은 케인스를 불러 함께 위기를 논의했다. 케인스는 그들에게 단도직입적으로 나라가 재앙을 향해 돌진하고 있다고 말했다. 케인스는 "정부의 예산안은 모든 측면에서 낙제입니다. 제 생각에 정부가 추진하는 프로그램은 제 평생 의회가 저지른 최악의 계획 중 하나입니다."[122] "이대로 간다면 성탄절 즈음에는 실업률이 10퍼센트 상승할 것이고 프로그램이 마무리될 때에는 40만 개의 일자리가 사라질 겁니다. 무역수지는 나아질 수도 있겠지만 그건 수입 식품에 대한 실직자들의 소비가 줄어들기 때문일 겁니다. 식품 수입 소비를 줄이는 정말 놀랍도록 우

존 메이너드 케인스

회적이고 한심한 방법이죠!"

케인스가 촉구했던 정책적 조언들은 오늘날에도 상당히 익숙하다. 그는 관세와 영국 생산자들에 대한 보조금으로 무역 상황을 개선하고, 전쟁 부채와 배상금을 전부 없애버리는 국제 협약을 맺고, 채무국들이 지고 있는 그 밖의 외채에 대해서는 3년간 국제 자금을 지원하고, 정부 인프라에 대한 개선 자금을 마련하기 위해 대규모 국제 채권을 마련해야 한다고 주장했다. "어디서나 저렴하게 자금을 활용하고 모든 정부가 대규모 공공사업 프로그램을 전개하는 것"이 그 골자였다.[123]

이 제안에 담긴 시대정신과 그 내용을 담은 서신은 그가 1919년에 발행했던 국제적 처방전과 놀랄 만큼 비슷하다. 관세와 공공사업으로 내용이 더 강화되었지만 그는 근본적으로 동일한 문제를 우려했다. 세계 금융 시스템을 이끄는 핵심 주자들의 사익 추구 때문에 그들에게는 유럽이 처한 사회적 문제들을 해결할 의지도, 해결할 수도 없었다는 것이다. 문제는 너무 거대했고 실패의 대가 또한 너무 컸다. 계획을 이행하기도 어려웠지만, 국가가 주도하는 시스템을 이길 대안적 해법은 없었다.

케인스는 의원들에게 "지난 12년 동안 저는 정부 정책에 거의 입김을 주지 못했습니다. 하지만 카산드라Cassandra(그리스 신화에 나오는 인물로 불길한 일의 예언자-옮긴이) 역할은 꽤 성공적으로 해왔습니다. 제 명예를 걸고 장담하건대, 우리가 지난 몇 주간 결정한 끔찍한 정책적 실수들은 망상에 빠진 정치가들의 씻을 수 없는 죄로 남을 겁니다."[124]

긴축주의자들이 얻은 승리의 대가는 처참했다. 고작 9월 18일이 되자 모건이 제공한 자금은 영국 통화를 제대로 지원하지도 못한 채 고갈돼버렸다. 영국 경제는 다시 궁지에 몰렸고 다른 모든 옵션은 소진됐으며, 1931년 9월 21일에 영국 정부는 마침내 금본위제를 포기했다. 그날 아침 케인스는 화이트홀이나 의회에 출석하는 대신 버지니아 울프, 리처드 칸과 함께 있었다. 버지니아는 후에 당시 상황을 이렇게 회상했다. "우리 세 사람이 경제와 정치를 논하고 있을 때 마치 전쟁이라도 일어난 것처럼 경비병들이 진을 치고 런던탑 방어에 들어갔다."[125] 이는 적절한 묘사였다. 금본위제의 종말은 1914년 8월에 케인스가 비비안 힐의 오토바이 사이드카를 타고 런던으로 달려온 이후로 매달려온 경제적 분투 중 마지막 전투였다. 또한 그가 노동당 정부와 가진 경험은 1919년 로이드 조지 행정부의 공직자로 그가 파리에서 담당했던 역할을 그대로 상기시켰다. 정부의 경제정책 자문가로서 그의 영향력은 미국의 비타협적인 행동으로 인해 또다시 좌절되었다. 그리고 그의 조언은 비극적이지만 또다시 옳은 것으로 판명될 것이다. 영국과 미국에는 그 대가가 또 다른 전쟁으로 돌아올 것이다.

JOHN
MAY
NARD
KEYNES

불사조
케인스

08

1932년 1월 초, 케인스는 베를린으로 조용히 짧은 여행을 떠났다. 공개된 일정이 아니었고 신문 보도도 없었으며 케인스의 수첩에도 별도로 표시되지 않은 여행이었다. 그는 베르사유 조약을 비난하고 전쟁 배상액에 대한 국제적 관용을 집요하게 요구한 이력 덕분에 독일인들의 사랑을 받았지만, 그와 독일의 보수당 수상인 하인리히 브루닝은 비슷한 부류가 아니었다. 브루닝은 케인스와 긴 회의를 하면서 독일이 통화 팽창 전술을 고려하기에는 1923년에 하이퍼 인플레이션으로 입은 피해가 너무 크다는 입장을 고수했다. 국제적 원조가 없는 한 그는 독일 경제를 힘겨운 디플레이션 속에서 계속 예전 방식으로 운용할 수밖에 없었다.

1932년 1월 13일 케인스는 영란은행 총재인 알렉산더 쇼에게 편지를 썼다. "저는 짧은 독일 방문을 마치고 이제 막 귀국했습니다.

존 메이너드 케인스

그곳 상황은 정말 참혹했습니다."[1] 그는 관련 내용을 〈뉴 스테이츠 맨 앤드 네이션〉 지면에 더 자세히 다루었다. "현재 독일은 역사상 그 어떤 나라보다 더 끔찍한 디플레이션을 겪고 있다… 이제 그들이 견딜 수 있는 한계를 초월한 상태다… 모든 것이 모호하고 정해진 것이 없지만 너무나 많은 독일인이 오직 '변화'만을 바라고 있다. 게다가 전쟁이 발발한 지도 이제 17년도 넘었다."[2]

비탄에 잠긴 케인스는 지금의 독일, 다시 말해 인구의 3분의 1이 실직 상태이고 나머지 국민들 또한 "끔찍하게 낙후된" 생활 수준에 있는 현재 독일을 만든 "전문가들"을 공격했다. 긴축에 대한 국민 정서는 자국과 해외 가릴 것 없이 그런 상황을 이끈 장본인들에 대한 극심한 분노를 낳았다. 케인스는 기고문에서 "배상금 문제는 인간의 마음속 깊은 곳에서 솟구치는 감정을 낳았고, 그 결과 아주 단순한 반응과 결정의 문제가 되었다"라고 썼다. "물론 배상금과 부채는 현재 독일 상황을 초래한 복잡한 사건 중 일부일 뿐이라는 주장도 과학적으로는 맞지만 일반인들의 시각은 그렇지 않았다. 이 문제를 조금이라도 생각하고 느끼는 사람들은 상황을 단순화하기 때문이다. 그리고 그런 사람이 '변화'의 의지를 굳힌다면 그는 효력을 발휘할 구체적인 사항들만 요구할 것이다."[3]

이는 케인스가 1919년에 권력자들을 향했던 것과 똑같은 정치적 경고로 불안에 기름을 끼얹지 말라는 것이었다. 그는 국가 재건 사업을 전개하는 동시에 전쟁 부채와 배상금을 없애라는 이제는 지칠 만큼 반복된 요구를 다시 하고 있었다. 하지만 이 짧은 글에 배어 있는 침통한 어조를 보면 케인스 또한 게임은 이미 끝났다는 것을 알고 있었던 것 같다. 이 기고문에는 수사적 격정도, 글의 위대함을 돋보이기 위한 신랄한 독설이나 위트도 보이지 않았다. 글에는 그저 그에게 세계적 명성을 가져다준 위대한 프로젝트가 대차대조표로도 평가될 수 없을 만큼 불길한 패배로 치닫고 있다는 인식만 강렬했다.

그로부터 6개월 뒤, 독일 유권자들은 브루닝을 총리직에서 몰아냈다. 그리고 1923년 하이퍼 인플레이션 참사 이후 비어홀 폭동을 일으켜 국제적 조롱거리가 된 한 젊은이가 독일의 총리가 되었다. 그가 공식적으로 권좌에 오르자 총통과 그의 나치당에 대한 언론의 판단은 누그러질 수밖에 없었다. 〈뉴욕타임스〉는 "나치당이 보여줬던 칼날같이 날카로운 시각들이 무디어지고 있다"는 말로 독자들을 진정시켰고 〈브루클린 데일리 이글〉은 히틀러가 예전 정치 선동가로서 그의 모습을 쉽게 떠올리지 못할 정도로 "회유적 태도"를 보이고 있다는 결론을 냈다.[4] 심지어 미국에서 가장 저명한 칼럼니스트인 월터 리프먼조차 히틀러를 "진정한 문명인의 진정한 목소리"라고 선언했다.[5] 하지만 케인스는 히틀러의 당선을 완전히 비극으로 치부했다. 그는 〈데일리 메일〉 칼럼을 통해 "육체와 정신이 망가진 독일인들이 오딘Odin(북유럽 신화에 나오는 게르만 민족이 숭배했던 최고신-옮긴이) 시대는 아닐지언정 중세 방식으로 퇴보해서 현실로부터 탈출하려고 한다"고 주장했다.[6]

1930년대 초반에 정부로 복귀한 케인스는 국민의 삶을 개선할 수 있는 경제 정책의 힘에 대한 낙관적인 근거를 갖고 있었다. 그는 지난 10년간 경제 정책이 여러 나쁜 일들을 예방하는 데 사용됐을뿐

더러 좋은 일을 적극적으로 촉진하기도 했다고 믿었고, 새로운 정부 관료들은 케인스가 경제 위원회에서 영향력을 행사할 수 있도록 하나가 아닌 두 자리를 주기로 결정했다. 하지만 그들은 케인스의 충고를 귀담아듣지 않았다. 1932년이 되자 참혹한 처지에 놓인 나라가 비단 독일 한 곳은 아니었다. 리디아 가족을 만나러 레닌그라드를 두 번째로 방문한 케인스는 "볼셰비키에 대해 아주 암울한 감정을 갖게 됐다"는 기록을 남겼다. 소련 당국이 처가에 보복할 수도 있다는 생각에 공개적인 글은 삼갔지만 케인스는 친구와 가족에게 그가 느낀 공포심을 털어놓았다. "여기에 오기 전에는 그들이 얼마나 광폭하고, 국정보다 그들의 실험에만 목을 매고 있는지 떠올리기가 불가능해."[7] 영국에서는 오스왈드 모슬리라는 젊은 국회의원이 1931년 경제 위기 때 맥도널드 정부가 케인스의 제안을 거부하자 의원직을 사임했다. 그는 이후 영국 파시스트 연합을 설립했다. 케인스가 우려했던 대로 경제 문제는 곪아 터져 불안정한 정치를 야기했고, 대중은 정치적 해결책을 간절히 원했다.

한편 마르크스 사상은 블룸즈버리 안에서도 개종자를 배출하고 있었다. 1930년대에 케인스와 함께 연구 작업을 했던 캐나다의 유명한 경제학자인 로리 타시스에 따르면, 케임브리지의 지성인들은 리튼의 사촌인 존 스트레치가 출판한 마르크스 레닌주의의 통렬한 족적인 《다가오는 권력투쟁The Coming Struggle for Power》이 순식간에 "케임브리지 학생들의 바이블"이 되면서 그를 중심으로 움직이기 시작한다.[8] 스트레치도 과학적으로는 자본주의가 전쟁을 거치면서 이전보다 더 인간적인 방식으로 작동할 수 있다는 것을 부정하지 않았다. 그러나 그와 영국의 다른 많은 마르크스주의자는 그런 개혁이 정치적으로는 불가능하다고 믿었다. 폭력적 혁명 없이는 유럽과 미국의 실세인 자본주의자 계층이 노동자 계층에게 결코 양보할 리가 없다는 게 그들의 주장이었다.[9] 그리고 월가와 런던 시티City(보통 런던의 금융계나 은행들과 정치 기관들이 몰려 있는 런던 중심가를 뜻함-옮긴이)의 많은 이들이 실제로 스트레치의 주장을 증명하려고 애쓰고 있는 것처럼 보였다. 노동당은 선거에서 이길 수 있는데도 JP모건이 지시하는 재정적 요구를 수락하는 바람에 참담한 경제적 실패를 겪었다. 케임브리지대학의 학생이 된 바네사의 아들인 줄리안마저 사회주의자 대열에 합류했다. 그는 가족에게 "소위 지식인을 자처하는 사람 중에 현재의 위기를 마르크스적으로 분석하지 않는 사람은 찾기 힘들어요"라고 말했다.[10]

블룸즈버리 친구들은 여전히 케인스의 경제사상이 어떻게 변화하고 있는지 주시했다. 예컨대 버나드 러셀의 아내인 도라가 〈뉴 스테이츠맨 앤드 네이션〉에 보낸 편지에서 던진 질문은 그들 모두의 마음을 대변하고 있었다. 만약 케인스의 사상이 정말 그렇게 뛰어나고 뿌리박힌 계급적 이해관계가 그것의 실행을 가로막지 않았다면, 왜 아무도 그 사상을 채택하지 않았을까?

이에 케인스는 "왜냐하면 전문가든 일반인이든 아직은 내 생각이 옳다는 것을 그들에게 납득시키지 못했기 때문"이라고 답했다. "계급 간 갈등을 기반으로 한 정당은 우리가 해야 할 일을 모두가 잘 알고 있다고 믿는다. 그들은 우리가 부유층과 빈곤층으로 분열돼 있는데 그중 부유층은 사리사욕을 위해 계급 전쟁을 막으려 하는 사악

존 메이너드 케인스

한 무리이고 그런 사악한 이들이 권력을 가지고 있어서 그들을 권좌에서 몰아내려면 혁명이 필요하다고 주장한다. 하지만 이 문제에 대한 내 시각은 다르다. 새롭고 제대로 이해되지 않아 어렵고 불분명한 이론도 시간이 흐르면 쉬워지지만, 우리의 임무를 파악하기는 엄청나게 어렵고, 자신이 옳다고 다른 이들에게 설득하는 것은 더더욱 어려운 법이다." 케인스는 "좋은 사상이 가진 설득력에 비해 그 앞을 가로막으며 사리만 챙기려는 자본주의자의 힘은 상대적으로 하찮다"라고 역설했다.[11]

이는 〈로이드 조지가 해낼 수 있을까?〉에서 야심 찬 공공사업이야말로 영국이 최근 처한 문제를 해결하는 분명하고 직관적인 방법이라고 대중을 설득하던 낙관적인 저자의 모습과는 상당한 괴리가 있었다. 케인스는 1929년에 자신의 생각이 옳은 길이라는 것을 모두가 확인하게 될 것이라 큰소리를 쳤지만 그때는 적어도 시티 권위자들의 허튼짓에 놀라지 않았을 때였다.

이러한 방향 전환에는 역사적 유물론에 대한 승산 없는 싸움 이상의 이유가 있었다. 케인스는 설득의 기술을 정비하고 있었던 것이다. 제1차 세계대전이 발발했을 때부터 1931년 영국에 재정 위기가 터지기까지 케인스의 공적 삶을 이끈 불꽃은 자신의 총명함으로 유럽의 정책을 굴복시키겠다는 헛된 욕망이었다. 그는 재무부의 관료였지만 재정적 압박이 심한 상황에서 징병제나 결정적 한 방은 불가능한 전략이라는 사실을 전쟁 내각에 설득하지 못했다. 영국 대표로 파리평화회의에 참석했을 때는 유럽의 장기적 평화를 위한다면 대륙 재건을 위해 무엇보다 대중의 협력과 헌신이 필요하다는 사실을 세계 정상들에게 납득시키지 못했다. 정부 내부자로서 영향력을 발휘하지 못하자 그는 저널리스트, 지식인, 언론계 거물이라는 명함을 달고 외부 선동가로서 정부를 압박하려 애썼다. 하지만 1932년이 되자 그의 두 번째 시도도 실패했다는 것이 자명했다. 그는 자유주의자들이 무용지물이 됐을 때 자유당을 정복했다. 그가 《평화의 경제적 결과》와 《처칠의 경제적 결과》에서 선언한 내용들은 이제 일반인들의 통념이 됐지만, 케인스의 예언이 현실화되면서 그의 정치적 동맹군들은 권력에서 축출되었다. 이제는 그가 소싯적부터 반대해온 정당이 통치권을 잡았고 케인스의 주장 때문이 아니라 토리당 스스로 50년 동안 관세를 옹호해왔기 때문에 관세를 부과했다. 영국은 금본위제를 폐지하면서 공공사업 프로그램을 전개할 만한 충분한 여유를 얻었지만 그렇다고 공공사업이 정부 의제로 선정되지는 않았다. 다들 베르사유 조약이 와해될 것이라고 입을 모았으나 문제를 제때 바로잡아 독일의 재난을 막으려는 자는 아무도 없었다.

1933년에 국제 통화 질서를 쇄신하자고 열린 회의가 향후 협력을 위한 어떤 계획이나 과정도 도출하지 못한 채 결렬되자 케인스는 전통적인 재정 관행을 넘어서지 못하면 독일에서 이미 곪고 있는 정치적 질병이 급속도로 확산될 것을 예언하며 유럽 지도자들에게 절망감을 안겨주었다. 케인스는 〈데일리 메일〉의 기고문에서 이렇게 말했다. "이제는 숨길 것도 없이 모든 게 자명해졌다. 회의의 실패로 권력자들에 대한 일반인들의 회의감이 높아지고 존경심은 사라질 것이다. 이렇게 커가는 실망감은 최근 어디에서나 볼 수 있듯 민주주의가 직면한 심각한 위기 중 하나가 될 것이다."[12]

존 메이너드 케인스

케인스는 이런 악몽을 거치면서 특별한 이력을 쌓아나갔다. 일반 대중을 위해 복잡한 금융의 신비를 없앰으로써 세계 최고의 대중적 지식인으로 변모한 것이다. 그는 경제사상들이 그렇게 복잡한 것만은 아니라는 태도를 견지했다. 다만 사람들이 금융계에서 사용하는 전문용어와 그 바닥 사람들의 부와 품격에 주눅이 드는 것뿐이었다. 부자들이 돈에 대해 뭔가를 알고 있는 것은 확실하다. 그렇지 않다면 어떻게 그렇게 많은 돈을 손에 넣을 수 있었겠는가? 시티에서 오가는 말들을 일상용어로 번역해서 누가 봐도 효과적이지 않은 정책을 옹호하는 이들을 무너뜨릴 누군가가 필요한 거대한 시장이 있었다.

대중적 지식인으로서 능력은 케인스에게 돈 이상의 가치를 부여했다. 50세의 케인스는 처남의 오토바이를 타고 화이트홀로 달려갔던 무명의 청년에서 이제는 몰라볼 정도로 유명한 사회 명사가 돼 있었다. 그에게는 시골의 땅이 있었고, 모든 대륙의 출판사들이 그를 모셔 가려 안달했으며, 유럽 왕족의 귀빈 대우를 받았고, 국제적 호평을 받는 발레리나 아내가 있었다. 그는 블룸즈버리의 주요 후원자였고 이 모임은 적어도 유럽과 북미 대륙에서 찬사를 받는 버지니아 울프라는 천재 작가 한 명을 배출한 예술 운동의 본거지였다. 비록 케인스 자신은 미학적 재능이 특출하지 않았지만 그의 명성과 재산은 스스로 가장 본받고 싶었던 당대의 위대한 예술가들과 함께 발전해나갈 수 있는 바탕이 되었다.

케인스는 전쟁, 대공황, 모더니즘처럼 그가 살면서 겪은 대형 사건들의 역사를 책으로 엮은 작가들에 의해 언급될 운명이었던 것 같다. 하지만 그의 명성으로 정치권력을 바꾸지는 못했으므로 그의 삶이 사후에도 깊이 조명되지는 못했다. 세계는 수십 년 전 세계대전 시대를 살았던 명사들의 대부분을 잊었다. 만약 케인스가 미래를 재편하는 방법을 찾지 못했다면 그는 각주에서나 언급되는 많은 유명인 중 한 명으로 남았을 것이다.

케인스는 문필가로 상당한 독자층을 쌓았지만 그들이 지도자들을 움직일 수는 없었다. 선거철에 무슨 공약을 하든 총리와 각료들은 일단 권력을 잡으면 주술을 쓰고, 신성화된 방정식을 숭배하며, 균형 예산과 고금리만이 진정한 구원의 길이라고 점치는 금융 신비주의자들에 의존했다. 케인스는 그런 신성화가 금융권의 경제적 교리와 일반 대중의 평범한 의견을 분리해서 그들의 권력을 만들어냈다는 것을 마침내 깨달았다. 케인스가 더 많은 일반인을 설득하면 할수록, 금융권의 예언자들은 베일에 싸인 금융계의 진짜 비밀을 아는 것은 자신들 뿐이라고 정치인들을 구워삶았다. 정신이 제대로 박힌 총리라면 재무부 책임자를 길거리로 내쫓지는 않을 것이다. 개혁의 요구가 클수록 더 믿을 만한 전문가에게 배를 맡기는 것이 중요했다. 케인스가 권력에 다가가고 싶다면 먼저 그 신비주의자들을 개조해야 했다.

그래서 케인스는 스스로 신비주의자가 되기로 했다. 그는 경제 문제를 설명하던 방식을 바꾸었다. 금융적 딜레마는 더 이상 누군가 이해할 수 있는 쉬운 해법을 가진 간단한 문제가 아니었다. 금융이란 위대한 지식 논객들도 위대한 진리를 찾아 나가야 하는 어렵고 복잡한 영역이었다. 케인스는 대중 언론을 통해 적수들을 놀리고 조

존 메이너드 케인스

롱하는 방식을 중단하고, 학술지를 통해 더 전문적으로 주장을 펼치는 데 에너지를 집중하기 시작했다. 스스로를 잘못된 신화의 폭로자가 아닌, 낡은 사고방식을 뜯어고칠 거대하고 새로운 이론을 발전시키는 경제학 분야의 알버트 아인슈타인으로 자리매김하려는 것이었다. 이는 어떻게 보면 그와 학문적 대립 관계에 있는 사람들을 미화하는 것이었다. 그들이 틀릴 수는 있지만 그렇다고 그들이 어리석거나 착각에 빠진 것은 아니었다. 실제로 그들의 관점은 너무 공고해서 중대한 지적 변화가 있어야만 비로소 움직일 수 있었다. 케인스는 적들과 공식적으로 대면하지 않으려 했고 관련된 설명도 피했다. 케인스는 적들이 이해할 수 없는 이론 연구로 너무 바빠서 그들의 질문에 답할 시간적 여유가 없었다. 은행가인 R. H. 브랜드가 케인스가 라디오 방송에서 언급한 "수요의 새로운 문제"에 대해 설명해 달라고 요청했지만 그는 브랜드를 떨쳐내듯 거절했다. 케인스는 브랜드에게 은행가의 의견은 현시점의 지적 역사에서 그다지 중요하지 않다는 사실을 알리기 전에 "죄송하지만 지금은 당신에게 말해줄 게 전혀 없습니다"라고 말했다. 케인스에게는 경제학자만이 중요했다. "현재 새 책을 열심히 쓰고 있습니다… 책이 나오면… 굉장히 이론적인 내용이 강할 겁니다. 저의 첫 번째 목표는 동료 경제학자들을 설득시키는 것이니까요."[13]

케인스는 마르크스주의 친구들과 함께 조만간 그가 새로운 사상을 발표할 것이라는 듯한 뉘앙스를 풍기기 시작했다. 그가 사회주의 극작가인 조지 버나드 쇼에게 보낸 편지에는 "지금 경제이론서를 쓰고 있는데 그 내용이 과히 혁명적일 겁니다. 당장은 아니고 향후 10년간 경제에 대한 세상 사람들의 사고방식을 크게 바꾸리라 생각되거든요. 제 새로운 이론이 정치와 감정과 열정에 적절히 동화되고 섞였을 때 실제 정세와 조치에 궁극적으로 어떤 결과를 미칠지는 모르겠어요. 하지만 마르크스주의에 대한 리카도의 이론적 토대가 무너질 겁니다. 현시점에는 사람들이 제 말을 믿을지 모르겠네요. 하지만 제게는 제 말이 그저 희망사항이 아닌 확신입니다"라고 적혀 있었다.[14]

케인스의 불가사의한 자신감에 영국 엘리트들은 당황했을 것이다. 하지만 대서양 건너편에 있는 한 나라, 케인스가 좋아하지도 않고 그 정부를 절대 신뢰한 적도 없는 그 나라에서는 경제적 이단자들에게 실권을 부여할 만한 일들이 암암리에 진행되고 있었다.

1932년 미국 대선을 일주일 앞둔 날, 네바다 주지사인 프레드 발자르가 부주지사인 몰리 그리스월드에게 전화를 했다. 발자르는 지난 며칠간 워싱턴에서 긴급 대출을 두고 허버트 후버 행정부 각료들과 협상(사실상 애원)을 벌인 뒤였다. 서부 금융계의 대부인 조지 윙필드가 소유한 네바다 은행들이 보유한 현금이 일 년 내내 소진되고 있었고, 네바다 주지사는 연방정부의 원조가 없으면 윙필드의 은행 제국이 무너질 것으로 확신했다. 윙필드는 인구도 얼마 안 되는 네바다주에 소재한 32개 은행 중 13개를 관리하고 있었고 지역의 엘리트 실세들과 관계도 좋았다. 5년 전 50만 달러가 넘는 공적자금이 윙필드 은행에서 불가사의하게 사라졌을 때, 네바다 주민들은 은행이 직접 돈을 갚도록 몰아붙이는 대신 분실된 돈의 3분의 2가량을

존 메이너드 케인스

특별 세금 형태로 부담하겠다는 너그러운 제안(물론 주민 대표단을 통해)을 했다. 하지만 대공황이 진행되는 동안 목축업자들이 대출금을 상환하지 못하면서 윙필드 은행은 위기에 처했고, 이 때문에 네바다주 경제 전체가 위험해졌다. 네바다주 은행들에 예치된 돈의 57퍼센트 이상이 윙필드 은행에 묶여 있었고 은행이 파산하면 그 돈 대부분이 증발할 터였다.[15]

1932년 한 해 동안 윙필드는 새롭게 설립된 부흥금융회사RFC로부터 4백만 달러, 그리고 샌프란시스코 연방준비제도이사회로부터 1백만 달러에 달하는 자금을 지원받았다. 발자르 주지사는 부주지사에게 불운한 소식을 전했다. 워싱턴의 후버 행정부가 그의 요청을 거절했던 것이다. 윙필드는 RFC에서 추가로 받은 2백만 달러를 충당할 담보가 없었고 연방정부는 악화에 양화를 수혈하지 않는다는 원칙을 따랐다. 이에 발자르는 부주지사에게 좀 급진적인 조치를 취하라고 지시했다. 11월 12일까지 네바다주의 모든 은행을 폐쇄해서 예금주들이 윙필드에서 더 이상 자금을 인출하지 못하게 막은 다음 주 정부가 구제해줄 때까지 시간을 벌자는 것이었다.

그리스월드는 각종 법령들을 샅샅이 살펴봤지만 주 정부가 주 안의 모든 은행을 폐쇄할 수 있는 권한은 찾을 수 없었다. 그래서 그는 일반 휴일을 선포하고 그동안 "법으로 정하는 세금과 의무 납부를 제외한 모든 성격의 채무 상환을 금지했다." 하지만 그마저 납부자의 자발적인 동의가 필요했다. 게다가 그에게는 기업과 상점들이 무조건 문을 닫게 만들 힘이 없었다.

그들의 작전은 성공하지 못했다. 윙필드 지점들은 모두 문을 닫았지만 아무 문제가 없는 리노 제1국민은행이 문을 열자 네바다 사람들 모두가 문제의 근원을 깨닫게 되었다. 그것으로 윙필드의 운명이 끝이 났다. 그의 은행은 이후 다시는 영업을 재개하지 않았다.

나중에 팻 맥카란 상원의원은 그의 딸에게 이 사건을 이렇게 설명했다. "윙필드 사태로 상거래에 대혼란이 벌어지면서 네바다주의 금융과 산업 생태계를 파괴했단다. 그 은행이 정치적 결탁과 정치권력을 통해 120만 달러의 공적 자금을 관리하고 있었거든. 그러니 여기저기 난리가 난 거지. 네바다대학의 운영 자금도 그 은행에 묶여 있었어. 샌프란시스코 도매업자들의 경우 네바다 상인들에게 운송되는 도매 상품은 신용을 연장하지 말라는 지시를 내리기도 했단다."[16]

월스트리트는 네바다에서 한참 떨어져 있었고 1930년대 거리로는 지금보다 훨씬 더 멀었다. 네바다주는 은행권이 위기에 빠지기 1년 전에 도박을 합법화했는데, 이는 콜로라도강 댐 건설 일을 하는 젊은이들을 겨냥한 것이었다. 하지만 윙필드는 그런 노동자들이 일과 후 몰려드는 먼지 나는 작은 마을인 라스베이거스에 심지어 상점 하나를 차릴 엄두도 내지 못했다. 윙필드 조직을 구하려는 네바다주의 노력은 연방 권력에서 멀리 떨어진 부패로 악명 높은 또 다른 주에서도 비슷한 형태의 실험으로 반복되었다. 2월에 불굴의 남부 선동가인 휴이 롱은 시민들에게 표면상 우드로 윌슨이 독일과의 외교를 단절한 16주년을 기념하여 루이지애나의 은행들이 문을 닫게 된다는 소식을 전했다.

미대륙 양쪽 끝에서 벌어진 이 별개의 사건들에는 정치적 연

존 메이너드 케인스

관성이 있었다. 미국 상거래의 전방과 후미에서 전개되는 위기는 1929년의 대공황, 유럽의 금융 혼란, 또 연방준비제도이사회와 워싱턴의 대응과 불가분의 관계에 있었다. 수년간 부패로 취약해진 은행들이 제일 먼저 무너졌다. 게다가 은행권의 부패는 연방정부가 과연 그런 은행들까지 구제해줘야 하는지에 대한 사람들의 회의감을 불러일으켰다. 2월에는 미국의 산업 중심지로 부상하던 미시간주의 최대 은행인 유니언 가디언 트러스트가 긴급 RFC 자금으로 5천만 달러를 요청했다. 후버 행정부는 헨리 포드가 유니언 가디언의 부채 중 일부를 탕감해주는 조건으로 구제책을 마련하려 했지만 포드가 협조하지 않았다. 그는 "이 나라에서 가장 세금을 많이 내는 내가 은행권 대출 문제로 정부를 구제해줄 이유는 없소. 그대로 무너지게 놔둡시다"라며 거절했다.[17] 미시간 은행들도 그렇게 문을 닫았다.

포드는 후버 행정부가 당시 재임명한 앤드류 멜론 재무장관이 금융 허무주의를 낳은 대공황에 대응이 필요하다고 주장했다는 사실을 전하며 대통령에게 이렇게 말했다. "노조, 주식, 농부, 부동산을 청산하세요. 그러면 시스템이 스스로 썩은 부위를 도려낼 겁니다… 그렇게 되면 사람들은 더 열심히 일하고 더 도덕적인 삶을 살 거라고요."[18] 이는 하이에크가 《화폐론》을 공격하면서 내세운 입장이기도 했다. 파산은 무분별한 경제 붐의 불가피한 결과이며 이에 따른 손실에 정부가 당의를 입혀봤자 사태는 악화될 뿐이었다는 것이다.

케인스의 모든 본능과 가정은 그런 하이에크의 사상을 거부했다. 제도적 붕괴와 무질서를 통한 변화를 추구하기에 케인스는 버크를 너무 사랑했다. 또한 처벌을 정화활동으로 미화하는 청교도적 발상은 본인의 성 정체성을 통해 일찌감치 교회를 저버린 남자의 마음을 전혀 움직이지 못했다. 주식시장이 폭락한 후 케인스가 겨우 안도의 한숨을 내쉴 수 있었던 것은 정부 지도자들이 공격적인 금융시장 구제책을 채택할 것으로 기대했기 때문이었다.

하지만 연준은 케인스보다 하이에크의 주장을 더 수긍한 것 같았다. 검은 화요일 이후 뉴욕 연준의 조지 해리슨 총재가 애쓴 덕분에 구제금융이 급물살을 탔고, 중앙은행은 금리를 사실상 1931년 수준으로 인하했다. 하지만 2.5퍼센트라는 역사적인 저금리도 주식시장이 붕괴한 이후에는 효과를 발휘하지 못했다. 1930년 9월에 열린 연준 회의에서 아돌프 밀러는 참석자들에게 "이렇게 저금리인데도 돈이 싸지도 않고 쉽지도 않습니다"라고 말했다. 통화가 급속히 수축되자 작은 경제 수치도 아주 크게 느껴졌다.[19] 그리고 폭락 이후 뉴욕 은행들에 제공된 긴급 지원이 나머지 은행권까지는 확대되지 않았다. 뉴딜 경제학자인 라우클린 커리는 (후에 밀턴 프리드먼도 동감한 분석을 통해) 연준이 지방 및 소도시 은행들의 증권을 적절한 가격에 매입해서 은행 고객들의 인출 수요를 충족시켜주거나 지역 기업들에 대출을 해줄 만한 현금을 마련하게 하면 은행의 자금을 보호하고 파산을 막을 수도 있었다고 주장했다.[20] 그러나 중앙은행의 관리들과 유력 경제학자들은 침체된 은행들의 몸부림을 은행 시스템이 전반적으로 강화되는 신호로 오인한 것 같았다. 취약한 은행들이 소멸되면 남은 은행들이 강해진다는 원리였다. 하버드대 경제학자인 조지프 슘페터는 "은행에 대한 지원은 어떤 식으로든 인위적인

존 메이너드 케인스

부양책일 뿐이므로 불황을 완전히 해결할 수 없다"고 믿었다.[21]

1931년 가을, 오스트리아의 크레디트인슈탈트가 파산한 후 투기 세력이 중앙은행을 공격하자 연준은 투자자들이 달러를 금으로 바꾸지 못하도록 금리를 인상했다. 금리가 높아지자 대출 자금에 의존해온 미국 기업들의 비용이 증가되었고, 특히 농업의 경우에는 다른 산업에서 해고된 노동자들이 가계 예산을 줄여 식품 수요가 하락하면서 연이은 채무불이행 사태가 벌어졌다. 대출금을 갚지 못하는 농부들이 많아지자 은행권이 비틀거리기 시작했다. 네바다와 루이지애나 같은 주들은 특히 상황이 심각했다. 여기에 유럽 쪽 채권으로 불거진 도시권 은행들의 위기가 결합되면서 전국적으로 금융 붕괴의 두 번째 물결이 일었다. 1929년 주식 폭락으로 인한 손실과 별개로 미국 내 모든 은행 예금의 42퍼센트가 1932년 말까지 흔적도 없이 사라졌다.[22] 미국 내 자금이 고갈되자 달러 가치는 더욱 상승했다. 부패가 정말로 다른 모든 것들과 함께 제거되고 있었다.

후버 대통령 자신이 그의 고문들보다 더 열심히 이 시스템을 지원해왔었다. 후버는 몇 달 동안 RFC 설립을 반대했지만 대중이 압박을 가하고 연준의 유진 마이어가 내부자들을 교묘히 움직이자 결국 고집을 꺾었다.[23] 경제 회복을 위한 후버 대통령의 갖은 노력과 마찬가지로 RFC도 엄격한 규칙에 따라 움직이는 운신의 폭이 제한된 작은 프로그램일 뿐이었다. 후버는 RFC를 그다지 신뢰하지 않았다. 그는 1930년대 말 의회 연설에서 "입법적 조치로는 경제 위기를 치유할 수 없습니다"라고 주장했다.[24] 후버는 대신 대중의 신뢰를 높이기 위해 장밋빛 전망을 제시하고 국가 건전성을 부각하는 데 주력했다.

주식시장이 붕괴한 후 몇 달간 실업률이 치솟고 미국 근로자 중 4분의 1 이상이 직장을 잃자 그의 낙관주의는 국민들에게 대통령은 이해 불가능한 사람이라는 확신만 부여했다. 네바다 은행들이 문을 닫고 며칠 후 있었던 대통령 선거에서 프랭클린 델라노 루스벨트FDR라는 종잡을 수 없는 뉴욕의 귀족 정치가가 여섯 개 주를 제외한 모든 지역에서 18퍼센트 차이로 후버를 앞질렀을 때도 놀라는 사람이 거의 없었다.

하지만 후버는 선거 패배처럼 우연히, 그리고 순식간에 벌어진 일로 자신의 경제원칙을 포기하는 사람이 아니었다. 미시간 주지사가 어쩔 수 없이 은행 휴일을 선포하자 후버는 신임 대통령 당선자에게 자신과 함께 국가 재정에 관한 공동 선언문을 발표하는 게 좋겠다는 서한을 보냈다. 후버는 편지에 "그런 선언이 이뤄지면 국가가 크게 안정될 겁니다. 통화 가치가 부당하게 변경되거나 하락하지 않는다는 것을 보장해주면 추가 과세가 필요할지라도 예산은 확실히 균형을 맞출 수 있을 겁니다. 정부의 신용은 증권을 발행할 때 소진하지 않으면 유지될 수 있습니다"라고 썼다.[25] 후버는 그의 회고록에서 은행 시스템 안정화를 위해 프랭클린 루스벨트와 초당적 협력을 꾀한 본인의 노고를 치하했지만 펜실베니아 상원의원인 데이비드 리드에게 보낸 편지에서는 자신이 루스벨트에게 "공화당 행정부의 주요 프로그램 전체를 승인하고 루스벨트가 대통령 선거에서 공약했던 소위 뉴딜 정책의 90퍼센트를 포기해달라"고 요청했다는 사실을 시인했다.[26]

루스벨트는 대통령직에 취임하기 전부터 미국을 현재의 재앙으

존 메이너드 케인스

로 이끈 정책을 지지할 의도가 전혀 없었다. 한편, 지역 은행들을 폐쇄하는 주들이 계속 생기자 사람들은 개인 예금을 직접 관리하기 시작했다. 아서 M. 슐레진저 주니어는 "다들 본인 돈은 본인이 확실히 지키자는 신념에 따라 돈이 조금 있는 사람들은 양말 안에 넣어두었고 돈이 많은 사람들은 외국 은행에 예금했다"고 논평했다.[27] 전국적으로 공황이 시작된 것이다.

미국 은행권에 위기가 오면 늘 그렇듯, 정말 거대한 뱅크런bank run(은행의 예금 지급 불능 상태-옮긴이)은 뉴욕에서 집중적으로 일어났다. 1933년 2월 한 달간 맨해튼 소재 은행들의 예금 손실액은 총 7억 6,000만 달러에 달했고 예금자들에게 지급할 현금을 확보하기 위해 총 2억 6,000만 달러의 국채를 현금화했다.[28] 맨해튼에 있는 은행들에는 전국 소형 은행들의 자금이 예치돼 있었는데 지방 은행들도 고객의 예금 인출 사태에 대응하려면 이 돈을 이체할 수밖에 없었다. 따라서 뉴욕의 대형 은행들이 무너진다는 것은 미국 금융 시스템이 전멸한다는 것을 의미했다. 뉴욕에 예치된 지역 은행들의 자금이 사라지면 그 즉시 지역 은행들은 붕괴될 수밖에 없었다. 허버트 리만 주지사는 취임 몇 주 만에 전례 없이 뉴욕 은행 시스템의 셧다운 준비에 들어갔다. 연준 의장인 유진 마이어는 후버에게 긴급 조치를 간곡히 촉구했지만 그 와중에 월스트리트의 국제적 명성이 훼손될 것을 우려한 토머스 라몬트는 은행들이 계속 운영될 수 있도록 압력을 행사했다.

1917년 제정된 적성국 교역법Trading with the Enemy Act(적성국으로 규정된 나라의 미국 내 자산을 동결하고 교역을 금지함은 물론, 그 나라와 교역하는 상대국에도 경제적 제재를 가하는 법률-옮긴이)에는 좀 모호한 조항 하나가 있었는데, 바로 국가 안보가 위험에 처했을 때 대통령이 전국의 모든 은행을 폐쇄할 수 있다는 것이었다. 그러나 후버는 이에 반대했다. 그는 해당 법령이 명확하지 않다고 말했다. 연방정부의 그런 전면 조치에는 득보다 실이 많았다. 은행 규제는 각 주에서 해결해야 할 문제였다. 후버는 신임 대통령이 본인과 같이 공동선언을 해준다면 지역 은행들에 연방정부의 긴급 자금을 대줄 수 있겠지만 전면적인 은행 폐쇄는 승인할 수 없었다.[29] 3월 4일 토요일 새벽 4시 20분에 허버트 리만은 더 이상 기다릴 수 없다는 결론에 이르렀다. 그는 뉴욕주에 있는 모든 은행을 폐쇄하는 긴급 포고를 했다. 전 세계의 금융 자금이 갑자기 동결되었고 미국의 모든 주도 포고에 따랐다. "동이 트자 미국 은행들은 사후 경직 상태에 빠진 것 같았다."[30] 새로운 대통령이 취임하는 날이었다.

루스벨트는 음울한 현재 상황을 어떻게든 타개하려는 혈기 왕성한 낙관주의로 선거운동에 임했었다. 선거 이후 취임식이 있기 전 몇 달간 루스벨트와 그의 충신들은 차기 행정부를 다양한 개혁가들로 채워 넣었다. 제닝스 브라이언을 지지하는 인민 당원, 윌슨을 지지하는 자유주의자, 루이스 브랜다이스 계열의 반독점법 지지자, 그리고 몇몇 철저한 공산주의자들이 그 안에 포함돼 있었다. 1933년 겨울 당시 루스벨트의 경제학적 지식은 정교하지 않았지만 자신이 원하는 것에 대해서는 확실한 신념이 있었고, 이념적 다양성을 갖춘 행정부 덕분에 그는 마침내 케인스 사상에 정치적 생명을 불어넣을

존 메이너드 케인스

세계 정상으로 우뚝 설 수 있었다.[31] 또한 케인스가 집필 중이던 학술서인 《일반이론The General Theory》은 왜 뉴딜정책이 (아니 적어도 뉴딜정책의 요소들이) 타당한지를 앞으로 설명해줄 것이다.

지적으로는 다소 서툰 감이 있었지만, 프랭클린 루스벨트의 대통령 취임사를 접한 케인스는 즉시 그와 사상적 동질감을 느꼈다. 루스벨트는 엘리트층의 잘못된 생각에 불편함을 느끼는 동시에 그들과 편안하게 어울릴 수 있는 남자였다. 그는 1914년 당시 케인스의 중심 사상이었던 민간 금융의 불안정성을 토로하는 연설과 함께 정권을 출범했다. 프랭클린 루스벨트는 취임사를 통해 은행권에 국가 최고 공직자의 권위를 과감히 표명하는 동시에 대중주의자로서 금융계 고위 거물들을 노골적으로 공격했다. 루스벨트는 "풍요가 바로 문턱에 와 있지만 공급된 상품들을 넉넉히 사용하는 모습은 시들해지고 있습니다. 이는 무엇보다 인류의 상품 교환을 관할하는 자들이 그들의 고집과 무능함으로 인한 실패를 인정하고 물러났기 때문입니다. 비양심적인 금융업자들의 사업 관행은 국민들에게 깊은 거부감을 일으키며 여론의 심판대에 섰습니다. 그들은 자신의 사익만 챙기는 세대의 규칙만 알고 있었습니다. 그들에게는 비전이 없었고, 비전이 없는 사람들은 멸망하기 마련입니다." 루스벨트는 이 혼란의 책임이 누구에게 있는지 의심이 생기지 않도록 말을 이었다. "금융업자들은 문명화라는 사원의 높은 자리에서 스스로 도망쳤습니다. 우리는 이제 그 사원에서 고대의 진리를 되찾을 수 있을지도 모릅니다. 복원의 척도는 단순한 금전적 이익보다 사회적 가치를 더 고귀하게 여기고 적용하는 데 있습니다."[32] 이는 오늘날에도 급진적인 발상으로 여겨진다. 사적 이익이라는 동기는 경제 시스템 안에서 어떤 역할을 하든 번영하는 경제 질서의 토대가 될 수 없다는 것이다.

루스벨트는 다양한 청중 유형에 맞춰 그의 정치적 페르소나를 다양하게 연출하는 데 뛰어났으며 자신의 정책 방향과 맞지 않더라도 필요에 따라 미사여구를 활용할 줄 알았다. 하지만 대통령이 된 이후에는 취임 첫날 그가 한 말이 진심이었다는 것을 몸소 보여줬다. 은행권에서의 자유방임주의 포기가 일시에 일어난 것은 아니었지만 아주 철저히 이뤄진 것은 사실이었다. 이후 루스벨트 대통령은 금본위제를 탈피하고, 예치금 제도를 사회화하고, 연방준비제도를 국유화하고, 연준을 재무부의 감독 아래 두어 통화 정책과 재정 정책을 통일하고, 미국 내 최대 은행들을 사업영역이 한정된 작은 금융기관들과 분리하게 된다. 요컨대 루스벨트는 미국 금융 부문의 정치적 결탁을 타파하고 연방정부의 지휘 아래 경제 회복의 도구로 사용하기 시작했다.

이는 케인스의 정책이 미국에서 그 자신도 상상하지 못한 수준으로 국가, 사회, 돈의 관계에 근본적인 변화를 가져오는 훨씬 더 포괄적인 가능성을 증명한 사건이었다. 하지만 1933년에 루스벨트와 케인스의 이념적 동맹에 일관성이 없었다. 프랭클린 루스벨트는 1933년 취임 연설에서 "우리의 가장 큰 과제는 사람들이 일하게 하는 겁니다. 우리가 이 임무에 현명하고 용감하게 맞선다면 이 문제는 해결될 수 있습니다"라고 말했다. 이 문제를 정부가 직접 나서서 전쟁 같은 비상사태를 다루듯 처리하면 임무를 일정 부분 달성할 수 있었다. 루스벨트의 이 연설 내용은 케인스가 영국에서 목소리를 높

존 메이너드 케인스

였지만 소득이 없었던 주장과 정확히 일치했다. 하지만 이번에는 사정이 달랐다. "연방정부, 주정부와 지방정부는 곧 대폭적인 비용 삭감 요구에 따른 조치를 (반드시) 취하게 될 겁니다." 게다가 "국민들의 삶을 안정화하고 소득 균형을 높이려는" 루스벨트의 열정에는 소득이 있을 것이다.

프랭클린의 대통령 취임사 중 오늘날 가장 많이 기억되는 것은 첫 구절이다. "우선 저는 우리가 두려워해야 할 유일한 대상은 두려움 그 자체라는 제 굳은 믿음부터 강력히 주장하는 바입니다. 막연하고, 이유도 없고, 부당한 두려움이야말로 후퇴를 전진으로 바꾸는 노력을 마비시키는 테러와 같습니다." 이 말은 그저 국가의 신념을 되살리려는 호소가 아니었다. 이는 루스벨트가 짧은 취임 연설을 한 직후 공격에 나서야 할 은행 붕괴의 한가운데서 혼란을 잠재우려는 직접적인 호소였다.

허버트 리만의 은행 휴업 조치로 3월 4일 토요일에 미국의 금융 시스템은 사실상 폐쇄되었다. 그리고 다음 날인 일요일에도 모든 은행이 문을 닫았다. 3월 6일 월요일 새벽 1시에 루스벨트 대통령은 전국 은행 휴일을 선포했다. 이후 며칠은 연방 심사관들이 은행 장부를 조사하고 미국 내 모든 은행의 운명을 결정하는 작업을 하느라 문을 닫았고, 의회는 연방정부와 연방준비제도이사회의 더 폭넓은 구제 권한을 승인하는 법안을 서둘러 통과시켰다. 3월 4일에 문을 닫은 1만 7,000개 은행 중 2,000개는 그 후 다시 문을 열지 못한다.[33] 그리고 살아남은 은행들은 정부가 곤경에 빠진 모든 은행의 부채를 갚아줄 것이라는 암묵적인 보장에 따라 영업을 개시했다. 영업이 정지된 은행들은 사업이 건전하지 못했다. 건전한 은행들이 살아남았고, 루스벨트는 그런 건전한 금융기관들이 공황에 따른 예금 인출 사태로 무너지게 놔둘 생각이 없었다.

이는 은행들이 다시 영업을 재개하기 직전인 1933년 3월 12일에 루스벨트가 전국에 방송된 라디오 연설에서 전한 첫 번째 "노변담화" 내용이었다. 1920년대에 라디오는 중산층 가정의 주된 매체로 자리 잡고 있었지만 대중을 상대로 한 정치적 의사소통에 라디오의 힘을 완전히 활용한 미국 정치인은 루스벨트가 처음이었다. 그의 첫 번째 메시지에는 미국이 직면한 최악의 뱅크런을 진정시키려는 노력이 담겨 있었다. 13분간 이어진 연설에서 루스벨트는 국민에게 일반 은행의 기본적인 운영 방식을 설명한 후 위기에 대한 정부의 대응 계획을 상세히 설명했다. "영업을 재개한 은행들은 모든 합법적인 고객 요구에 응대할 겁니다. 조폐국에서는 새로운 화폐가 발행돼 전국 각지에 대량으로 보내지고 있습니다. 새로운 화폐는 탄탄한 실제 자산이 보증하므로 건전성이 보장됩니다. 이제 여러분의 소중한 돈을 매트리스 밑보다 다시 문을 연 은행에 보관하는 편이 더 안전하다는 것을 제가 장담합니다."[34]

루스벨트는 금융권이 공황 상태에 빠지게 된 심리와 뱅크런의 역학을 쉬운 말로 설명해서 국민들의 두려움을 달랬고 은행이 다시 문을 열었을 때 발생할 수 있는 뱅크런을 막고자 최선을 다했다. 루스벨트는 그의 충만한 자신감을 솜씨 좋게 보여줬고 극적인 정책 변화로 자신의 공약을 뒷받침했다는 점에서도 전임 대통령과는 달랐다. 미국 국민으로 하여금 뻔한 거짓말을 믿도록 강요하지 않았다.

존 메이너드 케인스

그들에게 지금까지와는 다른 새로운 사실을 믿어 달라고 요청한 것이다. "우리의 금융 시스템을 재정비하는 데 있어서 통화나 금보다 더 중요한 것이 있다면 그것은 바로 국민의 신뢰입니다. 자신감과 용기는 우리의 계획을 성공적으로 이행하는 데 꼭 필요합니다. 여러분에게는 믿음이 필요합니다. 근거 없는 소문과 추측에 사로잡혀서는 안 됩니다. 두려움을 없애기 위해 모두 뭉칩시다. 우리에게는 이제 우리의 금융 시스템을 회복할 수 있는 장치가 있습니다. 그것을 지원하고 작동시키는 것은 여러분에게 달려 있습니다.

"이것은 저의 문제이자 여러분의 문제입니다. 뭉치면 실패하지 않습니다."[35]

월가의 그 누구도 예상하지 못했지만 은행권에 대한 루스벨트의 전략은 성공적이었다. 전국을 휩쓴 공황 속에서도 은행들은 별 타격 없이 그다음 주에 다시 문을 열었다. 미국의 금융 시스템은 연방정부가 내세운 새로운 원칙과 새로운 표준에 따라 보호되었다. JP모건의 은행가들도 런던으로 보낸 전보에서 이런 성과를 진심으로 기뻐했다. "루스벨트 대통령의 행동에 온 나라가 감탄하고 있습니다. 불과 한 주 만에 이런 업적을 거두다니, 다들 전에 없던 경험이라 당황하는 것 같습니다."[36]

하지만 취임 초기의 허니문 기간은 오래가지 못했다. 한 달 뒤 루스벨트가 금본위제를 포기하자 정통주의자들이 반격에 나섰다. 〈뉴욕타임스〉는 1면 헤드라인으로 신임 대통령이 미국의 "통화 독재자"를 자처했다는 기사를 냈다.[37] 루스벨트는 실제로 달러화에 대해 이례적인 수준으로 행정적 통제력을 행사하고 있었다. 그는 미국 내 모든 금화와 금 증권을 1온스당 20.67달러 환율로 연준에 넘기는 조치를 지시했다. 곧이어 미국 내에서는 금 교환이 아예 불가능하도록 만들었다. 연준이 더 이상 미국인들의 지폐를 금으로 바꿔주지 않았다.

루스벨트의 계획 중 첫 단계는 의도적인 물가 인상이었다. 이는 케인스가 《화폐론》에서 옹호했던 인플레이션 정책이었지만 루스벨트는 독자적인 방식으로 이를 단행했다. 그는 물가 인상이 산업에 유리할 것으로 판단했지만, 그보다 더 초점을 맞춘 것은 미국의 농장들을 구제하는 일이었다. 대공황 시기에 미국 인구의 절반 이상은 농업 거래의 지역 허브 역할을 하는 농촌 지역에 살고 있었다(오늘날에는 미국인의 80퍼센트 이상이 도시에 산다). 게다가 루스벨트가 대통령에 취임할 당시에는 전체 농가 대출의 절반가량이 채무불이행 사태에 처해 있었다.[38] 대공황으로 인한 강력한 디플레이션 전략이 여지없이 농부들에게 타격을 가했던 것이다. 농산물의 가격을 하락했지만 농부들이 씨앗을 뿌리고 작물을 수확하는 데 쓴 대출 잔고는 전혀 줄어들지 않았다. 농부들은 어쩔 수 없이 푼돈에 농작물을 팔았고 그들의 빚은 눈덩이만큼 불어났다.

프랭클린 루스벨트는 농부들에게 좀 더 우호적인 대출 상품을 마련하기 위해 일련의 프로그램을 마련했다. 하지만 무섭게 떨어지는 생필품 가격을 대통령이 막지 못한다면 주택담보대출의 금리 인하는 별다른 도움이 될 수 없었다. 루스벨트는 1933년 여름에 해외의 통화 전략을 조사하기 위해 경제 고문인 조지 워런을 유럽으로 파견했다. 이후 우울한 정치적 판단과 함께 귀국한 그는 대통령에게 이렇게 보

존 메이너드 케인스

고했다. "히틀러는 디플레이션의 결과물입니다. 유럽은 물가 상승과 독재자의 부상 중 한쪽을 선택해야 하는 상황으로 보입니다."[39]

한편 루스벨트는 미국 내 상황들을 접하면서 과감한 조치가 필요하다는 확신을 얻었다. 국민들의 금화를 회수하는 결정을 내린 지 2주 후, 찰스 브랜들리 판사는 아이오와주 르마스에서 일련의 압류 사건들을 맡게 되었다. 총 15개 농장이 압류될 위기에 처하자 분노가 폭발한 농부 250명이 브랜들리의 법정에 출두해 압류에 대한 모라토리엄을 전국적으로 시행하라고 요구했다. 선동자들은 판사석을 습격하고 브랜들리의 목에 밧줄을 맨 다음 마을 교차로로 끌고 가 "구타를 가하기 직전"까지 갔다.[40] 루스벨트 대통령은 취임식 날 금융권 붕괴를 막았지만 미국의 농촌 지역은 아직 혁명의 위기에 놓여 있었다.

국민의 절반이 시골에 살고 있었으므로 높아진 농작물 가격으로 인해 인상된 식품 가격은 어느 정도 희생을 감수할 만했다. 그런데 루스벨트는 달러 가치를 떨어뜨려서 농작물 가격을 올리기로 결정했다. 이 작전에 승산이 있다면 임금을 포함한 모든 가격이 상승하면서 인상된 식료품비가 일반 가정의 생활비에 미치는 영향을 완화할 수 있었다. 프랭클린 루스벨트는 우드로 윌슨의 옛 보좌관인 에드워드 M 하우스 대령에게 보낸 서신에 이렇게 썼다. "인플레이션을 유도하는 것은 어쩔 수 없는 선택입니다. 제 은행가 지인들의 간담은 좀 서늘해졌겠지만요."[41]

일반인들은 더 이상 지폐를 금으로 바꿀 수 없었지만 루스벨트가 달러와 금의 연관성을 완전히 끊어버린 것은 아니었다. 달러화

가치는 사실상 여전히 금값에 매여 있었다. 재무부가 점차 더 높은 가격에 금을 구입하면 투기꾼들이 정부가 좀 더 높은 가격이라도 매입을 계속하리라는 기대감 속에 금을 사게 될 테니까 금의 시장가격을 높일 수 있다는 것이 루스벨트의 계획이었다. 금 가격이 상승하면 정부는 1온스당 20.67달러였던 기존 가격보다 더 많은 돈을 지불해야 하므로 금에 비해 달러의 가치가 더 하락한다는 것을 의미했다. 그렇게 되면 전반적인 물가가 상승할 것으로 워런은 믿었다. 기대했던 인플레이션이 시작될 수 있었다.

하지만 상황은 그렇게 흘러가지 않았다. 케인스는 워런의 프로그램이 "내가 꿈꿨던 이상적으로 통제된 통화 정책이 아니라 술에 취한 금본위제로 보였다"고 말했다.[42] 정부가 금을 사 모으는 실험을 하는 동안에는 농작물 가격이 상승했지만 1933년 말에는 잠시 하락했다. 루스벨트가 미국 내 모든 금을 회수하려 들면서 은행권의 금까지 바닥난 것도 문제였다. 금 1온스를 더 많은 달러로 바꿀 수 있다 하더라도 더 많은 달러를 받고 대출할 금 자체가 없어졌기 때문이었다. 게다가 새로운 은행 대출상품 형태로 현금이 경제에 유입되어야 했으므로, 은행은 루스벨트의 경제 회복 계획에서 핵심 메커니즘이었다.[43]

그렇다고 금 매입 프로그램이 완전히 실패한 것은 아니었다. 국제 통화에 대한 달러의 가치가 떨어지면서 국제 무역에서 미국산 제품들이 유리한 위치를 갖게 됐고, 이를 통해 미국 농부들과 다른 생산자들이 더 많은 제품을 해외에 판매할 수 있었다. 루스벨트는 달러 가치를 공식적으로 더 인하할 마음의 준비가 돼 있었고, 연방준

존 메이너드 케인스

비제도이사회는 한 번도 시도하지 않았지만 미국 정부는 물가 인상을 위한 통화 정책을 적극적으로 관리할 것이라는 인식을 세계에 심어 주었다.

6개월간의 실험 후 프랭클린 루스벨트는 금 가격을 35달러에 고정시켰고, 이는 그가 대통령에 취임했을 당시 금 환율이 20.67달러였던 것을 감안하면 달러화 가치가 60퍼센트 가까이 떨어진 것이었다. 이는 미국의 수출 활동에만 이득이 됐을 뿐 아니라 더 많은 금이 미국으로 유입되는 계기가 되었다. 미국 정부는 사실상 같은 양의 금에 대해 더 많은 달러를 국제 투자자들에게 지급하고 있었다. 달러를 원하는 사람들에게는 좋은 거래였다. 이렇게 유입된 금은 연준을 거쳐 은행 시스템으로 들어갔다. 주식시장 붕괴 이후로 점차 하락해 27퍼센트까지 떨어졌던 소비자 물가는 루스벨트 재임 첫해 1년 동안 5퍼센트 이상 상승했다.[44] 이것은 시작일 뿐이었다.

페르디난드 페코라는 시칠리아 이민자 출신으로 후버 행정부 말기에 상원 금융위원회의 최고 변호사가 된 인물이었다. 그는 1929년부터 주식시장 붕괴의 원인을 조사하는 임무를 맡고 있었다. 그는 루스벨트가 임기를 시작한 첫 15개월 동안 열린 여러 청문회에 참석해서 더 없이 격앙된 모습을 대중들에게 보여주었다.

월가가 가진 정치적 힘은 상당 부분 은밀한 재력가들과 그들 사이에 구축된 긴밀한 기관들을 둘러싼 명성을 통해 형성돼 있었다. 재무 공시가 의무화되기 이전에 기업들은 그들의 명성만으로 죽고, 살고, 앞서 나갔다. 이들에게 직접적인 금융 사안들은 나중에 생각할 일이었고 다른 엘리트들과 정교하게 공모한 성과를 통해 명성을 쌓는 일이 더 중요했다. 월가의 금융 기관들은 그들이 수용하는 고객, 그들이 청구하는 요금, 그들이 지원하는 사업 분야, 심지어 증권거래소에 나갈 때 그들의 옷차림까지 모든 것이 그들이 운영하는 은행에 대한 이미지를 전달하는 복잡한 요소가 되었다. 모건의 최고 파트너들은 금융 분야에서 명성을 날렸지만 모건의 이름으로 대차대조표가 발행된 적은 한 번도 없었다. 페코라의 말을 인용하자면 쿤, 뢰브앤드컴퍼니, 체이스 내셔널 뱅크, 퍼스트 내셔널 시티은행의 위대한 리더들은 일반인들 사이에서 익숙하게 거론될 만큼 "신 같은 존재였지만 그들이 어떤 사람이고 어떤 일을 하는지는 깊고 고귀한 장막 아래 가려져 있었다."[45]

하지만 페코라는 그런 허울을 완전히 걷어냈다. 그는 내셔널 시티은행을 시작으로 뉴욕에 있는 거의 모든 대형 은행들이 부패나 무모한 과잉 투자의 소굴이라는 것을 세상에 드러냈다. 내셔널 시티은행의 찰스 미첼 총재는 소득세를 탈루하기 위해 부인과 일련의 위장 거래를 한 죄로 페코라와의 청문회 직후 체포되었다. 체이스의 회장인 알버트 위긴은 세금을 내지 않으려고 만든 캐나다의 3개 법인을 포함해 민간회사 6개를 설립해 증권거래소에서 투기를 했고 주식이 폭락한 시기에 회사 주식을 공매해서 4백만 달러의 수익을 챙겼다.[46] 이 중 가장 추잡한 사례는 모건그룹으로 그들은 "선택된 특정" 고객들로 비밀 명단을 만들어 특혜를 몰아주었다. 모건그룹은 주식 공모 대행을 계약하면서 그 회사의 주식을 수수료로 받기도 했다. 그리고 그중 일부는 모건이 가장 아끼는 지인들의 손에 시세보다 낮은 가격으로 넘어갔고 주식 거래가 공식적으로 시작됐을 때 현금화

존 메이너드 케인스

됐다. 모건의 고객이 새로운 철도 사업의 주식을 20달러에 발행받고 며칠 후 35달러에 팔면 엄청난 순이익이 즉시 발생하게 된다. 이런 모건의 특별한 친구 중에는 재계 거물들과 주요 정치인들도 포함돼 있었다. 도스안의 설계자인 오웬 D. 영과 파리평화회의에 윌슨의 고문으로 참석했던 버나드 바루크도 명단에 포함돼 있었다. 또한 전 대통령인 캘빈 쿨리지, 민주당 상원의원이자 윌슨 행정부의 재무장관이었던 윌리엄 깁스 매커두, 후버의 해군차관이자 공화당과 민주당 전국위원회 위원장도 마찬가지였다.[47] 이들 모두 정치적 부패에 일조하는 내부자 거래에 가담했다.

청문회를 몇 번 한 후, 페코라는 은행권에 그때까지 미국 입법부가 검토했던 어떤 개혁안보다 더 대대적인 구조 개혁이 필요하다는 사실을 대중들에게 일깨워주었다. 언론 매체는 늘 그렇듯 이 문제를 선정적인 스캔들처럼 다루었고, 매일 벌어지는 페코라의 심문 내용이 각 신문사의 헤드라인을 장식했다. 의회에는 자신의 은행 예금을 보장해달라고 요구하는 유권자들의 편지가 쇄도했다. 1933년 3월부터 은행에 투입된 신규 화폐로 수천 개의 기관이 위기를 탈출했지만 예금자들은 은행에 예치된 돈이 절대 사라지지 않도록 정부의 더 확실한 보장을 원했다. 은행의 파산으로 저축한 돈이 그대로 증발하는 사태를 겪은 사람이 수백만 명에 달하는 상황에서 페코라는 청문회에서 무모하고 과도한 주식 투기로 추가 자금까지 위태로워질 수 있다는 사실을 분명히 밝혔다.

루스벨트는 물론 상원 금융위원회 위원장인 카터글래스는 은행이 파산해도 예금한 돈이 안전하게 관리되도록 정부가 보장하는 예금 보험을 정부가 직접 제공한다는 것이 내키지 않았다. 루스벨트는 은행 업계의 일반적인 행태를 감안할 때 그런 조치가 은행권의 나쁜 관행만 조장할 수 있다고 걱정했다. 예금자들은 사실상 은행의 채권 자였고 그들의 예금은 이자를 지불해야 할 대출금에 해당됐다. 정부가 은행 예금을 보장하면 채권자들이 은행 운영을 규제할 시장 인센티브가 제거될 수 있었다. 그러나 대중의 요구를 회피할 방법이 없었다. 수십 명의 민주당 하원의원이 예금 보험을 요구하는 탄원서에 서명했고, 글래스는 루스벨트가 예금 보호 프로그램을 새로운 은행법 법안에 넣지 않으면 의회에서 다른 누군가가 기필코 넣을 것이라고 강경하게 말했다.[48] 〈비즈니스위크〉는 "워싱턴 정계는 지금처럼 미국 내 정서가 분열되고 감정적으로 표출된 사례를 떠올리지 못할 것이다"라고 보도했다.[49]

글래스는 납세자들이 예금 때문에 궁지에 몰려 주식 시장에서 투기와 부패를 보조하게 되는 상황을 원치 않았다. 은행이 기업에 돈을 빌려주는 것은 당연한 일이지만 주식과 채권을 사고파는 일은 위험한 영업이었다. 이에 글래스는 예금 보호와 더불어 예금을 받는 모든 상업 은행은 증권업을 하지 못하게 하는 새로운 은행법안을 만들었다. 물론 이것으로 투기 움직임을 완전히 막을 수는 없었다. 평판 좋은 민간 투자사들도 고객의 돈으로 도박을 하고도 남는다는 사실이 1929년에 이미 입증됐기 때문이다. 하지만 도박과 심지어 절도의 위험이 뒤에서 도사리고 있는 가운데 납세자 보호를 보장하는 것보다는 나아 보였다.

월스트리트는 대대적인 개편이 필요했다. 투자은행협회는 1932년

존 메이너드 케인스

까지도 모든 "기업 금융"은 증권 거래와 상업 은행 업무를 같이 처리할 "필요"가 있다고 주장했었다.[50] 그러나 페코라 청문회 이후 체이스와 내셔널시티는 증권 거래 사업에서 손을 떼겠다고 공개적으로 약속했다. 비록 글래스-스티걸 법안은 은행이 해체될 것이라는 소문과 함께 월가에서는 전혀 환영받지 못했지만, 그렇다고 은행가들이 1933년 은행법에 불만을 품게 된 주요 원인이 그 법안은 아니었다. 오히려 은행가들에게 불안감을 안겨준 주인공은 예금 보험이었다. 사우스캐롤라이나 은행협회 회장은 일반인들에게 예금 보험법은 건전하지 못하며 은행권에 또 다른 위기를 몰고 올 수 있다고 경고했고, 잭 모건은 예금 보험이 "불합리하다"고 말했다.[51] 글래스에게는 그 반대였다. 참된 개혁이 없으면 루스벨트 대통령은 또 다른 붕괴를 감수할 수밖에 없었다.

결국 글래스의 주장이 진실에 더 가까운 것으로 밝혀졌다. 경제학자인 존 케네스 갤브레이스가 나중에 확인했듯이, 은행법이 승인되자 금융계의 "혁명"이 시작되었다. 일단 그 후 수십 년간 미국에서 뱅크런이 사실상 사라졌다. 자신들의 돈이 안전하다는 것을 알게 된 시민들은 공황이 와도 은행 예금을 인출해서 문제를 악화시키지 않았다. 갤브레이스는 그의 책에서 "이 법안 하나로 너무나 효과적으로 전염되었던 공포심이 사라졌다. 그 결과 실패가 실패를 낳는 기존 시스템의 심각한 결함이 고쳐졌다. 법안 하나로 이렇게 많은 성과를 이룬 적은 거의 없었다."[52] 증권 거래라는 역동적인 세계와 상대적으로 평범하고 사무적인 은행업 사이에 그은 분명한 선은 지속적인 효과를 가져올 수 있었다. 이런 변화는 투기성 거품의 규모와 범위를 제한할 뿐만 아니라 어떤 문제가 다양한 금융업 사이에서 전염되는 것을 완화했다. 주식시장에 어떤 재앙이 닥쳐도, 또 어떤 혼란이 벌어져도 법안의 효력이 계속되는 한 은행 시스템의 건전성을 위협할 수 없었다.

케인스는 이런 변화들을 대서양 건너편에서 주시하면서 루스벨트의 노력에 도움을 주고 미국 대통령을 그의 지적 궤도에 편승시킬 방법을 모색했다. 하지만 그는 자신의 말이 미국에서 역풍을 몰고 오는 경향도 잘 알고 있었다. 케인스는 베르사유 조약을 다룬 자신의 책을 통해 미국인들이 교화되기를 원했었다. 하지만 그들은 케인스의 사상을 저버렸다. 그는 영란은행의 알렉산더 쇼에게 보낸 편지에 이렇게 적었다. "미국인들을 설득하는 방법을 파악하기란 지독히 어렵군요."[53] 그래서 케인스는 환심이라는 방법을 사용하기 시작했다. 루스벨트 대통령이 1933년에 열린 국제금융회의에서 미국 중심의 결정들로 회의를 결렬시키자 케인스는 "대단히 옳은 일을 한 루스벨트 대통령"이라는 제목의 기사로 그를 열렬히 지지했고, 대통령의 모호하고 돌발적인 행동에 자신의 정책을 엮음으로써 루스벨트 행정부가 힌트를 얻기를 바랐다.

"대통령의 메시지는 그 발단을 뛰어넘는 중요성을 갖는다… 미국 덕분에 우리는 기존 사회질서를 근절하지 않아도 과학적 사고와 상식만으로 오랜 주먹구구식 원칙만 고수하는 바람에 벌어진 참담한 혼란과 애석하기 짝이 없는 기회의 낭비보다 과연 더 나은 결과를 달성할지 확인할 수 있게 되었다… 우리에게는 사회의 계약 구조

존 메이너드 케인스

가 보존되고 통화 경제에 대한 자신감을 되찾을 수 있는 사실상 유일한 수단이 주어졌다."[54]

케인스의 열정에는 특이한 면이 있었다. 국제회의를 무산시킨 루스벨트의 행동에 화가 난 그의 보좌관들이 줄줄이 행정부를 박차고 나갔고 영국의 사회주의자 총리인 램지 맥도널드와 이탈리아의 파시스트 재무장관인 귀도 정도 전보로 그들의 좌절감을 전했다.[55]

1933년 12월에 케인스는 펠릭스 프랑크푸르터를 킹스칼리지 창립자 축제에 초청했고 그 자리를 빌려 두 사람은 케인스의 사상을 미국 정치에 편입시키는 방법을 모색했다.[56] 케인스는 변호사인 프랑크푸르터를 1919년 파리에서 만났는데, 이후 미국 시민자유연합을 결성한다. 프랑크푸르터는 루스벨트 대통령과 친분이 두터웠지만 그는 행정부 관리로서 워싱턴의 루스벨트 군단에 합류하기보다는 학자로서 하버드대 교수직을 유지하며 뉴딜정책을 보조할 지식인들을 물색하고 모았다. 프랑크푸르터는 케인스가 루스벨트에게 공개서한을 쓰도록 주선했고, 서한이 〈뉴욕타임스〉에 실리기 전에 직접 대통령에게 전달했다. 이는 루스벨트에게 하버드의 인재 스카우트 담당자가 케인스를 영입할 것이라는 강력한 신호가 되었다.

그렇게 나온 〈뉴욕타임스〉 칼럼은 미국 정치 상황을 완전히 곡해한 오만한 연설에 가까웠지만, 그럼에도 불구하고 새롭고 혁명적인 국가 경제 개념을 자연스럽게 제안하면서 상당히 현실적인 조언을 전달했다.

케인스는 루스벨트 대통령에게 세계가 그를 "복구와 개혁이라는 이중 과제"를 짊어진 대통령으로 여긴다고 말했다. 두 가지 모두 중요했지만, 국가 개혁은 루스벨트의 경제 회복 능력에 달려 있다고 케인스는 주장했다. 구습을 수호하는 자들은 개혁을 원치 않았으므로 루스벨트가 대공황을 반전시키지 못할 경우 그에게 불황의 화살을 돌릴 게 뻔했다. 케인스의 정책 처방은 이전과 똑같았다. 낮은 금리와 탄탄한 공공사업을 추진하자는 것이었다. 다만 새로운 점이 있다면 이제는 익숙해진 치료법을 뒷받침하는 근거였다. 그는 《화폐론》에서처럼 은행들이 저축과 투자의 균형을 어떻게 이룰 수 있는지에 대해서는 더 이상 논하지 않았다. 대신 금융 시스템을 완전히 우회하는 전략을 꺼냈다. 그는 정부가 적자재정을 확대해서 직접적으로 경제 "산출량"과 소비자 "구매력"을 높여야 한다고 주장했다. 루스벨트가 대통령으로서 다른 어떤 것을 추진하든 그의 근본적인 임무는 지출, 지출, 지출을 이끌어내야 한다는 주장이었다. "저는 정부 지출을 통해 국민들의 구매력을 높여야 한다는 것을 굉장히 강조하는 바입니다. 정부가 지출할 돈은 기존 수입이나 세수뿐 아니라 채권을 팔아 충분히 조달할 수 있습니다. 단언컨대 이보다 더 중요한 것은 없습니다."[57]

저금리 정책과 화폐 공급을 확대하는 것만으로는 충분치 않았다. 경제가 다시 돌아가게 만들려면 정부가 만들어낸 새로운 돈을 소비자가 실제로 소비하게 만들어야 했다. 케인스는 "통화 정책에만 의존하는 것은 큼지막한 벨트를 사서 살이 찌기만 기대하는 것과 같습니다. 오늘날 미국인들의 벨트는 이미 그들의 허리 사이즈보다 충분히 큽니다. 실질적 운용 요소인 지출량 대신 제약 요소에 불과한 자금량을 강조하는 것이 상황을 가장 오도하고 있습니다."[58]

존 메이너드 케인스

케인스는 루스벨트의 금 매입 프로그램이 왜 실망스러운 결과를 낳았는지를 설명하고 있었다. 디플레이션은 은행에 현금을 수혈해서 막을 수 있었지만 인플레이션과 경제 성장은 둘 다 신용을 가진 대출자들이 은행에서 자금을 빌린 다음 현실에서 그것을 사용하지 않는 한 시작될 수 없었다. 케인스가 현시점에서 생각하는 가장 이상적인 차입자는 연방정부였다.

이는 오늘날에도 케인스 경제학의 주요 내용으로 잘 알려져 있다. 경제가 침체되면 정부는 자금을 빌려 유용한 사업에 지출해서 빨리 회복의 발판을 마련해야 한다는 것이다. 정부가 이렇게 자금을 쓰면 그 돈이 일반 시민들의 몫으로 돌아가고, 그러면 시민들은 다른 필요한 곳에 돈을 지출할 수 있어서 총 경제 규모가 확대되면서 발전적 회복을 이루게 되는데, 이런 식의 조치가 긴축 재정으로 실업자를 양산해서 전반적인 지출이 감소하는 하향곡선보다 훨씬 낫다는 것이다. 케인스는 이 개념을 《고용, 이자 및 화폐에 관한 일반 이론》이 발표되기 3년 전인 1933년 12월 31일 자 〈뉴욕타임스〉 지면을 통해 미국인들에게 선보였다.

이는 경제 교리이자 정치적 비전으로 러시아, 이탈리아, 독일에서 전개되던 군국주의와 분노를 잠재우기 위한 해결책이었다. 케인스는 루스벨트가 자신의 기개를 증명하기 위해 다른 나라를 위협하거나 미국 내 소수자들에게 공포감을 심어줄 필요가 없다고 생각했다. 그저 지출만 늘리면 됐기 때문이다. 그는 루스벨트에게 보낸 서한에 이렇게 썼다. "각하는 정부의 역할에 대한 시각과 태도에서 제가 가장 공감하는 통치자입니다. 철저한 방법상의 변화가 필요하다는 것을 인식하고 그런 변화를 편협함이나 폭정, 붕괴 없이 시도하는 유일한 분이니까요."[59]

케인스는 루스벨트의 금융 개혁이 중요한 측면에서 돌파구를 마련할 발판을 마련했다고 믿었다. 후에 케인스는 루스벨트가 재임 초기에 금융 시스템을 바로잡기 위해 벌인 이런 노력을 대통령으로서 그가 행한 가장 중요한 업적 중 하나로 꼽았다.[60] 케인스가 1914년에 처음으로 주창한 금융 교리를 마침내 정치권에서 받아들인 것이다.

케인스가 루스벨트에게 보낸 공개서한은 그것이 정책 수립에 미친 영향력보다 그가 나중에 《일반이론》을 통해 정리할 경제사상을 처음으로 명확하게 발표했다는 점에서 역사적 중요성을 갖는다. 케인스는 "구매력"이라는 새로운 핵심 개념을 설명하는 데 어떤 기술적, 이론적 배경 없이 벨트라는 비유만을 이용했다. 이 개념에 대한 세부 내용은 여전히 유동적이며 루스벨트 또한 케인스가 제시한 내용에 확신이 없었다. 월터 리프만은 몇 주 후에 케인스의 편지가 대통령에게 미친 영향력을 전하면서 그가 적자나 공공사업에 대한 합의를 이루기보다 저금리 정책을 위한 정부의 싸움에 새로운 전선을 제공했다고 논평했다.[61]

미국 정부는 당연히 재정적자 상태였지만 루스벨트 대통령은 이를 개선하려 하지 않았다. 그도 공공사업의 효과를 믿었지만(실제로 루스벨트는 환경 사업부터 학교 건설에 이르기까지 다양한 프로그램에 인력을 투입하기 위해 서둘러 공공사업관리청과 민간자원보존단을 신설했다) 그런 사업을 위해서는 세율을 인상해야 한다고 믿었다. 루스벨트의 개인 기록에는 "적자재정에서 회복되는 일은 실현되기 어려울 만큼 굉장히 좋은 일이다. 공짜로 얻을 수 있는 것은 없다"라는 내용이 적혀 있었다.[62] 그는 예산 격차를 훨씬 더 좋은 결과를 얻기 위해 해결해야 할 유감스러운 결함으로 여겼다. 이후 몇 년간은 지출이 가속화되겠지만 루스벨트 임기 첫해에는 실제로 집행된 비용이 거의 없었고, 이런 점 때문에 케인스는 편지에서 정부 지출을 강조했다. 정부 프로젝트가 착수되고 부패 세력이 거기에 얽히게 하지 않으려면 시간이 필요했다. 당시 미국에서는 매관매직과 뒷돈 시스템이 판을 치고 있었다. 예컨대 네바다주의 한 상원의원은 관할 우체국이 보상금을 나눠 갖기 위해 잡역부들을 무리하게 고용한 것은 아닌지 감시하고 있었다.[63] 게다가 루스벨트의 개혁 정책이 야심만만한 것은 사실이었지만(그는 취임 백일 만에 연방예금보험공사, 증권거래위원회, 농업조정국, 테네시밸리 개발공사를 설립했다) 아직 활동을 개시하지 않은 기관들이 대부분이었다. 루스벨트 재임 초기의 재정적자는 주로 높은 실업률로 인한 대규모 소득세 체납이 원인이었다. 벌어들인 돈이 없는데 그에 대한 세금을 지불하는 것은 불가능했기 때문이다.

한편 프랑크푸르터의 임무는 끝나지 않았다. 루스벨트가 기용한 인물들은 하나같이 정부가 불황과 더 공격적으로 싸워야 한다고 믿었지만, 그 방법과 이유는 제각기 달랐다. 케인스의 편지를 전달한 프랑크푸르터는 행정부 인사 중 케인스와 케임브리지에서 논의했던 새로운 아이디어에 공감하는(적어도 적대적이지 않은) 사람들을 파악했다. 그리고 1934년 5월 말에 케인스와 그들의 만남을 몇 번 주선했는데 이 모임은 대통령도 함께하는 자리로 이어졌다. 농사조정국 청장인 렉스포드 터그웰은 정부가 연이어 발표한 농작물 생산과 주택 지원 프로그램을 지지했고 이에 대한 이론적 근거를 필요로 했다. 프랜시스 퍼킨스 노동부 장관은 근로자들의 임금 인상을 위한 다양한 시스템에 주목하고 있었다. 뉴욕 북부에서 농장을 운영하며 루스벨트의 이웃이 될 만큼 부자가 된 헨리 모겐타운 재무장관의 경우 공공사업에는 열의가 있었지만 예산 적자를 두려워했다.

케인스는 이들에게 자신의 생각을 역설했고 이는 아주 성공적이었다. 가령 퍼킨스 노동부 장관은 벌써부터 "존 메이너드 케인스가 영국 정부에 설파하고 촉구했던 이론들로 뉴딜정책에 효과적으로 기여했다"고 믿고 있었다. 그녀에 따르면 워싱턴을 방문한 케인스가 "정부 보조금과 공공사업을 결합하고, 미국부흥국 규정에 따라 임금을 인상하고, 농업 조정 정책에 따라 농부들에게 보조금을 분배하는 것이야말로 제 이론이 말하는 올바른 조치를 정확히 이행하는 것"이라고 명시했다. 퍼킨스는 케인스의 설명을 듣고 승수 같은 핵심 개념을 바로 이해했고 "케인스의 논리가 정답이라는 사실을 우리 미국인들이 세상에 입증해낼 것"이라는 신념에 사로잡혔다.[64]

그러나 케인스의 이론과 학문적 성과를 "잘 모르는" 미국 대통령에게 그는 비현실적인 신비주의자로 보였다. 말로는 프랑크푸르터에게 그 영국 경제학자를 "보자마자 호감을 느꼈으며" 그와 함께 "대단한 이야기"를 나눴다고 했지만,[65] 사실 루스벨트는 대화 내내 케인스가 자신의 심오한 이론만 읊어대는 통에 짜증이 났다.

루스벨트 대통령은 이후 퍼킨스에게 "장관의 친구인 케인스 교수를 만나 봤소"라고 전했다. "온갖 숫자들만 운운하더군요. 그분은 정치경제학자라기보다는 수학자 같았소."

루스벨트는 특히 대통령과 월가의 관계에 대한 케인스의 생각이 너무 순진하다고 여겼다. 루스벨트는 자신의 개혁 프로그램에 적대적인 은행권이 단기 재정증권 경매에 참여하지 않음으로써 정부부채 이자율을 상승시키고 있다고 믿었다. "은행들이 소극적인 저항을 하고 있어서 정부가 끌어 쓸 수 있는 돈에 한계가 있습니다."[66]

하지만 케인스는 실제로 통화 정책을 진전시켰다. 연준 의장인 마리너 에클스와 그의 수석 보좌관인 라우클린 커리는 케인스의 아이디어와 비슷한 방향으로 재정적자 지출에 대한 경제적 타당성을 급히 분석했다. 연준에 정부 지출을 통제할 권한은 없었지만 만약 루스벨트 대통령이 대규모 적자 지출의 의지를 불사른다면 통화 정책을 완화해서, 다시 말해 저금리 정책으로 정부 차관 비용을 줄이면 불황을 타개하는 데 도움이 된다는 케인스의 의견에 두 사람 모두 동의했다.

그래서 에클스와 커리는 중앙은행의 지배구조를 개편하는 법안을 작성해서 워싱턴에 있는 연준 본부가 금리를 조절할 수 있도록 국채 매입 권한을 부여했다. 연준은 특이한 지역 은행 구조를 가지고 있어서 오랫동안 이런 권한은 개별 은행들, 특히 연준 의장이 있는 워싱턴 본부보다 더 실세인 뉴욕 연은에서 행사돼왔다. 이런 연방준비제도이사회 지부의 고위 관료들은 해당 지역의 대형 은행들이 지정했으므로 그들의 영향을 크게 받을 수밖에 없었다. 이는 분명 비민주적인 일이며 보수적인 금융 정통주의자들이 국내는 물론 국제 경제 정책을 감염시키는 통로가 되었다.

월가는 즉시 에클스-커리 법안을 자신들의 영향력에 대한 공격으로 인식했다. 루스벨트의 자문가 중 드물게 국제적 은행 귀족 출신인(그의 부친은 1913년 연준 설립을 도왔다) 제임스 워버그는 의회에서 "저는 공산주의에 대한 공포에 시달리는 사람이 아닙니다. 하지만 이 법안의 작성자들이 과연 누구를 위한 게임을 하는 것인지 의아할 때가 있습니다"라는 말로 법안의 취지를 비난했다. 그리고 이렇게 덧붙였다. "재무부의 긴 팔이 신용 기구의 통제 안에 들어갈 때마다 머지않아 재앙이 따랐습니다."[67] 소련에 대한 이런 음울한 암시들은 제2차 세계대전 이후 커리의 평판을 무참히 짓밟게 될 테지만 적어도 루스벨트 시절에 그는 본인 소신대로 밀고 나갔다. 에클스-커리 법안은 통과됐고 미국 경제에서 금리와 화폐의 움직임에 대한 공적 통제가 훨씬 더 강력해졌다.

이는 통화와 재정 정책을 통합해서 서로 조화롭게 작동하도록 유도했다는 점에서 케인스의 승리였다. 그러나 케인스, 커리, 에클스는 매파의 반대를 극복하지 못했다. 헨리 모겐소는 균형예산에 대한 기존 신념이 확고부동했다. 심지어 케인스가 경제발전에 가장 기대를 걸었던 뉴딜 옹호자들의 현명한 논쟁과 신중한 대화도 적자재정에 동조적인 정부 부처들이 이미 설계한 계획을 그대로 유지하는 정도의 도움으로 그쳤다. 행정부를 설득해서 기관 전체가 일사불란하게 활동을 조율하도록 만들기에는 역부족이었다. 케인스에게는 명성과 영향력을 통해 정부 조직과 대항할 단결된 전문가 집단의 지적인 움직임이 필요했다. 차근차근 관료들을 만나 설득해서는 이 전쟁에서 이길 수 없었다. 케인스에게는 사람들의 마음을 돌릴 만큼 지적으로 강력하고 전문가들의 마음을 사로잡을 만큼 충격적인 탁월한 무언가가 필요했다. 하버드대 경제학자인 앨빈 한센은 나중에 이렇게 말했다. "한 이론을 끝장내려면 다른 이론이 필요하다."[68] 케인스는 세상을 구하기 위해, 그리고 신성한 경제학자들에게 자신의 새로운 신조를 설득하기 위해 그가 가진 모든 에너지를 쏟아부었다.

JOHN MAY NARD KEYNES

**희소성의
종말**

09

1929년에 케임브리지로 돌아온 조앤 로빈슨은 예상치 못한 지적 혁명에 참여하게 된다. 그녀는 4년 전 케임브리지대학에서 경제학 학위를 받자마자 한 "멋진 젊은이"[1]와 결혼한 후 함께 배를 타고 인도로 건너갔다. 그녀의 남편인 오스틴은 어린 마하라자maharajah(위대한 통치자를 일컫는 산스크리트어-옮긴이)인 지바지라오 신디아의 가정교사로 일했고 조앤은 괄리오르시에 있는 왕궁 근처 저택에서 하인들의 시중을 받으며 특별한 일 없이 시간을 보냈다.

조앤은 젊고, 똑똑했으며, 야심만만했다. 그녀는 카일라스 나레인 하크사르 등 인도 현지 관료들과 친하게 지냈고 런던으로 귀국한 후에는 영국 정부를 상대로 괄리오르시의 이익을 대변하고 옹호했다. 하지만 그녀는 콧대 높은 영국 지식인 집단 안에는 여성 지식인을 위한 자리가 거의 없다는 것을 알게 되었다. 이는 케임브리지도 마찬가지였다. 아직 역사가 짧은 케임브리지 경제학부는 첫 학과장인 앨프리드 마셜의 그늘 아래서 발전했다. 마셜은 케임브리지대학에서 여성 최초로 경제학 강의를 한 메리 페일리와 결혼했지만, 출판사에 압력을 가해 아내의 책을 출판하지 못하게 하고 남녀 공동교육 폐지를 옹호하는 등 그녀의 경력 개발을 방해했다. 당시 조앤은 학부생이었지만 자신의 아내를 "가정부나 비서"처럼 대하는 마셜의 태도에 격분했다.[2] 조앤도 경제학자와 결혼했고 한동안은 남편의 야망과 자신의 야망을 동일시했다.

그런데 그런 경제학부가 로빈슨이 없는 동안 변해 있었다. 마셜은 죽었고 케임브리지대학의 경제학은 이제 존 메이너드 케인스의 지휘 아래 있었다. 거만하고, 조급하고, 좀처럼 만족하지 않는 케인스는 케임브리지의 후광에 기대기보다 자신의 명성으로 대학을 더 빛나게 하는 몇 안 되는 명사 중 한 명이었다. 게다가 그는 버지니아 울프와 그 언니인 바네사와 친구로 지내면서 여성도 중요한 사상가가 될 수 있다는 생각을 당연시했다. 조앤이 오스틴과 함께 케임브리지로 돌아갔을 때 그녀에게는 공식적인 지위는커녕 석사 학위도 없었다. 하지만 남편이 그곳에서 경제학 강의를 시작하면서 로빈슨도 무보수로 같이 일을 하게 됐다. 그리고 정식 교수가 될 날을 꿈꾸며 연구논문 작업에 착수했다. 오스틴은 개의치 않았지만, 문제는 케인스 눈에 들기가 어렵다는 점이었다.

케임브리지 경제학부는 대공황과 케인스의 페르소나 사이에서 점점 급진적 성향을 띠고 있었다. 심지어 케인스가 전쟁 후 대부분의 시간을 보낸 정계와 금융계보다도 훨씬 더 대담한 공간으로 변모

중이었다. 사회가 도처에서 붕괴되자 원래는 문학이나 정치학, 역사 공부를 했을 학생들 중 돈과 재원을 연구하는 이들이 많아졌다. 경제학자인 비비안 월시는 당시를 "대학에서 경제학 책을 읽는다는 것은 지식인, 그것도 급진적인 지식인이라는 것을 의미했고 미국 경영대학원 학생의 이미지와는 완전히 달랐다"고 회상했다.[3]

1930년대 케임브리지 학생으로서 사도회 활동을 했던 마이클 스트레이트는 이렇게 전했다. "케인스의 《일반이론》은 당시에 지적으로 가장 중요하고 흥미로운 책이었다.[4] 학교에는 세미나가 많았는데, 특히 케인스가 세미나에서 《일반이론》에 수록된 원칙들을 설명할 때는 케임브리지에서 제일 큰 강의실도 학생들로 장사진을 이뤘다. 마치 찰스 다윈이나 아이작 뉴턴의 말을 듣는 것 같았다. 케인스가 입을 열면 청중 모두가 입을 꼭 다물고 앉아 있었다. 또 소모임 같은 자리에서 케인스는 그의 이론을 열정적으로 방어하는 동시에 상대에게 맹공을 퍼부었다."[5]

그 무렵 케인스가 오래전부터 활동했던 비밀 사교모임은 크렘린과 직접적으로 연결된 공산주의자들의 온상이 돼 있었다. 케임브리지 재학 시절 이미 공산주의를 표방한 스트레이트는 졸업 후 미국에서 루스벨트 행정부 관료로 일하게 되는데, 이후 그는 정부 문서를 소련의 비밀요원에게 넘겼음을 자백한 바 있다.[6]

케인스가 《자본론》을 어떤 식으로 공격했든 간에, 급진주의자들이 그의 강의에 들어오는 것까지 피할 수는 없었다. 참고로 당시는 케인스가 자신의 경제사상을 기존 정치의 이론적 토대를 무너뜨리는 완전히 새로운 혁신으로 떠벌리고 있을 때가 아니었다. 게다가

존 메이너드 케인스

그가 공산주의를 얼마나 싫어하던, 그가 좋아하는 학생들 중에는 젊은 공산주의자가 많았다. 케인스는 〈뉴 스테이츠맨 앤드 네이션〉 편집자인 킹슬리 마틴과 나눈 대담에서 이렇게 말했다. "진보주의자 무리를 빼고 오늘날 정치권에서 전후 35세 이하의 지적 공산주의 세대를 제외하면 은화 한 닢의 가치가 있는 사람이 없습니다. 저는 그들도 좋아하고 존경합니다. 우리 미래는 나이 든 사내들이 아닌 그들의 성숙함에 달려 있으니까요."[7]

이 급진주의자 중 가장 두드러진 인물이 바로 조앤 로빈슨이었다. 그녀의 헝가리계 동기인 티보르 스키토프스키에 말을 인용하면 "조앤은 긴 스카프 차림으로 줄담배를 피웠고 누구보다 남편을 사랑했다."[8] 그녀는 바로 경제학계에 영향력을 발휘하기 시작했다. 만약 케임브리지에 케인스라는 위인이 없었다면 경제학부의 연구 방향은 완전히 조앤 로빈슨에 의해 좌우됐을 것이다.

1930년대 초기에 대부분의 경제학자는 시장이 경쟁적이라고 생각했다. 생산자는 품질이나 가격을 통해 경쟁자들을 뛰어넘을 수 있었다. 즉, 경쟁 우위를 점하려면 상품의 품질을 높이거나 경쟁사 제품보다 가격을 낮춰야 했다. 경제학자들은 경쟁적인 시장을 바탕으로 다른 많은 현상을 분석해나갈 수 있었다. 경쟁이 없으면 수요와 공급 같은 기본 개념의 타당성이 사라지므로 생산자들이 소비자 선호도에 특별히 대응할 필요도 없었다.

경쟁시장의 예외는 독점시장으로, 이 경우에는 시장을 장악하는 한 생산자가 소비자 반응과 무관하게 가격을 결정할 수 있었다. 일부 고전 경제학자들은 국가가 규제하거나 독점 기업을 작게 분해해서 그들을 구속해야 한다고 믿었지만, 대부분의 경제학자는 회사 하나가 시장 전체의 가격을 좌지우지하는 독점 상황은 드물고 정상적인 경제 상태인 경쟁시장에서 완전히 벗어난 것이라고 믿었다.

이 패러다임을 무너뜨린 것이 조앤 로빈슨이었다. 그녀는 "불완전경쟁"이라는 새로운 개념을 발전시켰는데, 불완전경쟁시장에서는 단일 기업이 전체 시장을 독식하는 공식적인 독점시장에 비해 대기업들이 지배하는 시장 비중이 훨씬 작지만 그럼에도 독점 권력과 관련된 결함이 주기적으로 발생할 수 있다. 경쟁 시장은 경쟁과 독점이 스위치로 작동하듯 쉽게 바뀔 수 있는 환경이 아니었다. 사실 경제학자들이 가정하는 조건의 완전경쟁 시장은 실제 상거래에서는 거의 존재하지 않는 "특수 사례"가 되는 스펙트럼을 갖고 있었다. 대부분의 상품 시장은 적어도 조금은 독점적인 면이 있었다. 가령 한 회사가 테니스화의 생산 전체를 통제하지는 않을지라도 다른 테니스화 제조업체들이 그 회사의 행동을 근거로 가격을 책정할 만큼 시장 통제력이 클 수 있는 것이다. 조앤 로빈슨의 설명에 따르면 독점은 실제 세상에서 일어나는 정상적인 완전경쟁에서 일탈한 "특수한 경우"가 아니었다. 오히려 완전경쟁이 정도는 다르겠지만 오랫동안 지속돼온 독점에 가까운 상태에서 벗어난 "특수한 경우"였다.[9] 게다가 대형 생산자들만 시장에서 반경쟁적으로 가격을 좌지우지했던 것이 아니었다. 대형 구매자들도 그랬다. 특정 제품의 생산자가 몇 곳이든 그 제품을 구매하는 고객이 손에 꼽힌다면 그들은 가격을 낮추는 데 지배적인 권한을 가졌다. 로빈슨이 "구매자 독점"이라 부른 이 개념은 공급망과 도매업체를 이해하는 기본 개념이 되었다.[10]

존 메이너드 케인스

조앤 로빈슨은 자신의 이론이 경제적 불평등의 중요한 측면을 보여준다고 여겼다. 이는 그녀의 추론을 노동 시장에 직접 적용해보면 알 수 있다. 경제학자들은 경쟁시장 패러다임 하에서 노동자들이 그들이 회사에 부여한 가치와 동일한 수준의 임금을 받는다고 주장할 수 있었다. 경쟁으로 낭비와 과잉이 줄어들면서 노동자들은 경제학자들이 소위 노동의 "한계 생산성"이라 부르는 것을 받게 된다. 각 노동자가 관련 사업에 개별적으로 추가한 생산성에 해당하는 금액을 정확히 임금으로 받게 된다는 것이다. 이는 특히 오스트리아 경제학자인 하이에크와 미제스에게 낮은 급여에 대한 불평은 낮은 생산성에 대한 불평이라는 것을 의미했다. 다시 말해 근로자가 더 많이 벌고 싶다면 더 열심히 일하는 것만이 급여를 높이는 지속가능한 방법이라는 것이다.

하지만 노동시장이 완전한 경쟁시장이 아니라면, 오히려 독점시장의 특징을 어느 정도 보인다면 이 논리는 무너지게 된다. 만약 어떤 도시에 일자리가 탄광밖에 없다면 탄광 소유주들은 서로 경쟁하며 직원들에게 더 높은 보수를 줄 필요가 없을 것이다. 로빈슨은 시장이 거의 항상 적어도 어느 정도는 반경쟁적이라는 사실을 제시하면서 자신이 "자유방임주의 사상의 버팀목을 뽑아버렸다"고 믿었다.[11] 로빈슨의 이론대로라면 자본가들은 만성적으로 직원들에게 충분한 임금을 지급하지 않았다.

이는 아주 혁신적인 이론이었고 그녀의 책인 《불완전경쟁의 경제학The Economics of Imperfect》은 주요 이론서로서 학계의 즉각적인 주목을 받았다. 그 내용에 깊이 감화된 메리 페일리 마셜은 로빈슨에게 감사의 편지를 보냈다. "여성 경제학자에 대한 비난을 덜어줘서 고마워요."[12] 하지만 로빈슨에게는 시작일 뿐이었다. 그녀는 퇴직할 무렵 노벨상 후보 명단에 올랐던 인물 중 성별과 무관하게 가장 성공한 경제학자가 되었다.

1930년대 초에 로빈슨은 케인스가 《화폐론》을 출판하면서 이어진 그의 다양한 활동들에 점점 관심을 갖게 되었다. 케인스가 나중에 《고용, 이자 및 화폐에 관한 일반이론》에 담을 기본 개념들을 가지고 세미나를 할 때면, 스스로를 케임브리지 서커스라 부르는 작은 교수 모임이 케인스의 홍보를 자처했는데 이들은 자신이 한 혁신 연구 내용을 케인스에게 보여주기도 했다. 리처드 칸, 피에로 스라파, 제임스 메이드, 로빈슨 부부로 구성된 이 소모임(조앤 로빈슨과 칸이 주축이 됐지만)은 복잡하고 어려운 내용을 다듬어 《일반이론》이 세상에 소개되는 데 일조했다.

그들도 케인스만큼 논란을 일으키는 괴짜들이었다. 스라파는 이탈리아 태생의 마르크스주의자인 안토니오 그람시의 친구로 이탈리아의 은행 시스템에 대한 기사를 써서 베니토 무솔리니를 격분하게 했는데, 두 기사 모두 케인스의 편집을 거쳐 출판됐다. 그는 은행권에서 일했던 사람으로 이탈리아 은행들이 발표하는 금융 데이터의 신뢰성을 비난했고, 무솔리니는 이를 이탈리아에 대한 공격 행위로 간주했다. 스라파는 케인스의 도움으로 이탈리아에서 도망쳐 케임브리지에 정착할 수 있었다.

스라파는 수줍음 많은 교수였지만 케인스가 하이에크와 불화를 겪는 동안 내내 의지했던 유능한 조언가이자 팀원이었다. 하이에크

존 메이너드 케인스

가 《화폐론》을 공격하기 위해 《가격과 생산Prices and Production》이라는 책을 발표하자, 스라파는 그 책을 이론적으로 완전히 뭉개버리기로 하고 케인스가 편집장으로 있는 학술지에 하이에크의 순환 논리를 악의적으로 공격하는 글을 실었다. 이를 통해 스라파는 글의 스펙트럼을 넓혔을 뿐 아니라, 케인스 같은 학자는 다른 중요한 이론 문제들을 연구하느라 하이에크 같은 소인배와 논쟁을 벌일 여유가 없다고 전함으로써 케인스 또한 한 방 매길 수 있는 기회를 선사했다.

스라파가 공격을 주도했다면 조앤 로빈슨은 《화폐론》을 비판하는 하이에크의 주장 중 오류를 찾아 그에 대한 반박 논리로 사실을 명확히 해명하고 필요에 따라 수사적 잽을 날리는 역할을 했다. 그러는 와중에도 칸과 함께 새로운 개념들을 연구해서 케인스가 발전시킨 지적 프레임에 통합했다.

1930년대 중반에 케인스는 유명한 지인들에게 조만간 발표될 자신의 작품이 기존 경제사상들을 완전히 뒤엎는 혁명이 될 것이라고 자화자찬하는 편지를 썼다. 그렇다고 케인스가 항상 그렇게 확신에 차 있었던 것은 아니다. 케인스가 경제계의 지각변동을 지휘하고 있다고 확신을 준 사람은 로빈슨이었다. 《화폐론》을 읽고 케임브리지로 성지순례를 온 캐나다 학생이었던 로리 타시스는 이렇게 회상했다. "정작 케인스 자신은 그가 지적 혁명을 이끌고 있다는 사실을 잘 몰랐다. 그는 뒷걸음쳤다. 리처드 칸과 조앤 로빈슨은 열과 성을 다해 그가 엄청나게 위대한 작업을 하고 있다며 케인스의 자신감을 북돋았다."[13] 로빈슨은 "케인스 혁명의 핵심이 무엇인지 그가 자각하지 못해 힘들었던 순간이 있었다"고 전했다.[14]

이윽고 케인스 스스로도 자신의 이론적 혁명은 단지 몇 가지 공공사업 프로젝트뿐 아니라(그는 이런 한계에 대해 종종 불안해했다) 그 이상의 광범위한 정치적 성과를 가져올 수 있다는 확신을 갖기 시작했다. 케인스의 새로운 교리에 일찍이 개종된 인물 중 한 명인 아바 레너는 이렇게 회상했다. "케인스는 본인이 인정하는 것보다 훨씬 더 거대한 혁명을 일으키고 있었다. 케인스는 사실상 시장이 제대로 작동하지 않는다고 말했는데, 그는 반만 알았던 것 같다"라고 말했다.[15] 주 15시간 근무에 대한 케인스의 낙관적이고 황홀한 비전에도 불구하고 그에게는 여전히 보수적인 버크의 사상이 남아 있었다. 즉, 민주주의의 보존에는 필요하지만 과연 그런 변화가 실제로 이뤄질 수 있을지 의구심을 품었다. 케인스는 노동당 전 의원인 수전 로렌스에게 쓴 편지에 "제가 생각하는 궁극적인 정책이 일반인을 아주 과격하고 혁명적으로 몰아붙이는 것은 아닌지 판단이 서지 않습니다"라고 말했다.[16]

케인스가 블룸즈버리 모임에서 점점 멀어지면서 칸과 로빈슨은 버지니아와 리튼이 한때 담당했던 역할, 다시 말해 드물지만 케인스의 마음을 바꿀 만큼 존경받는 동지의 역할을 넘겨받았다. 칸은 케인스가 가장 아꼈던 학부생 제자로, 졸업 후에는 케인스의 개인 조교로 고용돼 교수직과 무관한 일로 틸튼이나 런던을 갈 때마다 그를 수행했다. 케인스는 조앤에게 "그는 훌륭한 비평가면서 조언과 개선 방향을 개진하는 데도 아주 뛰어나다네. 역사상 개인의 자료를 공유하기에 이렇게 도움이 되는 인물은 절대 없었을 걸세."[17]라고 털어놓았다.

존 메이너드 케인스

협력적인 분위기에서는 누가 어떤 부분을 발전시켰는지 구분하기가 어려워진다. 몇 년 후 경제사학자인 로렌스 클레인은 조앤 로빈슨이 1933년에 발표한 글이 《일반이론》의 기본 명제를 소개한 첫 번째 논문이라고 주장했다.[18] 한편 리처드 칸은 정부 지출이 경제 활동을 통해 원래의 액수보다 더 큰 경제 효과를 창출하는 "승수"의 개념을 발전시킨 연구 결과를 자신의 이름으로 발표했다. 케인스도 그와 같은 원리를 〈로이드 조지는 해낼 수 있을까?〉에서 제시한 적이 있었지만 칸은 이를 오늘날 거시경제학자들이 언제라도 꺼내 쓸 수 있는 정량적 이론으로 전환했다. 칸은 케임브리지 서커스에서 가장 어린 제임스 메이드의 도움으로 승수 이론의 완성도를 높일 수 있었다. 메이드는 1977년에 노벨상을 수상한 인물이지만 스스로를 케임브리지 서커스의 2류 지식인으로 평가했다. 그는 이렇게 말했다. "나처럼 평범한 인간의 관점으로 보면 케인스는 교훈극에서 신을 연기하는 인물처럼 보였다. 그는 연극을 주도하지만 무대에는 잘 등장하지 않았다. 칸은 케인스로부터 그의 메시지와 풀어야 할 문제를 '서커스'로 가지고 오고 우리가 고심한 결과를 천국으로 다시 가지고 가는 천사 역할을 맡고 있었다."[19]

그런 "복음주의적 비유"가 케임브리지 주변에서는 흔한 표현이돼 있었고, 이는 케인스의 사상이 로빈슨의 전기 작가의 표현처럼 "복음"[20]이 되면서 때로는 농담으로, 또 "지극히 진지한" 의미로 사용되었다. 오스틴 로빈슨은 서커스의 멤버들이 그들의 새로운 교리를 토론할 때면 "형제님, 당신은 구원되었습니까?"라고 묻곤 했다고 우스갯소리를 했다.[21] 서커스는 그야말로 작은 종파처럼 운영됐다.

서커스의 주요 멤버들은 전도유망한 대학원생이나 학부생을 소수 정예로 모집해서 그들이 자신의 사상을 토론하고 펼치도록 도우면서 서커스라는 모임을 믿을 만한 동지들로 점차 확대해 나갔다. 교단 바깥에 있는 사람들은 서커스 신도들의 활동을 점점 기이하게 여겼다. 1932년 4월에 로빈슨과 케인스는 이미 《일반이론》의 중심 사상이 될 소재들을 가지고 의견을 교환하고 있었다.[22] 케인스가 조앤에게 책의 초안이 될 내용들을 계속 전달하면서 두 사람이 주고받은 편지는 수백 장에 이를 만큼 점점 쌓여갔다. 두 학자가 완전히 새로운 경제 개념의 파라미터를 정의할 때면 두 사람의 현답이 보는 이들을 아득한 최면 상태로 이끌었다. 경제학자인 랄프 호트리를 개종시키려다 한계에 부딪힌 케인스는 로빈슨에게 두 남자 사이에 오고 간 "편지 더미"를 살펴보면서 자신의 논리에 혹시 허점이 있는지 찾아 달라고 부탁했다. 로빈슨은 케인스가 아니라 호트리의 관점이 잘못됐다는 결론을 냈다. "대천사가 공정하고 명확해지려고 애썼다는 생각이 전혀 들지 않네요."[23] 메시아의 제자들이 가르침을 주고자 런던정경대학LSE의 최고 두뇌들을 만났을 당시 LSE 학생들은 마치 그들만의 은어로 소통하는 것 같은 이 케임브리지 사람들의 모습에 당황했다. 그 내용들은 케인스가 글로 공개한 적 없는 새로운 개념들이었다.

뛰어난 컬트 집단이 으레 그렇듯 서커스 또한 사적 야망과 성적 호기심 때문에 분열되었다. 서커스가 무언가 잘못돼가고 있다는 것을 케인스가 처음 눈치챈 것은 1932년 초였다. 어느 날 오후 케인스는 예고 없이 칸을 찾았다. 이는 케인스가 학문적으로 흥분할 때면

존 메이너드 케인스

습관적으로 하는 행위였는데, 그날은 그만 어색한 광경을 목격하고 말았다. 케인스는 이를 리디아에게 보고했다. "거실은 어두컴컴했지만 안쪽 방에 칸과 조앤이 단둘이 있더라고. 조앤은 바닥에 쿠션을 깔고 기대앉아 있었는데 모두가 당황스러울 수밖에 없었어. 나는 두 사람이 만나면 순수독점이론 내용밖에 말할 게 없는 사이라고 생각했었는데, 그 모습이 딱 놀란 연인 같더라니까."[24] 몇 주 후 칸이 작은 파티를 열어 조앤과 오스틴 부부가 파티에 동행했는데 케인스는 조앤이 "창백하고 슬픈 얼굴로 말이 없었고", 마침내 오스틴이 "같이 가자는 말도 없이" 자리를 뜰 때까지 그 상태였다고 전했다.[25]

"뭔가 일이 있긴 한 것 같아. 은밀하고 대책 없는(있을까?) 일 말이야"라는 것이 케인스의 평이었다.[26] 양 떼 사이에 그런 문제가 터지면 양치기는 어떻게 할까? 조앤 로빈슨은 남편과의 결혼 생활에서 지적으로 실세 노릇을 했다. 부부는 관심사가 같았지만 오스틴의 진짜 재능은 심오한 이론보다 행정 쪽에 있었다. 조앤이 케임브리지에 적을 두고 있는 이유는 오로지 남편의 직업과 그 수입 때문이었다. 칸이 파티를 열 무렵 조앤은 케임브리지의 정식 교수가 아니었고 강의 한 번에 25파운드를 받는 계약직 강사였다. 케인스는 평생 재능 있는 여성들을 밀어줬는데, 이는 그가 버지니아의 글을 출판하고, 바네사의 그림을 홍보해줬으며, 궁극적으로 배우로서 리디아의 입지를 높이기 위해 극장 경영까지 한 것으로 알 수 있다. 하지만 조앤이 정교수인 남편과 이혼한다면 아무리 케인스라도 경제학부에 조앤의 자리를 만들어줄 재간이 없었다.

그런데 그가 정말 목격한 것은 무엇이었을까? 무슨 일이 벌어지던, 케인스는 그런 불안한 관계는 오래 지속될 수 없다고 판단했다. 칸은 록펠러 재단의 보조금으로 연구 프로젝트를 시작하게 됐고 그로 인해 곧 미국으로 떠나야 했다. 케인스로서도 몇 달 동안 오른팔 역할을 해주던 사람 없이 작업을 해야만 한다는 사실에 부담을 느꼈지만, 어차피 이전에는 칸 없이도 그럭저럭해냈었고 칸이 말한 번뜩이는 아이디어 대부분이 원래는 조앤의 머릿속에서 나왔다는 사실을 서서히 알게 되었다. 그러다 5월이 되자 칸이 느닷없이 미국 프로젝트를 연기하고 싶다고 말했다. 케인스는 리디아에게 보낸 편지에 이렇게 썼다. "이틀 전에 칸이 전화로 다음 학기는 케임브리지에 계속 남아 연구 중이던 이론을 마무리 짓고 크리스마스 후에나 미국에 가고 싶다고 하더군. 그런데 나중에 보니 오스틴이 다섯 달 동안 아프리카에 가게 돼서 다음 학기 내내 케임브리지에 없다는 거야. 인간의 마음이란! 나한테는 하던 연구를 마치고 싶다고 하더니!"[27] 칸은 오스틴이 없는 동안 케임브리지에서 조앤과 함께 지내고 싶었던 것이다.

케인스는 그들의 관계에 더 이상 관여하지 않겠다고 결심했다. 하지만 상황을 완전히 피할 수는 없었고, 적어도 아무렇지도 않은 듯 행동할 수밖에 없었다. 1933년 10월에는 리디아에게 이러한 내용을 전했다. "오늘 아침에는 칸을 보러 갔더니 방바닥에 조앤이랑 같이 누워 있는 거야. 양말도 신지 않고 면도도 안 한 상태였어. 이상한 상상을 하면 안 되겠지. 수학 도표들을 살펴보기에 가장 편한 자세가 바닥에 누워 보는 것일 수도 있고, 또 오늘 유대인 축제가 있었는데 양말을 신거나 면도를 하면 모세의 율법에 어긋난다고 하더

존 메이너드 케인스

군."**28**

칸과 로빈슨의 불륜은 몇 년간 지속됐지만 그러는 와중에도 그녀와 오스틴 사이에서 두 자녀가 태어났고, 부부는 대서양을 사이에 두고 몇 번을 떨어져 지내면서 개인적 위기를 넘기기도 했다. 1939년 가을에 케인스는 로빈슨의 편지에서 조울증적 징후를 발견했는데 아주 기이한 때도 있었지만 거의 눈치채지 못할 때도 있었다. 오스틴과 함께 있으면 불가사의한 "광기"에 휩싸일 때도 있었다. 일주일 넘게 불면증에 시달리던 조앤은 결국 병원을 찾았고 강력한 진정제를 맞으며 몇 달 동안 병원에 입원해 있었다. 정신과 의사들도 그녀의 상태에 혼란을 느꼈지만, 그녀는 마침내 회복되었다. 조앤이 다시 일을 시작했을 무렵 영국은 또 다른 전쟁을 겪고 있었다. 오스틴과 칸은 둘 다 런던에서 정부 일을 돕도록 차출되었고, 조앤은 두 남자가 각자 케임브리지에 내려올 때마다 시간을 낼 수 있었으므로 세 사람의 삶에는 나름의 리듬이 생겼다. 1940년 11월에 조앤은 칸에게 이런 편지를 썼다. "나는 이런 상황에 자부심을 느껴. 당신도 알겠지만 난 평범한 성공보다 이런 기묘한 조합을 훨씬 좋아하잖아."**29**

그들은 건전함보다 태양 가까이 날아가는 것을 즐기는 사람들이었다. 어두워지는 국제 분쟁을 배경으로 한 불륜, 야망, 학문적 논쟁이 뒤섞인 용광로 속에서 한 경제학자는 경제학 역사상 160년 만에 가장 중대한 작품을 내놓는다. 그리고 케인스는 이런 동료들 사이에서 아이디어, 대화, 에너지를 끊임없이 재활용하면서 사회 비평가에서 논란의 선각자로 거듭나게 된다.

《고용, 이자 및 화폐에 관한 일반이론》은 서구 문자로 쓰인 가장 위대한 작품 중 하나로 아리스토텔레스, 토마스 홉스, 에드먼드 버크, 칼 마르크스가 남긴 기념비적 업적과 어깨를 나란히 하는 사회, 정치 사상의 걸작이다. 또한 민주주의와 권력의 이론이자 심리학과 역사적 변화의 이론이며 사상의 힘에 대한 러브레터다. 《일반이론》은 권력의 필요성을 증명한다는 점에서 위험한 책이기도 하다. 또 수 세기 동안 경제학자들이 고수해온 생산 수요와 부유층과 권력층의 혜택 증가라는 관점에서 벗어나 현재 경제의 주요 쟁점을 불평등의 완화로 재편했다는 점에서 해방의 책이라 볼 수 있다. 한편 이 책은 난해한 문장과 촘촘한 방정식으로 표현된 참신한 관념으로 쓰인 답답한 책이다. 그리고 무엇보다 번영은 인류에게 그냥 주어지는 것이 아니라 정치적 리더십에 의해 조정되고 유지되어야만 한다는, 우리가 이미 알고 있는 명확하고 단순한 진리를 증명해냈다는 점에서 천재성이 엿보이는 작품이라고 할 수 있다.

《일반이론》은 경제학 책으로 기억되고 있다. 왜냐하면 케인스도 밝혔듯이 "이 책은 본질적으로" 경제학자들이 그 내용을 해석하고 수호하도록 그들을 대상으로 기획되었기 때문이다. 케인스는 이 책의 현란한 서문에서 경제학자들을 불분명한 사실로 무장한 선택받은 특권층으로서 이들이야말로 (총리, 황제, 은행가, 장군이 아닌) 세상을 고통으로부터 해방시켜줄 수 있다고 주장한다. "우리가 직면한 현안들은 더 이상 과장할 수 없을 만큼 중요하다. 하지만 내 설명이 맞으면 내가 가장 먼저 설득해야 할 사람들은 일반 대중이 아닌 동료 경제학자들이다. 물론 일반 대중도 논쟁에 참여할 수는 있지만 설전의

존 메이너드 케인스

도청자들에 불과할 것이다."[30]

《일반이론》이 미친 혁명적 영향력은 이 책이 출간된 이후로 정치권에서 경제학자들의 지위가 급부상한 것만 봐도 알 수 있다. 제1차 세계대전이 종식되고 제2차 세계대전이 발발하기 전까지 경제학자들은 오늘날 엘리트 지배층이 갖는 학자들에 대한 인식처럼 권력 브로커보다는 지식인에 가까웠다. 경제학자들에게 우호적이었던 루스벨트 행정부에서도 경제학 학위는 정책 운영에 두드러진 요건이 아니었다. 1920년대에 아이비리그 학력은 미국 권력층 꼭대기에 진입하려는 새내기들에게 유용한 조건이었지만, 하버드 경제학과 출신의 위상이 문학 전공자보다 높지는 않았다. 학술지에 뛰어난 논문이 실린 경우에도 괜찮은 은행에서 몇 년간 일한 후 재무부에 입성하는 사람들만큼 경력을 쳐주지는 않았다. GDP나 생산성에 대한 세부 통계 자료를 분석하는 등의 눈부신 경력을 쌓은 사람은 아무도 없었다. 그런 숫자 자체가 존재하지 않았기 때문이다. 거시경제학이란 용어도 생기기 전이었다. 거시경제학 분야는 사람들이 《일반이론》을 해석하고 이해하기 시작하면서 하나의 학문으로 꽃피기 시작한다. 케인스는 단순히 현대 경제학을 창조했을 뿐 아니라 스스로 지적 권력 구조의 정상에 자리매김하면서 현재 경제학자들을 만들어냈다고 해도 과언이 아니다.

《일반이론》 각 장의 내용들은 아름답고 심오하다. 하지만 그 대부분이 이해하기 어렵다. 전체적으로 보면 지금까지 영어로 출판된 중요한 책 중 가장 못 쓴 작품일 가능성이 높다. 하지만 학자 세계에서는 나쁜 글솜씨로도 빼어난 글솜씨를 가진 사람만큼 좋은 경력을 쌓을 수 있다. 독자들은 난해하고 명확하지 않은 구문을 접했을 때 그런 글은 명석한 사람들만 접근할 수 있는 중요한 작품이라고 결론내는 경우가 종종 있다. 《일반이론》은 상당히 중요한 작품이지만, 그렇다고 특별히 명석한 사람만 읽을 책도 아니었다. 케인스는 자신을 경제학자로 지칭한 사람들 중에는 최고의 작가였다. 그가 대중적 저널리스트였다는 사실도 그가 독자들을 이해하는 방법을 잘 알고 있었다는 것을 증명한다. 그는 《일반이론》이 출판되기 몇 년 전부터 이미 책의 중심 사상을 생각해뒀었다. 케인스에게는 그런 사상을 발표할 충분한 시간이 있었다. 《일반이론》이 어렵고 모호한 이유는 케인스가 그렇게 의도했기 때문이다. 게다가 그런 고약한 표현으로 인해 책 내용을 해석하는 작은 그룹이 생겨났고, 그들 중에는 《일반이론》의 내용들을 해석하고 단순화하는 작업만으로 독특한 경력을 쌓고 노벨상을 수상하는 이들마저 생겼다. 이런 명성 덕분에 케인스 경제학자들은 정치가로서 자격을 갖추게 되고 이전까지는 장군이나 은행가, 그들의 후계자 차지였던 권력의 문을 여는 데 도움을 받을 수 있었다.

《일반이론》이 나오기 전까지 경제학은 오로지 희소성과 효율성에만 초점을 맞추었다. 사회의 생산적 산출물을 뜻하는 경제는 더 적은 자원으로 꾸려나가는 것을 비유하는 말이었다. 인간이 고통을 겪는 근본 원인은 인간의 필요를 충족시키는 자원이 부족하기 때문인 것으로 설명돼왔다. 사회 개혁가들은 부자들의 낭비를 탓할 수도 있지만, 가난과 천함은 불평등 때문이 아니라 자원이 모두에게 돌아갈 만큼 충분하지 않기 때문이었다. 더 많은 상품을 더 효율적으로

존 메이너드 케인스

만들어야만 사회의 물질적 병폐가 장기적으로 치유되거나 완화될 수 있었다.

경제 시스템은 자연계의 인구 역학과 비슷하게 비정치적이고 스스로 오류를 수정한다고 알려져 왔다. 임금, 소비재 가격, 금리, 수익 등 모든 것은 다른 영역에서 발생한 예기치 않은 변화에 자동으로 반응하여 상품이 최대한 생산되고 소비되는 시스템의 균형을 만들고 사회적 요구가 가능한 최대한도로 충족될 수 있다고 믿었다.

노동은 생산 시스템에서 하나의 투입 항목일 뿐이었다. 노동도 다른 상품과 마찬가지로 사회에 부여하는 실제 가치에 따라 그 가격이 변했다. 철강 노동자는 너무 많은데 농부는 부족하다면 공장 임금은 하락하고 밭에서 쓰는 인력의 가격은 상승하게 된다. 모두가 더 높은 임금을 원하지만 경제학자들은 높은 급여가 위험하다고 여겼다. 임금이 올라가면 사업 비용이 높아져서 기업주의 이윤이 감소할 뿐 아니라 생산성이 떨어지고 상품 생산량이 줄어서 사회 전체적으로 불이익이 높아진다는 논리였다. 과일이나 철강 제품의 가격과 마찬가지로 노동력의 가격도 수요와 공급에 따라 자동으로 조정됐고 근로자들이 계속 높은 임금만 고집해봤자 일자리 찾기가 더 어려워질 뿐이었다.

그것은 사회질서에 대한 냉혹한 시각이었지만 대부분의 사람이 실제로 어려움을 겪어왔고, 이런 사상을 발전시킨 18세기와 19세기 학자들이 글을 쓰던 시기에는 특히 더 그랬다. 위대한 경제학자인 토마스 맬서스가 증명한 것처럼 인구는 언제나 생산능력의 절대적 한계까지 확대되어 사람들 대다수가 역사적으로 최저 생계의 끝자락에 걸쳐 살았다. 진보란 더 높은 효율성을 통해 생산량을 높이는 기능을 말했다.

이것이 케인스가 말하는 "고전 경제학자들"의 세계관이었다. 그는 마르크스주의자나 괴짜를 제외한 경제학 분야의 모든 이들을 이 대열에 포함시켰지만 데이비드 리카도, 제임스 밀, 존 스튜어트 밀, 그리고 앨프리드 마셜과 아서 세실 피구를 고전학파의 가장 저명한 이론가로 꼽았다.[31] 케인스는 경제학에 대한 그들의 설명을 상당히 존중했고, 그런 시각은 당시에 사회적 요구가 어떤 식으로 가장 잘 충족될 수 있는지를 정확히 이해한 결과라고 믿었다. 하지만 현재 자본주의의 생산력과 "복리의 기적"은 그런 시각을 한물간 구닥다리로 만들었다. 기술의 발달로 이제 사람들은 이전보다 훨씬 더 적은 노력으로 훨씬 더 많은 것을 생산하게 됐고, 그러면서 희소성은 더 이상 인류의 근본적인 문제가 아니었다. 케인스는 경제학자들이 아주 오래전에 끝난 전쟁을 치르다가 과거 어딘가에서 길을 잃었다고 믿었다. 그는 오래전 《평화의 경제적 결과》가 발표된 때에도 물리적인 자원의 제약 대신 다른 원인들을 가지고 경제 문제들을 다루었다. 수확량에 가장 큰 위협이 되는 것은 부족한 노동력, 비료, 강수량이 아니라 부족한 투자, 그리고 부실한 돈과 신용 관리였다.

길드 시대의 물질적 풍요로움도 케인스에게 자원의 희소성에 대한 의구심을 심어 주었지만 그가 옛 질서가 틀렸다는 확신을 결정적으로 얻은 것은 대공황이라는 참사 때문이었다. 문제는 생산 부족이 아니라는 것이 명확해졌다. 들판의 농작물은 썩어 가는데 거리의 아이들은 굶주려 갔다. 생산자들은 근로자들이 요구하는 높은 임금을 맞춰줄 수 없었으므로 작물을 수확하지 않았다. 노동자들은 일을 찾아 필사적으로 이곳저곳을 떠돌았다. 케인스가 책의 첫 장에서 썼듯이, "1932년 미국 실업률이 높았던 이유가 노동자들이 임금 삭감을 고집스럽게 거부했거나 상품 생산성을 뛰어넘는 실질 임금을 고집스럽게 요구했기 때문이라는 주장은 그럴듯한 설명이 아니었다."[32]

케인스에게 대공황은 고전학파의 이론이 틀렸다는 것을 보여주는 산 증거였다. 경제에는 자기정화 능력이 없었다. 만약 그 말이 사실이라면 비록 정치인들이 잘못된 정책으로 상황을 엉망으로 만든다 할지라도 경제 시스템 스스로 1919년부터 1936년 사이 어느 시점에 상황을 정리했을 것이다. 1925년에 있었던 금 보유량 문제나 1931년의 잘못된 관세는 낮은 작물 수확량이나 화재와 마찬가지로 공급, 수요, 가격 메커니즘이 가진 마법에 의해 재빨리 자동적으로 바로잡혔어야 했다. 그러나《일반이론》은 그저 당시 사회가 직면한 다양한 문제를 열거하고 논쟁이 해결되었다고 주장하지는 않았다. 그 책에는 경험적 접근법이 전혀 없었다. 사례 연구도 없었고 통계적 회귀 분석도 없었다. 대신 1936년 세계가 처한 상황들이 왜 고전적 경제 시스템으로 설명될 수 없는지를 보여주었을 뿐이었다. 그것은 정책입안자들에게 어떤 상황의 실질적 의미를 가끔씩만 보여주는 희소성 이후의 사회에서 인간의 동기를 설명하는 또 다른 해석에 따른 개념들을 재정리한 것이었다.

케인스는 1919년부터 실업 문제를 설명하려고 부단히 애를 썼다. 예컨대《평화의 경제적 결과》에서는 유럽이 감당할 수 없는 전쟁 부채와 배상금 문제로 논밭과 공장에서 충분한 생산성을 창출하지 못할 것이라고 주장했다. 또 《케인스의 화폐통화 개혁법안》에서는 불안정한 물가가 자본주의 메커니즘을 불안하게 하고 부작용을 초래하고 있다고 주장했다. 또한 《화폐론》에서는 인플레이션에 대한 두려움 때문에 노동 시장이 예기치 못한 충격에 대응하지 못한다고 강조했다.

이런 초기 이론들은 고전 경제학자들의 세계관에 근본적으로 잘못된 것은 없으며, 다만 그 사상이 현대 사회에 잘못 적용됐기 때문이라고 가정했다. 케인스도 그보다 먼저 활동했던 고전주의 학자들과 마찬가지로 시장에는 실제로 자기정화 능력이 있어서 결국에는 발전적 균형에 도달할 것이라고 믿었다. 문제는 20세기 정치 사회적 현실을 감안할 때 시장이 그런 자정 작용을 어떻게 이끄냐는 것이었다. 그런데 《화폐론》은 고대 역사로 되돌아가 새로운 사상의 문을 열었다. 만약 이제껏 사회가 확실한 번영을 위해 항상 통화 시스템을 적극적으로 관리해야만 했다면, 시장이 경제학자들이 믿어온 방식으로는 작동하지 않았을 것이다.

케인스에게 고전적 이론이 가진 가장 큰 취약점은 "공급이 곧 수요를 창출한다"는 말로 요약되는 세이의 법칙이었다. 아담 스미스와 동시대를 살았던 프랑스의 장 바티스트 세이가 주창한 이 법칙은 케인스가 고전적 이론에 대해 갖고 있던 세 가지 문제, 즉 희소성이라는 시대에 뒤떨어진 요인의 강조, 시장의 자정작용, 비자발적인 실업은 불가능하다는 생각과 한데 엮여 있었다. 고전학파 이론가들도 이 법칙의 중요성을 인정했다. 《일반이론》이 발표됐을 때 이미 경제학자로 활동 중이었던 존 케네스 갤브레이스는 "세이의 법칙을 고집

하는 것이야말로 저명한 경제학자들과 궤변론자를 분리하는 리트 머스 실험이다"라고 밝혔다.[33]

세이의 법칙에 따르면 사회에 소비되지 않는 수입은 없어야 했다. 신제품이 공급되면 그 자체로 수요가 창출되므로 생산량이 증가되면 지불과 소비가 더 활발해져 균형을 맞추는 경제 시스템이 자동으로 구현될 수 있었다. 상품 생산자가 구매 가격을 수용하고 그 수입을 임금이라는 방식으로 근로자들에게 이전하면(물론 수입의 일부는 본인 몫으로 챙기겠지만) 사회에는 그가 생산한 가치와 정확히 일치하는 양의 새로운 수요가 창출될 수 있었다. 근로자들의 임금은 다른 상품에 쓰이게 되고, 그러면 경제 시스템 안에서 발생하는 총수요 중 결핍된 수요는 있을 수 없었다. 사람들이 따로 챙겨두는 저축도 또다른 형태의 소비였다. 저축은 미래의 소비를 의미했기 때문이다. 세이는 업종에 따라서는 과잉생산이 발생할 수 있지만, 그런 문제도 전체적으로 보면 장기간 지속될 수 없는 "그저 일시적인 악에 불과하다"고 주장했다. "일반적인 경우에 한 나라에 제품들이 지나치게 남아돌기는 힘들다. 각 제품은 또 다른 제품을 구매하는 수단이 되기 때문이다."[34] 이 논리대로라면 대공황 자체가 일어나면 안 된다. 한 사회에서 생산 행위는 그 자체로 생산의 결실을 감당하지 못할 가능성을 배제하기 때문이다. 전반적인 생활 수준에 격차가 생길 수는 있지만 그 또한 사회가 그 자원을 얼마나 효율적으로 사용하느냐에 따라 달라질 수 있다. 따라서 실업은 주요 요인이 될 수 없다.

하지만 불황은 현실화되었고 세이의 법칙은 틀린 것으로 판명되었다. 사람들은 소득을 전부 소비하지 않으며, 그들이 저축한 돈도 현재든 나중이든 누군가의 소비로 자동 전환되지 않는다. 고전적 세계관에서 은행은 사람들이 저축한 돈이 새로운 사업에 투자되고 어떤 식으로든 수익을 낼 수 있도록 이자율을 정해 저축과 투자를 연계할 것으로 가정한다. 《화폐론》에서는 중앙은행에 이런 임무를 부여했다. 중앙은행은 이자율을 낮춰서 기업들이 생산 확대에 필요한 자금을 대출받을 수 있게 하지만, 일반인에게는 별 볼 일 없는 이자율을 제공해서 은행에 돈을 예치하지 않도록 만든다. 케인스는 이런 작전이 효과적일 수도 있지만 그렇지 않을 가능성도 높다고 주장했다(케인스는 평생 저금리와 저렴한 대출을 옹호했다).

첫째, 중앙은행이 금리를 아무리 낮춘다고 해도 0퍼센트라는 한계가 있었다. 케인스는 특히 경제학자들이 은행에 관한 "착시현상"을 만들었다고 믿었다. 상업은행은 대출 신청서를 승인하고 중앙은행은 금리를 결정할 수 있지만 이들이 투자까지 통제할 수는 없었다. "현재의 소비를 삼가는 결정과 미래 소비에 대한 결정을 연계할 수 있는 방법은 없었다. 이는 후자를 결정하는 동기가 전자를 결정하는 동기와 연결돼 있지 않기 때문이다."[35] 투자는 은행이 결정하지 않는다. 투자는 장비를 업그레이드하거나 새로운 연구에 자원을 투입하기로 결정하는 기업이 주도한다. 근로자 또한 그들이 가진 자금의 효용을 극대화할 방법을 여러 해에 걸쳐 철저히 고민한 다음 그 돈을 지출할 것인지 저축할 것인지 결정하지 않는다. 금리가 상당히 높을 때보다 개인적으로 여유가 있을 때 사람들은 저축을 한다. 특히 사람들은 경제가 어려운 시기에는 자금을 투자처에 묶어두기보다 손에 쥐고 있으면서 "유동성"을 확보하고 싶어 한다. 경제 상

존 메이너드 케인스

황을 주시하는 은행가들조차 장기 대출은 잘 승인하지 않으려 하고, 그보다는 현금을 보유하거나 자금을 빨리 환수할 수 있는 단기 프로젝트에 투자하려는 경향이 강하다. 불황 속 세계 동향을 살피는 업계의 거물들도 수익 실현에 몇 년씩 걸리는 신규 프로젝트에 자금을 쏟아부어야 할 때는 상당히 신중할 것이다. 결국 금리는 저축과 투자의 균형을 찾지 못한다. 금리는 다만 현금의 편리성이나 확실성을 기꺼이 포기하는 가격 수준을 측정할 뿐이다.

이 중 그 어떤 행동도 비이성적이지는 않지만 비생산적일 수는 있다. 오래전, 케인스가 버트런드 러셀, 루드비히 비트겐슈타인과 언어 철학에 대한 논쟁을 벌이던 시절에 그는 사람들이 어떤 일이 미래에 미칠 파장을 알지 못한 채 결정을 내려야만 한다는 사실을 확고히 믿었다. 결정을 내리는 순간에는 미래가 항상 불확실하므로 어떤 일의 타당성을 그 결과로 평가해서는 안 된다는 것이다. 케인스는 확률을 바탕으로 합리성의 이론을 공식화하려 애썼지만 결국 실패했고, 이 사실은 그의 철학적 동지들도 대부분 알고 있었다. 하지만 경제이론가인 케인스에게 불확실성은 그의 연구에서 중심이 되는 심리적 통찰력이었다. 불확실성은 통계적으로 측정할 수 없었다. 어떤 사건들이 과거에 특정한 방식으로 전개됐었다고 해서 미래에도 그런 식으로 전개된다는 보장은 없었다. 사람마다 미래에 대한 확신의 정도는 다르지만 그것을 계산할 수 있는 사람은 아무도 없었다. 내일 해가 뜰 것을 확신할 수는 있다. 하지만 내일 일자리를 얻게 되리라는 전망에 대해서는 확신이 덜할 것이다. 또 그 일이 오늘 하는 일과 같을 것이라는 전망은 조금 더 확신하기 어렵고, 똑같은 수입을 벌 것이라는 생각에는 더욱 자신감이 줄어들 것이다. 하지만 내 자신감이 손상되거나 사라지도록 환경이 조성될 수도 있다. 게다가 그런 환경에서는 내 돈을 쓰지 않고 쌓아두는 것이 확실히 이성적일 것이다. 이런 태도는 가령 불안한 경제 상황으로 사람들이 향후 경제 사정을 걱정하게 되는 불황 때 더욱 확연히 나타난다. 이는 사업 확장이나 장비 업그레이드 가능성을 살피며 회사를 경영하는 사람들도 마찬가지다. 상황이 그리 좋아 보이지 않으면 투자는 나쁜 베팅처럼 보인다. 중앙은행은 금리를 조절해서 그런 판단에 영향을 미칠 수 있지만 현실적으로 한계가 있었다. 예금이 쓸모없이 은행 금고 안에 계속 방치되는 상황이 벌어질 것이다.

과도한 저축 가능성은 엄청난 파장을 몰고 왔다. 자본주의는 과잉 생산을 낳을 것이다. 근로자들은 가진 돈을 전부 소비하지 않으므로 상품과 서비스의 공급량은 그것에 대한 수요를 초과할 수밖에 없다. 생산자들은 생산량을 줄이고 직원들을 해고하는 방식으로 이에 대응할 것이다. 그러면 수요와 공급이 균형을 이루면서 아무도 신규 고용과 생산 확대에 투자하지 않는 나쁜 균형을 낳을 것이다. 실업은 저기능 경제의 고정적 요소로 눌러앉는다.

케인스는 이 같은 분석을 하면서 1931년부터 시작된 프리드리히 폰 하이에크와의 불화를 인정했다. 하이에크는 한 사회의 총저축액이 그 사회의 총투자액과 항상 같아야 하며, 《화폐론》이 강조했던 저축과 투자가 정상 상태를 벗어나는 상황은 잘못됐다고 주장해왔다. 하지만 이런 반론은 케인스를 더 급진적으로 만들 뿐이었다. 저축과 투자는 그 나라의 총생산량 변화에 따라 동량으로 만들 수 있

존 메이너드 케인스

다. 둘 중 하나가 감소하면 다른 하나는 총생산과 함께 감소할 것이다. 그러면 경제가 위축되면서 발전이 늦춰질 것이다. 이는 자원이 부족해서가 아니라 사람들이 지출을 꺼리기 때문이다.

사실 대공황을 만든 것은 돈 그 자체였다. 케인스는 책에서 이렇게 말했다. "통화경제란 본질적으로 미래에 대해 변화하는 관점이 고용 수준에 영향을 줄 수 있는 경제이다."[36] 고전 경제학자들은 돈을 다양한 재화의 교환을 용이하게 하는 촉진제나 윤활유로 여겼다. 가령 염소를 자동차와 맞바꾸는 것은 어색하고 비효율적이지만 돈은 그런 교환을 더 간편하게 만들어준다. 하지만 케인스는 돈을 다양한 상품의 상대적 가치 정보를 전달하는 메커니즘이자 시간이 지나도 사람들이 소유한 물질의 가치를 안전하게 판단하게 하는 가치의 저장고로 인식했다. 고전주의 경제학은 돈을 그림 같은 고정적인 것으로 간주했다. 반면 케인스는 돈이 경제적 가능성에 대한 서사를 창조한다는 측면에서 영화나 소설에 더 가까운 것으로 보았다. "돈의 중요성은 기본적으로 현재와 미래의 연결고리에서 비롯된다."[37]

케인스는 저장고로서 돈의 기능에 내포된 도덕적 의미를 오랫동안 알고 있었다. 그는 《우리 손주 세대의 경제적 가능성》에서 사람들이 수단과 목적을 혼동해서 좋은 삶을 추구하기보다 "돈에 대한 애정"에 소비될 수 있다고 강조했다. 위대한 예술과 아름다운 저녁을 즐기는 대신 은행 잔고를 살피고 아름답거나 훌륭하지 않은데도 단지 부를 과시할 수 있는 물건을 구매하는 것으로 만족감을 느낀다는 것이다.

케인스는 《일반이론》에서 이런 돈의 속성이 어떻게 개인의 인격적 결함과 경제 시스템의 붕괴를 낳을 수 있는지 설명했다. 그는 이렇게 주장했다. "소비는 모든 경제 활동의 유일한 대상이자 목적이다."[38] 그러나 돈은 우리의 소비 능력을 계속 유지하면서 다른 날, 또 다른 날로 무한정 소비를 미룰 수 있게 한다. 우리는 나쁜 마음이나 혼란 때문이 아니라 미래에 대한 단순한 두려움 때문에 물질적 만족을 당장 실현하는 대신 돈을 계속 보유할 것이다. 그러나 우리가 소비를 거부하면 다른 사람들의 소득이 없어진다. 그렇게 되면 사회는 더 궁핍해질 수밖에 없고 더 나아가 두려움이 전염돼 생산 감소, 해고, 과잉 속 고통 같은 형태로 위험이 발생한다.

그리고 현대 금융 시스템은 두려움을 고통으로 바꾸는 돈의 능력을 크게 증폭한다. 한 세기 전만 해도 상상할 수 없었지만, 이제는 여러 개인이 금융시장과 증권거래소를 통해 그들의 자원과 지식을 동원해서 기업 지원에 필요한 자금을 조달할 수 있다. 고전주의 이론가들은 금융시장은 더 유동적일수록 좋다고 믿었다. 돈과 투자자들이 늘어나면 시장은 다양한 기업과 증권을 적정 가격에 안착시킬 수 있으며, 일부 투자자들이 기이한 판단을 할지라도 다수의 공정한 판단으로 평정될 수 있다.

하지만 케인스가 거의 20년을 스스로 투기꾼이 되어 그 과정을 관찰해보니 실제의 모습은 이론과 달랐다. 사람들은 다양한 기업 가치에 투자하지 않았으며 그저 다른 투기꾼들의 판단에 따라 자금을 베팅했다. 케인스가 《일반이론》에 짧게 언급했듯이, "전문적 투자는 경쟁자들이 100개의 사진에서 가장 예쁜 얼굴 6개를 골라야 하는 신문사 콘테스트에 비유할 수 있다. 이때 승자는 전체 참가자들

존 메이너드 케인스

이 평균적으로 선호한 사진을 가장 많이 고른 사람이 된다. 따라서 승자가 되려면 개인적으로 예쁘다고 판단하는 얼굴이 아니라, 모두가 같은 관점에서 문제를 바라봄으로써 다른 참가자들이 예쁘다고 생각할 가능성이 가장 높은 얼굴을 골라야 한다. 이는 누가 가장 예쁜지를 개인이 가장 잘 판단해서 선택하는 문제도 아니고, 평균적인 사람들이 진짜 가장 예쁘다고 생각하는 얼굴을 선택하는 문제도 아니다."[39]

이 비유가 단지 금융시장은 흥분과 감정이 냉정한 추론을 뛰어넘기 때문에 공포와 불안정성에 쉽게 좌우된다는 것을 뜻하는 것은 아니다. 그보다는 시장이 여러 투자의 가치를 정확히 측정한다고 믿을 근거가 없다는 것이다. 월가와 런던 금융가는 지금까지 더 큰 선을 이루기 위한 행동은 딱히 하지 않으면서도 이례적으로 높은 수익률을 완벽하게 독차지할 수 있었다. 사실상 의도하지는 않았지만 사회에 적극적으로 해를 끼치고 있었을 수도 있다. "경험상 사회적으로 유리한 투자 정책이 반드시 가장 수익성 높은 정책과 일치한다는 보장은 없다."[40]

이는 비합리성이나 악의에서 비롯한 것이 아니다. 투기꾼과 투자가들도 일반인처럼 미래에 대한 불확실성 아래서 판단을 해야 한다. "솔직히 말해 우리는 철도, 구리광산, 섬유공장, 특허받은 신약, 대서양 쾌속선, 런던시에 있는 건물의 10년 후 가치를 산정하기 위한 기초 지식이 거의 없거나 전무하다는 것을 인정해야 한다.[41] 이 문제에 대해서는 증권거래서도 사실상 명백히 밝힌 것이 없다. 숙련된 투자의 사회적 목표는 우리의 미래를 감싸는 시간과 무지의 암흑을 물리치는 것이다. 오늘날 가장 숙련된 투자의 실질적이고 사적인 목표는 미국인들의 정확한 표현대로 '출발 신호가 있기 전에 출발하고', 대중보다 한발 앞서 나가고, 나쁘거나 가치가 하락하거나 반 토막이 난 것들은 다른 이들에게 넘기는 것이다."[42]

자본시장은 기껏해야 투자자들의 그런 성향과 직감을 확대할 뿐이다. 하지만 주식, 채권, 기타 자산의 시장가격은 향후 투자에 대한 수학적 확실성이라는 환상을 만들어냈다. 주식시세 및 거래소의 숫자들이 투자 집단의 기질에 대략적으로 맞춰 있었으며 은행가, 정치인, 일반 대중은 그런 수치들을 권위 있는 전문가들의 정확하고 과학적인 판단이라 오인했다. 투기꾼들은 심기가 불편하거나 다른 투기꾼들이 투자에 비관적이라는 낌새를 받으면 주식을 손절했다. 주식의 평가 가치가 낮으면 투자자들은 객관적인 시장이 그 회사에 나쁜 판단을 내렸다는 점에 주목하며 비슷한 업종에는 투자하지 않으려고 했다. 케인스는 대공황 시기의 세계 경제가 딱 그런 식이었다고 믿었다. 당시 인류는 한꺼번에 허물어진 창조적 에너지나 사업 감각에 고통받기보다는 합당한 임금에 일하지 않으려는 느닷없는 국제적 움직임에 의해 더 큰 타격을 받았다. 원인이 무엇이든 저조한 경제 실적은 만성적인 경제침체가 정상이라고 가정하는 투자 시장을 창조했고 그들의 예측을 완벽히 실현할 수 있었다.

따라서 투자 과정에 대한 케인스의 분석은 민주주의에 대한 그의 이해와 궤를 같이했다. 금융과 정치 모두 비합리성이나 어리석음보다는 미래에 대한 불확실성과 극심한 불안이 군중을 재난적 상황에 더 쉽게 빠뜨린다는 것이다. 시장의 자기정화 능력은 선동가를

존 메이너드 케인스

향해 환호하는 군중보다 나을 게 없었다. 이를 바로잡으려면 시장이 구조화되는 동시에 지침과 관리가 필요했다. 어쩌면 완전히 교체되어야 할 수도 있었다. 《화폐론》에서 돈이란 국가의 산물이란 점에서 태생적으로 정치적이라고 주장했다. 이번에는 그런 주장이 시장에 대한 견해로 확대되어 있었다.

《일반이론》은 1930년대 문제들에 대한 정책적 해법에 대해서는 아주 간단히 언급한다. 불확실성은 합리적 투자자나 사익을 추구하는 노동자에 대한 논리를 공격함으로써 합리적 시장이라는 사상 자체에 이의를 제기했다. 불확실성이 강한 상황에서는 사익을 판단하기 어렵다. 투자자와 사업가들의 행동방식을 진지하게 생각해보면, 새로운 사업에서 얼마나 많은 돈을 벌 수 있느냐는 그 사업을 시작하는 한 가지 요인일 뿐이다. 케인스는 정부가 사업가 집단의 신뢰를 높이고 금융화된 경제가 진정될 수 있는 주요 활동을 재가동하기 위해서는 정치적으로 곤혹스러운 여러 상황에 의존해야 할 수도 있지만 믿을 만한 다른 치유책이 있다고 제안했다. 이를테면 그가 예전에 역설했던 것처럼 사회 개선을 위해 정부가 직접 투자를 단행하는 공공사업이 그에 속했다.

하지만 만약 정부가 공공사업에 반대한다면, 대중의 구매력을 직접적으로 상승시키는 다른 어떤 활동도 도움이 될 것이다. 실업자들을 고용하거나 세금을 감면하는 것처럼 직접적이고 물질적인 혜택을 제공해서 근로자의 손에 돈을 쥐어 주면 정부는 사회의 수요를 전반적으로 증가시킬 수 있었다. 공급 과잉에 직면하면 기업은 대개 생산량과 종업원을 줄이는 방식으로 문제에 대응한다. 이런 결과를 막기 위해서는 정부가 수요를 촉진하고 소비자들이 더 많은 상품을 사게 만들어서 동일한 수준의 생산을 유지해야 한다. 시민들은 그들 주머니에 돈이 많을수록 더 많은 재화를 구입할 수 있다. 사업가와 투자자들이 그런 경기부양 신호를 확인하면 다시 자신감을 얻고, 경제발전에 필요한 위험을 감수하고, 유용한 사업에 자금을 투입할 것이다. 이것이 바로 불황을 타개하는 길이었다.

이는 통화 시스템에 심오하고도 반직관적인 의미를 제시했다. 대공황처럼 전례 없이 심각한 상황에서는 소비를 진작시키는 방법 자체는 그다지 중요하지 않았다. 정부가 무엇이든 조치에 나서는 것이 중요했다. 정부가 돈을 쏟아부으면 "피라미드 축조, 지진, 심지어 전쟁으로도 부는 증대될 수 있었다. 게다가 투자를 위해 돈을 대출받거나 적자를 내는 것은 그 자체로 위험하지 않았다. 그런 투자는 결국 새로운 기업과 활동을 발전시킴으로써 새로운 부를 창출하게 되기 때문이다. 정부의 지출은 경제 활동을 통해 증식될 수 있었다. 요컨대 건설에 투입된 1달러는 철강공장에 지급되고, 이는 다시 광산 운영에 투입돼서, 많은 사람의 주머니에 돈을 채움으로써 전체 경기에 1달러 이상의 가치를 창출했다. 하지만 1달러를 받은 사람이 밖으로 나가 그 돈을 쓴다면 그 돈이 아무 활동에 활용되지 않아도 같은 결과를 낳을 수 있었다. "만약 재무부가 낡은 병에 지폐를 가득 채워서 폐광 깊숙이 묻고 쓰레기 더미로 덮은 다음, 이후 성숙한 자유방임주의 원칙에 따라 민간 기업에 그것을 다시 파내라고 하면(물론 지폐가 묻힌 땅에 대한 정당한 임대권을 얻어서), 더 이상 실업은 없어지고 그 파급효과로 공동체의 실질 소득과 재산이 실제보다 훨씬 더 커지

존 메이너드 케인스

게 될 것이다. 이는 예시일 뿐 실제로는 주택 사업 같은 것이 더 타당할 것이다. 이런 프로그램을 추진하는 데 정치적이고 현실적인 어려움이 따른다 할지라도 아예 안 하는 것보다는 나을 것이다."[43]

이 예는 《일반이론》을 읽고 났을 때 가장 기억에 남으면서 터무니없는 이미지 중 하나다. 이 책을 비판하는 보수주의자들은 종종 이 일화를 근거로 케인스 계획 전체가 망언이라고 지적한다. 그런 헛소리를 그럴듯하다고 믿는 사람은 분명 핵심을 놓치고 있다는 것이다. 이는 기본적으로 우리가 갖고 있던 경제 문제의 본질에 대한 직관에 모순된다. 경제 활동을 마치 임의의 장치가 순조롭게 작동하도록 우리가 서로에게 행하는 속임수이자 무의미한 의식인 것처럼 만들어놓기 때문이다. 대부분의 사람은 일을 기능적인 것으로 이해한다. 우리가 받는 급여는 생존에 꼭 필요하므로 노동에 자신의 정체성과 정서적 중요성을 부여하고 투자한다. 비록 우리의 경제적 지위가 행운과 환경에 의해 그늘져 있다 하더라도 사회적으로는 어떤 식으로든 기여할 수 있기를 바란다. 우리는 사회를 위해 더 나은 일을 함으로써 더 많은 것을 얻을 수 있다고 믿는다. 농부는 더 많은 농작물을 경작하고, 작가는 더 좋은 책을 써야 한다. 케인스는 통화 경제에서는 사회를 개선하는 데 반드시 덕이나 유용한 일이 필요하지 않다는 사실을 노골적으로 드러냈다.

그는 우리가 노동에서 찾으려는 자부심은 물론 대공황으로 인한 고통의 의미까지 공격하고 있었다. 17년의 공포와 박탈감이 그저 현대 금융의 부기 시스템이 일시적으로 오작동한 결과라면 이는 상당히 실망스러운 일이다. 자본주의자들의 탐욕이나 잔인함, 혹은 대중의 게으름 때문이 아니라 쉽게 바로잡을 수 있는 기술적 문제로 그런 엄청난 사회적 병폐가 일어났다는 것이다. 대공황은 선과 악의 대충돌이 아니라 그저 실수일 뿐이었다.

케인스의 이런 견해는 대공황이 보여주는 중대한 윤리적 문제를 배제했지만, 한편으로는 급진적 정치를 향한 포문을 열었다. 현재의 문제가 상품이나 자원의 희소성 때문은 아니었다. 우리에게는 충분하고도 남는 물건, 음식, 의복, 쉼터, 음악, 춤이 있었다. 사실 너무 풍부해서 사회는 반영구적으로 만성적 공급 과잉 상태에 있는 것 같았다.

케인스는 각 사회가 직면한 주된 경제 문제는 더 이상 자체적으로 감당할 수 있는 사안이 아니며 그 사회의 구성원들이 어떻게 살고 싶은지의 문제라고 믿었다. 재계 거물들은 모든 사회에 존재하는 필연적 요소인 빈곤 문제를 간과하면 안 됐다. 민주주의는 이제 다른 노선을 택해야 했다.

케인스는 기능적이고 발전적인 평형상태를 향해 가는 시스템을 조정하는 문제는 더 이상 꺼내지 않았다. 《일반이론》은 과잉이나 불균형을 바로잡기 위해 때때로 정부가 자유시장의 운영 상황에 개입해야 할 필요성을 증명하지는 않았다. 대신 정부의 구조와 감독으로부터 독립적인 자유시장이라는 개념 자체가 일관적이지 않다는 점을 밝혀냈다. 시장이 제대로 기능하려면 정부는 수요를 창출해야 한다. 세계대전이 발발하기 전 영국의 황금기처럼 자유방임주의가 번영했던 시기는 상당히 드물었다. 이는 당시의 독특한 심리적, 물질적 환경에서 비롯된 "특수한 경우"로 "한 나라의 자본 개발이 도박에

존 메이너드 케인스

가까운 활동들의 부산물이 된" 투기적 금융시장을 통해서는 규칙적인 복제가 불가능했다.[44]

케인스는 "투자의 포괄적인 사회화가 완전 고용에 가까운 상황을 확보하는 유일한 수단이라는 점이 입증될 것이다"라고 주장했다.[45] 케인스도 국가가 직접적인 "생산 도구들"을 넘겨받을 필요는 없다고 믿었지만, 《일반이론》 내용이 실제로 적용되면 "임대인의 안락사, 더 나아가 자본이 가진 희소성의 가치를 악용해온 자본가들의 누적된 압제의 안락사"가 벌어진다는 것을 의미했다.[46] 자본가들은 다른 사람들이 필요로 하는 자본을 통해 돈을 벌었다. 만약 정부가 투자자본을 조성하고 제공할 수 있다면 자본가들은 사회 발전의 숨통을 죄고 있는 그들의 장치를 잃을 수도 있다. 케인스는 분명 세금 정책과 이자율 조정보다 훨씬 더 폭넓은 정부 역할을 고려하고 있었다. 그는 "정부는 장기적 관점과 사회의 일반적 이익을 바탕으로 자본재의 한계효율을 계산해야 하며, 그런 정부가 직접 투자를 조직화하고, 그보다 훨씬 더 큰 책임을 짊어지기를 기대한다"고 말했다.[47]

케인스는 자신이 "부의 극심한 불평등을 합리화하는 사회의 근거 중 하나"를 제거했다고 믿었다.[48] 그는 젊었을 때 저축이란 사회전반에 이익이 되는 미덕이라고 생각했다. 세대를 거쳐 축적된 부유층의 재산은 모든 이들의 이익을 위해 활용될 수 있는 투자 자본의 근원이었다. 하지만 그는 《일반이론》을 통해 대중의 자본 성장은 부자들의 고결한 저축의 결과가 아니라 대중의 소득 증가에 따른 부산물이라는 사실을 증명했다. 사회 상층부에서 대규모 저축이 이뤄진다고 해서 투자가 증가하지는 않았다. 인과관계의 화살은 오히려 그 반대를 가리켰다. 대량의 투자금이 조성되면 저축 수준이 높아진다는 것이다. 따라서 "부와 소득의 큰 격차를 없애면" 사회적 화합과 경제적 기능을 향상시킬 수 있었다.

케인스는 사회구조의 갑작스런 변화에 여전히 섬뜩함을 느꼈다. 그는 더 나은 미래로 점진적인 전환을 기대했고 그렇게 되기 위한 아이디어를 몇 가지 제시했다. "임대인이나 기능을 멈춘 투자자의 안락사는 갑자기 이뤄지지 않고 점진적이고 장기적으로 계속될 것이므로 혁명은 필요 없을 것이다."[49] 케인스는 또한 이런 아이디어 중 인간의 선량함이나 정부의 효율성에 대한 유토피아적 환상이 필요한 것은 아무것도 없다고 주장했다. "인간 본성을 변화시키는 임무와 인간 본성을 관리하는 임무를 혼동해서는 안 된다."[50] 케인스는 인간의 본성을 자신이 믿는 대로 인식했다. 즉 인간이란 조금은 이기적이고, 약간의 두려움이 있으며, 사회 발전에 관심이 있고 자신의 재능을 스스로 꺾어버릴 수 있다고 여겼다.

《일반이론》이 나오기 몇 달 전에 케인스는 '예술과 국가'라는 제목의 에세이를 〈리스너Listener〉지에 발표했다. 예술 활동을 장려하기 위해 쓴 것으로 보이는 이 글은 행동주의 정부 주도로 사회가 활력을 되찾아야 한다는 열정적인 촉구로 이어진다. 케인스는 18세기 및 19세기의 실용주의적 윤리 철학자들은 "사업적 계산"에 따라 "국가에 대한 왜곡된 이론"을 대중화시켰는데, 그런 계산에서는 어떤 활동의 사회적 가치에 대한 궁극적 판단이 이윤 창출 여부로 결정된다고 주장했다.[51] 하지만 시장은 사회의 선호도를 말해주는 신뢰할 만한 창구가 아니며 정치조직을 은근히 구원할 수 없었다. 시장은 대중이 즐기는 다수의 사회적 상품, 특히 예술작품 같은 것을 전달하지 못했다. 삶을 의미 있게 만드는 아름다움, 공동체, 활기차고 다면적인 문화 같은 것들은 모두 집단적이고 조화로운 행동을 필요로 한다. "이런 것들은 수익과 재무적 성과만 추구해서는 성공적으로 이행될 수 없다는 것을 우리는 경험으로 확인했었다. 대중적 엔터테이너의 신성한 재능을 재무적 이득을 위해 팔아먹음으로써 악용하고 우연히 파괴하는 행위는 오늘날 자본주의의 악랄한 범죄다."[52]

《일반이론》 속 경제학은 좋은 삶에 대한 케인스의 생각과 불가분의 관계에 있다. 그는 영국이 대공황 시기에 대형 금융거래의 전횡적 흐름에 집중하는 바람에 "공원과 광장, 놀이터, 호수, 유원지, 가로수길과 더불어 기술과 상상력으로 고안할 수 있는 모든 즐거움을 즐기는 대신 무익하고 추한 생활에 순응하고 말았다고 믿었다. 왜 런던 전체가 세인트 제임스 공원 주변과 같아지면 안 되는가? 템즈 강변도 강을 따라 지어진 다양한 건물들과 테라스와 더불어 세계 명소 중 하나로 거듭날 수 있다. 또 남부 런던의 학교들은 학생들을 위한 대형 건물과 성당, 분수, 도서관, 갤러리, 식당, 영화관, 극장을 갖춘 종합대학의 위용을 갖춰나갈 것이다."[53] 케인스는 《일반이론》에서 이러한 경이로운 건축물들이 어떻게 그 비용에 상응하는 부를 창출할 수 있는지 제시했다.

《일반이론》은 비극적일 만큼 불충분한 자원은 사회적 상황과 구조의 불가피한 조건이 아니라는 것을 증명했다. 그보다는 사회가 어쩔 수 없이 정치적으로 택한 결과이다. 케인스는 그런 선택이 어떻게 내려지거나 평가되며, 그에 대한 책임은 어떻게 져야 하는지를 모색하지 않았다. 그는 "완전 고용" 외에는 경제적 성공을 위한 어떤 척도도 제시하지 않고 오히려 모호함을 유지했다. 정부가 정확히 어떻게 총수요나 구매력을 관리하고 투자를 사회화해야 하는지에 대해서는 거의 지면을 할애하지 않았다. 대신 금융 기득권층과 마르크스주의 비평가들 모두가 불가능하다고 믿었던 정치적 가능성의 새로운 세계로 문을 열었다. 새로운 사회가 현재와는 매우 달라 보일 수 있지만 기존의 지배적 질서를 꼭 파괴하거나 전복해야 개선할 수 있다는 것은 아니었다. 오히려 기존의 사회질서와 제도를 보존해서 급진적 변혁의 씨앗을 싹트게 했다.

케인스는 국내 번영이라는 이 교리를 국제평화 프로그램에 명쾌하게 연결시켰다. 금본위제와 자유방임주의는 다른 국가들과 벌이는 경쟁적인 무역 전쟁을 제외하고는 침체에 빠진 경제가 택할 수 있는 모든 선택권을 차단했다. 정부는 지출을 늘리거나 통화를 팽창시켜 경기를 진작시킬 수 없었으므로 해외 시장에 상품을 대량으로 넘기거나 외국 제품이 수입되는 것을 막아야 했다. 이는 곧 케인스가 자라면서 꿈꿔온 자유무역의 이상(다른 사람들과 다양한 상품을 교환하고 서로의 전문지식을 통해 이익을 얻는)이었지만 실상은 생존을 위한 제로섬 투쟁일 뿐이었다. 그는 이제 무역이 경제학자들이 생각하는 것보다 외교 문제에 "덜 우호적인 영향"을 미친다고 믿었다. 사람들은 다른 나라 국민들을 의심과 반감 섞인 눈으로 보기 시작했으며, 각국의 정치인들은 전쟁 후 프랑스 지도자들이 가진 독일에 대한 인식처럼 다른 나라를 경제적 먹잇감으로 생각했다. 이런 경제적 경쟁은 자국 내 군국주의적 민족주의를 부채질하고 무역을 상호 이해의 길이 아닌 국제적 긴장감을 초래하는 근원으로 만들었다. 케인스는 자신이 이런 압력을 완화할 길을 발견했다고 믿었다.

만약 국가들이 그들의 국내 정책에 따라 완전 고용의 해법을 배울 수 있다면… 한 국가의 이익을 그 이웃국가들의 이익에 대비해 계산하는 중요한 경제적 효력이 필요 없을 것이다… 국제 무역은 어떻게든 수출을 높이고 수입을 억제해서 국내 고용률을 유지하는 고육지책을 중지하게 될 것이다. 이런 전략에 성공한다고 해도 국내의 실업 문제를 해외로 이전시킬 뿐이므로 문제가 악화될 뿐이지만, 서로에게 이득이 되는 의욕적이고 무해한 상품 및 서비스의 교환을 이끌 것이다.[54]

《일반이론》은 뒤로 갈수록 케인스의 야망이 강해지는 것을 알 수 있다. 이 책의 서두에서는 경제학자들에게 당시 업계를 지배하고 있던 고전주의 사상의 기본 교리를 재고하라고 호소한다. 그러나 책 말미에 이르면 경제학자들의 존재는 사라지고, 케인스는 자신이 중대한 문제들을 해결했다고 믿는다. 그는 마르크스주의자들에게 지배계층의 경제적 탐욕을 누르고 승리할 수 있다는 믿음을 포기하지 말라고 호소하며 책을 마친다. 자본가의 기득권은 인류 역사의 위대한 장치들에 대한 통치권을 지배하지 못했다. 그런 통치권을 지배한 것은 국민의 신념과 사상이었다. 그들은 폭력적이고 혁명적인 변혁에 의존하지 않고도 지난 20년간 벌어진 고난과 역기능을 떨쳐버릴 수 있었다. 그들에게 필요한 전부는 사상에 의한 설득이다.

이러한 사상적 성취는 통찰력 있는 희망인가? … 경제학자와 정치철학자들의 생각은 그것이 옳든 그르든 일반적인 인식보다 강력한 영향력을 발휘한다. 세상은 사실상 좀 다른 것에 의해 지배된다. 자신이 지적 영향력에서 상당히 배제돼 있다고 여기는 현실주의자들은 대개 이제는 사라진 일부 경제학자들의 노예일 뿐이다. 뜬소문을 듣는 미치광이 권력자들은 한물간 엉터리 학자들에게서 들은 이야기에 점점 더 열광한다. 나는 기득권의 힘이 우리의 머리에 서서히 파고드는 사상에 비해 상당히 과장돼 있다고 확신한다. 즉각적이지는 않겠지만 일정 시간이 흐르면 분명 그럴 것이다. 왜냐하면 경제철학이나 정치철학에서는 스물다섯이나 서른 살 이후에 새로운 이론에 영향을 받는 사람들이 별로 없기 때문에 공무원, 정치인, 심지어 선동가들이 현 상황에 적용하는 것들은 최신 사상이 아닐 것이다. 하지만 조만간, 선과 악에 위협이 되는 것은 기득권이 아닌 사상이 될 것이다.[55]

케인스는 케임브리지에 있는 그의 제자들과 동지들에게 강력하고 중독적인 비전을 제시했다. 폴 스위지는 《일반이론》이 "전 세대 경제학자들에게 해방감과 지적 자극을 전달하는 동시에 새로운 시각과 길을 열어주었다"고 말했다.[56] 《일반이론》은 경제학을 훨씬 뛰어넘는 책이었다. 몇 년 뒤 로리 타시스가 회상하듯 말했다. "케인스가 우리에게 가져다준 것은 희망이었다. 포로수용소, 처형과 잔혹한 고문 없이도 번영을 되찾고 유지할 수 있다는 희망이었고… 많은 이들은 케인스의 뒤를 따르면 개개인이 전 세계를 치유하는 의사가 될 수 있다고 믿었다."[57]

존 메이너드 케인스

JOHN MAY NARD KEYNES

혁명의
도래

10

케인스가 위대한 서구 사상가들의 판테온에 당당히 자리를 차지하던 그때, 그의 젊은 시절에 빛이 돼준 블룸즈버리의 지성인들은 말 그대로, 그리고 은유적으로 서서히 죽어가고 있었다. 견고했던 이 모임은 대전의 비극을 초상화, 문학, 발레, 그리고 경제를 아우르는 미학 운동으로 바꾸어 놓았다. 하지만 세계는 계속해서 다른 재앙에 휩싸였다. 전쟁으로 인한 극심한 분노와 피로감에 빠진 블룸즈버리는 아돌프 히틀러는커녕 대공황과 싸울 힘도 없었다. 케인스만 유일하게 짙어가는 암흑 속 세상에 빛을 밝혔다.

1932년 1월 21일, 리튼은 51세의 나이로 윌트셔에 있는 그의 농가에서 위암으로 사망했다. 에드워드 7세 시대에 활약한 이 명사는 극심한 복통과 간헐적 고열로 두 달 이상 힘겨운 병상 생활을 했지만 꾸준히 이어지는 문병객들과 많을 때는 의사 여섯에 간호사 세

명까지 이르던 심하게 낙관적인 의료진의 격려로 힘을 얻었다.[1] 리튼은 건강할 때도 그랬지만 죽음을 앞둔 사람으로서는 비범한 면이 있었다. 그는 죽기 직전까지 개인적인 이야기를 시에 담았고, 오랜 연인이었던 도라 캐링턴과 그의 남편인 랄프 파트리지 옆에서 눈을 감았다. 리튼은 장례식 없이 화장되었다. 그의 친구들에게는 가슴이 찢어지는 일이었다. 이제는 여러 지역에 흩어져서 결혼 생활에 묶여 살고 있었지만 블룸즈버리 멤버들 모두에게 리튼은 여전히 그들의 삶을 이끄는 중심인물이었다. 비록 열띤 논쟁 중에는 인정하지 않았지만 그들은 리튼의 재치를 아꼈고 그에게 인정받기를 갈망했다. 리튼이 빠진 블룸즈버리는 지식인 집단으로서 중심을 잡을 수도, 사회적 방향성을 가늠할 수도 없었다. 버지니아의 상처는 특히 심했다. 그녀는 리튼이 생에서 보낸 마지막 저녁을 일기장에 이렇게 적어 놓았다.

리튼이 어제 아침에 죽었다. 넥타이까지 길게 자란 턱수염을 하고 길을 따라 걸어오는 그의 모습이 보인다. 어떻게 멈출 수 있을까. 그의 두 눈이 빛난다. 어제 감정이 다 소진돼버렸는지 이제는 너무 무감각해서 이런 생각밖에는 할 수 있는 게 없다. 하지만 다시 고통이 시작되리라는 것을 안다. 어젯밤 모임은 정말 기이했고 모두가 입을 굳게 다물고 있었다. 나는 창밖을 내다보고 있던 던컨 네사와 스튜디오 안에서 같이 흐느껴 울었는데, 어느 순간 우리가 함께 보낸 무언가가 이제는 사라져버렸다는 느낌이 들었다. 참을 수 없이 괴롭고 너무나 위축되었다. 그러다 갑자기 선명해졌다. 던컨이 말했다. "점점 더 많은 이들이 사라지겠지. 불시에 누군가 그런 일을 당할 거고, 그러면 남은 이들도 어떤 메시지를 받게 될 거야. 그러다 몇 년이 지나면 다시 고통이 찾아올 거야."… 맞다. 리튼의 20년이 바보같이 사라졌다. 다시는 가질 수 없는 것이 되었다.[2]

대공황은 블룸즈버리의 지적 보호구역까지 덮쳐 버지니아의 커리어 또한 그 대가를 치르기 시작했다. 버지니아는 지난 20여 년 동안 2년을 제외하고는 주요 작품을 발표했고 재능 많은 그녀의 친구들도 깜짝 놀랄 정도의 업적을 쌓아가고 있었다. 《댈러웨이 부인》, 《등대로》, 《올랜도》, 《자기만의 방》 모두 4년간 문학 비평가들에게 전율을 선사했고, 곧이어 《파도》라는 실험적 작품으로 승리의 여세를 몰았다. 하지만 그녀의 다음번 대작인 《세월》은 리튼이 죽고 5년이 지나서야 발표된다. 1933년에 그녀는 가까스로 코커 스패니얼의 시각으로 쓴 가벼운 코미디인 《플러시》를 썼지만 남편인 레너드 울프는 "버지니아의 주요 작품과 진지하게 비교할 수 없는 책"이라고 평했다.[3] 버지니아는 정치적 조류에 압도되어 불안한 상태였다.

블룸즈버리 창립 멤버들 중에서 케인스는 한때 연인이자 라이벌이었던 리튼에게서 가장 멀어져갔는데 이는 두 사람이 각자 자기 분야에서 성공하면서 자연스럽게 그렇게 되었다. 하지만 둘의 관계는 전쟁 이후에도 계속 다정했고 해가 지날수록 친목 모임보다는 서신 왕래에 더 의지하게 되었다. 리튼은 블룸즈버리에서 리디아를 큰 거부감 없이 받아들인 한 명이었고 케인스에게 그의 생각이 도덕적으로나 지적으로 건전하지 못하다는 것을 납득시킬 수 있는 몇 안 되는 인물 중 한 명이었다. 케인스는 이런 친구의 죽음으로 충격을 받왔고, 버지니아에게 "추도식도 하지 않아서 이것으로 끝이라는 말조차 할 수 없다는 데" 특히 화가 났다고 전했다.[4] 하지만 그는 두 사람이 함께 공유한 은밀한 삶의 내용은 사적으로 남기고 싶었다. 그래서 리튼의 형인 제임스가 그의 편지들을 어떻게 처리할지 묻자 케인스는 재빨리 자신의 재량권을 요청했다. "편지요? 제발 몇 년 더 처박아 두세요." 케인스의 성적 정체성은 아직 위험한 비밀이었다.[5]

사교생활 측면에서, 케인스는 오랜 고든 광장 무리들과는 점점 더 거리를 두는 한편 칸과 로빈슨과 더불어 케임브리지 안으로 더 깊숙이 파고들었다. 리디아도 나이를 먹으면서 발레리나로서의 전성기가 끝났지만 케인스는 케임브리지에 새로운 극장을 만들기 위한 기금을 냈고, 부부는 케임브리지대학을 유럽 공연예술의 중심지로 변모시키려 애썼다. 새로운 극장은 리디아의 연기 경력을 쌓는 주요 공간이 되었다. 1930년대 중반 무렵 리디아는 더 이상 국제 예술계의 디바가 아니었지만 아직 관객 동원력은 여전했고, 특히 예기치 않게 BBC에서 음악과 발레에 관한 스페셜 프로그램의 진행을 맡은 후 방송 경력이 쌓이면서 한스 크리스티안 안데르센의 발레극인 〈빨간 구두〉의 나레이션을 맡은 적도 있었다.

하지만 케인스는 건강 때문에 그에게 들어오는 요청을 다 들어줄 수 없었다. 경제이론에 대한 책을 쓰고, 강의를 하고, 극장을 운영하고, 영국 정부에 자문을 하면서, 정치와 금융에 관한 대중 기사를 쓰는 일을 병행하는 것이 50대 중반의 남성에게는 너무 힘에 부쳤다. 1936년 말이 되자 그는 부쩍 기력이 떨어졌고 감기가 오래가는 경우가 잦아지면서, 앉아 있을 때도 숨이 가빠지기 시작했다. 이제는 500미터가 안 되는 거리를 걷는 것도 무리였다. 1937년 3월에 리디아가 어떻게든 남편을 쉬게 하려고 억지로 칸으로 휴양을 떠났을 때, 케인스는 연이어 끔찍한 위경련을 일으켰다. 부부가 케임브리지로 돌아오자 케인스의 어머니는 가족 주치의이자 케인스가 "월러스 삼촌"이라 부르며 따랐던 그녀의 남동생 월터 랭던브라운에게 진찰을 받게 했다.

몇 번의 검진을 통해 흉부 엑스레이를 찍고 이곳저곳 검사한 후, 월러스 삼촌은 케인스가 최근 앓은 독감으로 가슴에 "약간의 이상"이 생겼다는 진단을 내렸다. 그는 조카에게 휴식과 "심장 강장제"를 처방했지만 케인스는 강장제 때문에 정신이 흐려지고 일에 방해가 된다며 강한 불만을 제기했다. 약의 효과가 그러했으니 당연한 결과였다.[6] 주변 사람들은 하나같이 그가 무리하게 일을 하다 죽을 수도 있다는 걱정에 빠졌다.

건강의 악화는 케인스가 그의 자산 일부를 정리하는 계기가 되었다. 그의 대학 친구들은 이제 중년이 되었고 그중 순수 예술가들은 경제력에 있어서 정점을 한참 지난 뒤였다. 예컨대 던컨의 경우에는 좋은 취향에 엣지 있는 작품을 찾는 고객들을 찾을 수 있다는 희망을 거둬야 했다. 그도 이제는 중산층 쇼핑객이나 여우 사냥을 즐기는 가정용 벽난로 선반을 만드는 쪽이 오히려 돈벌이가 될 가능성이 높았다. 케인스는 던컨이 그의 미적 감옥에서 벗어나게 만들어 주고 싶었기에, 한때 연인이었던 그에게 넉넉한 연금을 주었다. 이제 던컨은 그가 무엇을 그리려고 하든, 바네사와 함께든 아니든, 자기 앞가림은 하며 살 수 있게 되었다.

존 메이너드 케인스

케인스의 화가 친구는 1937년 4월에 이런 편지를 썼다. "자네가 내게 베풀어준 것에 대해 어떻게 고마움을 표해야 할지 모르겠네. 나는 평생 돈을 저축해본 적이 없어서, 이 돈이 절약이라고는 모르던 내게 이상한 벌처럼 느껴지기도 하네… 이 사실은 우리 어머니와 바네사에게만 말했다네. 내가 돈 많은 남자라는 사실을 알면 더 이상 아무도 내 그림을 사주지 않을 테니 말이야."[7]

한편 케인스의 건강에는 차도가 없었다. 휴식과 심장 강장제는 수십 년간 계속된 줄담배와 스트레스, 나쁜 식습관, 또 운동은 고사하고 온종일 책상에 앉아 몇 시간이고 타이핑만 치는 삶을 이겨낼 수 없었다. 케인스는 5월 16일 하비 로드에 있는 케임브리지 본가에서 부모님과 식사를 하러 가던 중 결국 쓰러지고 말았다. 소식을 들은 리디아는 혹시나 남편의 생애 마지막 순간을 함께 하지 못하는 건 아닐지 두려움을 느끼면 쏜살같이 달려갔다. 심각한 심장마비였지만 그는 다행히 목숨은 건질 수 있었다. 리디아는 예정된 공연을 모두 취소하고 이후 몇 달간 남편을 간호하며 보냈다. 너무 쇠약해진 케인스는 부모님 댁 침대에서 일어날 힘조차 없었다. 6월 19일, 마침내 케인스는 구급차로 영국 웨일즈에 있는 엘리트 계층의 전용 재활병원인 루신 캐슬로 실려 갔다.

이 소식은 블룸즈버리를 뒤흔들었고, 버지니아는 "메이너드가 너무 걱정돼 우편물이 오거나 신문을 살 때마다 두려움에 떨었다."[8] 한편 리디아는 병원의 침울한 분위기 때문에 울적했다. 병원 주변에 머물면서 아픈 가족을 돌보는 다른 여성들 몇 명과 친해졌는데, 리디아가 그들을 "캐슬의 과부 모임"[9]이라고 부른 것만 봐도 그녀의 울적한 마음을 엿볼 수 있다. 그만큼 남편의 상태가 절망적이었다. 간호사가 없을 때는 여전히 이불 아래에서 편지나 메모를 훔쳐봤지만, 케인스는 남동생이자 의사인 제프리에게 자신의 편도선이 "온통 고름으로 뒤덮여 병원 전문의들이 육안으로도 거기에 기어 다니는 푸실라리아 벌레들을 볼 수 있을 정도로 충격적인 상태"[10]라며 횡설수설했다. 리디아의 표현을 인용하자면 케인스의 목 안에서 표본을 채취한 면봉들이 "꽃처럼 피어났다"[11]고 한다. 월러스 삼촌은 케인스의 호흡기가 연쇄구균에 감염되어 심장과 동맥까지 퍼졌을 가능성을 완전히 간과했었고, 이런 상태가 케인스의 흡연 습관으로 악화됐던 것이다. 물론 당시 의사들은 담배와 심장병의 연관성을 인식하지 못했다.

참고로 세계 최초의 대량 생산 항생제인 페니실린은 1945년이 되어서야 본격적으로 보급되기 시작한다. 루신 캐슬의 의사들은 케인스의 목 안을 "유기 비소"[12] 치료제로 닦아냈지만 그의 상태를 살피고 강제로 쉬게 하는 것 외에는 특별히 할 수 있는 것이 없었다.

그러는 사이 이 비극적인 소식은 또다시 블룸즈버리 사람들을 강타했다. 바네사의 아들인 줄리안은 20대 시절에 메이너드 삼촌과 논쟁을 벌이며 마르크스적 사고를 더욱 날카롭게 다듬은 청년이었다. 1937년에 이 젊은이는 히틀러, 무솔리니, 프란시스코 프랑코 장군의 파시스트 폭정을 종식시키는 효과적인 방법은 국제적인 계급 연대밖에 없다는 결론에 이르렀다. 케인스가 나중에 글로 썼듯이 "줄리안은 모든 만류를 뿌리치고 담대한 개인의 판단에 따라 프랑코 군부와 싸우는 사회주의 인민전선의 운전병으로 스페인 내전에 자원했다.[13] 하지만 그는 7월 17일 브루네테 전투 중 포격으로 전사했다. 버지니아와 레너드는 찰스턴으로 달려가 던컨, 쿠엔틴, 바네사, 또 그들의 10대 딸인 안젤리카와 함께 줄리안의 죽음을 애도했다.[14] 비록 정치적 성향이 다르고 너무 순진하고 감상적이라고 비난을 자주 받았지만, 케인스는 줄리안의 지적 대담함과 시를 사랑했고 그의 용기를 존경했다. 이제는 병원 침대에 갇힌 몸이 되었지만, 이 늙은 경제학자는 유가족이 된 친구들을 최선을 다해 위로했다.

케인스는 6월 29일 바네사에게 편지를 썼다. "나의 가장 소중한 바네사에게, 사랑하고 아름다웠던 아이를 잃은 데 대해 우리 부부 모두 진심으로 애도하고 있어. 누구보다 순수하고 고결한 영혼을 가진 아이였는데… 줄리안은 자신의 목숨을 걸고 저항할 운명에 있었고 그런 자격도 갖고 있었기에, 우리 모두 뭐라 할 말이 없네."[15]

케인스는 케임브리지 학보에 줄리안의 부고를 냈고, 그를 깊은 도덕적 신념을 따르고 지적 온전함을 갖춘 젊은이로 칭송했다. 더 이상 뛰어난 찬사는 없었다. 부고를 본 바네사는 케인스에게 장문의 따뜻한 편지를 보냈다. 편지에는 가족, 전쟁, 성년에 대한 성찰과 함께 줄리안이 떠났던 중국 여행의 의미와 그녀의 두 아들인 줄리안과 쿠엔틴이 어렸을 때 케인스와 함께 시간을 보냈던 기억들이 담겨 있었다. 바네사는 그 감사 편지를 빌미로 병상에 누워 있던 그의 가장 오랜 친구 하나와 마침내 연락을 취한 것이다. 그녀는 편지에 이렇게 썼다. "케인스, 정말 좋은 글을 써줬더라. 너와 이야기하는 것을 좀 더 즐겼어야 했는데. 그래서 이렇게 긴 편지를 쓰게 된 거야."[16] 줄리안의 죽음은 케인스와 바네사 사이의 해묵은 감정을 해소하는 역할을 했다. 블룸즈버리에 리디아가 얼굴을 내밀면서 시작된 사소하지만 오랜 갈등이 마침내 막을 내렸고, 두 사람은 전쟁 동안 그들을 한데 묶었던 따뜻하고 진실한 마음을 되찾았다.

이 비극은 스페인 내전에 대한 케인스의 관심과, 평화를 사랑하지만 세계대전의 경험이 세계관에 반영되지 못한 젊은 진보주의자 세대와 그의 견해 차이를 분명히 드러냈다. 의사, 친구들, 가족의 갖은 만류에도 불구하고 케인스는 병원 침대에서 글 하나 쓰지 못한 채 세계가 종말을 향해 꾸준히 치닫는 모습을 그냥 보고 있을 수는 없었다. 루신에 입원한 지 불과 3주 만에 케인스는 〈뉴 스테이츠맨 앤드 네이션〉에 영국의 외교 정책에 관한 에세이를 발표했고, 유럽대륙이 붕괴 직전의 불안정한 상황에서 영국이 더 냉정해져야 한다고 촉구했다. 이 글은 W. H. 오든이 쓴 〈스페인〉이라는 시에 대답하는 형식을 택했는데, 마치 각 시구마다 줄리안의 망령이 깃들어 있는 것 같았다. 오든도 줄리안처럼 인민전선의 구급차 운전병으로 전쟁에 자원한 경험이 있었다. 그의 시는 프랑코 군부의 잔혹함을 비판하면서, 전쟁은 비극이지만 해방을 위한 불가피한 수단이며 그런 "불가피한 살인에서 오는 죄책감을 의식적으로 인정하고" 스페인 국민들의 "투쟁"에 국제적 연대가 필요하다는 간청을 애절한 시로 표현했다. 사실상 무력을 요청하는 글이었다. 줄리안도 일찍이 1935년에 세계대전 참전에 반대하는 양심적 병역 거부자에 대한 책을 소개하면서 같은 견해를 밝혔다. "우리 세대의 전쟁 거부 운동은 궁극적으로는 전쟁을 완전히 진압해야 성공할 수 있고, 필요하다면 무력에 의존할 것이다."[17]

이상주의를 가진 유럽과 미국 전역의 젊은이들이 커가는 독재의 위협을 폭력으로 맞서야 한다는 확신에 차서 파시즘과 싸우기 위해 스페인으로 향했다. 이는 독일과 이탈리아에 분명한 메시지를 던지는 이념적 갈등이었다. 하지만 제1차 세계대전의 상처가 너무 깊숙이 남은 케인스에게 제2차 세계대전의 가능성은 어떤 식으로든 피해야 할 상상할 수도 없는 재앙이었다. 스페인의 미래는 스페인이 결정하도록 남겨 두어야 했다. 그는 전쟁에 자원하는 청년들의 양심을 존중했지만, 내전이 국제적 전쟁으로 확대되는 것은 레닌주의 혁명가들을 위한 것이지 평화를 사랑하는 올바른 사상을 가진 사람들을 위한 것이 아니라고 믿으며 다음과 같이 적었다.

나는 평화가 그 무엇보다 우선시되어야 한다는 주장을 견지한다. 이런 내 견해가 시대의 흐름에 뒤떨어진 것으로 보일지라도 내 생각은 변함이 없다. 매 시간마다, 하루하루, 가능한 한 오랫동안 평화를 연장하는 것이 우리의 의무이다. 미래는 우리가 예상하는 그 어떤 것과도 상당히 다를 것이라는 점 외에 미래에 무슨 일이 벌어질지는 아무도 모른다. 나는 또 다른 글에서 우리가 종국에는 모두 죽는다며 "종국"이라는 말의 약점을 드러냈다. 하지만 당장은 우리가 여전히 살아있을 것이기에 "당장"에는 큰 장점이 있다고 말할 수 있다. 삶과 역사는 당장 벌어지는 일들로 이뤄진다. 만약 우리가 지금 당장 평화롭다면 그것은 의미 있는 일이다. 우리가 할 수 최선은 희망이 있는 한 재난을 지연시키는 것이고, 그런 기회는 우리와 동떨어져 있지 않고 언제라도 나타날 것이다.[18]

케인스는 미래에는 그 판단을 수정할 이유가 생길 수 있다고 인정했다. "방어가 가능하든 아니든 우리 쪽에서 전쟁을 피할 수 없는 상황도 있을 수 있다." 그러나 케인스는 독일이나 이탈리아를 곧 닥칠 위협으로 보지 않았다. 두 나라 모두 그들의 이익을 챙기기에는 너무 호전적이고 무능했기 때문이다. 만약 영국이 결국 "그 도둑 국가들"에 맞서 전쟁을 치를 수밖에 없게 된다면 "그런 때가 왔을 때 동맹군을 찾아도 됐다. "그들 중 한 곳은 모든 신조를 하나하나 어기는 데 바쁘다. 그들은 모욕이나 상처를 줄 만한 다른 국가나 공동체를 찾기만 하면 바로 그렇게 할 것이다. 두 나라 모두 그들이 인류의 적이라는 것을 나머지 세상이 납득하도록 많은 돈을 써서 강도 높은 선전을 하고 있다. 그런 선전이 특히 미국에서는 기대했던 결과를 내고 있다. 아무도 그들의 말을 신뢰하거나 존중하지 않는다. 그리고 만약 그 도둑들이 좀 더 큰 성공을 원한다면, 그들 사이에서 빠져나오는 것보다 더 좋은 것은 없을 것이다."[19]

군사 역사로 보면, 이 주장에는 본질적으로 논란의 여지가 있다. 영국은 1937년에 스페인 문제에 직접 개입해서 독일 및 이탈리아와 국제적 분쟁을 일으킬 인력도, 장비도 없었다. 미국 또한 향후 몇 년간은 무기 등으로 전쟁에 원조의 손길을 뻗지 않을 것이며, 전쟁에 바로 동원할 병사도 부족했다. 하지만 케인스의 글에는 전쟁과 평화에 대한 그의 생각이 많이 엿보인다. 전쟁이 끝난 이후로 케인스는 경제적 실정이 파시스트들의 집권으로 이어질 가능성을 경고하는 데 그의 경력 전체를 바쳤다고 해도 과언이 아니지만 정작 1937년에는 파시스트들이 일으킬 위험을 과소평가했다. 자신이 목격했던 배상금과 부채를 둘러싼 온갖 국제사회적 병폐에도 불구하고 케인스는 줄곧 독일에 대한 유럽의 외교협상 역량이 실제보다 훨씬 더 크다고 생각했다. 이런 고집스런 낙관주의 덕분에 그와 동시대 인물들은 상상조차 못했던 해법을 찾을 수 있었지만, 그의 낙관론은 그만큼 무모하고 망상적인 측면이 있었다.

　나치의 부상으로 케인스의 세계관에는 또 다른 문제가 생겼다. 케인스는 리디아에게 보낸 편지에 이따금씩 "유대인"과 "할례받은 사람들"이라는 말을 "탐욕"의 동의어로 사용했다. 경제학자인 로버트 솔로우는 케인스가 《우리 손주 세대의 경제적 가능성》에서 "돈에 대한 애정"을 공격한 것이 "점잖은 반유대주의"라고 설명하기도 했다.[20] 솔로우의 주장은 지나친 면이 있지만 케인스가 리디아와 나눈 농담을 보면 그의 표현이 단지 유감스럽고 구시대적인 용어에 그치는 것은 아니었음을 알 수 있다. 케인스는 1926년에 베를린에서 알버트 아인슈타인을 만난 후 그를 자신이 존경하는 지적 영웅으로 짧게 묘사했었다. 케인스에 따르면 아인슈타인은 "영원성을 복리로 승화시키지 않는 다정한 꼬마도깨비" 같은 좋은 유대인 중 한 명이었다. 케인스는 독일에 사는 그런 좋은 유대인을 많이 알고 있었다. "리디아가 무척이나 좋아했던" 베를린 은행가 푸에르스텐베르그와 독일의 "신비주의" 경제학자였던 쿠르트 싱어, 또 파리평화회의에서 알게 된 "친애하는" 친구 칼 멜치오르도 그런 유대인이었다. "그런데 내가 거기서 살았다면 나도 반유대주의자가 됐을 것 같다. 가난한 프로이센 사람들에게 꼬마도깨비가 아닌, 작은 뿔과 미끌거리는 꼬리에 쇠스랑을 쥐고 악마를 섬기는 다른 유형의 유대인들은 너무 가혹한 존재였다. 돈과 권력, 두뇌를 모두 가진 타락한 유대인들의 추악한 손아귀 아래서 발전한 문명을 보는 것은 달갑지 않은 일이다."[21]

이는 케인스 시대의 기준으로 봐도 불쾌한 묘사였다. 케인스 또한 그 사실을 알고 있었을 것이다. 이 글은 케인스 사후에 발표되었다. 나치당이 집권한 후 케인스는 용어 사용에 좀 더 신중했다. 1933년 8월에 케인스는 당시 자신의 책의 독일어 번역판 출간을 도왔던 독일 경제학자인 아서 스피토프에게 자신은 "야만 행위barbarism"라는 용어가 "독일에서 최근 일어난 사건들을 정확히 전달하기 때문에 그 단어를 사용하지 않을 수 없다"고 전했다. "그런 수치스러운 일이 스스로 문명화된 것처럼 행동하는 어느 나라에서나 발생해왔다는 점에서 우리 판단에는 여러 세대가 그에 해당한다"고 말했다.[22] 1933년에 반유대주의 공격으로 멜치오르가 죽었을 때, 함부르크 시장은 케인스에게 경제 강의를 부탁하며 초청했지만 그는 항의 표시로 요청을 거절했다. "내 친구가 죽은 지금… 내가 함부르크에 관심을 가질 만한 일은 아예 없다."[23]

케인스의 친구인 루드비히 비트겐슈타인은 전쟁이 끝난 후 유럽 전역을 떠돌며 지냈다. 그는 수도원의 정원사로 일하고, 비엔나에서 소박한 현대식 집을 설계했으며, 케임브리지대학에서 박사 학위를 따고, 노르웨이와 더블린에서도 살았다. 1938년 3월에 독일이 오스트리아를 병합하자 비트겐슈타인은 케인스에게 편지로 도움을 요청했다. 그는 오스트리아로 돌아갈 수 없었다. 비트겐슈타인의 조부모 중 세 명은 상당한 재산을 축적한 유대인이었기에 박해의 대상이 되었다. 당시 케인스는 아직 리디아의 간호를 받으며 요양 중이었지만 오랜 친구인 비트겐슈타인이 나치의 공격으로부터 안전하게 피신하도록 케임브리지에 일자리를 마련해주었다.[24] 비트겐슈타인은 케인스에게 감사의 편지를 썼다. "나를 위한 모든 노고에 감사드려요. 괜찮은 교수가 될 수 있으면 좋겠네요."[25] 1938년 4월에 케인스는 자유당 당수였던 아치볼드 싱클레어에게 편지를 보내 미국의 루스벨트 대통령은 정치적 난관에 부딪친 것 같으니[26] "영국이 난민 문제에 더 적극적으로 대응해야 합니다. 우리가 할 수 있는 최소한의 일은 더 관대해지고 건설적으로 되는 겁니다"[27]라고 촉구했다.

1939년부터 1940년에 걸쳐 영국 내무부가 영국에서 살고 있는 8만 명 이상의 독일, 오스트리아, 이탈리아인 중 수천 명을 체제 전복을 꾀하고 적에 동조했다는 혐의로 맨섬의 국제 포로수용소로 보내기 시작하자 케인스는 난민 문제를 더 적극적으로 해결하려 했다. 체포된 이들 중에는 나치의 폭력을 피해 도망친 유대인 난민들도 포함돼 있었다. 케인스는 격분했다. 그는 한 친구에게 이런 편지를 썼다. "난민에 대한 영국의 행위는 한동안 일어난 일 중 가장 수치스럽고 굴욕적인 일이네." 또 다른 친구에게는 이렇게 말했다. "내 기억으로 이처럼 어리석고 냉정한 일은 그 어디에도 없었네." 케인스는 제1차 세계대전 때 친구들을 위해 양심적 병역 거부자라는 카드를 썼던 것처럼 이번에는 친구이자 독일계 유대인 경제학자인 에두아르 로젠바움, 어윈 로스바스, 한스 싱어의 자유를 보장하기 위해 영국 정부의 인맥을 동원했다.[28] 길고 긴 과정이 따랐다. 1940년 여름, 로스바스는 피에로 스라파와 함께 억류됐지만 케인스는 두 사

람 모두 석방되게 도왔고 이후 로스바스는 영국군에 자원했다. 그리고 1944년 11월에 전사했다.[29]

1937년 가을이 되자 케인스의 건강은 서서히 회복되었다. 리디아는 마침내 그와 함께 틸튼 집으로 돌아올 수 있었고 크리스마스 무렵에는 비록 몇 주지만 고든 광장에서 블룸즈버리 친구들과 재결합하게 되었다. 버지니아 울프는 이렇게 썼다. "우리는 메이너드를 의자 두 개에 눕힌 다음 계속 수다를 떨었다. 이윽고 메이너드가 정치 얘기를 하다 격분하자 리디아가 자동차를 불러 집으로 돌아갔다."[30] 하지만 그 밖의 대부분의 날을 부부는 함께 쉬고, 라디오 방송을 듣고, 시골집 주변을 천천히 거닐며 보냈다. 불안한 세계정세와 심장 질환에도 불구하고 케인스의 정신은 변함없이 기이하고 활기가 넘쳤다. 한 번은 쿠엔틴 벨이 놀러 와서 같이 산책을 하는데 리디아가 케인스에게 너무 빨리 걷는다고 잔소리를 하자 케인스가 근처에서 일하고 있던 양치기를 돌아보며 이렇게 물었다. "늙은 양 한 마리가 지금 리디아가 나를 바라보는 표정으로 자네를 쳐다보고 있다면 어쩔 텐가?" 쿠엔틴은 나중에 "그런 질문에는 누구라고 대답하기가 난처했을 것이다"라고 적어 놓았다.[31]

1938년 초에는 케인스의 기력이 아주 많이 좋아져서 비트겐슈타인 같은 옛 친구뿐 아니라 미국 대통령과도 서신을 나눌 정도였다.

프랭클린 델라노 루스벨트 대통령은 집권 초기 미국 정부에 남북전쟁 이후로 가장 거대한 변화를 일으켰다. 그가 새롭게 설립한 25개 이상의 새로운 연방 기관들이 미국인들의 삶을 열심히 바꾸고

존 메이너드 케인스

있었다. 농촌 전기관리청과 테네시 밸리 개발공사 덕분에 비로소 미국 전역이 20세기다운 면모를 갖췄다. 연방 노동관계위원회와 노동부는 노사관계를 재정비했다. 주택소유자대출공사는 어려움에 처한 대출자들에게 주택담보대출의 기회를 제공했고 연방주택청은 내 집 마련은 꿈도 꾸지 못했던 수백만 가정을 위해 새로운 유형의 주택담보대출 제도를 도입했다. 공공사업청PWA과 토목사업청CWA은 댐, 교량, 발전소 등을 건설해서 국가 인프라 혁신을 가져왔고 공공사업진흥국WPA은 학교, 극장, 박물관, 놀이터, 병원 등을 신설하여 지역 발전에 활력을 불어넣었다. 증권거래위원회가 월가를 감시했고 은행법이 도입되어 마침내 국가의 신용시스템이 확립되었다.

하지만 이 모든 일을 관리할 누군가가 필요했다. 1930년대 초반까지 경제학자들은 연준과 재무부에 속한 소수의 관료를 제외하면 절대 다수가 학교에 있었다. 논문을 거의 완성한 대학원생들은 보통 불가해한 문제를 찾아 다시 파헤치기 시작하거나 적어도 한 학기는 더 학업을 계속할 수밖에 없는 어려운 문제에 매달리곤 했다. 경제학 박사 학위를 가진 이들이 취업할 만한 자리가 워낙 귀해서 많은 학생이 높은 학위에 매달리기보다 학위가 낮아도 쉽게 취업할 수 있는 길을 선호했다. 하지만 열정적인 젊은 경제학자였던 존 케네스 갤브레이스의 기억에 따르면 워싱턴에 새로운 정부기관들이 연이어 생기면서 갑자기 "연방정부에서 경제학자들에게 믿기지 않는 고액 연봉의 일자리를 끝없이 제안해왔다." 이 "새로운 골드러시"[32]는 경제학 분야 자체를 탈바꿈시켰을 뿐 아니라 더 젊고 이념적으로 더 유연한 경제학자들을 정부로 끌어들였다. 나이가 지긋하고 보수적인 경제학자들은 주요 대학에서 어렵사리 구한 명망 있는 직업을 그만두고 싶어 하지 않았기 때문이다.

뉴딜 지지자들은 가능한 한 빨리 이 새로운 자리를 꿰차려고 돌진했다. 1934년에 갤브레이스가 워싱턴에 도착했을 때 그의 나이는 고작 26세였고 꿀벌에 대한 논문으로 버클리대학에서 농업 경제학 박사 학위를 받은 상태였다. 그는 캐나다 시골에서 태어나 온타리오 농대의 동물사육 학부에서 학사 학위를 받은 바 있었다. 그는 아직 미국 시민권을 신청하기 전이었지만 루스벨트 대통령을 존경했다. 그는 나중에 "나는 루스벨트 대통령이 죽은 후에야 대통령도 틀릴 수 있다는 것을 깨달았다"고 농담처럼 말했다.[33] 루스벨트 행정부에서 갤브레이스가 처음 맡은 임무는 그리 중요한 일이 아니었다. 그는 하버드대에서 소소한 자리를 잡기 전까지 몇 달간 정부 일을 하면서 넉넉한 급여를 받아 대학 때 진 빚을 갚을 생각이었다. 하지만 갤브레이스는 그 일을 하면서 어린 나이에 정치 공부를 할 수 있었고 궁극적으로 그 경험을 네 개의 각기 다른 민주당 행정부에서 활용하게 된다. 갤브레이스도 케인스처럼 직장 생활 초반에는 출중한 능력에 비해 과소평가되었지만, 시간이 흐르면서 대중적 지식인 중 가장 중요한 인물이 된다.

"프랭클린 루스벨트가 1933년 3월 대통령이 되었을 때는 경제 상황이 너무 절망적이어서 재계와 금융계 할 것 없이 그를 구원의 천사처럼 여겼다." 갤브레이스는 또 이렇게 썼다. "1934년에는 상황이 훨씬 좋아져서 농부들과 실업자들을 위한 루스벨트의 노력, 즉 경제적 정통주의를 경시하는 그의 성향이 비호감과 두려움의 대상이 되기까지 했다. 루스벨트는 '백악관의 그 남자'나 '상류층의 반역자'로 불렸다."[34]

　루스벨트와 부유층 간의 반감은 권력의 문제이지 그 결과가 아니었다. 루스벨트 이후 평시에 재임했던 미국 대통령 중 그가 출범 3년 만에 달성한 경제 성장을 이룬 사람은 없었다. 1934년부터 1936년까지 3년간 인플레이션을 감안한 경제 성장률은 각각 10.8퍼센트, 8.9퍼센트, 12.9퍼센트로 기록적인 수준이었다.[35] 루스벨트가 초선으로 대통령에 당선됐을 당시 20퍼센트가 넘었던 실업률은 10퍼센트 아래로 떨어졌고, 실업자 수도 약 1,150만 명에서 490만 명으로 절반 이상 감소했다(주식시장이 붕괴되기 전 미국의 실업자는 수는 약 140만 명이었다).[36] 미국 경제가 딱 한 번이지만 루스벨트가 이뤄낸 첫 번째 경제 기적에 필적할만한 성장을 한 적이 있었는데, 바로 몇 년 후 제2차 세계대전을 위해 병력을 동원했을 때였다. 비록 루스벨트가 경제 지출, 세금, 규제, 재정적자 등 뉴딜정책의 모든 요소를 사이에 두고 의회, 대법원, 심지어 자기 자신과 싸워야 했지만 그는 실제로 막대한 돈을 쓰고 있었다. 루스벨트의 재임기간 중 연방정부의 예산 지출액은 46억 달러에서 82억 달러로 두 배가량 증가했으며 적자분도 26억에서 43억으로 뛰었다. 물론 새로운 프로그램을 시행하면서 생긴 적자 중 일부는 부유층 증세로 일부 상쇄되었다.

　이 수치들은 케인스가 주장했던 효과에 비하면 평범한 편이었고 이후로도 크게 다르지 않았다. 1934년에 미국을 방문한 케인스는 연간 적자를 48억으로 만든 정부 관리들을 치하했다. 1936년 미국 연방정부의 지출액은 여전히 미국 전체 경제의 10분의 1 미만을 차지했다. 전쟁이 끝날 때까지 정부 프로젝트로 지출된 비용은 연간 927억 달러에 달했고 이는 미국 총 경제 활동의 40퍼센트 이상을 차지했다(로널드 레이건 대통령 집권 초부터 정부 지출액은 국내총생산의 20퍼센트 안팎을 유지했다).[37]

이 모든 것들이 영국 은행 기득권만큼이나 누진과세, 재정적자, 통화가치의 하락을 싫어했던 미국 엘리트들의 정책적 예민함을 건드렸다. 하지만 월가의 수익보다 더 위태로운 것이 있었다. 사실 뉴딜(미국에서 뉴딜정책, 혹은 그것을 추진한 루스벨트 정권을 의미한다-옮긴이)이 월가의 합법적인 사업을 방해한 것은 아니었다. 루스벨트는 단지 월가의 사업 구조를 재편했을 뿐이었다. 1935년에 미국이 금본위제를 탈피하고, 글래스-스티걸 법안을 도입하고, 증권거래위원회가 주식 거래를 감시하고, 연방정부가 전례 없이 높은 재정적자를 초래하면서 투자은행들이 서명한 주식 발행량이 전해보다 네 배나 확대되었다.[38] 경제가 빠르게 성장하면서 주식 브로커와 거래자들은 할 일이 더 많아졌다.

모두가 그랬다. 하지만 하버드 경제학자 집단이 논평했듯이 부자들은 과중한 세금 부담을 "당연한 권리"에 대한 침해로 인식했고, "정부 활동으로 증가한 수입이 증가한 세금보다 훨씬 더 컸지만 심한 불평"이 멈추지 않았다.[39] 모건 가문의 연대기를 쓴 전기 작가의 말을 빌리면 잭 모건은 뉴딜을 "일련의 경제 개혁보다는 사회질서에 대한 직접적이고 악의적인 공격"으로 여겼다.[40]

물론 그런 면도 있었다. 모건은 미국의 세습형 귀족으로 빠르게 부상하는 계층을 가장 상징적으로 보여주는 사람이었다. 조지 5세

존 메이너드 케인스

의 절친이자 나중에 엘리자베스 2세 여왕이 될 그의 어린 손녀의 존경을 받았던 잭 모건은 회사 일로 머리가 복잡할 때면 꿩 사냥 같은 전통 귀족들의 여가활동을 즐겼다. 19세기에 미국에 정착한 유럽계 상류층은 자신을 선택받은 사람으로 인식했던 반면 모건과 그와 동향인 엘리트들은 현재의 사회적 지위를 그들의 예리한 사업 감각과 사회를 위해 건전한 책무를 기꺼이 이행한 결과로 얻었다고 믿었다. 이는 미국 금융계에서 가장 막강한 권력을 아버지로부터 물려받은 남자에게서는 기대하기 어려운 가치관이었다. 그러나 그것이 솔직한 마음이었다. 월가의 앙숙 역할을 했던 페르디난드 페코라조차 상원 위원회에서 한 잭 모건의 증언을 "깊고 진정성이 있다"고 높이 평가했다. 모건은 위원회에서 "금융자산가"가 "과도한 권력을 얻는 것"은 불가능한데 그 이유는 그런 지위가 "엄청난 부의 소유에서 오지 않고 국민들의 신뢰와 공동체의 존중 및 평가"에서 오기 때문이라고 말했다.[41] 이런 생각은 잭 모건과 그의 아버지가 1년에 수입 중 수십만 달러를 성공회 목사들에게 봉헌하고 교회가 제공하는 사회 사업에 기부하는 등 자선사업에 헌신하는 에너지를 통해 형성되었다. 잭 모건은 심지어 아버지의 서재와 거기에 소장된 미술 작품들을 갤러리 형태로 대중에 공개하기도 했다. 이는 미국 경제를 지배했던 카네기, 멜론, 프릭스 가문이 공유하는 일반적인 사회적 책임 의식이었다.

뉴딜은 이런 세계관을 말살했다. 프랭클린 루스벨트는 모건 가문 같은 부유층 가족들에게 새로운 세금, 규제, 감사인 등 강력한 족쇄를 채웠고 이 시스템은 실제로 효과가 있었다. 미국 경제를 전례 없는 속도로 성장시킨 것은 금융 귀족들의 뛰어난 천재성 덕분이 아니라 케인스가 주장했던 대중의 구매력 덕분이었다.

모건은 이런 정책에 분노감을 드러냈다. 심지어 테디 루스벨트를 언급할 때도 "루스벨트는 하나같이 천벌을 받아야 해!"라며 역정을 냈다.[42] 자존심이 무너지고 사회적 명망이 꺾이자 그는 노블레스 오블리주 정신을 버리고 안전한 은행 영역으로 후퇴했다. 모건은 도스 안을 기획한 오웬 D. 영에게 "당신이든 다른 누구에게든 이 나라에서 무슨 일이 일어난다 해도 신경 쓰지 않겠소"라고 소리쳤다. "내가 신경 쓰는 건 내 사업뿐이오! 만약 어떤 식으로든 내 나라를 떠나 다른 곳에 정착할 수 있다면 난 그렇게 할 테야. 뭐든 할 거라고요."[43]

〈타임스〉는 "정당과 지역을 막론하고 오늘날의 소위 상류층 멤버들은 거의 예외 없이 프랭클린 루스벨트를 대놓고 싫어한다"라는 기사를 썼다.[44] 대통령은 지지 않았다. 루스벨트는 취임 후 내내 공격이 계속되자 1936년 민주당 전당대회 연설에서 "월가의 은행가들은 미국 정부를 그들 사업에 대한 부속품쯤으로 생각하는 것 같습니다"라고 그들을 거세게 비난했다. "우리는 이제 조직적 돈에 의해 움직이는 정부는 조직적 폭도들에 의해 움직이는 정부만큼 위험하다는 것을 압니다. 이들 무리가 역사상 이렇게 똘똘 뭉쳐서 한 사람을 공격하는 것을 본 적이 없습니다. 그들은 한결같이 저를 미워합니다. 그리고 저는 그런 증오를 환영합니다!"[45]

프랭클린 루스벨트의 태도에는 뜨거운 분노만큼이나 정치적 계산도 깔려 있었다. 그의 측근에는 이런 사태에 당혹감을 느끼면서도 실용주의적 노선을 추구하는 은행가 몇 명이 아직 있었고 이들은 주

존 메이너드 케인스

로 외부 기업이나 새로 생긴 산업들과 손을 잡고 있었다. 당시에는 비주류 투자은행이었던 골드만 삭스의 대표인 시드니 와인버그도 그중 하나로 1932년 대선 캠페인 시절부터 루스벨트가 죽을 때까지 그의 편에 서 있었다.[46] 또 루스벨트는 JP모건의 파트너인 오웬 D. 영의 협조와 조언을 얻고자 애썼다. 보수적인 민주당원이었던 영은 가능한 한 대통령과 협력하려고 최선을 다했지만, 이런 의지가 약해질 때면 "경제적으로 바람직한 자제력 증대"를 관할하기에는 "전체주의 국가"가 루스벨트식 민주주의보다 정말 더 나을 게 없을지 의구심을 가졌고, 특히 법인세 인하 문제의 경우에는 더욱 그런 생각이 들었다.[47]

그런데 엘리트층에 대한 루스벨트의 반격이 여론에 강한 영향을 미쳤다. 대통령을 비난해온 금융인들은 재선에서 민주당에 표를 던지려 하지 않았지만, 명문가 일원들이 루스벨트에게 빗발치는 공격을 퍼붓자 그간 애매한 상태였던 중도파 유권자들이 루스벨트를 지지하기 시작했다. 루스벨트는 반대파의 정당성에 의문을 제기하는 동시에 지지자들을 결집시켰다. 반 루스벨트 열풍은 더 이상 배운 사람들의 이성적 비판이 아니라 민주주의를 싫어하는 이들에게서 기대할 법한 온갖 불평으로 치부되기 시작했다. 갤브레이스는 이렇게 평했다. "루스벨트가 반격을 하자 모든 세대가 그의 편에 섰다. 만약 특권층이 루스벨트에 반대한다면 우리는 분명 특권층에 맞서야 한다. 루스벨트가 대기업의 윤리성을 납득할 수 없다거나 부정적으로 여겼다면 분명 그럴만한 이유가 있었을 것이다."[48]

과거 대중이 황금기의 과두정치 지배자들에게 어떤 신뢰와 존경심을 주었든 간에, 그들은 1936년에 과두정치를 철폐했다. 1932년에 불황이 한창일 때는 누구든지 후버를 쉽게 이길 수 있었을 테고 루스벨트가 실제로 승리했다. 하지만 1936년 대선에서 그의 압도적인 승리는 노련한 정치 전문가들에게도 놀랄 만한 일이었다. 루스벨트는 선거인단 투표에서는 단 두 개 주에서만 패했으며 일반 투표에서는 60.8퍼센트의 지지를 얻었다. 이후 미국 대선 주자 중 선거인단 투표에서 루스벨트의 표차에 필적했던 후보는 한 명도 없었고 일반 투표의 경우에는 린든 존슨만 더 큰 투표수를 얻었다. 1820년 이후로도 그런 압승을 거둔 대통령은 없었다. 흑인 선거권을 제한하는 짐 크로법 때문에 남부 흑인들은 제대로 투표권을 행사할 수 없었지만 루스벨트는 링컨당(여기서는 공화당을 의미함-옮긴이)에서 멀어진 북부 흑인들의 표를 가져올 수 있었다.

이런 순조로운 정치 상황에 경제까지 힘을 받으면서 루스벨트 정권은 거침없는 행보를 보여줬다. 하지만 이런 루스벨트도 재정적자에 대해서는 우려를 표했다. 당시 재무부 장관이었던 헨리 모겐소 주니어도 적자에 대한 두려움이 있었다. 모겐소는 정부가 너무 오랫동안 과욕을 부렸다고 여겼고, 대통령의 리더십에 대한 기업인들의 신뢰를 높이기 위해서라도 균형 예산을 추구해야 한다고 루스벨트에게 촉구했다. 대통령은 그의 충고를 받아들였고, 실업급여를 삭감하는 동시에 WPA와 PWA의 공공사업 지출을 억제했다.

게다가 대통령 개혁과제 중 하나로 새로운 세제가 만들어졌다. 루스벨트 대통령은 노인 인구의 절반 이상이 빈곤층인 상황에서[49] 새로운 사회보장 프로그램을 마련해 노령이나 장애로 인해 일할 수

존 메이너드 케인스

없는 사람들을 위한 "사회 보험"을 승인했다. 이 제도는 궁극적으로 노인들의 삶을 혁신시키고 노인 빈곤율을 10퍼센트 선으로 낮추기 위해 메디케어 외 소규모 프로그램 몇 개와 결합될 예정이었다. 하지만 이들을 위한 첫 보조금은 1940년이 되어서야 비로소 지급될 것이다. 한편 의회와 프랭클린 루스벨트는 근로자들의 소득세로 이 프로그램의 자금을 조달하기로 하고 1937년부터 시행에 들어갔다. 그 결과 미국인들의 봉급에서 20억 달러가 차감되었다. 1937년 여름이 되자 연방정부는 적자에서 거의 탈출할 수 있었다.[50]

하지만 이는 케인스의 예상대로 재앙으로 이어졌다. 800만 명이 여전히 일자리를 찾고 있는 상태에서 지출 감소와 새로운 과세는 수요에 타격을 주면서 국가에 다시 불황을 몰고 왔다. 기업 이익은 5분의 4나 급감하고, 주가도 급락했으며, 제조업 생산라인이 중단되었다.[51] 결국, 루스벨트 첫 임기 동안 확보되었던 새로운 일자리의 절반 이상이 날아가면서 250만여 명의 국민이 실업자 신세가 되었다.[52]

비난이 쇄도했다. 갑작스러운 경제 붕괴는 대통령의 역량이 부족하거나 그의 개혁 정책이 기업인들에게 피해를 줬다는 것을 의미했다. 공화당 지지자들은 사태를 "루스벨트 불경기" 혹은 "민주당의 불경기"라 부르기 시작했다. 1920년대에 예수를 저돌적인 기업계 거물로 묘사하는 책을 써서 베스트셀러로 만든 브루스 바튼이라는 광고인은 갑작스러운 경기침체의 원인을 "정책, 너무 많은 정책의 위협"이라고 비난함으로써 뉴욕시 특별의회 선거에서 당선되었다. "지금 우리가 겪는 공포와 손실을 설명할 수 있는 것은 단 한 가지입니다. 하는 일 없이 빈둥거리는 정치인이 너무 많다는 겁니다."[53] 그렇다고 이 모든 공격을 근시안적인 기회주의자들만 한 것은 아니었다. 보수적인 민주당원으로 화학산업의 거물인 람모트 듀폰 2세는 정부가 초래한 "불확실성"을 한탄했다. "세금이 더 높아질까, 더 낮아질까, 아니면 현 상태를 유지할까?… 인플레이션이 올까, 아니면 디플레이션이 올까? 정부가 지출을 늘릴까, 아니면 줄일까?"[54] 심지어 루스벨트 측근 중에도 이 의견에 동의하는 이들이 있었다. 아돌프 베를 보좌관은 이렇게 말했다. "실제로 지난 5년 동안 이 나라에서 감사나 다른 공격을 피한 기업은 하나도 없었습니다. 그들이 어떤 공적을 쌓았든 상관없었고 기업가의 사기는 산산조각이 났다."[55] 하지만 루스벨트 측근도 모두 한 가지에 대해서는 동의했다. 만약 대통령과 민주당이 경제를 회복시킬 수 없다면 지난 5년간 전개된 야심 찬 개혁은 단명할 것이라는 사실이었다. 모겐소는 "우리는 또 다른 불황으로 접어들고 있다"고 경고했다.[56] 1934년에 루스벨트 대통령은 케인스에게 정부 부채에 투자한 은행가들이 재무부 채권 매입을 거부하는 "소극적 저항"을 공모해 금리를 인상하고 있다고 말했다. 루스벨트는 이제 자신이 1936년에 비난했던 "경제적 보수주의자들"이 그의 대통령직을 의도적으로 손상시키기 위해 경제를 파괴하고 있다고 믿었다. 루스벨트 대통령은 국무회의에서 "난 이게 누구의 소행인지 알고 있소. 기업계, 특히 은행권이 저를 집단적으로 공격하고 있거든요"라고 말했다."[57] 그는 모겐소에게 "현명한 늙은 새" 하나가 모 기업이 음모를 꾸미고 있다는 사실을 귀띔해줬지만 그 출처는 말하지 않겠다고 전했다.[58]

월가의 주요 인사들은 실제로 반 루스벨트 움직임을 공모했었

존 메이너드 케인스

다. 1934년에 채권 중개인인 제럴드 맥파이어는 퇴역 장군인 스메들리 버틀러에게 접근해서 무솔리니를 모델로 미국에도 파시스트 정권을 구성하도록 600만 달러를 지원해줄 테니 프랭클린 루스벨트 정권에 대한 쿠데타를 일으켜 달라고 요청했다. 하지만 이 작전은 버틀러가 의회에 그 사실을 보고하면서 무산되었다.[59]

하지만 불경기가 그런 음모들 탓은 아니었다. 인색한 재정 정책은 어쩔 수 없이 불황을 가져왔다. 틸튼 농가에서 건강을 되찾은 케인스는 루스벨트 대통령에게 편지를 보내 잡음을 차단하고 임기 초기에 효과가 있었던 일들을 생각하라고 강조했다. 은행 시스템의 개편과 연준의 저금리 정책은 기업들이 저항할 기회를 주었지만 공공사업과 실업자에게 지급한 보조금은 경제 회복에 큰 힘이 됐다. 케인스는 "공공사업, 특히 주택과 공공시설 및 교통 내구재에 대한 대규모 투자 의지가 없으면 번영의 길로 돌아갈 수 없습니다." 정치적 상황이 허락한다면 프랭클린 루스벨트는 철도와 공공시설을 국유화해서 장비 갱신을 관리하고 철도 노선과 운행시간을 확대해야 했다. 새로운 주택도 그 자체로 엄청난 이점이 될 수 있었다. 일단 미국 전역에서 건설 관련 일자리를 창출할 수 있었고 원자재 수요를 높이면서 저소득층의 지출 규모를 낮출 수 있었다. 케인스는 루스벨트 대통령이 자신과 마지막으로 만난 이후로 이런 "명백하게 유리한" 경제 분야에서 "거의 아무것도 하지 않았다"는 사실을 특유의 겸손한 태도로 훈계했다. 케인스는 철도의 국유화를 권할 때도 재계에 대한 루스벨트의 수사적 표현이 너무 과해서 불필요한 갈등을 조장한다고 지적했다. "그들은 '맹수'가 아니라 당신이 원하는 대로 훈련

받지 못하고 나쁜 방식으로 '사육된 가축'입니다."[60]

케인스는 평생 자신이 모르거나 이해할 수 없는 사람들에게 지적 유연성(그가 한때는 금본위제 중심의 자유무역을 옹호했지만 이후 공공사업을 지지하는 보호주의자로 변신한 것만 봐도 알 수 있다)을 투영했다. 이는 특히 미국에서 뉴딜 정책을 정치적으로 지지하는 것이 루스벨트의 압도적 대선 승리가 의미하는 것보다 한층 더 복잡하고 불안정하다는 점에서 위험할 정도로 순진한 습성이었다. 여론조사에 따르면 대부분의 미국인은 루스벨트의 정책에 찬성했고 불황의 탓을 대통령에 돌리지도 않았다. 하지만 대중은 균형 예산을 원했고, 그 때문에 유권자들은 의회 의석을 차지하고 있던 민주당 의원들을 공화당 의원들로 대체하기 시작했다.[61] 여기에 불황으로 인한 개인적 생활고와 루스벨트 정권의 야욕이 당파 정치의 재편을 부채질했다. 한때는 노예제에 반대하는 급진주의자, 중부 초원의 포퓰리스트, 진보적 사회개혁자들을 환영하는 등 열린 태도를 가지고 있던 공화당이 루스벨트의 정책에 대한 반대자들이 집결한 외골수 정당이 되고 말았다. 공화당 전국위원회 위원장인 헨리 플레처는 이제 공공연하게 프랭클린 루스벨트를 "무솔리니와 히틀러"에 비유했다. 부유한 민주당원들과 공화당원들은 루스벨트와 그 측근들을 권좌에서 몰아내기 위해 의기 투합된 "비당파" 조직인 미국자유연맹ALL를 결성했다. 〈뉴욕타임스〉 보도에 따르면 월가는 이 새로운 집단이 뉴딜 지지자들을 몰아내는 기도에 대한 응답으로는 조금 부족하다"고 여겼다.[62] 하지만 대통령의 어조가 좀 바뀌었다고, 또 국민소득 증가가 예상된다고 해서 기민한 기업가들이 갑자기 존경심을 가지고 그의 경제부흥 계획

존 메이너드 케인스

을 지지할 리는 없었다.

하지만 케인스는 루스벨트 정권이 이룬 괄목할 만한 변화도 잘 못 이해하고 있었다. 이는 루스벨트 대통령이 의도했든 아니든 케인스의 제자 경제학자들에게 힘을 실어줌으로써 케인스주의 정책을 더욱 발전시키는 과정이 되었다. 루스벨트는 공공정책에 대한 판단을 내리기 위해 모건 같은 사람들의 선의와 신뢰를 시험했고, 그러면서 경제학자들이 비단 행정부뿐 아니라 미국 정계의 지배적인 지식인이자 정부 활동의 효과를 판단하는 전문가로 부상할 기회를 마련했다. 케인스 사상이 경제학 분야를 장악하자, 경제학자들의 지위 향상은 여러 형태로 파생된 케인스 사상을 새로운 정책의 정설로 확립하는 계기가 되었다.

케인스는 루스벨트에게 보낸 편지를 다음과 같은 격려로 마무리했다. "제 말들이 너무 솔직했다면 용서해주십시오. 이는 각하와 각하의 정책이 정말 잘됐으면 하는 호의에서 비롯된 겁니다. 저는 탄탄한 투자일수록 더욱더 정부의 지휘가 필요하다는 생각입니다. 월레스 부통령의 농업정책에도 공감합니다. 증권거래위원회는 탁월한 역할을 하고 있다고 믿습니다. 저는 단체 교섭의 성장이 꼭 필요하다고 봅니다. 최저임금과 근무시간 규정도 필요하지만… 모든 민주국가에서 진보적 대의들이 혹시 상처를 입는 건 아닐지 두렵습니다. 왜냐하면 즉각적인 발전 측면에서 실패라는 평가와 그로 인해 그들의 위신에 위협이 됐다는 것을 각하께서 너무 가볍게 여기셨기 때문입니다."[63] 전 세계 민주주의의 운명은 실업과 싸우는 루스벨트의 능력에 달려 있었다.

루스벨트와 모겐소는 케인스의 편지에 대해 주택 공급 아이디어는 "흥미롭다"는 애매한 답장을 보냈다. 하지만 사실 루스벨트 대통령은 민주주의 정부의 운명에 대한 케인스의 말을 수긍했던 것으로 보인다. 루스벨트는 편지에 이렇게 썼다. "민주주의와 세계평화의 향방은 저도 깊이 우려하는 바입니다. 선생도 동의하겠지만 자국의 발전은 미국이 민주주의와 세계평화를 유지하는 데 가장 효과적으로 이바지할 수 있는 방법입니다."[64] 몇 주 후 루스벨트는 국민을 대상으로 한 라디오 방송, 노변담화에서 한층 더 강력한 비유를 했다. "민주주의가 여러 대국에서 사라진 이유는 그 나라의 국민들이 민주주의를 싫어해서가 아니라 실업과 불안, 그리고 굶주린 자녀들을 앞에 두고도 혼란스러운 정부 때문에 힘없이 앉아만 있는 자신의 처지에 점점 진저리가 나 있었기 때문입니다… 민주주의의 건전함은 놀고 있는 사람들에게 일자리를 주는 정부의 결단력에 달려 있습니다. 정부가 정말 민주주의를 수호하고 싶다면 기업들을 불황에 빠뜨리는 힘보다 정부가 더 강하다는 것을 증명해야 합니다."[65] 루스벨트 대통령은 또한 그 담화에서 새로운 공공사업을 위해 30억 달러를 더 집행할 것이며 그중 3억 달러를 미국주택공사에 투자하겠다고 밝혔다.

사실 케인스가 루스벨트에게 미친 진짜 영향력은《고용, 이자 및 화폐에 관한 일반이론》이라는 간접적인 경로로 이뤄졌다.

케인스의 책이 대단한 성공을 거둔 것은 아니었다. 이 책의 문고본은 1960년대에 이르러서야 출판되었다. 물론 학술지들은 이 책이

존 메이너드 케인스

나오자마자 관련된 토론과 논쟁으로 가득했지만 일반대중은 케인스가 기존 경제학에 급진적 도전장을 내밀었다는 데 그다지 관심이 없었다. 경제 전문가 사이에서도《일반이론》에 대한 초기 평가는 엇갈렸다. 훈련된 경제학자들에게도 내용을 파악하기가 어려운 데다가, 일단 내용을 이해하게 되면 대부분이 당황하거나 격분했다. 이전에《화폐론》1, 2권을 호탕하게 견딘 케인스의 추종자들조차 이번 내용은 한층 더 괴상하고 혼란스럽다고 여겼다. 하지만 그런 낯선 개념들도 케인스 및 케임브리지 서커스 멤버들과 함께 시간을 보낸 사람들에게는 타당했다. 게다가《일반이론》은 상당히 밀도 높은 책이었다. 미국인들의 공감능력이 아무리 뛰어나다고 해도 그렇게 어렵고 특이한 글에서 통찰력을 얻으려면 해외에서 가르침을 받은 전도사들이 필요했다.

총명한 대학원생 몇이 이 임무를 수행하게 된다. 1932년 당시 로리 타시스는 옥스퍼드대학의 로즈 장학금을 신청했다. 로즈 재단 심사관이 나중에 로리에게 전한 바로는 그는 최종 후보 세 명 중 가장 선발이 유력했다고 한다. 하지만 그는 토론토대학 시절 그의 경제학 교수였던 윈 플럼트르의 권유로 더 좋은 상을 받게 된다. 그가 로즈 장학금을 받았다면 로리는 옥스포드대학으로 건너갔겠지만, 플럼트르 교수는 그의 뛰어난 애제자를 케임브리지로 보내 케인스 밑에서 공부하도록 다리를 놔주었다. 그렇게 해서 타시스는 "아주 오래된 대서양 횡단 유람선의 가장 싼 객실"에 승선해 유학길에 올랐다. 마침 대공황 속에서 진로를 모색하고 있던 그의 공대생 친구인 로버트 브라이스도 함께 했다.[66]

두 사람 모두 처음에는 케임브리지 생활에 적응하지 못했다. 타시스의 경우에는 강의 초반에 케인스의 말을 이해하지 못했다. 그는 《화폐론》을 몇 년간 붙들고 공부한 상태였고, 이후 한 인터뷰에서 "저는 그 책이 세상에서 가장 위대한 내용을 담고 있는 것 같았어요"라고 말했었다. 하지만 케인스의 사상은 이미 변화를 겪은 후였다. 그는 칠판 앞에서 몇 시간에 걸쳐 새로운 용어들을 정의했고 강의 주제를 돈에 관한 이론에서 "일반적인 생산 이론"으로 변경했는데, 이 내용이 후에 《일반이론》으로 발전된다. 강의 분위기는 우울했다. 영국의 낮은 짧고 "음침"하고 싸늘했으며 겨울도 일찍 찾아왔다. 타시스는 인류학으로 전공을 바꾸거나 아예 영국을 떠나고 싶었다. 그는 플럼트르 교수에게 편지를 보내 자신과 브라이스가 파리에서 공부하도록 장학금 프로그램을 조정해 달라고 간청했다. 수십 년후 그는 이렇게 말했다. "파리와 프랑스 여학생들이 케임브리지에서는 느낄 수 없는 것들을 충족시켜줄 것 같았거든요. 옳은 판단이었지만 우리 둘 다 그럴 수 없다는 답변을 받았죠."[67]

플럼트르는 극단적인 조치를 취했다. 그는 몇 년 전에 자신의 스승이기도 했던 케인스에게 연락해 그가 월요일 밤마다 여는 비밀 모임인 정치경제클럽에 브라이스와 타시스가 참여하도록 만들었다. 정치경제클럽은 예전 사도들 모임을 모델로 한 지적 토론의 자리였다. 토론장에 입장하기 위해서는 모든 참석자(여성 회원은 조앤 로빈슨밖에 없었다)가 케임브리지대학의 가운을 입어야 했고, 특히 어린 신입생들은 모임이 있을 때면 불안함과 짜릿함을 동시에 느꼈다. 타시스는 이렇게 말했다. "지금도 그때의 느낌이 기억나요. 킹스칼리지

쪽으로 걸어가면 저녁기도 시간을 알리는 교회 종소리가 울려 퍼져요… 가끔은 무시무시한 비바람이 불기도 했고요." 일단 문을 열고 들어가면 칸이 신입회원에게 종이 한 장을 건네주었다. "종이를 받으면 바로 보지 않고 자리에 앉은 다음 들여다봅니다. 텅 빈 백지면 이제 안심해도 됩니다." 그 종이를 든 사람은 누구든 조용히 앉아 진행되는 내용을 그냥 들으면 됐기 때문이다. 하지만 번호가 적힌 종이를 든 사람들은 발표에 응답하고 그 내용에 관한 토론에 참여해야 했는데, 그 내용을 칸, 로빈슨, 스라파, 그리고 케인스 자신까지 합세해서 평가한다는 것이 무엇보다 부담스러웠다.

브라이스와 타시스는 이 컬트적인 모임에 잘 적응해 나갔다. 이윽고 두 학생은 신입회원 딱지를 떼고 모임의 전도사가 되었다. 1930년대 초기에 로빈슨은 이미 케인스 사상의 가장 열정적인 전파자가 되어 새로운 개종자들의 모집 활동에 나섰고, 덕분에 케인스는 연구실에 틀어박혀 《일반이론》 집필에 몰두할 수 있었다. 그녀는 브라이스와 타시스 등 열성적인 케인스 사상 지지자들과 더불어 당시 하이에크 사상이 지배하는 정통 자유방임주의의 성전이었던 런던 정경대학의 학생들도 모임에 데리고 왔다. 겉보기에는 하이에크파 학생들과 케인스파 학생들 사이의 논쟁의 장으로 보였지만, 사실은 케인스의 복음을 새로운 단체들에 전파하는 역할을 했다. 언변이 날카로운 로빈슨은 신입회원들을 코칭하는 것만큼 지적 설전을 즐겼다. 그녀의 정치사상은 매우 급진적이어서 한 친구는 "로빈슨은 마르크스주의자 중에서 가장 왼쪽으로 치우쳐 있다"라고 평했다.[68] 게다가 그녀는 런던정경대의 보수적인 분위기를 견디지 못한 학생들에게 케인스주의를 전파하는 데 성공했다. 이제 막 사회주의에 눈을 뜬 아바 러너는 로빈슨과 대화를 나눈 후 그에 대한 흥미를 갖게 되었고, 타시스와 점심을 먹으며 토론을 하다 케인스 추종자로 완전히 전향되었다. 그는 이내 런던정경대를 떠나 6개월 동안 케임브리지에서 지냈고 이후 케인스가 미국과 유럽 모두에 영향력을 미칠 시장사회주의와 정부예산 정책을 발전시키는 데 아이디어를 주게 된다.

런던정경대에 재학 중이던 러너의 동지인 폴 스위지도 이 새로운 종파에 설득되었다. 스위지는 로빈슨과 전혀 다른 부류였다. 그는 큰 재산을 축적한 모건 계열의 한 부유한 은행가의 아들로 뉴욕에서 태어났으며 주식 붕괴로 큰돈을 잃어도 안락한 생활을 영위할 수 있었다. 폴과 그의 형인 앨런은 하버드에 입학하기 전에 미국에서 가장 배타적인 사립학교인 엑서터 아카데미를 다녔다. 폴은 하이에크에게 경제학을 배울 수 있다는 기회에 매료되어 런던정경대에서 정통 자유시장경제에 입각한 교육을 받았다. 그러나 영국의 학문 현장은 그가 청소년기를 보낸 폐쇄적인 뉴잉글랜드에서 겪었던 그 어떤 경험보다 활력에 넘쳤고, 특히 레온 트로츠키의 《러시아 혁명사》 사본을 읽은 후로는 그의 아버지에게 전수받은 교리에 대한 신념이 완전히 깨졌다. 하지만 폴은 당시 마르크스주의 경제학이 미국과 유럽을 붕괴시킨 문제들을 설명하는 데 "크게 유용하지는 않다"고 여겼다.[69] 자본주의는 비합리적이고 착취적이며 붕괴를 향해 치닫고 있다는 것이 그가 수긍할 수 있는 전부였다. 하지만 자본주의의 어떤 요소가 별안간 디플레이션을 유발했는지에 대해서는 알 수 없었다. 그런 와중에 로빈슨이 제시한 케인스의 사상을 통해 그는 대공황 중

존 메이너드 케인스

에도 효력을 발휘할 수 있는 급진주의 정치의 미래와 그와 관련된 일련의 교훈을 얻게 된다. 그는 케인스의 통찰력을 바탕으로 이후 20세기의 가장 중요한 마르크스주의 경제학자 중 한 명이 된다.

케인스 학파의 초기 멤버 모두가 사회주의 학자의 노선을 택한 것은 아니었다. 예컨대 브라이스는 이후 수십 년간 캐나다 정부에서 가장 목소리가 큰 경제학자 중 한 명으로 일했다. 브라이스와 타시스의 케임브리지 동창이었던 월터 샐런트는 훗날 미국 사회과학 분야에서 가장 영향력이 큰 싱크탱크인 워싱턴 브루킹스 연구소의 최고 경제학자 자리에 오른다. 하지만 이 젊은이들은 이렇게 공적 임무로 이름을 날리기 전에 미국에서 케인스주의자로 먼저 유명해진다.

스위지, 브라이스, 샐런트는 이후 박사 학위를 마치기 위해 영국의 케임브리지를 떠나 미국 케임브리지에 있는 하버드로 향했고, 타시스 또한 1936년 가을에 터프츠대학에서 전임강사 자리를 맡으면서 그들 뒤를 따랐다. 이 학교들은 모두 이들에게 사상적으로 적대적인 곳이었다. 하버드대학 경제학부는 명시적으로도 순전히 자유방임주의를 강화하기 위해 설립된 곳이었다. 1870년대에 하버드대 철학가인 프랜시스 보웬은 경제 문제에 관한 한 "신께서 당신의 일반 법칙들에 따라 그것들을 규제한다"고 선언하는 교과서를 집필했고 이를 통해 경제라는 신성한 질서에 정부가 개입할 필요가 없다고 선을 그었다.[70] 그러나 보스턴의 주요 상인 집단은 이런 보웬도 급진적이라 여겼는지 대학 행정처에 그에게는 기독교 윤리를 가르치는 다른 학문을 맡기고 새로운 경제학과를 만들어 "돈에 대한 건전한 시각을 가진 남학생들로만 채우라"고 압박했다.[71] 이렇게 해서 미국 대학 최초의 경제학부가 설립되었으며 예일, 존스홉킨스, 컬럼비아도 하버드의 길을 따랐다.

이후 몇 년간 자유방임적인 사상이 하버드의 전통이 되면서 미국 경제학계 전체를 위한 기준을 확립했다. 1932년에 하버드대 경제학부는 그때까지 학부 역사상 가장 눈에 띄는 교수 채용을 했는데, 바로 오스트리아의 보수적 귀족으로 승마 장갑을 끼고 강의하는 것으로 유명한 조지프 슘페터를 영입한 것이다. 그는 2년 동안 여섯 명의 다른 동료 교수들과 함께 뉴딜정책의 위선을 과학적으로 헐뜯으려는 목적으로 《회복 프로그램의 경제학The Economics of the Recovery Program》이라는 책을 발표했다.[72] 이는 그저 꼬장꼬장한 노교수들의 불평이 아니었다. 책의 공저자였던 에드워드 챔벌린, 에드워드 메이슨, 시모어 에드윈 해리스는 30대였고, 와실리 레온티프는 겨우 20대였다. 심지어 슘페터도 당시 51세였다. 경제학부 학장인 해롤드 히칭스 버뱅크는 차세대 보수주의 사상의 리더들을 육성하고 있었다.

하지만 브라이스와 스위지, 타시스에게는 다른 계획이 있었다. 슘페터는 "케인스는 알라신이고 브라이스는 그의 예언자로군"이라고 탄식했다.[73] 브라이스와 스위지는 《일반이론》이 발표되기도 전에 다른 하버드 학생들에게 책의 기본 사상을 알리기 위해 저녁마다 케인스에 대한 비공식 세미나를 열기 시작했다. 마침내 《일반이론》의 영국판이 출간되자 브라이스는 이 책 수십 권을 주문해서 미국판이 나오기 전까지 하버드 동료 교수들의 강의 교과서로 사용하게 만들었다. 케인스가 바란 대로 젊은 경제학도들의 마음속에 뭔가 심오한 일이 벌어지고 있었다. 비록 슘페터는 케인스주의에 전혀 휘둘리지 않았지만 다른 하버드 남자들은 하나둘씩 굴복되었다. 시모어 해리스는 헌신적인 케인스 추종자가 되었다. 루스벨트 행정부에서 첫 번째 소임을 마치고 하버드로 돌아온 존 케네스 갤브레이스도 마찬가지였다. 그는 나중에 이렇게 회상했다. "아직은 기존 경제학을 매일 가르쳤다. 하지만 저녁이 되면, 그러니까 1936년부터는 거의 매일 저녁마다 거의 모든 사람이 케인스에 대한 토론을 했다."[74] 갤브레이스는 케인스 사상에 대한 열정으로 위대한 석학 아래서 직접 공부하고자 영국 케임브리지로 건너갔지만, 갑작스런 심장발작으로 안타깝게도 케인스가 그곳에 없었다. 그래서 갤브레이스는 대신 조앤 로빈슨 아래서 공부했고 두 사람의 지적 동반자 관계는 이후 40년간 이어졌다. 1950년대와 60년대에 갤브레이스는 미국의 주요 지성인으로 확고히 자리매김했고 로빈슨의 사상을 국제사회로 전달하는 강력하고 대중적인 통로가 되었다. 그는 생애 마지막 해에 로빈슨을 "내 친구이자 비평가, 양심"이라고 칭했다.[75]

하버드대 교수인 앨빈 한센은 처음에는 케인스의 책에 적대적 반응을 보였지만 케인스 경제학을 새로 설립된 하버드 행정대학원 세미나의 핵심 의제로 삼았는데, 이 세미나는 워싱턴 정계 인사들을 정기적으로 게스트로 초빙하기 시작했다. 이후 하버드는 몇 년간 미래의 노벨상 수상자인 제임스 토빈과 폴 새뮤얼슨 등 그들 자체의 이론으로 엄청난 영향력을 발휘하게 될 또 다른 세대의 케인스 학파를 배출했다.

이들 거의 모두가 1930년 후반과 1940년 초반 루스벨트 행정부에 몸담게 된다. 이런 케인스주의 개종자 중 한 명인 리처드 길버트는 공공사업진흥국WPA 국장인 해리 홉킨스의 보좌관이 되었고, 샐런트는 재무부를 거쳐 증권거래위원회에 재직했다. 그의 동생인 윌리엄은 연준의 최고 관리자로 1939년에 루스벨트의 경제 고문이 되는 라우클린 커리의 보좌관이 된다. 커리도 하버드 출신이었는데 정부 일을 하기 전부터 케인스가 설파한 초기 통화 사상을 접했었고 《일반이론》이 발표되고 이 책 덕분에 케인스를 추종하는 하버드의 최고 두뇌들이 줄줄이 정부에 들어가면서 케인스 학파로 개종하게 되었다. 갤브레이스를 국방자문위원회에 소개해준 사람도 커리였다. 초기 케인스 추종자들은 공직 생활을 하면서 1937년에 갑자기 벌어진 경기침체에 루스벨트 정권이 얼마나 큰 공격을 받았는지 목격할 수 있었다. 제2차 세계대전 중 루스벨트 행정부에 합류한 스위지는 이렇게 말했다. "뉴딜 정부는 완전히 충격에 휩싸였어요. 그들은 불황과 어떻게 싸워야 할지 몰랐거든요."[76]

1938년에 스위지와 그의 아내인 맥신은 타시스, 리처드 길버트, 윌리엄 샐런트, 그 외 케임브리지의 몇 안 되는 케인스 추종자들과 함께 《미국 민주주의를 위한 경제 프로그램An Economic Program for American Democracy》을 집필했다. 1938년 가을에 출판된 이 얇은 책은 《일반이론》 내용을 일반 대중도 알기 쉽게 풀어씀으로써 1930년대에 무엇이 잘못됐었고 그것을 어떻게 풀어나가야 할지 설명했다. 이들의 사상은 정책적 권고와 지정학적 관점 모두에서 케인스주의라 할 수 있었다. 스위지 등 필자들은 사회보장급여를 즉시 시행해야 한다고 촉구했다. 즉 연방 의료 서비스를 제공하고, 학교와 놀이터,

존 메이너드 케인스

병원을 건립하고, 철도를 국유화하고, 최저임금을 인상해야 한다는 것이었다. 이 모든 비용은 차입금으로 집행해야 하며 그로 인한 적자는 걱정할 필요가 없었다. 그는 경제가 회복되고 사람들이 다시 일터로 복귀하면 시간이 흐르면서 적자는 저절로 해결될 수 있으며 오직 적자재정만이 성장을 이끌 수 있다고 주장했다. 하지만 이를 위해서는 정부의 신속한 조치가 필요했다. "정부를 집단의 힘과 대중적 열망의 조직화된 표현으로 인식할 필요가 있었다. 뉴딜은 실패한 것이 아니었다. 오히려 가장 큰 약점은 그 원칙을 고수하지 않았다는 점이다.[77] 미국이 직면한 가장 큰 정치적 위협은 정부의 지출이 아니라 월가의 냉소주의였다. "정부를 악마로 치부하는 이론에 사로잡힌 기업가들은 민주주의를 억압하기 위해 그들의 경제력을 이용하고 그들의 욕망에 헌신하는 독재정권을 들여앉힐 위험이 있다."[78]

《일반이론》과 달리《미국 민주주의를 위한 경제 프로그램》은 놀라울 정도로 많이 팔렸고, 특히 커리가 루스벨트 대통령에게 직접 책을 보여주고 싶었던 워싱턴에서 더 잘 팔렸다. 대통령은 책 내용에 흡족해했고 그의 최측근 몇 명에게《미국 민주주의를 위한 경제 프로그램》이야말로 뉴딜의 철학을 완벽하게 요약한 책이라고 말했다.[79] 1939년 봄에는 실제로 그랬다. 1938년에 발생했던 경기침체, 그리고 1939년의 반등으로 모겐소마저 케인스의 조치가 필요하다고 절감하게 되었다. 그는 하원 세입위원회에 이렇게 말했다. "불황에는 적자가 불가피합니다… 경제위기 때 적자를 내면 바로 경제 번영 시기의 흑자로 이어집니다."[80]

정부 내 경제학자들의 위상과 영향력이 급속히 확대되는 가운데 경제학자라는 직업도 케인스가 《일반이론》의 마지막 장에서 희망했던 것처럼 발전하고 있었다. 이 모든 것이 뉴딜 정부의 특징과 루스벨트와 월가 사이의 반감 때문에 가능했다.

하지만 영국의 천재와 그를 따르는 미국 청중들에 얽힌 이야기가 흔히 그렇듯 미국의 정치적 기류는 케인스가 예상하지도 헤아리지도 못한 방향으로 흐르고 있었다. 이런 기류는 케인스 사상에 대한 대중의 이해와 학문으로서 케인스 사상의 향후 발전에 지대한 영향을 줄 것이다.

1930년대 후반에 하버드대 경제학부가 갑자기 진보적인 성향으로 바뀌자 보수적인 대학 행정부는 심기가 불편했다. 앨런 스위지와 좌익계 노동경제학자인 J. 레이몬드 월시는 표면상 형편없는 "강의 능력"과 떨어지는 "학문 역량"을 핑계로 종신 교수직을 받지 못하고 해임되었다.[81] 두 사람 모두 동료 교수들과 학생들에게 워낙 좋은 평가를 받았었기 때문에 그들의 해임은 미국노동연맹과 미국시민자유연합의 분노를 일으키며 학문적 자유에 대한 국가적 스캔들이 되었다. 계속되는 내사와 홍보 끝에 하버드대는 두 사람의 해임을 확정했고, 존 케네스 갤브레이스의 하버드 멘토였던 농경제학자 존 블랙은 그의 제자에게 다른 곳에서 일자리를 찾아보라고 개인적으로 설득했다. 갤브레이스가 가진 정치적 신념으로는 하버드대에서 종신 교수직 자리를 꿰찰 가능성이 없었기 때문이다.

갤브레이스는 스스로 길을 찾는다. 다행히 프린스턴에서 바로 교수직 제안이 왔고, 뒤이어 커리가 그를 워싱턴으로 데리고 갔다. 그러나 냉전 초기 십여 년에 걸쳐 워싱턴을 장악할 적색 공포는 조셉 매카시가 상원의원에 당선되기 몇 년 전이자 진주만 공격이 있기 전부터 이미 시작되고 있었다. 실제로 하버드 야드와 워싱턴 밖 지성인들의 기류는 뉴딜 지지자들에게 불리하게 돌아가고 있었다.

1938년에 월터 리프먼은 미국에서 가장 영향력 높은 문필가였을 것이다. 〈뉴욕 헤럴드 트리뷴〉에 실리는 그의 칼럼은 전국에서 팔려나갔고, 비록 그의 고용주는 월가를 수호하는 공화당 지지자였지만 이념적으로 유연한 리프먼은 객관적이고 개방적인 사고로 명성을 얻었다. 젊은 작가로서 그는 사회주의자에서 윌슨주의자를 거쳐 베르사유 조약에 대한 확고한 비판가로 자연스러운 변화를 거쳤다. 그는 새로운 사상에 쉽게 동화되는 사람이었지만, 대공황 시기에는 사회적 붕괴와 전 세계적으로 부상하던 새로운 권위주의 정부를 납득하지 못하면서 혼란에 빠졌다. 리프먼은 원래 루스벨트의 정책들에 환호했었고, 대통령에게 일시적으로 독재권을 부여하자는 의견을 공개적으로 옹호하기까지 했으며, 《일반이론》이 대공황을 극복할 수 있는 이론적 돌파구를 제시한다고 극찬했다. 하지만 언제부턴가 그는 루스벨트 정부가 휘두르는 권력에 점점 불편해졌고, 하이에크 및 미제스와 이 문제를 논의한 이후에는 그런 우려가 극에 달했다. 그는 1936년 투표에서 마지못해 공화당 후보인 알프 랜던에게 표를 던졌고, 1938년에 이르면 《좋은 사회The Good Society》라는 책까지 내면서 루스벨트 행정부에 체계적인 공격을 가했다. 리프먼은 책에서 뉴딜정책을 "선택적 이해관계에 따라 특권을 주는 것" 외에는 아무것도 한 게 없는 "점진적 집단주의"일 뿐이라고 비난했다. 그는 뉴딜도

스탈린주의나 파시즘처럼 "서구사회의 윤리적 유산에 대한 저항심을 토대로 야만적 상태로의 회귀를 위협하는 절대주의"의 하나일 뿐이라고 주장했다. "사자와 호랑이 사이에 중요한 차이점이 있고 아프리카 사자와 인도 사자 사이에도 차이가 있기는 마찬가지지만 염소나 양의 관점에서 보면 힘 있는 모든 육식동물이 가진 공통적 특징이 그들의 차이점보다 더 중요합니다"라는 게 그의 주장이었다.[82] 뉴딜, 파시즘, 공산주의도 똑같았다.

리프먼은 책의 서론에서 하이에크와 미제스로부터 받은 영향을 인정했는데, 두 경제학자 모두 학계 밖에서는 그렇게 잘 알려지지 않은 상태였다. 리프먼은 루스벨트가 추진하는 정책들에 반감을 갖고 있었지만 공공사업, 사회적 안전망, 과도한 부의 축적을 제한하는 누진세, 기업의 독점력에 대한 지속적 공격 등 그가 제안한 일련의 정책적 처방에는 케인스 및 뉴딜의 정서와 완벽히 통하는 면이 많았다. 게다가 그는 책에서 하이에크와 미제스와 함께 케인스를 칭송하기도 했다. 뉴딜정책이 아무리 나쁠지라도 "수구 공화주의"의 "기업 집단주의"로 회귀하는 것보다는 나았다. 그렇다 보니 리프먼의 전기작가인 로널드 스틸에 따르면, 완전히 양립할 수 없는 지적 주장에 대중적인 정책의제를 덧붙인 "혼돈스럽고 당혹스러운" 내용이 탄생한 것이다.[83]

아니면 1980년대에 득세할 이른바 신자유주의적 정책을 미리 보고 온 것 같기도 했다. 1930년대에 리프먼은 자신이 정치적, 경제적으로 혼란한 시대에 맞춰 자유주의를 재정립하는 이념 프로젝트에 참여하고 있다고 여겼는데, 이는 케인스가 10여 년 전에《자유방임주의의 종언》에서 시도했던 프로젝트와 똑같았다. 게다가 이는 하이에크, 미제스, 케인스 모두에게 타당했다. 이들 경제학자는 모두 여전히 스스로를 자유주의자라 불렀고 계몽주의라는 동일한 지적 전통의 계승자로 생각했다. 세 사람 모두 나치와 소련에 반대했고 자유무역과 금본위제가 개인의 자유를 보존하는 데 꼭 필요하다고 믿었던 세대였다. 하지만 이런 공통된 전통은 지난 몇 년간 파괴되었고 루스벨트라는 존재를 통해 돌이킬 수 없이 단절돼 버렸다.

개인의 자유에 대한 리프먼의 열정은 일정하지 않았다. 리튼 스트레치의 동생인 존이 강의 중 자본주의가 일종의 파시즘이라고 주장한 일로 미국에서 추방당했을 때 리프먼은 공산주의자들을 언론의 자유로 보장하면 안 된다는 글을 썼다. 그는 진주만 공격이 있은 후 캘리포니아를 방문해서 서부 해안 전역이 "내외부 세력이 합세한 조직적 공격으로 위험에 처해 있다"고 밝히면서 누구든 미국에 "조직적 방해 공작"을 가하는 세력을 연방정부가 제거하는 데 동의한다고 선언했다. 이는 루스벨트 대통령이 "강제 수용소"라 부르는 곳에 일본계 미국인들을 억류한 결정(미국 역사상 가장 참혹한 인권 침해 중 하나로 일컬어지는)을 전폭적으로 지지한다는 뜻이었다.[84] 리프먼은 또 대통령이 남부 흑인들을 너무 가혹하게 대한다고 주장하며 루스벨트를 비난했다.

리프먼은 자신을 정치적 우익으로 여기지 않았지만 1938년에 발표된 그의 책은 실질적으로 월가가 수년간 반복해온 루스벨트에 대한 불평에 새로운 지적 활력을 불어넣었다. "집산주의" 경제학이 나치당에 권력을 부여했다는 것은 리프먼의 주장처럼 사실이 아니었다. 히틀러는 디플레이션과 대량 실업 사태 속에서 부상했고 집권 후에야 중앙 정부의 기획에 따라 적자 지출과 통화 완화 정책을 실행했다. 하지만 리프먼은 나치 경제학과 나치 정치학은 불가분의 관계에 있다는 생각을 대중화시켰다. 이 때문에 그는 반정부 보수주의자들과 루스벨트 회의론자들을 대상으로 파리에서 대규모 회의를 연 하이에크와 미제스에게 대의명분을 제공했다. "월터 리프먼 콜로크Colloque Walter Lippmann"라 불린 이 행사는 20세기 우익정치 발전에 가장 큰 역할을 했던 기관인 하이에크의 몽펠레린 소사이어티의 청사진이 되었다. 비록 당시 그들은 자신들이 무엇을 설립하고 있는지 확실히 몰랐겠지만 신자유주의로 알려진 철학적 전통은 이렇게 탄생했다.

　루스벨트는 우익의 기세가 높아지고 있는 것을 아주 잘 알았다. 그는 1939년 6월에 미국 고용법을 기준으로 주 40시간 근무와 최저임금을 의무화하는 공정근로기준법을 승인했다. 이는 뉴딜정책의 또 다른 기념비이자 마지막 기념비 중 하나가 된다. 루스벨트 대통령은 처음으로 보수적인 남부 민주당원들의 지지 없이 주요 법안을 통과할 수밖에 없었다. 이전에 개혁을 추진할 때는 남부 쪽도 당파적 충성심으로 대통령에 협력하긴 했지만 그들의 협조를 이끌어내려면 항상 대가가 따랐다. 루스벨트의 정책은 아프리카계 미국인, 유대인, 남유럽 및 동유럽 이민자들, 또 여성들이 중요한 개혁적 성과를 누리는 데 반대했던 남부 민주당원들과의 추악한 합의를 통해 이루어졌다. 하지만 1937년과 1938년에 불어닥친 불황을 겪자, 이런 보수적 민주당 당원들은 더 이상 합의에 관심을 보이지 않았다.

존 메이너드 케인스

그들은 북부 도시 중심의 뉴딜 지지자들을 포기하고 북부 민주당원들이 괴롭히는 부유층과 백인들에게 유리한 정책을 선호하는 월가의 공화주의자들과 기능적으로 연대하는 쪽을 택했다. 이후 수십 년 동안 이들은 그런 동맹 관계를 더 노골적으로 표시하면서 남부를 공화당 텃밭으로 변화시키게 된다.

이런 변화는 민주당이 선거에서 4연패를 달성한 1938년 선거 때부터 시작되었다. 1938년 11월에 공화당이 뉴저지, 뉴햄프셔, 코네티컷에서 자유민주당을 물리치면서 인민당원들과 진보주의자들이 득세했던 오하이오, 위스콘신, 네브래스카, 사우스다코타를 포함해 상원에서 7석을 잃었다. 게다가 하원에서는 72석이나 내 주었다. 물론 민주당이 상원과 하원 모두 계속해서 다수당 지위는 유지했지만 당내 이념적 분열은 루스벨트 정권이 국내 정책에 있어서 교착상태에 빠졌다는 것을 의미했다. 진보 성향의 북부 민주당원들은 공화당 의원들에게 패했지만 소극적인 남부 민주당원들은 권력을 유지할 수 있었다. 이런 상황에서도 루스벨트는 1939년에 29억 달러의 적자를 내면서 대부분의 정책을 성공적으로 추진할 수 있었지만 야심 찬 개혁 과제들은 재정 마련을 둘러싼 갈등으로 이어졌고, 이는 케인스가 적어도 행정부 내부의 이념적 갈등에서는 승리했다는 증거였다. 루스벨트 집권기에 터진 경제불황 때 9.2퍼센트에서 12.5퍼센트까지 뛰었던 실업률은 점차 줄어들기 시작해 1939년에는 11.3퍼센트에서 1940년과 1941년에 각각 9.5퍼센트와 6퍼센트로 회복되었다.[85]

뉴딜은 1929년 주식시장이 붕괴하기 전 특징적이었던 이상적인 사회상을 일부 되살렸다는 점에서 자본주의의 위기를 막는 데는 도움이 되지 않았다. 뉴딜은 그저 완전히 새롭고 미검증된 정부를 만들어냈다. 그리고《일반이론》은 이런 개혁가들에게 지적 정당성을 제공했다. 다시 말해, 보다 평등하고 민주적인 방향으로 사회를 개편하는 것이 경제적으로 가능할 뿐만 아니라 번영을 광범위하게 확산하기 위해서도 필요하다는 과학적 확신을 심어주었다. 뉴딜정책의 성공으로 케인스의 국제적 명성은 더욱 공고해졌고, 케인스의 사상이 유럽 전역에 번지고 있던 전체주의 방법론에 의존하지 않아도 실효를 거둘 수 있다는 사실을 세상에 증명했다.

JOHN
MAY
NARD
KEYNES

전쟁과
반혁명

11

1 938년, 미국의 케인스주의자들은 경제 회복에 엄청난 자신감
을 갖고 있었다. 폴 스위지와 로리 타시스 등 하버드대의 경제
학 이단아들이 발표한 책 제목은 《미국 민주주의를 위한 경제 프로
그램》이었지만 경제 성장이나 생산성, 실업 문제에 초점을 맞추기
보다 정치권력을 중점적으로 다루었다. 이들은 루스벨트 행정부가
지출을 늘려 경제 회복을 이루지 않으면 무절제한 "기업인"들이 앉
혀 놓은 독재정권에 대체될 수 있다고 주장했다. 이런 새로운 권력
자는 경제 회복을 위해 그들의 방식대로 돈을 쓸 것이다. 일이 필요
한 사람들은 일자리를 얻을 것이다. 하지만 그렇게 일자리를 얻은
사람들은 주택이나 댐, 병원을 건설하는 것이 아니라 "이 나라를 조
만간 학살과 유혈사태의 홀로코스트로 빠뜨릴 죽음과 파괴의 무기"
를 대량생산하는 데 일조하게 될 것이다.[1] 케인스가 주창하는 좋은

존 메이너드 케인스

삶의 개념 없이는 적자지출과 행동주의 정부 같은 케인스 경제학의 기본 통치 도구들이 잔학행위의 수단으로 전락할 수 있었다.

물론 케인스도 이런 사실을 오랫동안 알고 있었다. 그는 제1차 세계대전 이후 경제 호황을 겪었고 돈을 빌려서 쓰는 것이 여러 공장을 많이 돌리는 것보다 경제 회복의 확실한 방법이라는 것을 알았다. 그는 1934년에 루스벨트에게 쓴 편지에 보수적인 은행가들조차 전쟁을 "정부 지출로 고용을 창출하는 합법적인 방법"[2]으로 여긴다고 강조하면서 "전쟁은 언제나 왕성한 산업 활동을 일으켰다"고 밝혔다.

케인스주의 경제학은 파시즘에 대항 방어책으로 만들어졌으므로 케인스와 《미국 민주주의를 위한 경제 프로그램》을 쓴 모든 저자가 독일의 나치와 이탈리아의 파시스트에 대항하는 전쟁에 힘을 더한 것은 자연스러운 결과였다. 하지만 케인스주의는 또한 전쟁을 막기 위해 완성되었으므로 그가 거의 20년 동안 피하려 했던 그 재앙이 마침내 세계 무대에서 그의 경제사상의 효과를 증명했다는 것은 지적 역사의 가장 비극적인 역설 중 하나일 것이다. 《고용, 이자 및 화폐에 관한 일반이론》과 《평화의 경제적 결과》는 모두 전쟁이라는 비극을 통해 정치적 영향력의 절정을 확인했다.

케인스주의는 후에 드와이트 D. 아이젠하워가 "군대와 산업의 종합세트"라 부른 것에서 알 수 있듯이 제2차 세계대전을 통해 일련의 제도들과 결합되면서 케인스 경제학을 하나의 직군으로 만들었다. 명시적으로 "군국주의"와 싸우기 위해 발전된 케인스 사상이 영원히 무장된 세계를 유지하는 데 꼭 필요한 요소가 돼버렸다. 존 케네스 갤브레이스가 궁극적으로 반동적 케인스주의라 이름 붙인 이 새로운 교리는 해리 트루먼, 아이젠하워, 린든 존슨, 리처드 닉슨, 로널드 레이건의 지배적인 통치 철학이 되면서 냉전 시대보다 더 오래갈 연속적인 대량 살상 활동을 예고한다.

물론 케인스주의자들도 1940년대 초기 미국과 영국 정부에 합류할 무렵에는 자신이 그런 프로젝트에 참여할 것으로는 생각하지 못했을 것이다. 그들은 전쟁을 전례 없이 악한 무리에 대한 방어로 인식했고 대개는 필요에 따라 군부와 관련된 새로운 직책을 받아들였다. 하지만 그들이 루스벨트가 전쟁에 대한 입장을 표명하기 위해 세운 외교 정책에서 인권에 대한 새로운 비전에 사로잡혀 있었던 것도 사실이다. 이 새로운 교리에서는 케인스가 젊은 시절 꿈꿨던 이상화된 자유 제국주의의 인도주의 목적이 미국의 패권 시대에 맞게 수정되었다. 루스벨트 대통령은 1940년 12월 29일에 있었던 노변담화에서 미국을 "민주주의의 무기고"라 말하기 시작했고, 그로부터 일주일 후인 1941년 국정연설에서는 놀랄 만큼 야심 찬 원칙을 의회에 제시했다. 하지만 이 원칙은 진주만 공격(11개월 후에야 일어날 사건이지만) 이후 그가 전쟁 동안 대중을 상대로 한 연설 중 가장 중요한 "4대 자유"라는 발언에 의해 무색해질 것이다.

1941년이 되자 우드로 윌슨이 단행했던 국제 프로젝트는 실패작이 확실해 보였다. 제1차 세계대전이 미국인들의 머릿속에 남긴 상처는 베트남과 이라크 전쟁이 그 이후 세대에 남긴 상처보다 절대 약하지 않았다. 엄청난 사상자 수만큼 참혹한 일은 그 희생자들이 낭비되었다는 인식이었다.[3] 월터 리프먼의 전기를 보면 윌슨처럼 미국의 전쟁 개입을 찬성했던 사람들은 자신들이 "제국주의 전쟁을 민주적 십자군 전쟁으로 바꿀 수 있다"고 믿었던 것 같다.[4] 하지만 그런 일은 없었다. 게다가 국제연맹은 뒤이어 벌어진 여러 재난 앞에서 무용지물이 되었다. 프랑스의 루르 침공, 이탈리아의 에티오피아 공격, 그리고 히틀러의 군사 진격까지, 이 모든 일은 수백만 미국인들에게 유럽은 미국의 미덕으로 아무것도 할 수 없는 구제 불능 대륙이라는 사실을 증명했다. 엄밀히 말해 미국은 대전에서 승전국이 되었고 실제로도 미국의 개입은 승리자와 패배자를 가르는 결정적인 요인이 됐지만 이런 사실은 더 강한 허무감만 낳을 뿐이었다. 게다가 군사적 성공은 도덕적 실패로 귀결되었다.

월슨은 제국주의를 끝내고 국제적 민주주의의 새 시대를 열겠다는 약속으로 전쟁에 대한 견해를 밝혔다. 그에게는 민족국가 단위의 민주주의에 대한 기본 가정이 있었다. 그냥 두면 자연스럽게 발전할 수 있는 민족국가에 제국주의가 엉뚱하게 외국 통치자를 앉혀 놓았다는 것이었다. 반면 민주주의란 민족국가의 자유 "국민들"이 스스로를 통치하는 과정과 같았다. 월슨의 14개 조항이 인권에 관한 원칙은 아니었다. 자유로운 국민이라면 그들만의 장치로 자치정부에 적절하다고 여겨지는 정책과 특권을 처리하도록 내버려 둬야 했다. 자유 국민은 개인에게 어떤 권리와 책임을 부과할 것인지 왈가왈부하지 않았다. 미국의 역할, 더 광범위하게는 국제 외교를 위한 미국의 역할은 이런 공동체가 외국의 강요나 전쟁에서 벗어나 자신들만의 길을 찾도록 그들의 권리를 보호하는 것이었다.

한편, 루스벨트의 임무는 미국의 가치와 야망을 독일이나 이탈리아, 일본 같은 나라들의 야망과 확실히 구분하면서 미국이 국제사회에서 맡은 적극적인 리더십을 되살리는 것이었다. 만약 다른 나라들이 이런 태도를 보인다면 터무니없는 행위로 여겨질 텐데, 왜 지구 한쪽 끝에 있는 일개 국가인 미국이 이런 의지를 맹렬히 내세우는 것은 수용되고 심지어 필요하다고 인정되었을까? 루스벨트에게 그 대답은 국제법이 자유로운 국민들이 아닌 자유로운 국민을 토대로 확립됐기 때문이었다. 미국을 독재정권과 구분하는 것은 미국의 독특한 민족 구성이나 그 땅의 고유한 영양적 조합 때문이 아니었다. 미국은 국적이나 민족과 관계없이 모든 개인에게 기본적인 자유를 보장하는 국가였다. 루스벨트도 윌슨처럼 "자유 국가들이 호의적이고 문명화된 사회 안에서 한데 엮여 협력하기"를 기대했다. 하지만 그는 윌슨과 달리 자국 국경 안에서 소위 "4대 자유"를 존중하지 않는 정부는 변칙적인 "폭정"을 수호하는 보루라고 선언했다. 그리고 폭력이나 폭력적 위협 때문에 그런 "통치체제"에서 어쩔 수 없이 사는 사람들을 해방시킬 권리를 미국에 부여했다. 루스벨트는 "자유란 어디서든 인권이 우선한다는 것을 의미한다"고 말했다. 비록 베르사유 조약과 전후 외교적 문제들에 수긍했다 할지라도, 그는 그러한 실패와 당시 세계를 휩쓸던 훨씬 더 악랄한 "독재정권의 새로운 질서"를 측정할 수 있는 기준을 제시했다. 그는 베르사유 조약에 따른 문제들이 교활한 유럽인들에 의해 날조된 불가피한 실패가 아니라 유럽인들을 위한 경제적, 군사적 안전을 확보하지 못했기 때문이라고 밝혔다. 프랭클린 루스벨트는 의식했든 아니든 《평화의 경제적 결과》가 주장하는 생각들을 수용하고 있었고 그것을 놀라운 야

존 메이너드 케인스

심을 담은 외교 원칙으로 확대하고 있었다. 즉, 모두가 안전을 확립하려 애쓰는 미래에는 인간의 네 가지 기본 자유권에 바탕을 둔 세계를 기대할 수 있다는 것이다. 첫째는 세계 어디에서나 언론과 표현의 자유가 보장되고, 둘째는 세계 어디에서나 모두가 본인 방식으로 신을 숭배할 수 있는 자유가 보장되며, 셋째는 빈곤으로부터의 자유로서, 다시 말해 세계 어디에서나 모든 국민이 건강하고 평화로운 삶은 누릴 수 있는 경제적 측면을 의미했다. 마지막으로 넷째는 공포로부터의 자유로, 이를 풀어 쓰면 세계적 차원에서 군비를 감축하고 전 세계 그 어떤 나라도 이웃 국가에 물리적 공격을 하지 않는다는 원칙을 철저히 지켜나가는 것을 말했다.

이것은 천 년 뒤 먼 미래의 비전이 아니었다. 이는 우리 시대에 우리 세대가 달성할 수 있는 세계를 위한 확실한 기준이었다. 이는 독재자들이 폭격과 충돌로 만들려는 새로운 독재 질서와 정반대되는 세상이었다.[5]

루스벨트는 이 원칙이 미국의 이전 정책과 근본적으로 다르다는 것을 알았다. 4대 자유는 단지 국가의 안보나 이익만 내세우지 않았다. 이 미국의 대통령은 다른 주권 국가들의 사안에 관한 윤리적 판단을 미국이 내리겠다고 주장하고 있었다. 루스벨트가 연설 초안을 작성했을 때 보좌관인 해리 홉킨스는 즉시 내용 중 일관적으로 반복되는 "세계 어디에서나"라는 문구에 반대했다. 홉킨스는 이렇게 말했다. "각하, 전 세계라는 것은 지독히 많은 영역을 포함합니다. 저는 미국 국민들이 자바 사람들에게 얼마나 관심이 있을지 모르겠습니다." 하지만 루스벨트는 굴하지 않았다. "언젠가는 관심을 가져야 겠지요. 세계는 점점 좁아지고 있고 자바 국민들도 이제 곧 이웃이 될 테니까요."[6]

루스벨트의 비전이 너무 포괄적이었다는 것은 그중 두 가지 자유(빈곤으로부터의 자유와 공포로부터의 자유)가 미국 국내에서도 호응을 받지 못했고 표현의 자유에 대한 경계가 늘 논쟁거리가 되면서 재정의되었다는 사실로 잘 알 수 있다. 당시 미국 남부의 문화와 제도는 일명 짐 크로법이라는 흑인 차별법을 바탕으로 아프리카계 미국인들에 대한 백인의 지배를 토대로 확립돼 있었고, 또 북부 도시들은 흑인, 이민자, 그 후손들을 수준 이하의 교육과 공공 서비스나 받는 폭력적인 빈곤층이라 비난하는 이웃들로부터 분리하고 있었다. 실업과 가난이 미국 전역에 만연했다. 남부 사람들은 히틀러가 밝힌 나치 인종주의와 짐 크로법의 유사성을 완강히 부인했지만 루스벨트의 4대 자유는 미국 남부의 성문화된 인종주의를 전혀 방어하지 않았다.

분명한 사실은, 지금은 오늘날 전 세계적으로 가장 시급한 요인이자 사회 혁명의 근본 원인인 사회, 경제적 문제들에 대한 고민을 그만둘 때가 아니라는 점입니다. 왜냐하면 건전하고 강력한 민주주의의 기틀에 관한 한 모호한 것이 하나도 없기 때문이다. 미국 국민이 그들의 정치, 경제 시스템에 기대하는 것은 단순합니다. 바로 젊은이들과 다른 모든 국민에게 공정한 기회가 주어지는 것입니다. 일할 수 있는 사람들에게 일자리가 주어지는 것이죠. 안전이 필요한 사람을 안전하게 해주는 것입니다.

존 메이너드 케인스

그것은 소수에 대한 특권을 종식시키는 것이고, 모두에게 시민의 자유를 보전해주는 것입니다.[7]

당시 4대 자유는 루스벨트의 국내 개혁 활동을 반대하는 사람들과 해외 적들을 윤리적으로 한데 묶는 정의로운 전쟁에 대한 슬로건이 될 만큼 담대하고, 정치적이며, 상당히 급진적이었다. 빈곤으로부터의 해방은 언젠가 자원과 성장률이 허락할 때 해결할 수 있을지도 모르는 수학적 문제가 아니라 인권의 문제였다. 루스벨트의 사상을 19세기 희소성의 경제 프레임 아래서는 실행할 수 없었을 것이다. 그러나 케인스가 《우리 손주 세대의 경제적 가능성》과 《일반이론》을 통해 만든 공식으로는 과학적으로 그럴듯한 삶의 방식이었다.

케인스는 루스벨트가 4대 자유 연설에서 사용한 표현방식처럼 그의 사상을 프레임으로 만든 적이 한 번도 없었다. 두 사람은 똑같이 열정적인 개혁주의자였지만 케인스는 루스벨트가 갖고 있던 원칙에 대한 기독교적 감각은 공유하지 않았다. 그의 주요 저서들은 정치적 권리보다 가능성과 결과를 강조했다. 권리는 철통같이 신성한 약속이었지만 세상은 철통같은 곳이 아니었다. 케인스는 "견딜 수 있는 것"과 "견딜 수 없는 것" 사이의 균형을 찾고 세상이 선물한 것들을 최대한 활용하는 것에 중점을 두었다. 좋은 삶에 대한 그의 생각은 좋은 정신 상태를 가능한 한 많이 확보하는 것과 관련돼 있었고 그가 생각하는 이상적인 사회는 가능한 한 많은 사람이 좋은 삶을 공유할 수 있는 사회였다. 하지만 그런 사회는 기본적인 권리가 아니라 물질적인 현실에 좌우된다는 점에서 문제가 있었다. 그의 생각을 무시했던 정부들은 우둔하고, 관대하지 못하며, 옹졸했다. 그것만으로도 충분히 나빴지만 케인스는 그런 정부가 누군가의 기본권마저 침해한다는 생각은 하지 못했다.

그러나 케인스 사상의 실질적 의미와 실행 가능성은 언제나 그것을 재공식화하고 미국 현실 정치에 적용하고자 했던 뉴딜주의자들의 능력에 달려 있었다. 전쟁은 영국이 누렸던 국제적 권력의 미국 이양 과정을 가속화함으로써 케인스 사상의 미국화를 심화시키지만 거기에는 승리와 재앙의 결과가 동시에 뒤따를 것이다.

빈곤으로부터의 자유와 공포로부터의 자유를 실현하려는 미국의 노력은 힘들고 복잡했으며 불완전했다. 그러나 프랭클린의 4대 자유 연설은 국제 외교의 지침을 제시한 20세기의 가장 큰 영향력을 미친 연설 중 하나가 되었다. 이 연설은 또한 처칠과 루스벨트가 몇 달 뒤 발표한 대서양 헌장의 토대가 되었다. 대서양 헌장은 "모든 대륙의 모든 사람이 공포와 빈곤으로부터 자유로운 삶을 살아갈 수 있도록 평화 정착을 위한 영미 동맹을 선언했다. 대서양 헌장은 또한 국제연합UN 설립의 도덕적 뼈대가 되면서 유럽연합EU과 북대서양 조약기구NATO 창설을 이끌었다. 역사학자인 이라 카츠넬슨이 밝힌 것처럼 만약 뉴딜이 프랑스 혁명에 비견할 만큼 계속 중요한 정치적 영향력을 발휘했다면, 4대 자유 연설은 미국의 인권 선언Declaration of the Rights of Man and Citizen이 됐을 것이다. 루스벨트는 이후 진행된 기자 회견에서 4대 자유와 대서양 헌장의 비전을 영국의 마그나카르타와 십계명에 비유하며(거짓 겸손을 저주하며) 그런 의도를 피력했다.[8]

존 메이너드 케인스

이런 십자군식 열정에는 어두운 면이 있었다. 이후 미국의 전쟁 옹호자들은 하나같이 해외의 인권보호를 가장 중대한 윤리적 문제로 꼽아왔고 종종 자원, 제국주의 전략, 호전성 등 더 해악한 동기로부터 관심을 돌리기 위한 고매한 이상으로 삼았다. 이런 패턴은 제2차 세계대전부터 시작되었다. 프랭클린 루스벨트는 미국인들에게 그 전쟁을 "전 세계 어디에서나" 존중받아야 할 인권을 위한 투쟁이라고 호소했지만 미국의 핵심 외교 기관인 국무부는 유대인 난민에 대한 원조를 거듭 거부했다. 또 미국의 서부 해안 지역에는 루스벨트 육군성이 내린 지시에 따라 10만 명 이상의 일본계 미국인들이 강제 수용소에 구금돼 있었다. 보수주의자들만 이 상황을 다른 방식으로 봤던 것은 아니었다. 존 케네스 갤브레이스는 "군부의 영향력이 커지자 그런 방식에 매료되거나 군인은 국내 정책에는 중립적이거나 무관심하고 오로지 전쟁에 전념해야 한다는 말에 설득돼 이중적인 인권 사상에 동조되었다"라고 관측했다. 그러면서 루스벨트 행정부 내부의 힘의 균형은 진보 개혁가들이 이끌던 새로운 기관들에서 더 낡고, 더 보수적이며, 종종 망상에 빠진 연방 관료주의자 진영으로 이전되는 "파트너십"이 형성됐다.[9] 군사비가 급증하자 공공사업이 그 어느 때보다 더 중요해졌지만, 오직 전쟁 목적에 부합되는 사업에만 초점이 맞춰졌다. 연방정부가 국내 경제를 거대한 군수품 생산 조직으로 전환하면서 공공사업촉진국과 시민보존단CCC은 점차 힘이 약해졌다. 촉망받던 개혁가들 중에는 군수 분야의 선도자로 거듭난 이들도 생겼다.[10]

하지만 루스벨트가 4대 자유 연설에서 제시한 이상은 공허한 약속이 아니었다. 이는 미국 자유주의가 미래에 나아갈 방향을 심도 있게 형상화했으며 그 변화는 바로 시작되었다. 루스벨트는 연설을 한 지 6개월 만에 행정명령 8802호를 승인해서 방위산업 내 인종차별을 금지함과 동시에 흑인 노동자들에 대한 학대 상황을 조사하는 '공정고용관리위원회'를 설립했다. 그러나 이런 지시는 자의적 결정이 아니었다. 루스벨트는 흑인 노동운동 리더이자 침대차짐꾼협회 회장인 A. 필립 랜돌프가 만약 대통령이 전시 경제하에서 흑인 노동자들의 처우 개선을 위한 어떤 조치도 취하지 않으면 내셔널몰에 십만 명 이상의 시위대를 보내겠다고 협박했기에 어쩔 수 없이 행정명령을 승인한 것이었다. 하지만 루스벨트는 4대 연설에서 사용한 표현에 얽매였는지도 모른다.[11] 만약 그 전쟁이 정말 전 세계 누구에게나 적용되는 모두를 위한 전쟁이라면 미국의 흑인 노동자들을 위한 전쟁이기도 하기 때문이었다.

공정고용관리위원회는 예산이 얼마 없었고, 인종 분리주의를 철저히 추구하는 남부 고용주들의 인종차별과 싸우기에 효과가 없었다. 하지만 북부에서는 새롭게 확립된 법적 보호가 노동조합에 힘을 심어준 와그너법 같은 새로운 뉴딜 개혁과 결합되면서 큰 효과를 발휘했다. 루스벨트가 4대 자유 연설에서 내세운 국제적 이상은 심지어 의회의 보수적 통제로 새로운 개혁법이 통과되지 못했을 때도 미국 자유주의자들이 국내 개혁에 전념하도록 만들었다. 1943년 〈내셔널〉지는 사설에서 "우리는 국내의 파시즘을 무시한 채 해외의 파시즘과 싸울 수 없다"고 주장했다. "민주주의와 카스트 제도를 동시에 옹호하는 현수막을 걸 수는 없습니다." 역사학자인 앨런 브링클

존 메이너드 케인스

리에 따르면 전쟁은 "아프리카계 미국인들의 시민권을 쟁취하려는 노력으로 자유주의의 정체성을 강화했으며 이후 진보주의자나 뉴딜주의자들이 사실상 고려하지 않았던 전후 개혁의 추진력을 구축하면서 다른 많은 사회적 약자 집단의 시민권을 강화했다."[12]

한편 케인스는 마침내 건강을 되찾았다. 그가 새로운 에너지를 얻을 수 있었던 것은 히틀러의 침략 때문이기도 했다. 1939년에 케인스는 야노스 플레시라는 의사를 주치의로 고용했는데, 그는 나치의 박해를 피해 런던으로 도망쳐온 헝가리계 유대인이었다. 플래시의 환자 명단에는 유명 인사들이 꽤 많았는데 그중에는 케인스의 친구인 알버트 아인슈타인과 조지 버나드 쇼도 있었다. 케인스는 플래시를 "천재성과 돌팔이 기질을 동시에 갖춘 인물"이라 여겼고, 이는 그가 얼음팩을 가슴에 3시간 동안 올려놓는다든가, 아편으로 만든 알약을 처방한다든가, 무염 식단을 제안하는 등 케인스에게 독특한 처방을 했기 때문이었다.[13] 이 창의적인 의사는 전쟁 전 바이엘이 독일 연구실에서 개발한 붉은 염료에서 얻은 신약인 프로토질을 케인스에게 처방해줬다. 이 약은 환자의 피부를 붉게 만드는 부작용이 있었고 케인스 또한 주사를 맞은 직후 지독한 고열에 시달렸지만 며칠이 지나자 완전히 새사람이 되었다. 프로토질은 아주 초기에 발견된 항생제 중 하나였다. 이후 현대 과학은 프로토질이 박테리아에 의한 심장 감염에는 효과가 없다고 선언했지만, 그럼에도 불구하고 케인스는 건강이 무너지기 직전 상태로 거의 회복될 수 있었다. 그를 끈질기게 괴롭혔던 목 감염이 마침내 치료된 것이다.

20년 이상 이어진 불경기가 끝나자 황폐화된 영국 경제는 부흥을 위한 몸부림을 시작했다. 1937년에 영국 조선업의 생산량은 1930년 수준의 3분의 2가 채 안 됐다.[14] 1939년에 케인스는 영국의 경제력이 원래 역량보다 10퍼센트 못 미치며 전쟁을 효과적으로 추진하려면 산업 프로세스뿐 아니라 정부 관계를 완전히 재정비해야 한다고 믿었다. 미국에서는 루스벨트 대통령이 정부 규제와 기술 발전을 국가 경제의 일반 지표로 만들어놓은 상태였다. 하지만 영국의 보수당 정권은 그렇지 못했다. 이들의 지휘 아래서 관세 보호를 받는 중공업 분야 생산량은 1930년대를 거치면서 향상되었지만 생산성은 오히려 하락하고 있었다. 제2차 세계대전 직전 노동생산성 기준으로, 미국이 영국보다 125퍼센트 더 높았다.[15] 제1차 세계대전이 임박했을 때 영국은 지상에서 가장 강력한 경제대국이었다. 하지만 제2차 세계대전이 발생할 무렵의 영국은 식량에서 섬유, 무기, 자금에 이르기까지 모든 면에서 경제 원조가 필요한 부상당한 동물과 같았다. 1939년 1월에 케인스는 〈뉴 스테이츠맨 앤드 네이션〉 독자들에게 이렇게 경고했다. "이렇게 준비가 덜 된 상태에서 정말 전쟁이 터진다면 그대로 재앙이 될 것이다. 영국의 계획과 준비는 터무니없이 미약하다."[16]

미국도 대공황에서 완전히 회복되지는 않았지만 산업적 활력은 뉴딜 정책에 힘입어 회복되었다. 이런 상황에서 전쟁은 경기 활황을 유발했다. 제1차 세계대전 때와 마찬가지로 미국은 전쟁에 군대를 투입하기 훨씬 전부터 영국을 위해 무기와 다른 필수 물자를 생산하기 시작한 상태였다. 1939년부터 미국은 무기 및 필수 전쟁 물

존 메이너드 케인스

자를 "현금판매" 조건으로 영국에 수출하기 시작했다. 이 과정에서 루스벨트는 아주 최근에 결정된 의회 조치들을 거스르고 있었다. 1935년부터 1937년까지 미국 의회는 전쟁 국가들과 무역을 제한하는 일련의 중립법을 통과시켰다. 미국이 또다시 외국의 유혈사태에 휘말리는 것을 막자는 취지였다. 그러나 1939년에 히틀러가 폴란드를 침공하자 루스벨트는 그런 제한 조치를 완화시켰다. 현금이 지불되고 물자가 영국 선박을 통해 운송되는 한 미국은 의회가 승인한 새로운 현금판매 프로그램을 토대로 영국에 무기를 판매할 수 있었다. 1915년 독일 잠수함이 수천 명의 민간인이 타고 있던 배, 루시타니호를 침몰시켜 미국의 참전을 유발시켰던 것 같은 일은 일어나지 않았다. 하지만 1940년이 되자 영국에는 이 프로그램을 오래 지속할 만한 자금이 없었다. 1940년 11월에 필립 커 영국 대사는 "영국은 파산했다. 우리에게는 미국의 자금이 필요하다"라고 선언했다.[17]

이에 루스벨트는 무기대여 프로그램이라는 것을 고안했는데 이는 미국의 이익을 수호하는 데 꼭 필요하다는 행정부의 판단에 따라 영국에 미국의 전쟁 자원을 "빌려주는" 조치였다. 의회는 대여에 대한 구체적인 조건을 정하지 않았으며 루스벨트 정부 안에서도 이 제도를 어떻게 운영해야 할지를 두고 상당한 의견 충돌이 있었다. 약속된 원조를 실현하는 데 시간이 걸렸다.

그 사이 독일은 공격의 초점을 런던으로 옮겼다. 영국에 대한 독일의 대규모 폭격은 영국의 생산활동을 중단시키는 데는 상대적으로 비효율적이었지만 국민의 일상생활과 사기를 떨어뜨리는 데는 강력한 효과가 있었다. 레너드와 버지니아 울프 부부는 독일의 폭격에 집을 한 채도 아닌 두 채나 잃었다. 버지니아는 1940년 8월 로드 멜 집 밖에서 처음으로 폭격을 경험하며 다음과 같이 술회했다.

공격은 아주 가까이서 일어났다. 우리는 즉시 나무 밑에 엎드렸다. 머리 위 허공에서 누군가 톱질을 하는 것 같은 소리가 들렸다. 우리는 두 손으로 뒤통수를 감싼 채 땅 위에 엎드려 있었다. 레너드는 이빨을 다물지 말라고 했다. 무언가 정지된 물건을 톱질하는 것 같았다. 폭격으로 집 창문들이 마구 흔들렸다. 폭탄이 우리에게 떨어질까? 만약 그렇게 되면 우리 둘 다 산산조각이 나겠지. 기분이 가라앉았고 죽음이 떠올랐다. 일종의 공포일지도 몰랐다… 윙윙대는 소리와 톱질 소리만 계속됐다. 늪에서 말 한 마리가 울고 있었다. 날씨가 찌는 듯이 더웠다. 천둥인가? 내가 물었다. 총소리는 아니야, 라고 레너드가 말했다. 링머나 찰스턴 쪽인 것 같아. 이윽고 소리가 조금씩 잦아들었다. 부엌에 있던 마벨이 창문이 요동쳤다고 말했다. 멀리 비행기에서 공습이 계속되었다.[18]

영국 외교관들은 시간이 없었다. 할 수 있는 모든 것을 해본 다음, 마침내 케인스를 소환했다.

케인스 자신은 물론 정부 인사들 모두 케인스가 제1차 세계대전 기간에 미국과의 외교에서 행한 적대적 태도를 기억하고 있었다. 물론 케인스는 윌슨 행정부와의 외교 실패가 자신의 무례함보다 미국의 이기주의 때문이라고 생각했다. 실제로 당시 케인스의 접촉 방식이 문제일 수도 있었지만 그것은 이념과 전략적 우선순위에 대한 윌슨과 로이드 조지의 견해차에 비하면 아무것도 아니었다. 루스벨트

존 메이너드 케인스

와 처칠 사이에도 비슷한 차이가 있었지만 케인스는 그런 사실을 전쟁이 끝나고 나서야 완전히 인식하게 된다. 게다가 58세의 케인스는 예민하고 참을성이 없었던 15년 전의 재무부 관리와는 다른 사람이었다. 케인스의 친구들도 입을 모아 그의 성격이 원만해지고, 변덕스러웠던 기질도 없어졌으며, 칼날 같은 공격보다 부드러운 표현을 더 많이 쓴다고 말했다. 리디아와 함께 런던으로 향하는 케인스는 유난히 활기찼고 전시 외교에 대해서도 낙관적이었다.

케인스는 1931년 맥밀런 위원회에서 보고서를 발표한 이후로는 정부 일을 하지 않고 있었다. 그는 건강이 회복된 이후로 대부분의 시간을 케임브리지와 틸턴에서 나눠 쓰고 있었다. 그러다 1940년 7월에 그는 재무부 고문이라는 무급 명예직을 수행하기 위해 다시 런던으로 터전을 옮겼고, 이윽고 빠르게 권력을 쌓으며 전시 재무부 장관에 상응하는 역할을 실질적으로 수행하게 되었다.[19] 그가 영국 공직 사회에서 이렇게 급부상한 것은 네빌 체임벌린이 사임하면서 수상직에 오른 윈스턴 처칠의 정치적 재기 덕분이기도 했다. 처칠은 과거 케인스가 《평화의 경제적 결과》에서 자신을 어떻게 표현했는지에 앙심을 풀지는 않았지만, 대신 1925년 금본위제 복귀 결정을 내리게 만든 영란은행 총재 몬태규 노먼과 시티의 전문가들을 비난하는 것으로 방향을 바꾸었다.[20] 처칠이 쓴 두꺼운 역사책 몇 권에 케인스가 긍정적 리뷰를 써준 것도 감정적 앙금을 가라앉히는 데 도움이 되었다.[21] 이제 처칠은 영국의 경제 문제를 케인스에게 믿고 맡기게 되었다.

파리평화회의 이후 처음으로 케인스는 영국 정부 내에서 권력의 지렛대에 손을 얹게 되었다. 영국인들이 독일군의 폭격으로 피를 흘리고 있었기에, 케인스는 전쟁에 관여하는 자신의 역할에 더 이상 양심의 가책을 느끼지 않았다. 1914년에 이상주의를 꿈꾸던 유럽의 좌파 젊은이들이 평화주의자였다면, 1930년대의 청년들은 영국이 스페인 파시스트에 대항해야 한다고 부르짖고 있었다. 도망가는 전쟁은 더 이상 없었다.

무기대여 조치가 지연된 것은 그 프로그램이 실용적인 것만큼이나 정치적이라는 것을 말해줬다. 미국의 헨리 모겐소 재무장관은 대영제국이 해외 자산을 정리해서 무기 가격을 지급할 때까지 어떤 식의 원조도 하지 않겠다고 선언했다. 미국이 구호물자를 제공하려면, 영국이 적어도 돈이 바닥날 때까지는 타당한 가격을 지불해야 한다는 것이 그의 논리였다. 하지만 그런 간단한 원리가 대영제국의 복잡한 재정구조 탓에 적용되기는 쉽지 않았다. 해외에 있는 영국의 자산(가령 말레이시아의 광산과 고무농장 지분)은 아무리 일부라도 금방 청산될 수 없었고, 그렇다고 헐값에 급히 내놓으면 미국이 받을 수 있는 선불 수입이 크게 줄어들었다. 케인스는 영국이 해외 자산을 계속 보유하면서 수입을 거둬들여 그 돈을 미국에 넘기는 쪽이 두 나라 모두에 이익이라고 주장했다.[22]

게다가 모겐소는 영국이 그 비용을 "영란은행의 금 보유고가 사실상 바닥날 때"까지 금으로 지급해야 한다고 주장했다. 하지만 전쟁 와중에 영국이 해외에서 무엇을 들여오든 금고를 비우면서까지 그 비용을 치르거나 미국과의 재래식 무역을 유지한다는 것은 불가능했다. 미국에 어떤 채무를 지고 있든 전쟁 중인 나라에 그런 전략

존 메이너드 케인스

은 효과적이지 않았다. 케인스는 영국 외교관들에게 금 문제에 대한 모겐소의 고집만 봐도 "그 남자는 단순히 피곤한 게 아니라 골칫덩어리라는 것을 여실히 보여줍니다"라고 말했다.[23]

미국의 수익 극대화는 당연히 케인스의 특별한 관심사가 아니었다. 그는 영국을 "위대하고 독립적인 나라"[24]로 생각했고 제1차 세계대전 때 영국 정부가 저지른 재정적 실수를 반복하고 싶지 않았다. 그때의 실수로 지정학적 힘이 미국으로 넘어갔고, 세계무대에서 고국의 위상이 실추됐으며, 전후 감당할 수 없는 전쟁 부채로 국가 번영이 늦춰졌기 때문이다.

그래서 케인스는 1941년 5월에 보다 현실적인 협력 조건을 논의하고자 워싱턴으로 갔지만, 그때 만난 거의 모든 사람에게 불쾌감만 선사했다. 모겐소는 루스벨트 대통령과 자신이 영국을 충분히 도와주지 않는다는 케인스의 말에 모욕감을 느꼈다. 그는 케인스가 도착한 직후 "사람을 기껏 여기까지 보내서 나를 최선을 다하지 않는 인간으로 만들다니, 정말 어이가 없군요"라며 분통을 터뜨렸다. 그는 미국 정부가 경제 생산량을 높이기 위해 국내에 돈을 더 많이 쓴다는 가벼운 조언에 대해서도 똑같이 분노를 표출했다. 모겐소는 "그 작자는 회의까지 잡아서 미국 대통령의 국정 방식을 비난합디다. 그러려면 그쪽 나라로 돌아가는 게 맞죠"[25]라며 역정을 냈다.

사실 케인스는 앙숙 관계에 있는 루스벨트 행정부의 두 파벌 사이에 낀 상태였다. 백악관의 최고 경제고문이자 열렬한 케인스 지지자인 라우클린 커리는 케인스에게 그의 "생각"을 "가능한 한 아주 단순한 용어로" 대통령에게 직접 전하라고 조언했다.[26] 그는 케인스의 말을 들은 루스벨트가 의도는 좋지만 재무 전문성이 떨어지는 재무 장관의 조언을 멀리했으면 했다. 커리와 모겐소의 냉전은 몇 년 전부터 이어지고 있었다. 커리는 적자재정의 대표적인 옹호자였고 모겐소는 균형예산 지지자였다. 케인스는 워싱턴 정계의 복잡한 권력 역학에 당황했다. 그는 영국 관리들에게 "결정이 어떻게 날지 저도 궁금합니다. 정부 각 부처가 서로를 대놓고 비난하고 다들 경쟁하듯 프로그램을 만들어내더군요. 저명한 인사들 사이에 필사적인 싸움이 계속 벌어지고 있습니다… 소위 내각 의원들은 정부 정책 중 합의되지 않은 긴급 제안에 대해 공개 연설을 하기도 하고요." 모겐소와 루스벨트의 집무실 밖에 모여 있다 케인스가 회의에서 빠져나오면 득달같이 달려들어 자세한 내용을 알려달라는 기자들도 당황스럽기는 마찬가지였다.[27]

이런 난관에도 불구하고 케인스 본인은 이 상황을 즐기고 있었다. 그는 루스벨트를 존경했다. 이 무렵에는 심지어 미국인들 자체를 좋아했다. 그는 "호의와 선의의 힘을 거의 매 분기마다 드러낼 만한 사람은 없습니다"[28]라는 보고서를 고국에 보냈는데, 내용 중에는 "대하기가 참을 수 없을 만큼 피곤한 것이 사실이지만" 영국이 전쟁에서 승리하도록 최선을 다해 돕고 있는 모겐소도 포함돼 있었다. 케인스는 오랜 친구인 펠릭스 프랑크푸르터와 저녁을 먹고, 월터 리프먼(그의 책이 두 사람의 오랜 우정까지 훼손하지는 않았다)과도 안부를 확인했으며, 잠깐이지만 알버트 아인슈타인을 만나러 급히 프린스턴도 다녀왔다. 모두가 전쟁에 대해 걱정하면서 미국의 개입이 시급하다고 말했다. 그들 모두는 과거 미국 행정부를 당황스럽게 만든 정통 재무 사상을 저버린 상태였다. 케인스는 스스로 가장 존경하는 사람들을 통해 자신이 지적 승리를 거뒀다는 사실을 확인할 수 있었다.

그중 최고는 케인스가 6월 2일 영국 재무장관에게 보낸 메모를 통해 전한 루스벨트 대통령의 모습으로 그 특징적 세부 묘사는 《평화의 경제적 결과》의 가장 생기 넘치는 인물평에 필적할 만했다.

대통령은 집무실의 납작한 대형 책상에 요동도 없이 앉아 있었습니다. 저는 대통령 맞은편에 앉았고 접시에는 작은 냅킨이 놓여 있었지만 둘다 무릎에 올려놓지는 않았습니다(저나 대통령에게나 어색한 물건이었죠!). 시중을 드는 흑인 몇 명이 점심이 든 카트를 가지고 와서 대통령 옆에 놓고 나갔습니다. 대통령은 아주 훌륭한 코스 요리를 꺼내 아주 공손하고 솜씨 좋게 제게 건넸습니다. 풍채가 아주 당당하다는 생각이 들더군요. 많은 이들이 7년 전에 비해 상당히 늙고 지친 대통령의 모습을 보게 될 거라고 말했었거든요. 최근 대통령이 급성 장염으로 오랫동안 고생했다는 말도 들었고요. 누군가는 그의 얼굴에 이따금씩 생기가 사라지고 남성적 정력이라고는 찾아볼 수 없는 지친 노파처럼 보인다는 말도 했다고 하더군요. 하지만 그날 아침은 전혀 그렇지 않았습니다. 아마 성공적인 연설 덕분에 정신력이 강해진 것 같았어요. 그분은 침착하고 유쾌했으며 본인의 성격, 의지, 목적, 명료한 정신까지 완전히 장악하고 있다는 생각이 들었어요. 대통령의 평정심은 여전히 대단했고 표현과 표정에서 또다시 특별한 매력을 느낄 수 있었는데, 특히 상대를 약간 놀리거나 농담 섞인 말과 의심스러운 눈초리로 곁눈질을 할 때가 좋았습니다. 누군가가 그의 존재감을 의심스러워한다는 것 자체가 믿을 수 없을 정도로, 그는 오늘

날 최고의 미국인이며 다른 누구보다 빼어난 인물입니다.[29]

케인스의 글에는 분명 따뜻함이 배어 있다. 케인스는 루스벨트에게서 그의 이상을 완전히 구현한 리더의 모습과 "문명화"를 위한 세계대전에서 자신이 파트너이자 동지로서 신뢰할 수 있는 인간의 모습을 확인했다. 하지만 이 글귀에는 인류 해방을 위해 싸우는 강력한 리더의 모습을 미국 국민에게 보여주려는 루스벨트의 복잡한 전쟁 서사도 담겨 있다. 케인스는 백악관 직원 구성에서 엿보이는 인종적 위계질서는 슬그머니 지나쳤으며 전쟁 전 일반 국민에게는 공개되지 않았던 미국 최고지도자의 건강 상태에 대한 많은 이들의 우려를 알고 있었다. 루스벨트의 건강 상태는 대통령 재임 3기에 들어서면서 그의 수석보좌관들도 타국의 외교관들과 대놓고 의논할 정도로 악화되고 있었다.

케인스는 여러 뉴딜주의자를 통해 모겐소와 그의 견해차는 대부분 기술적 오해에서 비롯됐으며 전쟁에서의 전략적 책무를 두고 생긴 불화나 차이가 아니라는 확신을 얻었다. 케인스는 영국 관료들에게 이렇게 전했다. "그가 고의로 누군가에게 해를 끼치는 일은 없을 겁니다. 그렇다 하더라도 어찌나 쉽게 상처를 주던지요!"[30] 몇 주 후, 대영제국의 자산을 어떻게든 청산시키려던 미국 행정부의 열정이 좀 식은 것 같았다. 영국은 성의를 보이고자 몇 가지 자산을 매각했다. 미국인들 사이에서는 영국의 레이온 제조사의 미국 법인인 아메리칸 비스코스사의 운명이 이 사태의 "묘한 상징"이 되며 이상하리만치 관심을 끌었다.[31] 영국 정부는 자금 마련을 위해 이 회사를 매각했고, 그 돈으로 미국이 무기대여 프로그램으로 연합군에 지원한 총 원조금의 고작 1퍼센트 중에서도 약 10분의 1에 해당하는 5,440만 달러를 벌었다.[32]

하지만 케인스는 5월 말에 협상을 완료했다. 그는 5월 26일 그 기본 조건을 정리한 전보를 런던에 보냈다. 내용을 요약하자면, 전쟁 후 남은 군수물품이 있으면 무엇이든 미국에 반환해야 한다. 다 써버린 것들은 완전히 상각 처리한다. 식량, 원재료, 섬유 같은 비군수물품은 두 동맹국이 계정을 유지해서 전쟁 후 처리한다는 것이었다. 하지만 전쟁이 끝난 후 그 계정은 전통적인 "경제적 관점"으로 처리되지는 않을 것이다. 대신 "전쟁 동안에는 공동목적 명목의 정치 경제적 관점으로, 그리고 전쟁 후에는 공동 경제정책 관점으로 처리하기로 합의될 것이다."[33] 그리고 최종적으로는 친구이자 동맹국 관점으로 처리될 것이다.

그럼 이들이 합의한 새로운 세계질서는 어떤 모습일까? 케인스는 전보에 이렇게 썼다. "대통령이 지금은 전후 방향에 대해 어떤 세부적인 논의도 하지 않겠다는 점을 분명히 했습니다. 그러더니 개인적으로 염두에 둔 생각 몇 가지를 언급했습니다. 유럽대륙의 국가들은 전부 무기를 완전히 빼앗기게 될 것이며, 영국과 미국이 유럽을 지키는 경찰 역할을 맡게 될 것이라고 했습니다. 또 이번 평화조약이 체결된 후에도 미국의 정치 경제적 원조는 중단되지 않을 것이라고 말했습니다. 루스벨트 대통령은 미국이 유럽의 전후 상황을 전적으로 책임지지 않을 가능성을 배제했습니다"라고 케인스는 보고했다. 덧붙여 루스벨트는 독일이 향후 재무장하는 사태를 막기 위해 그들의 국토를 정치적으로 작게 쪼갤 수도 있다는 사실을 시사했다. 이는 사실 예전에 조르주 클레망소와의 회담에서 들은 말이었다. 그 누구도 케인스가 그의 오랜 적수의 생각에 그렇게 쉽게 동의하도록 만들 수는 없었을 것이다. 루스벨트가 《평화의 경제적 결과》에서 따온 경제 정책과 함께 그런 의견을 시사하자 케인스는 기뻐했다.

이는 루스벨트의 전형적인 스타일로, 상대를 불쾌하게 만들 수 있는 문제는 피하면서 그 사람이 듣고 싶어 할 만한 이야기로 호감을 샀다. 케인스는 이런 사실을 완전히 인식하지 못했지만, 그와 미국 대통령이 절대 의견을 일치시킬 수 없었던 중요한 전략적 이슈가 있었다. 케인스에게 루스벨트는 그가 젊은 시절 수용했던 이상화된 제국주의를 실현하는 데 도움을 주겠다고 약속하는 것처럼 보였다. 미국과 영국은 민주주의와 이 세상을 군국주의와 야만주의의 위험으로부터 구하기 위해 십자군 원정길에 오른 파트너가 될 것이다. 게다가 절망에 빠진 영국 상황을 도와달라는 케인스의 간청에 따라 미국이 1941년 여름에 돈과 군수품을 제공하며 행동에 나서자 갈등은 안도할 만한 결과로 귀결되었다. 하지만 루스벨트에게 영국과 미국의 관계는 전례 없이 파괴적인 위협에 맞서기 위한 편의에 따른 동맹관계일 뿐이었다. 게다가 그는 영국과, 영국이 수백 년간 품었던 제국주의적 야망이 국제관계에서 미국에 완전히 예속되는 새로운 세계질서 확립을 위해 군사적, 재정적 영향력을 사용할 계획이었다. 결국 두 나라가 파트너 관계는 맞지만 동등할 수는 없었다.

루스벨트 행정부의 장기적 비전이 때때로 케인스의 눈에 들어오기도 했다. 케인스는 해외에 있는 영국의 금융자산을 지키려고 했을 때도 미국인들이 영국이 점령한 제국주의 영토의 정당성에도 의문을 제기할 것이라고 생각하지는 않았다. 그는 미국의 리더들이 수에즈 운하와 영국의 인도 무역로 보호를 당연히 최우선 군사 과제로 삼아야 한다고 믿었다. 하지만 "미국의 권력층 대부분이 아프리카 대륙을 너무 쉽게 단념해버렸고 케인스는 이 사실에 적잖이 놀랐다."[34] 미국인들의 사고는 한발 앞서 있었다.

물가관리국과 민간보급국에서 일하는 32세의 존 케네스 갤브레이스는 여느 때처럼 바쁜 어느 날 이번 전쟁에서 가장 골칫거리 될 듯한 이슈, 즉 인플레이션과 싸우기 위한 계획을 고심하고 있었다. 그때 비서인 캐롤 파이퍼가 사무실로 들어오더니 그녀의 젊은 상사에게 손님 한 분이 찾아왔다고 전했다. 갤브레이스는 파이퍼에게 손님을 돌려보내라고 말했다. 당시는 미 행정부가 가격 정책을 결정하는 권한을 두고 의회와 다투고 있던 터라 그로서는 갑작스런 불청객이 달갑지 않았다. 누구든 갤브레이스와 문제를 만들고 싶으면 일단 약속부터 해야 했다.

그런데 파이퍼가 손님이 좀 특이한 분이라고 말했다. 그녀는 갤브레이스에게 학술 논문 하나를 건네며 말했다. "당연히 사무관님을 만날 것처럼 행동하시면서 사무관님이 이 논문을 받으셨는지 묻더라고요." 논문에 적힌 돼지 가격이라는 주제는 특별히 흥미로울 게 없었지만 존 메이너드 케인스라는 저자의 이름을 본 갤브레이스는 깜짝 놀랐다. 몇 년 뒤 그는 당시 일을 이렇게 기억했다. "교황님이 교구 사제를 보러 깜짝 방문한 거나 다름없었죠!"[35]

갤브레이스는 월터 샐런트와 최고위 뉴딜 경제학자 몇 명과 함께 저녁 식사에 초대받았는데, 이는 케인스가 전쟁 기간에 미국에서 그곳의 정책입안자 중 자신의 추종자들을 양성하면서 사도들의 분위기를 되살리려고 만들었던 여러 번의 만남 중 처음으로 결성된 자리였다. 이 미국인들은 제1차 세계대전 때 인플레이션이 어떤 식으로 정착했는지 기억하기에는 너무 젊은 세대였다. 케인스는 이런 모임이 후방의 사기 진작뿐 아니라 영국과 미국 경제가 전쟁에 필요한 물자를 생산하는 데도 큰 영향을 미친다는 점에서 전쟁의 가장 중요한 전략적 요소라고 생각했다. 끝없이 오르는 인플레이션은 일반인들의 임금에 문제가 될 뿐 아니라 무역 양상을 교란시키고 전쟁 후 재건과 회복 전망을 위협하면서 전쟁의 메커니즘을 혼란에 빠뜨릴 수 있었다. 이때 가진 저녁 식사 자리에서 케인스는 향후 몇 달간 미국에서 예상될 수 있는 단계별 물가 인상 가능성을 25년 전 개인적으로 목격했던 내용을 바탕으로 자세히 설명했다. 케인스가 인플레이션을 두드러지게 강조하자 수년간 디플레이션을 겪은 후 여전히 고용 문제를 국가 경제의 최우선 과제로 두고 있던 경제학자들은 크게 당황했다. 하지만 전쟁과 관련된 대규모 주문이 계속 들어오면 급격한 물가 인상은 시간 문제라고 케인스는 강조했다. 미국인들에게는 그런 일이 벌어졌을 때를 대비한 전투 계획이 필요했다.

일단 전쟁으로 인해 생산이 증대할 것으로 기대하는 투기꾼들이 면화부터 철, 석탄, 시멘트 등 주요 물품의 가격을 전부 올려놓을 것이라고 케인스는 말했다. 다음으로 근로자들이 군에 입대하거나 군수품 생산에 투입되면서 고용주들은 더 높은 임금으로 인재를 끌어들이고 잡아두려 할 것이다. 그렇게 되면 노동조합은 자신들이 고용주에게 더 큰 영향력을 행사할 수 있다는 사실을 인식하면서 단체교섭 계약으로 더 높은 임금을 요구하고 받게 될 것이다. 이 모든 요인이 물가에 영향을 주게 된다. 상품 투기로 원재료 가격이 높아지면 제조업체들은 소매상에게 더 높은 가격을 부과할 수밖에 없고, 소매상들은 고객들의 구매력이 높아졌다는 것을 확인하고는 그들 또한 상품 가격을 인상할 것이다. 하지만 이런 전체 상황은 설사 실업률이 아주 낮더라도 경제의 상당 부문이 국내에서 소비될 소비재보다 해외에서 사용될 군수품을 생산하는 데 전력을 다하게 되므로 악화되게 된다. 급여 수준이 전반적으로 높아지면서 근로자의 구매력은 높아졌는데 그들이 실제로 구입할 만한 제품은 부족해지고 수요가 공급보다 훨씬 급증하게 되기 때문이다. "중과세 또는 저축 운동이나 대규모 배급제라는 고강도 압박"이 없으면 미국은 폭발적인 인플레이션에 직면할 것이다.[36]

인플레이션이 닥치면 정부는 대개 금리 인상으로 대처했다. 대출을 더 비싸게 만들면 기업들은 대출을 줄이게 되고 생산량이 감소하면서 근로자들을 해고하게 된다. 그리고 이 모든 상황은 물가 하락을 초래한다. 하지만 전쟁 중에는 정부가 생산량을 극대화해야 하므로 이런 조치는 상당히 나쁜 전략이 된다. 그래서 케인스는 1939년부터 발표한 몇 건의 논평을 통해 영국에 전혀 다른 유형의 반인플레이션 계획을 제안했고 〈전비지출방법: 재무장관을 위한 급진적 계획〉이라는 정책 팸플릿 형태로 제안을 집대성했다. 케인스의 팸플릿은 정치 만평에 영감을 주고 정부의 전시 예산에 방향성을 제시하며 센세이션을 일으켰다. 이는 기본적으로 《일반이론》에 견줄만한 내용으로 케인스가 그때까지 제안한 인플레이션 분석 중 최고의 평가를 받았다. 《일반이론》을 읽은 대부분의 경제학자는 수요 부족에 대처할 방법에 대한 지침을 찾고 있었다. 그리고 〈전비지출방법〉은 초과 수요에 대처하는 방법을 설명했다.

케인스는 이 팸플릿에서 전쟁으로 인한 불가피한 세금 인상 및 정부 부채와 더불어 "의무 저축 프로그램"이 필요하다고 강조했다. 또 기업은 필요한 기술에 맞춰 원하는 수준의 임금을 근로자들에게 자유롭게 지불할 수 있어야 한다고 주장했다. 하지만 정부는 이런 급여 일부를 따로 챙겨둔 후(소득이 많을수록 더 많이), 전쟁이 끝났을 때 근로자들이 감수한 불편함을 보상하기 위해 이자까지 더해 되돌려 줘야 할 것이다. 케인스는 이 방법이야말로 국가 부채를 "소비를 유예할 권리"로 재해석하는 현명한 방법이라고 여겼는데[37] 이렇게 되면 "자본가 계층이 채갔을" 국가의 미래 재산 일부에 대한 권리를 노동자들이 주장할 수 있기 때문이다.[38] 케인스는 부유층에게 전쟁 채권 매입을 요청하는 대신, 노동자들에게 미래에 더 많은 돈으로 교환할 수 있는 조건으로 현재의 돈을 넘겨달라고 강요하고 있었다.

제1차 세계대전 동안 벌어진 물가 인상은 기업주들에게 더 높은 이윤을 가져다주었고, 이 돈은 정부에 의해 세금으로 징수되거나, 정부에 차용되거나, 소비재에 소비되거나, 더 큰 가격 상승을 이끌었다. 기업의 이윤이 차용되면 고용주들은 근로자들이 받지 못하는 자산, 즉 채권을 받았다. 근로자들이 혜택을 누리는 유일한 방법은 임금 인상이었지만 그들의 급여 가치가 인플레이션 때문에 점점 떨어진다는 점에서 달갑지 않은 혜택이었다. 물론 가장 평등한 방법은 그들에게 세금 혜택을 최대한 주는 것이겠지만 정부가 징수할 수 있는 세금에는 한계가 있었다. 예컨대 미국에서 최고위 소득층에 부과할 수 있는 세율은 전쟁 중에 94퍼센트나 증가한다. 이런 세금이 정말 효과를 거두려면 소득 수준이 낮은 노동자 계층에 영향을 미쳐야 했다. 케인스의 의도는 근로자들로 하여금 "지출 유예" 프로그램을 받아들이게 해서 전쟁이 종식된 후에 생길 재화를 투자자 계층에서 노동자 계층으로 재분배하려는 것이었다.

다만 "지출 유예", 이 프로그램의 이름에는 오해의 소지가 있었다. 사실 의무적 저축으로 마련된 자금은 어떤 용도로든 "지출"될 일이 없었다. 영국 정부는 수단과 방법을 가리지 않고 전시 생산 활동을 극대화하려고 했다. 폭탄이 필요하다면 폭탄을 만들 테고, 금본위제는 일찌감치 사라졌으므로 영란은행이 가진 금 보유고에 얽매일 필요 없이 비용을 갚는 데 필요한 돈은 찍어내면 됐다. 의무적인 저축은 그저 인플레이션을 관리하는 방법 중 하나였다. 케인스는 수요를 억제함으로써(즉, 일반인의 구매력을 감소시켜서) 소매 가격을 올릴 수 있는 그들의 능력을 제한하길 원했다.

이는 금본위제 이후의 세상에서 돈과 부채, 세금이 작동하는 방식에 대한 중요한 통찰력이었다. 1931년에 영국 정부는 원하는 만큼 돈을 찍어낼 수 있으므로 부채의 의무를 다하지 못할 정도로 엄청나게 많은 돈을 쓸 수 있었다. 정부 부채는 일정량의 금에 묶여 있는 파운드화를 기준으로 했다. 금본위제에서는 정부 돈이 바닥나고 금고에 다량의 금만 보관되는 상황이 발생할 수 있었다. 하지만 케인스가 관측했듯이, 자국 화폐를 통제하는 정부는 파산할 수 없었다. 1931년 이후 영국을 지배했던 고정 통화 조치 하에서 정부는 과도한 부채에서 쉽게 빠져나올 수 있었다. 물론 극단적일 경우에 이런 전략은 인플레이션을 초래할 수 있다. 따라서 세금이나 지출 유예 저금 같은 것들의 목적은 정부 서비스에 비용을 "지급"하려는 것이 아니라 돈의 가치를 규제하는 것이었다.

케인스가 재무부에 자리를 잡으면서 영국 정부는 의무적 저축 프로그램을 1941년 예산 계획의 일환으로 채택했고, 이로써 케인스의 지위도 전시 경제 정책의 주요 의사결정자로서 더 확고해졌다. 하지만 미국의 인플레이션을 통제하려면 훨씬 더 강력한 정치적 투쟁이 필요했다.

전쟁은 끊임없이 역설적인 상황을 초래했다. 수년간 인플레이션 옹호자라는 불명예를 입은 사람으로서, 치솟는 전시 물가와 싸우는 데 케인스만큼 적극적이고 창의적인 사람은 없었다. 하지만 케인스의 그런 노력에 미국의 재계 엘리트만큼 적대적인 집단도 없었다. 그들은 적자재정을 통한 공공사업 추진이 영국이나 미국을 또 다른 바이마르 공화국으로 만들 것이라는 경고를 지난 10년 동안 줄기차게 해왔다. 그리고 물가 상승이 임박한 지금, 그런 기업 전문가들은 누구든 물가를 통제해서 단기 수익을 억제하려는 자들은 순전히 공산주의자라고 목소리를 높였다.

미국은 강제 저축 프로그램을 시행하지 않았지만 인플레이션과 싸우기 위해 중앙은행이 고금리 정책을 취하지도 않았다. 1942년 초부터 연준은 늘어나는 정부 부채의 자금조달 비용을 낮추기 위해

존 메이너드 케인스

재무부 어음의 금리를 0.375퍼센트로 유지하겠다고 공개적으로 약속했다. 하지만 통화 정책과 재정 정책을 이런 방식으로 조정하는 것은 연준이 금리 인상을 미래에 벌어질지 모르는 인플레이션에 맞서 싸울 수 있는 도구로 사용할 수 없음을 의미했다. 그럼에도 불구하고 연준은 물가와는 상관없이 금리를 특정 수치로 고정했다. 어쨌든 그들로서는 최선의 조치였다. 케인스와 연준 의장인 마리너 에클스를 위시해 그를 존경하는 많은 미국인은 낮은 금리가 물가 회복에 꼭 필요하며 전시 생산성을 증대하는 데 도움이 될 것이라 믿었다. 그래서 미국 정부는 무거운 과세, 공격적 가격 통제, 그리고 궁극적으로는 소비재의 배급제도를 통해 경제질서를 유지했다. 월가는 이 모든 정책이 마음에 들지 않았지만, 이런 저항이 월가에서만 나온 것은 아니었다.

1941년 여름에서 가을로 접어들던 무렵, 갤브레이스와 그의 상관인 리언 헨더슨은 물가 결정에 대한 권한 문제로 루스벨트 행정부의 증인으로 국회의사당에 거듭 불려갔다. 갤브레이스에 따르면 물가 결정권은 모든 전시 법안 중 "가장 논란이 많았다".[39] 1941년에 미국 경제는 완전 고용에 가까웠고, 임금도 상승했으며, 기업의 이윤마저 치솟고 있었다. 수년간 지속된 불경기가 끝나자 그 어떤 국회의원도 또 다른 경제적 고통을 원하지 않았으므로 근로자들의 임금이나 주식시장을 손상시킬 만한 조치는 가능한 한 취하지 않으려고 했다. 특히 농산물 가격은 민주당 내에서 신성한 지위를 차지했는데 월가의 공화당원들이 북부의 민주당 의원들이 차지했던 의석을 야금야금 빼앗자 남부 표심에 대한 민주당 의존도는 점점 커져갔다. 루스벨트 정권 초기부터 연방정부는 작물 가격을 올리기 위해 부단히 애써왔다. 미국 북동부와 중서부 상반부에서 핵심 민주당 지지계층을 이루던 노조들은 사측은 정부 계약으로 고정 이윤이 보장되는 반면 자신들은 임금인상에 합의해야 하는 상황에 격분했다. 근로자들은 진정한 번영의 시대를 오랫동안 기다려왔고 마침내 그때가 왔지만, 몇몇 젊고 야심만만한 뉴딜주의자들은 또다시 그들의 희생을 강요하고 있었다. 인플레이션이라는 임박한 현실을 정면으로 타개하려는 사람은 거의 없었고 많은 이들의 좌절감이 편집증 증세로 바뀌고 있었다.

하원 금융통화위원회에서 열린 청문회에서 조지아의 농업국장인 톰 린더는 인플레이션 억제에 대한 모든 계획은 유대인이 구상한 것이라고 증언했다. 린더는 헨더슨이 베일에 감춰진 그 유대인이며 "바루크, 모겐소, 스트라우스, 긴즈버그, 구겐하임의 연줄로" 행정부 요직에 오를 수 있었다고 주장했다. 위원회 의원들은 또 헨더슨이 공화당원들과 남부 민주당원들 내 열렬한 반공주의자들에게 경고 신호를 보낸 반프랑코 단체인 '스페인 민주주의를 위한 워싱턴 동지들'의 대표라는 점에서도 비난했다.[40]

헨더슨은 자신이 현재의 행정부 관리직 자리를 수락한 날 저녁에 밝힌 연설 내용을 크게 읽음으로써 그런 비난을 일축했다. 그는 민주주의자들의 원칙에 입각해 확실하게 대항하지 않는다면 히틀러와 무솔리니가 군사 정복으로 전개하려는 허무주의 운동이 스페인을 뛰어넘어 더욱 확대될 것이라고 경고했다. 파시즘 세력이 국제적으로 확대되는 상황은 헨더슨의 선견지명을 증명했고 그의 연설

존 메이너드 케인스

내용도 위원회의 공격을 무색하게 만들었다. 하지만 이번에는 의원들이 갤브레이스의 부하직원인 로버트 브래디가 영국의 좌익 북클럽에서 출판한 《독일 파시즘의 정신과 구조》라는 책의 저자라는 것을 알게 되면서 그 즉시 적색분자 사냥의 새로운 표적으로 삼았다. 갤브레이스는 한 청문회에서 좌익 북클럽은 영국의 '이달의 북클럽'과 비슷한 곳이라고 잘못된 증언을 했고, 반미활동 조사위원회 소속 민주당 의원인 마틴 다이스 2세는 그의 실수를 강력히 비난했다.[41]

물가의 안정화를 원했던 갤브레이스와 그의 팀원들을 가장 끈질기게 위협했던 것은 모스코바와의 위험한 연루 의혹으로 이는 미국 정부와 소련의 공식 동맹으로 아직 사안이 복잡해지기 전의 악의적인 발상이었다. 사회주의자 음모론의 전반적인 윤곽을 가늠하는 것은 어렵지 않았다. 처음에는 뉴딜주의자들이 민간 기업이 하는 일을 정부 사업으로 대체하고, 이제는 경제 전반에서 포괄적인 가격 통제 전략을 모색한다는 것이었다.

갤브레이스는 케인스가 〈전비지출방법〉에서 제안한 것보다 더 구체적이고 세밀한 맞춤식 가격 통제를 원했다. 그는 개인 소득을 강제로 줄이는 방식으로 가격을 낮추려 하는 것은 총생산과 고용을 저해할 수 있다고 주장했다. 인플레이션이 모든 분야에서 일시에, 혹은 동일하게 발생할 수는 없었다. 업종마다 가격 상승이 일어나는 시기는 차이가 있을 것이다. 가령 구리와 철 같은 원자재 가격은 재빨리 치솟을 테지만 전쟁 영향이 적은 상품들은 시간이 더 오래 걸릴 수밖에 없었다. 전체적인 소비자 구매력을 낮춤으로써 경제에서 수요를 줄이면 구리의 가격을 낮출 수 있지만 다른 모든 것의 가격도 떨어질 터였다. 아직 생산라인이 백 프로 가동되지 않는 후발 산업에서는 가격 하락이 생산량 저하의 신호가 되면서 전시 생산량을 줄일 수 있었다.

케인스는 상품별로 가격을 손본다는 개념이 탐탁지 않았다. 그는 전반적인 가격 수준을 규제한 다음 그 가격이 상품별 소비자의 선호도에 따라 조정될 수 있게 하는 쪽을 선호했다. 케인스에게는 경험이라는 이점이 있었다. 그는 이미 세계대전을 겪었으므로 모든 것들의 가격을 적극적으로 관리하는 것이 얼마나 어려운 일인지를 정확히 알고 있었다. 1942년 4월에 물가관리국은 '일반 가격 상한선 규정'을 발표하면서 모든 가격을 한 달 전 수준으로 낮추는 온건적 방식을 택했다. 기업들이 예외 사례를 신청하면서 물가관리국의 업무가 폭주했지만 가격관리라는 임무는 이렇게 해서 실행 단계로 접어들었다.

그러나 이는 정치적 악몽이 되고 말았다. 진주만 공격이 있고 이틀 후 갤브레이스는 군사용 고무를 비축해놓기 위해 타이어 판매를 전면 중지하라고 지시했다. 또 이후 몇 달 동안은 미국의 생산활동을 전부 전시 활동 체제로 돌린다는 명분으로 휘발유, 버터, 담배, 설탕, 나일론, 신발, 야채 통조림, 과일에 대한 배급제를 실시했다.[42] 리언 헨더슨은 "평시와 똑같은 상태로 한 달에 500대의 폭격기를 만들 수는 없습니다"라고 말했다.[43] 하지만 기업 리더들은 시장이 감당할 수 있다면 얼마에 팔든 소비재를 계속 생산해야 한다고 압박했다. 〈포춘〉지가 상품 배급제와 가격 통제 프로그램을 주제로 기업 경영인들을 대상으로 실시한 설문에서 응답자 네 명 중 세 명은 그

존 메이너드 케인스

것이 뭔가 "계략"에 따른 조치라고 의심했다.**44** 한편 디트로이트에서 자동차 생산을 중단시키는 데는 루스벨트 대통령이 직접 행동 명령을 내려야 했다. 하지만 자동차 제조사들이 이를 무시하고 두 달이나 더 생산을 계속하자 헨더슨은 이때 생산된 자동차 20만 대를 정부용으로 전용하는 복수를 했다. 샌프란시스코에서 석유회사들과 회의를 했을 때는 물가관리국이 최근 인상된 석유 가격을 철회하라고 요청하자 업계 관계자들이 "폭동"을 방불케 할 정도로 과격하게 대응했다고 갤브레이스는 전했다.**45** 갤브레이스는 나중에 도리스 컨스 굿윈에게 이렇게 말했다. "때로는 우리와 기업과의 갈등이 유럽 및 아시아와의 전쟁보다 더 중요한 것처럼 보였죠. 그 몇 주 동안은 워싱턴에 있는 군수물자 생산 기업들만 생각하느라 히틀러는 거의 생각나지도 않았어요."**46**

기업계의 불만은 경영진을 넘어 확대되었다. 정부는 수백만 가정의 일상생활에 큰 변화를 요구하고 있었다. 물가관리국은 "냉장고, 진공청소기, 재봉틀, 가스레인지, 세탁기, 다리미, 라디오와 축음기, 잔디깎기 기계, 와플 메이커, 토스터 생산을 금지했다. 스테인리스 주방용품도 사용이 금지되었다. 신발 제조업체들은 밑창이나 굽을 덧댈 수 없었으며 속옷 업체들은 러플이나 주름, 소매가 없는 스타일만 만들어야 했다."**47**

커피가 마지막이었다. 11월 29일, 커피마저 한 사람당 하루에 한 잔만 마실 수 있다는 제한이 떨어졌다. 2주 후에 의회는 물가관리국의 수장을 내쫓지 않으면 더 이상 자금을 지원하지 않겠다고 위협했고, 헨더슨은 사임할 수밖에 없었다. 물론 문제는 헨더슨이 아니라 전쟁이었다. 헨더슨이 그만두자마자 후임자인 갤브레이스가 일차 타깃이 되었다. 〈워싱턴 타임즈-헤럴드〉와 〈시카고 트리뷴〉은 갤브레이스가 미국인들의 생활방식을 파괴하려 한다며 비판하기 시작했다. 무역전문지인 〈푸드 필드 리포터〉는 심지어 마스트헤드까지 바꿔가며 "갤브레이스가 나가야 한다"는 문구를 넣기도 했다.[48]

공화당이 1942년 선거에서 44석을 차지한 연방의회의 분위기는 특히 더 나쁠 수밖에 없었다. 일리노이주 공화당 하원의원인 에버렛 더크슨은 누구든 5년 이상 "사업" 경험이 없는 사람은 물가관리국을 운영하지 못하게 하는 법안을 도입했는데 이는 연구 경험만 있는 갤브레이스를 직접적으로 겨냥한 것이었다. 하원 세출위원회의 최고 공화당 의원인 존 테이버는 FBI에 갤브레이스가 열성적이며 '교조적'인 공산주의자라는 허위 보고를 했고, FBI 요원은 한술 더 떠 그의 정체를 오해하면서 수사국은 수년간 혼란을 겪었다.[49]

루스벨트 행정부에도 끊임없는 압박이 몰아쳤다. 결국 1943년 5월 31일 갤브레이스는 의회의 분노를 잠재우기 위해 사임할 수 밖에 없었다. 그렇지 않아도 전시 행정으로 인한 과중한 업무량에 반공 운동을 둘러싼 정치 공작까지 더해져 쇠약해진 갤브레이스는 다음날 거실 바닥에 쓰러졌다. 아내와 가정부 덕분에 목숨은 건졌지만 의사는 그에게 절대 안정을 취하라고 지시했다. 바로 몇 년 전 케인스와 마찬가지로 갤브레이스도 과로사 직전까지 간 것이다.

갤브레이스는 몇 주간의 휴식 끝에 원래의 모습을 되찾았다. 무기대여국에서 일해 달라는 제의가 왔지만 그는 워싱턴 공직사회를 떠나기로 결심하고 〈포춘〉지로 자리를 옮긴다. 보수는 괜찮았다. 갤

존 메이너드 케인스

브레이스의 초봉은 1만 2,000달러였는데 이는 오늘날 돈으로 17만 달러 정도이다. 그는 더 이상 표적이 되고 싶지 않았다. 이런 와중에 더크센(가까운 미래 위스콘신주 상원의원인 조지프 매카시와 함께 극단적인 반 공산주의 공격을 주도하게 된다)은 반 교수법 개정안을 통과시켰다.

케인스 정책이 성공적으로 실행됐지만, 전쟁은 미국의 케인스주의자들이 위험한 체제 전복자들로 공격받기 시작하는 기이한 시나리오를 만들어냈다. 1941년 연방정부의 예산 지출액이 50퍼센트 가까이 증가해 전임 대통령 허버트 후버가 퇴임했을 때의 세 배가 넘는 136억 달러를 넘어서면서 실업이 거의 사라졌다. 1942년에는 정부 지출액이 다시 두 배 이상 뛰어 350억 달러가 되었고 1943년에 또다시 두 배가 증가했다. 전쟁이 끝날 즈음 지출액은 927억 달러가 돼 있었다. 전쟁 지원에 조달된 돈의 절반 이상이 부채였다.[50] 루스벨트 대통령이 재정건전화 기조에서 돌아서 재정지출을 늘렸던 1939년에 8.0퍼센트였던 경제성장률은 1941년에 17.7퍼센트라는 전례 없는 성장세를 보였다. 진주만 공습 다음 해인 1942년에 18.9퍼센트 성장했고, 1943년에도 17퍼센트를 기록했다. 케인스가 예상한 대로 경기가 호황일 때 명목 부채의 증가를 걱정하는 사람은 거의 없었다.

한편 대서양 건너편에서는 마침내 케인스가 기성 정치권의 환영을 받고 있었다. 의회는 예산에 대한 그의 생각에 귀를 기울였고, 이제 케인스는 영국에서 가장 중요한 외교관 중 한 사람이 되었다. 심지어 그는 정통 자유방임주의의 원조격인 영란은행 위원으로 임명됐지만 그곳에서 오랜 숙적 몬태규 노먼 의장과 또 부딪혔다. 파리 평화회의에서 케인스와 친해진 펠릭스 프랑크푸르터는 축하 메시지를 전했다. 대법관이 된 프랑크푸르터는 "자네의 모든 친구를 환호하게 만든 것은 모하메드가 그 산을 찾은 것이 아니라 그 산이 모하메드에게 갔다는 점이네." 변함없이 불경한 조앤 로빈슨은 이런 농담을 던졌다. "무슨 상관이에요. 선생님께서 건재하신 동안에는 전 선생님이 늘 위대하다고 말할 거예요."[51]

리디아는 케인스의 일이 많아지는 데 반대했지만 그는 쓰러지기 전처럼 다시 열정적으로 일을 시작해 경제 저널을 편집하고, 케임브리지에서 열리는 흥미로운 경제 행사에 참여했으며, 블룸즈버리 친구들과도 연락하며 지냈다. 바네사와의 불화가 마침내 해결되었기에 리디아와 케인스는 던컨과 바네사 커플과 함께 크리스마스를 보냈고 블룸즈버리 회고록 클럽과도 자주 시간을 가졌다.[52] 1942년 6월에 영국 정부는 케인스에게 상원의원 자격을 주고 틸턴 남작 작위를 부여하면서 그를 귀족으로 격상했다. 클라이브 벨은 당시 시골에서 열린 축하연을 이렇게 회상했다. "케인스가 남작 작위를 받고 남작 부인과 함께 처음으로 찰스턴으로 왔는데 상당히 부끄러워했다. 그는 '비웃을 일이 또 생겼네'라고 말했다."[53]

자신감과 질투심 가득한 젊은 야심가 집단이었던 블룸즈버리 멤버들은 세계대전의 풍파를 함께 겪으며 이제 다른 사람들이 돼 있었다. 그들이 즐겼던 친목 의식들은 그 전통을 이어나가려는 버니 가넷의 주도로 블룸즈버리를 추종하는 청년들에 의해 유지되고 있었다. 1941년 3월 28일, 버지니아는 레너드와 함께 살던 세 번째 시골

존 메이너드 케인스

집에서 산책을 나간 후 사라졌다. 오우세 강둑에서 그녀의 모자와 지팡이가 발견되었고, 레너드는 집 안에서 그녀가 남긴 쪽지를 발견했다. "미쳐버릴 것 같아. 이 끔찍한 시간을 더는 버텨낼 수가 없어. 계속 어떤 목소리들이 들리고, 일에 집중할 수가 없어. 이겨내려고 애썼지만 이제는 더 이상 싸울 힘이 없어. 내 모든 행복은 당신 덕분이지만 계속 이런 식으로 당신의 삶을 망칠 수는 없잖아."

케인스는 충격에 휩싸였다. 그는 자신과 리디아가 버지니아와 레너드 커플과 나눴던 유대감을 애달프게 토로하는 편지를 어머니에게 보냈다. "지난번에 봤을 때는 버지니아가 정말 건강했고 아무 이상이 없어 보였거든요. 두 사람은 우리 부부의 가장 소중한 친구였어요."[54]

블룸즈버리라는 집단사회의 질서가 처음으로 크게 바뀐 것은 1920년대에 멤버들이 파격적인 결혼 생활에 정착해 나갈 때부터였다. 이제 블룸즈버리는 최후의 변화를 겪고 있었다. 버지니아가 쓴 마지막 책은 던컨의 오랜 화가 친구이자 1934년에 갑자기 세상을 뜬 로저 프라이에 관한 전기였다. 리튼과 버지니아가 떠난 후, 블룸즈버리의 존재감은 마지막 남은 진정한 천재에게로 좁혀졌다. 이제 오랜 친구들이 한데 모이면 주로 하는 일은 집단적 회상이었다. 회고록 클럽의 활동도 이제는 대부분 과거에 머물러 있었다. 전쟁이 진행되면서 케인스는 자신이 인생의 황혼기로 접어들고 있다는 것을 알았다. 하지만 케인스에게는 여전히 해내야 할 위대한 일이 남아 있었다.

케인스가 이룬 업적들을 1940년대에 논하기는 어려웠다. 실업률은 사라지고, 인플레이션은 통제됐으며, 쇠퇴했던 세계 민주주의도 반전의 계기를 맞이했다. 이런 성공은 경제학 분야에서 케인스와 그의 적수들이 벌였던 논쟁 내용을 바꿔버렸다. 프리드리히 폰 하이에크가 지지하는 원칙, 즉 긴축, 고금리 정책, 디플레이션을 통해 경제 체제에서 과잉된 것들을 제거하는 방법은 정치적 반향을 크게 일으키지 못했다. 하이에크의 개념은 정부 지출에 대한 케인스의 원칙이 효과를 발휘하지 못할 때에만 목소리를 높일 수 있었다. 케인스가 제시한 전시 호황이 뚜렷이 현실화되자 적자재정과 저금리 정책은 자멸의 길이라는 논리는 힘을 잃게 되었다. 초기에는 케인스의 이론에 의구심을 가졌지만 뉴딜의 성공을 계기로 생각이 바뀐, 폴 사무엘슨은 이렇게 말했다. "전쟁이 끝날 무렵에는 경제학계 학자들 전체가 케인스 추종자가 되었다."[55] 이 말이 과장만은 아니었다. 1931년에 하이에크를 런던정경대학 교수로 영입하고 맥밀런 위원회에서 케인스와 몸싸움까지 벌였던 보수 경제학자인 리오넬 로빈스도 케인스와 겪은 불화를 "학자로서 내 경력의 가장 큰 실수"라고 한탄하며 직접 맞닥뜨린 증거 앞에서 자신의 주장을 공식적으로 철회했다.[56] 시카고대학의 젊은 경제학자인 밀턴 프리드먼은 연방정부는 돈을 새로 발행해서 적자 비용을 조달하는 한편 완전 고용이 이뤄졌을 때에만 예산 균형을 맞춰야 한다고 주장했다.[57] 일반대중에게 긴축과 디플레이션은 곧 대공황을 의미했다. 또 유럽과 미국의 정부관리들에게 전시 호황은 케인스가 주장한 정부지출과 인플레이션 통제의 결과로 인식되었다. 케인스 사상이 실효성이 없다는 주장은 더 이상 통하지 않았다.

존 메이너드 케인스

그러나 전쟁은 루스벨트 대통령에 대한 미국 엘리트들의 두드러지고 오랜 반감과 더불어 미국 애국주의라는 뜻밖의 정신이 발화되는 계기가 되었었다. 그들은 자국의 군사력에 자긍심을 느꼈지만 자국의 사령관을 증오했다. 루스벨트가 죽자 이들 집단은 차츰 정치단체로 통합된다. 제2차 세계대전은 경제학 분야에서 케인스주의의 혁명적 승리를 확립했으며 강력한 귀족주의적 반혁명 요소들을 결합시켰다.

JOHN
MAY
NARD
KEYNES

좋은 삶을
위한 열사

12

1944년 여름, 리디아와 케인스는 너무나 런던을 벗어나고 싶었
다. 리디아는 정신적으로 지쳐 있었다. 1941년 독일군이 레닌
그라드를 포위하고 모든 철도와 도로 여행을 차단하자 리디아는 러
시아에서 가족들이 보내는 편지를 더 이상 받아볼 수 없었다. 1944년
1월에 포위가 해제된 후 마침내 접한 이야기들은 끔찍하기 짝이 없
었다. 약 75만 명의 시민들이 아사했으며 리디아의 어머니도 1942
년에 사망했고, 그녀의 여동생 또한 이듬해 목숨을 잃었다는 소식이
었다. 그녀가 어린 시절을 보낸 도시는 사실상 사라지고 없었다. 궁
전들은 무너졌고 인구의 3분의 1이 목숨을 잃었다. 고든 광장에서는
냉정을 유지했지만, 러시아에 대한 뉴스는 리디아에게 큰 상처가 되
었다.

1월에 독일은 다시 공습을 시작했고, 공습 사이렌의 굉음은 런던

존 메이너드 케인스

생활에서 감당해야 할 지속적인 특징이 되었다. 전쟁이 계속되면서 런던의 구조대원들은 1만 3,696번의 폭탄 공격에 대응했고 무너진 건물 더미에서 2만 2,238명의 사람들을 구조했다.[1] 리디아로서는 폭발의 메아리가 동네 거리를 뒤덮을 때마다 유럽 전역에서 만났던 사랑했던 이들의 암울한 운명이 떠오를 수밖에 없었다.

케인스는 재무부 일만으로도 충분히 에너지가 소진됐지만 다른 주변 활동들도 포기하지 않았다. 재무장관 역할을 대행하는 동시에 킹스칼리지의 회계를 관리했고, 〈이코노믹 저널〉의 편집자 역할을 했으며 정부가 새로 도입한 음악예술장려협회의 의장이기도 했다. 리디아는 몸에 무리가 간다며 계속 만류했지만, 한편으로는 그런 활동들이 전시 관료의 중압감과 공포를 줄여주는 데 도움이 된다는 사실을 그녀도 알고 있었다. 1920년대 버지니아 울프의 신랄한 험담을 독차지했던 "고압적이고", "거만했던" 남자는 이제 마르고 쇠약해져 있었다. 희끗희끗했던 중년의 머리는 새하얀 백발에 자리를 내준 상태였다. 야노스 플레쉬는 색다른 치료법을 또 한 번 시도했고 리디아는 남편의 가슴을 몇 시간씩 얼음찜질했지만 케인스는 1944년 3월에 심장마비 증세로 다시 쓰러진다. 그의 육체는 또다시 완전히 소진돼 있었다.

하지만 디데이D-Day(제2차 세계대전 중 노르망디 상륙작전이 있던 1944년 6월 6일을 말함-옮긴이)는 전쟁의 흐름뿐 아니라 재무부 일의 초점 또한 바꿔버렸다. 루스벨트 대통령은 전후 경제질서를 확립하기 위해 44개 연합국 정부가 한데 모이는 국제경제회의를 소집했다. 전쟁은 여전히 진행 중이었고 승전국의 재건 필요성이 아직 불투명한 상황에서 향후 재정 상황을 점치는 것이 다소 섣부른 행동으로 보였다. 그럼에도 불구하고 루스벨트는 그해 11월에 예정된 대통령 선거 전에 중대한 국제적 합의 내용을 제시하고 싶었고 국내에서 그런 정치적 목적을 달성하려면 어떤 조약이든 여름 전에 체결되어야만 했다.

당시 상황은 케인스가 어떻게든 런던에서 도망가고 싶을 만큼 그가 살면서 겪었던 최악의 경험, 즉 1919년 파리의 대혼란과 1941년 워싱턴 D.C.의 끔찍한 무더위를 한데 동반하며 그를 위협했다. 케인스는 자신이 누릴 수 있는 여름이 얼마 남지 않았다는 것을 알았고 그런 만큼 호화로운 여름을 원했다. 5월에 케인스는 미국의 최고 재무관인 해리 덱스터 화이트에게 록키산 리조트에서 회의를 개최해 달라고 간청했다. 케인스는 이렇게 썼다. "제발 7월에 우리를 워싱턴으로 부르지는 마시오."[2]

회의는 결국 뉴햄프셔 시골의 외딴 마을인 브레튼우즈에서 열렸고, 해안 휴양지 분위기가 나는 애틀랜틱 시티에서 일주일간 준비 작업을 했다. 리디아와 케인스에게는 런던을 벗어나는 것만으로도 휴가나 다름없었다. 케인스는 바다를 건너 미국으로 가는 증기선에서 그가 가장 좋아하는 여가활동 중 하나를 즐겼다. 바로 빽빽한 정치경제 서적을 탐독하는 것이었다. 그러다 무심코, 아니 우연히 그의 삶에서 가장 중요한 철학적 원칙 중 하나를 선언하는데, 이는 그가 20년 전에 《자유방임주의의 종언》에서 제시했던 정치 이론을 포괄적으로 재정의하면서 계몽적 자유주의의 발전과정을 두고 프리드리히 폰 하이에크와 벌였던 지적 논쟁의 새로운 전선이라 할 수 있었다.

존 메이너드 케인스

하이에크는 정치 이론가로 기억되기를 원한 적이 전혀 없었다. 그는 자신을 돈과 돈이 작동하는 원리에 대한 과학적 연구를 평생의 업으로 하는 경제학자라고 여겼다. 하지만 45세가 된 하이에크가 1930년대에 발전시켰던 인플레이션과 경기 순환에 대한 사상들을 1944년에 알고 싶어 하는 사람은 아무도 없었다. 그가 최근에 낸 《자본에 대한 순수이론The Pure Theory of Capital》도 실패작이 되었다. 하이에크는 제2차 세계대전 중 공습을 피해 런던정경대학에서 비교적 안전한 케임브리지 킹스칼리지로 옮겼는데 그곳은 존 메이너드 케인스가 절대적 영향력을 행사하는 곳이었다. 케임브리지에서는 모든 새로운 아이디어가 케인스나 그의 직속 제자들에게서 나오거나 그들의 혁신적 아이디어에 대응하는 과정에서 도출되었다. 케임브리지에서 케인스는 절대적인 거인이었다. 그는 영란은행과 상원 등 명망 있는 요직에서 중요한 임무를 처리하는 공무원이기도 했지만, 석식과 칵테일파티에서 그만큼이나 유명하고 화려한 발레리나이자 여배우, 방송인인 아내와 자리를 빛내는 문화적 명사였다. 반면 케인스의 그림자 속에서 사는 하이에크는 주요 저서를 낸 지 10년 이상 흐른, 세련되지도 않고 사랑받지도 못하는 강한 오스트리아 악센트를 쓰는 일개 강사일 뿐이었다. 하이에크는 케인스 경과 좋게 지냈지만, 위대한 케인스는 하이에크가 자신에 대해 어떤 생각을 하는지 그다지 신경 쓰지 않았다. 1930년대에 있었던 논쟁은 오래전에 끝났고, 두 사람 모두 대중이 누구의 손을 들어줬는지 잘 알고 있었다. 두 사람은 따뜻한 편지를 교환했고, 공습 중 불발된 독일군 포탄이 지붕에 떨어지면 바로 투척할 수 있도록 이따금 중세에 세워진

킹스칼리지의 고딕양식 예배당 꼭대기에서 삽을 들고 함께 방화 보초를 서기도 했다.[3]

하이에크는 정치철학서 집필에 대해 양가적 감정을 갖고 있었는데, 자신이 그런 책을 집필하면 이전에 발표했던 통화 관련 연구가 이념적으로 더럽혀졌다고 치부될 수 있었기 때문이다. 하지만 결국에는 그런 걱정이 기우라는 것을 알게 되었다. 아무도 통화에 대한 그의 주장을 진지하게 받아들일 리 없었기 때문이다. 그래서 하이에크는 케인스와 그의 뉴딜정책에 대한 맹렬한 학문적 반론들을 경험적 분석이나 경제이론이 아닌 정치적 공약으로 집대성했다. 그렇게 해서 나온 《노예의 길The Road to Serfdom》은 이후 현재 보수주의를 이해하는 필수 교양서로 자리 잡는다. 정작 하이에크 자신은 이 책에 붙은 그런 꼬리표를 평생 거부하면서 살았다. 하이에크에게 보수주의는 영국 토리당 특유의 "가부장적이고, 국수주의적이며, 권력을 숭배하는 경향"[4]을 내포했기 때문이다. 그는 자신을 로크나 흄, 스미스 등 케인스도 존경했던 사상가들에게 영감을 받은 "고전적 자유주의자"라고 생각했다. 케인스는 《자유방임주의의 종언》에서 이후 뉴딜정책으로 결실을 맺은 사상들을 설명하며 20세기 자유주의를 재정립하려 애썼지만, 하이에크는 책에서 그와는 또 다른 자유주의적 비전을 선보이고 싶었다.

《노예의 길》은 초반에 상당한 판매고를 올렸다. 〈뉴욕타임스〉와 〈뉴욕 헤럴드 트리뷴〉의 강력한 추천 덕분에 시카고대학 출판사에서 발표된 이 책의 초판 2천 부는 전량이 바로 완판되었다. 그러다 〈리더스 다이제스트〉가 이 책의 요약판을 내고 그의 사상이 말 그대

존 메이너드 케인스

로 수백만 가정에 유입되면서 하이에크는 국제적 우익 인사로 거듭 났다. 그는 갑자스레 예기치 않은 유명세를 타면서 미국 연설 투어에 나섰고 미대륙 전역에서 그의 사상에 동조하는 수천 명의 남녀를 직접 만났다.[5] 루스벨트 행정부가 들어선 길고 긴 시간 동안 정치권력에서 소외돼 지내던 미국 상류층이 마침내 그들의 두려움과 좌절감을 전해줄 대변인을 찾은 것이다. 미국 엘리트들이 품고 있던 불만들은 하이에크의 사상을 통해 지적 정당성을 얻었다.

1944년 봄에는 인식하는 사람이 거의 없었지만, 케인스주의 경제학이 갖는 정치적 영향력에 대한 하이에크의 공격은 20세기 사상의 분수령이 된다. 하이에크는 출판 투어에 나선 지 몇 달 만에 자유 수호 의지에 불타면서 자신의 재산을 가장 잘 활용할 방법을 찾고 있던 부유층 기부자들과 만나게 되었다. 대학 교수와 싱크탱크, 또 하이에크의 의견을 토대로 이들이 만든 출판사들로 구성된 네트워크는 《노예의 길》에 〈리즌Reason〉 잡지의 선임 편집장인 브라이언 도허티의 표현을 빌리자면 "현대 자유주의 정신을 형상화한 획기적인 작품"[6]이라는 수식어를 부여했다. 하이에크는 사려 깊고 온화한 사람이었지만 책에서는 케인스가 주장하는 자유주의가 전체주의로 전락할 수 있다는 불길한 경고를 통해 냉전에 망상적 공포감을 불어넣었다. 케인스주의에 반발하던 하이에크의 동료 교수들도 학계에 움트던 매카시즘 열풍을 부채질했고 때로는 자금 조달에 도움을 주기도 했다.

프리드리히 아우구스트 폰 하이에크는 오스트리아-헝가리 제국의 황제인 프란츠 요제프 측근인 귀족 집안에서 태어났다. 그는 십대에 오스트리아군에 입대하여 이탈리아 전선에서 복무한 후 비엔나대학에 입학해 여러 반체제적 사상들을 접하고 사회주의도 잠시 받아들인 후, 그의 17년 선배인 루드비히 폰 미제스가 제시한 자유방임주의적 자유주의 이념에 심취하기 시작했다. 당시 오스트리아의 시대 상황에서는 하이에크가 미제스의 주장에 사로잡힐 수밖에 없었다. 하이에크는 바이마르 공화국의 하이퍼 인플레이션으로 경제가 붕괴되던 시기를 겪었고, 이런 경험 때문에 이후로도 인플레이션을 유발할 수 있는 정책에 환멸을 느꼈다. 영국 개인주의자들에 대한 존경심과 영국 황금기 자본주의에 대한 그의 열정이 점점 커졌지만 그런 만큼 자신의 출생 배경에 대해서는 예민해졌고, 종국에는 자신의 이름에 붙은 "폰"이라는 존칭을 떼어냈다. 비록 역사학자 앵거스 버긴은 하이에크가 "비엔나 귀족 특유의 세련된 격식과 자연스러운 엘리트주의"[7]를 계속 간직했다고 주장하지만 그는 세습 받은 명예가 아닌 충성스러운 자유주의 사상가로 인정받기를 원했다.

하이에크도 케인스처럼 이제는 사라져버린 문화가 융성했던 1914년 이전 황금기 속 세계를 그리워했다. 케인스가 대영제국을 칭송했던 것처럼, 하이에크는 그가 청년기를 보낸 합스부르크 제국을 세상에 모범이 될 만한 이상적인 곳으로 묘사하며 동경했다. 이는 중앙 제국주의 권력이 속국의 경제 체제를 확립하지만 그 안의 민족 집단들이 독립적인 정치 국가를 일궈 나가는 일종의 연방국 형태를 뜻한다. 하이에크는 1930년 초 런던정경대학의 교수가 됐지만, 그의 진정한 경력은 《노예의 길》로 시작되었다. 하이에크가 1974년 노벨경제학상을 수상했을 때, 스웨덴 왕립과학아카데미는

존 메이너드 케인스

그를 선정한 이유로 "핵심 경제 이론에 대한 기여"뿐 아니라 "중요한 학문 간 연구"[8]를 들었는데, 후자는 《노예의 길》을 통해 발전시킨 정치사상을 말한다.

《노예의 길》은 월터 리프먼이 하이에크와 미제스의 경제사상을 체계적인 정치이론으로 승화시키기 위해 집필한 《좋은 사회The Good Society》를 학문적으로 재정비한 책이다. 게다가 하이에크의 책도 《좋은 사회》처럼 논쟁거리로 점철돼 있었다. 책은 서로 경쟁하는 두 가지 뚜렷한 사회적 비전을 다뤘다. 그중 하이에크를 뉴딜에 반대하는 미국 상류층의 아이돌로 만든 첫 번째 비전은 4대 자유에 대한 대담한 거부였다.

아니면 적어도 4대 자유 중 하나는 부정했다. 루스벨트 대통령은 "빈곤으로부터의 자유"가 인간의 권리라고 선언했고, 이로써 뉴딜의 사회적 개혁을 나치즘을 군사력으로 무찌르는 것만큼 절실한 도덕적 의무로 제시했다. 루스벨트와 처칠은 빈곤으로부터의 자유를 대서양 헌장에 포함시켜 개인의 경제적 안전을 모든 민주주의를 정의하는 특징이자 자유 사회를 폭정으로부터 구분하는 확실한 기반으로 선포했다. 하이에크는 "경제적 자유"라는 것은 정치적 자유의 진정한 옹호자들이 수 세기 동안 지켜온 것에 반대된다고 주장했다. 그는 "빈곤으로부터의 자유"는 본질적으로 "사회주의자"들의 사상이라고 강조했다. 그것은 나치즘에 대항해 자유주의를 보호하는 방어막이 아니라, 다른 정치적 권리를 짓밟은 폭력적 독재정권에 의해서만 효과적으로 실행될 수 있는 나치즘과 소련 공산주의의 공통 요소라는 것이다. 하이에크는 이렇게 설명했다.

정치적 자유를 옹호하는 위대한 사도들에게 그 말은 강압으로부터의 자유, 타인의 독단력으로부터의 자유, 그리고 개인이 종속된 상급자의 명령에 복종하는 것 이외에 선택의 여지가 없는 유대로부터의 해방을 의미한다. 하지만 그렇게 약속된 새로운 자유가 빈곤으로부터의 자유가 되려면 우리 모두의 선택 범위(물론 일부 사람들이 다른 이들보다 훨씬 더 범위가 넓겠지만)를 불가피하게 제한하는 강압적 상황으로부터 해방되어야 한다. 인간이 정말 자유로워지기 전에, "물리적 결핍이라는 억압"이 깨져야만 하고, "경제체제의 구속"이 완화되어야만 한다.

이런 의미에서 자유는 당연히 권력이나 부의 또 다른 이름일 뿐이다…
자유라는 약속의 끝에는 궁극적으로 여러 사람이 가진 일련의 선택권에 존재하는 큰 차이들이 사라지게 된다. 자유의 길이란 이름으로 우리에게 약속된 것은 실제로 노예가 되는 지름길일 뿐이다.[9]

하이에크는 이런 반정부적 메시지에 도금시대의 경제체제를 기독교 윤리와 그가 존경하는 지적 영웅들과 연결하는 웅장한 역사적 서사를 녹여 넣었다. 그는 유럽과 미국이 이런 서구의 자랑스러운 개인주의적 전통과 히틀러와 스탈린으로 대표되는 위험한 전체주의 사이에서 선택해야 한다고 역설했다. 하이에크는 나치즘이 급진적인 정치권력의 파생물로 오인돼 왔다고 주장했다. 그의 눈에 제3제국Third Reich(1933~1945년의 나치스 지배체제의 독일, 옮긴이)은 변형된 사회주의일 뿐이었다. 히틀러가 제국의회 의사당에서 보수당 및 사업가들과 동맹을 맺은 것은 그냥 우연일 뿐이었다. 하이에크는 챕터 전체를 "나치즘의 사회주의적 뿌리"를 논하는 데 할애하며 지난 수

존 메이너드 케인스

십 년 동안 독일인들을 나치 사상에 차츰 동화되게 만든 것은 다양한 사회복지 정책과 보호무역 전략 때문이라고 주장했다. 나치가 정권을 인수할 수 있었던 원인은 대공황이나 디플레이션 때문이 아니라 정부가 경제에 조금씩 개입했기 때문이었다. 아무리 그 의도가 좋다 할지라도, 뉴딜정책과 케인스 경제학은 전 세계 민주주의 국가들을 같은 길로 몰아가고 있었다.

"우리는 코브덴과 브라이트, 아담 스미스와 흄, 로크와 밀턴의 견해뿐 아니라 기독교, 그리고 그리스와 로마 사상을 토대로 성장한 서구 문명의 두드러진 특징 중 하나를 서둘러 폐기하고 있다"고 하이에크는 경고했다. "18, 19세기의 자유주의뿐 아니라 에라스무스와 몽테뉴, 키케로와 타키투스, 페리클레스와 투키디데스로부터 물려받은 개인주의가 서서히 유기되고 있다."[10]

하이에크식 반전체주의의 특징은 민주주의에 대한 양면성에 있었다. 그는 책에서 "민주주의는 내부의 평화와 개인의 자유를 지키기 위한 수단이자 실용주의적 장치이다. 경우에 따라서는 민주주의 국가들보다 독재정권 하에서 훨씬 더 큰 문화적, 정신적 자유를 누리기도 한다"고 설명했다.[11] 하이에크에게 중요한 것은 자유였고, 그가 말하는 자유란 정부의 형태와 상관없이 중앙정부에 반하는 귀족들의 권리를 말했다.

《노예의 길》에서 반복되는 반정부적 표현은 같은 해 출판된 미제스의 《관료제Bureaucracy》에 나오는 비타협적인 자유주의 사상과 완벽히 일치했다. 이 책에서 하이에크의 멘토인 미제스는 뉴딜의 자유주의는 권위주의적 공산주의의 변종이라고 강력히 주장했다. 그는 "자본주의란 자유로운 기업활동과 경제 문제에 대해서는 소비자가, 또 정치 문제에 대해서는 유권자가 주권을 갖는 것을 의미한다"라고 썼다. "사회주의는 개인 삶의 모든 영역을 정부가 완전한 통제한다… 이 두 체계 간에 타협은 불가능하다."[12] 당신은 자유방임주의를 택할 수도 있고 소련 같은 사회를 택할 수도 있다. 그 중간은 없다.

하이에크는 모든 정부가 케인스가 제시한 새로운 개혁을 추구하는 듯 보였던 시절에는 그의 옛 스승의 극단적 엄격함이 정치적으로 막다른 골목에 다다랐다고 생각했었다. 그래서 그보다 먼저 리프먼이 그랬듯이, 하이에크는 그의 자유주의적 자유방임주의 개념을 새롭게 부상하는 현대 민족국가들과 양립할 수 있는 무언가에 접목하려고 하였다. 결국 정부는 모든 국민이 기본 최저 생활 수준을 유지하게 해줄 수 있다. 그는 분명한 문제를 해결하도록 만들어진 "규제"와 삶을 획책하고 자유로운 개인의 선택권을 제한하는 독재자에 의해 이뤄질 수 있는 위험한 "계획"을 구별했다. 그는 대기업이 시장의 자유경쟁에 개입하지 않도록 기업의 규모와 범위를 철저히 제한하고 감시해야 한다고 역설했다.

1944년에는 미국의 정부 지출이 미국 전체 경제에서 차지하는 비중이 40퍼센트가 안 됐다. 대부분의 사람이 전쟁 이후에는 그 수치가 감소할 것으로 예상했지만(오늘날은 그 비중이 20퍼센트 정도다), 하이에크는 지난 10년간 설립된 다수의 정부기관들이 계속 유지될 것이라 여겼고 그 생각은 옳았다. 하지만 약간의 의미론적 창조성을 고려할 때, 루스벨트와 케인스가 지난 20년간 꿈꿨던 거의 모든 것

존 메이너드 케인스

은 규제, 경쟁, 사회안전망과 관련된 이런 하이에크의 훈계로 정당화될 수 있었다. 케인스가 《일반이론》에서 설명했던 투자의 포괄적 사회화는 하이에크가 혹평한 흉악한 계획이라기보다는 인플레이션과 고용에 대한 일반적인 규제로 설명할 수 있었다. 미국 정부가 글래스-스티걸법을 통해 투자회사를 분리한 것은 은행의 경쟁력을 되살리기 위해 독점을 금지하는 책임감 있는 조치일 뿐이었다. 사회보장과 공공사업을 위한 정부지출은 기본적인 사회보장에서 무해한 요소였다. 물론 하이에크는 이 중 그 어떤 노력도 지지하지 않았다. 그는 자신의 저서에서 그런 정책들을 전면 공격할 작정이었고 그런 적대감을 굽히지 않았다. 그의 경쟁자이자 케인스주의자였던 폴 새뮤얼슨은 몇십 년 뒤에 하이에크가 언제나 "진보적 소득세, 국가의 료보험, 퇴직연금"을 개탄했고, "금과 전혀 다른 통화"를 혐오했다고 강조했다.[13] 미제스도 엄격했지만, 적어도 그는 자유방임주의 같은 통치 원칙이 자신의 정책적 견해와 일치한다는 사실을 깨달았다.

　《노예의 길》의 마지막 장에서 하이에크는 정부 활동을 계속 확인하고 세계 민주주의가 위험한 경제 계획을 하지 못하게 막는 "초국가적 권한을 가진 기관"의 필요성을 역설했는데, 이는 자유시장 자본주의의 원칙을 실행해서 전쟁을 예방하는 합스부르크식 경제 헤게모니였다. 최근 몇 년간 여러 학자는 이 비전이 유럽연합[EU]과 세계무역기구[WTO]의 지적 전신이라는 것을 깨닫게 되었다.[14] 경제원칙을 통해 평화를 이루는 국제적 권력기관이 하이에크만의 아이디어는 아니었다. 회의에 가는 길에 《노예의 길》을 읽은 케인스도 정확히 이런 형태의 기관을 만들고자 했다.

아틀랜틱 시티에 도착한 케인스는 클라리지 호텔에서 하이에크에게 친서를 보냈다. 케인스가 굳이 책에 대한 의견을 보냈다는 것은 하이에크의 글이 가진 수사적 힘, 서사의 압승, 또 자유주의 전통을 둘러싼 논쟁에 케인스가 큰 의미를 부여하고 있었다는 것을 보여준다. 게다가 당시 하이에크는 유명인이 아니었고 그의 책도 출판계에서 돌풍을 일으키기 전이었다.

케인스는 통렬한 비평을 하기 전에 진심 어린 축하로 편지를 시작했다. "개인적으로 위대한 책이라고 생각합니다. 우리에게 절실한 것을 이렇게 잘 정리했다는 점에서 다들 선생에게 감사해야 할 겁니다. 물론 선생도 내가 그 안에 있는 모든 경제 원칙을 수용할 것으로는 기대하지 않았을 겁니다. 하지만 윤리적으로, 그리고 철학적으로 저는 사실상 그 모든 내용에 수긍할 수 있었습니다. 그것도 깊이 감화된 채로 말이죠."[15] 전체주의 정부의 부상은 비극이며 그에 대한 최선의 방어는 자유주의에 다시 활력을 넣는 것이었다.

하지만 케인스는 하이에크가 진정한 의미의 진보 프로그램은 제안하지 못했다고 여겼다. 하이에크가 사회안전망, 규제, 독점금지 정책에 대해 제안한 모든 타협점은 그를 스스로 뭉개 버려야 할 정치적 적수로 책망한 전체주의로 전락하게 만들었다. "선생은 그것이 어디에 선을 긋느냐의 문제라고 여기저기서 인정했습니다. 선생도 어딘가에는 선을 그어야 하고, 그런 극단적인 논리는 불가능하다는 것을 아니까요. 하지만 선을 긋는 지점에 대해서는 아무 지침도 주지 않았습니다. 하지만 그런 극단이 불가능하고 어딘가에 선을 그어야 한다는 것을 인정하는 순간 선생의 주장은 길을 잃습니다. 왜냐

존 메이너드 케인스

하면 선생은 우리를 설득하려 하기 때문에 누군가가 1인치라도 계획된 방향으로 움직이면 선생은 절벽으로 연결된 그 미끄러운 길로 갈 수밖에 없습니다."[16]

심지어 하이에크의 추종자들조차 그가 수행한 나치 독일의 부흥에 대한 주요 사례연구 이면에 있는 역사적 주장의 약점은 언급하곤 했다. 하이에크의 정치학 내용을 접한 시카고대학의 경제학자인 프랭크 나이트는 그 책은 독일 역사를 사회주의가 점차 잠식되면서 히틀러로 이어지는 정도로 "지나치게 단순화"했다는 점에서 대학 출판사의 출판을 만류했다. 듀크대학교의 현대 경제학자인 브루스 칼드웰도 《노예의 길》을 최근에 접한 후 하이에크의 역사관은 "그 토대가 불안하다"고 밝혔다.[17] 케인스에게 이런 불충분한 역사는 책의 폭넓은 시각과 별개로 봐야 할 우연한 실수가 아니라 파시즘을 낳은 분노와 사회적 역기능의 근원에 대한 큰 오해로 보였다.

케인스는 《자유방임주의의 종언》에서 자유주의가 추상적 원칙에만 의존할 수 없으며 그것을 토대로 사는 사람들에게 실제로 혜택이 되어야 한다고 주장했다. 자유방임주의는 민주적 정당성에 대한 기본적인 실험을 통과하지 못하면서 엄청난 불평등과 극심한 경기침체를 초래했다. 케인스는 하이에크가 자유방임주의의 현실적 단점들을 무시함으로써 독일에서 독재정권이 부상한 원인에 대해 스스로 착각할 수밖에 없었다고 밝혔다. 히틀러를 탄생하게 한 경제적 원동력은 하이에크가 "사회주의"라고 비난한 사회복지 정책들이 아니라 디플레이션으로 인한 고통과 절망이었다. 세계의 민주주의 국가들은 1930년대 후반과 1940년대에 그들을 회생시킨 경제 전략을 저버릴 수 없었다. 그렇게 해봤자 새로운 정치적 불확실성 기류를 일으키면서 권위주의적 사회 운동을 부추길 뿐이었다. 뉴딜과 케인스식 경제 관리 방법을 포기하라는 하이에크의 요구는 더 강한 독재자들을 위한 해법이었다. 케인스는 편지에 이렇게 썼다. "내 생각에 지금 필요한 것은 우리가 전개하는 경제 프로그램의 변화가 아닙니다. 그렇게 해봤자 선생의 철학적 결과에 환멸만 느낄 거요. 오히려 현재 진행되는 프로그램을 확대해야 합니다."[18]

케인스에게 경제는 안정을 위한 동력과 사회적 정의를 위한 동력을 결합해야 하는 중요한 영역이었다. 그는 하이에크와 자신의 의견이 일치하지 않는 대부분의 영역이 희소성 중심의 현실적 문제에 관한 것이라고 믿었다. 즉 골고루 분배될 수 있는 충분한 자원이 있는지, 그리고 국가가 그런 분배 작업을 효과적으로 관리할 수 있는지의 문제를 말했다. 그는 하이에크에게 보낸 편지에 "선생은 곧 사회가 풍요로워질 것이라는 주장들을 모두 비난하는데, 그건 선생이 잘못 짚은 것 같소"[19]라고 썼는데, 이 주장은 전후 경제가 호황을 맞이하면서 입증된다.

하지만 하이에크에게 희소성은 결과의 문제인 것만큼 도덕적인 문제였다. 희소성은 "물질적 환경이 선택을 강요하는 영역"을 만들었고 이는 좋은 삶에 대한 그의 비전에 꼭 필요했다. 어떤 것을 선택하기 위해서는 다른 것을 포기해야 하고, 모든 것을 가질 수 없는 상황은 개인을 표현하는 원천이었고 "윤리의식이 자라고 윤리적 가치가 매일 재현되는 공기"였다.[20] 개인에게 진실인 것은 사회에도 진실이었다. 다른 것 대신 어떤 행위와 전통을 선택하지 않아도 된다

존 메이너드 케인스

면 문화는 퇴화하고 공허해질 것이다. 코리 로빈이 강조했듯이, 하이에크는 이 세상에는 지식을 전달하고 세대에 걸쳐 사회적 가치를 정의할 상류층이 필요하다고 믿었다. 모두를 위한 충분한 자원이 있는 평등주의 사회에서는 상류층이 사라질 것이다.

이는 두 사람을 구별하는 큰 특징이었다. 하이에크와 케인스는 모두 민주주의가 사회를 구성하는 근본적인 원리가 아니라 더 중요한 목표를 이루기 위한 도구라는 생각에 동의했다. 두 학자는 심지어 민주주의의 가장 중요한 기능이 활기찬 엘리트 문화를 양성하는 능력에 있다는 동일한 믿음이 있었다. 케인스가 블룸즈버리에 부여한 가치는 어떤 측면에서 하이에크가 빈의 예전 귀족 계층을 이해하는 방식과 비슷했다. 하지만 케인스는 세상 전체가 블룸즈버리처럼 된다고 해도 잃을 게 없었지만, 하이에크에게 귀족은 본질적으로 배타적이었다. 모두가 귀족이 될 수 없다는 점이 핵심이었다. 따라서 케인스는 엘리트층의 안락함과 특권을 민주화시키려 애썼지만 하이에크는 귀족 계층과 일반 대중의 사회적 거리를 강화하고 싶어 했다. 하이에크가 믿었던 것은 불평등을 통해서만 이룰 수 있었지만 케인스는 자신이 원하는 것을 교육을 통해 실현할 수 있다고 믿었다.

다음은 케인스의 편지 내용이다. "우리가 원하는 것은 계획이 없거나 계획성이 떨어지는 것이 아니라는 점을 밝히고 싶습니다. 사실 우리는 확실히 더 많은 것을 원합니다. 하지만 그 계획은 공동체 안에서 일어나야 하고 지도자와 추종자 할 것 없이 가능한 한 많은 사람이 자신의 윤리적 입장을 완전히 공유해야 합니다. 적절한 계획은 그것을 이행하는 사람들의 머리와 마음속에서 올바른 도덕적 판단이 우러나왔을 때만 안전할 것입니다. 그래서 우리가 올바른 윤리적 사고를 되찾아야 하는 겁니다. 즉 우리 사회의 철학이 올바른 윤리적 가치를 회복하는 것이죠. 선생이 스스로 짊어진 십자가를 그 방향으로 돌릴 수만 있다면 돈키호테처럼 보이거나 느끼지 않을 겁니다. 나는 선생이 윤리적 문제와 물질적 문제를 좀 혼동하는 게 아닌가 싶습니다. 올바르게 생각하고 느끼는 공동체에서도 위험한 행위가 안전하게 행해질 수 있는데, 잘못된 생각과 느낌에 따라 이행된다면 그것은 지옥으로 가는 길일 뿐입니다."[21]

케인스는 국가를 민주적 의지의 표현으로 생각하는 루소의 개념을 받아들이는 동시에, 문화와 전통의 힘을 강조하는 에드먼드 버크의 시각을 반영하고 있었다. 그는 철저한 사리사욕 추구에도, 유토피아적인 영혼의 관대함에도 기대지 않는 비전을 제시했다. 공동체는 경제 계획과 윤리 교육을 통해 그 일원들을 군국주의적 국수주의로부터 보호할 윤리적 가치와 물질적 안락함을 심어주는 방식으로 불확실성을 가장 불안하게 하는 요소들을 퇴치할 수 있었다. 케인스는 《자유방임주의의 종언》에서 그랬듯이, 프랑스 혁명 이후로 서구 사상의 양극단으로 정의돼온 좌익의 철학과 우익의 철학을 조화롭게 하려고 애썼다. 이는 버크의 전통주의가 루소의 급진적 민주주의와 연합될 수 있게 하는 것과 같았다. 케인스는 1939년 〈뉴 스테이츠맨 앤드 네이션〉에 낸 논평에서 이런 말을 했다. "문제는 우리가 19세기의 자유방임주의 국가에서 진보적 사회주의 시대로 나아갈 준비가 돼 있느냐는 것이다. 여기서 진보적 사회주의란 우리가 공동목적을 위해 조직적인 공동체로서 행동하고 사회, 경제적 정의를

존 메이너드 케인스

증진하는 동시에 개인의 권리인 선택과 신념, 마음, 표현, 또 사업과 재산을 존중하고 보호하는 시스템을 말한다."[22]

정치생활에 대한 실질적인 지침으로 보자면 케인스가 하이에크에게 보낸 편지가 《노예의 길》보다 더 유용하지도 않았다. 교육이나 계획 방식에 대한 내용이 거의 없기 때문이다. 게다가 국가가 획득한 새롭고 막대한 힘에 대해서 굉장히 느긋하기까지 했다. 정부가 내재적으로 갖고 있는 위험한 폭력에 대한 하이에크의 경고는 연합된 전쟁 무기로 자행되는 잔학행위 측면에서 더 설득력이 있으며, 1944년 정치 지도자들이 하이에크의 목소리를 근본적으로 금지시킨 것도 이 때문이었다. 처칠, 루스벨트, 트루먼, 그리고 전시 영국의 재무장관 대행이었던 케인스 자신도 전쟁을 제안할 수 있는 어떤 유의미한 원리를 확립하지 않았다. 유럽과 태평양에서 연합군의 폭격으로 75만 명 이상의 민간인이 목숨을 잃었다.[23] 도시 전체가 폐허가 되었고 고대 문화 유적들도 사라졌다. 계속되는 테러는 적의 생산 활동에 전략적 영향은 거의 미치지 않았는데, 이는 존 케네스 갤브레이스가 전쟁 막바지에 미국 전략폭격조사위원회 국장으로서 공식적으로 보고한 사실이었다. 민주주의에는 해방할 힘도 있었지만 파괴할 힘도 있었다.

케인스와 하이에크가 여행 중에 나눈 희소성, 평등, 민주주의에 대한 생각에는 동료 학자 사이의 다정한 친서 교환 이상의 의미가 있었다. 그 내용을 통해 케인스가 1944년 브레튼우즈에서 열린 UN 통화금융회담에서 발표한 거대한 경제 계획의 지적 배경을 파악할 수 있기 때문이다. 유럽과 미국의 입장에서 이 회담은 1919년 파리

회의가 와해된 이후 정상들이 모이는 가장 중요한 자리였다. 그리고 케인스에게 그 자리는 그를 유명인으로 만든 전쟁이 일어난 이후로 그가 개발한 모든 아이디어와 프로그램을 실행에 옮길 수 있는 구원의 기회였다. 60세의 케인스는 점점 쇠약해지고 있었지만 그의 지적, 정치적 힘은 정점에 도달해 있었다. 브레튼우즈는 그런 그가 인생에서 마지막으로 겪을 혹독한 시험대가 될 운명이었다.

마운트 워싱턴 호텔은 뉴햄프셔주 화이트 산맥 구석의 외딴 계곡에 자리 잡은, 도금시대의 야심이 반영된 호화로운 곳이었다. 여름에는 특히 장관이었다. 베란다와 발코니에서 보면 6,000피트에 달하는 봉우리들과 구불거리며 퍼져나간 리조트의 개인 골프장, 리디아가 아침마다 벌거벗고 목욕을 하는 바람에 각국 대표들을 놀라게 했던[24] 반짝이며 굽이쳐 흐르는 애머누석강이 숨이 턱 막힐 정도로 멋진 광경을 자아냈다. 호텔 실내도 터키탕, 볼링장, 사냥 애호가를 위한 총기실, 동반한 아내들과 게임 애호가를 위한 포커방, 그리고 은밀한 분위기의 케이브 바와 하루 종일 오고가는 손님들을 위해 오케스트라 음악이 흐르는 호화로운 별실까지 생각할 수 있는 모든 편의시설을 갖추고 있었다.[25]

하지만 브레튼우즈 회담은 차분하고 평화로운 휴가가 아니었다. 케인스는 이 회의를 '무시무시한 몽키 하우스'라고 불렀다. 730명에 이르는 각국 대표단과 가족에 기자단 500명이 더 있었지만 객실은 234개밖에 없었다. 사실 기자들은 트윈 마운트 호텔에 머물고 있었는데 그곳은 마운트 워싱턴 호텔에서 6마일이나 떨어진 곳이었고 재무 회의들이 시작됐을 무렵에 이미 물이나 음식이 바닥이 나 있었

존 메이너드 케인스

다. 게다가 화이트 등 미국 주최 측이 기자단을 행사 전체에 자유롭게 출입하게 해주는 바람에 회의가 저녁 시간을 지나 자정이 넘도록 질질 끌 때도 기자단은 빽빽이 진을 치고 그대로 남아 있었고 이후 진행되는 사교모임까지 합류할 때가 많았다.[26] 호텔의 그 어떤 것도 제대로 작동되지 않는 것 같았다. 리디아가 7월 12일에 시어머니에게 "수도꼭지에서는 하루 종일 물이 새고 창문은 닫히지도 열리지도 않는 데다 파이프도 언제 수선되는지 알 수가 없어 다들 아무 데도 갈 수가 없어요"[27]라고 편지를 보냈다. 회의 참석자들은 대부분이 술에 취한 채 움직이는 것 같았다. 저녁에 있는 협상은 칵테일 자리로 이어졌고, 누구든 반대파를 설득하려는 대표는 오후에 흥겨운 술자리를 열었다. 별실에서는 1달러면 술을 마실 수 있었고 공식적인 외교행사가 끝나면(보통 새벽 3시 30분까지 이어지는 경우가 많다) 화이트는 미국의 음주가를 각색해서 분위기를 띄웠는데 노래는 이때부터 "브레튼우즈의 노래"로 알려지게 된다.

> 내가 죽으면 절대 땅에 묻지 말고
> 그저 알코올로 내 뼈를 적셔주세요.
> 내 머리와 발치에 술 한 병을 올려놓고,
> 내 영혼을 지켜달라고 신께 기도하세요.[28]

리디아는 남편이 밤늦은 회의에 참석하는 것을 철저히 막았지만 케인스는 엄청난 압박을 느끼고 있었다. 3주간 회의가 진행되는 동안 수많은 자료와 제안들의 폭격을 받는 동시에 협상 상황을 알리기 위해 영국 정부에 백 통 가까운 전보를 보내야 했다. 단 며칠 만에 케인스는 육체적 컨디션을 유지하기 위해 안간힘을 써야만 했다. 그는 "내 평생 이렇게 계속 일만 했던 적이 있었나 싶어요"라고 말했다.[29] 협상이 영국에 불리해질 때면 그는 미국 재무부의 영악한 "랍비"들에 대한 재치 있는 말로 분노를 표출했다(화이트 및 미국 대표단 일부는 유대인이었다).[30]

긴장이 풀리는 순간들도 있었다. 어느 날 저녁에 리디아와 케인스는 위층 라운지에서 영국 대표단 중 한 명인 H.E. 브룩스의 피아노 반주에 맞춰 손님들 앞에서 "푸른 도나우강"을 부르기도 했다.[31] 하지만 그런 경쾌한 시간은 드물었다. 케인스는 개인적 차원에서나 국제적 차원에서나 회담에 걸린 복잡한 이해관계를 잘 알고 있었기에 스스로를 혹독하게 내몰았다. 브레튼우즈는 인간성을 되찾는 꿈을 꾸며 25년을 보냈던 그의 아름다운 관념들 속에 정치적 생명을 불어넣을 마지막 기회였다.

케인스 삶의 위대한 프로젝트는 세계대전이 끝나고 브레튼우즈 회담이 끝날 때까지 돈이 전쟁에 대항하는 무기로 사용될 수 있는 방법을 파악하는 것이었다. 그가 《평화의 경제적 결과》에서 개괄한 국제적 투자 계획은 시간이 지나면서 점차 유연한 환율과 관세, 그리고 궁극적으로 《일반이론》에서 설명한 수요관리 전략으로 변화되었다. 하지만 케인스는 사상가로서 발전하는 동안 경제적 불안정성은 국제적 갈등을 일으키는 위험한 촉매제라는 생각이 생겼다. 그는 도금시대의 자유무역 사상과는 결별했지만 그와 관련된 국제적

존 메이너드 케인스

비전은 포기하지 않았다.

미국의 외교정책에서 노먼 에인절과 코델 헐 국무장관 등 그의 제자들에게 경제적 고립은 세계평화에서 가장 거대하고 구조적인 위협이었다. 그들은 국경을 뛰어넘는 자유무역과 그 사이에서 얽히고설킨 각국의 경제적 이해관계는 국제화합을 이루기 위한 필수 과정이라고 믿었다. 무역은 서로 다른 국가 사이의 이해를 증진시키고 연합 프로젝트를 통해 그들의 상호 번영을 단단히 다졌다. 반면 고립은 외국이 공격을 해도 경제적 보복을 할 수 없으므로 탐욕과 호전성을 조장했다.

케인스는 문제가 사실은 훨씬 더 간단하다고 믿게 되었다. 파시즘의 근본 원인은 실업이었다. 실업은 쉽게 무력으로 이어지는 정치적 불안정과 분노의 근원이었다. 무역 조건은 국제적 호의를 확립하는 노력을 돕거나 훼손할 수 있지만, 국제적 경제 질서의 정당성을 부여하는 관세는 사실상 그것이 상호 번영을 가져다주는지 여부에 따라 전적으로 달라질 수 있었다.

에인절과 헐에게 자유무역과 경제적 풍요의 관계는 종교적 신념에 가까운 근본적인 믿음이었다. 케인스도 그런 태도에 익숙했다. 케인스 자신도 젊었을 때는 자유무역을 "거의 도덕법"처럼 여겼었다.[32] 자유무역이 번영으로 이끈다는 믿음은 자원이 희소한 세상에서 그것이 효율성을 높여줄 것이라는 생각에 뿌리를 두고 있었다. 케인스도 19세기에는 자유무역이 국가가 가장 잘하는 것에 특화되게 함으로써 전 세계의 경제적 파이를 키워 평화와 번영을 실질적으로 증진하고 잠재적 분노와 불안을 억제한다고 믿었다.

하지만 케인스는 또한 20세기의 경제 문제가 자원의 부족함 때문이 아니라 잘못된 경영 때문이라고 확신했다. 디플레이션은 생산 부족이 아닌 금융 불안과 불확실성에 의해 일어났다.[33] 1926년에 있었던 영국의 총파업과 히틀러의 부상은 해결되지 않는 비참한 국내 상황에 대한 급진적인 해결책을 찾는 절망적인 사람들에 의해 행해졌다. 그들이 겪은 고통의 원인은 비교우위에 대한 이해 부족이 아니라 디플레이션, 즉 근로자들의 해고와 폐업을 낳은 물가 하락 때문이었다. 그리고 이제 케인스는 그가 젊었을 때 그렇게 옹호했던 금본위제를 통한 자유무역이 세상을 휩쓴 디플레이션의 주범이라고 믿게 되었다.

경제학자들이 케인스주의의 족적을 따르는 중요한 집사들이 됐으므로 《일반이론》은 케인스의 지적인 삶의 정점을 이루는 작품으로 오랫동안 인식되어 왔다. 하지만 만약 케인스주의가 외교관이나 철학자들을 통해 이어졌다면 그의 위대한 책은 쾌적한 삶과 국제적 합의를 통해 더 폭넓은 정치 의제를 발전시키는 데 거치는 그저 하나의 중요한 단계로 인식됐을 것이다. 케인스에게는 아직 찾아야 할 돌파구가 하나 남아 있었다. 책이나 잡지 기사로 발표될 만한 사안은 아니었다. 그것은 금본위제로 야기된 수많은 문제를 최종적으로 해결하는, 전후 국제 금융 및 무역 체제를 위한 외교적 제안이었다.

케인스는 《화폐론》에서 환율을 유연하게 유지하라고 요청함으로써 그 "미개한 유물"에 대한 공격을 개시했다. 제1차 세계대전에 이은 금융혼란을 경험하면서 케인스는 경제적 불균형을 바로잡고 예기치 못한 혼란에서 벗어나려면 국가마다 그들의 화폐가치를 재

존 메이너드 케인스

평가해야 한다는 확신을 얻었다. 하지만 화폐 간 상대가치에 따른 수용 가능한 평가절하와 해외 시장을 노린 환율 조작이 정확하게 구별되기는 어려운 일이다. 금본위제가 가진 얼마 안 되는 이점 중 하나는 무엇이 공정한 게임을 구성하는지를 분명히 이해하고 공유한다는 데 있었다. 이 게임의 규칙을 어기는 국가는 무모하거나 약탈적인 곳으로 인식됐다. 하지만 국가가 어쩔 수 없이 이런 규칙을 깨뜨릴 수밖에 없는 상황이 있다는 것을 받아들이고 나면 공정한 게임을 어떻게 평가하느냐의 문제가 훨씬 더 까다로워졌다.

케인스는 《일반이론》 집필을 완료했을 무렵에 국제무역의 책무는 중요한 우선순위가 아니라는 것을 깨달으면서 이 문제를 해결하였다. 공공사업, 조세정책, "투자의 사회화"를 통한 수요 관리가 관세, 환율 조작 등 일명 근린궁핍화 정책을 무용지물로 만들 수 있었다. 내수를 활성화하면 수입이 늘어나 수출에 의존하는 다른 나라들을 도울 수 있을 것이다. 만약 모든 정부가 자국의 니즈를 돌볼 수 있다면 강력한 국제 규제 시스템은 불필요할 것이다. 케인스는 경제 민족주의를 경제적 약탈에 대응하는 도구로서 받아들였다.

하지만 그 전략에는 한계가 있었고 특히 약소국의 경우에 더 그랬다. 그리고 전쟁이 종식되자 미국을 제외한 거의 모든 국가가 약해졌다. 영국도 마찬가지였다. 전후 국가 산업을 재건하고, 전쟁으로 신경 쓰지 못한 국민들의 복지를 되살리고, 분쟁으로 발생한 부채를 갚는 등(제국의 유지에 드는 비용은 개의치 않았다) 할 일은 태산이었지만, 케인스는 이 모든 일이 감당할 수 없는 "재정적 덩케르크"라는 것을 예견했다.[34] 그는 때때로 정부의 강력한 지출과 저금리 정책에도 불구하고 약소국들의 경제적 숨통을 조금이라도 트려면 보호무역주의 조치가 필요할 수 있다고 믿었다. 하지만 그런 조치들이 공정한지 누가, 어떻게 판단할 수 있을까?

케인스는《화폐론》에서 다룬 사상을 재검토하는 것으로 이 작업을 시작했다. 그 책은 중앙은행을 통해 당시 벌어지고 있던 모든 경제 문제를 해결하려 하였다. 중앙은행은 전통적으로 국가의 금 보유량을 관리하고 균형 잡힌 무역 흐름을 위해 금리를 조정했다. 케인스는 중앙은행이 그런 역할보다는 완전 고용을 보장할 수 있도록 금리를 관리해야 한다고 주장했었다. 케인스는 이런 국내 금리 조정으로 인해 일어날 수 있는 국제 무역의 비정상적 변동을 관리하려면 전 세계를 아울러 자금 공급 및 통화와 무역 흐름을 규제하는 "초국가 은행"을 신설해야 한다고 촉구했다.

국제 중앙은행은 초국가통화Supernational Bank-money(1941년 케인스의 제안으로 창설이 시도된 국제 통화로 이후 '방코르bancor'라는 이름으로 불림-옮긴이)를 각국의 일반 중앙은행에 발행할 것이다. 연방준비제도이사회, 영란은행, 그리고 이들이 상대하는 주요 기관들은 그들의 통상적인 통화 정책을 운영하는 과정에서 방코르를 빌릴 것이다. 초국가 은행은 이 새로운 국제화폐를 관리해서 개별 국가가 디플레이션을 일으키지 않으면서 국내 문제를 해결할 수 있게 보조할 것이다. 초국가 은행은 항상 합리적인 조건으로 자금을 공급하기 때문에 국가들은 비상시에도 돈이 바닥나는 상황을 걱정할 필요가 없다. 이렇게 되면 어떤 정부도 통화 및 무역 문제를 해결하기 위해 일부러 실업자를 만들어낼 필요가 없어진다.[35]

존 메이너드 케인스

전쟁 중에 케인스는 이 아이디어를 확장해서(700페이지에 가까운 《화폐론》에서 이 내용을 다루는 부분은 고작 세 페이지에 불과하다), 이후 그가 국제결제동맹ICU이라 불렀던 제안서를 영국 정부의 이름으로 만들었다.

케인스는 금본위제가 붕괴된 이유는 그것이 국가들을 디플레이션으로 몰고 갔기 때문이라는 기존 주장을 고수했다. 무역적자를 낸 국가들은 무역수지 회복을 위해 전적인 책임을 져야 했다. 그리고 그런 나라들은 결국 국내 임금을 낮추고 대량 실업 사태를 초래하며 순전히 가격 경쟁력으로 상품을 수출하는 처지에 놓일 것이다. 예를 들어 만약 영국이 미국에 수출하는 상품보다 더 많은 양의 상품을 수입해서 미국과의 무역에서 적자를 낳으면 무역수지 문제가 초래될 것이다. 그리고 영국은 미국으로부터 받는 것보다 더 많은 돈을 지불하게 된다. 이런 상황이 계속 지속되면 영국은 미국 상품에 지불할 돈이 바닥날 것이다.

이 문제는 이론상 국제 대출을 통해 해결될 수 있다. 아주 많은 상품을 수출해서 떼돈을 번 미국이 그 돈을 합리적인 조건으로 영국에 대출해준다면 영국은 수입 상품을 계속 구입하기 위해 필요한 자금을 마련할 수 있다. 세계대전이 일어나기 전 50년 동안 케인스는 금본위제가 살아남은 것은 바로 영국이 현명하고 관대한 채권국이었기 때문이라고 여겼다. 런던은 돈이 필요한 해외 국가에 돈을 잘 빌려줬었다.

하지만 전쟁으로 인한 파괴나 은행 불안, 나쁜 통화 정책, 주식시장 거품, 혹은 외국을 대상으로 한 대출에 대한 단순한 무관심 등 어떤 이유로든 그런 대출이 불가한 경우에 무역적자를 내는 국가가 상황을 바로잡을 유일한 방법은 해외 시장에 수출하는 제품 가격을 끌어내리는 것이다. 그리고 그런 국가는 결국 디플레이션과 대량 해고에 의지해야 할 것이다.

금본위제의 윤리적 규범 아래서 겪는 그런 고통은 한 국가가 약하거나 게을러서 치르는 대가였다. 케인스는 많은 국가의 인프라가 비효율적이라는 점을 선뜻 받아들였다. 하지만 국가들이 무역적자를 내는 이유는 그들이 무역흑자를 내는 나라들보다 더 무모하거나 덜 무모해서가 아니라 그럴 수밖에 없기 때문인 경우가 많았다. 더군다나 흑자를 내는 국가들이 적자를 내는 국가들 때문에 받는 불이익은 사실상 없었다. 적자 국가는 막대한 부채를 떠안지만, 흑자 국가는 수출 호조 덕분에 더 많은 근로자를 고용하고 생활 수준을 제고할 수 있었다. 금본위제의 윤리는 불어나는 부채에 허덕이는 국가들에 수치심을 안기지만, 그런 부채를 통해 가장 큰 혜택을 받는 사람들은 흑자 국가였으며 그 혜택은 채무국가의 고용이 희생된 결과였다. 케인스는 일상생활과 마찬가지로 국제 질서에서도 거지가 진짜 악당인 경우는 거의 없다는 것을 알게 됐다.

케인스는 어떤 무역방식이든 그것을 지속가능하게 만드는 비결은 흑자 국가, 즉 국제사회의 주된 채권국들이 무역수지의 균형을 맞추는 조정 작업에 참여하는 것이라고 믿었다. 그러기 위해서는 계속 적자를 내는 국가나 계속 흑자를 내는 국가를 벌할 수 있는 국제적 권력기관이 필요했다. 이는 곧 부유한 나라들이 가난한 나라들과 그들 사이에 존재하는 불균형을 바로잡기 위해 돈을 내게 만드는 것

존 메이너드 케인스

을 의미했다.

케인스는 ICU를 통해 이 아이디어를 실현하게 된다. 《화폐론》에서 그랬던 것처럼 모든 참여 국가의 중앙은행은 ICU에 계좌를 개설할 것이다. 국제 무역에 따르는 지불 행위는 ICU가 마음대로 만들 수 있는 방코르라는 새로운 국제 통화를 통해 이행될 것이다. 어떤 나라가 지속적으로 적자를 내거나 흑자를 내면 ICU는 무역 시스템이 다시 균형을 이룰 수 있도록 해당 국가에 화폐를 재평가하도록 요구할 것이다. 적자를 내는 국가들은 통화 가치를 최대 5퍼센트까지 절하해야 하지만 흑자를 내는 국가들은 자국 통화 가치를 최대 5퍼센트까지 올려야 할 것이다. ICU는 매년 말에 흑자 규모가 특히 큰 잔고들을 잡아 놓을 것이다.

케인스는 실제로 이렇게 몰수되는 경우가 극히 드물 것으로 예상했다. 결국 핵심 아이디어는 무역의 균형을 이루기 위한 국제적 책임을 확립하고 그런 책임을 다하게 만드는 몇 가지 메커니즘을 제공하는 것이다.

이는 탁월한 발상이었다. 심지어 케인스의 오랜 적수인 리오넬 로빈스조차 그 계획에 심취했다. 그는 "이 아이디어가 관련 정부 기관 전체에 미칠 영향은 더없이 짜릿할 겁니다. 이렇게 상상력 가득하고 야심 찬 계획은 지금껏 한 번도 논의된 적이 없었거든요"라고 외쳤다.[36] 하지만 케인스와 그의 오랜 정적들까지 모두가 이 계획을 좋아한 데에는 이유가 있었다. 1944년 영국은 수 세기 역사를 통틀어 경제적으로 가장 취약한 위치를 점하고 있었고, 제국은 붕괴 직전이었으며, 국내 경제 또한 외국의 원조에 의존하고 있었다. 케인스의 계획은 국제적인 규제기관을 통해 부유한 국가들이 가진 힘을 견제하는 것은 물론이고, 부유국들이 빈곤국들의 경제 문제를 해결하는 데 도움을 주게끔 밀어붙이고 있었다. 케인스는 자유무역과 국제화합이라는 명목으로 미국의 경제력에 대항해 몰락하는 대영제국의 이익을 수호하고 있었다.

미국인들은 그 계획에 결부되는 것을 원치 않았다. 케인스는 처음에 이 계획의 실제 운영 방식에 대한 혼란 때문에 해리 덱스터 화이트와 루스벨트 행정부가 주저한다고 여겼지만, 나중에는 적대적이고 보수적인 미 의회가 그 저항감의 주범이라는 것을 확신하게 되었다. 사실 미국 정부는 미국의 힘을 떨어뜨릴 국제질서를 만드는 것에 전혀 관심이 없었다. 루스벨트 행정부는 원초적 힘을 가진 현실정책에 대한 분명한 시각을 갖고 있었고, 대공황 발생 원인을 루스벨트와 미국의 고위 외교관들이 오해하고 있었던 점과 정의로운 윌슨 대통령이 표명한 국가의 운명의식도 미국의 거부감에 영향을 줬다.

루스벨트 대통령에게 대공황과 제2차 세계대전은 1920년대에 미국이 국제무대에서 발을 빼면서 발생한 예측 가능한 결과였다. 유럽은 중세의 경쟁과 갈등에서 아직 헤어나지 못한 웅덩이 같았다. 반면 미국은 고대의 질투로부터 해방된 진보와 계몽의 땅이었다. 미국은 제1차 세계대전 종식 후 이어진 극심한 인플레이션으로부터 재빨리 회복했지만 유럽은 무역 분쟁, 통화 실정, 군사 침략 등 진창에 빠져 있었다. 이런 유독성 기류는 결국 대서양을 건너 미국으

존 메이너드 케인스

로 흘러 들어왔다. 많은 미국 경제학자들은 연준이 1920년대의 통화 정책과 영국에 대한 원조 활동에 너무 안일하게 대처했다고 믿었다. 1928년에서야 연준은 무모한 주식 투기에 어느 정도 규율을 부과하려 했지만 문제는 이미 걷잡을 수 없었고, 거품이 빠진 주식시장은 대공황을 일으켰으며, 대공황은 관세로 자국 산업을 지탱하려는 유럽의 맞대응 전략으로 인해 장기화되고 악화되었다. 그리고 이 모든 사태에도 불구하고, 루스벨트 대통령은 본인이 창의적이고 새로운 솔루션인 뉴딜정책으로 대공황을 치유했다고 믿었다. 하지만 동맹국 중 미국 다음으로 경제력이 강한 영국은 허술한 관세와 통화의 평가절하에 의존했고, 이는 영국 경제가 약화되어 제대로 된 기능을 하지 못한다는 확실한 징후였다. 만약 미국이 유럽을 유럽인들에게 맡기지 않고 자유세계의 리더로서 적절한 역할을 수행했다면 지난 20년간 이어진 혼란은 피할 수 있었을 것이다.

이는 전체적으로 지나칠 정도로 단순화된 이야기지만, 미국이 더 효과적인 리더십을 발휘했다면 이 중 많은 문제를 예방할 수 있었을 것이다. 루스벨트 행정부는 미국이 어떤 실수를 했는지 몰랐을 뿐이다. 대공황을 초래한 것은 영국의 퇴보 때문도, 저금리 정책 때문도 아니었다. 물론 비판할 만한 것들은 많지만 가장 큰 원인은 1928년부터 연준이 지나치게 옭아맨 통화 정책 때문이었다. 금리는 1928년과 1929년에 아주 높았고, 주식시장 붕괴로 연준은 마침내 금리를 인하했지만 미국의 현금 공급 체제를 파괴한 연이은 은행 파산을 막을 정도로 낮추지는 못했다. 케인스가 1920년대에 경고했듯이 금본위제로 복귀한다는 것은 유럽에서 가장 중요한 경제적 결정권을 미국에게 넘기는 것이었다. 다시 말해 영란은행이 아니라 미국 연준이 국제 통화체제의 지휘자가 되는 것이다. 그리고 이는 재난을 초래했다.

미국 외교관들은 대공황의 원인은 착각하고 있었지만 그들의 신념은 막강한 정치적 힘을 발휘했다. 루스벨트, 화이트, 모겐소는 각각 이해관계가 달랐지만 세 사람 모두 전쟁 중 대영제국을 파산시키고 영국 경제를 종속시켜야 한다는 최우선 과제에는 합의했다. 이런 미래 비전과 함께 미국은 다가올 경제 시대에 대비해 세계의 또 다른 초강대국으로 혁신적으로 부상한 소련과 손을 잡게 된다.[37]

뉴햄프셔에서 거의 3주간 협상이 이어지던 7월 19일 저녁, 케인스는 계단을 오르던 중 쓰러졌다. 그는 15분 후 기운을 차린 듯했지만 케인스가 심장마비를 겪었다는 소문은 호텔 안에서 삽시간에 퍼져나갔다. 그의 건강은 누가 봐도 알 정도로 악화되어 회담장에 있던 기자들까지 이 소문을 알게 됐으며 독일 신문들은 때 이른 부고까지 낸 경우도 있었다. 케인스는 한 친구에게 회담장에 있는 동안 컨디션이 "부쩍 좋아졌다"는 편지까지 보내며 신문사의 그런 실수를 가볍게 넘어가려 했지만 그를 실제로 본 사람은 누구나 그 말이 명백한 거짓임을 확신할 수 있었다. 로빈스의 일기에는 당시 상황이 이렇게 적혀 있다. "우리는 벼랑 끝에 서 있다. 이제는 과연 이 회담이 먼저 끝날지 선생님의 기력이 먼저 소진될지 경주라도 보고 있는 기분이다."[38]

케인스가 브레튼우즈에서 그렇게 건강이 악화되도록 고군분투

존 메이너드 케인스

할 수밖에 없었던 것은 사실상 경제와는 아무 관련이 없었고 순전히 외교적인 눈치 싸움 때문이었다. 미국 대표단의 수장이자 회담 주체 자인 화이트가 케인스의 계획을 다른 참가자들이 도착하기도 전에 일축해버렸던 것이다. 대신 브레튼우즈 프로젝트에 참여한 모든 국 가는 그들의 통화를 고정 환율에 달러로 전환할 수 있게 만드는 데 합의하게 된다. 그리고 모든 통화 중 달러만이 금으로 태환될 수 있 었다. 국제 중앙은행이 무역수지를 규제하는 대신에 위기 상황에는 국제통화기금IMF이 긴급 대출을 해주는 방향으로 가닥이 잡혔다. 여 기에 더해 전후 재건 사업을 보조하기 위해 세계은행도 신설되기로 결정되었다. 케인스가 원했던 것은 약탈적 무역 계약과 금융 위기를 방지할 수 있는 국제적 규제 기구였다. 하지만 그가 얻은 것은 긴급 구제자금이 더해진 금본위제였다.

케인스와 화이트는 세부 사항을 두고 옥신각신했다. 가령 환율 은 어느 방향으로든 최대 1퍼센트까지 변동될 수 있었다. 각 회원국 을 새롭게 평가해 "할당금"을 정하고 그 돈을 출자해 IMF와 세계은 행을 운영할 것이다. 모든 국가는 IMF 할당금이 클수록 정책에 대한 통제력이 커지고 향후 원조를 더 잘 받을 수 있다는 것을 이내 깨달 았다. 한편 세계은행 할당금이 크다는 것은 타국에 즉각적으로 돈을 수혈할 수 있다는 것을 의미했다. 어떤 나라가 공장 재건과 농경지 정비를 위해 세계은행 자금을 유용하고자 할 때도 신설된 국제기구 를 통해 자국 돈을 세탁하는 대신 해외에서 직접 얻고 싶어 했다.

케인스는 미국이 다른 어떤 회원국보다 더 많은 자금을 투입한 다는 점에서 이 프로젝트가 최종 합의에 이를 것을 확신했다. 비록 거부됐지만, 케인스가 제시했던 이상적인 계획의 핵심은 국제적 무역 불균형을 바로잡는 데 얼마의 비용이 들던 그중 상당 금액을 부유한 나라들이 낸다는 점이었다. 케인스는 미국이 브레튼우즈 협정을 통해 새로운 제도에 막대한 자금을 투입해서 자국의 영향력을 더 높이려는 속셈이라고 파악했다. 결국 미국은 IMF에 27억 5,000만 달러(설립 자금의 32.5퍼센트), 영국은 13억 달러, 중국은 5억 5,000만 달러, 프랑스는 4억 5,000만 달러를 내기로 합의했다. 각국 외교단은 세계은행에 대해서도 동일한 할당액을 지불하기로 했다.

화이트는 회담 중 소련의 협조를 얻어내기 위해 공을 들였다. 원래 그는 소비에트 연방에 8억 달러의 할당금을 제안했는데 이는 그들의 전반적인 경제 규모에 비해 상당히 높은 금액이었지만 러시아의 미하일 스테파노프 수석 외교관은 나중에 새로운 기구에 더 큰 영향력을 발휘할 요량으로 금액을 12억 달러까지 높였다. 하지만 러시아와 새로운 미래를 만들어 보려던 화이트의 임무는 결국 실패로 끝났다. 소련은 브렌튼우즈 협정을 결국 승인하지 않았다. 미국은 영국으로부터는 원하는 것을 얻었지만 소련과의 전후 동맹에 대한 루스벨트 행정부의 비전은 시작도 못 하고 끝을 맺었다. 러시아 관료들에게 브레튼우즈 회담은 미국에 너무 큰 경제적 독립성을 부여하는 것 같았다.

케인스가 할 수 있는 일은 거의 없었다. 영국은 빈털터리가 되었고 경제 존속을 위해서는 미국에 전적으로 의존할 수밖에 없었다. 전쟁은 아직 끝나지 않았고, 끝난다고 해도 영국은 식량과 재건을 위해 미국 자금이 필요했다. 브레튼우즈 회담이 해체되고 1년 후,

존 메이너드 케인스

아직 일본이 항복을 선언하기도 전에 해리 트루먼은 갑자기 무기대여 프로그램을 중단한다. 트루먼은 나중에 이 결정을 후회하며 본인은 무기대여 프로그램 책임자인 레오 크롤리의 속임수에 넘어갔다고 털어놓았다. 또 크롤리는 어차피 제2차 세계대전이 끝나는 순간 루스벨트가 영국과의 관계를 단절할 계획이었다고 주장했다.[39] 크롤리의 말은 사실이 아니었지만 그 거짓말은 루스벨트 행정부 여기저기에 내재된 영국에 대한 냉담한 태도를 그대로 반영했다.

노동당 출신의 영국 신임 총리인 클레멘트 애틀리는 상황을 타개하기 위해 케인스를 워싱턴으로 보냈다. 영국의 절박한 상황에서 나온 특별한 요청이었다. 3월에 케인스는 프랑스에 있는 친구에게 "내 심장이 굉장히 약해져서… 이제는 걸을 수도 없네"라는 편지를 썼다.[40] 얼마 지나 그는 다시 일어섰지만 워싱턴에서 열린 회의는 그의 고통스러운 심장을 더욱 헤집어놨고, 그는 하루하루를 버티기 위해 오랫동안 누워 있어야 했다.[41] 하지만 케인스는 타고난 낙관주의를 끝까지 유지했고, 일단 미국인들이 영국 경제의 절박한 처지를 이해하게 된다면 국가 재건에 쓰일 수십억 달러의 선물을 제공할 것이며 그 돈을 상환할 필요도 없을 것이라 믿었다. 이는 브레튼우즈 회의 후의 망상에 가까운 태도였고 무기대여 프로그램을 취소한 트루먼의 결정도 너무 갑작스럽고 극단적이었지만 혼란스러운 상황을 탓할 수 있었다. 그 결정은 물론 잘못된 것이었다. 미국인들은 영국의 재정력을 과대평가하고 있었다.

케인스의 간청이 있고 난 후, 미국은 영국이 진 37억 5,000만 달러의 빚을 2퍼센트 이자로 연장했는데, 국제금융에서는 예외적으로 낮은 금리였지만 완전한 기부를 바랐던 케인스에게는 좀 실망스러운 결정이었다. 케인스에게 그 협상은 돈이 전부가 아니었다. 미국은 그가 평생 추구했던 지적 프로젝트를 언제나 정치적 의지로 지원해왔었다. 그는 영국과 미국이 함께 대공황을 치유하고 아돌프 히틀러를 물리쳤다고 믿었다. 적어도 미국에는 루스벨트가 1941년에 그에게 밝힌 계획, 즉 양국이 함께 무장해제된 유럽의 "경찰" 역할을 수행하자던 제안을 따를 의도가 없다는 것이 자명했다. 그런 파트너 관계는 영국의 강대국 시절이 끝나면서 함께 막을 내렸다.

케인스는 그의 고국이 역사상 맞닥뜨린 최악의 재난 중 세 번 이상을 헤쳐 나가는 데 등불 역할을 했었다. 그는 조국이 제국을 거느리는 방식에 환멸을 느꼈지만 젊은 시절 소중히 여겼던 대영제국의 이상향, 즉 세계를 진실과 자유와 번영으로 이끄는 강국으로 만들기 위해 노력을 멈추지 않았다. 케인스는 영국 국민들을 파멸에서 구하기 위한 소임을 다했다. 그렇지만 과거의 영광을 되찾을 수 없었다.

하지만 케인스는 영국인들을 좋은 삶으로 인도하는 데 일조할 수 있었다. 1941년에 영국 노동부 장관인 어니스트 베빈은 경제학자인 윌리엄 베버리지에게 영국의 해체된 사회안전망을 개혁할 방법을 강구해 달라고 요청했다. 베빈은 단순화와 통합화 중심의 제한적 규모의 프로젝트를 구상했지만, 베버리지는 영국을 "요람에서 무덤까지" 책임지는 복지국가로 탈바꿈하는 야심찬 작업에 착수했다. 재무부는 이 프로젝트가 정부에 공인된 것이 아니라 베버리지의 이름으로 공표될 것이며 프로젝트의 최종 책임도 그에게 있다며 거리

존 메이너드 케인스

를 두었다.

　이 프로젝트는 궁극적으로 베버리지의 위업으로 기록되었다. 그렇지만 1942년 3월의 그는 홀로 외로운 싸움을 하고 있었다. 베버리지는 케인스의 도움을 청하는 과정에서 케인스도 자신과 같은 편이라는 것을 알게 되었다. 케인스는 베버리지에게 "정말 중요하고 건설적인 개혁을 향한 대담한 열정을 품었군요"라며 그를 독려했다. 재무부 장관인 킹슬리 우드 경은 프로젝트 비용을 듣고는 일찌감치 관심을 끊었지만, 케인스는 "다행히 이 계획은 재정적으로 가능합니다"라며 안도감을 표했다.[42]

　케인스는 재무부 안에서 베버리지의 대변자 역할을 했고 그의 계획이 경제 전문가들과 의회를 통과할 수 있도록 위원회를 구성해 워크숍도 열었다. 케인스는 리처드 홉킨스 경을 위원회에 영입해서 베버리지가 어떤 내용을 최종 계획으로 내놓든 그것이 공직사회의 위엄을 가질 수 있도록 도왔다. 케인스는 스티커 쇼크sticker shock(기대 이상의 높은 가격으로 소비자들이 받는 충격-옮긴이)를 최소화하기 위해 초기 비용을 줄이는 데 집중했다. 처음에는 일부 혜택을 줄인 다음 나중에 단계적으로 혜택을 추가하는 방식을 사용한 것이다. 그 결과 케인스의 표현을 빌자면 영국인들이 살게 될 새로운 삶의 여정을 도식화한 "위대한 문서"[43]가 1942년 12월에 발표되었다. 베버리지는 정부가 모든 영국 국민에게 직접 의료 서비스를 제공하는 국민보건서비스NHS와 노인, 과부, 장애인을 위한 국민연금제도, 실업수당을 대체할 실업보험, 자녀가 두 명 이상인 가정에 매주 지급하는 수당을 제안했다.

베버리지 법안은 유럽에서 제안된 사회보장 프로그램 중 가장 대담한 것이었다. 너무 혁신적인 나머지 하이에크는 대영제국이 철저한 사회주의를 택하기 위해 전쟁 전 역사인 계몽주의적 자유주의를 포기했다고 결론지었다. 그리고 이 계획은 1945년 선거 승리로 재기에 성공한 노동당이 실제로 추진하기에 이르렀다. 하지만 전쟁 후 정권을 잡은 당이 토리당이라 할지라도 베버리지가 케인스의 도움을 받아 고안한 이 복지 패키지는 어떤 식으로든 법안을 통과하는 방법을 찾았을 것이다. 영국 국민들은 프랭클린 루스벨트의 4대 자유 연설과 루스벨트와 처칠이 선포한 대서양 헌장을 미국 국민들보다 더 진지하게 받아들였고, 매일 영국 전역에 가해지는 나치의 대규모 폭격 때문에 평화와 안전에 대한 염원이 간절했다. 또 국민보험(이후 베버리지의 프로그램은 이렇게 불린다)이 하이에크의 제자들, 특히 마거릿 대처 수상의 비난을 받지만, 수십 년간 베버리지 반대자들은 보수당 집권기를 포함해 수십 년 동안 이 법안을 없애지 못했다. 국민보건서비스는 오늘날까지 영국의 자부심으로 남아 있으며 퇴직 연금은 영국 정치에서 가장 맹렬히 옹호되는 제도이다.

이는 케인스가 20년 전에 《자유방임주의의 종언》에서 처음으로 선보인 아이디어가 구현된 위대한 성과였다. 케인스는 인생의 황혼기에 국가의 이익에 공동체의 자원과 에너지를 동원해 현대 민주국가들을 위한 새로운 구조를 설계하고 있었다. 하지만 그의 가슴을 가장 뛰게 하는 민주주의의 명분은 보건서비스가 아닌 예술이었다. 그는 제1차 세계대전 중 미국인들에게 영국 재무부에 한계가 왔다고 주장했을 때도 드가 작품을 구입하는 데 낭비할 몇천 파운드의

존 메이너드 케인스

예산을 구해냈다. 제2차 세계대전이 끝날 무렵에는 그보다 훨씬 더 대규모로 동일한 작전을 반복했다. 케인스는 1945년 가을에 영국에 인색하게 구는 미국에 도덕적 분노를 있는 힘껏 분출했고, 영국 정부는 케인스의 성화에 못 이겨 음악과 예술 장려위원회CEMA의 범위를 확대했다. 케인스는 1940년에 이 단체의 설립을 이끌고 재무부 산하에 둬서 예산 편성에 영향력을 행사했다. 케인스는 CEMA의 초대 회장으로 이 단체를 공공사업 대행 기관이자 예술 자선단체로 운영했고 대형 건물들을 대중 공연장으로 리모델링하는 계획을 수립하기 시작했다. 대중은 전쟁으로 몇 년간 인고의 시간을 보냈고 케인스는 그들이 무엇을 보존하고자 싸웠는지 되새겨줄 필요가 있다고 믿었다. 하지만 이 프로젝트는 시민들이 그런 신념을 유지하는 것 이상의 몫을 해냈다.

케인스는 1945년 여름에 BBC 라디오 청취자들에게 이렇게 말했다. "우리는 평화로운 시절에도 전혀 존재하지 않았던 것을 제공하고 있습니다. 우리는 전쟁 중에 겪은 경험으로 한 가지 분명한 사실을 발견했습니다. 우리에게는 진지하고 훌륭한 오락거리에 대한 충족되지 않은 욕구가 있고 그런 대중이 엄청나게 많다는 겁니다. 이런 오락거리는 몇 년 전만 해도 우리 곁에 없었습니다." BBC 방송국은 교향악과 오페라를 수백만 영국 가정에 소개하며 노동자 계층인 라디오 청취자들의 귀를 "훈련했다". BBC의 음악방송은 이전까지 아주 소수 계층만 즐길 수 있었던 이 새로운 놀이를 영국인 모두가 누릴 수 있는 가능성을 선사했고, 청취자들의 향유 역량과 유흥적 욕구를 확대해서 "새로운 취향과 습관"을 확립했다. 한때 상류층이라는 지위의 배타적 지표 역할을 했던 작품들이 국가의 특징이 되어가고 있었다. 1925년의 케인스 부부는 노동자들을 미학적으로 절망적인 촌뜨기라 폄하하고 부르주아 계급의 "자질"을 높이 샀기에 두 사람은 누구보다 이런 변화에 놀랐다. 그리고 1945년의 케인스 부부에게 이보다 더 큰 만족감을 가져다준 것은 없었다. 케인스는 "세상의 절반이 생동감 넘치는 공연과 예술 작품에 더 활발한 관심을 가지고 접근하는 법을 배우고 있습니다"라고 흥분하며 말했다.**44** 세상은 그가 1930년대에 꿈꿨던 것보다 《우리 손주 세대의 경제적 가능성》이라는 유토피아에 더 가까워져 있었다.

케인스의 예술 사상은 정치 사상가로서 그의 발전 과정을 뒤따랐다. 사람들은 더 이상 군국주의적 폭동을 막기 위해 통제되어야 하는 위험한 변수가 아니었다. 그들은 문명의 위대함을 받치는 기둥이기도 했다. 만약 일반인이 교향악을 감상하는 법을 스스로 배울 수 있다면, 그는 책임감 있는 태도로 권력을 행사하는 법도 배울 수 있을 것이다. 민주주의는 현명한 경제 관리가 예술적 전성기를 이루는 선순환을 창조했고, 이는 정식적 여유로움을 촉진하면서 더 나아가 공동 번영이라는 명분 안에서 정치적 공동체의 결속을 다졌다.

전쟁이 끝나자 케인스는 CEMA를 영국 예술위원회(이 기관의 이름은 약자로 ACGB인데 케인스는 의도적으로 발음이 안 되는 약자를 골라 "허위 조어"의 관료주의적 성격을 지양했다**45**)로 변경해서 기관의 예산이 의회에 귀속되게 해서 더 많은 사람이 양질의 삶을 누리도록 했다. 그는 글래스고에 있는 스코틀랜드 극장들과, 웨일스 공연예술센터, 지역별 오페라 하우스들을 개선하는 계획을 세웠고 어디든 가능하면 그 지역

존 메이너드 케인스

출신의 극작가, 배우, 무용가, 음악가들이 출연할 수 있게 했다. 그는 "대도시의 표준과 유행의 지나친 명성만큼 해로운 것은 없다"고 외쳤다. "메리 잉글랜드Merry England(중세 말기부터 산업혁명 초기까지 목가적인 삶이 특징이었던 이상적인 시대의 영국-옮긴이)의 모든 지역이 각자의 방식으로 즐거워져야 한다. 할리우드에는 죽음이 도래할 것이다."

말은 이렇게 했지만, 케인스는 여전히 폭격당한 런던을 "위대한 예술적 도시, 경이로운 방문지"로 탈바꿈할 생각이었다. 새롭게 변신한 이 눈부신 수도의 왕관은 코벤트 가든에 위치한 왕립 오페라 하우스에 씌워줄 예정이었는데, 그곳은 전쟁 동안 다른 실무적 용도로 사용되지 않을 때는 댄스 홀 역할을 하느라 도금시대의 화려함이 퇴색돼 있었다.[46]

예산이 잡혔지만 전시 경제라는 제약 아래서 코벤트 가든을 리모델링하는 것은 난관투성이였다. 예컨대 전등갓을 만드는 데 들어가는 천조차 골칫거리가 되었다. 리모델링 예산이 마침내 바닥나자 예술위원회가 공연장에 배치하려고 고용한 여성 안내원들은 옷을 살 수 있는 전시 배급 쿠폰을 기부했고, 케인스는 그 쿠폰으로 모자란 직물을 몇 필 더 살 수 있었다. 이들의 희생에 감동한 케인스는 가족과 이 이야기를 하던 중 눈물을 흘리기도 했다.

1946년 2월 20일, 케인스는 왕립 오페라 하우스의 개관 기념 작품으로 니네트 드 발루아와 그녀의 발레단을 초빙해 차이콥스키의 화려한 발레극인 〈잠자는 숲 속의 미녀〉를 공연하게 했는데, 이는 리디아와 연애할 때 밤마다 관람했던 바로 그 작품이었다. 조지 6세와 그의 아내인 엘리자베스 보우스-리옹 여왕은 공연 날 케인스에게 새로 복원한 왕실 오페라 하우스의 박스석까지 직접 안내해달라고 지명했고, 이는 케인스 생애에서 가장 영예로운 사건 중 하나가 되었다. 한때는 그 자체가 모순이었지만, 케인스는 마침내 삶의 불꽃이었던 블룸즈버리와 공무를 한데에 엮는 데 성공했다.

하지만 케인스의 건강은 다시 악화되고 있었다. 행사 당일 케인스는 심한 가슴 통증을 느꼈고 리디아에게 대신 국왕 내외를 접대하라고 부탁했다. 중간 휴식 시간이 되자 다행히 케인스의 상태는 회복되었고, 남은 공연은 왕과 왕비와 함께할 수 있었다. 발레 공연은 항상 그의 내면을 뒤흔들었고 발루아 발레단이 번안한 공연은 오랫동안 그의 마음에 머물렀다. 그해 3월에 케인스는 조지아주 사바나에서 열린 브레튼우즈 비준회의의 연설자로 나섰는데, 그는 차이콥스키의 명작에서 잠에 빠진 오로라 공주를 위해 했던 것처럼, 좋은 요정들이 새로 출범하는 IMF와 세계은행을 "보편성의 미덕, 용기, 지혜"로 이끌기를 바란다며 회의에 참석한 외교관들에게 〈잠자는 숲속의 미녀〉를 빗댄 조언을 했다. 하지만 회담의 주최자이자 미국 대표인 프레드릭 빈슨이 "우리가 요정이 됐군"이라 빈정거리는 통에 케인스의 평행이론은 갈 곳을 잃었다.[47]

사바나 회의는 케인스가 대중의 대표로 나선 마지막 행보였다. 그는 워싱턴으로 돌아오는 기차 식당칸에서 쓰러졌고 몇 시간을 고통 속에서 숨을 쉬려고 안간힘을 썼다. 그의 곁에 리디아와 해리 덱스터 화이트가 있었지만 도움이 되지 않았다. 리디아는 결국 케인스와 짐을 싸서 퀸메리호로 귀국했고, 부활절 휴일을 맞아 틸턴으로 갔다. 부부는 그 주 토요일에 퍼렐 비콘 언덕을 따라 난 시골길을 걸

으며 마지막 산책을 즐겼다. 케인스는 부활절인 일요일 아침에 세상을 떠났다.[48]

뉴턴 이후로 세계 정치와 지적 발달에 케인스만큼 심오한 영향을 미친 유럽인은 없었다. 〈타임스〉는 케인스의 부고 기사에 그를 "애덤 스미스 이래 가장 위대한 경제학자"라고 표현했다. 하지만 이런 극적 찬양도 스미스에 비견할 케인스나 프톨레마이오스에 비견할 코페르니쿠스처럼 하나의 패러다임을 다른 패러다임으로 바꾼 표현일 뿐 케인스 같은 사상가를 설명하기에는 부족했다. 케인스는 자신의 경제학 연구에 심리학, 역사, 정치 이론을 융합했고 경제학 분야에서 전무후무한 방식으로 금융 상황을 주시했다. 케인스처럼 활기차고 다방면에 특출한 삶을 산 사람도 드물었다. 그는 비트겐슈타인과 맞먹는 철학자였고, 두 번의 세계대전을 쥐락펴락한 재무계의 영웅이었으며, 위대한 계몽주의 인물들과 고대 화폐의 특이점을 발견한 역사가이자, 대중의 마음을 끓어오르게 하고 고무시킨 언론인이면서, 유명한 예술운동의 후원자였다. 그는 관대하고 마음이 따뜻하며 설득력이 강한 만큼, 허영심 많고 옹졸하며 근시안적이고 몰인정했다. 케인스와 만나본 사람 중 그에 대한 첫인상이 변하지 않은 경우는 상당히 드물었다. 심지어 그의 사상적 적수들도 케인스에 대한 추억을 곱씹으며 그를 애도했는데 브레튼우즈 여행 때 리오넬 로빈스가 쓴 일기보다 이를 잘 보여주는 경우는 없을 것이다.

오후 늦게 우리는 미국 대표들과 합동 회의를 했는데, 케인스는 그 자리에서 은행에 대한 우리의 입장을 상세히 설명했다. 상당히 좋은 시간이었다. 케인스는 그 어느 때보다 명쾌하고 설득력 있는 말로 분위기를 조성해 누구든 거부하기가 힘들 정도였다. 케인스의 그런 모습을 볼 때마다 나는 그가 역사상 가장 뛰어난 인물 중 하나임이 틀림없다는 생각이 든다. 빠른 논리와 날카로운 촉, 생기 넘치는 상상력과 폭넓은 비전, 무엇보다 그 누구와도 비교할 수 없는 정확한 단어 구사력까지 모든 역량이 합쳐져 그를 평범한 인간이 이룰 수 있는 한계를 몇 배나 뛰어넘은 월등한 존재로 만든다. 우리 세대에서 그와 맞먹을 인물을 뽑자면 현 수상 정도일 것이 확실하다. 물론 지위는 그가 케인스보다 높다. 하지만 케인스의 천재성에 비해서 수상은 훨씬 더 단순한 사람이다. 수상의 특별함은 위풍당당함을 지니도록 길러지는 우리 민족의 고유한 자질을 대표하는 것뿐이기 때문이다. 반면 케인스가 가진 특별함은 그와 전혀 다르다. 케인스는 우리 삶과 언어를 고전적인 방식으로 구사하는데 그것은 전통적이면서 전통적이지 않은 그저 그의 천재성으로밖에 설명할 수 없는 정말 초자연적인 자질이다. 신과 같은 방문객이 금빛 후광을 짊어지고 노래를 부르는 동안 미국인들은 그저 넋을 잃고 앉아 있었다.[49]

JOHN MAYNARD KEYNES

보수
특권층의
반격

13

1 948년에 일리노이대학의 무역과 경영학부 학장인 하워드 보웬은 존 케네스 갤브레이스에게 대학에 신설될 경제학부에 관심이 있는지 물었다. 갤브레이스는 흥미를 느꼈다. 그는 루스벨트 행정부에서 여러 보직을 거치면서 이미 하버드와 프린스턴에서 학생들을 가르친 경험이 있었지만 종신교수로 임명된 적도 없었고 학장이 되었던 적은 더더욱 없었다. 이제 그의 나이도 마흔이 됐지만 교수들 사이에서는 아직 청년에 속했고, 일리노이대학은 아이비리그의 명성은 없었지만 갤브레이스는 종종 엘리트 캠퍼스가 풍기는 귀족 문화에 숨이 막혔다. 그는 면접을 위해 어바나-샴페인으로 날아가기로 약속했지만 자신의 가족이 작은 중서부 지역에 정착해 살려고 할지는 잘 모르겠다는 단서를 달았다. "제 아내는 알레게니 산맥Allegheny Moutains(미국 북동부에 있는 산맥으로 아이비리그 대학들이 이 주변

에 몰려 있음-옮긴이)을 벗어나면 미국이 아니라고 생각할지도 모릅니다."[1]

보웬 학장은 뉴딜주의자들을 좋아했고 갤브레이스도 좋아했다. 그는 전쟁 동안 루스벨트 정권의 상무부에서 근무한 인물로 내국세 공동의회위원회의 수석 경제학자로 미국 의회에서 잠깐 일한 적도 있었다.[2] 보웬도 갤브레이스와 마찬가지로 루스벨트 행정부가 워싱턴에 확립한 새로운 지식인 위계의 최대 수혜자였다. 루스벨트가 1920년대에 경제 정책을 지배했던 월가 거물들을 교체하기 위해 수도 워싱턴으로 케인스주의 경제학자들을 줄줄이 영입한 이후로 당시에는 경험 없던 경제학도들이 이제는 다들 주목할 만한 정부 경력으로 무장한 전문가들이 돼 있었다. 보웬은 그들 중 다수를 다시 학계로 복귀시키고 있었다. 그가 일리노이대학에 머문 짧은 기간 동안 경제학 학부에서 교수로 임명한 스무 명 중에는 중요한 학자로서 재빨리 명성을 쌓은 다수의 케인스 추종자들이 있었고 그중 가장 유명한 인물로는 나중에 노벨상을 수상하는 프랑코 모딜리아니가 있다.[3]

케인스주의 경제학자들에게 1940년대 후반과 1950년대는 단지 그들의 능력을 과시하는 것으로 끝날 시기가 아니었다. 당시 연방 정부는 경기순환의 호황과 불황을 관리하는 데《고용, 이자 및 화폐에 관한 일반이론》의 사상들을 적용했고 이를 통해 케인스주의 사상 전체를 정당화하는 것으로 보였다. 제1차 세계대전은 급격하고 파괴적인 불황을 낳으며 끝났지만, 제2차 세계대전 이후에는 케인스주의 정책을 추진하면서 전쟁 중 호황을 전쟁 종식 후에도 계속되게 만들었다. 유럽과 태평양 전쟁에 참전했던 병사들은 두둑한 호주머니와 함께 귀국했고 그 돈을 전쟁 중에는 군수품 생산으로 인해 구입할 수 없었던 새 차와 새집, 진귀한 가전제품 등 가능한 모든 것을 소비하는 데 썼다. 기업 이윤은 치솟았고 세율은 낮아졌다. 실업률은 2.5퍼센트에서 6퍼센트 사이에서 움직였는데 처음에는 트루먼이, 그다음에는 드와이트 아이젠하워 대통령이 경기 침체에 대응해 케인스식 수요 관리법을 이용하기 시작했다. 이는 규모와 책임감에 있어서 미국 정부에 생긴 거대하고 영구적인 변화였다. 아이젠하워 대통령 재임기에 정부 지출 비중은 미국 전체 경제의 평균 17.5퍼센트가 조금 넘었는데 이는 제2차 세계대전 직전에 11.7퍼센트로 정점을 찍었던 루스벨트 행정부의 평시 예산보다도 훨씬 높았다.[4] 1947년부터 1974년까지 연간 실업률의 최고치는 6.8퍼센트였지만 월 실업률은 한 번도 8퍼센트를 넘은 적이 없었다. 대공황을 기억하는 세대라면 이 엄청난 발전에 기뻐할 만했다.[5]

전후의 경제 호황은 미국의 고등 교육을 완전히 변화시켰다. 1944년에 제정된 GI 법안은 제2차 세계대전 참전 용사들의 대학 등록금을 전례 없이 연방정부가 보조함으로써 대학 학위에 부여되는 의미가 바뀌는 계기가 되었다. 최종적으로는 780만 명 이상의 미국인들이 GI 법안으로 고등 교육의 혜택을 받았다.[6] 한때는 특권층 가족의 세대를 이어주는 작은 전초지였던 대학 강의실에 미국 중산층으로 상승할 발판을 마련하려는 학생들이 물밀듯 몰려들었다. 수십 년간 이어진 불황 이후로는 전후 호황으로 수입이 증가한데다 전쟁터에서 돌아온 병사들이 집을 구입하면서 낸 재산세로 주 정부의 예산 또한 아주 넉넉했다. 급격히 늘어난 대학의 재학생 수와 더불어

존 메이너드 케인스

대학 교수들의 급여도 급상승했다.

케인스와 루스벨트는 없지만, 이제는 그들의 제자들이 개인의 영향력과 국가 번영의 새로운 시대를 계승하려는 것 같았다. 하지만 갤브레이스가 일리노이주에 도착하자 그의 앞에는 주 전체에 불어닥친 정치적 폭풍이 기다리고 있었다.

논란의 중심에는 강성 보수주의자인 랠프 블로젯이 있었다. 그는 적어도 1946년부터 동료 경제학자들에게 "완전 고용"이니 "사회 보장제도", "최저임금 인상" 같이 "배부른 이야기"가 미국 경제체제를 "붕괴"시킬 것이라고 경고해 왔었다.[7] 보웬 학장은 블로젯의 사상을 참을 만한 인내심이 없었기에, 지위를 계속해서 강등했다. 먼저 학부생 강의를 못 하게 했고 블로젯이 집필한 경제학 원론 교과서를 폴 새뮤얼슨의 새 교과서로 교체해 모욕감을 더했다. 플로리다대학이 블로젯에게 500달러 인상된 연봉으로 교수직을 제안하자 보웬은 그를 바로 내주었다.

경제사학자인 윈튼 솔버그와 로버트 톰린슨에 의하면 이후 대혼란이 일어났다고 한다. 보수 성향의 교수진이 기자회견을 열었고 어바나-샴페인의 〈뉴스 가제트〉는 보웬을 "좋은 미국인 원칙"[8]에 반하는 "급진적 좌파"인 뉴딜주의자들의 "대규모 학계 침투"를 계획한 인물로 비난하기 시작했고, 한 대학의 경제학 교수는 보웬이 급진적인 사상을 가진 교수진을 "포장"하려 한다고 힐책했다. 시카고와 트윈 시티Twin Cities(보통 미니애폴리스와 세인트 폴을 말함-옮긴이)의 신문들이 관련 내용을 다루기 시작하자 일리노이대학 내부 위원회는 부랴부랴 보웬에게는 캠퍼스를 전복하려는 의도가 없었다고 부인했다. 일리노이대학 총장인 조지 D. 스토다드는 "스토다드, 공산주의자들의 장악 부인"이라는 〈시카고 데일리 뉴스〉의 헤드라인에 충격을 받았고 〈어바나-샴페인 쿼리어〉와 〈뉴스 가제트〉 모두 보웬을 해고하라고 압박했다. 어바나-샴페인을 떠나는 블로젯은 적개심이 가득한 채 작별 연설을 했고 거기서 현재는 경제학부 교직원 중에 "적색분자"는 없지만 "옅은 분홍색 인사들이 몇 명 있으며… 결국 거대한 적색은 작은 분홍색에서 자라납니다"라고 말했다.[9]

블로젯은 플로리다에 정착한 후 그곳이 일리노이보다 사상적으로 자신에게 더 호의적이라는 것을 금방 알게 되었다. 아주 다행히도 그곳에는 보웬 학장이 일리노이대학으로 줄줄이 영입한 "선택받은 민족" 즉 유대인이 없었다. 블로젯은 이렇게 논란 없이 사라졌지만 논란은 계속 증폭되었다. 일리노이주 공화당은 대학 이사회에 강경파 보수주의자들의 자리를 확보하는 것을 최우선 정치 과제로 삼았다. 일리노이주의 보수당 대표인 리드 커틀러는 블로젯이 "빨간색과 구별할 수 없을 정도로 짙은 분홍색인 교수들이 몇 명 있다"라고 표현한 교수들에 대한 평가가 너무 관대하다고 말했다. 또 다른 주의원인 오라 D. 딜라보는 "대학들이 청년들에게 급진적인 정치 철학을 가르치는 데 이용당하고 있다… 일리노이주 납세자들은 기껏 낸 돈으로 우리의 목이 날아가는 걸 원치 않습니다"라고 주장했다.[10]

대학은 이내 보웬의 보직 해임을 결정했다. 그가 옳든 그르든 상황이 너무 과열됐기 때문이다. 경영대 학장이라는 지위는 박탈됐지만 대학은 그가 다른 직장을 찾을 때까지 강의를 허용했다. 이후 보웬은 그리넬 칼리지의 총장을 거쳐 아이오와대학의 총장을 역임하

존 메이너드 케인스

게 된다. 일리노이대학은 1975년에 보웬에게 명예박사 학위를 수여함으로써 과거 대학이 저지른 실수를 정정했다.

하지만 그것으로 일리노이대학 경제학과의 운명은 끝이 났다. 열여섯 명의 교수는 계속해서 괴롭힘을 당하는 대신 모두 사임했다. 격분한 모딜리아니 교수는 "대학은 학문이 아니라 개인의 힘을, 대학의 안녕이 아니라 복수를 향한 충동심을 만족시키는 데만 혈안이 된 교수들의 파벌에 시달리고 있다"는 글을 썼다. 일리노이대학은 적어도 경제학과 내의 불화는 종식시켰다. "하지만 더 분명히 하자면 그것은 죽음의 평화였다."[11]

그렇게 하여, 갤브레이스는 일리노이대학의 교수가 되지 못했다.

매카시즘이라 불리게 된 이 현상은 상원의원 한 명의 과도한 집착을 훨씬 뛰어넘는 것이었다. 그것은 음모론자들과 미국의 기업계 엘리트 및 신자유주의 지식인들을 융합시키고 보수적 민주당원 및 귀족 공화당원들을 결속시켰으며, 정부기관과 할리우드 내 블랙리스트를 넘어서는 권력남용을 조장하고, 미국인들의 삶의 틀을 더럽힌 정치 운동이었다. 매카시즘의 십자군은 뉴딜주의 지식인들의 신용을 무너뜨리려 했으므로 이 운동의 중심 전쟁터는 학계가 되었다. 좌익 인사들의 추방은 그들의 경력을 손상시키는 것 이상의 효과를 낳았다. 케인스주의자들은 직장에서 쫓겨나거나, 아니면 우익 중심의 새로운 시대정신의 분노를 피하기 위해 보수적인 복장으로 그들의 사상을 위장할 수밖에 없었으므로 케인스의 경제학이 더 심오하게 발전되는 계기가 되었다.

머윈 K. 하트처럼 매카시즘의 사회적 교차점을 상징하는 사람도 거의 없을 것이다. 성공한 기업 법률가였던 하트는 루스벨트의 하버드 동기였고 국가경제위원회NEC 활동에 전념하기 전에는 뉴욕주 입법부에서 잠깐 근무한 경험이 있었다. NEC는 정부기관도 아니고 경제학자로 구성된 협회도 아니었지만 과도한 정부 지출을 비난하는 팸플릿을 배포하고 이민자와 유대인들을 조심해야 한다며 주의를 촉구했는데, 홀로코스트로 인한 난민 위기가 벌어질 때 이 두 문제는 사실상 같은 "문제"였다.[12] 1946년에 그는 자신의 지지자들에게 "지난 10년간 300만 명"에 달하는 이민자들이 "불법으로" 미국에 입국해 "주택 부족" 현상을 야기했다고 의심할 만한 근거가 있다"고 말했다.[13] 그는 홀로코스트를 부인했으며 "유대인 난민들의 대규모 유입"은 미국의 생활방식을 뒤집기 위해 "막대한 자금력"이 동원된 국제적 음모라며, "미국의 공산주의자 다수가 유대인이라는 점을 간과해서는 안 됩니다"[14]라고 주장했다.

그렇다고 하트가 미국 비주류 정치계의 괴짜는 아니었다. 그는 워싱턴에서 절대적인 영향력을 자랑하는 기업 로비단체인 전국 제조업협회 소속 기업가들과 긴밀한 관계를 맺고 있었고, NEC도 듀퐁, 스탠다드 오일, 걸프 오일, 암코 철강, 베들레헴 철강 등 부유한 기업으로 후원을 받았을 뿐만 아니라 신자유주의 경제 이론이 발전하는 데 결정적 역할을 한 해럴드 루노우의 윌리엄 볼커 펀드로부터 "엄청난" 기부금을 받았다.[15] 1945년에 하트는 유명 소설가인 로즈 와일더 레인을 고용했는데 그녀는 수십만 가정이 구독하는 〈세러데이 이브닝 포스트〉에 소설을 연재하고 있었고 그녀의 어머니인 로

존 메이너드 케인스

라 잉걸스 와일더가 《초원의 집Little House on the Prairie》을 집필할 수 있도록 도움을 주었다. 로라 레인은 하트를 위해 서평을 썼고, 그녀의 정치 성향도 하트만큼 우익이긴 했지만 NEC에 친근하고 존경할 만한 대중적 이미지를 심어주었다. 레인은 1943년에 "모든 사람에게 투표권이 있다는 미신은 구세계적 추론의 승리이며 참정권의 확대는 개인의 자유에 위협된다"고 역설했다. "민주주의는 항상 무책임한 폭군을 만들어냈다"라는 것이 그녀의 주장이었다.[16]

1947년에 하트와 레인은 로리 타시스라는 경제학자가 쓴 충격적인 새 교과서에 주목하기 시작했다. 타시스는 케임브리지에서 케인스와 같이 연구 활동을 하다 1936년에 친구인 로버트 브라이스, 폴 스위지와 함께 터프츠대학에 도착하면서 케인스 사상을 미국에 알리는 데 크게 공헌한 인물이었다. 제2차 세계대전 동안 아프리카와 이탈리아에서 연합군의 폭격 작전을 수행한 후, 타시스는 이제 그 손으로 교과서를 쓰기로 결심했었다. 1947년까지 케인스 사상은 학계의 확실한 주류였지만 경제학 교수들에게는 복잡하고 혼란스러운 《일반이론》 외에 학생들에게 가르칠 만한 이렇다 할 교과서가 없었다. 게다가 GI 법안 덕분에 미국 대학에서 교과서 수요는 그 어느 때보다 많았다. 그러던 중 타시스의 책이 발표되자 브라운, 미들베리 칼리지, 예일 등 유수의 대학들이 기다렸다는 듯이 그 책을 채택했다. 타시스가 쓴 《경제학의 요소들Elements of Economics》은 출간 몇 달 만에 1만 부가 팔려나갔다. 베스트셀러 학술 출판물의 역사는 이렇게 시작되었다. 이 일로 타시스는 매우 현실적인 문제를 해결할 수 있었다. 몇 년 후 그는 이렇게 회상했다. "와, 은행 잔고 불어나는 소리가 들리더라고요."**17**

　하트와 레인에게 탄복할 일은 아니었다. 레인은 NEC 구독자들을 위해 쓴 글에서 "《경제학의 요소들》은 우리 청년들이 미국의 시민으로서 이 이론에 따른 행동을 하도록 두려움, 수치심, 동정심, 탐욕, 이상주의, 희망이라는 감정을 이용한다"며, "이 책은 절대 경제학 교과서라고 할 수 없으며 이교도적이고 정치적인 기록이다"라고 주장했다. 레인은 타시스의 책을 "케인스 이론을 위한 효과적인 선전물"이라 부르며 케인스 경제학은 "고대 기독교 이전의 신학에 기원을 두고 있다"고 주장했고 "경제침체를 설명"하는 부분에 있어서는 마르크스와 공통점을 발견할 수 있다고 주장했다. "현대 경제학에서, 그 책은 칼 마르크스가 주장하는 '자본주의의 본질적 모순'을 대변한다."**18** 대다수의 미국인들이 존 메이너드 케인스라는 이름을 여전히 들어본 적 없는 시기에, 레인과 하트는 타시스와 그의 이름을 단 경제학 책이 순진한 젊은이들을 맹렬한 혁명가로 변모시키면서 학생들의 민감한 마음을 악용하기 위해 완성된 위험하고 체제 전복적인 음모의 일부라고 부추겼다.

　하트와 레인은 타시스의 책을 혹평했을 뿐 아니라 대학 행정관들에게 그의 책을 교과서로 채택하지 말라고 촉구하는 편지쓰기 캠페인을 감행했다. 두 사람이 대학 이사회에 보낸 편지에는 《노예의 길》의 사상이 그대로 배어 있었다. "우리나라는 자유를 통해 성장했습니다. 개인이 적절한 보상을 위해 생산활동에 참여하는 민간 기업 또한 이런 자유를 통해 움직입니다. 헌데 타시스 같은 사람이 그런 기틀에 구멍을 내고 있습니다… 우리를 파괴할 만한 이데올로기

존 메이너드 케인스

를 장려하고 조장하는 것이 윤리적 관용일까요? 아니면 또 다른 무엇일까요? 미국이 영국처럼 사회주의로 표류하기를 바라나요? 여러분 대다수가 그렇게 여기겠지만, 그런 이데올로기는 러시아 같은 절대주의 국가로 가는 과도기일 뿐입니다."[19]

하트의 작전은 미국 정치 조직의 시도로는 혁신적이었다. 대학 이사회들은 우려감을 느낀 시민들이 특정 교과서 사용을 비난하며 보낸 수천 통의 편지에 당황했다. 지역 신문사들도 갑작스러운 논란에 들끓었고, 대학들은 서둘러 대응에 나섰다.

하트의 캠페인은 미국 내 저명한 기업인들과의 인맥을 활용한 고액의 정교한 작전이었다. 그의 기부자 중에는 개인적으로 서평을 배포하기 위해 하트에게 그 사본을 달라고 요청한 이들도 있었다. 하트와 레인은 레너드 리드와도 협력했다. 리드가 운영하는 경제교육재단은 주택임대료 통제 정책을 비난하는 밀턴 프리드먼의 팸플릿을 막 출간한 상태였는데,[20] 그들의 목적은 지역 신문사 편집자들이 타시스의 책에 등을 돌리게 하는 것이었다. 레인은 "인구가 100여 명인 작은 마을들이 도시보다 더 중요하다"고 믿었는데[21], 그런 마을의 신문사들이 반 타시스 에너지를 입증할 만한 신문 기사들을 더 열심히 만들어냈기 때문이다. 그런 신문사의 편집자들은 공감력이 풍부할 뿐 아니라 독자들에게 상당한 영향력을 미칠 수 있었고 그런 촌락의 독자들은 보는 매체도 한정적이었다. NEC는 오리건주에서만 178명의 신문 편집자들을 타깃으로 삼았다.

이런 언론 압박은 효과가 있었다. 〈산타 아나 레지스터Santa Ana Register〉의 발행인인 R.C. 호일레스는 하트에게 타시스의 책이 "우리에게는 칼 마르크스가 쓴 《자본론》 2판 같았습니다"[22]라는 편지를 썼다. 〈시카고 트리뷴〉은 1947년 9월에 "해안경비대를 위협하는 적색의 글"이라는 불길한 헤드라인으로 기사 하나를 냈는데, 이 글은 타시스의 책이 해안경찰학교의 교과서로 쓰였다는 사실을 보도한 코네티컷과 워싱턴 D.C.의 AP 통신 기사를 근거로 했다. 게다가 NEC를 후원하는 거대 기업들이 연대하면서 재계 유력 인사들까지 이 싸움에 합세했다. 남부 캘리포니아 에디슨사의 경영자인 W.C. 멀렌도어, 필립스 가스 & 석유의 회장인 토머스 W. 필립스와 전 공화당 하원의원인 그의 아들 모두가 해안경찰학교를 위협했고,[23] 학교는 즉시 타시스의 책을 포기했다.

한편 〈가네트〉 신문사의 프랭크 가네트와 B.F. 굿리치의 회장인 존 콜리어는 하트에게 편지를 보내 자신들이 어떻게든 코넬대학에서 그 책을 빼겠다고 전했다.[24] 클리블랜드에 있는 링컨전기회사의 부회장인 A.F. 데이비스는 클리블랜드 공화당 하원의원인 클라렌스 브라운에게 하원 반미활동조사위원회[HUAC]를 통해 타시스에 대한 조사를 시작하라고 촉구했다. 이후 데이비스는 NEC로부터 타시스의 교과서를 채택한 모든 대학의 이사 명단을 확보해서 반미활동조사위원회에 넘길 준비를 했다.[25] 이리 철도회사의 R.E. 우드러프와 수노코 오일의 회장이자 이후 퓨 자선신탁을 설립하게 될 J. 하워드 퓨는 허버트 후버 전 대통령을 통해 직접 중재에 나섰다. 그는 후버 대통령이 자신의 개인 문서들을 기증한 스탠퍼드대에서 타시스의 책을 제거할 계획이었다. 또 퓨는 드렉셀 공과대학과 듀크, 코넬의 이사들을 압박했고, 오하이오주 상원의원인 로버트 태프트와 함께

이 문제를 제기했다. 퓨는 하트에게 "저는 이 일이 결국 축제의 불꽃을 쏠 것으로 확신합니다"라고 알렸다.[26]

엘리트들이 밀어붙이는 이런 정치적 압박의 광풍이 타시스에게는 보이지 않았다. 게다가 그는 자신의 교과서가 소련 사상을 교묘하게 주입하고 있다는 NEC의 주장을 대학 관계자 중 누군가가 진지하게 고려하리라고는 상상조차 하지 않았다. 그래서 그런 공격에 대응하지 않기로 작정했다. 하지만 갑작스레 늘어난 학생 수로 이미 행정적 어려움을 겪고 있던 대학은 교과서 하나 때문에 몰려드는 분노 가득한 수천 통의 편지를 어떻게 해결해야 할지 몰랐다. 게다가 타시스를 겨냥한 캠페인이 효과를 내기 시작했다. 타시스는 "그해 여름이 끝나기도 전에 책의 매출이 급격히 줄어들기 시작했다"며 당시를 떠올렸다.[27] 일부 대학의 이사들은 케인스 사상을 접하고 충격을 받은 부유한 사업가였으므로 이 책을 배척하는 하트에 공감했다. 나머지 대학 관계자들은 경제학 입문 교과서 하나로 벌어진 어처구니없는 논란을 그저 피하고 싶었다. 대학들은 차례로 타시스의 책을 강의에서 배제했다. 그의 책을 출판했던 휴튼 미플린도 1년이 채 안 돼 프로젝트를 포기했다. 케인스주의 경제학을 다룬 미국 최초의 교과서는 그렇게 파멸됐다. 이로써 미국의 상아탑들은 보수주의 운동의 주요 전장이 됐고, 이런 지위는 오늘날까지 표현의 자유와 정치적 공정성을 둘러싼 문화로 유지되고 있다.

타시스 사건으로 생긴 강의 공백은 폴 새뮤얼슨의 교과서로 채워졌다. 타시스의 상황을 목격한 새뮤얼슨은 잠재적 비난을 사전에 막고자 "법조인처럼 신중하게"[28] 책을 썼다. 또 출판사와 함께 대학이 그의 책을 선택한 이유로 댈 만한 논리들을 학교 관계자들에게 미리 제공해서 매카시즘 추종자들의 공격에 강력하게 대응했다. 그 결과《경제분석의 기초An Introductory Analysis》는 20세기에 출판된 학술서적 중 가장 성공한 책이 되었다. 이 책은 새뮤얼슨 생전에 19판을 찍는 등 수백만 부가 팔려나갔다.

케인스주의 교과서 시장에서 새뮤얼슨이 초기에 거둔 이 독점적 성과는 케인스 사상이 일반 대중들에게 이해되는 방식에 지대한 영향을 미쳤다. 반세기 동안 대학에서 써온 기초 경제학 책의 표준 형태는 새뮤얼슨의 책 내용을 그대로 가져왔든, 아니면 그 개념적 틀만 차용한 아류작이든 기본적으로 새뮤얼슨의 경제학이라고 할 수 있다. 그는 나중에 "누가 국법을 제정하든 선진 조약을 만들든 내가 경제학 교과서만 쓸 수 있다면 상관없어요"[29]라고 소리쳤다.

또 새뮤얼슨과 타시스의 경제학 사이에는 깊은 괴리가 있었다. 타시스의 책에서 시장은, 특히 돈과 부채 시장은 시민들이 관리하고 조정할 수 있는 민주주의 정치가 표출되는 국가의 산물이었다. 반면 새뮤얼슨은 고전 경제적 세계관을 케인스의 정책수립 이론과 조화시키려고 했다. 새뮤얼슨에게 케인스 사상은 완전 고용 경제를 통해 고전적 경제사상들을 구현하는 것이었는데 이는 시장이 스스로 자정 작용을 하고 시장 공급 자체가 수요를 창출하는 "특별한 경우"에만 가능했다. 타시스는 민주주의에서 시장의 한계를 경고했지만, 새뮤얼슨은 국가 재정을 약간 조정하면 사회가 원하는 시장의 힘을 되살릴 수 있다고 주장했다. 새뮤얼슨의 사상, 특히 인플레이션에 대한 그의 생각이 널리 수용되면서 1960년대 케인스식 정책수립 방향

존 메이너드 케인스

에도 폭넓은 영향을 미치게 된다.

하지만 1940년대에 케인스주의 학자들은 그들의 경력을 파괴할 의지와 능력이 있는 보수주의자들의 움직임이 효과적이고 체계적으로 전개되고 있다는 경고를 받았다. 전후의 거센 물결 속에서 어떤 경제학자가 침몰할 것인지, 아니면 헤엄쳐 나갈 것인지의 여부는 전적으로 전문적인 음모 이론가들의 공격을 피하는 능력에 좌우됐다.

공격은 멈추지 않았다. 1951년, 하트의 젊은 제자인 윌리엄 F. 버클리 주니어는 그의 첫 번째 저서인《예일대의 신과 인간God and Man at Yale》을 통해 케인스 경제학에 대항하는 십자군 운동을 전국 청중들에게 알렸다. 1951년 12월에 NEC는 버클리를 축하하는 만찬을 열고 그의 책을 NEC 회원 명부에 등록된 모두가 구입하도록 홍보하면서 사기를 북돋웠다. 버클리의 책을 출판한 헨리 레그너리도 "물론" 책을 적극적으로 홍보해서 NEC의 노력에 "실질적 도움"[30]을 준다.

《예일대의 신과 인간》은 보수적인 한 카톨릭 신자가 젊은 시절 가졌던 경직된 교리와 상충되는 사상적 세계에 불시에 각성하는 이야기이다. 버클리는 학교의 종교 지도자들을 "무신론자"나 "집단주의" 선동가로 비난하는 개신교 사상이 캠퍼스에 퍼지고 있는 상황에 충격을 받았다. 개신교도들의 이런 활동을 대학 관계자들은 "학문의 자유"라는 명목으로 이상할 정도로 용인하고 있었다. 버클리는 책의 서문에 이렇게 썼다. "기독교 개인주의자들로부터 윤리적, 재정적 지원을 받는 기관은 그 아들들이 무신론적 사회주의자가 되게끔 설득하는 임무를 직접 수행한다고 봐야 한다."[31] 버클리가 언급한 사회주의란 케인스 경제학을 말했다. 그는 자신의 책에서 케인스주의 교과서에 대한 하트의 반대운동을 새뮤얼슨의 책을 포함해 세 권의 새로운 책들로 확대했고 타시스의 교과서에 대한 레인의 비판 내용을 그대로 인용하면서 이제는 불필요해진 타시스에 대한 공격까지 재개했다. 버클리는 수십 페이지에 달하는 여러 자료 내용을 짜깁기해서 터무니없는 사상과 주장들로 만들어낸 다음 그것을 타시스와 새뮤얼슨이 한 말로 둔갑시켰다. 버클리는 케인스주의자들이 몽유병에 걸린 미국을 스탈린주의 전체주의로 조용히 전환하려는 음모에 따라 예일대 등 전국 대학에서 활동하는 공산주의자라고 주장했다. 만약 예일대처럼 확연히 보수적인 학교까지 이들의 사상에 감염돼 있다면 다른 학교는 어떻겠는가? "이는 권력이 개인으로부터 국가로 느리지만 거침없이 이전되는 것을 옹호하고, 예일대 경제학과는 말할 것도 없이 전국의 많은 대학의 비슷한 학과에 뿌리를 두고 있는 혁명이다."[32]

타시스는 버클리가 행한 모욕적 행위들을 절대 용서하지 않았다. "버클리, 빌어먹을 자식. 그놈을 생각하면 너무 화가 나. 그 자식은 아직도 객관성이니 '도덕적 가치'에 대한 우려니 하면서 거들먹대고 있더군. 그가 얼마나 많은 사실을 왜곡했는지 알면 끔찍할 뿐이야"라며 30년 이상이 흐른 뒤에도 분노를 억누르지 못했다.[33]

《예일대의 신과 인간》은 〈더 아틀랜틱〉과 〈뉴욕타임스〉에 서평이 실릴 정도로 큰 성공을 거뒀으며, 출판사 대표인 헨리 레그너리는 보수주의자들을 위한 출판 시장에서 주요 실세로 등극했다. 하트는 자신의 영향력이 점점 확대되는 것을 보고 감동했다. 그는 전국제조업협회의 연례회의에 버클리를 연사로 만드는 데는 실패했지

존 메이너드 케인스

만, 1954년에 버클리가 존 매카시 상원의원을 변호하기 위해 쓴《매카시와 그의 적들McCarthy and His Enemies》을 유통해주면서 이 젊은 선동가와 따뜻한 관계를 유지했다.[34] 버클리는 하트에게 그의 지지가 "얼마나 큰 힘이 됐는지" 감사를 표하는 편지를 보냈다.

보수당 기부자들 또한 합세하여 버클리의 〈내셔널 리뷰〉 창간을 도왔는데, 이 매체는 이후 미국 보수주의자들의 논평과 비판을 전달하는 대표적 창구가 된다. 버클리는 흑인들이 유전적으로 민주주의를 이행할 능력이 없다고 주장하며 생물학적 인종차별과 분리를 주장했던 만큼 이 잡지는 창간 초기에 하트의 뉴스레터 역할을 하기에 안성맞춤이었다. 버클리는 원래 로버트 웰치 주니어가 1958년에 설립한 존 버치 협회를 지원했었다. 웰치는 〈내셔널 리뷰〉에 1,000달러(현재 돈으로 9,000달러)를 기부했고 버클리는 웰치가 세운 새 조직을 위해 "약간의 홍보" 활동을 약속했다.[35] 하지만 웰치가 공화당 출신 대통령인 드와이트 루스벨트가 공산주의자라고 주장하기 시작하자 버클리는 어쩔 수 없이 웰치와 그의 출판물을 멀리하기 시작했다. 버치 협회 회원들이 보수당의 대의명분에 오명을 남겼기 때문이다. 버클리가 비난을 시작하기도 전에 그의 오랜 친구인 하트가 이 상황을 알게 되었고, 그에게 버치 회원들을 몰아내는 것은 "완전히 부당한" 일이며 보수당의 대의에도 문제가 될 것이라는 편지를 보냈다. "밥 웰치는 내가 수년간 알고 지낸 사람으로 그보다 더 위대한 애국자는 없다네."[36] 하지만 버클리는 아랑곳하지 않고 공격을 단행했고, 그의 이런 행동은 사려 깊은 비평가로 오히려 명성을 얻었다. 하지만 이렇게 급부상한 그의 명성은 엘리트적 편집증을 바탕으로 했

다. 1962년에 하트가 사망했을 때 그는 존 버치 협회의 맨해튼 지부 장이었다.[37]

그 자신이 이런 상황을 좋아했든 아니든, 프리드리히 아우구스트 혼 하이에크는 버클리가 추진한 반혁명 운동의 지적 대부였다. 그가 1944년에 무명의 학자로서 《노예의 길》을 썼을 때, 그는 이 책으로 인해 자신이 미국 사업가들 사이에서 주목받게 되리라고는 전혀 예상하지 못했었다. 하지만 수십 명의 부유한 우익 사업가들은 정부의 경제 개입이 학살과 파멸로 이어질 것이라는 하이에크의 경고에 이끌렸고, 케인스의 주장에 맞서 기꺼이 자유의 나팔을 불기 위해 하이에크를 따랐다. 〈리더스 다이제스트〉에 실린 《노예의 길》 요약본에는 하이에크가 타협한 규제와 사회안전망에 대한 내용이 삭제됐으며, 기업들은 그의 책을 자체적으로 배포하기 위해 재판을 요청하기 시작했다. 제너럴 모터스GM와 뉴저지 전략공사는 직원들에게 공짜로 하이에크의 책을 나누어 주었고, 전국제조업협회도 회원들에게 1만 4,000부를 발송했다.[38]

하지만 해럴드 루나우라는 중서부의 가구업계 거물과 하이에크의 관계보다 케인스의 프로젝트를 해체하는 데 더 중요한 협력은 없었다.

루나우와 그의 삼촌인 윌리엄 볼커는 20세기 초 캔자스시티에서 참신한 "가구 및 액자, 거울, 캐비닛 하드웨어" 등을 판매하는 윌리엄 볼커 앤 컴퍼니를 차렸다.[39] 캔자스시티의 인구가 불어나면서 그들의 사업 또한 불어나서 대공황이 불어닥치기 전까지 루나우 가족은 수익보다 정치에 더 관심을 가질 정도로 부유해졌다. 볼커는 가난과 투옥에 맞서기 위해 자신의 재산으로 캔자스시티 공공 복지위원회를 설립하였는데, 이는 사회안전망을 구축하기 위해 지역 정부와 함께 설립한 민관 기관이었다. 볼커는 1947년 죽기 전에 재산 1,500만 달러를 조카 루나우에게 맡기고 그 돈으로 빈곤 구제 및 교육 관련 자선사업에 헌신하라고 당부했다. 하지만 루나우는 마흔아홉 살에 《노예의 길》을 접하면서 시대에 뒤떨어지고 부패한 정부 기관들이 부유층의 비범함과 관대함으로 교체되는 세계를 꿈꾸기 시작했다. 이런 루나우의 지휘 아래서 윌리엄 볼커 펀드는 "케인스 경제와 공산주의에 대한 적개심"에 뿌리를 둔 이념 단체로 변모해나갔다.[40]

루나우는 하이에크가 《노예의 길》 순회 홍보차 디트로이트에서 연설을 한 후 그를 만났고, 궁극적으로는 시카고대학을 설득해서 그를 사회사상에 대한 학제 간 위원회 교수로 임명하는 데 도움을 주었다. 이는 두 가지 사실을 보여주는데, 하이에크가 정치이론가로서 영향력을 급격히 높이는 와중에도 보수적인 시카고대 경제학과는 그의 체계적인 연구에 그리 열광하지 않았다는 것이다. 하이에크는 시카고대의 직원이었지만 루나우가 그의 급여를 지급했으며 뉴욕대에도 미제스를 위해 비슷한 자리를 마련했다. 한 학자는 이렇게 말했다. "하이에크는 여러 동료 교수들과 그들에게 자금을 지원하는 기업 간 가교 역할을 했다는 점에서 시카고대에서 아주 중요한 위치를 차지했다." 그의 역할은 "시카고학파"의 경제적 세계관이 세계적으로 명성을 떨치는 데 일조한 루나우에게는 특히 더 중요했다.[41]

루나우는 하이에크가 국제적인 지식인 협회인 몽페를랭 소사이어티를 결성하는 데에도 도움을 주었다. 이는 월터 리프먼이《좋은 사회》의 출간을 자축하기 위해 파리에서 결집한 회의에서 영감을 받은 모임이었다. 1948년에 하이에크는 리프먼의 회의에 참석했던 명사들 여럿을 스위스 몽페를랭 근처의 뒤 파크 호텔에 초대했다. 루나우는 하이에크의 시카고대 친구인 밀턴 프리드먼과 다른《노예의 길》개종자들의 여행 비용을 자신이 대기로 했다. 이후 몽페를랭 소사이어티는 세계에서 가장 저명한 우익 지성인 조직으로 재빨리 자리를 잡는다. 몽페를랭 소사이어티 회원들은 하나같이 19세기의 자유방임주의에 애착을 갖고 있었지만 그 교리를 전후 세계에 적용하는 데는 의견이 분분했다. 이들의 첫 회의에서 루드비히 폰 미제스는 참석자들이 누진세 정책을 (잠재적으로는) 옹호할 가능성이 있다고 말하자 그들을 "사회주의자 무리"라며 비난했다.[42]

　하이에크는《노예의 길》에서 케인스에게 붙은 자유주의라는 수식어를 떼어내기 위해 로크, 흄, 스미스, 버크에게 다시 손을 내밀었다. 하이에크의 지적 여정에 동참해 몽페를랭에 모인 많은 학자는 본인들을 18세기 불꽃의 수호자가 아닌 독창적인 교리의 창시자로 간주했으므로(물론 역사적 영감은 받았지만) "신자유주의"라는 별칭을 채택했다. 케인스는 생전에 애덤 스미스가 다른 초기 진보주의자들처럼 한 번도 자유방임주의를 엄격하게 고수하지 않았다는 점은 옳게 봤지만, 데이비드 리카르도나 존 스튜어트 밀이 전후 세계 문제들에 대해 어떻게 생각하는지는 분명치 않았다. 미제스가 1952년에《국부론》개정판 서론에서 강조했던 것처럼 스미스는 "공산당의 도전"에 대해 "아무 말도 하지 않았다."[43] 20세기의 가장 영향력 있는 신자유주의 경제학자로 성장하는 밀턴 프리드먼은 공공사업과 공교육 등 스미스가 열정을 바친 여러 활동을 국가 권력에 이양했다는 점에서 곤욕을 치렀다.

몽페를랭 사상가들 역시 정치적 연속성과 전통의 중요성을 강조했던 에드먼드 버크의 사상을 인용했지만 빠르고 전면적인 변화가 필요한 정치 운동을 조직적으로 착수했다. 이 운동의 목표는 베버리지의 보고서 덕분에 유럽과 미국 정치의 표준이 된 뉴딜 모델을 뒤엎는 것이었다. 이들의 급진주의는 《예일대의 신과 인간》에서 하이에크와 미제스를 모두 인용했던[44] 버클리가 몽페를랭의 밀턴 프리드먼 및 빌헬름 뢰프케와 막역한 사이가 되면서 〈내셔널 리뷰〉의 지적 바탕이 된다. 하이에크는 《노예의 길》에서 영국인들의 신앙심이 약해졌던 20세기 초반으로서는 특이하게 서구 기독교에 대한 열정을 내비쳤다. 버클리는 미국의 교회 신도들을 19세기 경제에 열광하는 이들과 연합할 가능성을 염두에 두고 하이에크를 따라 했다. 시간이 흐르면서 뢰프케는 초기 몽페를랭 인사들의 경제사상을 서구 백인들의 우월성을 조장하는 인종적 근본주의와 결합시켰다. 이 결과는 로널드 레이건 시절에 절정을 이룬 이념적 연합으로 나타난다.

하이에크 본인은 이런 정치 집회가 절대 편하지 않았다. 그는 프리드먼의 경제학이 케인스주의와 불순한 타협을 했다며 거부감을 드러냈다. 뢰프케의 지독한 인종차별도 참을 수 없었다. 게다가 그는 예일대에서 신과 인간을 헐뜯거나 〈내셔널 리뷰〉 발행인란에 자신의 이름을 넣는 것을 거부하면서 버클리의 거의 모든 행동에 혐오감을 느꼈다. 그럼에도 불구하고, 버클리의 보수주의 운동은 하이에크를 통해 과거 계몽주의와 연계성을 그려낼 수 있었다.

1960년 중반이 되자 〈내셔널 리뷰〉의 구독자 수는 10만 명이 넘었는데, 이 잡지가 이렇게 인기를 얻은 이유가 신자유주의 사상 때문만은 아니었다. 1943년부터 1954년까지 미제스가 전국 제조업협회NAM 일에 관여하면서, 이 단체가 미국 엘리트 기업가들 대신 공격적인 (그리고 편집증적인) 홍보 캠페인을 추진하는 동안 그의 지적 명성이 투영된 덕분이었다.[45] 해리 트루먼이 1948년 국정 연설에서 최저임금 인상과 국가건강보험 프로그램, 또 흑인들의 인권 보호를 위해 새로운 연방정부가 조치를 취하겠다고 선언했을 때, 전국 제조업협회의 주간 뉴스레터에는 이런 공약들이 "궁극적으로 미국의 기업 시스템을 파괴할 것"이라고 쓰여 있었다. 전국 제조업협회 회장은 서서히 부각되는 "전체주의"와 "미국인들의 자유에 대한 끊임없는 위협"을 경고하는 연설을 했다.[46] 해리 트루먼의 은폐된 공산주의에 대한 이런 경고가 돌이켜보면 터무니없어 보이지만 과열된 매카시즘 열기 안에서는 일반적인 일이었다. 전국제조업협회는 1954년에 그들이 미국의 거의 모든 시장에 내보내기 위해 유료로 방영했던 15분짜리 TV 프로그램인 〈인더스트리 온 퍼레이드〉로 방송 프로그램의 최고 영예인 피바디 상을 수상했다. 피바디 위원회는 인더스트리 온 퍼레이드가 "미국의 방식을 보여주는 강력한 무기"로서 "교육, 공공 서비스, 애국심에 귀중한 공헌"을 했다는 의견으로 수상 이유를 밝혔다.[47]

한편 루나우는 신자유주의 경제학을 위한 투쟁 자금을 계속해서 제공하고 있었다. 그는 보수주의 서적 출간 사업을 위해 출판업자인

존 메이너드 케인스

헨리 레그너리를 도와 자금을 동원했고 "미국판《노예의 길》"이 될 만한 책을 내기 위해 하이에크와 협력했다. 몇 년간 준비 기간을 거쳐 루나우는 프리드먼의 강연 활동을 지원했는데, 그 내용을 엮어 프리드먼이 1962년에 출간한 것이 바로《자본주의와 자유Capitalism and Freedom》로 그는 이 책으로 위대한 경제학자로 널리 이름을 떨치기 전에 신자유주의 정치의 대표적 학자로 자리매김한다.[48] 1940년대부터 1960년대까지 루나우는 신자유주의의 지적 명분을 위해 1년에 약 100만 달러를 투자했고 향후 노벨 경제학상을 수상하는 학자 중 적어도 여섯 명의 학술 연구를 후원했다.[49]

루나우의 후원 활동은 학계의 연구 문화를 바꿨다. 전후 초기에는 본인이 원하는 사상 연구를 수행하기 위해 개인이 대학교수를 후원하는 것은 흔하지 않았고 윤리적으로 의심을 살 만한 행위였다. 자유주의 역사가인 브라이언 도서티의 글을 보면 "일부 학자들은 기금 후원을 하겠다며 접근하는 루나우에게 선생님, 저는 그런 사상가가 아닙니다!"라며 콧대 높게 거절했다고 한다.[50] 하지만 시간이 흐르면서 루나우의 모델이 승리했다. 오늘날 대학들은 책을 내기 위한 연구부터, 상호 심사 연구, 농구 프로그램, 조지메이슨대학의 경제학과에 이르기까지 모든 활동에 기업과 찰스 & 데이비드 코크 형제처럼 부유한 개인의 기부금을 받는 데 익숙하다. 돈 많은 특수 이해관계자들의 후원은 (물론 논란이 되지만) 경제학자들의 경력을 보충해 준다.

그런데 루나우는 신자유주의 학술 프로젝트의 종잣돈을 대면서 점점 더 과감해졌다. 1962년 2월에 그는 향후 싱크탱크 대상의 투자

활동을 고민하기 위해 캘리포니아에서 하이에크 등 주요 신자유주의 학자들과 회의를 가졌는데 그곳에서 자신이 세계 정치 지도자들에 대한 독특한 정신적 지휘권을 개발하겠다고 밝혔다. 그는 "제가 가진 권력을 이용하면 흐루쇼프도 뚫을 수 있습니다. 제힘을 적절히 조정하고 일을 성사시키는 거죠"[51]라고 말했다. 한 달 후 루나우는 갑자기 볼커 기금 후원을 중단하고 그 돈을 미국연구센터에 투입했는데, 이는 홀로코스트를 부인하는 데이비드 레슬리 호건의 업적을 부각하려는 새로운 시도였다. 나중에 밝혀진 사실이지만, 루나우는 호건이 하버드에서 진행하던 히틀러에 우호적인 연구도 1957년부터 지원했다.[52]

불충과 전복이라는 터무니없는 혐의 뒤에는 매카시즘과 마찬가지로 중요한 진실의 그림자가 드리워져 있었다. 케인스주의자들은 대부분 상당히 급진적이었다. 1935년과 1936년에 하버드에서 로버트 브라이스와 함께 《일반이론》을 주제로 비공식 세미나를 열었던 폴 스위지는 교수로 일하는 내내 마르크스주의자로 지목됐다. 새뮤얼슨이 MIT에서 가르쳤던 첫 제자 중 한 명인 로렌스 클레인도 마찬가지였는데, 그는 《일반이론》의 대표적 해설가인 동시에 케인스 이론을 발전시킨 초창기 학자기도 했다. 케인스 자신은 "자유사회주의"를 옹호했고 의료 서비스의 사회화를 위한 영국의 정책 수립을 도왔다. 케인스가 1930년대에 케임브리지에서 개종시키려 했던 이들은 젊은 마르크스주의자였다. 그의 경제 프로젝트는 관련 문제들에 적당한 균형을 맞추려는 실속 없는 사업이 아니었다. 그들은 마

존 메이너드 케인스

르크스 혁명처럼 고통과 혼란을 초래하지 않도록 사회를 천천히, 그리고 평화적으로 탈바꿈하려고 했다.

많은 마르크스주의자가 설득된 것도 사실이었다. 리튼 스트레치의 사촌이자 노동당 정치인이었던 존 스트레치는 1930년대 초에 베스트셀러가 된 마르크스주의 책을 썼는데, 그는 거기서 폭력적인 계급 전쟁만이 자본가의 탄압을 없앨 수 있다고 주장했다.[53] 하지만 1956년이 되면 갤브레이스의 좋은 친구인 스트레치는 그가 무력으로 이루려 했던 모든 것이 이제는 민주적인 케인스식 경제 관리로 구현될 수 있다고 (사실상 케인스 경제학를 통해서만 구현될 수 있다고) 믿었다. 존 스트레치는 또 다른 베스트셀러인《현대 경제학Contemporary Capitalism》에서 공유와 사회적 개혁이라는 고전적 사회주의 해법과 결합된 케인스식 경제 정책이야말로 민주주의 사회가 목적을 달성할 수 있는 수단으로서 필수 불가결한 도구가 됐다"고 썼다. "민주당과 사회주의 정당들이 이 정책들을 이해하고 지시하지 않는 한 그들은 목적 달성에 필요한 자본주의의 변화를 이루지 못할 것이다."[54] 게다가 적어도 영국에서는 케인스의 제자들이 엄청난 위세를 떨치고 있었다. 스트레치는 공산당에서 노동당으로 당적을 바꾼 후 식량 장관과 국무장관을 역임하였다. 그러나 미국에서는 적색분자 색출이 활기를 띠면서 마르크스와 케인스에게 우호적인 경제학자들은 그들의 일자리를 지키기 위해 점점 더 많은 것을 신경 쓰기 시작했다. 1950년대가 되자 경제학자 중 마르크스주의자 수는 "두 손의 엄지손가락만 써서 셀 수 있다"고 스위지가 농담을 할 정도였다.[55]

이런 측면에서 보면 아무리 피해망상증에 젖은 대단한 매카시 추종자라도 뭔가를 깨달을 법하다. 1957년에 시어도어 루스벨트의 막내아들인 아치발드와 지그문트 돕스는 《하버드의 케인스: 정치적 신조의 탈을 쓴 경제적 속임수Keynes at Harvard: Economic Deception as a Political Credo》라는 책을 출간했는데, 여기서 그들은 케인스주의를 "좌파들이 하버드와 미국에 침투하기 위한 이념적 교두보"라 칭했고 "케인스"라는 이름은 보통 더 강력한 좌파적 의도를 수호하는 방패로 사용된다고 주장했다. 이 책의 내용 대부분은 광기 가득한 터무니없는 환상에 불과했지만(1969년에 이 책이 재발행됐을 때 돕스는 케인스주의가 "마약 중독, 성적 남용, 동물적 도착"을 전파하려는 좌파 운동의 일환이었다고 주장했다) 핵심 포인트는 본질적으로 사실이었다.[56]

매카시즘의 공포는 전국적인 문화 현상이었지만, 그 연결고리는 매카시즘이 단순히 권력투쟁의 하나로 기능했던 워싱턴에 있었다. 미국의 우파 입장에서 케인스주의 경제정책의 성과에 흠집을 내서 케인스의 자유주의를 비난할 수 없었으므로 케인스주의 실천가들의 도덕성을 깎아내려서 그들을 비난하려 했던 것이다. 양당의 보수 정치인들은 연설할 때마다 뉴딜주의자들을 거침없이 공격했고, 정치언론에 의해 증폭된 청문회에서도 그들을 몰아붙였다. 미국 수도에서 벌어진 일들에 대한 야단스러운 보도는 다른 나라에도 적색 공포 분위기를 조성하면서, 오래 뒤에 매카시즘 열풍의 진위가 미국의 주류 사상가들에 의해 의심받게 됐을 때까지 개인의 경력과 평판을 손상시켰다. 하지만 케인스주의 학계 내부에 진짜 급진주의자들이 있었던 것처럼, 워싱턴의 뉴딜주의자 중에는 반공산주의 음모론자들이 주장했던 행위들을 미국의 전시 외교 정점에서 때때로 이행

존 메이너드 케인스

한 이들이 있었다.

1944년 10월 30일, 존 브리커는 그해 미국 정계에서 가장 격렬한 연설을 했다. 브리커는 오하이오 주지사로 두 번째 임기를 마치고 공화당 대선 후보 티켓을 추가로 얻었는데, 이는 당시 뉴욕 주지사였던 비교적 진보적인 공화당 의원인 토머스 듀이가 당의 지명을 받으면서 불만이 쌓인 공화당원들의 비위를 맞추기 위한 결정이었다. 전쟁이 계속되면서 듀이는 제1차 세계대전 이후 공화당을 지배하던 고립주의를 프랭클린 루스벨트의 외교정책과 아주 비슷하지만 더 좋고 비용이 덜 드는 정책으로 교환했다. 듀이의 공화당은 세계 무대에서 물러설 생각이 없었다. 루스벨트보다 더 빨리 나치를 쳐부수고 루스벨트보다 더 좋고 더 확고한 평화를 구축한 다음 참전용사들을 귀국시킬 생각이었다. 듀이는 루스벨트가 사상적으로 문제가 없는 사람이라고 생각했다. 몇 가지만 제외하면 그의 대선 캠페인은 정중한 편이었다.

그리고 공화당이 박살이 났다. 그래서 브리커는 선거를 겨우 며칠 남겨놓고 뭔가 다른 시도를 했다. 그는 디트로이트 올림픽 경기장에 모인 1만 5,000명의 만원 관중들을 대상으로 연설을 하던 중,[57] 루스벨트 대통령의 국내 정책을 "외세에 의한" 부패의 결과라고 맹비난하며 "프랭클린 루스벨트와 뉴딜정책이 급진주의자와 공산주의자들의 손에 좌우되고 있습니다"라고 주장했다. 그는 미국 노동조합의 가장 급진적 연합인 루스벨트 행정부, 국제 공산주의, 산업조직회의CIO는 미국의 생활방식을 말살시키는 것을 목표로 하는 "실제로 유효한 관계"가 있다고 주장했다. 그는 이렇게 말했다. "오늘날에는 예전과 달리 가장 사회 전복적인 외국 세력이 내부로 잠입해서 미국 정부를 장악하려 하고 있습니다."[58]

브리커의 연설은 라디오 전파를 타고 전국에 방송되었다. 다음 날 미국 전역에서 인쇄된 신문들에는 일곱 명의 이름이 "체제 전복 조직" 일원으로 실렸다. 브리커는 크레이그 빈센트, 아서 골드슈미트, 로빈 킨케드, 토마스 에머슨, 진 맨지온, 그레고리 실버마스터, 라우클린 커리를 지목했고 연방 관료 중에 이런 반체제 인사들이 1,117명 더 있다고 주장했다.

이들 대부분은 이제 역사에서 사라졌다. 하지만 1944년에도 브리커의 타깃 중에 사람들이 익히 알만한 인물은 커리가 유일했다. 전시 최고 경제 외교관 중 한 명이었던 커리는 무기대여 프로그램의 조건에 대해 케인스와 협상을 했고, 스위스가 독일과의 경제관계를 끊도록 설득했으며,[59] 중국 내 파벌들이 일제에 계속 대항할 수 있도록 장개석 휘하의 국민당과 연계하기 위한 루스벨트 대통령의 개인 연락관 역할도 했다. 1943년에 AP 통신은 그를 "대통령 배후의 미스터리한 6인방" 중 한 명으로 평했지만 다른 정보는 거의 없었다. "엷은 갈색 머리에 진중한 편이며… 말할 때면 상아로 만든 담뱃대를 계속 만지작거리지만 실제로 피는 일은 거의 없다."[60]

브리커의 연설은 보수당 지지자들에게 활기를 불어넣었고 커리에게는 심각한 불안감을 안겨주었다. 1944년 12월에 케인스가 런던으로 보낸 전보에는 커리를 "숨겨진 공산주의자"로 지명한 것은 "사실이 아니며", "증거도 없지만" 무기대여 프로그램에 대한 그의 협상

존 메이너드 케인스

능력을 제한하고 있다는 케인스의 생각이 적혀 있다. 어떤 식으로든 영국에 지나치게 관대해 보일 수 있는 것도 불충의 표시로 받아들여지고 있었다.[61]

브리커의 공격은 지속되지 않았다. 그와 듀이는 11월 대선에서 크게 패배했고 워싱턴에는 과대망상중적 반공산주의자들이 점점 기세등등했지만, 브리커의 연설은 별종 정치인의 고약한 의견으로 인식되었으며, 이는 정치적 절박함과 부족한 자제심에서 나온 대선 운동 사례일 뿐이었다.

하지만 커리는 4년 후에 진짜 위기에 직면한다. 1948년에 열린 하원 반미활동조사위원회 청문회에서 엘리자베스 벤틀리라는 전 소련 스파이가 소련과 협력하거나 소련의 정보원으로 활동했다는 미국 정보요원 수십 명의 이름을 지목해서 전국을 충격에 몰아넣었다. 명단에는 커리도 있었다. 벤틀리는 자신이 커리와 직접 만난 적은 한 번도 없었다고 공개적으로 인정했고 그는 "공산주의자는 아니라고" 청문 위원들에게 말했지만, 커리가 그녀가 포함된 간첩단에 정보를 제공했다고 고백했으며 그런 정보원 중에는 브리커가 디트로이트 연설에서 공격했던 인물 중 하나인 그레고리 실버마스터도 있었다. 벤틀리는 세부 내용을 기억하지 못했지만 적어도 한 가지 증언은 1948년 7월 청문회를 지켜보는 청중들에게 심각한 죄목으로 들렸다. 리처드 닉슨이라는 캘리포니아 하원의원의 질문을 받은 그녀는 이렇게 대답했다. "실버마스터 씨에게 들었는데, 어느 날 커리 씨가 그의 집에 헐레벌떡 오더니 미국인들이 조만간 소련의 암호를 해독할 것 같다고 말했대요."[62]

그녀의 증언은 브리커의 모호한 고발보다 훨씬 더 심각했다. 벤틀리는 그를 반역죄가 아닌 간첩 행위로 고발했기 때문이다. 게다가 커리는 실제로 그녀가 소련의 정보원이라 지명한 사람들 일부를 알고 있었다. 조지 실버맨과 해리 덱스터 화이트는 1920년대에 커리와 함께 하버드에서 수학한 후 결국에는 셋 다 워싱턴으로 가 루스벨트 행정부에 자리를 잡은 사람들이었다. 커리와 화이트는 이내 "강하고 거친" 스타일로 명성을 쌓으면서 금방 영향력 있는 지위에 올랐다.[63] 화이트는 루스벨트 재무부의 주요 인물이 되었고, 나중에는 브레튼우즈에 미국 대표단의 수석 협상가로 참석해 회의를 이끌었으며, 그곳에서 자신의 영웅 중 한 명인 존 메이너드 케인스의 반대와 제안을 제압하며 자신의 목적을 관철시켰다. 실버맨은 친구인 화이트만큼 행정부 고위직을 차지하지는 못했지만 재무부와 몇몇 뉴딜 조직에서 실무를 하면서 경력을 쌓았다. 실버맨은 러시아 태생인 실버마스터와 친했다. 실버마스터, 실버맨, 화이트는 워싱턴에서 편안하고 규칙적인 사교 생활을 즐겼다. 그들은 함께 배구와 탁구를 쳤고 실버마스터는 기타를, 그리고 화이트는 만돌린을 연주하며 저녁 합주를 즐기기도 했다.[64]

실버맨과 실버마스터는 미국 공산당CPUSA의 당원이었다. 1930년대 대부분의 미국인에게 미국 공산당은 미국 경제가 붕괴되면서 소생한 사회주의자, 트로츠키주의자 등 복잡미묘한 일련의 좌익 정당들과 명확히 구분되지 않았다. 미국 공산당은 그들 눈에 프롤레타리아 계층으로 보였던 흑인 농민들을 적극적으로 공략했고, 루스벨트 대통령이 남부 백인 민주당 지지자들과 정치적 연대를 끊지 않으려

존 메이너드 케인스

고 반대했던 반린칭법anti-lynching laws(흑인들에 대한 억압을 금지하는 법안-옮긴이)을 강력히 옹호하면서 존재감을 부각했다. 대부분의 미국인은 미국 공산당이 소련 정부의 공식 조직이라는 것을 몰랐다.

화이트는 워싱턴에 온 이후로 실버맨에게 정부의 기밀정보, 즉 화이트는 볼 권한이 있지만 중간 관리인 친구에게는 접근 권한이 없는 자료를 공유하기 시작했다. 화이트는 자신이 준 정보가 미국 공산당에 들어갔을 수도 있다고 짐작은 했겠지만 그것이 러시아 정보기관까지 연결되는지는 몰랐을 것이다. 반면 실버맨과 실버마스터는 미국 공산당과 스탈린 정부와의 연계성뿐 아니라 미국 공산당이 그들의 일부라는 사실도 알고 있었다. 두 사람은 워싱턴에서 공무원으로 일하는 내내 소련의 스파이 활동을 하고 있었다. 역사학자인 에릭 로치웨이가 그의 저서에서 자세히 설명했듯이 소련의 국가보안위원회KGB 요원의 증언에 따르면 화이트는 자신이 미국 공산당뿐 아니라 모스크바와 간접적으로 협력하고 있었다는 사실을 깨달았을 때 "엄청난 공포"[65]를 느꼈다고 한다. 이런 폭로가 있고 얼마 후에 화이트는 소련 친구들과의 연락을 끊었다. 하지만 그의 동기는 여전히 의심스러웠고, 화이트는 브레튼우즈 회담을 포함해 계속해서 이따금씩 정부 문서를 실버맨과 실버마스터에게 제공했다.

물론 미국과 소련은 제2차 세계대전 동안 동맹국이었고, 화이트는 워싱턴 주재 러시아 대사관과 연락하는 재무부의 수뇌부였다. 그는 실버맨과 실버마스터를 통해 자신이 비정상적 루트로 외교 활동을 하고 있다고 여겼을지도 모른다. 아니면 공무원 초기에 행한 경솔함을 빌미로 이후 더 많은 것을 폭로하라는 협박을 받았는지도 모른다. 모스크바의 소련 정보원은 화이트가 제공한 자료에 당황했을 테지만, 화이트는 미국 정부의 기밀 정보를 알면서도 불법으로 넘겼고, 그 결과 외국 정부와 공식 외교활동을 할 때 애매할 처지에 놓였을 것이다.

벤틀리가 하원 HUAC 청문회에서 증언할 당시, 화이트에게는 관리할 명성은 있었지만 직장은 없었다. 해리 트루먼 대통령은 연방수사국FBI 에드가 후버 국장으로부터 그가 실버맨과 실버마스터와 벌인 일에 대해 상세한 비밀 보고를 받은 후 조용히 그를 공직에서 물러나게 했다. 커리와 화이트는 벤틀리의 주장에 반박하기 위해 HUAC 앞에서 증언하기로 했다. 두 사람은 각각 자신은 어떤 잘못도 하지 않았다고 단호히 주장했다.

화이트에게 HUAC 청문회는 이 드라마의 마지막이 됐다. 증언이 있고 3일 후 그는 심장마비로 사망했다. 커리의 입장에서는 이 상황이 적어도 조금은 진정된 것으로 보였다. 미국 정계의 여전한 실세이자 특약 칼럼리스트로 활동하던 엘리너 루스벨트는 커리의 충성심을 옹호했다.[66] 벤틀리는 실버맨이나 실버마스터가 공산주의자라는 사실을 알고 있었다거나, 그들이 소련 스파이라는 것을 인식하고 있었다고 주장하지 않았다. 게다가 HUAC 청문회에서 커리의 증언과 태도는 몇 차례의 격렬한 심문 후 공화당과 남부의 맹렬한 반공산주의 민주당원 모두가 그의 결백을 믿게 될 만큼 훌륭했다. 사우스다코타주의 공화당 의원인 칼 먼트는 "커리는 제가 믿는 미국주의를 가진 사람입니다"라고 역설했고 딕시크랫Dixiecrat(민주당을 탈당한 남부 사람의 별칭-옮긴이) 중 한 명인 존 랭킨은 "제 생각에는 우리가 원격

존 메이너드 케인스

조정으로 그의 명성을 더럽히자고 너무 멀리 온 것 같네요"라는 신중한 의견을 냈다. 1949년에 트루먼 정부는 커리를 콜롬비아 세계은행 대표단으로 임명했고, 이로써 폭풍은 지나간 것처럼 보였다.

그러던 중 중국 대륙이 마오쩌둥의 공산당에게 넘어갔다. 매카시와 네바다주 상원의원인 팻 매카란 같은 민주당의 냉전 전사들에게 공산당의 승리는 단지 외교적 후퇴만을 의미하지 않았다. 그들에게는 루스벨트와 트루먼 정권하에서 공산주의 요원들이 벌이는 의도적 방해 공작의 일환이었다. 정부의 경제 정책에 대해 유연한 생각을 가진 뉴딜주의자들과 케인스주의자들은 특히 의심을 받았다. 그런 점에서 커리는 완벽한 먹잇감이었다. 제2차 세계대전 중 그의 임무는 마오쩌둥의 공산주의자들과 장개석의 국민당 민족주의자들이 서로 싸우는 대신 일본에 집중 대항하게 만드는 것이었다. 장개석을 상대했던 거의 모든 미국인과 마찬가지로 커리도 국민당의 부패와 무능함에 좌절감을 느꼈는데, 그런 무패 조직에는 베니토 무솔리니 휘하의 검은셔츠단을 본떠 만든(국민당 당원들은 파란색 셔츠를 입었다) 은밀한 불법 무장단체도 포함돼 있었다. 마오쩌둥이 내전에서 승리하자 커리가 과거 국민당을 향해 내뱉었던 비판적 표현 하나하나가 화살이 되어 날라왔다.

조지프 매카시 상원의원은 1951년 6월 원내 회의에서 "커리의 배신에 대한 전체 내용은 아직 밝혀지지 않았습니다"라고 말했다. 커리가 매카시 등을 명예훼손으로 고소해 그가 한 말들이 비공개로 보호되었기 때문이다. 위스콘신주의 선동가인 매카시는 커리가 1942년부터 장개석 정부를 붕괴시키기 위해 힘써왔고 마오쩌둥의

승리를 돕기 위해 국민당에 독일제 소총 2만 개를 지급하는 것을 개인적으로 막았다고 주장했다.[67]

트루먼 행정부가 중국을 배신했다는 매카시의 이야기는 사실이 아니었고, 무엇보다 커리는 1946년에 중국 내전이 다시 시작되었을 때 정부에 없었다. 마오쩌둥이 승리한 때를 기점으로 보면 커리가 정부 일에서 손을 뗀 지 4년이나 지나 있었다. 벤틀리의 증언으로 시작된 이 혐의의 궁극적인 판단은 FBI가 가로챘던 일련의 암호화된 소련 전보를 어떻게 해석하느냐에 달려 있었고, 이 내용은 1990년대에 공개된다.[68]

하지만 1940년대와 1950년대에 대중은 그런 암호 해독에 대해 전혀 알지 못했다. 매카시 시대를 헤쳐 나가려던 경제학자들에게 중요했던 것은, 즉 미국에서 케인스 사상 발전에 중요했던 것은 커리에 대한 얄팍하고, 어떤 면에서는 모순된 공적 사건이 그의 경력 전체를 얼마나 쉽고 빠르게 규정해 버리느냐 하는 것이었다. 그러는 동안 벤틀리가 한 진술의 신빙성이 약해졌다. 1951년 상원 청문회에 소집된 벤틀리는 소련 암호에 대해 했던 말을 번복해, 커리가 실버맨이 아닌 화이트에게 암호 해독에 관한 이야기를 전했다고 말했다. 화이트는 커리와 마찬가지로 최고위 외교관이었기 때문에 커리가 그와 민감한 정보를 논의했다는 것은 이례적이거나 부적절한 일이 아니었다. 1945년에 벤틀리는 더 나아가 FBI에 자수했으며, 미국은 1946년까지도 소련의 암호를 사실상 알아내지 못했다. 커리가 화이트나 실버마스터에게 다른 어떤 말을 했든 간에, 미국이 소련의 암호를 해독하기 직전이라는 정보를 누설했다는 것은 당시로서는

존 메이너드 케인스

말이 되지 않았다.

HUAC의 반공산주의 강경파도 1948년에는 커리가 정말 문제적 인물인지 확신할 수 없었다. 매카시는 브리커와 같은 이유로 그를 노렸다. 즉, 커리가 좌익 지식인의 실세였기 때문이다. 만약 커리의 위치에 있는 다른 누군가가 소련 스파이로 활동했다면 매카시는 그 또한 다각적이고 엉뚱한 음모 이론을 정당화하는 데 활용했을 것이다. 하지만 벤틀리와 브리커의 진술은 모호했고, 매카시에게는 다른 희생자보다 커리를 더 세게 압박할 혐의가 필요했다.

일단 매카시가 개시하자 커리에 대한 작전은 거침없이 전개되었다. 1954년에 버클리는 《매카시와 그의 적들McCarthy and His Enemies》**69** 이라는 책에서 커리를 "공산주의자"라며 비난을 퍼부었다. 같은 해에 국무부는 커리의 여권 갱신을 거부했다. 후에는 위헌으로 판정됐지만, 당시 미국에는 이민자가 나중에 해외로 이주한 경우 국가가 시민권을 박탈할 수 있었다. 커리의 콜롬비아 체류 기간이 길어짐에 따라(처음에는 세계은행 대표단으로서, 그다음에는 콜롬비아 정부의 미국 고문으로) 정부는 그에게 미국과 컬럼비아 중 한 곳을 선택하게 했다. 그는 미국 시민권을 포기하는 조건으로 콜롬비아에 머물기로 결정했다. 하지만 컬럼비아의 민주 정부가 군사 정권 손에 넘어가자 한때는 가장 유력한 뉴딜 경제학자였던 커리는 보고타에서 20마일 떨어진 산악 지대에 땅을 사고 낙농업자가 되었다.

커리에 대한 우익의 음모가 루스벨트 행정부 내 베테랑 케인스 추종자들에게 미친 영향은 말할 것도 없었다. 모든 뉴딜주의자에게는 공산주의자 친구가 한두 명씩 있었다. 대공황 시절 미국의 좌파들에게는 당연한 일이었다. 하지만 커리와 화이트는 소련의 협력자로 더 유명한 알저 히스 같은 일개 실무직 공무원이 아니었다. 커리는 케인스 혁명을 이끈 가장 뛰어난 인재들을 워싱턴에 영입한 장본인이었다. 하지만 반공 전도사들에게는 이들 모두가 용의자였다. 재무부는 조지 에디가 커리, 화이트와 친했다는 이유로 그에게도 정직 처분을 내렸다. 그들과의 친분으로 업무 처리에 제대로 된 판단을 하지 못했고 그를 신뢰할 수 없다는 점도 덧붙였다. 나중에는 모든 혐의에서 벗어나고 못 받았던 급여도 모두 돌려받았지만 훼손된 명예는 영원히 되돌릴 수 없었다. 그는 1980년대가 되어서야 경제학계로 돌아올 수 있었다.[70] 모르드개 에스겔, 레온 키설링, 어빙 프리드먼, 찰스 킨들버거 등 커리와 화이트의 동료 경제학자였던 다른 동료 뉴딜주의자들도 모두 FBI에 의해 체포되어 심문을 받았다.[71]

존 케네스 갤브레이스 등 미국에 있던 커리의 친구들 입장에서는 커리의 결정이 상당히 부당해 보였다. 하지만 다른 대안은 더 나빴다(그들의 후원자인 커리는 실제로 오랫동안 소련에 협력해온 사람이었다). 어느 쪽이든 커리의 몰락은 그의 친구들의 경력에도 위협이 되었다. 어쨌든 다가올 10년의 대부분을 불충이라는 혐의 속에서 스스로를 비난하며 살 수밖에 없었다. 그것이 성공의 대가인지도 몰랐다.

JOHN MAYNARD KEYNES

풍요로운
사회에
가려진 민낯

14

존 메이너드 케인스는 고서를 좋아했다. 건강이 괜찮았을 때, 그와 피에로 스라파는 토요일 오후가 되면 케임브리지에 있는 헌책방에서 시간 가는 줄 모르고 빛바랜 팸플릿과 서한 모음, 계몽주의 시대의 명사들과 그 주변인들이 쓴 양장본을 뒤적거렸다.[1] 만약 두 사람이 주요 경제학자로 성공하지 않았다면, 이들의 주말 정벌은 두 사람에게 종신직 역사학자 자리를 만들어주고도 남았을 것이다. 1933년에 케인스와 스라파는 1740년에 출판된 익명의 소책자에 실린 데이비드 흄의 《인성론Treatise on Human Nature》에 대한 빛나는 서평 하나를 발견했다. 1740년이면 흄의 대표작이 된 이 책이 발표된 직후였다. 오랫동안 철학가들이 입에서 입으로 신화에 가까운 지위를 부여했던 바로 그 평론이었다. 흄의 서신 중 그 평론을 쓴 익명의 저자가 위대한 애덤 스미스임을 말하는 듯한 내용이 있었다.

　　　　　　　　　　　　　　　존 메이너드 케인스

전해 내려오는 말로, 스미스는 당시 열일곱 밖에 안 된 학생 신분을 숨기기 위해 소책자에 자신의 이름을 공개하지 않았다는 것이다. 역사가들도 실제 평론글을 입수하지 못했으므로 서평에 대한 신비감은 더욱 높아졌다. 《인성론》은 출판 직후는 완전 실패작이었지만(흄의 말로는 "언론에 의해 초장부터 박살 났다"고 한다) 흄이 역사학자로 유명해진 수십 년 후에 걸작으로 인정받은 책이었다. 어린 스미스의 열정 덕분에 《인성론》은 학자들에게 늦었지만 진가를 인정받게 되었다. 애덤 스미스가 읽자마자 그렇게 생각했다면, 흄의 책은 천재적인 작품임에 틀림없었다.

그러나 케인스와 스라파가 1930년대에 마침내 문제의 소책자를 발견하고 살펴보니 책 제목과 출판사 표시로 보아 그 글은 오랫동안 찾아 헤맸던 《인성론》에 대한 실제 평론이 확실했고, 그들은 이내 서평의 실제 주인공은 스미스가 아니라 흄 자신이라는 것을 알게 되었다. 흄은 실패작이 돼가던 자신의 저서에 다시 관심을 불러일으키고 싶었던 것이다. 문체가 확실히 비슷하다는 점을 차치하더라도, 그 정체를 알 수 없는 서평에는 이후 흄이 《인성론》 개정판을 냈을 때 담은 일련의 사상들과 주장이 그대로 담겨 있었다. 케인스는 "초기 논평가들이 이 사본을 봤다면 우리의 판단을 의심할 수가 없을걸세"라고 스라파에게 말했다.[2] 오늘날 사학자들은 흄의 책을 최초로 호평한 언론 자료를 사실은 흄이 작성했다는 사실을 일반적으로 인정한다.

이 고서 연구에는 나이 든 수집가들의 자부심 이상의 의미가 있었다. 케인스는 평생 지식 그 자체의 철학적 토대, 다시 말해 학문의 본질과 그 방법의 한계에 빠져 있었다. 그는 선대의 지혜를 알기 위해서뿐만 아니라 인류 역사에 돌파구가 됐던 신념 체계에 존재하는 미묘한 차이가 무엇인지 그 통찰력을 얻기 위해, 그리고 좋은 사상을 촉진하는 동시에 억압했던 역사의 모순을 이해하기 위해 위인들 이면에 감춰진 사소한 일들에 몰두했다. 케인스는 선대 학자들의 사상을 깊이 존경했을뿐더러 그들의 가장 위대한 업적을 비판하려는 오만하고 대담한 배짱을 동시에 갖고 있었다. 이런 끈질긴 철학적 탐구 정신을 가진 케인스는 양적이고 수학적인 능력보다 창의성을 가진 학자를 숭배했다. 그는 블룸즈버리 신조에 맞게 위대한 학문을 인간이 달성할 수 있는 가장 높은 경지인 예술로 승화시켰다.

케인스에 따르면 "뉴턴은 이성의 시대를 연 첫 번째 과학자가 아니라 마술사의 시대의 대단원을 장식한 인물이었다."[3] 이는 찬사였다. 케인스는 뉴턴을 "우리의 가장 위대한 천재"[4]라고 불렀고 여기서 '우리'란 케임브리지 사람들을 말했다. 이런 측면으로 보면 케인스는 가장 위대한 물리학자의 지적 계승자라고 선언할 수 있었다. "뉴턴은 우주의 모든 것을 수수께끼나 비밀로 바라봤는데, 이는 신이 세상에 드러낸 어떤 증거나 신비로운 단서를 순수한 마음으로 봤을 때만 풀 수 있다."[5] 케인스는 뉴턴의 재능이 마치 자신의 뮤즈에게 빠진 시인이나 화가의 재능과 같다고 믿었다. 뉴턴은 광기 어린 열정으로 통찰력을 얻은 후 그의 창조적 발견에 설득력을 부여하기 위해 과학이라는 공식 언어로 신중하게 새로운 지식을 제시했다. "뉴턴은 어떤 문제의 비밀이 마침내 풀릴 때까지 몇 시간, 며칠 아니 몇 주라도 혼자 머릿속에 담아 두고 고민했습니다. 그러다 비밀을 풀면 비로소 그것을 설명하기 위해 최고의 수학 기술자로서 옷을 입지만 무엇보다 특출한 것은 그의 직관력이었습니다… 이런 과학의 가치는 그것이 발견의 도구가 아니라, 나중에 발견한 것을 보여주는 옷이 돼준다는 데 있습니다."[6]

숫자보다 아이디어에 열광한다고 해서 경험주의를 평가절하하는 것은 아니었다. 특히 경제학자의 직감은 살아 있는 경험에 근거해야 했다. 다만 케인스는 경제학자들이 현실 세계의 흐름을 놓칠 정도로 추상적 개념에 너무 목을 맨다는 점에서 수학을 탓했다. 그는 인간 동기와 행동을 다룬 토머스 맬서스의 "철학적" 방법론을 찬양한 반면, 데이비드 리카도의 "허위 산술적 교리"를 비난했다. 특히 리카도의 이론 가운데 "한 세기 가까이 사회를 지배했던 화폐수량설은 경제 발전에 재앙이 됐다"고 주장했다.[7]

경제학은 물리학과 다르지만, 물리학조차 그것이 예술과 가장 비슷할 때 최고의 경지에 다다를 수 있다는 것이다. 케인스는 《일반이론》에서 자신의 연구 방법을 이렇게 설명했다. "우리가 수행하는 분석의 목적은 완벽한 해답을 줄 기계나 맹목적인 조작을 위한 방법이나 장치를 제공하는 것이 아니라 어떤 문제를 생각하는 체계적이고 논리적인 방법을 우리에게 제공하는 것이다… 최근 각광받고 있는 '수학적' 경제학은 그들이 연구 초기에 의지하는 가설만큼 부정확한 경우가 너무 많고, 그렇다 보니 원작자는 거창하고 의미 없는 상징들로 된 미로 속에서 현실 세계의 복잡성과 상호의존성을 간과하게 된다."[8]

조안 로빈슨은 케인스의 바로 이런 점에 매료됐었다. 그는 경제학이라는 학문을 하나의 철학으로서 접근했고 그의 친구인 루드비히 비트겐슈타인, 버트런드 러셀, G. E. 무어처럼 궁극적인 진리는 수량화와 계산에 의해서가 아니라 말과 생각에 의해 드러난다고 믿었던 진보적 대이론가였다.

하지만 케인스는 또한 자신의 최고 걸작을 《고용, 이자 및 화폐에 관한 일반이론》이라 이름 붙였는데, 이는 그의 저서와 경제학이라는 분야에 물리학이 가진 학문적 명성을 부여하기 위해서였다. 이는 뉴턴의 물리학은 그 패러다임이 더 광범위한 특수한 경우라는 사실을 아인슈타인이 증명했던 것처럼, 고전 경제학 사상들 또한 특별하고 드문 조건에서만 적중할 수 있다는 것을 케인스가 보여주는 원대한 수사법이었다. 또 케인스는 경제학이라는 학문을 여러 시그마와 델타로 복잡하게 표현한 "계량경제학"이라는 새로운 분야에 대해 깊은 회의감을 갖고 있었지만, 《우리 손주 세대의 경제적 가능성》에서는 경제학자가 "치과의사",[9] 다시 말해 이미 잘 알고 있는 기능이 고장 났을 때 바로 고칠 수 있는 기술자로 간주되는 날이 오기를 기대했다. 그는 통계적이고 수학적인 경제학을 내내 경시했지만 제2차 세계대전이 끝날 무렵에는 영국 정부에서 일하는 최고 경제 사상가들에게 "이제는 이론적인 경제 분석을 현실에 적용해도 괜찮은 시점에 도달했습니다. 구체적인 사실들만 수집해서 적용해도 됩니다"라고 밝혔다. 그는 "통계학의 즐거움'이 통하는 새로운 시대"를 예견한 것이다.[10]

그리고 1930년대를 거치면서 경제학자들이 활용 가능한 데이터의 질이 실제로 엄청나게 개선되었다. 대공황 기간에 루스벨트 상

존 메이너드 케인스

무부는 사이먼 쿠즈네츠에게 "국민소득"을 측정하는 새로운 지표를 만들어달라고 요청했는데, 전쟁이 발발하면서 와실리 레온티프가 바통을 받아 개념을 더 발전시켰다. 오늘날 우리가 "국내총생산"이라 부르는 지표가 그렇게 탄생했는데, 이는 국가 전체의 생산량을 나타내는 표준 척도이다. 전쟁이 끝났을 때 미국과 유럽 정부는 모두 농작물 가격부터 공산품 생산량, 임금 상승률, 실업률, 심지어 빈곤율에 이르기까지 모든 것을 수집해서 놀라울 정도로 정확하게 보여주는 방대한 통계 지표를 개발했는데, 문제는 자료 수집 범위를 산간벽지까지 다 포함해야 한다는 점에서 측정하기가 어렵기로 악명 높았다. 이제 경제학자들은 원하는 대로 사용할 수 있는 수많은 도구 속에서 개념적이거나 언어적인 분석보다 정확한 측정과 예측을 강조하는 방법론을 진심으로 선호한다.

이러한 "신경제학"의 가장 위대한 예언자는 존 F. 케네디 시절에 밝혀지듯이 폴 새뮤얼슨이었다. 그의 교과서가 폭넓은 사랑을 받으면서 《일반이론》의 사상과 금본위제 시절을 군림한 경제사상가들의 사상 간의 소위 "신고전주의적 통합"을 구현했다. 새뮤얼슨의 이론에서 인간의 행동과 더 나아가 경제는 합리적이고 이익을 극대화하려는 노력으로 가장 잘 설명된다. 데이비드 리카도와 애덤 스미스가 오래전에 가정했던 것처럼 시장은 스스로 문제를 해결하고 상품수급에 합리적인 균형을 찾을 것이다. 하지만 새뮤얼슨은 그런 시장기능이 경제가 완전 고용 상태에 가까울 때만 작동할 것이라고 주장했다. 정책 결정자들은 케인스가 주장한 적자지출을 적용하거나 세금 감면 정책을 실행해서 경제가 "좌우, 위아래, 흑백이 혼동되는 총체적 난국"으로 전락하지 않게 할 수 있을 것이다.[11] 실업률이 걷잡을 수 없이 높아지지 않는 한, 합리적이고 이익을 극대화하려는 인간의 행동은 경제 요소들이 언제, 어디서 균형에 도달하는지 안정적으로 예측 가능한 통계를 도출할 것이다. 물론 이는 데이터가 충분히 정확해야 가능하다. 새뮤얼슨과 그의 추종자들에게 물리학은 지식의 토대였고 수학은 그 언어였다. 《일반이론》에서 "불확실성"이 경제사상의 기본 분석 개념이라고 선언했던 지점에서, 새뮤얼슨과 그의 제자들은 확실성뿐 아니라 정확성을 추구했다.

새뮤얼슨은 비틀거리는 고전학파의 신들뿐 아니라 케인스와 그의 비전을 해석하는 다른 학자들까지 한 세대의 타이탄들을 지적 전쟁터로 이끌었다. 존 힉스는 《일반이론》을 수학적 모델로 정리해서 발전시킨 최초의 영향력 있는 학자였다. 앨빈 한센은 힉스의 작업을 하버드에서 워싱턴으로 보낸 다음 대학원 과정을 개설해서 미래의 관리들과 각료들을 교육했고, 새뮤얼슨은 MIT에 관련 학부를 만들어 미래의 노벨상 수상자인 로버트 솔로우와 로렌스 클라인, 프랑코 모딜리아니를 육성했고, 이들은 "케인스주의"라는 명칭을 한동안 "미국 경제학"으로 바꿔 놓은 후 개인적인 혁신 사상을 발전시켰다. 이런 뛰어난 인재들이 없었다면 오늘날 《일반이론》은 루스벨트 행정부에 잠깐 활력을 불어넣었던 한 영국인의 탁월하고도 혼란스러운 작품이자 지적 호기심의 대상으로 남았을 것이다. 새뮤얼슨을 위시한 이런 학자들의 노력 덕분에 케인스 경제학은 미국 사회과학의 새로운 정설이자 미국 정치권의 필수적인 언어로서 민주당의 기존 통치 개념과 절대 뗄 수 없는 사상이 되었다.

존 메이너드 케인스

하지만 케인스를 이해하는 또 다른 축이 있다. 미국의 전체적인 발전 방식을 끔찍하고 위험한 실수이자 케인스에 대한 신성 모독이라 여겼던 영국 케임브리지에서 발전한 케인스 사상이 바로 그것이다. 이런 사상가 중에는 케인스가 그의 최고 걸작을 집필했을 때 그 과정을 곁에서 도운 협력자들이 포함돼 있다. 조앤 로빈슨은 "미국에서 발전한 경제 이론은 케인스에게 중요했던 모든 것을 '묵살한' 케인스 이전의 교리로 회귀한 것과 같았다"[12]고 주장했다. 리처드 칸에게 《일반이론》을 수학적으로 재설계한다는 것은 파우스트적 흥정에 가까운 일로, 궁극적으로는 "케인스의 신뢰를 깎아내리는" 치명적인 변화였다.[13]

케인스가 《일반이론》을 발표하고 불과 몇 달 후, 존 힉스는 이 책을 화폐, 금리, 투자, 경제 성장 간의 안정적이고 예측 가능한 일련의 관계로 해석했다. 그는 이제는 유명해진 다이어그램을 통해 정부 부채의 금리가 떨어지면 기업들이 낮은 금리로 장비를 구입하고 새로운 사업에 착수하므로 투자금과 저축 규모가 확대된다는 사실을 보여줬다. 이 경우 전체적인 경제가 성장한다. 하지만 경제가 성장하면 사람들은 더 많은 투자 기회가 있다는 생각에 투자 자금을 더 많이 빌리려고 하므로 자금 수요가 증가한다. 자금 수요가 높아지면 금리가 인상된다. 사실상 반대되는 두 가지 힘, 즉 한 경제 내 투자금과 투자금에 대한 수요가 서로 반대 방향에서 금리를 밀어내는 것이다. 이 두 힘이 교차하는 곳에서 경제는 균형 상태에 이르게 된다. 이때 정책입안자들이 할 수 있는 방법은 이런 균형이 실업률을 없앨 수 있는 특별한 조건을 거는 것이다. IS-LM 모형('투자investment-저축 saving'과 '유동성 선호liquidity preference-화폐 공급money supply'의 약자)으로 알려진 모형에 따르면 이는 두 가지 방법으로 구현될 수 있었다. 하나는 통화 정책을 통해 금리를 낮추는 것이고 다른 하나는 재정적자를 운영하는 것이다. 힉스와 그의 추종자들은 경제학자들이 이 모형에 경제 활동을 감시하는 새로운 최첨단 통계 기법을 적용하면 정부가 침체된 경제를 회복하는 데 필요한 지출액이나 감세 규모를 정확하게 알려줄 것으로 믿었다.

케인스는 힉스의 제안서 초안을 검토했고 개인적으로 격려의 글을 보냈다. "아주 흥미로웠고 비판할 만한 점이 거의 없었습니다."[14] 하지만 공개적으로는 힉스와 그의 모형에 대해 침묵했고, 《일반이론》에 대한 고전 경제학자들의 비판을 반박하는 데 에너지를 소비했다. 1937년 2월에 케인스 스스로 〈경제학 계간지〉에 자신의 책 내용을 단순화할 것이라는 계획을 발표했을 때, 그는 힉스의 연구와 절대 양립할 수 없는 개념적 틀을 제시한다.

케인스는 그의 경제사상에 내포된 불확실성의 중요성을 강조하기 전에 "나는 특정 형식을 구현하는 것보다 내 이론의 근간이 되는 비교적 단순하고 기본적인 아이디어에 더 끌린다. 게다가 나는 그런 형식이 현 논쟁 단계에서 꼭 구체화됐으면 하는 바람이 없다"라고 썼다. "내가 말하는 '불확실한 지식'이란 그저 확실히 알려진 것과 가능성이 있는 것을 구별하려는 것이 아니다. 이런 의미에서 룰렛 게임은 불확실성의 대상이 아니다… 내가 말하는 불확실성은 유럽의 전쟁에 대한 전망이 불확실하다거나, 20년 후의 구리 가격과 금리,

또는 1970년에 새 기계의 노후화 정도나 부자의 개인 재산 정도를 말한다. 이런 문제들의 경우에는 어떤 식으로든 수리적 확률을 도출할 과학적 근거가 없다. 즉 그런 것들은 알 수가 없다." 고전 경제학과 그것에 기반한 수급 법칙은 "멋지고 정중한 기법" 중 하나로 잘 차려진 이사회실과 잘 통제된 시장을 위해 만들어졌다. 그런 시장은 경제생활의 안정성과 예측 가능성이라는 환상을 만들어냈지만, 사실 사람들이 생각하는 미래의 모습이 바뀌면 "경고 없이 쉽게 무너질 수 있다." 이는 1914년 여름 이후 케인스가 금융 위기와 투기 실수를 통해 배운 교훈이었다.[15]

그래서 케인스는 미래에 대해 믿을 만한 정보를 준다고 주장하는 어떤 경제 모델에도, 그것이 설사 힉스, 핸슨, 새뮤얼슨이 개발한 "케인스" 모델이라고 할지라도 비판적이었다. 경제학은 언제라도 변할 수 있는 짐작, 추세, 패턴의 분야였다. 그래서 전후 고용정책에 대한 케인스의 마지막 주장 역시 오늘날의 재정 요법 및 경기부양 정책과는 달랐다. 경기 침체기에 미국의 케인스 추종자들은 수요 진작을 위해 미세 조정한 과세와 지출 계획을 추진하겠지만 케인스는 정부가 직접 투자를 통해 향후 경제의 전반적인 희소성을 단계별로 관리해야 한다고 호소했다.

전쟁 직후에는 케인스도 정부가 인플레이션과 싸우기 위해 모든 수단을 동원해야 한다고 여겼었다. 하지만 이후로는 "들쭉날쭉한 고용률 변동을 막기 위해서는" 정부가 인프라와 공장 장비, 과학 연구에 투자하는 "안정적인 장기 프로그램"을 시행해야 한다고 주장했다. 그런 투자로도 "고용 변동"을 완전히 없앨 수 없다는 것은 케인스도 알았지만, 적어도 그런 프로그램으로 변동 폭을 "훨씬 좁힐 수" 있었고 정부가 계속 "안정적인 수준의 고용률을 유지"할 수 있었다. 이런 일자리 전략을 실현하려면 정부가 전체 경제 투자의 3분의 2 정도를 통제해야 한다는 것이 케인스의 생각이었다.

이는 《일반이론》과 《우리 손주 세대의 경제적 가능성》의 사상을 결합한 것이다. 10여 년 후, 케인스는 투자가 "포화상태"에 이르러 "비경제적이고 불필요한 사업들에 착수하지" 않고는 더 이상 투자를 이끌 방법이 없을 것으로 믿었다. 투자 활성화가 불가능하다고 해서 대공황 때의 실업률과 빈곤을 낳지는 않을 것이다. 대신 근로자들이 "늘어난 여가 시간", "더 많은 휴일", "단축된 근무시간"을 더 자유롭게 추구할 수 있는 새로운 "황금기"가 시작될 것이다. 투자할 만한 프로젝트가 없으면 근로자들이 너무 장시간 일하면서 돈을 저축할 필요도 없어진다.[16] 20세기 들어 생긴 일과 삶의 균형을 추구하려는 트렌드는 대공황 시기에 정규직을 구하지 못한 사람들이 너무 많았던 까닭도 있지만 점점 더 상황이 좋아졌다. 1900년에 미국인들의 주당 평균 근무 시간은 58.5시간이었다. 이는 1935년까지 41.7시간으로 줄었다. 케인스는 미래의 발전 방향을 예측하고 있었다.[17]

1940년대부터 쭉 유럽과 미국 정부는 대형 투자에 있어서 이전보다 더 폭넓은 역할을 맡아 왔다. 아이젠하워 행정부는 각 주를 연결하는 고속도로 시스템을 개발하고, 미 항공우주국NASA를 설립했으며, 의료 연구에 대한 연방정부의 지원을 크게 확대했다. 물론 휴식과 여유의 시대는 아직 도래하기 전이었고 미국은 더욱 그랬다. 여러 유럽 국가에서는 근무시간이 명시적으로 단축되었고 이는 분명한 정책상의 목표였다. 가령 독일의 경우 휴가 기간을 적용하면 일 년에 주 평균 26시간을 일하는 꼴이 된다.[18]

하지만 궁극적으로 케인스와 동의어가 된 정책들은 야심 차고 장기적인 정부 투자 프로그램이 아니었다. 전쟁이 끝나고 케인스주의 경제학자들이 워싱턴으로 왔을 때 그들은 모든 뉴딜주의자들이 간첩 혐의를 받고 "케인스주의"라는 말이 소련과 결부돼 있다는 증거로 추정되는 편집증적이고 폭력적인 분위기와 맞닥뜨렸다. 또한 케인스주의의 전통을 규정하려는 몸부림(즉, 로빈슨이나 새뮤얼슨을 따르려는 몸부림)은 전후 미국에서 맹위를 떨친 매카시즘에 의해 구체화되었다.

존 케네스 갤브레이스는 케인스 사상에 대한 보수주의자들의 반발을 바로 알아차렸다. 그는 1930년대 후반에 케임브리지에서 조앤 로빈슨과 같이 공부했고, 전쟁 초기에는 물가관리국을 운영하는 데 자신의 지식을 접목해 나갔다. 하지만 그가 인플레이션 전사로 지냈던 그 시절에 미국에는 그를 숭배하는 사람이 별로 없었다. 갤브레이스는 공화당원과 기업인들이 그를 무능한 반역자라 비난하면서 1943년에 워싱턴에서 쫓겨났다. 이때의 경험은 미국 정부와 재계의 권력관계에 대한 갤브레이스의 사고방식을 완전히 바꿔 놓았다. 애국심에 불타는 전시 상황에도 승리라는 명분에 따라 기업의 이익 추구 방식을 통제하는 관리가 보호받을 수 없다면, 일부 미국 기업들조차 순응시키지 못하는 워싱턴 관료직과 사상에는 희망이 없었다.

일단 신문 헤드라인에 더 이상 자신의 이름이 실리지 않자 갤브레이스는 〈포춘〉지의 편안한 자리에 안착했는데, 이 언론사는 방침이 아주 유연해서 정부 프로젝트 수행을 위해 필요하면 몇 달간 휴가를 낼 수도 있었다. 〈포춘〉은 1923년에 〈타임스〉를 출간한 자수성가한 언론계 거물인 헨리 루스가 창간한 미국 최초의 비즈니스 잡지였다. 기독교 선교사 가정에서 태어나 중국에서 자란 루스는 젊은 시절 귀국 후 미국의 정치 상황에 대해 강경한 반공주의적 접근법을 택했다. 그는 장개석을 존경하고 프랭클린 루스벨트를 혐오했다. 그래서 지면의 상당 부분을 소련의 전 스파이였던 휘태커 챔버의 생각에 할애했는데, 그는 뉴딜주의자들이 미국을 철저히 또 다른 소련으로 만들고 있다고 주장하며 1940년대와 1950년대를 보낸 인물이었다. 진보적인 갤브레이스로서는 루스는 물론이고 〈타임스〉 직원 대부분과 잘 어울리지 않았다. 루스는 1960년에 존 F. 케네디에게 이렇게 말했다. "케네스 갤브레이스에게 작법을 가르친 사람이 접니다. 당연히 후회하고 있습니다."[19]

하지만 루스는 좋은 사업에는 현명한 정치가 필요하다고 믿었다. 그는 1940년대 초에는 영원할 것 같았던 민주당 내 갤브레이스의 영향력을 알아봤다. 갤브레이스는 루스가 워싱턴의 진보주의자들과 관계를 맺기 위해 접촉할 만한 사람들을 알려주거나 적어도 그들과의 대화를 좀 더 수월하게 만들어줄 수 있었다. 또 루스 밑의 보수적인 기자들이 할 수 없는 진보 쪽 특종을 얻을 수도 있었다. 진보 정치인들은 우익 쪽에게 영양가 있는 세부 정보를 넘기려 하지 않았기 때문이다. 미국 잡지 업계는 수익성이 높으면서 경쟁이 치열했다. 텔레비전이 아직 경쟁 매체로서 존재하지 않았던 시절이었고,

〈포춘〉에 실린 갤브레이스의 기사 대부분이 정책입안자들과 대화를 나누면서 얻은 정책의 방향성과 그들의 생각을 바탕으로 작성되었다. 게다가 그는 당시 정책의 길잡이가 되고 있던 새로운 '케인스주의' 경제학을 이미 잘 알고 있었다.

예상외로 〈포춘〉은 루스의 미디어 제국에서 가장 좌익 성향이 강한 잡지였다. 〈타임스〉는 정치계와 예술계의 상징적인 인물들을 다루는 반면 루스는 〈포춘〉 기자들에게 미래의 경제 구조에 대한 핵심 개념들을 다루도록 독려했다. 특히 갤브레이스는 중대한 생각 하나에 사로잡혀 있었다. "초기 〈포춘〉은 다른 어떤 잡지보다 더 현대의 대기업을 사회와 경제를 움직이는 주요 세력으로서 간주했다."[20]

1944년 1월에 갤브레이스는 "평화로의 전환: 서기 194Q년의 비즈니스"라는 제목의 7,000단어짜리 표지 기사를 발표했다. 여기서 그는 전시 규제 및 세율이 중지되고 대공황 때의 공공기관(직업관리청, 시민보존단 같은 기관)들도 기업 지원을 위한 정부기관으로 대체되는 대기업과 정부의 대담하고 새로운 동맹관계를 구상했다. 정부가 고용을 늘리기 위해 적자 운영을 하면 정부지출로 기업 투자가 활성화되고 소비자의 구매력도 높아져 "미다스도 배가 아플 정도"[21]로 기업의 높은 수익성이 보장된다는 것이었다. 갤브레이스는 기사에서 케인스주의와 관련된 특정 정책은 말했지만 케인스라는 이름 자체는 의도적으로 언급하지 않았다. 그를 워싱턴에서 쫓아냈던 기업인들도 케인스식 정책을 수익성 높은 기회로 인식한다면 그것을 수용할 것으로 판단했기 때문이다. 하지만 그들에게 케인스가 진보적인 정부를 상징하는 인물이라면, 케인스라는 이름은 냉전 시대에 이

넘적 갈등을 촉발한 이름이 될 터였다. 게다가 케인스라는 이름은 이미 재계 엘리트 사이에서 심각한 의심을 살만한 증거였다. 결국 전쟁 동안 모든 상품의 가격을 통제했던 갤브레이스 같은 사람들은 그들에게 케인스주의자였다.

전쟁은 케인스 사상에 군수품 생산과 기업 공급망 문제를 결합시켰다. 그리고 평화가 돌아온 지금, 갤브레이스는 대기업에 그보다 더 거대한 거래를 약속하고 있었다. CEO들은 가격 통제와 세금이라는 골칫거리 없이 정부가 보장하는 전시 때의 수익을 기대할 수 있었다. 케인스식 기업의 시대가 도래한 것이다.[22] 케인스는 정부의 직접투자를 주창했지만, 갤브레이스는 대기업에 대한 정부지원을 통해 보다 간접적인 경제 관리 프로그램을 제안하고 있었다.

하지만 대기업들은 여전히 회의적이었다. "194Q" 기사로 잡지사 내부에서는 "여러 거센 항의"가 나왔고 갤브레이스를 해고하라는 사람들도 있었다. 하지만 루스는 그를 계속 재직시켰고, 갤브레이스는 이후 케인스주의 개념을 냉전 초기의 초보수적 분위기에 맞춰 재포장하려 애쓰면서 "자기검열" 기술을 잘 훈련해나갔다. 그는 폭넓은 트렌드를 잘 포착해내는 것으로 유명했다. 한편 학계에서는 새뮤얼슨이 케인스 사상을 열심히 재포장해서 보수적인 고전 경제학자들과 화해를 시도했고, 워싱턴에 있는 케인스주의 정책입안자들은 야심 찬 정책 목표로 주목받는 일을 피하려고 애썼다. 갤브레이스는 이렇게 표현했다. "〈포춘〉에서 자기검열이란 어떤 발언(때로는 그저 한 문장이나 한 단락)이 루스나 공포심과 질투에 사로잡힌 그 대리인과의 논쟁을 불러일으킬 가능성은 없는지 항상 계산해야 하는 것이었

존 메이너드 케인스

다. 종종 오늘은 싸우면 안 되는 날이라고 다짐하곤 했다. 그러다 양심이 유난히 부추기는 날에는 루스벨트나 그의 행정 각료들에 대한 호의적인 내용을 아주 신중한 단어들로 표현했다. 그래야 넘어갈 수 있었고, 독자들도 그냥 지나쳤다."[23]

돈은 좋았고, 갤브레이스의 가족도 불어나고 있었다. 그의 아내인 키티는 아들 둘을 낳고 조만간 둘을 또 낳게 될 것이다. 부부는 허드슨강이 내려다보이는 맨해튼의 대형 아파트에서 살았고 버몬트에 쾌적한 여름 별장도 있었다. 하지만 갤브레이스에게는 이런 상황이 옳지 않은 것 같았다. 그는 워싱턴을 떠나 있을 때가 좋았고 칵테일파티에서 나누는 대화들에 염증을 느꼈다. 워싱턴은 그가 이끄는 물가관리국OPA의 지침에 대한 험담과 향후 정치에 대한 소문들로 가득했다. 하지만 뉴욕에서는 그 또한 한낱 부유한 시민일 뿐이었다. 그는 "거기서는 내가 쓴 글을 읽어본 사람을 거의 만나지 못했거든요"라고 말했다. 〈포춘〉은 명성 높은 잡지였지만 구독자 수는 적었고 특히 〈타임스〉에 비해 많이 떨어졌으며, 루스는 기자들이 기사 밑에 필명을 넣는 것도 허락하지 않았다. 물가관리국이 대중의 공공연한 적이 되면서, 갤브레이스는 이런 익명성이 처음에는 오히려 안심이 되었다. 하지만 기자로서 점점 자신감이 붙자 "군소의 청중"이지만 익명의 소통이 "힘 빠지는"[24] 일이라는 것을 점차 절감하게 되었다.

갤브레이스는 〈포춘〉에서 4년간 일한 후 잡지 일을 그만두고 학계로 떠났다. 대학 캠퍼스에 매카시즘 광풍이 몰아쳤던 바로 그 무렵이었다. 1930년대 하버드에서 그의 멘토였던 농경제학자인 존 블랙은 그에게 다시 케임브리지로 돌아가 넉넉한 정부 보조금으로 농작물 가격에 대한 연구를 하자고 부추겼다. 대학 복귀 초기에 갤브레이스에게는 강사라는 낮은 직책이 부여되지만 존 블랙은 그가 종신 교수직을 받게 될 때까지 정부 고위 공무원에 걸맞게 높은 급여를 주겠다고 약속했고 이는 빈말이 아니었다.

그래서 갤브레이스는 일개 강사라는 직책을 받아들였다. 하지만 하버드에 젊은 케인스주의 학자들이 몰려들자 나이 지긋한 대학 행정부의 반발이 일어났다. 케인스를 영국 케임브리지에서 미국 매사추세츠 케임브리지로 초빙한 마르크스주의자인 폴 스위지도, 지적 다양성과 학문의 자유를 열변한 조지프 슘페터의 항의에도 불구하고 종신직을 받지 못한 상태였다. 갤브레이스와 새뮤얼슨은 1948년에 종신 교수직 심사에서 탈락했고 이 일로 새뮤얼슨은 하버드 건너편에 있는 MIT로 적을 옮긴 후 세계적인 학부의 책임자가 된다.[25]

1949년에 갤브레이스는 일리노이대학 경제학과 학과장 자리에 지원했다 퇴짜를 받은 직후에 하버드대 경제학과에서 마침내 종신 교수직을 승인받는다. 하지만 경제학과가 결정을 내리지마자 하버드 감독 이사회가 개입해 임명을 저지했다. 이사회는 정치적 힘이 만만치 않았다 이사회 멤버 중에는 전 공화당 상원의원인 싱클레어 위크스, 노령의 JP모건 거물인 토머스 라몬트도 포함돼 있었다. 제임스 코넌트 하버드대 총장은 낙담하며 "케인스의 이름이 소위 붉은 깃발이 돼버렸습니다. 경제적 지식은 없지만 애국심이 강한 (그리고 부유한) 시민들에게, 어떤 교수가 케인스주의자라고 말하는 것은 그에게 체제 전복 세력이라는 낙인을 찍는 것과 같습니다."[26] 코넌트

존 메이너드 케인스

총장에게 이는 강력한 항의 표시였다. 그는 컬럼비아대 총장인 드와이트 D. 아이젠하워와 마찬가지로 공산주의 교수의 공개적인 채용을 전면 거부하는 방침을 채택했다. 그런데도 코넌트는 자신의 총장직을 걸고 갤브레이스의 임명이 취소되면 자신도 그만두겠다고 선언했다. 놀랍게도 갤브레이스는 결국 학과장이 되었다.

하지만 갤브레이스의 삶과 일은 수십 년간 매카시즘의 망령에 시달리게 된다. 그는 소련의 직접적인 협력자가 아니라 경제 개혁을 통해 계급과 특권이라는 사회적 구분을 타파하길 바라는 원대한 진보적 비전을 가진 이상주의자였지만, 매카시 추종자들이 가장 싫어하는 사람이 바로 그런 유형이었고 갤브레이스 또한 그 사실을 알고 있었다. 케인스라는 학통을 간절히 잇고 싶은 지식인으로서 하버드라는 명예로운 배경은 갤브레이스에게 엄청난 도움이 되었다. 1950년대에 갤브레이스는 《미국의 자본주의American Capitalism》, 《대폭락 1929The Great Crash, 1929》, 《부유한 사회The Affluent Society》라는 책을 출판했는데 세 권 모두 날개 돋친 듯 팔려나갔고, 덕분에 그는 기술적 기능인이 아니라 미국 사상계의 선도자로 워싱턴에 다시 입성하게 된다. 케인스주의자 대부분은 전문가로서 조용히 살았지만 갤브레이스는 케인스처럼 기자, 교수, 대통령 자문가, 새로운 경제 시대의 설계자로서 위대한 사상가를 꿈꿨다.

갤브레이스는 자신이 누리는 엘리트 지위를 절대 당연하게 여기지 않았다. 그는 다음번 공격이 일어나진 않을지 항상 경계했고, 실제로 그런 일이 종종 있었다. 1950년대부터 1970년대까지 미국 상원의원과 경제학자들 중 극우 성향의 사람들은 누구나 갤브레이스

에 대한 정보를 FBI 국장인 J. 에드가 후버에게 전달했다.[27]

하지만 피해망상적 냉전 시대에 개인적으로 고초를 겪으면서, 갤브레이스는 일적 야심과 사회적 발전 모두 미국 재계의 도움 없이는 실현될 수 없다는 것을 확실히 깨달았다. 그를 워싱턴에서 몰아낸 공화당과 보수 민주당원들은 물론이고 미국 우익을 통해 번성하는 여러 정치 기관과 잡지들도 그에게 조언을 구할 일은 전혀 없었다. 그러나 그들도 헨리 루스 같은 사람들의 말에는 귀를 기울였다. 하이에크와 그의 제자들은 19세기 영국 사상의 영향을 받았기 때문에, 갤브레이스는 더 발전되고 평등한 미래를 확립할 것으로 예상되는 재계와 정계의 완전히 새로운 권력 지형에《일반이론》의 혁신적 내용들을 접목하길 바라는 마음으로 전후 기업들을 바라보았다.

그의 이런 생각들은 전부 1953년에 발표된 후 대성공을 거둔《미국의 자본주의》에 담겨 있는데, 이 책은 비평가가 미국 기업인들에게 바치는 찬사였다. 갤브레이스는 기업 총수들이 정부를 타락시키고 있다거나 노동자들을 착취한다거나 소비자들에게 바가지를 씌워서가 아니라 전후 미국의 경이로운 번영을 인정하지 않는다는 점에서 비판했다.

《미국의 자본주의》는 갤브레이스가 숨죽이며 지내던 시절에 쓴 책이었다. 제목과 내용 모두 케인스와 그 추종자들을 공격했던 매카시즘에 대한 대답이었다. 갤브레이스는 냉전 시기 국가에 대한 자신의 충성심을 그 누구도 혼동하지 않도록 자신이 자본주의뿐 아니라 미국 자본주의를 사랑했다는 사실을 세상에 알리고 싶었다. 책에 나

존 메이너드 케인스

와 있는 것처럼, 다들 초등학교 때 배우는 미국 정치 시스템의 큰 장점인 균형과 견제가 마침내 미국 경제로 확대되고 있었다. 1950년대 사업가들이 과격한 노조, 1930년대 정부 규제의 확산, 경기순환에 역행하는 재정정책이 있었다는 것을 알고 다시 동요될 수도 있었지만 갤브레이스가 두려워할 일은 아니었다. 의회와 백악관, 사법부가 서로의 힘을 견제하듯 정부, 기업, 노동자도 정치와 시장의 과도한 힘을 억제했다. 정부가 비즈니스에 개입하는 이유는 어떤 사업을 인수하기 위해서가 아니라 발전적 균형을 이루기 위해서였다. 하이에크를 추종하는 엘리트들의 종말론적 경고에도 불구하고 모든 것들이 정말 괜찮았다. 실업률도 3퍼센트 수준에 머물며 개선되고 있었다.[28]

이 모든 상황은 기술의 발전과 자본주의를 전복하려고 하기보다는 보존하려 했고, 이전 시대에는 거의 경험하지 못한 "풍요로운" 미국을 축복한 케인스주의 사상의 "각성한 보수주의"[29] 덕분에 가능했다. 비효율과 낭비가 여전히 존재했지만 그런 것들은 작은 문제였다. 미국이 직면한 실질적인 경제 문제가 정말 희소성이라면 "배고픔과 추위에 고통받는 사람들이 줄어들 수 있도록 모두가 감자와 콩과 석탄을 생산해야만 했다."[30] 하지만 산업 전체가 유흥과 천박한 활동에 몰두하고 있었고, 광고 산업은 부자들에게 잉여 재산으로 즐기라고 부추기는 방식으로 발전했다.

경제적 희소성의 시대가 끝나면서 갤브레이스는 과거 경제학자들이 경제단체에 이의를 제기했던 많은 문제가 더 이상 중요하지 않다는 것을 알았다. 기업 독점이 낭비를 낳을 수 있지만 낭비 자체가 그리 중요하지는 않았다. 중요한 것은 권력이었다. 그리고 설사 현대 기업들이 권력을 크게 장악하고 있다고 해도 공급망이나 유통 시스템에 속한 다른 대기업, 더 나아가 강력한 노조나 정부 같은 다른 거대한 권력이 그 힘에 맞먹는다면 크게 걱정할 필요가 없었다.

《미국의 자본주의》는 전쟁 중 갤브레이스가 물가관리국에서 직접 겪은 경험을 토대로 한 책이었다. 당시 그는 크고 작은 생산업체를 모두 상대했고, 정부가 원하는 사회적 성과를 내려면 대기업에 혜택을 주는 것이 더 쉽다는 것을 알게 되었다. 정부 입장에서 수백 개 영세업체의 불만을 일일이 해결하려고 애쓰기보다 소수의 대형 기업들과 협력하면 전체 산업의 가격을 훨씬 더 수월하게 규제할 수 있었다.

정부는 경기순환에 반대되는 방향으로 재정을 운영해 경기침체에 맞설 것이고, 기업과 노동자는 그 과정에서 자신들의 몫을 가능한 한 많이 확보하기 위해 맞설 것이다. 이런 과정이 항상 완벽하게 전개되지는 않겠지만 미국 경제가 풍요로운 이때 무언가 조금 잘못된다고 해도(이윤을 너무 많이 빼앗거나 근로자들을 좀 부당하게 대우하는 등) 그것이 큰 참사로 이어지지는 않을 것이다. 갤브레이스는 공급과 수요의 균형보다 힘의 균형에 대해 말하고 있었지만 결론적으로는 친구인 폴 새뮤얼슨과 같은 경제관리의 기본 모델에 귀착했다. 즉 경기 침체기에 정부는 지출을 늘리면서 세금을 인하하고, 경기 호황기에는 세금을 인상하면서 정부 지출을 줄여야 한다는 것이다. 정부는 이런 식으로 시장이 마법을 부리기에 적절한 환경을 제공한다.

갤브레이스는 책에서 "케인스 공식의 본질은 상품 가격과 임금

존 메이너드 케인스

등 생산에 대한 결정권을 민간 부문, 즉 제조업체에 맡긴다는 데 있다"고 말했다. "기업가가 재량권을 행사할 수 있는 영역은 결코 축소되지 않는다. 중앙집권화된 결정은 그런 기업가의 결정들이 이뤄지는 환경에서만 행사될 수 있다. 다시 말해 자유롭고 현명한 결정에 영향을 미치는 중앙집권화된 요소들만이 경제적 안정에 기여하는 민간 활동으로 이어질 수 있다는 것이다."[31]

갤브레이스가 《미국의 자본주의》에서 제시한 사회적 비전과 정책 의제들은 확실히 케인스가 생애 마지막 몇 년간 수용했던 사상들로부터 멀어져 있었다. 케인스는 정부가 모든 경제 투자의 3분의 2 이상을 맡아야 한다고 했지만 갤브레이스는 민간 기업의 자율성을 예찬했다. 또한 케인스는 노동자가 일에서 조금씩 해방되는 날을 상상했지만, 갤브레이스는 모든 사람이 공정하게 자기 몫을 받을 수 있도록 노조가 힘써야 한다고 믿었다. 갤브레이스의 생각은 케인스가 상상했던 것보다 덜 대담했기 때문에 매카시즘이 활개를 치는 당시 미국 상황에서 정치적으로 더 현실적이었다.

《미국의 자본주의》에 대한 가장 거친 공격은 보수적인 고전 경제학자 무리에서 나왔는데, 그들은 갤브레이스가 노동조합을 인정하고 과점과 독점이 자본주의 발전의 "자연스런" 요소라고 주장한다며 그를 비난했다. 당시 대기업을 옹호하는 보수 경제학자들은 대기업을 약탈하고 착취하는 권력의 중심으로 보기보다는 경쟁시장의 승자로 생각하는 편이었다. 대기업이 경제를 좌지우지한다 할지라도, 그들이 경쟁을 지양하는 것은 아니었다.

하지만 《미국의 자본주의》를 자기 만족적 찬가로 치부한 좌익 진보주의 친구들의 비난은 갤브레이스에게 상처와 고뇌를 남겼다. 조앤 로빈슨은 그 책은 "자유방임주의의 허울을 되살리고"**32** 재계 권력에 비겁하게 영합했다며 공격했다. 로빈슨은 갤브레이스가 고전 경제학자들이 주장하는 경쟁시장의 자율적 번영이라는 개념을 그저 상호 견제하는 권력의 자율적인 사회 조화라는 개념으로 바꿨을 뿐이라고 주장했다. 실제로 갤브레이스가 대기업을 사회 발전의 원동력으로 인정한 것은 미국 진보주의의 미래에 상당히 위험했다. 기업의 힘은 쉽게 확인되지 않는다. 이후 수십 년에 걸쳐 드러난 바로는, 정부는 소수 거대 기업에 권력을 휘두르기가 쉽지 않지만 그 반대, 즉 소수의 거대 기업은 연방정부의 양쪽 날개를 그들 마음대로 꺾어버릴 수 있었다. 갤브레이스는 자신이 시장의 자기교정 메커니즘을 떠받들지 않는다고 밝혔다. 노동자와 정부는 대기업의 권력을 확인할 수 있는 대리 기관을 가동해야 하는데, 그 과정이 "저절로" 균형을 맞추지는 못했다. 그렇다고 갤브레이스가 좌익의 비위를 맞추려고 책을 쓴 것은 아니었다. 그는 《미국의 자본주의》로 매카시즘의 공포에 사로잡힌 기업 경영진과 일반 대중의 두려움을 달래고 싶었고, 그래서 케인스 사상에서 가장 논란이 되는 부분은 의도적으로 다루지 않았다. 갤브레이스는 이 책이 재발간됐을 때 "이번에도 케인스의 이름이 직접 거론되지는 않았지만 그가 주창한 정책의 기본 원칙들이 공화당 정부에 의해 채택되었다"**33**는 점을 피력했는데, 이는 아이젠하워 대통령이 실업률 해소를 위해 평시에 적자예산 정책에 의존한 것을 가리켰다.

《미국의 자본주의》는 40만 부 이상 팔린 베스트셀러로 궁극적으로 새뮤얼슨의 경제학 교과서조차 접할 기회가 없었던 이들을 포함해 전 세대에 케인스 사상을 소개했다.[34] 그리고 미국 재계의 주목도 받았다. 〈하퍼스Harper's〉 잡지가 부유층의 천박함을 셀로판에 빗대어 설명하는 인용문을 싣자 화학회사인 듀폰의 홍보팀은 〈하퍼스〉에 분노 가득한 서신을 보내 "듀폰의 셀로판 제품을 언급한 내용에 유감을 표한다"고 전하며 셀로판이라는 화학성 포장 제품은 "사회적 낭비"가 아니라 "저비용"으로 식품 유통의 "신선도"와 "효율"을 높이는 개선된 제품이라고 항의했다.[35]

갤브레이스는 또한 《일반이론》에서 중요하지만 간과되었던 개념 하나를 분명히 밝혔다. 현대에 발생하는 경제적 문제 대부분은 희소성 때문이 아니라는 것이다. 따라서 효율성과 생산량 개선을 목표로 한 경제 개혁은 지엽적 성과로 끝날 가능성이 크다. 1953년의 새로운 정치 역학에 대한 갤브레이스의 평가가 지나치게 낙관적이었다 할지라도 단지 가격과 생산량뿐 아니라 국가, 기업, 조직화된 노동자, 기타 이해집단 사이의 관계를 분석해서 경제 분석의 초점을 생산에서 권력으로 옮긴 것은 중요한 돌파구였다.

하지만 대기업을 달래려는 이런 노력도 갤브레이스의 충성심에 대한 공격을 잠재우는 데는 별 효과가 없었다. 1955년에 그는 불안정한 주식시장에 대한 전문가 증언을 하기 위해 상원 은행통화위원회에 소환되었다. 그가 얼마 전에 발표한 《대폭락, 1929》는 1929년에 발생한 주식시장 붕괴의 역사를 다룬 책으로, 국회의원들은 또 다른 붕괴를 막고자 그의 조언을 원했다. 갤브레이스는 대출금 규모를 제한해서 투자자들이 무모한 주식 투자를 막아야 한다고 제안했다. 투기꾼들이 본인 돈으로밖에 투자할 수 없다면 주식시장으로 유입되는 자금량을 제한할 수 있고, 부실 베팅에 대출금이 사용되어 은행이 채무불이행 상황에 처할 가능성을 줄일 수 있었다.

이는 합리적인 의견이었지만, 갤브레이스는 의회 청문회에 소집된 전문가 증인일 뿐 그의 생각을 실행시킬 권한이 없었다. 하지만 그가 증언하는 동안 주식시장은 요동쳤고, 그날 하루에만 7퍼센트가 급락해 30억 원의 가치가 사라져버렸다. 기본적으로 주가는 아무 이유 없이 급락한 것이었고 이런 상황은 갤브레이스의 지적이 타당하다는 것을 뒷받침했다. 주식시장은 분명 불건전한 변동성을 보이고 있었다. 그리고 극우주의자들의 소동이 뒤따랐다. 청문회 다음 날 케임브리지에 있는 갤브레이스의 교수실 안은 격노한 사람들의 전화로 벨소리가 끊이지 않았다. 교수실에 폭력과 죽음의 위협으로 가득한 "편지들이 산더미처럼 쌓이자 짜증 난 비서가 집에 가버리더군요"라고 갤브레이스는 후에 당시 상황을 떠올렸다. 그는 청문회가 있고 이틀째 되던 날 스키장에서 다리를 다쳤는데 이후 "정의롭고 전능한 신의 존재를 믿는 이들이 그의 불행에 큰 힘을 얻었다"는 편지들이 이어졌다.[36]

인디애나주 공화당 의원인 호머 케이프하트는 텔레비전 방송에서 갤브레이스를 상원 청문회에 다시 출석시켜 1949년 국가계획협회 보고서(이 자료는 사실 소련의 이익을 막기 위해 미국이 유럽에 경제원조를 해야 한다고 촉구했다)에서 공산주의의 대의를 옹호했던 공산주의 동조자가 맞는지 증언하게 만들 것이라고 밝혔다.

케이프하트는 이 작전을 수행하기 위해 싱클레어 위크스에게 도

존 메이너드 케인스

움을 청했다. 불과 몇 년 전에 갤브레이스가 하버드 종신교수로 임명되는 것을 막으려 했던 위크스는 이제 아이젠하워 정부의 상무장관이 되어 있었다. 그는 FBI에 갤브레이스와 소련의 관계를 조사해달라고 요청했고, FBI의 에드거 후버 국장은 부하직원에게 "갤브레이스에 대한 우리 쪽 정보에는 어떻게 돼 있던가?"라고 물었다. FBI 파일에는 갤브레이스가 "우쭐대고 이기적이며 속물적"[37]이라는 단서가 있었지만 일반적으로는 "호의적"이라고 적혀 있었고, 이 내용을 보고받은 위크스는 낙담했다.

갤브레이스도 이제 반격하기로 했다. 그는 기자회견을 열고 논란이 되고 있는 국가계획협회 보고서는 현재 CIA 국장인 앨런 덜레스와 대통령의 동생인 밀턴 아이젠하워가 승인한 것이라고 밝혔다. 그는 체제 전복적이라고 주장하는 그 보고서 내용을 노트르담대학 연설에서 전했고, 대학은 그것을 소책자로 출판했다. 케이프하트의 주장이 사실이라면, 노트르담대학도 소련의 지배를 받고 있다는 말인가? 그는 갤브레이스에 대한 공격을 중단했다.

싸움을 중단할 때였다. 1956년에 갤브레이스는 케임브리지대학의 케인스주의자들과 재결합하였고, 조앤 로빈스의 친구인 니콜라스 칼도와 인도 여행을 한 후 가족 휴가로 떠난 스위스에서 리처드 칸을 만났다. 갤브레이스는 당시 《미국의 자본주의》의 사상을 잇는 새 책을 준비하고 있었는데, 앞서 로빈슨에게 들었던 비판을 받아들여 일부 생각들을 조정하고 케임브리지에 전파되고 있던 새로운 아이디어들을 접목할 계획이었다. 그는 케임브리지에 있는 동안 니콜라스 칼도의 집에 머물며 자신의 논거를 다듬었고, 칸과 로빈스와 함께 생각들을 토론했는데 두 사람은 처음 사랑이 싹튼 지 20년이 지난 그때도 여전히 사랑이 넘쳤다.[38] 갤브레이스가 전한 일화다. "어느 날, 칼도의 집에서 걸어 나오는데 마침 조앤과 칸을 만난 적이 있었습니다. 어디를 가느냐고 물었더니 '런던에서 돌아오는 길이야' 비슷한 답을 하더군요." 그가 로빈슨에게 케임브리지에 괜찮은 젊은 경제학자를 한 명 추천해달라고 했더니 그녀가 "단호하게" 답했다. "친애하는 케네스, 좋은 경제학자 세대는 우리로 끝났어."[39]

로빈슨의 대답에는 자만심 이상의 의미가 있었다. 로빈슨과 칸은 《일반이론》의 지적 유산을 지키고자 애썼다. 하지만 두 사람은 결국 갤브레이스의 책에도 도움을 주었다. 로빈슨은 케인스 사상을 하나의 교리로 이해했다. 즉 불교나 마르크스 사상과 비슷한 사상 체계로서 인류 역사의 다른 위대한 철학들과 경쟁할 만한 세계와 관련 문제들을 생각하는 하나의 방식으로 여긴 것이다. 케인스는 《일반이론》이 논쟁을 불러일으키고 낡은 사상을 종식시키길 바랐지만, 로빈슨은 그것을 일종의 신성한 텍스트, 즉 수십 년에 걸쳐 일어날 어떤 새로운 상황들을 상세히 설명하고 해석해줄 인간 행동에 대한 지침으로 이해했다. 케인스는 동세대 사람들의 생각을 바꾸고 싶었고, 로빈슨은 보수적 구세대를 재빨리 쓸모없는 이들로 인식하고 다음 세대 경제학자들을 훈련시키기 위해 "혁명의 최고 선전가"[40] 역할을 직접 맡았다. 1950년대 후반에는 케인스 경제학이 실제로 세상을 정복했고, 그것을 주도한 사람들 대부분은 1930년대에 대학을 다닌 학생들이었다. 하지만 로빈슨이 경악한 것은 그들의 교리가 전부 틀렸다는 점이었다.

조앤 로빈슨은 《일반이론》의 핵심은 경제적 생산 활동이 사회적 규범 및 정치적 현실과 무관한 일련의 독립적인 과정이 아니라는 사실을 보여준 데 있다고 믿었다. 새뮤얼슨, 힉스, 한센이 "케인스주의"라고 제시한 수학적 관계들은 전부 경제적 의사결정에서 인간이라는 주체를 제외하고 있었다. 로빈슨은 그들이 "일반 균형" 같은 오래된 고전주의적 사상에 의존했다는 점을 비난했다. 그들의 경제학은 내부적으로 모순이 있었다. 경제수학은 수요와 공급을 그린 그래프에 장기나 단기라는 개념 자체가 없으므로 시간이 할 수 있는 역할이 없었다. 그런 정적인 수학적 표현은 새뮤얼슨과 그 추종자들이 "임금을 인상하고, 기술을 변경하고, 비축된 투입물 양을 변화시키는 축적 과정을 설명한다"고 주장한 방식과 모순이 됐다.[41] 왜냐하면 그런 축적 과정은 모두 한 지점에서 다른 지점으로 시간에 따른 움직임이 일어나기 때문이다. 로빈슨은 "항상 평형 상태에 있는 세상에는 미래와 과거 사이에 차이가 없다"라고 말한 적이 있었다. 칸도 "그러면 역사도 없고 케인스 같은 사람도 필요 없다"[42]고 맞장구쳤다. 새뮤얼슨 무리가 주장하는 "하늘에서 내려준 안정적인 관계"는 케인스가 금융시장의 불안과 미래에 대한 불확실한 전망에 대해 알려준 모든 것을 건너뛰는 위험한 착각이었다.

새뮤얼슨과 영국 케인스주의자 간에 존재하는 정치적 간극을 피할 방법은 없었다. 새뮤얼슨은 정치에 관한 한 자신을 "우둔한 중도주의자"라고 묘사한 반면,[43] 로빈슨은 미 제국과 자본주의에 대한 맹렬한 비평가였다. 새뮤얼슨과 그의 제자들은 기업의 이익은 사회적 가치를 창출하는 데 대한 일종의 보상인 생산성에서 기인한다고 믿었다. 반면 로빈슨은 기업의 이익은 오너, 관리자, 근로자 사이의 권력 투쟁의 결과라고 주장했다.[44] 로빈슨과 새뮤얼슨이 학술지에서 자본, 시간, 평형 상태의 본질을 두고 주거니 받거니 주장을 펼치자, 그들의 논쟁은 자신이 믿는 이념에 따라 줄을 선 지지자들과 함께 여지없이 정치적 양상으로 발전되었다.

하지만 미국의 케인스주의자들의 경우에는 성과가 나타나고 있었다. 실업률은 몇 년간 낮은 수치를 굳건하게 유지했다. 인플레이션의 경우 단발성으로 짧게 발생한 일이 몇 번 있었지만 걷잡을 수 없이 치솟은 적은 없었다. 1950년대를 거치면서 미국의 중간 가구 소득은 30퍼센트 증가했고 가구 평균 구매력도 세 배 이상 상승했다.[45] 갤브레이스는 이런 기록을 엄청난 성공으로 여겼고, 전쟁 동안 정권 확립에 일조한 자신에 대해 개인적 자긍심을 느꼈다. 한편, 그는 케임브리지에서 초대 케인스주의자들과 함께 시간을 보내면서 케인스가 한때 관심을 가졌던 폭넓은 철학 문제들에 관심을 갖게 되었다. 1958년, 그는 케인스식 사회 이론을 처음으로 (그리고 가장 성공적으로) 갱신한 결과물을 발표한다.

《부유한 사회》처럼 대중의 상상력을 사로잡은 경제 서적은 매우 드물다. 이 책은 엄청난 대중적 인기를 얻는 동시에 공적 문제에 상당한 영향력을 발휘했다는 측면에서 《평화의 경제적 결과》와 《공산당 선언》에 필적할 만한 작품이다. 《부유한 사회》가 출간된 이후로 60년 동안 경제에 대한 미국인들의 태도에 즉각적으로 영향을 미친

존 메이너드 케인스

책으로는 토마 피케티의 《21세기 자본》이 유일한데, 주로 불평등 문제를 다룬 이 책도 린든 존슨 대통령이 추진한 위대한 사회라는 미션의 지적 기둥이 된 《부유한 사회》가 발휘한 정책적 영향력에는 아직 미치지 못했다.

《부유한 사회》는 갤브레이스와 새뮤얼슨의 지적 단절과 함께 미국을 지배한 케인스 사상의 노선을 분명히 보여준다. 《미국의 자본주의》는 전후 경제에 바치는 송시 같았다. 반면 《부유한 사회》는 로빈슨의 영향력과 함께 갤브레이스가 자신의 사상에 점점 자신감이 붙고 있다는 것을 보여주는 통렬한 비평서였다. 이 책의 뼈대는 케인스 사상이었지만, 동세대 학자들이 쓴 대다수의 케인스주의 책들과 달리 《일반이론》이 아닌 《우리 손주 세대의 경제적 가능성》에서 주로 영감을 받고 있었다. 갤브레이스는 《일반이론》이 실업과 인플레이션 문제를 정복하는 데는 성공했지만 그것이 좋은 삶이나 정의로운 사회를 구현하는 데는 실패했다고 믿었다. 모든 경제 수치들이 모두 나아지는 것처럼 보였지만 미국은 "개인은 부유하고 대중은 빈곤한"[46] 시대로 접어들었다. 이는 《부유한 사회》에서 가장 유명한 구절이 제대로 보여준다.

> 에어컨이 장착된 선홍색의 최신 자가용을 타고 여행길에 나선 한 가족이 쓰레기, 낡은 빌딩, 간판, 오래전에 땅 밑으로 들어갔어야 할 전봇대로 흉물스러운 도시의 울퉁불퉁한 도로를 달린다. 가족은 상업 예술에 가려 사람들의 시야에서 사라진 시골 마을로 들어선다… 가족은 오염된 개울가에 자리를 잡고 아이스박스에 넣어온 우아하게 포장된 음식으로 소풍

을 즐긴 다음 공중보건과 정신건강에 해로워 보이는 공원에서 밤을 보낸다. 나일론 텐트 아래 깐 에어매트리스 위에서 막 잠이 들려는 순간, 가족은 썩어가는 쓰레기 냄새를 맡으며 축복받은 듯하지만 뭔가 균형이 맞지 않는 그들의 삶을 막연히 반추할지도 모른다. 정말 이것이 미국다운 것일까?**47**

냉전과 매카시즘이 미국 정치를 잠식하자 미국인들은 쇼핑몰과 TV 화면에 빠져들었다. 도시의 임대인들이 불어나는 수익과 정부의 주택담보대출로 신규 주택을 사들이고 불과 몇 년 전까지도 존재하지 않았던 텔레비전이나 쇼핑몰 같은 신문물을 즐길 때, 그 도시 주변마다 교외 지역이 생겨나기 시작했다. 때는 해나 바베라Hanna-Barbera(톰과 제리 등을 만든 애니메이션 제작사-옮긴이) 만화와 디즈니랜드, 스테인리스강 주방 가전과 플라스틱 장난감, 회사 출퇴근과 진통제의 시대였다. 이 시절 대부분의 진보 엘리트들이 그랬듯이, 갤브레이스도 자신의 세대가 대공황 시기의 물질적 절망을 소비주의에 대한 순응이나 정신적 공허함과 맞바꾼 것은 아닌지 걱정했다. 이런 갤브레이스의 비판에는 속물근성 이상의 의미가 있었지만 그의 평가는 당시 수백만 미국인들에게 반향을 일으켰고, 소비자들이 쇼핑이나 사회적 존재감 확인을 위해 집 밖으로 나갈 필요도 없고 특히 젊은 세대가 갈수록 온라인 활동에 치중하는 오늘날에도 시사하는 바가 크다. 갤브레이스가 광고판과 텔레비전에 대해 걱정했던 것처럼 오늘날 우리는 소셜미디어에 중독되는 상황을 걱정하고 있으며, 이는 우리가 상업적 산물에 더 긴밀히 연결되면 될수록 공동체 구성

존 메이너드 케인스

원과는 더 멀어지게 되는 과정을 보여준다.

《미국의 자본주의》는 희소성의 종말을 경축했었다. 그리고 《부유한 사회》는 이제 대다수 가정의 경제적 안정을 위해 점점 더 불필요한 생산에 의존하는 국가를 비난하고 있었다. 전쟁 종식 후 생활수준 향상을 위한 수단으로 다른 무엇보다 생산량을 증대하려는 과도한 노력은 민주주의의 임무를 시장의 역학에 종속시켰다. 사실 평범한 사람이라면 누구도 더러운 공원에서 더 오래 일하려 하지 않을 것이다. 하지만 이는 시장이 돌아가는 원리이다. 왜냐하면 시장은 수익성이 있는 아이디어만 보상을 하기 때문이다. 공원이 깨끗하다고 금전적 이득을 보는 사람은 아무도 없으며, 깨끗한 공원은 단지 더러운 공원보다 더 쾌적할 뿐이다. 하지만 깨끗한 공원이 더 낫다는 정치적 판단을 하는 사람이 아무도 없다면, 생산성을 통해서만 수익이 나오도록 조직된 사회에서는 자연스럽게 더러운 공원만 남을 것이다. 시장은 대중의 믿음에 공정한 지침을 주지 않으며 종종 정신 나간 판결을 내린다.

갤브레이스는 케인스가 1924년에 발표한 소책자인 《자유방임주의의 종언》을 사실상 부활시켰는데, 그 책은 "정부에게 중요한 것은 개인이 이미 하고 있는 일을 하거나 그런 일들을 조금 더 잘하거나 조금 더 못하는 것이 아니다. 중요한 것은 그들이 현재 전혀 하지 않는 일을 하는 것이다"라고 선언했었다.[48] 시장이 무엇을 할 수 없는지 판단하는 것은 결코 쉬운 일이 아닌데 갤브레이스는 광고가 그 임무를 더 어렵게 만들었다고 믿었다. 이제 사람들은 자신이 사회적 우선순위로 선택하지도 않은데다 삶의 질까지 낮추는 많은 것들을 사서 즐기고 있었기 때문이다. 사람들은 그저 물건을 구입할 능력이 있기 때문에 고급 자동차를 샀다. 하지만 그들에게는 공공 물품을 사거나, 캐딜락이나 쉐보레를 집 근처에 있는 멋진 공원과 맞바꿀 힘은 없었다. 공공재가 무질서하거나 방치됐을 때 사람들은 불쾌감을 느낄 뿐이었고 개인의 욕구는 시장이 제공하는 것으로 충족됐다.

대중매체와 고속도로 광고판은 사람들에게 단지 잉여 자금으로 어떤 사치품을 사라고 설득하는 것으로 끝나지 않았다. 그런 매체는 소비자의 구매 행위를 통해서만 충족될 수 있는 새로운 욕구를 만들어냈다. 그런 욕구는 천박할지라도 매우 현실적이었고, 그런 천박함으로 삶의 표준과 일련의 사회적 기대감을 확립했다. 미국은 경제를 전속력으로 가동시켜 겉치레를 만들고, 이를 통해 학교, 공원, 공공 주택 등 더 나은 삶의 방식에 기여할 수 있는 자원과 노동력을 빼돌린다. 사회의 경제 조직은 사회적 안락함과 조화를 극대화하기 위해서가 아니라 광고와 생산, 거기서 싹트는 소비자의 욕구를 충족시키는 데 전념한다. 그러면서 빈곤과 싸우는 사회적 능력은 약해진다. "우리에게는 생산이 필요한 욕구부터 생기기 때문에 생산 활동만 하는 것이 우리 경제 시스템의 본질이라면, 다른 것들에 할애할 자원은 거의 없을 것이다. 우리 자신은 부자가 되겠지만 가난한 사람들에게 무엇이든 충분히 나눠줄 정도의 부자는 되지 못할 것이다… 하지만 우리 사회에는 사회를 충족시키는 욕구가 있다는 것을 우리가 인식하면, 자원을 더 잘 활용할 수 있을 것이다."[49]

보수주의 비평가들과 갤브레이스의 친구인 새뮤얼슨 및 MIT의 동지인 로버트 솔로우 같은 케인스 학파의 라이벌들에게《부유한 사회》는 엘리트 사상가가 자신의 판단을 사회적 판단으로 어떻게든 대체하려 한다는 점에서 비과학적 도덕주의 색채를 띠었다. 이는 사실이었다. 갤브레이스에게 민주주의는 필연적으로 특정한 세계를 구현하는 것과 관련돼 있었다. 하지만 정부가 이 임무를 진지하게 받아들이는 것으로 보이는 유일한 분야는 국방이었고, 갤브레이스는 책에서 이를 냉전 시대의 정책을 계승한 "무기의 대향연"[50]일 뿐이라고 비난했다. 광기 섞인 군비 경쟁은 그저 미국은 원하는 것을 무엇이든 할 수 있다는 사실만 증명했다. 이는 미국인들의 경제적 삶을 더 천박하고, 자비심 없고, 폭력적으로 만들었을 뿐이었다. 미국은 경기순환의 예측 불가능성을 다스렸고 자원의 희소성이라는 제약을 극복했다. 하지만 정부의 임무는 사회가 가진 기본적인 물질적 욕구가 충족된다고 끝나는 것은 아니었다.

사람들이 삶의 방식을 바꾸도록 설득하는 것은 갤브레이스가 소위 "통념"이라 부른 것을 바꾸는 문제였다. 이제는 통념이라는 말이 정치적 담론에서 아주 흔히 사용되는 표현인지라 그 기원을 아는 사람이 드물다. 갤브레이스가 사용한 "통념"이란 정부에서 올바른 사고를 하는 사람들이 수용하는 생각들을 말했다. 그런 생각들이 꼭 지배층의 경제적 이익과 직접 관련된 것은 아니었지만 엘리트 계층이 연설에서 반복적으로 듣거나 예술에서 자주 접하거나 신문에서 읽었을 때 가장 편안하게 즐길 수 있는 것들을 말했다. 그런 생각들이 반드시 잘못된 것은 아니지만 시대에 뒤떨어지는 것은 사실이었다. 통념은 항상 특정 환경에 대응하기 위해 발전하므로 정치적, 사회적 변화에 쉽게 좌우되기 때문이다. 정치에서는(물론 즉각적인 의미에서만) 항상 생각이 가장 우위를 점한다는 점에서 갤브레이스는 케인스의 선택이 옳았을 것으로 생각했다. 시간이 흐르면서 생각은 이성적인 논쟁이 아니라 사회적 변화라는 잔인한 힘에 의해서 제거되었다. "통념의 적은 생각들이 아니라 일련의 사건들이다."[51]

보수주의자들은 예상대로 《부유한 사회》에 냉담했지만 진보주의자들과 좌익은 이 책에 거의 무조건적인 찬사를 보냈다. 존 스트레치와 조앤 로빈슨은 황홀감에 취했다. 그러나 스웨덴 경제학자인 군나르 미르달이 《부유한 사회》의 질문에 답이라도 하듯 《풍요에의 도전Challenge to Alluence》을 발표했고 이 책 또한 반향을 일으켰다. 미르달은 갤브레이스가 부유함과 현대 기업의 생산력에만 관심을 집중하면서 미국 사회의 5분의 1을 차지하는 노인, 장애인, 유색인 등 더 광범위한 "하층민"의 존재를 간과했다고 주장했다.[52] 빈곤층에 대한 통계 수치는 미르달의 견해를 뒷받침했다. 1959년에 평균 실업률은 5.5퍼센트밖에 안 됐지만 빈곤율은 22.4퍼센트에 달했다. 이보다 더 놀라운 사실은 흑인의 빈곤율은 55.1퍼센트나 됐다는 것이다.[53] 갤브레이스가 묘사한 생기 넘치지만 지나친 소비 행태를 보이는 사람들은 그냥 미국인이 아니라 미국 백인들이었다. 심지어 미국 백인들도 그중 40퍼센트의 빈곤층은 여전히 힘겹게 농사를 지으며 살고 있었다.[54]

하지만 미르달의 비평은 민주주의, 시장, 수학에 대한 갤브레이스의 더 폭넓은 관점을 오히려 더 부각시켰다. 경제 시스템은 사회의 거대한 구성원을 배제해도 완전히 (적어도 정치인들이 용인할 수준으로 완전히) 가동될 수 있었다. 5.5퍼센트라는 실업률은 객관적이고 중립적인 숫자가 아니었다. 그것은 미국의 심각한 인종차별을 숨긴 통계 수치였다. 경제학자들이 불황을 없앨 수 있을지는 모르지만 민주주의의 질서는 소비자 수요에만 의존해서는 확립될 수 없었다.

《부유한 사회》는 갤브레이스의 좌익 성향을 드러내는 동시에, 매카시즘의 위협 아래서 자신의 목소리와 정치적 야심을 죽여야 했던 모든 케인스 경제학자에게 무장을 촉구했다. 갤브레이스는《미국의 자본주의》에서 발전시켰던 개념들을 폐기하지 않았다. 그는 독점과 과점에는 여전히 불만이 없었고, 서로를 견제하는 힘이라는 개념 또한 그의 사상에서 지속적으로 가장 중요한 역할을 한다. 하지만 갤브레이스는 시장의 힘으로는 전후 미국 사회를 자체적으로 해결할 수 없다고 주장하면서 1940년대 후반과 1950년대 초반에 묘사했던 것보다 훨씬 더 광범위한 역할을 국가에 요구했다.

이는 미국 내 케인스주의를 향해 선포한 지적 전쟁이었다. 그리고 이후 갤브레이스 경제학의 문제성을 제기하는 주체는 우익 매카시즘 추종자들이 아니라 미국의 케인스주의자들이 될 것이다.

JOHN MAY NARD KEYNES

끝의 시작

15

1936년 가을, 하버드 캠퍼스에 도착한 존 F. 케네디를 그냥 지
나쳐 가기는 힘들었을 것이다. 윈스롭 하우스Winthrop House(하
버드대학의 학부생 기숙사 건물 중 하나-옮긴이)를 감독했던 교수에 따르면
"잘생기고 사교적인" 케네디는 아버지가 월가에서 번 돈으로 구입
한 근사한 차를 탔고, 풋볼과 수영과 요트 팀 회원이었으며, 호화로
운 파티를 자주 열었는데 그의 파티에는 재즈 오케스트라와 댄싱 리
드메츠Dancing Rhythmettes(1930년대와 1940년대에 유명했던 트리오-옮긴이), 메
이저리그 야구 스타들이 등장하고는 했다.[1] 케네디의 아버지는 프
랭클린 루스벨트가 만든 해양위원회에 합류하기 위해 증권거래위
원회의 위원장직에서 막 물러난 상태였고, 정치적 야심이 있는 몇
몇 교수들은 케네디가 소년들의 멘토가 되어 그들의 환심을 사려고
애썼다. 하지만 잭(다들 존 F. 케네디를 그렇게 불렀다)은 지적 능력에서 형

존 메이너드 케인스

인 조(조지프 케네디)의 그늘에 가려져 있는 데다, (또 한 번 말하지만 윈스롭 담당 교수에 의하면) "여러 여성과의 애정 행각"에 빠져 있었다. 잭은 "진지한 편이 아니었다". "우리 학교는 그런 학생들을 양성하지 않았다."[2]

그 교수가 바로 존 케네스 갤브레이스였다. 그를 권력으로 향하는 길로 처음 안내해준 사람은 인맥 좋은 제자들이 아니라 하버드의 동료 교수인 라우클린 커리였다. 갤브레이스는 농촌에서 자랐고 학부에서 축산학을 공부하기 전에는 교실이 하나뿐인 학교를 다녔다. 그는 하버드에 있으면서 부와 특권을 가진 학생들을 호기심 어린 눈으로 바라봤지만, 그렇다고 그들을 존경하지는 않았다. 하지만 잭 케네디에게는 뭔가 특별한 데가 있었다. 두 젊은이(갤브레이스는 케네디보다 고작 여덟 살 많았다)에게는 모두 하버드에서 증명해야 할 것이 있었다. 두 사람 모두 "캐벗, 로웰, 휘트니, 루스벨트, 피바디" 등 아일랜드 계통의 북동부 명문가 출신 엘리트들에 둘러싸여 있지 않았고, 신분 상승의 욕구를 똑같이 경멸했다. 잭에게는 돈과 권력이 가족이 있었다. 하지만 갤브레이스의 표현을 빌리면 "민주주의 이전의 하버드는" 철저한 귀족사회로서 재학생 다수가 "케네디 형제는 하버드의 배지와 축복이 당연한 1군 소속이 아니라고 믿었다."[3] 갤브레이스는 케네디의 바람기가 예전 자신처럼 사실은 자신을 원하지 않는(1936년에는) 명성의 결정자들에게 받아들여지기 위한 시도라는 것을 알았다.

갤브레이스는 케네디가 사람들과 오랜 기간 동안 인맥을 형성한다. 1994년에 재클린 케네디 오나시스가 사망하자 케네디 가문은 공식 장례식 전날 밤 재클린이 살던 뉴욕 5번가 아파트에서 가족끼리 조촐한 추도식을 열었는데 갤브레이스와 그의 아내 키티는 그곳에 초대된 몇 안 되는 외부 조문객에 포함돼 있었다.[4]

하지만 케네디와 갤브레이스의 정말 진지한 관계는 1950년대 후반에 이르러서야 시작된다. 갤브레이스는 캐멀롯Camelot(미국에서 케네디 정권이나 그 시대를 일컫는 말-옮긴이)과의 인연을 통해 거의 20년 만에 처음으로 미국 공권력의 핵심으로 복귀하게 되고, 그러면서 1960년대에 가장 저명한 미국 지식인으로서 지위를 확고히 다진다. 두 사람의 파트너 관계가 시작됐을 당시에는 사실 갤브레이스가 케네디의 힘을 필요로 했던 것보다 케네디가 갤브레이스의 도움을 더 간절히 원했다. 케네디는 1946년에 처음으로 하원 선거운동을 시작했는데, 그를 공직으로 이끈 결정적 요인은 하버드에서 쌓은 명성이었다. 워싱턴은 케네디가 여색을 밝힌다는 소문으로 시끄러웠고, 그의 상원 출석률은 원내 최저 수준이었다. 케네디는 건강 문제(수술이나 입원)로 의회에 출석하지 못하는 일이 잦았지만 자신의 건강 상태를 철저한 기밀에 붙였고, 자신의 행적에 대해 그럴듯한 해명을 하지 않는 것이 그의 매력을 더 높이면서 정치적 심각성을 덜어주었다. 게다가 케네디는 실제로 의회를 그다지 좋아하지 않았다. 그는 민주당 의원들조차 "말 많은 선동가들"이라 여겼다. 갤브레이스에게는 케네디가 다른 동료 정치인들을 피하려고 의회에 나가지 않는 것처럼 보였다.[5]

케네디가 간신히 행사한 의결권은 그가 놓친 표만큼이나 많은 어려움을 초래하기도 했다. 1957년에 미 상원은 투표권에 대한 새로운 보호 방안을 포함한 일련의 민권 법안을 채택했다. 강력한 분리주의자인 스트롬 서먼드는 이 법안이 남부 백인 권력층에게 큰 위협이 된다는 생각에 법안 통과를 막으려고 24시간 필리버스터를 시작했고, 연설 중에는 상원의 의사 진행을 지연시키기 위해 독립선언서와 각 주의 투표법을 읽어나갔다. 고결한 의회 강당에서 진행된 이 필리버스터는 사실상 별 의미가 없었다. 법안은 결국 압도적인 표차로 통과되었지만 그다지 구속력이 없었다.

이 법안이 살아남는 데 케네디는 별다른 도움이 되지 않았다. 케네디는 이 실속 없는 최종 법안에 찬성표를 던졌지만, 절차 투표에 표를 던져 법안의 효력을 희석시킴으로써 남부 백인들의 마음을 달랬다. 서먼드의 필리버스터와 마찬가지로, 분리주의자들을 옹호하는 듯한 케네디의 태도는 주로 과시용이었고 진보주의자들은 그 메시지를 이해했다.

케네디에게는 시대를 초월해 정치 브로커들의 관심을 사로잡는 돈과 카리스마가 있었다. 1956년에 그는 샌프란시스코에서 열린 민주당 전당대회에서 부통령 후보로 지명될 뻔했다. 하지만 많은 민주당 내부 인사들에게는 이 잘생긴 젊은이가 루스벨트의 뜻을 따르려는 것인지, 그로버 클리브랜드 같은 보수주의자의 뒤를 따르려는 것인지 확신이 없었다. 그의 부친이자 자금원인 조지프 케네디 시니어는 미국의 제2차 세계대전 개입을 두고 루스벨트와 결별한 반유대주의자로 널리 알려져 있었다. 이보다 더 고약한 일은 케네디 가문이 위스콘신주 상원의원인 조셉 매카시와 오랜 우정을 쌓아왔다는 점이었다. 1950년에 당시 하원의원이었던 케네디는 하버드대학원 세미나에서 매카시가 공산당의 정부 침투에 대해 "뭔가를 갖고 있을지 모른다"고 말했고 국가보안법에 찬성한 일을 자랑했는데, 이 법을 통해 국가에 "불충했다"는 충분한 증거가 발견된 인물에 대해 미국 시민권을 박탈할 수 있는 새로운 정부 위원회가 탄생했다.[6] 게다가 로버트 케네디가 1952년에 형의 상원선거 운동을 성공적으로 끝내자 그는 당시 뉴딜주의자에 대한 십자군 원정 활동을 추진 중인 매카시를 조력하는 것을 첫 의회 활동으로 택했다. 바비(로버트 케네디의 애칭)는 6개월 만에 그 일을 그만뒀지만 진보적 민주당원 사이에 오랫동안 남을 오점이 찍혔다. 1954년 상원에서 매카시를 견책하기 위한 투표를 했을 때, 이 조치가 "미국의 사회구조에 심각한 영향을 미칠 것"이라 주장하며 거부한 민주당 상원의원은 케네디가 유일했다.[7]

매카시즘에 대한 그의 이런 태도가 1956년에 부통령 후보에 오를 수 있었던 기회를 날려버렸을 가능성이 크다. 케네디가 전당대회에서 프랭클린 루스벨트 전 대통령의 부인, 엘리너의 지지를 요청했을 때 그녀는 매카시에 대해 침묵한 케네디를 공개적으로 질책하면서 이후 수년간 케네디에게 정치적, 감정적 상처로 남을 장면을 남겼다.[8]

한편 갤브레이스는 두 번의 대선에서 모두 공화당에 패배한 아들라이 스티븐슨에 대한 책을 발표한 후 진보 세력이 잃어버린 대의의 수호신이 돼 있었다. 프랭클린 루스벨트 사망 직후 갤브레이스는 엘리너 루스벨트, 아서 M. 슐레진저 주니어, 그리고 신학자인 레인홀드 니버와 함께 민주적 정책을 위한 미국인ADA 설립을 도왔다. 이들은 뉴딜의 에너지와 이상주의가 귀족적 공화당과 남부의 적대

존 메이너드 케인스

적이고 보수적인 민주당원에 맞서 뻗어나갈 수 있도록 ADA가 보루 역할을 하길 원했다. ADA 초대 멤버들은 몇 년간 다른 진보 지식인들을 개별적으로 접촉하면서 민주주의 정부를 위한 플랫폼과 정책의제를 개발했지만 결국 이들의 바람은 이뤄지지 않았다. 하지만 ADA는 민주당 안에서 실질적인 권한을 행사했는데, 이들은 그로부터 한 세대 후에 진보 정치인들과 진보 사상을 승인하는 명예로운 인장 역할을 하며 워싱턴을 지배하는 싱크탱크가 된다.

1950년대 후반 케네디는 매사추세츠주 상원의원이 되고 갤브레이스는 여전히 하버드에서 학생들을 가르치고 있었다. 케네디는 백악관 입성을 꿈꾸며 하버드 시절 지도교수였던 갤브레이스에게 포트 녹스에서 금이 유출되는 사건부터 농산물에 대한 가격 지원이 하는 역할까지 모든 것에 대한 조언을 요청했다. 두 사람은 보스턴의 고급 레스토랑인 로크-오버에서 정기적으로 만나 저녁 식사를 했는데 그곳에서 케네디는 "거의 항상 로브스터 스튜를 주문했다."[9] 갤브레이스는 학자답게 말이 장황한 편이라서 젊은 상원의원에게는 스승의 말을 끊는 버릇이 생겼다. 그럼에도 불구하고 케네디는 경제학자를 계속해서 저녁 식사에 초대했다. 그리고 이 친밀한 자리(대개 두 사람이 전부인)에 이따금씩 그들의 역사학자 친구인 슐레진저까지 합세해 갤브레이스의 자존심을 칭찬하고 워싱턴을 움직이는 그의 배후 정치 능력을 북돋우며 고위층 정치조직 분위기를 조성했다. 갤브레이스는 케네디의 야심이나 당적에 대한 충성심 같은 것에 환상이 없었다. 하지만 케네디라는 옛 제자가 자신에게 공권력을 되돌려줄 떠오르는 스타라는 점은 분명히 알고 있었다.

1959년 말이 되자 민주당 정치인 모두가 케네디가 대통령 선거에 출마할 것으로 예상하고 있었고, 갤브레이스가 (스티븐슨의 세 번째 대선을 굳게 믿고 있던 사람들은 원통해했지만) 이제는 케네디 사람이 되었다는 것도 대부분 알게 되었다. 이 사실만으로 미국 좌파에서 케네디의 존재감은 상승했고 그의 잠재적 도전자들을 물리치는 데 일조했다. 그렇다고 갤브레이스가 자신의 명성만 내세운 것은 아니었다. 그는 계속해서 케네디를 뉴딜 정책을 대변하는 엘리너 루스벨트와 진보주의자, 그리고 루스벨트가 남긴 최고의 유산들과 연결시키려고 애썼다. 엘리너 루스벨트는 브랜다이스대학에서 제작하는 TV 인터뷰 프로그램을 진행하고 있었는데, 갤브레이스는 케네디가 대선 출마를 공식 선언할 날 방송될 인터뷰에 두 사람의 만남을 주선했다. 대선 운동 초기에 있었던 이 무대는 케네디가 민주당 좌익에 얼마나 공을 들이고 있는지를 상징적으로 보여줬다. 비록 엘리너는 아직 케네디를 지지할 준비가 전혀 돼 있지 않았지만(인터뷰 후 그녀가 신문기자들에게 분명히 밝혔듯이) 카메라를 통해 방송된 두 사람의 화기애애한 재담은 진보층 사이에 케네디의 신뢰를 높였고 결국 엘리너와의 화해의 불씨가 되어 마침내 그녀의 지지를 얻어낼 수 있었다.[10]

갤브레이스는 케네디가 좌익으로 전향하는 이념적 다리 이상의 역할을 했다. 케네디는 청년기를 보내면서 낙관주의와 자기 확신이 높아졌지만, 그에 대한 대중의 이미지는 세부 정책을 고민하는 정치인보다는 마릴린 먼로와 즐기는 데 더 열중하는 애송이 유명인에 가까웠다. 살아 있는 미국인 중 갤브레이스보다 지략으로 더 유명한 사람은 없었다. 그의 지지는 심지어 보수적인 유권자들에게도 진지

존 메이너드 케인스

한 사람들이 케네디 편에 섰다는 신호가 되었고 케네디 캠프 전략가들은 이 사실을 리처드 닉슨과의 대통령 선거에서 적극적으로 이용했다. 폴 새뮤얼슨에 따르면 "전당대회와 선거운동 할 것 없이 케네스의 임무는 지식인들을 케네디 쪽으로 끌어오는 것이었다."[11]

힘겨운 대통령 선거에서 케네디는 승리했다. 이제 그는 자신이 이끌 행정부의 앞날을 내다보며 자신을 지지한 모든 진보 지식인들과 무엇을 할 것인지 결정해야 했다. 매카시즘의 광기로 들끓던 시절은 이제 과거가 돼 있었다. 매카시는 3년 전에 죽었고 케네디는 공산주의자가 시나리오를 쓴 1960년 영화인 〈스파르타쿠스〉에 공개적으로 호평을 해서 할리우드 블랙리스트에 흠집을 냈다. 워싱턴이 마침내 케인스주의자들에게 안전한 곳이 되었다.

프랭클린 루스벨트 대통령은 정부에 입김을 불어넣던 월가의 노병들을 몰아내고 그 자리를 학계의 경제학자들로 채워 넣으면서 워싱턴의 전문가 위계구조에 근본적인 변화를 일으켰다. 케네디 시대가 열리면서 연방 관료조직에서 가장 강력한 두 기관인 경제자문위원회CEA와 연방준비제도이사회는 모두 경제학자들이 지배하게 되었다.

CEA는 1946년에 제정된 고용법에 의해 설립된 기관으로, 고용법은 케인스 경제학자 중 한 명인 앨빈 한센이 작성에 도움을 주었지만 대부분의 케인스주의자는 이를 잘못된 법률로 인식했다. 케인스 학자들은 고용법이 아니라 완전고용법을 제정해서 실업자 보호와 구제책을 정부의 의무로 만들어 실업 자체를 없애야 한다고 믿었다. 그러나 편집증적 냉전 시대가 시작되고 과대한 정부 권력은 공산주의 의회를 만든다는 의식이 팽배해지면서 케인스주의자들은 "고용 극대화를 장려"하는 연방정부의 "책임"과 CEA에 대한 막연한 입법적 약속에 만족할 수밖에 없었다.

오늘날 CEA는 거의 아무도 읽지 않는 연간보고서를 발간하는 작은 분석기관이 되었다. 그러나 1940년대와 1950년대의 CEA는 펜타곤과 국무부 다음으로 공공정책에 미치는 영향력이 컸다. CEA는 초기 의장들의 리더십 아래 백악관의 굳건한 싱크탱크로서 경제 성장에 대한 모니터링부터 정부 예산 계획에 대한 권고, 심지어 트루먼 대통령 시절에는 냉전 전략에 대한 자문까지 했었다. 트루먼 행정부 때 CEA의 의장이었던 레온 키설링은 "내가 위원회 의장이었을 당시 그 자리를 자발적으로 그만둔다는 것은 상상할 수 없는 일이었다"라고 밝혔다. CEA에서 그는 "대통령에 대한 절대적이고 완전한 접근 권한을 가지고 있었다."[12] 트루먼과 아이젠하워는 둘 다 균형 예산을 확고히 신봉했지만 CEA 의장인 레온 키설링과 아서 번즈의 압박 하에서 경제성장이라는 명분에 따라 적자예산을 받아들였다(극단적인 매카시주의자들에게 적자재정을 수용한 아이젠하워의 결정은 그가 소련과 타협했다는 증거였다).

연준의 역할도 바뀌었다. 1930년대에 메리너 에클레스가 수장이었을 때 워싱턴의 연방준비제도 이사회는 재무부와 효과적 연계 하에 통일된 재정 정책과 통화 정책을 추구할 수 있었다. 당시 연준은 은행과 연방정부 모두에 저금리로 값싼 대출 정책을 유지했다. 인플레이션과 실업은 금리 조정보다는 재정 정책(정부 지출과 세제)으로, 그리고 전쟁 중에는 물가 통제로 관리되었다. 1937년부터 1947년까

존 메이너드 케인스

지 연준은 1퍼센트 할인율을 유지했고 1942년부터는 제2차 세계대전 채권의 금리를 낮추기 위해 재무부와 함께 통화 정책을 공개적으로 조정했다. 심지어 전쟁 이후 물가 통제가 사라지고 물가가 잠시 치솟았을 때는 고금리 정책과 그로 인한 실업으로 물가 인상과 싸우려는 조치도 이뤄지지 않았다. 1951년 말까지도 할인율은 여전히 1.75퍼센트에 불과했고, 연준 이사회는 미국의 정부 부채에 예측 가능한 특정 이자율을 고정하는 데 전념했다.

하지만 한국전쟁이 일어나자 연준의 경제학자들은 재무부와 CEA의 지시에 동요하기 시작했다. 전쟁으로 또 한 번 물가통제가 일어날 것을 걱정한 소비자들이 사재기를 하면서 갑작스레 인플레이션이 발생한 것이다. 1951년 2월에는 연간 물가 상승률이 21퍼센트에 이르렀다. 재무부는 연준이 미국 은행들로부터 채권을 매입해서 정부 부채에 대한 저금리를 보장하면서 정부의 전쟁 비용을 계속 낮춰주길 원했다. 그러나 연준은 그런 정책이 은행들의 대출을 촉진하고 그렇게 되면 물가에 더 큰 압력이 될 것으로 믿었다. 재무부가 인플레이션에 너무 안일하다고 여긴 연준의 고위 관리들은 당황하며 정부의 다른 정책입안자들과 상관없이 연준에 독립적인 물가 관리 권한을 달라고 요구하기 시작했다. 이에 동의한 트루먼 대통령은 연준과 재무부의 협력관계를 공식적으로 끊고, 통화 정책과 미국 경제에 제동을 걸 수 있는 "독립적인" 권한을 부여했다.[13]

하지만 CEA가 무대의 중심에 서자, 연준은 계속해서 보조적인 역할을 수행할 수밖에 없었다. 통화 정책은 1920년대부터 1930년대 초까지 경제 관리의 주된 지렛대였지만 대공황을 막지도, 치유하지도 못했다. 경제학자 대부분은 재정 정책이 더 강력한 동시에 더 유연하다고 입을 모았다. 따라서 CEA를 운영하겠다는 케네디의 선택은 그가 원하는 대통령의 모습을 보여주는 중요한 발언이었다.

케네디는 윈스롭 하우스 시절의 오랜 스승에게 자신이 진 빚을 알고 있었기에 갤브레이스에게 CEA 의장직을 맡아 달라고 요청했다. 케네디로서는 상당히 관대한 제안으로 보였다. CEA의 전임 의장들은 대중적 인지도가 낮았기에, 갤브레이스처럼 이념적 갈등을 자초했던 진짜 유명인사를 그 자리에 앉히면 앞으로 몇 년간 골칫거리가 될 것이 분명했다. 그렇다고 케네디가 그 제안을 억지로 밀어붙이지는 않았다. 케네디는 갤브레이스의 의중을 파악하기 위해 슐레진저를 보냈는데 갤브레이스는 본인 대신 케인스주의자이자 미네소타대학의 경제학과 학과장인 월터 헬러를 그 자리에 임명해 달라고 간청했다.

케네디는 조금 당황했지만 안심했다. 대통령 선거 캠프에 참여했던 자문가들은 모두 그들이 원하는 자리로 보상받기를 원했지만, 갤브레이스의 야망은 더 특별했다. 그는 잭 케네디가 떠나면서 남을 상원의원 자리를 원했다. 1958년 선거로 차지한 의석이라 케네디는 백악관에 입성한 시점으로부터 아직 임기가 4년이나 더 남아 있었다. 비록 소문의 진원지는 자신이 아니라고 주장했지만, "보스턴의 신문들"과 〈뉴욕타임스〉는 그를 케네디의 뒤를 이을 "차기 대권 후보"로 진지하게 거론했으므로[14] 그를 상원에 임명하는 것이 완전히 정신 나간 소리는 아니었다. 케네디 가문은 2대째 보스턴 정치를 지배했었고 선거운동이 진행되는 동안 케네스와 키티 부부도 그들만큼 명

존 메이너드 케인스

성이 높아져 있었다. 취임식에서 부부는 귀빈석에 존 스타인 벡 부부와 나란히 앉아 있었고 대통령 당선자는 재임 내내 재무부, 노동부, 외교부까지 행정부 인사 문제가 있을 때마다 갤브레이스에게 조언을 구했다.[15] 새뮤얼슨의 표현대로라면 갤브레이스는 행정부에서 케네디 대통령과 "개인적 친분"을 가진 유일한 경제학자였다. 헬러는 나중에 이렇게 회상했다. "경제학자 중에 대통령 내외와 특히 가까운 사람이 갤브레이스라는 것은 의심의 여지가 없었다. 그는 영부인 재클린 케네디를 위해 인도에서 미술품을 사다 줄 정도였다."[16]

하지만 케네디 가문은 그들의 왕국을 계속해서 친족끼리만 꾸릴 작정이었다. 잭은 자신이 차지했던 상원의원 자리를 대학 룸메이트인 벤자민 스미스 2세에게 물려주었고, 스미스는 1962년에 케네디 형제 중 막내인 테드 케네디가 서른 번째 생일을 맞아 합법적으로 상원의원에 임명될 자격을 얻자 바로 그에게 자리를 내주었다. 갤브레이스는 결국 인도 대사직을 수락했는데, 당시 미국은 아시아 지역에서 냉전 전략을 재정비하고 있었으므로 그 자리는 빈곤과 민주주의에 대한 갤브레이스의 사상을 실행할 수 있는 명예로운 외교직이었다. 하지만 케네디가 그의 대선 캠프에서 가장 저명한 진보 인사를 지구 반 바퀴 너머로 보냈다는 사실은 사람들의 뇌리에서 잊혀지지 않았다.

폴 새뮤얼슨은 미국의 수도에서 3일 이상 머무는 법이 없었다.[17] 그는 워싱턴을 싫어했다. 주위는 항상 로비스트로 들끓었고 지식인은 별로 없었다. 그는 가르치는 것이 좋았고 대립을 피했다. 그는 워싱턴에서의 출세와 파멸을 결정짓는 중상모략이 체질상 맞지 않았다. 케네디가 CEA 의장으로서 적임자를 찾고 있을 때 그 또한 갤브레이스처럼 그 자리를 원하지 않았다. 새뮤얼슨에게는 그 직책이 워싱턴으로 옮겨갈 만큼 가치 있는 일이 아니었다. 그렇다고 케네디의 요청을 아예 거절할 수는 없었다. 그는 1964년에 CEA 멤버들에게 이렇게 말했다. "미국처럼 위대한 나라를 월트 로스토우와 케네스 갤브레이스 같은 만능 천재에게 맡기는 것은 너무나 중요한 일입니다."[18] 그래서 새뮤얼슨은 워싱턴으로 떠나는 대신에 MIT 경제학과의 학과장이라는 보직을 유지하면서 대통령과 일할 수 있는 특별 위원회를 이끌기로 했다. CEA의 의장은 갤브레이스의 제안대로 헬러가 맡았다.

새뮤얼슨과 갤브레이스는 적자지출, 공공사업, 민주당 지지 측면에서 마음이 맞는 친구였다. 두 사람은 모두 《일반이론》의 영향을 받은 대담하고 장난기 섞인 경제학 저술 활동으로 유명세를 탔고 매카시 시대에는 케인스 사상을 어떻게든 지키려고 고군분투했었다. 그러나 공통점은 그것으로 끝이었다. 갤브레이스는 친구들조차 그의 오만함을 잘 알고 있었지만, 새뮤얼슨은 그를 비판하는 사람들조차 그의 겸손함을 인정했다. 갤브레이스는 언어 개념과 사회 이론을 연구했다. 새뮤얼슨은 모든 경제 논리가 수학적이라고 선언했고 심지어 본인이 사용하는 영어라는 산출물도 실질적으로는 불필요하다고 여겼다. 새뮤얼슨은 시장을 사랑했지만 갤브레이스는 시장을 믿지 않았다.

두 사람의 이념적 충돌은 케네디 시대와 존슨 시대의 경제적 의

존 메이너드 케인스

제를 정의하고 이후 반세기에 걸쳐 경제학에 대한 대중의 생각을 구축하는 데 큰 영향을 끼친다. 갤브레이스에게 케인스식 수요 관리는 단순히 수치를 높여서 실업을 해결하는 것이 전부가 아니었다. 그의 궁극적인 목표는 특정 유형의 사회를 구현하는 것이었다. 갤브레이스에게는 정부가 어떻게 경제를 균형 상태로 만드는지가 무엇보다 중요했다. 그는 윤리적으로, 정치적으로 다른 것보다 더 우선시해야 할 선택이 있으며, 그런 만큼 경제학자들에게는 사회가 진부하고, 얄팍하고, 호전적이 되도록 부추기는 경제 세력들에 맞서 대중에게 경고 신호를 보낼 책임이 있다고 믿었다. 새뮤얼슨이 중요시하는 것들이 갤브레이스의 진보 사상과 일치할 때도 많았지만, 본인보다 더 유명한 친구가 《부유한 사회》에서 시장의 도덕적 권위를 깎아내리려 한 것은 그가 경제학이라는 학문이 달성해야 하고, 달성할 수 있다고 믿었던 것에 대한 직접적인 도전이었다.

새뮤얼슨은 직업인으로서 삶의 상당 부분을 경제학에서 도덕적이고 언어적인 개념들을 제거하고 순전히 숫자적 본질로 분해하는 데 바쳤다. 그는 시장의 판결을 자신의 판단으로 대체하려 하지 않았다. 새뮤얼슨과 그의 MIT 제자들은 그들의 연구가 갤브레이스의 사회 이론처럼 대단하지는 않지만 지적으로 더 엄격하다고 믿었다. 그들은 본인들의 관찰과 조언을 전문 분야로만 한정한 채 냉정한 데이터로 어려운 과학을 수행했다. 새뮤얼슨은 시장의 법칙을 공정하게 따르는 학생이자 물리학자 같았다. 그는 친구인 갤브레이스가 진지한 경제학을 연구하기보다는 "유토피아에 관한 베스트셀러를 집필하는 데 더 적합한 인물"이라고 말한 적이 있었다.[19]

하지만 케네디와 존슨 체제의 CEA에서 일했던 새뮤얼슨, 헬러, 로버트 솔로우는 모두 나름의 방식으로 유명세 높은 라이벌보다 더 웅대한 주장을 하고 있었다. 그들은 자신의 연구가 인간의 행동과 조직에 대한 더 심도 높은 과학적 진실을 반영한다고 주장했다. 갤브레이스는 경제학을 늘 새로운 패러다임에 대체될 수 있는 불안정한 신념 체계로 간주했던 반면, 새뮤얼슨은 경제학을 지식이 점진적으로 축적되는 진보적 과학이라 여겼으며 경제학을 통해 수학적 구속력이 있는 인간 행동의 자연법칙을 발견해왔다고 주장했다. 새뮤얼슨은 결국 본인의 업을 수학화하는 데 있어 모호한 관계를 발전시켰다. 그는 1996년에 〈뉴요커〉 잡지에서 "헤르페스처럼, 수학도 여기에 머물 것이다"라며 아쉬워했다.[20] 하지만 이보다 앞서 이런 수학적 접근방식은 새뮤얼슨과 케인스 경제학 프로젝트 전체를 심각한 위험에 빠뜨릴 것이다.

1958년에 대중 경제학 시장을 점령한 책은 《부유한 사회》였지만, 같은 해에 케인스 학자들의 이목을 가장 집중시킨 글은 뉴질랜드 경제학자인 A. W. 필립스가 발표한 한 논문이었다. 거의 1세기 동안의 영국 데이터를 샅샅이 뒤진 필립스는 인플레이션과 실업 간의 놀라운 상관관계를 밝혀냈다. 이 둘 사이에는 상충관계가 존재하는 것 같았다. 다시 말해 실업률이 더 낮을 때 인플레이션율이 더 높았고 인플레이션율이 더 낮을 때는 실업률이 더 높았다. 필립스는 이런 경향을 강력히 주장하지는 않았지만 그의 연구에 영감을 받은 새뮤얼슨과 솔로우는 미국의 25년 치 데이터를 가지고 비슷한 관계를 발견했고, 그렇다고 크게 당황하지는 않았다. 그들은 이 법칙이 경제를 규제하는 "놀랍고 안정적인 도구"가 될 수 있다고 밝혔다.[21] 정책입안자들이 총 수요를 원하는 수준으로 맞추려면 인플레이션 율과 실업률 "메뉴"에서 적절한 옵션을 고르면 그만이었다.[22] 정부 는 조금 더 높은 수준의 인플레이션율을 받아들여서 실업률을 안정 적으로 낮출 수 있었고 그 반대도 가능했다. 인플레이션이 너무 높 으면 정부가 지출을 줄이거나 세금을 늘리면 해결될 수 있었다. 반 대로 실업률이 너무 높으면 지출을 늘리거나 세금을 줄여야 한다. 새뮤얼슨은 획기적인 돌파구를 발견한 것처럼 자신감에 넘쳐 1961년 교과서에 "필립스 곡선Phillips Curve"을 포함시켰다.[23] 그것은 과학이 었고 새뮤얼슨과 솔로우, 헬러는 망설임 없이 원자 시대의 이 경이 로운 최신 법칙을 케네디 행정부에 소개했다. 그리고 궁극적으로는 4퍼센트의 실업률과 2퍼센트의 인플레이션율이라는 목표를 정했 다.[24]

필립스 곡선은 조세와 지출뿐 아니라 통화 정책에도 엄청난 영 향을 미쳤다. 갤브레이스는 케인스에 이어 금리 인상이야말로 중앙 은행이 물가 인하를 위해 전개한 가장 독특하고도 헛된 방법이라 여겼다. 통화 정책은 사람들의 실직을 통해 효과를 발휘했다. 더 높 은 세금과 직접적인 물가 통제에도 단점은 있었지만 적어도 사람들 의 일자리를 빼앗지는 않았다. 필립스 곡선은 인플레이션을 통제하 기 위해서라면 실업의 고통은 어쩔 수 없는 필연적인 대가라고 말 하는 것 같았다. 물가를 내리려면 실업률은 상승할 수밖에 없었다. 이 새로운 데이터는 갤브레이스가 선보인 여러 아이디어가 무책임 하고 심지어 위험하다는 새뮤얼슨의 견해를 공고히 했다. 그는 나중에 CEA에 "제 역할은 저금리만이 좋은 금리라고 철저하게 믿는 갤브레이스의 영향력을 상쇄하는 것이라고 생각했습니다"라고 털어놓았다.[25] 정책 결정 기관으로서 연방준비제도이사회의 영향력이 강해지면서, 필립스 곡선에 대한 새뮤얼슨의 열정은 대공황이 벌어지면서 잠시 잊혀졌던 통화 정책이 지성인들의 관심 주제로 다시 부상하는 데 일조했다. 결국 세금과 지출만이 총수요를 움직이는 유일한 도구는 아니었다. 높은 금리는 해고 사태를 몰고 와 사람들의 주머니에서 돈을 끄집어낼 수 있었고, 상황이 적절하다면 낮은 금리는 기업들의 신용 비용을 낮춤으로써 더 많은 고용을 유도할 수 있었다. 이는 기념비적인 성과인 만큼 케인스 사상에 위협을 가하는 지적 지형의 변화였다.

케네디는 20세기의 다른 어떤 대통령보다 지식인들에게 조언을 구하는 모습을 자주 연출했다. 개인적인 선호도가 작용한 것도 사실이었다. 케네디는 국회의원을 좋아하지 않았고 워싱턴은 사기꾼들로 가득했다. 하지만 그것은 자신을 험담하는 자들에 대한 개인적인 보복이기도 했다. 케네디가 정말 그렇게 가벼운 사람이라면 왜 그렇게 많은 특출난 지성인들이 그의 눈에 들려고 안달일까? 케네디는 하버드 역사학자인 아서 슐레진저 주니어를 대통령 특별 보좌관으로 임명해서 그가 후세를 위해 케네디 행정부를 지적으로 분석할 수 있도록 많은 자료를 제공했다. 그리고 성장 전망부터 실업, 외교, 심지어 군사전략까지 거의 모든 정부 프로그램을 계획할 때마다 경제학자들의 조언에 의지했다. 1961년이 되면 "루스벨트와 그의 브레인 집단에서부터 기세를 높여 온" 경제학 분야는 그 추세의 정점에 다다르고,[26] 케네디는 단지 카메라에 익숙한 화려한 유명인이 아니라 당대의 가장 위대한 인물 중 하나로 비치길 갈망했다. 케네디가 예일대 경제학자인 제임스 토빈에게 CEA 자리를 제안하자 그가 "저는 그저 상아탑의 경제학자일 뿐"이라는 말로 거절했고, 이에 케네디는 "그게 최고죠. 저 또한 상아탑의 대통령일 뿐입니다"라고 응수했다.[27]

수년간 케네디의 조언자 역할을 해온 갤브레이스는 이런 역학을 잘 알고 있었기에 그의 친구인 슐레진저의 표현대로라면 "공공 부문을 지원하는 끊임없는 게릴라전"을 벌이기 위해 고매한 지식인이라는 그의 페르소나를 적극적으로 이용했다.[28] 그는 공원, 교육, 의료, 박물관에 대한 지출과 사회보장 및 참전용사 혜택을 늘리는 동시에 최저임금과 부유층에 대한 세금을 높여야 하며(당시 소득세 최고한계세율은 이미 91퍼센트였다) 심지어 기업의 이익을 희생해서라도 정부가 직접 물가를 억제해야 한다고 역설했다. 케네디 대통령 취임 직후 실업률이 잠시 8.1퍼센트까지 솟아올랐을 때 갤브레이스는 공공 지출을 확대하기 위한 즉각적인 정부 조치가 필요하다고 간청했다.[29] CEA 일원이었던 커미트 고든은 "갤브레이스는 바로 재향군인 관리국VA으로 가서 VA 배당금을 조기에 지급하게 했습니다"라며 당시를 회상했다.[30] 그는 관료주의 지휘 체계를 우회하고 케네디에게 직접 메모를 전달함으로써 국무부 프로토콜과 국가안보보좌관인 맥조지 번디의 항의를 무시했다. 갤브레이스는 월트 로스토우와 더불어 외교 문제에 가장 영향력을 행사하는 경제학자가 되었다.[31]

새뮤얼슨은 갤브레이스가 그들의 직업이 가진 명예를 남용하고 있다고 여겼다. 경제학자에게는 전쟁에 대해 왈가왈부할 자격이 없었다. 전쟁은 경제학자가 별로 할 말이 없는 영역이었다. 새뮤얼슨은 스스로를 전략가보다는 전술가로, 판결자보다는 전문가로 생각했다. 그리고 경제학자의 역할에 대한 새뮤얼슨의 이런 견해는 그를 경제학 분야에서 가장 탁월한 사상가로 여긴 헬러, 고든, 솔로, 토빈에게 엄청난 설득력을 전달했다. 하지만 슐레진저는 새뮤얼슨의 겸손함이란 사실상 "그가 자신의 조언을 대통령과 의회의 분위기에 맞춰 조정"하는 것을 의미했다고 전했다.[32] 갤브레이스가 돈을 끄집어내기 위해 정부기관들을 열심히 드나들 때, 새뮤얼슨은 "돈에 헤픈 사람이라는 꼬리표"를 피하기 위해 케네디가 원하는 것에 집중하면서[33] 국방비 증가와 함께, 경기침체를 물리치기 위해 기존 지출 프로그램에 속도를 내야 한다는 보고서를 "시험 삼아"[34] 작성하고 있었다. 만약 문제가 지속된다면 "일시적인" 감세가 도움이 될 수 있었다. "현 상황에서 확실히 불필요한 것은 그저 고용을 창출하고 경제에 자금 수혈을 하기 위해 거대한 공공사업 프로그램을 서둘러 기획하는 것입니다."[35]

새뮤얼슨은 정량적 방법론에 근거한 건전한 직감을 갖고 있었다. 미국은 불황에 빠지지 않았고 국방비, 실업급여, 더 후한 사회보장제도로 인한 예산 적자도 30억 달러가 조금 넘는 적당한 수준이었지만 실업률이 크게 감소한 상태였다. 갤브레이스는 다시 살아난 경제에 안도했지만 케인스주의 동료 학자들이 1930년대에는 확고했던 평시의 공공사업 원칙에서 벗어나 이념적으로 위험하게 표류하

존 메이너드 케인스

고 있다는 것을 깨달았다. 만약 정부가 고용 활성화를 위해 폭탄과 군대를 계속 만들어 나간다면, 갤브레이스의 논리로는 누군가는 결국 그것을 이용하게 돼 있었다.

1961년에는 이런 두려움이 진보주의자들에게만 있었던 것은 아니었다. 드와이트 D. 아이젠하워 대통령은 퇴임연설에서 미국 국민들에게 소위 "군사-산업 단지"의 커져가는 위세를 경계하라고 말한다. 이런 시설들은 이제 "모든 도시, 모든 주 의회, 그리고 모든 연방정부 사무실에서 경제적, 정치적, 정신적" 영향력을 발휘하고 있었다.[36]

하지만 케네디 휘하의 백악관에서는 누가 누구로부터 신호를 받는지 구별하기가 점점 어려워지고 있었다. 1962년 6월, 예일대 졸업식 연설에서 케네디는 졸업생들에게 청년 세대의 가장 큰 문제는 "철학이나 이념의 근본적인 충돌이 아니라 공동 목표에 도달하는 방법과 수단에 있습니다… 오늘날 우리가 내리는 경제적 결정에서 정말 중요한 것은 이 나라에 열풍을 일으킬 경쟁적 이념들 사이에 벌어지는 큰 다툼이 아니라 현대 경제를 관리하는 실질적 방법입니다"[37]라고 말했다. 케네디의 연설은 갤브레이스가 트루먼과 아이젠하워 시대에 공산주의자들에게 불충의 혐의를 씌운 매카시 추종자들을 물리치면서 전파했던 케인스 사상의 비폭력적이고 무해한 공식을 말하고 있었다. 사실 케네디의 이 연설문은 갤브레이스의 도움을 받아 작성된 것이었다.[38] 하지만 케네디는 케인스식 경제 도구를 현실적이고 비이념적인 프로그램으로 포장한 채 냉전 시대의 강력한 무기로 바꿔나가고 있었다.

미국 내 케인스주의의 운명은 케네디와 미국의 기업인들 간의 관계와도 얽혀 있었다. 1962년 4월, 케네디 행정부는 몇 달간 협상을 거쳐 철강회사 경영진과 노조 간의 임금 합의를 이끌었는데, 이는 경제 전반에서 인플레이션율을 억제하기 위해서였다. 물가관리국은 오래전에 사라졌지만, 정부는 노사 관계가 민감한 업종에는 물가를 잡기 위해 직접 협상에 나섰다. 철강이나 석유 같은 기초 재화를 생산하는 노동자의 임금 인상은 파급 효과가 컸다. 그런 소비재 가격이 올라가면 다른 제조업들의 비용도 증가하고, 그 비용은 소비자에게 전가될 수밖에 없었다. 철강직 노동자들의 임금을 통제하려는 케네디의 협상 방식은 협조적이고 적당했다. 그의 경제팀은 그런 임금 통제가 과도한 인플레이션에 대한 우려 없이 대통령이 적극적으로 재정 정책을 추진할 여지를 마련해주길 바랐다.

하지만 협상이 확정되고 며칠 지나지 않아, US 스틸의 회장인 로저 블로우는 케네디에게 철강 가격을 1톤당 6달러씩 인상할 계획이라고 아무렇지 않게 말했다. 워싱턴의 도움으로 근로자들의 임금 인상 요구를 물리친 블로우는 이제 가격 인상을 통한 수익으로 주주들의 배를 채워줄 작정이었다.

케네디는 격노했다. 그는 측근에게 "우리 아버지가 입버릇처럼 기업인들은 죄다 나쁜놈들이라고 말했었는데 이제야 그게 무슨 말인지 알겠네요"라 말했고 이 신랄한 발언은 바로 언론에 새어 나갔다. 이후 대통령은 며칠 동안 피해를 줄이는 방법을 고민했지만 개인적으로는 여전히 분을 삭이지 못했다. 그는 슐레진저와 애들라이 스티븐슨에게 "나쁜 족속들 같으니라고. 이 말은 저희 아버지가 한

존 메이너드 케인스

말이기도 하지만 지금은 제 생각입니다"**39**라고 말했다.

케네디 정부는 US 스틸이 가격을 내리도록 압박하기 위해 다른 철강회사들과 손을 잡았고, 결국 케네디는 철강 전쟁에서 승리했다. 하지만 미국 기업인들과 케네디의 이런 불화는 단순히 친구 아니면 적의 문제가 아니었다. 케네디는 백악관 집무실에 앉아 있는 동안에도 자신을 약자로 여겼다. 그는 단순히 1960년대의 재계 거물들을 물리치고 싶었던 것이 아니었다. 케네디는 그들로부터 자신은 그저 잘생긴 부잣집 도련님이 아니라 진지한 실무가임을 증명받고 싶었다. 자신의 능력을 인정받고 싶었던 만큼 블로우의 배신은 케네디에게 상처를 남겼다.

5월 말에는 주식 시장이 갑자기 폭락했다. 경제가 점차 좋아지고 있는 상황에서 악몽의 화요일Black Tuesday(대공황의 시초로 주식이 폭락한 1929년 10월 29일을 말함-옮긴이)에 대한 공포는 대공황 시기에 청년기를 보낸 백악관 참모들을 일시에 얼어붙게 했다. 케네디 대통령은 대응책을 마련하고자 자문가들과 일주일간 회의를 한 후(오늘날 기준으로는 이런 위급 상황에서 말도 안 되게 긴 시간이지만) 개인과 기업 모두를 대상으로 한 대대적인 감세 정책으로 불안정한 주식시장에 강력하게 대응하겠다는 연방정부의 조치를 발표했다.

내부적으로는 케네디와 CEA 모두 이 조치가 균형예산을 간절히 원하는 재계를 자극할지도 모른다고 우려했다. 임기 2년 차가 되자 케네디 정부의 예산 적자는 70억 이상으로 불어나 있었다. 경제학자들은 감세 정책이라는 패에 꽤 만족감을 보였지만 재계는 원래 정부의 권한을 제한하고자 균형예산을 간절히 바라며 재정 통제를 외쳤었다. 그러나 정부가 새로운 계획을 내놓자 그런 불만이 갑자기 잠잠해졌다. 부유층이 본인들의 세금 부담이 적어진다는 사실에 만족했기 때문이었다. 몇 년 후 역사학자이자 닉슨의 고문이었던 허버트 스타인은 "1962년이 되면서 균형예산이라는 계명은 종이 호랑이가 되었다."고 결론지었다. 1938년과 1947년, 그리고 1953년에 재계와 손을 잡은 보수 의원들은 뻔한 재정적자에도 불구하고 세금 인하를 강력히 밀어붙였다. 감세를 간절히 바라는 보수주의자들에게 재정적자는 이미 그들의 치부를 가리는 무화과 잎이 되어 있었다. 대통령이 감세 조치를 적극적으로 추진한다면 월가도 감세가 국채에 미칠 파장을 감수할 태세였다.[40] 이런 현상은 이후 리처드 닉슨, 로널드 레이건, 조지 부시, 도널드 트럼프 행정부에서도 사실로 드러난다.

보수주의자들은 프랭클린 루스벨트나 아이젠하워 정권 때 과감한 감세 혜택을 받지 못했었다. 그들이 투표한 법안이 결국 법으로 승인되지 못했기 때문이었다. 케네디 정권에서 감세를 추진한 것은 매우 큰 변화였다.[41] 갤럽의 여론조사 결과 미국인 중 72퍼센트가 국가 부채가 늘어날 경우 세금 인하에 반대한다고 답한 반면, 그에 찬성한 사람들은 고작 19퍼센트였다.[42] 케인스주의는 미국 대학들의 주류 사상이었지만 민주당 안에서는 전혀 공감대를 형성하지 못했다. 케네디 자신도 12월까지는 감세 정책을 완전히 지지하지 않았다. 케네디는 엘리트 은행가들과 기업 경영인들의 모임인 뉴욕 경제 클럽에서 연설을 하면서 세금 감면 정책이 투자 활동에 긍정적인 영향을 미칠 것으로 전망했다. 그는 "미국의 안보"를 위해 "국방과 우주에 대한 지출"을 확대하겠지만 그런 와중에도 정부 지출과 연방

존 메이너드 케인스

고용을 줄이겠다고 약속했다.**43** 케네디는 심지어 예산 적자에 대해 이전에 했던 발언까지 번복했다. 예산 적자가 나쁜 것은 사실이지만 올바른 감면 정책을 통한 경제 성장은 궁극적으로 정부의 세수를 늘리고 적자를 축소할 것이라고 주장했다. "예산 적자는 무모한 지출 때문이 아니라 경기 침체와 주기적인 불황 때문에 발생하는 것입니다… 장기적으로 수입을 증대하는 가장 건전한 방법은 지금 세금을 인하하는 것입니다." 물론 이런 변화에는 냉전이라는 요인도 있었다. 만약 미국이 소련의 중앙 계획 경제를 능가하도록 감세를 통과시키지 못하면 "모든 자유국가의 희망"은 위태로워질 것이다. 청중은 연설에 환호했고 대통령은 설득에 성공했다.

연설이 끝난 후 흥분한 케네디는 백악관 고문인 테드 소렌슨에게 전화를 했다. "그냥 케인스와 헬러를 거론했더니 바로 먹히더군요." 소렌슨의 평가는 좀 달랐다. "후버 대통령의 정책과 비슷한 것 같았는데, 사실은 헬러였군요." 갤브레이스는 케네디의 연설을 "맥킨리 이후로 가장 공화당스러웠다"**44**고 비난했다. 케네디는 부자를 더 부자로 만들어주는 것이야말로 미국을 가장 확실히 도울 방법이라고 주장했던 것이다. 갤브레이스는 연설에 앞서 케네디에게 이렇게 말했다. "저는 잘 모르겠습니다. 공기는 너무 더러워서 숨 쉴 수 없고, 물은 너무 오염돼서 마실 수 없고, 통근자들은 도시를 드나들 때마다 진땀을 흘리고, 거리는 불결하고, 학교도 너무 불량해서 현명한 젊은이들이 멀리한다면 지출할 돈이 몇 푼 더 있어봤자 그게 무슨 의미가 있겠습니까?"**45**

갤브레이스는 대대적인 감세 조치가 경제 성장에 박차를 가하고 실업률을 더 낮출 것이라는 셀러와 새뮤얼슨, 토빈의 판단을 반박하지는 않았다. 그러나 케네디 정부가 그들의 방정식 안에서 길을 잃고 있다는 생각이 들기 시작했다. 《일반이론》이 거둔 가장 위대한 업적 중 하나는 경제 성장 및 발전에 반드시 급격한 경제적 불평등이 동반되지는 않는다는 사실을 증명한 것이었다. 사회는 더 평등한 세금 정책을 자유롭게 추구할 수 있었다. 감세로 수요를 진작하겠다는 케네디의 계획은 사회의 다른 계층보다 부유층에게 더 많은 혜택을 줄 것이 분명했다. 게다가 소비재 생산도 증대할 것이다. 갤브레이스는 케네디에게 "더 나은 탈모제를 더 많이 만들어내는 것은 국가의 건강 및 활력과는 아무 관계가 없습니다"라고 말했다.[46] 많은 역사학자가 "케네디 시대의 영광"은 "경제 성장률"보다 "늘어나는 인구와 갈수록 복잡해지는 사회를 둘러싸고 끝없이 발생하는 문제를 다룬 방식"에 있다고 여긴다.[47] 케네디는 감세 정책을 추진하느라 민권의 법제화, 교육자금, 빈곤 구제, 의료 개혁은 뒷전으로 밀어두었다. 65세 이상 노인들에게 의료보험을 제공하는 데만 36개의 법안이 개별적으로 추진되고 있었다. 케네디 정권에는 거대하고 진보적인 프로젝트를 실행하려는 정치적 의지가 분명 존재했지만, 그의 새로운 세금 정책을 위해서는 전부 기다려야 했다.

케네디는 자신의 감세 계획을 1963년 1월 연두 국정보고에서 소개했다. 세율의 대대적인 개편 결과 개인 소득세가 총 110억 달러 줄어들었는데 최저 소득계층은 20퍼센트에서 15퍼센트로, 그리고 최고 소득계층은 91퍼센트에서 65퍼센트로 세율이 축소되었다. 법인세는 대기업 세율을 기존 52퍼센트에서 47퍼센트로 인하시켜서

25억 달러의 절세 효과를 낸 반면, 특수 이익단체들이 누리던 다양한 세금 포탈 구멍들이 막히게 되었다.[48]

하지만 당혹스럽게도 케네디 대통령이 부딪친 가장 큰 걸림돌은 균형예산을 지지하는 보수주의자가 아닌 사회정의를 지지하는 진보주의자였다. 테네시주 상원의원인 앨버트 고어 시니어는 이 계획이 부자들에 대한 회유책이라고 반대하며, 백만장자들의 세후 소득이 크게 늘어나는 반면 소시민에게 주어지는 혜택은 보잘것없다고 대통령에게 항의했다. 그는 "이 조치는 사회적, 경제적, 정치적으로 모두 정당화될 수 없습니다"라며 격분했다. "분노가 사라지지 않습니다! 공화당도 차마 하지 못할 일을 어떻게 각하가 추진할 수 있습니까?"[49]

갤브레이스에게도 똑같은 우려가 있었다. 하지만 그가 케네디에게 가장 실망한 점은 외교정책과 관련돼 있었다. 만약 미국의 경제력이 군사적 모험주의에 쓰인다면 이 나라를 케인스식 경제 대국으로 바꾼다고 무슨 의미가 있겠는가?

갤브레이스는 자신이 대사직을 그만두면 국내 정책에 대한 영향력이 점점 줄어들 것을 알았지만, 한편으로는 외교 문제에 대해 더 독립적인 의견을 내놓을 수 있었다. 워싱턴에서 감세 정책에 대한 논쟁이 벌어졌을 때 갤브레이스는 뉴델리에 머물면서 아시아에서 미국의 가장 강력한 동맹군 중 한 사람인 인도의 자와할랄 네루 총리와 함께 베트남 정세에 대해 고민하고 있었다. 미국에서 대규모 식량이 인도로 수송되면서 케네디 행정부는 인도 정권의 협력(합당한 수준의)을 얻을 수 있었다.

이런 동맹관계는 1962년 여름, 중국 공산당이 히말라야 산맥을 넘어 인도로 군사 공격을 시작하면서 위기에 직면했다. 두 나라의 갈등은 백악관의 모든 신경이 쿠바의 미사일 위기에 집중됐던 그해 가을에 더 고조되었다. 갤브레이스는 워싱턴의 "별도 지시가 없어 오히려 부담 없는"[50] 상황에서 중국 군대에 공격적 대응은 자제하고 가능한 한 그들과 엮이지 않도록 냉정해야 한다고 네루 총리에게 조언했다. 중국은 일련의 군사 공격에서 승리했지만 한 달 만에 인도에서 물러났고 미국은 이들의 분쟁 사실을 순식간에 잊어버렸다. 국경에서의 전투가 미국과 중국 공산당과의 장기전으로 확대되지 않은 것은 갤브레이스의 현명한 외교력과 미국의 외교 정책에 대한 요식 체계를 잘 다룬 공으로 인정되었다.

갤브레이스는 이 일을 인생 최고의 업적 중 하나로 간직했다. 하지만 진짜 문제는 인도의 북쪽 국경 지대가 아니라 인도차이나 반도를 가로지르는 인도의 동쪽 지역이었다. 갤브레이스는 케네디가 라오스의 혼란스러운 상황에 개입하지 못하게 하는 데는 성공했지만 (그는 CIA가 그곳에서 벌이고 있는 일을 몰랐다), 베트남은 날이 갈수록 미국을 정치적, 군사적 진퇴양난의 속으로 더 깊이 끌어들이고 있었다. 갤브레이스의 계획은 미국이 베트남에서 철수할 수 있도록 인도 정부가 외교적 가림막을 쳐주는 것이었다. 그는 케네디에게 미국 정부가 소련이나 공산주의 중국에 대항하는 측면에서 특별한 전략적 이점이 없는 지역에서 억압적인 식민 지배세력이 될 위험에 처해 있다고 경고했다. 그는 남베트남의 대통령인 응오딘지엠은 믿을 수 없

존 메이너드 케인스

는 동맹군이자 옹졸한 권력자로 민주주의에 헌신하겠다는 것은 순전히 말뿐이고, 공산주의 무장세력을 막을 능력은 거의 전적으로 미국 손에 달려 있다고 주장했다. 그는 케네디에게 "성공은 또 다른 성공을 낳습니다. 어떤 변화든 비공산주의적인 변화는 (정부에) 도움이 될 거고요"[51]라고 역설했다. 가장 이상적인 시나리오는 남부 베트남에서 공산주의 무리인 베트콩이 게릴라 공격을 중단하는 조건으로 미국이 철수한다는 계획에 미국과 소련이 합의하는 것이었다. 미국이 철수한 후 북베트남과 남베트남은 무역관계를 재확립할 수 있고, 그러면 궁극적으로 남북 베트남의 통일을 거론할 수 있었다. 외교적 데탕트는 인도 정부가 하노이의 호찌민 정권에 교섭을 제안하는 것으로 시작될 수 있었다.[52]

케네디도 그 계획에 수긍하는 것처럼 보였다. 1962년 4월에 갤브레이스가 보낸 메모를 찬찬히 읽은 대통령은 그에게 인도 정부가 평화회담을 시작할 수 있게 같이 준비에 들어가라고 지시했다. 그리고, 케네디는 기다렸다. 또 기다렸다. 몇 달이 흘렀다. 바로 전 해에 쿠바에서 피그만 침공 작전에 실패하고 라오스에 지상군을 배치하는 계획을 공개적으로 거부했던 케네디는 나약한 이미지를 없애기 위해 미국의 베트남 개입을 철회할 정치적으로 적절한 시기를 기다리고 있었다. 갤브레이스에게는 그런 순간이 절대 오지 않을 것 같았다.[53]

베트남 상황은 브레튼우즈 회담에서 케인스의 계획이 거의 실현되지 못한 결과를 다시 한번 부각시켰다. 제2차 세계대전 말미에 열린 그 회의는 케인스에게 국제 분쟁의 원인이 되는 경제 문제들을 불식시키고 국제기관을 통해 규제와 균형, 공정한 무역을 위한 새로운 세계질서를 형성하는 기회였다. 하지만 브레튼우즈에서 확립된 통화 체제는 미국이 그들의 지정학적 이권을 차지하기 위해 이용한 일련의 금융 수단으로서 냉전 시대의 경제를 운영하는 일부가 되었다. 브레튼우즈 체제는 달러에 의존하기 때문에 회원국은 어디가 됐든 미국이 경제 운영의 주체가 되는 데 어느 정도 동의한 것이나 같았다. 브레튼우즈는 협력을 촉진했지만 그것은 헤게모니를 통한 협력일 뿐이었다. 브레튼우즈 통화 체제는 미국이 냉전 속 그들의 이권에 부합하지 않는 새로운 탈식민지 국가들에 폭력적이고 적대적인 강대국 행세를 하는 데 전혀 방해가 되지 않았다. 케인스와 제국주의적 분쟁의 원인이 되는 경제적 요인들을 미리 없애려던 그의 꿈은 베트남의 붕괴와 무관했고, 이런 베트남의 상황은 미국이나 소련의 경제적 이익과도 표면상 관련이 없었다. 미국이 베트남에 주둔한 이유는 남베트남과 북베트남이 선거를 통해 국가 정부를 수립하지 못하게 하기 위해서였다. 미국 지도자들은 호찌민이 그 선거의 승자가 될 것으로 거의 확신했다. 반공이라는 베트남 개입의 명분은 민주주의와 탈식민지 시대의 민족주의에 대한 약속을 저버린 행위였다.

그래서 1960년대까지 미국의 최고 경제학자들은 모두 케인스주의자였지만 케인스 경제학을 국제적인 사상으로 생각하는 사람은 아무도 없었다. 케인스와 케인스주의는 개별 국가가 불황에서 벗어나거나 실업과 인플레이션을 조정하기 위해 참고할 수 있는 일련의 전략으로 활용도가 엄격히 제한되었다. 전쟁과 평화의 철학자인 케인스는 재정 치료사 케인스에게 자리를 내주었다.

뉴델리에서 갤브레이스의 삶은 호화로운 만찬과 기념식의 화려한 행렬로 점차 안정화되었다. 그는 인도 생활을 더 연장할 수 있었지만 1963년 여름에 중국과 인도의 국경 분쟁이 해결되고 베트남전에 대해서도 케네디가 개입 의지를 버리지 않음에 따라 귀국을 결심하게 되었다. 《부유한 사회》가 출간된 지 5년이 지나 있었고 이제는 새 책을 다시 써야 할 때였다. 갤브레이스는 케네디의 요청으로 워싱턴을 잠깐 들러 브레튼우즈 체제 하에 미국에서 계속되는 금 유출 상황을 진단한 후 그해 가을 학기에는 다시 케임브리지에서 강단에 섰다.

9월에는 하원에서 케네디의 감세 법안을 271대 155로 채택했는데, 이는 기업들이 밀집돼 있는 북동부 출신 공화당 의원 48명이 223명의 민주당 의원들과 뜻을 같이한 덕분이었다. 물론 이 법안을 통과시키는 데는 공화당의 도움이 필요치 않았다. 재계는 법안 통과로 민주당 출신 대통령에게 승자의 기쁨을 안겨주고 싶지 않았지만, 그보다는 감세안이 더 마음에 들었다. 한편 이 법안을 반대하는 민주당 의원들은 균형예산을 지지하는 남부의 보수주의자들에 집중돼 있었다. 이 감세안에 대한 표결은 미국의 자유주의와 케인스 사상에 중대한 분기점이 됐지만 당시에는 이를 인식한 사람이 거의 없었다. 프랭클린 루스벨트의 뉴딜 동맹의 핵심이 됐던 북부 도시의 노조 출신 민주당원들은 부유층에 심하게 유리한 감세안을 지지했다. 그들이 이 법안을 지지했던 이유는 케인스주의 경제학자들이 관련 논쟁에서 침묵을 유지했기 때문에 그 정책이 노동자 계층에 유리하다고 인식했기 때문이었다. 이런 식의 사고는 이후 30년 동안 민주당의 핵심 사상들을 서서히 몰아냈고 클린턴 정부 때는 민주당이 신자유주의적 진보라는 명목으로 뉴딜 자유주의를 거부하면서 정점을 찍게 된다.

갤브레이스는 투표 결과에 낙담했지만, 그래도 상원에서 법안이 개선될 수 있다는 일말의 희망을 가졌다. 상원의원들도 감언에 넘어갈 수 있었으므로 언론 기사를 내서 법안의 위험성을 알려야 할 것 같았다. 11월 어느 오후에 갤브레이스와 슐레진저는 뉴욕에서 〈워싱턴 포스트〉와 〈뉴스위크〉 발행인인 캐서린 그레이엄과 만났고, 그곳에서 세 사람은 대통령이 암살당했다는 소식을 접했다.[54]

이후 분노와 고통으로 얼룩진 며칠이 지났다. 갤브레이스는 공식 정부 요원은 아니었지만 서둘러 백악관으로 향했고 그곳에서 찢어진 가슴을 부여잡은 대통령의 친구, 가족, 고문들과 함께 슬픔에 잠긴 채로 비상 계획을 수립했다. 40년 후 갤브레이스는 그의 전기 작가에게 "몇 시간 동안 정말 많은 일을 처리했는데, 지금은 그때 무슨 일을 했는지 기억나는 게 거의 없네요"[55]라고 말했다.

그래도 기억나는 대화 하나가 있었다. 케네디 암살 다음 날 그는 우연히 린든 존슨과 마주쳤고, 그는 갤브레이스를 바로 전날까지 자신의 공간이었던 행정부 청사 부통령 집무실로 데리고 갔다. 존슨은 그다음 주에 의회 연설을 해야 했고, 공식적으로 대통령 역할을 수행하기에 앞서 이제부터 해야 할 임무들을 정리하는 데 갤브레이스의 도움이 필요했다. 갤브레이스는 회고록에는 "그는 루스벨트로

존 메이너드 케인스

부터 물려받은 시민권과 자유주의에 대한 사명감을 어떻게 말해야 할지 모르겠다며 난감해했다"고 적혀 있다. 린든 존슨은 월터 헬러를 포함해 케네디를 따르던 모든 진보주의자에게 그 점을 역설하고 싶었다.[56] 대부분의 민주당 사람들이 존슨의 진보적 신념을 의심했지만 1940년대 초반부터 그와 알고 지낸 갤브레이스는 뉴딜 정책에 대한 존슨의 진정성을 한결같이 믿고 있었다. 존슨의 아버지는 텍사스주 의원이었지만 그는 개인사를 말할 때면 어렸을 때 가족의 수입이 "1년에 50퍼센트 정도씩" 줄어드는 것 같았다며 자신을 개천에서 용 난 사람처럼 말하곤 했었다.[57] 갤브레이스에게 이 이야기는 진실이 무엇이든 존슨의 신념을 잘 보여주었다. 갤브레이스는 시민권을 고집스럽게 강조하는 존슨에게 "쉽게 설득"됐으나 "또 다른 우려를 표명했다." 바로 베트남이었다. 경제학자가 정책의 현자 역할을 맡기 이전 시대 사람인 존슨은 갤브레이스가 가진 외교 정책에 대한 우려를 일축했다. 갤브레이스는 나중에 "우리의 대화는 존슨 시대에 대한 메타포였다"라고 회상했다. "국내 정책에 있어서는 강력하고, 혁신적이고, 자신감 가득하고, 지략이 풍부했던 인물이 미국의 목적에 아무 의미가 없는 군사적 노력으로 인해 파괴될 것이며, 그로 인해 탈식민정치 세계에서 권력의 본질과 영향력의 규모를 완전히 오판하게 될 것이다."[58]

하지만 일단은 세금 인하부터 단행되었다. 1964년 2월에 존슨 대통령은 케네디가 발의했던 것과 상당히 유사한 감세 법안에 서명했다. 이 새로운 세법은 개인 최고 소득세율을 기존 91퍼센트에서 70

15. 끝의 시작

퍼센트로, 또 최저 소득세율을 20퍼센트에서 14퍼센트로 낮췄으며 법인세율은 52퍼센트에서 48퍼센트로 인하했다. 존슨은 다음 회계 연도에 정부가 지출을 억제하겠다고 약속했는데, 이는 보수당이 원하는 세금 인하와 지출 감소 조치를 모두 해주겠다는 말이었다.

하지만 존슨에게는 케네디 정부가 끝내지 못한 사업들 이상으로 원대한 계획이 있었다. 그는 프랭클린 루스벨트 이후로 누구보다 야심 찬 국내 정책들을 세우고 있었고 감세 법안은 그 신호탄일 뿐이었다. 그의 정책은 경제에 활력을 주면서 일할 수 있고 일할 의지가 있는 모든 이들에게 일자리를 보장해줄 것이다. 또 빈곤과의 전쟁이 시작될 것이다. 케인스 전문가들이 꾸준한 경제 확장을 위한 선봉에 선 가운데 가난은 개인적, 지역적 부족함의 결과가 될 것이다. 즉 교육이나 인프라 부족, 혹은 세대 간 실업에 익숙해진 문화 같은 결점 때문이라는 것이다. 존슨 대통령은 그의 첫 국정 연설에서 "일자리와 자금 부족은 가난의 원인이 아니라 증상인 경우가 상당히 많습니다"라고 말했는데 이는 헬러가 직접적으로 영감을 준 표현이었다. "그렇게 된 원인은 친애하는 우리 국민에게 교육과 훈련이 부족하고, 의료서비스와 주거지가 부족하며, 자녀를 양육할 양질의 공동체가 부족한 상황에서 자신의 역량을 개발할 수 있는 공정한 기회를 갖지 못했다는 것과 깊숙이 관련돼 있을 겁니다."[59] 그래서 존슨은 일자리 기술이 부족한 젊은이들을 보조하는 직업 안정단, 공립학교의 교육 여건을 개선하는 국립 교사단, 사회적으로 의식 있는 청년들이 가난한 이웃들을 쇄신하는 데 앞장서는 평화봉사단VISTA 프로그램을 만들었다. 존슨 대통령은 또한 미국 전역에서 소규모 지역

존 메이너드 케인스

단체들이 구상하고 추진하는 "공동체 활동" 프로그램들을 지원하기 위해 10억 달러의 예산으로 경제기획국이라는 새로운 기관을 설립했다. 연방법에 의한 새로운 보조 프로그램은 빈곤층을 그 포식자들로부터 보호하는 동시에 푸드 스탬프 정책으로 인해 굶주림으로 고통받는 가정이 사라지게 될 것이다.

존슨은 자신의 영웅이었던 프랭클린 루스벨트를 돌아보면서 그가 누리지 못했던 이점들, 즉 현대 경제에 대한 철저한 이해와 미국 내 최고 경제 자문가들로 무장한 채 에너지와 실험정신으로 가득한 대형 프로젝트를 전개해나갔다.

빈곤과의 전쟁으로 큰 효과를 봤지만, 아무리 다양한 계획과 프로그램을 한꺼번에 실행해도 빈곤 문제를 아예 퇴치할 수는 없었다. 그 간단한 이유를 갤브레이스는 이렇게 콕 집어 말했다. "가난을 치유하는 한 가지 방법은 빈곤층에게 수입원을 주는 것인데 그것만 계획에 없었거든요."[60] 본인들을 국가의 경제 관리자로 여겼던 케인스식 거시경제 전문가들은 가난을 단순한 자원 부족이 아닌 개인의 고통으로 치부함으로써 국가에 가장 시급한 여러 경제 문제로부터 스스로를 면책해왔다. 예를 들어 교육 환경을 개선하려면 교사를 더 많이 뽑아야 하므로 지엽적이지만 교사들의 일자리 창출에 도움이 될 것이다. 하지만 궁극적으로는 더 나은 교육을 받고도 이전 세대만큼 가난한 하층민은 존재할 수밖에 없었다. 심지어 아동들을 더 어린 나이에 취학시키는 헤드 스타트Head Start 같은 프로그램이 양육비를 낮추거나 부모들이 일에 더 집중하도록 하는 방법으로 인식되지 않았다. 헬러는 이 프로그램을 기획할 때 아내가 일하지 않는 외벌이 가

족을 사회를 구성하는 기본 경제 단위로 당연시했기 때문이다.[61]

감세 조치가 단행된 이후로 갤브레이스가 존슨 행정부의 정책 수립에 미치는 입김은 점점 줄어들었다. 존슨은 그를 경제기획국 국장으로 임명했는데, 당시 신간 집필과 베트남 전쟁에 반대하는 대중 운동에 에너지를 쏟고 있던 갤브레이스는 그 자리를 명예직처럼 다뤘다. 심지어 그는 하버드대 교수직을 그대로 유지하면서 정부의 보조금 정책 과정을 감독했다. 1964년에 경제기획국은 10억 달러의 자금을 할당 받았지만 그래봤자 연방 예산의 1퍼센트가 채 안 되는 금액이었다. 케네디를 뒤에서 움직였던 갤브레이스는 더 거대한 일들을 다루는 데 익숙했다.

갤브레이스는 존슨과 전쟁과 그의 눈앞에서 벌어지고 있는 경제계의 변화에 화가 나 있었다. 존슨 체제는 주요 영역에 있어서는 지금껏 미국이 경험한 가장 진보적인 행정부였다. 그렇다고 그런 진보적인 에너지가 존슨 행정부의 최고 경제 자문가들로부터 나온 것은 아니였다. 그들은 전쟁에 대한 논쟁을 방관하고, 세제에 대한 조언도 근본적으로 보수적이었으며, 빈곤의 본질을 오판하고 있었다.

갤브레이스는 전쟁뿐 아니라 그의 동료인 진보 경제학자들에 대한 공개 저격을 시작했다. 그는 사적인 대화와 공적인 의회 청문회에서 케네디와 존슨 행정부의 감세 정책이 향후 미국 정치에 심각한 위험을 가하는 새로운 "반동적 케인스주의"라고 비난했다. 케인스 경제학자들이 우익 정치인들에게 엄청난 선물을 제공한 셈이었다. 사회적 니즈보다 부유한 주전론자들의 특권을 원했던 매카시즘 승계자들은 이제 발전된 과학을 통해 그들이 추진하는 프로그램의 정

존 메이너드 케인스

당성을 입증할 수 있었다.

한편 새뮤얼슨, 헬러, 솔로우에게는 갤브레이스가 엄청난 위선자로 보였다. 전쟁에 반대하는 그의 양심이 한국전 동안에는 대관절 어디에 있었던 것인가? 계몽된 케인스주의 관료로서 아이젠하워 행정부를 그렇게 칭송했던 갤브레이스가 이제는 무책임한 기업 엘리트의 천진한 선동가가 되어 근 세대에 가장 진보적인 정권을 공격하고 있었다. 정도가 지나쳤다. 갤브레이스가 마침내 《새로운 산업국가New Industrial State》라는 책을 출간했을 때, 솔로우는 이론적 의견 차이도 물론 있었겠지만 그만큼이나 사적인 독설로 가득한 서평으로 그를 깔아뭉갰다. 솔로우는 갤브레이스를 자신의 "부당한 가치관을 정교한 이론으로 은폐하려는 도덕주의자"라 부르며 캐멀롯 시대가 갤브레이스에게 부여했던 화려한 명성에 맹공을 가했다.

솔로우는 "갤브레이스는 어쨌든 특별한 존재이다. 그의 책은 널리 읽힐 뿐 아니라 나 또한 즐겨 읽는다. 그는 중요한 공인이다. 그는 (연준 의장인) 윌리엄 맥체스니 마틴과 함께 말도 안 되는 말로 주가를 뒤흔들 수 있는 권력을 갖고 있다. 그는 전 세계를 누비는 유명인이다. 그는 멋진 사람들과 어울린다. 내가 아는 한 그 또한 실제로 멋진 사람이다. 평범한 경제학자들이 그에 대해 질투와 경멸이라는 양가적 불안감을 품는 것은 당연하다"고 말했다.[62]

갤브레이스가 특별히 멋지지는 않았다. 게다가 그는 기업의 독점권을 오랫동안 지지했기 때문에 좌익의 공격과 맞물려 자신의 진보적 진정성을 어떻게든 증명하려는 반대 지식인들의 타깃이 되었다. 새뮤얼슨은 반독점에 대한 갤브레이스의 견해는 그가 구현하려고 애썼던 뉴딜 전통에 반하는 "수구적이고 보수적인"**63** 이단이라 주장하며 그를 박살 내는 연설을 했다. 그들은 갤브레이스가 통화 정책보다 물가 통제를 선호하는 것조차 그의 엘리트적 허영심이자 경제기획국에서의 직책을 보전하려는 속셈이라고 목소리를 높였다.

갤브레이스의 이런 측면들은 20세기 최고의 지식인으로서 그의 위상에 위험한 역학이었다. 갤브레이스의 페르소나는 상호보강 관계에 있는 두 가지 현상의 미묘한 산물이었다. 즉 경제학자라는 직업적 명성이 그를 바람직한 정치인으로 만든 동시에 정치 엘리트들에 대한 그의 영향력이 경제학자 사이에서 그의 명성을 더욱 높여준 것이다. 만약 두 집단 중 어느 하나라도 그에게 확실히 등을 돌리면 그 위세의 기반은 허물어지기 쉬웠다.

또한 새뮤얼슨과 솔로우의 공격이 어떤 면에서는 사실이었기 때문에 더 고통스러웠다. 민주당 정치의 최상단에서 10년을 보내면서 갤브레이스의 자아는 오만함에서 착각 상태로 빠져들고 있었다. 민주적 정책을 위한 미국인 모임의 회장이 사임하자 갤브레이스는 엘리너 루스벨트와 함께 설립한 그 좌파 조직에서 리더십을 다시 발휘할 기회를 놓치지 않았다. 그는 모임의 회장 직책을 디딤돌 삼아 더 위대한 일을 벌일 작정이었다. 그는 전국을 돌며 반전 연설 활동을 한 다음 1969년 대통령 선거에서 반베트남이라는 강령으로 존슨에게 도전할 계획을 세우기 시작했다. 하지만 그의 아들이자 변호사인 앨런이 외국 태생의 사람은 헌법에 따라 대통령 취임이 금지된다고 주장하자 어쩔 수 없이 출마 계획을 포기했다.

존 메이너드 케인스

갤브레이스가 갖고 있던 영향력은 약해지고 있었지만 민주당 엘리트들은 1960년대 내내 그의 사회적 비전에 매료돼 있었다. 존슨조차 베트남 전쟁을 끊임없이 공격하는 이 위대한 사상가 때문에 점점 피로가 쌓여갔지만, 대통령으로서 꿈꾸는 국내 정책들을 다듬을 때면 아직 그의 도움을 원했다. 존슨은 "위대한 사회The Great Society"를 주제로 한 연설을 준비하면서 당시 버몬트 고향 집에서 휴가를 보내고 있던 갤브레이스를 "은밀히" 백악관으로 불러내 연설문 작성을 도와달라고 요청했다.[64]

갤브레이스는 동의했고, 뉴햄프셔주 킨에 있는 가장 가까운 공항에서 정부의 관용 비행기에 탑승한 뒤 중간에 뉴저지에서 백악관 법률고문 조셉 캘리파노를 태우고 워싱턴으로 날아갔다. 갤브레이스는 오후 내내 《부유한 사회》 요약판을 급히 작성했는데, 저녁 무렵에 린든 존슨은 흥분하며 외쳤다. "정말 훌륭합니다. 여기서 단어 하나도 고치지 않을 작정이오."[65]

그 주 말미에 존슨이 미시간대학교에서 한 연설은 경제사의 일부이자 사회 진단의 일부로서 갤브레이스 사상의 결정체가 담겨 있다.

우리는 한 세기 동안 대륙을 평정하고 제압하기 위해 매진했습니다. 우리는 반세기 동안 우리 국민 모두를 위한 여러 질서를 확립하기 위해 끝없는 창조력과 불굴의 근면함에 호소했습니다. 다가올 반세기 동안 우리가 극복해야 할 과제는 그 부를 가지고 미국 국민들의 삶을 풍요롭게 하고 그 문명을 질적으로 향상시킬 지혜를 갖는 것입니다. 우리 사회에는 많은 병폐가 있습니다. 도시는 썩어가고 교외는 파괴되고 있습니다. 국민들을 위한 주택과 교통수단은 충분치 않습니다. 탁 트인 대지가 사라지고 있고 오래된 랜드마크는 훼손되고 있습니다. 그중 최악은 부가 팽창하면서 이웃과의 공동체와 자연과의 교감이라는 귀중하고 유서 깊은 가치가 허물어지고 있다는 것입니다. 이런 가치가 사라지면 외로움과 권태, 무관심을 낳습니다. 우리의 도시가 위대해지지 않으면 우리 사회는 결코 위대해질 수 없습니다. 오늘날 상상력과 혁신의 최전선은 그런 도시 안에 있고 아직 그 경계를 넘어서지 못하고 있습니다. 하지만 새로운 실험들이 이미 진행되고 있습니다. 미국의 도시를 미래 세대가 그냥 사는 것이 아니라 잘 살 수 있는 곳으로 만드는 것이야말로 우리의 임무입니다… 그러니, 개인의 믿음이나 인종, 피부색과 상관없이 하느님과 법이 요구하는 완전한 평등을 모든 시민에게 부여하기 위한 전쟁에 여러분도 참여하겠습니까? 모든 시민이 짓누르는 가난에서 벗어나기 위한 전쟁에 여러분도 함께하겠습니까?[66]

실제로 《부유한 사회》는 시민권과 빈곤 퇴치 문제와 관련해서 자주 거론되는 책이다. 1964년에 제정된 민권법은 인종에 기초한 고용 차별을 금지하고 인종차별을 불법화하는 한편, 투표권 법은 투표세와 식자율 시험 등 흑인들에게 투표권을 주지 않으려고 고안된 여러 방책을 폐지했다. 남부의 주들이 새로운 규칙을 준수하도록 연방정부 차원의 집행 시스템을 구축했다는 점에도 주목해야 한다. 존슨은 노인들을 위해 국가가 지원하는 의료보험으로 메디케어를, 또 저소득층을 위한 의료 보조 제도로 메디케이드를 도입했다. 그는 사회보장제도의 범위와(비록 처음에는 미국 농촌의 흑인들에게 혜택을 주지 않

존 메이너드 케인스

으려고 농민들을 프로그램 대상에서 배제했지만) 보조비 규모를 모두 크게 확대했다. 루스벨트가 마련한 아동부양가족 지원제도(클린턴 재임 시에는 "복지개혁"으로 알려졌던) 등 다른 빈곤 퇴치 프로그램도 규모가 급격히 확대되었으며 초중등 교육법을 통해 전국의 공립학교에 연간 10억 달러 이상의 연방 예산이 지급되었다. 존슨 대통령은 PBS와 국립공영라디오를 설립한 공영방송협회와 더불어 국립예술기금과 국립인문학기금을 마련했다. 이 밖에도 청정대기법, 수질법, 자동차 대기오염방지법, 황야법, 자연경관수계법 등 일련의 환경 관련 법제가 제정되었다.

그것은 두 번째 뉴딜정책과 다름없었다. 완전 고용 경제로도 충족시킬 수 없는 민주주의의 요구에 부응하기 위해 새로운 공공재 공급으로 국가를 크게 성장시키자는 것이었다.

그리고 대부분의 제도가 효과를 냈다. 존슨의 빈곤과의 전쟁 프로그램은 노동시장에 참여하는 방법을 사람들에게 알려주려는 작고 단편적인 시도였다. 하지만 빈곤이라는 것은 개인이 직장을 얻고 유지하는 방법을 잘 몰라서 겪는 결과가 아니기 때문에 결국 빈곤 퇴치에는 실패했다. 일자리 기회는 충분하지 않았고, 일자리가 있어도 대부분은 가난을 면치 못할 수준의 임금을 지불했다. 하지만 존슨의 위대한 프로젝트에 포함된 폭넓은 의제는 노동시장을 대폭 강화하고 가정의 궁핍을 초래하는 가계 지출을 관리해서 미국의 빈곤율을 영구적으로 낮추는 데 성공했다. 갤브레이스는 크게 반발했지만, 감세 정책은 그만큼 국민들의 구매력을 높였고 이를 통해 기업은 다시 생산과 고용을 늘릴 수 있었다. 위대한 사회 프로젝트는 의료보험 제도를 마련했고, 푸드 스탬프와 복지, 사회보장제도를 확대해서 가계 지출을 보조했을 뿐 아니라 그들의 구매력을 높이고 더 나아가 노동시장에 활력을 불어넣었다. 존슨 대통령이 퇴임한 1969년에는 빈곤율이 12.1퍼센트로 낮아졌다. 존슨이 취임했던 당시와 비교했을 때 빈곤층 인구가 1,200만 명 이상, 혹은 3분의 1 이상 줄어든 것이다.

하지만 린든 존슨이 이룬 경제적 승리는 루스벨트 때와 마찬가지로 불완전했다. 위대한 사회 프로젝트의 시민권 관련 의제는 경제 호황기의 이익을 보다 균등하게 배분하는 데 도움이 되었다. 흑인 빈곤율은 32.2퍼센트로 떨어져 갤브레이스가 《부유한 사회》를 출간했을 당시의 55퍼센트 대비 엄청난 개선 효과를 봤다. 그러나 흑인과 백인 빈곤율 간의 격차는 미국 민주주의의 여전히 숙제로 남았다. 미국의 흑인 빈곤율은 1995년에도 30퍼센트 이하로 떨어지지 않는다. 오늘날 백인 중 빈곤 가구 비중은 8.8퍼센트인데 반해 흑인 빈곤 가구율은 21.8퍼센트나 된다. 시민권법은 고용과 임금에 대한 인종차별을 금지했지만 현실은 항상 고르지 못했고, 이를 개선하기 위한 후속 법안, 특히 1978년에 전개되었던 진정한 완전고용법을 통과시키기 위한 투쟁은 민주당 지도부의 관심 부족과 보수주의자들의 반대로 고초를 겪었다.

그리고 존슨이 채택한 버전의 케인스 경제체제에도 위험 신호들이 쌓여갔다. 경제학자인 에마뉘엘 사에즈와 가브리엘 주크만이 면밀히 검토한 모든 지표에 따르면 1940년대부터 1950년대까지 전반적인 경제적 불평등 수준은 급감했다. 그러나 1960년대에는 개선 효

존 메이너드 케인스

과가 정체기에 들어갔다.[67] 1950년대와 1960년대에 잠잠했던 인플레이션도 다시 상승하기 시작했다. 결코 위기는 아니었지만 1965년에 연간 1퍼센트를 상회했던 물가 상승률이 리처드 닉슨이 취임했을 때는 5퍼센트를 넘어섰다. 존슨은 헬러, 새뮤얼슨과 함께 경이적인 연간 GDP 기록을 만들어냈으나 그런 높은 성장률도 일단 인플레이션을 감안한 실질 성장률 기준으로 보면 평범한 수치가 돼버렸다. 1969년에 미국 경제는 7퍼센트 이상 성장했지만 이는 1930년대 불황기 때나 기뻐할 만한 숫자였다. 이는 물가 상승률을 감안하면 2퍼센트가 조금 넘었고 그 정도도 훌륭하지만 특별히 언급할만한 기록은 전혀 아니었다.[68] 인플레이션과 관련된 이런 문제들은 1970년대까지 지속되면서 남아 있는 케인스 프로젝트를 위태롭게 만든다.

1960년대 말에 케인스주의 경제학은 그 이름이 대표했던 철학 사상과는 괴리된 건조하고 기술적인 경제 이론이 된다. 워싱턴과 학계에서는 케인스주의라는 단어가 매카시즘이 한창이던 때 가졌던 체제 전복적 의미를 더 이상 함축하지 않았다. 이제는 진보적 케인스주의자, 보수적 케인스주의자, 반동적 케인스주의자 할 것 없이 폴 새뮤얼슨, 존 힉스, 앨빈 한센이 만든 경제 도구들을 다양한 정치적 목적에 따라 활용했다. 그럼에도 불구하고, 존슨의 위대한 사회가 이룬 진보적 성과들은 케인스 경제학자들이 총 수요를 진작해서 구축한 경제적 동력이 없었다면 결코 이뤄질 수 없었다. 케인스주의에 지적 신뢰성이 없었다면, 빈곤 퇴치와 시민권 발전을 위한 진보적 노력은 결코 힘을 받지 못했을 것이다.

JOHN MAYNARD KEYNES

19세기의
부활

16

"**케**인스의 즐거운 공상이 무시무시한 악몽으로 변했습니다" 라고 조앤 로빈슨은 선언했다. 1971년 12월, 로빈슨은 뉴 올리언스에 있는 융호텔의 호화로운 대통령 접견실 연단에서 연설 하던 중이었다. 그녀는 전미경제학회AEA 연례회의에서 기조연설을 하도록 요청받았고, 이는 경제학계 지도층에 대한 혹평으로 주목을 받아온 로빈슨에게는 좀처럼 접하기 힘든 영광이었다. 그녀는 지난 40년 동안 지속된 가난, 잔인한 폭력, 또 "성장"이라는 미명 하에 일 어난 생태학적 재앙을 경제학자들이 책임져야 한다고 역설했다. 그 녀는 수사법을 활용한 폭력적 표현을 쉬지 않고 퍼부었다. 그녀는 입을 열자마자 청중을 "불필요한 경제학자 무리"라 호칭했고, "경제 학자를 뺀 모든 이들이 궁금해하는 질문에 전혀 답을 줄 수 없는 경 제 이론은 분명 재앙일 뿐"이라는 비난으로 연설을 끝맺었다.[1]

존 메이너드 케인스

그녀에게는 응어리진 감정이 있었고 거기 모인 사람들도 그 사실을 알았다. 로빈슨은 그녀 세대에서 가장 뛰어난 경제학자 중 한 명이었지만 평생 그 업적에 걸맞은 대접을 받지 못했다. 에드워드 챔벌린과 로빈슨이 1933년에 각각 독점과 경쟁 이론이 가진 새로운 문제점을 발견했을 때 하버드대 경제학 교수들은 그녀가 발견한 사실의 절반 정도를 공개적으로 배척했다. 경제이론을 연구하는 사람들은 전부 그녀와 리처드 칸이 《일반이론》의 발전에 중요한 인물이라는 것을 알고 있었고, 심지어 조지프 슘페터는 로빈슨이 그 책의 숨겨진 "공저자"라 말했다. 하지만 그녀는 새뮤얼슨, 솔로우와 몇십 년 동안 케인스주의의 역할을 두고 갈등을 겪고 있었고 1970년에는 스웨덴 왕립과학원이 폴 새뮤얼슨에게 케인스주의자 중 첫 번째로 노벨 경제학상을 수여하면서 MIT 남자들의 손을 들어주는 것처럼 보였다. 로빈슨은 평생 노벨상을 못 받는데, 노벨 위원회 이전에도 그녀를 냉대한 기관들은 많았다. 일례로 케임브리지는 1965년 전까지 그녀를 정교수로 임용하려는 노력조차 벌이지 않았다. 로빈슨은 제임스 왓슨, 프란시스 크릭과 함께 DNA 분자 구조를 발견한 로잘린드 프랭클린처럼 여성에게 적대적인 분야에서 지속적으로 소외당한 특출난 여성이었다. 로빈슨이 AEA를 대상으로 강연을 했을 당시 경제학과 대학원생 중 여학생 비중은 고작 11퍼센트였고 여성 교수는 6퍼센트였다.[2]

로빈슨에게도 비열한 구석은 있었다. 갈등을 일으켜서 자신의 아이디어를 눈에 띄게 하고 저명한 경제학자들을 비판적으로 몰아세워 자극적으로 논쟁을 불러일으켰기 때문이다. 로빈슨의 지식인 동지들조차 그녀의 독설에 학을 뗐다. 로빈슨의 제자였던 아마르티아 센이 1998년에 노벨상을 수상했을 때 그는 로빈슨을 "완벽할 정도로 똑똑하지만 그만큼 뒤틀린" 사람이라고 묘사했다.[3] 그녀의 친구인 폴 데이비슨은 "로빈슨이 그런 면에서는 지독하죠. 마음만 먹으면 아무렇지도 않게 무례를 범합니다"라고 말하기도 했다. AEA 연설이 있던 밤, 로빈슨과 데이비슨은 어느 한적한 식당에서 저녁 식사를 하고 있었는데 그때 새뮤얼슨과 그의 부인인 마리온이 걸어들어왔다. 그들은 같은 공간에서 서로 인사도 하지 않은 채 40분을 보냈다.[4]

AEA 연사 명단에는 연방준비제도이사회 이사들과 재무부 관리들이 여럿 포함돼 있었다. 명예로운 AEA의 밤에 참가한 로빈슨은 무자비했다. 그녀는 1920년대와 1930년대의 정통 경제학자들은 경제 문제가 저절로 해결되지 않는 세상과 싸울 능력이 없었다고 말했다. 그들이 말하는 "균형분석equilibrium analysis"은 "예정된 운명"을 위한 "자유의지"를 담보로 자가발전에 대한 준종교적 신앙에 과학적 껍데기를 씌운 것이었다. 경제학자들은 현실 세계의 추악한 비극과 마주칠 필요 없는 교과서 속에서 사는 쪽을 선호했다. 그들은 우주가 사회적 화합을 향해 자연스럽게 나아가지 않는다는 것을 증명한 대공황 같은 파괴적 상황에 대처할 수 없었다.

일단 대공황의 충격에서 벗어나자 이 남성들은 (경제학자 대다수는 남성이었다) 잘못된 이유로 케인스를 받아들였다. 그들은 《일반이론》을 사회적, 정치적 영향력을 가진 새로운 교리로 보지 않았고, 그저 케인스는 19세기에 손쉽게 이루어진 발전을 복구할 수 있는 "간단한 장치 하나", 즉 별들을 재정렬할 수 있는 새로운 주문 하나를 발견했을 뿐이라고 믿었다. 완전 고용을 구현하는 총 수요를 관리하면 세계 경제는 정상화될 수 있고, 그렇게 되면 경제학자들은 이익을 극대화하는 타당한 요인들을 통해 깔끔하고 예측 가능한 모델에 의존할 수 있었다.

이는 위험한 착각이었다. 로빈슨은 말했다. "역사에 정상적인 기간 같은 것은 없습니다. 정상이란 경제학 교과서에나 나오는 허구니까… 19세기 세계가 정상이었다면 1914년의 사건은 일어나지 않았을 겁니다."

케인스는 경제 전문가들에게 대공황이라는 전례 없던 대위기에서 벗어나는 길을 보여주었다. 그러나 케인스식으로 경제를 관리한 4분의 1세기는 세계를 제2의 위기로 이끌었다. 숨 막히는 공해, 수많은 빈곤층, 냉전, 그리고 "여러 번의 치열한 전쟁"처럼 말이다. 그것만으로도 충분히 나빴는데, 이제 유력 경제학자들은 본인들이 이런 문제들을 실제로 해결했다고 믿거나 그런 것들은 경제 문제가 아니라고 주장했다. 공기 오염은 단지 "외부성"의 사회적 비용, 즉 기업이 생산 활동의 부산물로 세상에 부가한 비용을 산정하는 문제였다. 그런데 로빈슨은 공동체에 암 환자들이 넘쳐나는 데 대한 적정 가격을 누가 정할 수 있는지 따져 물었다. 특정 수의 인간 생명이 어느 정도의 기업 이익에 상응하는지 어떻게 계산할 수 있을까? "소비자가 숨 쉴 수 있는 공기와 운전할 수 있는 자동차 중 하나를 공정하게 선택할 수 있는 가격 체계가 어디에 있단 말인가?"

이제 경제학자들은 가난이 단지 "성장"의 문제라고 말했다. 불황을 계속 피하면 가난은 결국 사라질 것이다. 하지만 전쟁이 끝나고 25년이 지난 시점에도 로빈슨은 여전히 그때를 기다리고 있었다.

그리고 전쟁은 또 어떤가? 수요 증가를 위해 지출을 늘리는 것은 그저 방법 중 하나였다. 로빈슨은 케인스주의자들이 군사력은 마치 땅에 묻어야 할 공병과 다름없이 취급하면서 케인스의 사상적 실험은 마치 심각한 정책 의제인 양 운영해왔다고 말했다. 로빈슨은 황당해하며 이렇게 말했다. "누군가 구멍을 판 다음 다시 메우는 것은 케인스 선생님이 원한 것이 아닙니다."

로빈슨에게 《일반이론》의 핵심은 경제 이론을 통해 인간성을 회복하는 것이었다. 그녀는 케인스가 경제학자들로 하여금 "조만간 살게 될 삶"에 대해 고심하도록 만들었다고 주장했다. 시스템들은 바로 균형을 이끌어내지 못했다. 사람들은 불확실한 미래에 대한 기대를 바탕으로 선택을 했다. 오랜 시간 뒤의 결과는 예측 불가능하므로 저축과 지출, 또 새로운 장비 구매와 근로자 해고 중 어느 쪽이 타당한지는 현재 시점에는 절대 명확할 수 없다. 고용 시장은 완전 고용을 향해 저절로 조정되지 않으므로 미래의 불확실성은 정부도 피할 수 없었다. 하지만 새뮤얼슨에 의해 탈선한 케인스주의가 케인스 이론을 평정했고, 1920년대의 정통 경제학처럼 인간성의 가치를 부인하는 체제를 구축했다. 완전 고용만 창출된다면 정부가 지출을 늘리는 선택을 하든 다른 선택을 하든 상관없었다. 이렇게 해서 경제학자들과 케인스 경제학의 전통은 그 명예를 냉전과 생태계 파괴라는 끔찍한 정치적 선택에 내주게 되었다.

로빈슨은 "나는 케인스 혁명을 위대한 지성의 승리로 보지 않습

존 메이너드 케인스

니다. 반대로, 비극이죠"라고 결론냈다.

하지만 30분 동안 거침없는 비난이 쏟아진 후 재미있는 일이 벌어졌다. 로빈슨이 이야기를 마무리 지으려고 할 때, 그녀의 뒤에 앉아 있던 존 케네스 갤브레이스가 일어서서 박수를 치기 시작했다. 관중들도 그녀 앞으로 모이더니 "힘차게", "계속해서" 기립박수를 보냈다.[5]

1971년이 되면서 경제학자들이 처한 위기는 더 이상 비밀이 아니었다. 〈뉴욕타임스〉는 1970년도에 열린 AEA 회의를 다룬 기사에서 경제학은 1965년에 절정을 찍었다는 결론을 지었다. 1968년에는 학계의 우경화에 좌절한 다수의 경제학자가 자신들을 급진적 정치경제연합URPE이라 부르며 새로운 위원회를 결정한 후 자신들도 AEA의 일부라고 주장했다. URPE는 3년 만에 그 규모가 1,500명으로 늘어났다. 하지만 그런 젊은 급진주의자들만 로빈슨의 학문에 열광했던 것은 아니었다. 케네디 대통령과 존슨 대통령을 모두 보좌했던 새뮤얼슨 신봉자인 제임스 토빈에 따르면 "로빈슨의 공격 대상들도 그녀가 토로하는 주장들을 좋아했다." 그들은 문제를 그렇게 분명하게 언급하는 것 자체에 안도했다.[6]

그리고 사실 로빈슨은 기득권 경제학자들에게 쉬운 해법을 제시했다. 다시 처음부터 시작하거나, 기존 영웅을 비난할 필요도 없었다. 해답은 바로 케인스에게 있었다.

하지만 경제학은 로빈슨에게 또다시 무례를 범하게 된다. 그녀는 지난 36년간 살아남은 케인스 프로젝트를 구할 수 있는 명확하고 일관된 경로를 제시했지만 동료 경제학자들은 그것을 포기하는 쪽을 선택하기 때문이다. 로빈슨에게는 놀랄 일도 아니었다.

경제학자로서 밀턴 프리드먼의 삶은 1970년대에 꽃을 피웠다. 브루클린의 헝가리계 유대인 이민 가정에서 태어난 프리드먼은 이후 뉴저지주 라웨이에서 자랐고 그의 부모님은 포목점을 했다. 1930년대 후반에 뉴딜 케인스주의자로 활동하던 프리드먼은 제2차 세계대전 중에 루스벨트 행정부에서 일했지만, 결국에는 시카고대학에서 자유방임주의자들의 영향을 받으면서 1946년에는 동대학 교수가 되었다. 케인스처럼 프리드먼도 철저한 낙관주의자였는데 역설적이게도 그는 진보가 미국의 과거에 의해 구현돼왔다는 사상에 평생 매료돼 살았다.

프리드먼은 이런 말을 했었다. "미국이 진정한 의미의 자유로운 기업 자본주의에 가장 근접했던 때는 19세기였다. 그때는 누구든 자유롭게 기업을 세울 수 있었고, 누구든 자유롭게 이 나라로 넘어올 수 있었다. 자유의 여신상의 모토가 그대로 구현되던 시기였다. 평범한 사람도 삶의 수준을 최대치로 끌어올린 때로 그 시기에는 어느 나라든 비슷한 경험을 했을 것이다."7

프리드먼은 하이에크가 결성한 몽페를랭 소사이어티의 창립 멤버였지만, 신자유주의 운동에 있어서는 과거 불명예스러운 사상적 경력으로 인해 주니어 파트너로서 활동을 시작했다. 그에 대한 동료들의 시각은 대부분 회의적이고 적대적이었다. 단지 그가 케인스주의에서 막 전향했기 때문만은 아니었다. 그의 나이는 하이에크보다 열세 살, 그리고 미제스보다는 서른 살 어렸다. 1914년 이전까지는 그도 잃어버린 에덴동산에 대한 기억이 없었다. 프리드먼에게 그 이

전 시대는 오스트리아-헝가리 제국의 문화적 성과에 대한 그리움보다는 그의 가족사와 미국의 국가 신화에 따른 낭만적인 빛으로 물들어 있는, 알 수 없는 거대한 안개에 싸여 있었다. 프리드먼은 유럽의 새로운 귀족이 아닌 미국을 개척하는 서부극의 주인공 존 웨인 같은 에너지와 열정을 원했다.

프리드먼과 그의 멘토 사이의 충돌은 단순한 스타일의 문제가 아니었다. 경제학의 본질에 대한 프리드먼의 생각은 미국의 진보의식과 정량적이고 심오한 과학적 합리주의의 영향을 모두 받은 상태였다. 하이에크와 미제스는 전쟁이 끝난 후 새뮤얼슨이 이끄는 경제학자들이 연구 방향을 수학 중심으로 전환하는 것에 적극적으로 반대했다. 특히 하이에크는 인간의 경제 지식에 대한 급진적 회의론을 설파했다. 그에게 자유시장에서 가격 시스템이 갖는 중요한 미덕은 계산은커녕 단 한 사람도 이해할 수 없는 개인의 선호도에 대한 방대한 정보를 처리할 수 있다는 점이었다. 하이에크는 인간의 어쩔 수 없는 무지함이 정부 개입을 어떤 통계 수치로도 극복할 수 없는 헛수고로 만들었다고 믿었다.

하지만 프리드먼도 새뮤얼슨처럼 경제학을 경험적 관찰과 통계적 분석으로 사회 발전을 이끌 수 있는 순수 과학에 아주 가까운 것으로 보았다. 사람들이 이념적 분쟁을 벌일 때 경제학은 해당 영역에서 다양한 정책이 실제로 어떤 결과를 가져오는지 밝혀서 그 효과를 판단할 수 있었다. 프리드먼의 행복한 세계관에서 "무관심한 시민들이 경제 정책을 다르게 보는 이유는 기본 가치에 대한 근본적인 차이보다는 주로 어떤 행동을 취했을 때 생기는 경제적 결과를 달리 예측하기 때문에 발생하는데, 이는 원칙적으로 경제학의 발전에 의해 제거될 수 있는 차이다."[8] 이런 사실들을 충분한 데이터를 바탕으로 명확하게 이해하면 선의를 가진 사람들은 합의에 도달할 것이다. 하이에크에게 프리드먼의 데이터 중심의 사고는 "모든 면에서 케인스 사상만큼 위험한 사상"으로 보였다.[9]

하이에크는 자유방임주의에 대한 그의 열정을 뉴딜 중심의 국가에 어느 정도 투영할 수 있는 방법을 모색하기 위해 전후 몇 년을 힘겹게 보냈다. 그는 1962년까지 이 문제에 대한 우아한 해법을 도출할 수 없었고, 그가 내놓은 어떤 제안도 20년 전 《노예의 길》처럼 대중의 열광적인 반응을 일으키지 못했다. 하이에크가 스스로 가장 중요한 정치적 발언이라 여겼던 《자유헌정론The Constitution of Liberty》은 존 F. 케네디가 대통령으로 당선된 1960년에 발표됐지만 전혀 반향을 일으키지 못했고 하이에크의 지적 행보는 이제 정치적 생명력 측면에서 영원히 끝난 것처럼 보였다. 하이에크의 대중적 유명세가 잠잠해지자 케인스의 사상들이 점점 위세와 명성을 떨쳤고, 하이에크의 지적 저항을 재정적으로 후원했던 해럴드 루나우도 분별력을 잃었다. 지치고 힘을 잃은 하이에크는 미국을 떠나 합스부르크 왕가가 설립한 중세 대학인 프라이부르크대학으로 물러났고 이후 하이에크의 학문적 성과는 상당히 둔화되었다.

하이에크가 물러나자 몽페를랭 소사이어티와 그보다 더 범위가 넓은(하지만 정치적으로 한 번도 소외된 적 없는) 신자유주의 공동체의 수뇌부에 밀턴 프리드먼의 자리가 생겼다. 그리고 하이에크와 달리 프리드먼에게는 뉴딜 이후의 현대 사상과 타협해야 한다는 부담감이 없

존 메이너드 케인스

었다. 그는 자유시장을 정부 개입과 완전히 양립할 수 없게 만드는 자유방임주의의 활기차고 비타협적인 태도를 지지하고 칭송했다. 프리드먼에게는 노력과 좋은 아이디어(인종차별, 계급차별, 대기업의 독점권이 아닌)에 방해가 될 만한 것은 아무것도 없었다. 인류에 상당히 자애로운 비전을 가진 그는 시장이 해결할 수 없는 문제는 없으며 전쟁까지도 해결할 수 있다고 믿었다.

프리드먼은 1972년에 〈비즈니스 앤 소사이어티 리뷰Business and Society Review〉 기자에게 "만약 어떤 화학자가 네이팜탄 공격이 부도덕하다고 여긴다면, 네이파탐과 관계없는 일자리를 잡으면 됩니다. 그러면 해결될 수 있습니다"라고 말했다. "물론 그에게도 대가는 따르겠지만, 아주 많은 사람이 비슷한 생각을 갖고 있다면 네이팜탄 제조 인력의 고용 비용이 증가하고 그로 인해 네이팜탄 가격이 비싸지기 때문에 궁극적으로 네이파탐 사용이 줄어들 수밖에 없습니다. 이는 자유시장이 정치 시스템보다 훨씬 더 민감하고 미묘한 의사결정 메커니즘을 제공하는 또 다른 방법입니다."[10]

프리드먼은 1940년대부터 1950년대까지 임대료 통제(그는 이런 통제가 궁극적으로 임대료를 더 인상했다고 결론냈다)와 의사 면허(마찬가지로 소비자 비용을 상승시킨다는 논리로)에 반대하는 목소리를 내면서 이따금씩 학계를 떠들썩하게 만들었다. 아이젠하워 대통령은 프리드먼을 경제자문위원회CEA에 위촉했지만 자문위원이 되면 자신의 반정부적 시각을 너무 많이 "타협"해야 한다는 생각에 "사회에는 기인과 극단주의자도 몇 명쯤 필요합니다"라는 말로 고사했다.[11]

프리드먼은 하이에크처럼 자신이 진보적 혁신 교리를 신봉한다고 믿으며 본인은 보수주의자가 아니라고 항상 주장했다. "세상에, 저를 그렇게 부르지 마세요. 보수주의자는 기존의 것들을 그대로 유지하려는 갤브레이스 같은 뉴딜러들입니다. 그 사람들은 뉴딜 프로그램을 보존하려 하니까요."[12] 그의 화법에는 미사여구와 포퓰리즘(시장은 정부가 억누르려 애쓰는 사람들의 목소리를 대변한다는), 그리고 위대한 천재성이 결합돼 있었다. "뉴턴과 라이프니츠, 아인슈타인과 보어, 셰익스피어와 밀턴과 파스터나크, 휘트니와 매코믹과 에디슨과 포드, 제인 애덤스와 플로렌스 나이팅게일과 알버트 슈바이처는 모두 "정부가 결코 복제할 수 없다"는 사회 변화에 "개인적으로" 자극을 주었다.[13]

하지만 프리드먼은 미국에서 가장 비타협적인 보수정치 운동이었던 애리조나주 베리 골드워터 상원의원의 대통령 선거 운동에 개입하면서 1964년에 유명인사가 되었다. 프리드먼이 자신의 견해를 어떻게 표현했든, 현실에서 그의 연구는 미제스나 하이에크와 마찬가지로 강경 우파 정치를 위한 지적 정당성을 제공했다.

1964년에 뉴욕에서 존경받는 지식인 중 골드워터를 옹호해주려는 사람"[14]은 아무도 없었다. 〈월스트리트 저널〉은 "학계에서 골드워터와 비슷한 성향임을 인정하는 것은 가슴에 주홍글씨를 새기는 것과 같다"고 보도했다. "공화당 계열의 학계나 재계 인사들조차 대부분 골드워터의 팬들을 무시하는 경향이 있었다."[15] 이는 임대료 통제와 의사 면허에 대한 의견차에서 비롯된 분열이 아니었다. 공화당의 대선 후보가 되기까지 골드워터는 마틴 루터 킹 주니어 박사의 자금줄이었던 인권 운동가인 넬슨 록펠러가 이끄는 북부 공화당에 대항

존 메이너드 케인스

하는 남부와 서부 주들에 의존했다. 한 역사학자는 "골드워터가 공화당 후보로 임명되자 흑인 공화당원들은 멸종 위기의 존재가 돼버렸다"고 밝혔다. "조지아 주에서는 골드워터 지지자들의 전당대회 승리는 흑인들을 지도부에서 사실상 제거하는 계기가 되었다."[16] 보수성향의 신문 칼럼니스트인 로버트 노박은 "공화당은 링컨의 당을 백인 정당으로 굳히려는 공화당원들에 의해 점령당했다"고 논평했다.[17]

골드워터는 자신의 선거운동이 인종 혐오가 아닌 정부의 과도한 개입에 초점을 맞추고 있다고 주장하면서 프리드먼을 경제 고문으로 영입했다. 그러나 공화당 경선과 총선의 핵심 쟁점은 민권이었다. 골드워터는 1964년 발의된 시민권법에 반대표를 던졌고 1954년에 대법원이 브라운 대 토피카 교육위원회 재판에서 인종에 따라 공립학교를 분리하는 것은 위헌이라고 판결을 냈을 때도 이에 대한 반대 연설을 했다. 골드워터는 "브라운 판결에 명시된 대법원의 논리"에는 개인적으로 동의한다고 하면서도 "내 판단을 미시시피나 사우스캐롤라이나 주민들에게 강요해서는 안 된다"고 주장했다.[18] 그는 "이 사안은 내가 관여하면 안 될 그들의 일이다"라고 말했다. 프리드먼은 골드워터가 "인종과 상관없이 모든 이들을 평등하게 대한다"는 원칙을 이상적으로 표현한 아주 "훌륭한" 태도를 보였다고 밝혔다.[19] 프리드먼에게 시장은 정치인들의 서투른 지시 없이 전쟁과 네이팜, 그리고 인종차별까지 가격으로 다스리는 만병통치약이었다.

브라운 사건 이후로 공립학교들은 마지못해 통합을 시작했고, 프리드먼은 다른 동네에 사는 흑인 학생들과 백인 학생들을 통합 버스로 같은 학교에 등교시키는 프로그램에 반대했다. 그는 공립학교든 사립학교든 각 가정이 원하는 학교에 자녀를 등록시킬 수 있는 바우처를 정부가 제공해야 한다고 주장했다. 그렇게 하면 경쟁적인 교육 시장이 형성되면서 정부가 법으로 의무화하는 것보다 미국 흑인들에게 더 확실한 자유를 부여할 수 있다는 것이 프리드먼의 생각이었다.

물론 1964년에 골드워터를 위해 레버를 당겼던 충직한 공화당원들은 이 말을 한마디도 믿지 않았다. 골드워터 지지층은 브라운법과 민권법이 인종 분리정책을 종식시키기에 너무 느리고 서투르다고 생각하지 않았다. 그들은 골드워터가 남부 백인들의 사회질서를 유지시켜줄 것으로 기대했기 때문에 그를 지지했던 것이다. 이는 공화당 안팎의 정치 평론가들이 링컨당에 포섭된 분리주의자들을 비난했다는 점에서 선거 기간에는 미스터리한 일이 아니었다. 그러나 골드워터가 존슨에게 압도적으로 패한 이후에도 프리드먼은 선거 기간에 자신이 보인 인종 관련 정치관을 후회하지 않는다고 밝혔다. "계속 막강한 권력을 자랑했던 록펠러 공화당이 패배한 것은 여론이 자유주의에서 점차 자유시장 중심의 보수주의로 넘어가는 과정에서 생긴 중요한 단계일 뿐이었다"[20]라고 그는 회상했다. 그렇다고 프리드먼 주위의 지식인들이 모두 이 의견에 수긍한 것은 아니었다. 비록 독일 학계에서도 점점 존재감이 떨어지고 있었지만, 하이에크는 민권법을 지지했다.

프리드먼은 자유란 인간의 자치 능력이 아니라 각 개인의 시장 활동 능력에서 찾을 수 있다고 믿었다. 정부가 할 수 있는 유일한 합법적인 역할은 자유로운 시장 자본주의에 필요한 기관들을 설립하

존 메이너드 케인스

는 것이었다. 외국의 침략을 방어하는 군대, 절도로부터 시민을 보호하는 경찰, 교환을 용이하게 하는 적절한 통화 시스템을 운영하는 중앙은행처럼 말이다. 그는 이러한 생각을 《자본주의와 자유》에서 상세히 다뤘는데, 이 책은 루나우의 자금 지원하에 집필되어 1962년에 출판되었다.

프리드먼은 책에서 "자유시장에 반대하는 대부분의 주장은 자유 자체에 대한 믿음이 부족하기 때문이다"라고 썼다. "자유시장"은 경제적 자유의 체계이자 정치적 자유를 위한 필요조건이다."[21] 프리드먼과 하이에크가 가진 여러 차이점에도 불구하고 이런 자부심은 프리드먼을 그의 멘토가 《노예의 길》에서 다뤘던 대공황 및 전체주의의 부상에 대한 생각과 연결고리를 만들었다. 이 교리에 따르면 전체주의 정권은 정부가 자유방임주의와 신념을 깼을 때 권력을 얻게 된다. 이는 나치와 볼셰비키는 시장의 기능 장애로 초래된 불황을 이용해 집권할 수 있었다는 케인스의 주장을 명백히 거부한 것이다. 하지만 "경제적 자유"와 "정치적 자유"의 그런 관련성을 프리드먼만 믿었던 것은 아니다. 케인스에게도 그런 신념이 있었다. 다만 두 사람이 자유를 정의하는 방식이 달랐을 뿐이다. 케인스가 말하는 경제적 자유에는 물질적 안정과 블룸즈버리가 추구한 좋은 삶의 요소들이 포함돼 있었다. 반면 프리드먼에게 경제적 자유는 시장경제에 참여할 수 있는 능력만을 의미했다. 그래서 프리드먼이 정치적 암살과 탄압으로 선거 운동을 물들였던 칠레의 독재자 아우구스토 피노체트의 자문 역할을 맡기로 결정하고 그로 인해 비평가들의 비난을 받았을 때, 그는 칠레 국민들에게 경제적 자유를 통해 정치적 자유를 안겨주려 한다고 주장했다. 20세기 후반에 중국이 보다 시장 친화적인 개혁을 추진하자, 프리드먼은 그런 변화를 통해 "자유시장이 가진 힘에 대한 자신의 믿음"이 증명됐으며 중국 국민들은 이제 "마오쩌둥의 통치를 받을 때보다 더 자유롭고 더 번영하게 됐으며 중국 정치 또한 경제 개혁을 통해 올바른 방향으로 나아가고 있다"고 말했다.[22] 그로부터 25년 후에도 중국 정부는 계속해서 반체제 정치인들을 수감하고 고문하고 살해하고 있지만 말이다.

역사학자인 대니얼 스테드먼 존스가 밝혔듯이, 《자본주의와 자유》는 "사상들 간의 냉전"에 뒤늦게 합류했다. 이 책은 "뉴딜 자유주의를 사회주의, 심지어 공산주의와 지속적으로 동일시"한다. 프리드먼이 책에서 "미온적으로" 질책했던, "매카시즘"을 상징하는 바로 그 "관련성에 따른 유죄" 전술이다.[23] 프리드먼에게 뉴딜 자유주의와 소련 전체주의의 차이는 크지 않았다. 그는 미제스처럼 두 체제 사이에는 그 어떤 철학적 중도 노선이 존재할 수 없다고 믿었고 소득세, 사회보장, 공교육을 "사회주의" 정책이라고 거침없이 말했다.

한편 프리드먼은 반민주적 성향이 내포된 그의 세계관을 현실화하려고 애썼다. 1970년대에 미국이 남아프리카 공화국의 아파르트헤이트 제도에 공모했다는 논쟁이 다시 끓어오르자 프리드먼은 케이프타운으로 갔고, 그곳에서 남아공 흑인들의 보편적 참정권에 반대하는 연설을 했다. 그는 투표라는 "정치 시장"은 남아공 정치를 부당한 "특수 이익관계" 위주로 만들 수 있다고 주장했다. 반면 "자유 시장경제는 모든 남아공 사람들에게 진정한 자유를 제공하는 "효과적이고 비례적 대표성을 가진 시스템"이라는 것이다. 그는 아파르트

헤이트 제도 하의 진보는 민주주의의 참정권 확대를 통해서가 아니라 더 많은 외국인 투자와 규제 없는 상업 활동을 통해 달성될 수 있다고 역설했다.[24] 프리드먼은 "남아공의 흑인들은 기업가 정신이 크게 부족하기 때문에 부와 흑인 자본에 엄청난 불평등이 존재한다"고 여겼다. 그는 남아공의 재계 거물들의 사업 방식에 환상이 없었다. 그는 모빌오일 남아프리카 공화국의 회장을 "강경한 태도"의 "고집쟁이"로 묘사했다. 하지만 케이프타운으로 가는 동안 정치 지도자들에게는 "자유방임주의야말로 남아프리카 공화국이 평화로운 다인종 사회로 발전할 수 있는 유일한 정책"이라고 역설했다. 왜냐하면 "자유방임주의는 법제화 문제와 상관없이 국민들의 경제적 협력을 이끌 수 있는 유일한 정책이기 때문이다."[25]

민주주의에 대한 그런 솔직한 반감은 열렬한 반공 보수주의자조차 미국의 민주주의를 소련 독재정치보다 우월한 이상적 정치라고 지목했던 당시 냉전 시기에는 눈에 띄는 태도였다. 어쨌든, 갤브레이스가 관찰한 것처럼 1970년이 되자 민주주의가 맞든 아니든 "존 메이너드 케인스의 시대는 밀턴 프리드먼 시대에 자리를 내주었다."[26]

1967년 봄, 케네디와 존슨 시대에는 케인스주의 경제 관료들에 대적할 존재가 없는 것처럼 보였다. 케네디 대통령 취임 첫해에 실업률은 7.1퍼센트에서 3.8퍼센트로 떨어졌고, 인플레이션의 모든 지표가 3퍼센트 이하를 유지했다. 갤브레이스가 반대했던 감세 정책은 수년간 강력한 경제 성장을 견인했다. 인플레이션율을 감안해도 경기는 1965년과 1966년 모두 6.5퍼센트 성장했고, 이는 1950년부터 1951년에 한국전쟁으로 경기가 반짝 상승했던 때 이후로 최고 성적이었다.[27] 새뮤얼슨은 경제심포지엄에서 인플레이션과 실업 간의 직접적이고 통계적 상관관계를 견고하게 보여주는 필립스 곡선은 "우리 시대에 가장 중요한 개념 중 하나"[28]이며 경제 이론과 실행 측면을 모두 혁신한 도구라고 말했다.

그래서 프리드먼은 그해 12월에 열린 전미경제학회AEA 연례 회의에서 케네디와 존슨 정권의 경제 실적을 급격한 인플레이션을 몰고 올 만한 위험한 신기루라고 비난하면서 좀 감정적인 태도를 보였다. 그는 잘못된 국정운영이나 판단 실수라는 비난으로는 만족하지 않았다. 그는 대공황 때로 거슬러 올라가 경제학자들이 합의했던 이론을 전부 몰아내야 한다고 주장했다. 이는 단순히 존슨 정부를 향한 정치적 공격이 아니었다. 프리드먼의 말은 존 메이너드 케인스에 대한 과학적 공격이었다. 프리드먼의 사상에 반대하는 자들이 그의 정치적 견해를 어떻게 생각하든, 그에게 배짱이 없다고 할 사람은 없었다.

그의 공격은 1930년대부터 시작되었다. 프리드먼은 케인스가 대공황 분석에서 통화 정책의 힘을 간과하는 실수를 저질렀다고 주장했다. 케인스에게는 "돈은 중요하지 않았다"는 것이다. 대출 금리를 인하해도 대공황은 끝나지 않았고, 그렇다면 재정 정책이 경제 관리의 주요 매개체가 되어야 했다. 하지만 프리드먼과 경제학자인 안나 슈워츠는 《미국 통화사A Monetary History of the United States》에서 대공황 초기 몇 년간 통화 정책이 너무 엄격했는데 이는 연준이 은행 시스템을 구제하지 못했고, 이후 은행들이 파산하면서 고객 예금이 훼손되고 기업들의 신용이 떨어졌다는 것을 명확히 보여주는 데이터를 수집했다. 연준의 그런 규제 실패가 대공황을 촉발했고, 1930년대 뉴딜정책으로 상황이 더욱 악화되었다는 것이다. 프리드먼의 주장대로라면 대공황은 당시 우세했던 케인스주의자들의 분석과 달리 자본주의의 실패가 아니라 정부의 잘못된 경제 운영으로 초래된 재앙이었다.

프리드먼의 주장에 따르면 케인스주의는 대공황만 오진한 것이 아니었다. 그는 절대 도래할 수 없는 세상을 예측했다. 케인스 경제학자들은 전쟁 후 불황이 올 것으로 기대했다. 그런데 유럽과 미국은 불황 대신 물가 상승을 동반한 경제 호황을 겪었고 이는 궁극적으로 통화 정책으로 통제됐지만, 이런 사실은 통화 정책의 "무능함"에 대한 케인스의 주장을 반증하는 것이라고 프리드먼은 말했다.

케인스주의는 두 번이나 실패했다. 그들은 1930년대에 대한 불충분한 데이터를 토대로 판단을 내렸고, 전후 미국 경제의 실제 움직임을 예측하지 못했다. 프리드먼은 실패한 케인스주의를 대체한 대이론을 제시했다. 그는 경제 활동의 핵심 동인이 통화 공급이라고 주장했다. 통화 공급이 확대되면 사람들은 지출을 늘리고, 급여가 인상되며, 상품에 더 높은 가격을 지불할 수 있었다. 다만 여기서 중요한 사실은, 이런 식으로 물가가 오르면 물가가 더 오를 것이라는 전망으로 인해 악순환으로 이어질 수 있었다. 일단 물가가 오를 것이라는 믿음이 형성되면 소매업자들은 상품에 더 높은 가격을 매기고 노조는 기업에 임금 인상을 요구하게 된다. 물가와 임금 상승이 실제로 구현되면, 이제 물가가 더 인상될 것이라는 기대를 불러일으킬 것이다. 이렇게 되면 정책입안자들도 예상치 못한 상황에서 인플레이션이 걷잡을 수 없이 생명력을 발휘한다. 존슨 행정부에서 일어난 작은 물가 상승은 위험을 조기에 알려주는 탄광 속 카나리아와 다름없었다.

그렇다면 중앙은행은 이렇게 위험하게 소용돌이치는 인플레이션의 위협과 무슨 관계가 있을까? 프리드먼에 따르면 어느 경제에나 "자연실업률"이라는 것이 존재하는데 실업률이 그 아래로 떨어지면 어떤 재정 정책이나 통화 정책을 써도 인플레이션을 일으키지 않고는 경기를 끌어올릴 수 없다. 자연실업률을 정확히 파악하기는 힘들지만 그 수치는 기술, 생산성, 노조화 비율, 규제 정책에 따라 다를 것이다. 따라서 고용을 늘리기 위해 재정 정책이나 통화 정책을 건드리는 것은 어리석은 일이었다. 장기적으로 볼 때 인플레이션과 실업률 사이에는 상충관계가 나타나지 않는다. 어느 경제든 결국 자연실업률에 도달할 뿐이다. 새뮤얼슨과 솔로우가 맹신했던 필립스 곡선에는 오류가 있었다. 게다가 마치 망령처럼 자기 강화적인 인플레이션의 특징을 감안할 때 실업률을 조금 더 낮추자고 "제한적" 인플레이션을 용인한다는 것은 아주 위험한 발상이었다. 프리드먼은 그런 조치 대신 연준이 자연 경제성장률을 수용할 정도로 충분하지만 높은 물가상승을 일으킬 정도로는 충분하지 않은 통화 공급량을 꾸준히 증가시키는 일반적인 원칙을 채택해야 한다고 제안했다. 이 전략은 호황이든 불황이든 일관적으로 전개되어야 했다. 이 방법의 핵심은 물가에 대한 전망을 꾸준히 유지하면서 경제 붕괴가 발생할 때마다 "자연적" 경제 요소들이 마법을 부려 조화를 이루도

존 메이너드 케인스

록 경제를 회복할 수 있게 하는 것이다. 프리드먼은 이 원칙을 통화주의[29]라 불렀고, 이후 그가 발표한 책에서 이를 케인스에 대한 "반혁명"이라고 의도적으로 표현했다.[30]

그것은 위대한 스토리텔러가 전한 수사학적으로 영민한 표현이었다. 하지만 프리드먼의 이야기에는 문제가 있었다. 케인스는 전쟁이 끝나면 불황이 아닌 호황이 따를 것으로 예측했었다(갤브레이스도 "194Q년"에서 그렇게 전망했다). 그는 통화 정책이 중요하지 않다고 주장한 적이 없었다. 케인스는 고금리가 물가를 내리는 가장 사회 파괴적인 방법이므로 정책 도구로 사용하지 않으려 했을 뿐이지 고금리 정책이 효과가 없다고 한 적이 없었다. 설사 케인스가 경기침체에 대한 해법으로 통화 정책보다 재정 정책을 훨씬 선호했다 할지라도, 그 또한 상황에 따라서는 통화 확대 정책으로 고용률을 높일 수 있다고 믿었다. 다만 미래에 대해 어떤 불확실한 태도가 만연해 있는지에 따라 그 결과가 달라질 뿐이었다.

프리드먼은 자신을 반 케인스주의자로 열심히 드러내면서 정작 본인의 생각들이 얼마나 케인스의 사상에 의존하고 있는지는 언급을 회피했다. 그의 통화주의는 근본적으로 케인스가 1923년에 이미 제시한 사상을 재현한 것으로《일반이론》에 나오는 핵심 통찰력을 바탕으로 새롭게 다듬은 것이었다. 케인스는 《케인스의 화폐통화 개혁법》에서 경제정책 수립의 올바른 목표는 중앙은행이 안정적인 수준의 물가를 확립하는 것이라고 주장했는데, 이는 케인스가 프리드먼이 현재 자신의 유일한 롤모델이라 말하는 어빙 피셔 등 초기 통화주의자들과 공유한 내용이었다. 케인스는 《일반이론》에서 자원과 생산의 "실물경제"와 임금과 물가의 "통화경제"를 분리했던 경제학자들의 전통적인 구별법을 타파했다. 케인스에게 돈은 단순히 현실세계에서 일어나고 있는 것을 측정하는 중립적인 장치가 아니었다. 그는 돈에 대한 믿음과 기대가 생산 세계에 영향을 미친다고 주장했다. 프리드먼은 기대와 관련된 케인스의 생각을 수용했고, 그 내용을 가격과 임금 인플레이션에 선택적으로 적용한 것이다. 경제 관리에 대한 책임을 선택된 정부가 아닌 중앙은행에 완전히 넘기는 것은 케인스식 프레임이었다.

프리드먼의 시카고대 동료 교수였던 해리 존슨은 두 사람의 이런 유사성을 알아차렸고, 프리드먼에게 그의 통화주의가 돈의 수요 이론에 대한 케인스의 기여와 그가 존재했다는 사실 자체를 꽤나 솜씨 좋게 언급하지 않았다고 말했다. 존슨은 프리드먼이 자신의 사상이 더 혁명적으로 보이도록 말장난을 하면서 "진보-케인스주의-민주당" 대 "급진적 보수-반 케인스주의-공화당"[31] 간의 정치화된 지적 대리전에 참여하고 있다고 여겼다. 게다가 프리드먼의 사상적 프레임 안에서 케인스의 토대를 알아본 급진적 우파 인사들은 프리드먼의 새로운 공격 노선이 실제로는 양의 탈을 쓴 케인스일 뿐이라 여기며 불편해했다. 당황한 하이에크는 한 인터뷰에서 이렇게 말했다. "밀턴의 통화주의와 케인스주의는 내 사상보다 서로 더 많은 공통점을 가지고 있습니다."[32] 불황은 자기 스스로 사태를 소진해야 한다고 믿는 하이에크에게는 통화라는 치료법도 위험하긴 마찬가지였다.

또한 기술적 문제들도 있었다. 프리드먼은 통화나 통화 공급에 대해 일관된 정의로는 만족하지 못했다. 그는 금리, 실업, 통화량의

존 메이너드 케인스

상관관계에 대한 경험적 질문을 기피했는데 이에 대해서는 중앙은 행의 운행에 존재하는 시차 때문에 관측 자체가 어렵다는 이유를 댔다. 그는 저금리란 통화 정책이 특정 시기에 긴축이었다는 것이 아니라 "계속해서 긴축이었음을 알리는 신호"라고 말했다.

공화당의 정치 전략과 프리드먼의 인플레이션 전략은 서로 좋은 궁합을 이뤘다. 1966년에 전국을 돌며 대선 캠페인을 시작한 리처드 닉슨은 존슨 대통령을 나약하고 무책임한 인플레이션주의자라며 공격했다. 이런 공격은 타당하지 않았기에, 민주당 경제학자들은 닉슨이 비난하는 인플레이션은 그저 그의 상상력에서 비롯된 것이라고 재빠른 성명을 냈다. 그러나 이런 상황은 오히려 닉슨이 민주당을 떠난 백인들을 영입하기 위해 공화당이 쓰고 있던 급진적 선동을 넘어서 진지한 정책에 관심을 가진 인물임을 증명하는 정중하고 기술적인 쟁점을 만들었다. 프리드먼은 1967년의 인플레이션을 거론함으로써 케인스 세대가 민주당이 우선시하는 쟁점들에 이론적 명성을 부여했던 것처럼 공화당의 정치적 공격에 학계 전문가의 진지함을 부여하고 있었다.

시간은 프리드먼의 편이었다. 존슨의 CEA는 1966년까지도 베트남전에 점점 더 많은 자금이 투입되면서 국내 물가를 유지하기가 힘들다고 존슨 행정부에 경고해왔다. 정부는 제2차 세계대전 동안 물가를 낮추기 위해 가격 통제와 배급 정책을 실행해야만 했다. 그리고 연방준비제도이사회는 베트남 전쟁 비용으로 인해 발생한 인플레이션의 압박을 억제하기 위해 금리를 인상하고 있었다. 이런 연준의 노력에도 불구하고 1968년이 되자 물가가 오르기 시작했고 1969

년에는 더 가파르게 상승했다. 그리고 1970년이 되자 정말 충격적인 상황이 벌어졌다. 인플레이션율이 더 빨리 상승하는 와중에 실업률까지 오르기 시작했다. 성장률이 마이너스로 돌아서면서 경기침체의 공식적인 시작을 알렸다. 1971년의 실업률은 6퍼센트로 10년 만에 최고치를 찍었고 인플레이션율은 5퍼센트에 가까웠으며, 사람들은 본인의 월급이 가진 구매력이 떨어졌음을 충분히 실감했다.

대공황과 비교하면 위기 상황이 아니었지만 경제학자들을 공포에 몰아넣기에는 충분했다. 실업률과 인플레이션의 동반 상승은 필립스 곡선의 과학적 정당성을 무너뜨렸다. 실업률과 인플레이션은 서로 상충관계를 가지고 있는데 어떻게 이 둘이 동시에 상승한다는 말인가? 게다가 필립스 곡선은 10년 동안 사실상 케인스주의의 동의어로 활용돼왔었다. 폴 새뮤얼슨이 이끄는 좌파 경제학자들과 밀턴 프리드먼이 이끄는 우파 경제학자들은 이론의 최고 미덕인 수학적 엄격함과 예측적 정확성을 주장해왔었다. 하지만 계산이 맞지 않았다. 연준 의장인 아서 번스는 의회에 "경제학 규칙들이 예전처럼 잘 들어맞지 않는다"고 경고했다.[33]

1970년대 초까지 케인스주의 사상은 경제학계 전반을 완전히 제패하고 있어서 정치적 기류 변화에 쉽게 영향을 받았다. 케인스 경제학은 국민보건서비스를 확립하자거나, 주간 근무시간 단축이나 지역극장 마련을 위해 영국 정부를 설득하려고 케인스가 제시한 막연한 유토피아적 발상이 아니었다. 아서 번스는 몽상적인 진보주의자도, 전형적인 케인스주의 학자도 아니었다. 닉슨 대통령의 경제 고문들 중에는 케인스 경제학이 존슨 행정부의 일부로서 진보 정치를 상징한다는 것을 알면서도 그 사상이 가진 명확한 경험적 힘에 압도되어 케인스 교리를 수용한 정치적으로 보수적인 케인스 경제학자들이 포함돼 있었다. 가령 허버트 스타인은 나중에 닉슨 행정부의 CEA 의장에 오른 인물로 1969년에 《미국의 재정 혁명The Fiscal Revolution in America》을 발표했는데, 그는 이 책에서 케인스 경제학의 과학적 엄격함과 케네디와 존슨 시기의 감세안 등 오랫동안 거론되었던 보수적 정책 목표를 이행한 실행력을 높이 샀다. 하지만 그런 경제학자들조차 필립스 곡선의 명성이 무너지자, 새뮤얼슨이나 케네디-존슨 시대에 대한 실망뿐 아니라 케인스에 대한 프리드먼의 주장이 빈말이 아니었을지 모른다는 의심을 품게 되었다.

하지만 35년간 이어진 케인스식 정책 결정이 1년간 벌어진 비정상적인 물가로 인해 단숨에 해체될 리는 없었다. 1940년대와 1950년대에 미국 재계를 정복하려 한 갤브레이스의 노력 덕분에 자신을 히피라고 여기지 않는 학자들을 뛰어넘어 많은 사람을 케인스주의로 개종시킬 수 있었다. 존슨조차 기업인들을 대상으로 한 연설에서 열광적인 박수를 받는 데 익숙해져 있었다.

이런 상황에서 가장 이상하고 예측할 수 없는 인물이 바로 대통령이었다. 리처드 닉슨은 1946년에 물가관리국을 마르크스 공산주의 양산소로 맹비난한 덕분에 그의 첫 번째 경선에서 승리했다. 그는 일단 의회에 입성하자 반미활동 조사위원회 직위를 이용해 소련 스파이인 알저 히스를 거의 혼자서 무너뜨림으로써 유명해졌고, 조매카시의 부러움을 사는 우파의 모범이 되었다. 만성적 편집증을 가진 닉슨은 백악관에서의 삶을 그의 "적들", 유대인에 대한 음모, 미국을 나약하게 만드는 무른 청년 세대에 대한 개인적이고 오랜 악담과 함께 보냈다.

그는 갤브레이스를 특별히 증오했다. 1956년에 갤브레이스는 아이젠하워가 닉슨을 대선 러닝메이트로 정하자 이를 공격하는 애들라이 스티븐슨의 연설문을 써줬었다. 갤브레이스의 연설에서 '닉슨랜드'는 "비방과 공포의 땅, 음흉한 빈정거림과 중상모략, 익명의 전화와 비겁하게 밀치고 파묻는 땅, 승리를 위해서는 온갖 폭력을 행사하는 땅"을 뜻했다.[34] 닉슨이 자신을 상식적이고 정상적인 미국인의 표상으로 포장하자 스티븐슨과 갤브레이스는 그를 막강 부유층의 하수인이자 민주당이 중산층을 만들어내고자 도입한 프로그램들을 파괴하려 애쓰면서 자신이 그런 중산층을 대변한다고 외치는 사기꾼이라 여겼다. 전쟁 영웅인 아이크가 심장마비에서 회복되자 스티븐슨과 갤브레이스는 1956년 대선을 닉슨을 심판하는 국민투표로 만들려고 했다. 스티븐슨은 대선에서 참패했지만, 닉슨 또한 자신의 명성에 금이 갔다는 것을 알게 되었다. 갤브레이스의 전기작가인 리처드 파커가 백악관 고문들과 가진 비공개 면담에서 자세히 밝혔듯이 닉슨은 언론을 통해 갤브레이스를 "끔찍한 악마"로 매도해서 "민주당 후보들과 대변인조차 거부할" 정도의 정치적 피뢰침으로 만드는 상상을 즐겼다고 한다.[35]

닉슨은 1960년 경기 침체를 아이젠하워 정부의 경제자문위원회^{CEA} 탓으로 돌렸고 이후에는 자신이 대선에서 케네디에게 패했기 때문이라고 생각했다. 1958년에 경기의 적신호들이 나타났을 때 아이젠하워는 엄청난 재정적자를 내고 있었다. 1959년과 1960년 경기가 회복세를 나타내자 아이젠하워는 인플레이션을 억제하기 위해 정부 지출을 줄였지만 오히려 경기만 가라앉히는 결과를 낳았다. 선거에서 간발의 차로 패한 닉슨은 수치와 좌절감 속에 몇 년을 보냈다. 아이젠하워 정부의 부통령으로서 닉슨은 CIA와 함께 이란과 과테말라의 좌파 정부를 전복시키려 했었다. 1960년대 초반에는 정치 일선에서 물러나 정치 컨설팅 회사를 차리고 정치 서적을 집필하는 데 집중하며 돈을 모았다. 그의 백악관 복귀는 1964년에 골드워터로 인한 공화당의 갈등과 베트남 전쟁을 둘러싼 민주당의 분열이 결정적인 역할을 했는데, 백악관에 입성 후에도 그의 삶은 여러 고비를 극복하기 위한 피나는 전략과 투쟁으로 점철되었다.

이 모든 것은 아이젠하워 정부 사람들이 1960년에 연방정부 자금을 너무 엄격하게 관리했기 때문이었다. 닉슨은 1972년에 이 역사가 되풀이되는 것을 막기로 했다. 하지만 1970년이 지나고 1971년이 되자 재선에 당선할 확률이 확연히 낮아졌다. 닉슨의 베트남전 전략은 존슨의 전략만큼 인기가 없었고 실업률 상승으로 상황이 더 악화되었다. 한 여론조사 결과 닉슨의 연임을 원하는 국민은 고작 전체의 27퍼센트였다.[36]

1971년 1월 4일, 균형 예산이 2년간 집행되고 있던 어느 날 닉슨은 카메라가 꺼진 후 TV 기자단에게 "나는 이제 경제학에서 케인스인이 됐습니다"라는 폭탄선언을 했다. 며칠 후 〈뉴욕타임스〉는 이 발언을 기사로 냈고, 몇 주가 지나자 닉슨 대통령은 "완전고용의 균형을 이룰" 연방 예산까지 옹호하고 나섰는데 이는 230억 달러에 달하는 적자 예산 운영 계획을 부드럽게 표현한 것이었다. 아이젠하워 이후로 그렇게 큰 규모로 예산 적자를 낸 정부는 없었다. 진보 정치인들은 이에 어떤 반응을 해야 할지 확신이 없었다. 매카시즘을 옹호했던 공화당의 보수주의 대통령이 케인스를 옹호하고 경제 활성화를 위해 정부의 적자 지출을 추진하겠다고 선언한 것이다. 이 말이 과연 진심일까? 또 좋은 일일까?

갤브레이스는 7월 20일 열린 의회 합동경제위원회 증언에서 의원들에게 "닉슨 대통령이 케인스가 구식이 된 이 시점에 스스로 케인스주의자라고 선포했습니다"라고 말하며 충직한 민주당 의원들에게 해결책을 제시했다. 그것은 미국의 가장 저명한 케인스주의자가 한 놀라운 선언이었다. 뒤이어 그만큼 놀라운 정책이 제안되었다. 그는 직원이 5,000명 이상인 기업, 즉 미국의 2,000대 기업에 대해서는 정부가 직접 가격을 통제해야 한다고 주장했다.[37]

갤브레이스에게는 필립스 곡선을 불신하게 만든 인플레이션과 실업률의 급발진이 기업의 독점과 강성 노조의 결과로 보였다. "경영자와 노조 사이의 갈등이 줄고 있고, 기업도 이제는 예전처럼 무조건 분쟁을 통해서가 아니라 처음엔 의례적으로 좀 공격을 하더라도 노조의 절박한 요구에는 양보하면서 그에 수반되는 비용을 가격 인상 형태로 대중에 전가하는 추세가 강해지고 있습니다."

갤브레이스는 이전보다 더 극단적인 수사법을 사용했다. 1971년에 미국과 베트남 전쟁은 8년째로 접어들고 있었다. 전쟁은 사소한 일이 아니었다. 전쟁 기간에 250만 명이 넘는 미국인이 베트남에 파병되었고 귀국한 군인들에게 지급되는 보훈 수당을 제외해도 전쟁에 총 1,410억 달러의 비용이 투입되었다.[38] 하지만 1966년(린든 존슨

존 메이너드 케인스

이 '위대한 사회' 프로젝트를 추진할 때) 정부의 전체 예산도 1,340억 달러에 불과했다. 미국은 1940년대에 이미 전시 물가 통제를 실시한 바 있었고 베트남전 규모를 감안한다면 동일한 조치를 또 한 번 단행할 만했다. 하지만 갤브레이스의 제안을 뒷받침할 이론적 근거가 이제는 빈약했다. 갤브레이스는 20년간 경제 환경을 근본적으로 바꿔온 대기업과 대형 노조에 대해 같은 말을 설파해왔지만, 필립스 곡선은 1970년에 그 명성이 허물어지고 말았다. 갤브레이스가 케인스주의와 단절한 것은 케인스 사상을 철저히 연구한 결과가 아니라 그의 허영심과 더 많이 관련돼 있었다. 갤브레이스는 새로운 시대에 새로운 대사상가가 필요하다면, 자신이 그 소임을 다하겠다고 제안했다.

케인스의 시대가 끝났다고 한 갤브레이스의 발언은 케인스의 유산이 근 몇 년간 입은 피해를 말해주고 있었다. 필립스 곡선이라는 새뮤얼슨과 솔로우의 경제 이론에 내재된 문제로 케인스의 신용을 떨어뜨리려던 프리드먼의 시도는 효과가 있었다. 심지어 갤브레이스조차 더 이상 불안한 케인스주의자들과 결부되는 오명을 원치 않았다.

닉슨은 갤브레이스같이 '하버드-케네디 행정부-잘난 척하는 타입'의 사람에게 조롱당하는 것을 싫어했다. 갤브레이스의 증언이 있고 8일째 되던 날, 대통령 집무실에서 열린 각료회의에서 닉슨은 자신의 "적들", 다시 말해 공화당에 투표하지 않는 "흑인과 유대인들", "구제 불능 멍청이"처럼 행동하는 CEO들, 노조 지도자로 잘 뽑히는 "교육받지 못한 아일랜드 천주교 신자들"이 초래한 정치적 악몽에 대해 노발대발했다. 이 혼란에 대해 누군가는 비난을 받아야 했다.

그는 텍사스 출신의 보수 성향의 민주당 인사인 존 코널리 재무장관에게 "장관은 '적이 있는 건 좋은 일이다' 뭐 이런 원칙을 자주 사용하는 것으로 알고 있습니다만… 음… 지금 생각나는 제일 괜찮은 사람 중 한 명은 존 케네스 갤브레이스네요"라고 말했다. "그 개자식"의 최근 증언을 보니 "그 나쁜 놈들, 그 영리한 뉴딜주의자들이 뭘 원하는지 알겠더군요. 그들은 또 다른 물가관리국, 경제 통제, 임금과 물가 관리를 원하는 겁니다." 닉슨은 코널리에게 으르렁댔다. "이제 나가서 이 문제를 이슈화하세요. 이 일로 그를 파멸시키라고요."[39]

필립스 곡선의 위기는 국제정세의 위기로 치닫고 있었다. 닉슨이 갤브레이스 일로 코널리에게 분노를 폭발한 지 2주 후, 영국 재무부는 닉슨 행정부에 미국 자산 30억 달러(현금과 재무부 증권)를 금으로 상환해서 파운드 가치를 강화하겠다고 통보했다. 이는 영국이 근본적으로 미국의 인플레이션 관리를 불신임한다는 말이었다. 미국은 브레튼우즈 체제 안에서 통화를 금으로 태환할 수 있는 유일한 국가였다. 달러 가치가 하락하지 않는 한 영국 입장에서 달러 지폐를 보유하든 그 달러 양에 해당되는 금을 보유하든 차이가 없었다. 미국은 인플레이션 압박에 무역적자까지 더해지면서 금 유출이 지속되고 있었다. 영국의 결정은 전 세계에 파장을 일으킬 것이 분명했다. 가까운 외교 동맹국이 수십억에 이르는 달러를 상환하면 비슷한 결정을 촉발할 수 있었다. 이것이 달러화로 묶여 있는 국제무역과 금융질서에 어떤 영향을 미칠지 아무도 예측할 수 없었다. 미국과 세계는 대공황 이후 처음으로 급작스럽고 파괴적인 경제 위기에 봉착했다.

존 메이너드 케인스

그 주 금요일에 닉슨은 그의 경제팀과 보좌관, 연설문 작성자, 아서 번스 연준 의장과 함께 헬리콥터를 타고 캠프데이비드로 떠났다(연방준비제도이사회는 1951년에 행정부에서 공식적으로 독립했지만 번스는 닉슨의 재선 가능성을 높이려고 애쓴 공화당 지지자였다). 그곳에 모인 사람들은 대통령과 그의 재무부 장관이 브레튼우즈 체제를 대체하는 동시에 패색이 짙은 1972년 대선에서 공화당을 구할 대대적인 경제 프로그램을 개발하고 있다는 사실을 알게 되었다.

닉슨은 달러와 재무부 채권을 금으로 상환해주기로 한 영국과의 약속을 지키지 않으면서 금본위제의 마지막 흔적을 폐기하게 된다. 이후 저금리와 기업 친화적인 감세 정책 등 대규모의 통화, 재정 부양 프로그램을 전개하고 자국 제조업체들의 경쟁력을 높이기 위해 모든 수입품에 10퍼센트의 관세를 부과하게 된다. 닉슨 정부는 20세기의 어떤 공화당 대통령도 꿈꾸지 않았던 일을 행함으로써 어쩔 수 없이 초래된 인플레이션을 억제한다. 일요일 밤에 닉슨은 선거 날까지 계속될 새로운 물가 통제 프로그램을 발표하면서 임금과 물가를 전국적으로 동결하게 된다.

닉슨의 보좌관들은 어안이 벙벙했다. 스타인의 증언을 인용하면 이후 보좌관들은 물가, 지출, 금리에 대한 계획을 미친 듯이 짜냈고 회의가 진행되는 동안 "현실성에 대한 언급은 금지됐다"고 한다. 경제사학자인 리처드 파커에 따르면 "회의는 몇 시간 후 끝났고 닉슨의 연설문 작성자와 보좌관들만 남아 일요일 밤에 예정된 연설문을 마무리 지었다."[40]

물가 통제에 대해 닉슨의 태도가 180도 바뀐 데에는 특정 우파 논리가 있었다. 대통령이 진짜 심혈을 기울인 것은 경제 정책이 아니라 전쟁이었다. 그는 베트남 전쟁을 신속하고 명예롭게 끝내겠다는 약속으로 대통령 자리에 오른 바 있었다. 그런데도 그는 거의 모든 면에서 폭력성을 고조시켰다. 일단 비밀리에 전쟁이 캄보디아로 확대되도록 승인했고, 라오스에서는 수만 명의 민간인을 살해하는 계획으로 CIA의 작전에 불을 붙였다. 국내에서 반전 시위가 들끓는 가운데 1970년에 켄트주립대학 학살 사건이 벌어지고 1971년 초에는 펜타곤 기밀문서까지 공개되는 당황스러운 사건이 연이어 터지자 닉슨은 비로소 베트남의 병력 규모를 축소하기 시작했다. 하지만 미국 보병 수를 줄이자 베트남 전사자 수는 더 늘어났다. 닉슨이 베트남의 주요 민간 인프라를 공격하는 등 대규모 폭격을 승인했기 때문이다. 1972년에 닉슨은 "핵폭탄" 사용까지 진지하게 고려하고 있었으며 국무장관인 헨리 키신저에게 "제발 생각을 키우세요"라고 다그쳤다.[41]

닉슨은 경제 계획도 비슷한 논리로 접근했으며 참모들에게 "모든 경제 전선에서 완전한 전쟁을 벌이고 싶다"고 했다. 미국을 살리겠다고 배짱 있게 나오는 "갤브레이스나 케네디 같은 아첨꾼 자식들"[42]에게 보여줄 뭔가 대담하고 강력한 전략을 원했다. 만약 이를 위해 대표적인 보수 경제학자 몇 명을 매장시켜야 한다면 그는 그렇게 할 사람이었다.

닉슨이 참모 브리핑을 하고 다음 날 밤, 대통령 비서실장인 H. R. 홀드먼은 캠프 데이비드 별장의 어둠 속에서 "묘한 분위기가 감지되는 가운데" 타오르는 벽난로 불빛을 바라보며 닉슨과 단독 면담

존 메이너드 케인스

을 했다. 대통령은 홀드먼에게 자신이 세운 경제 계획의 진짜 목적은 국가의 "정신을 바꾸는 것"이라고 밝혔다. 그는 "미국인들이 절대 차선책을 용납하지 않게 만듭시다"라고 말했다.⁴³ "국가든 사람이든 자신보다 더 위대한 목표를 가져야 합니다. 그렇지 않으면 위대해질 수 없거든요."⁴⁴ 닉슨은 케인스처럼 경제 정책이 통계보다 훨씬 더 많은 것들과 관련돼 있다는 것을 알고 있었고, 공격적인 경제 활동으로 국가 경제를 다시 살리려고 애썼다. 닉슨이 케인스와 다른 점이 있다면, 그는 전쟁을 좋아했다.

이틀 후, 미국은 닉슨의 참모들만큼이나 충격에 휩싸였다. 닉슨이 카메라를 향해 연설을 하는 동안 갤브레이스의 전화는 계속해서 울려댔고 자정이 지나서야 기자들과 통화를 끝낼 수 있었다. 그렇게 대규모 정부 프로그램이 이행됐지만, 닉슨의 경제 프로그램은 그다지 진보적이지 않았다. 그는 국내 예산 중 50억 달러를 일괄 삭감했지만, 삭감 내용은 기업과 부유층에 상당히 유리했다. 브레튼우즈는 갤브레이스가 해체를 강력하게 반대했던 까다로운 외교 합의였는데, 닉슨이 갑자기 물가 통제로 전략을 바꾸자 그는 정신이 혼미해졌고 〈워싱턴 포스트〉에 "지금 제 기분은 마치 자신의 직업이 합법적일 뿐 아니라 가장 고귀한 공공서비스라는 것을 깨달은 매춘부 같습니다"⁴⁵라고 밝혔다. 존슨 대통령의 감세 정책을 "수구 케인스주의"라고 공격했던 인물로서는 상당히 관대한 평가였다. 닉슨은 세법부터 네이팜탄 배달 톤수까지 존슨 행정부가 추진했던 모든 반동적 의제들에 대해 통제의 강도를 높였다.

갤브레이스처럼 다소 우익에 가까운 경제학자들은 닉슨의 정책에 한층 더 우호적이었다. 새뮤얼슨은 〈뉴욕타임스〉와의 인터뷰에서 "자신은 닉슨이 제시한 계획을 지출 삭감만 빼고 거의 다 동의한다"라고 말했고, 새뮤얼슨의 추종자이자 존슨 행정부에서 CEA 회장을 역임한 아서 오쿤은 〈뉴욕타임스〉에 공화당이 "현실주의로 도약했다"고 전했다.**46** 몇 달 후, 조앤 로빈슨은 전미경제학회 연설에서 물가를 "성공적으로" 동결해봤자 기껏해야 "상대적으로 더 큰 이득을 얻으려는 경쟁이 중단됐을 때 정도의 수준이 유지될 것"이라는 말로 좀 더 신중한 태도를 보였다. 그녀는 닉슨의 계획이 노동자 계층의 사회적 힘을 높이기보다는 "애초에 존재했던 노동과 재산으로 분리된 소득 격차를 영구화"할 것이라고 말했다. 로빈슨은 닉슨 체제에서는 임금 협상에 정치색이 더 강해질 것이라고 주장했는데, 이는 근로자에게 좋을 수도 있고 나쁠 수도 있는 전망이었다.

물가 동결 발표에 이성을 잃은 프리드먼은 〈뉴스위크〉에 기고한 글에서 "로마의 디오클레티아누스 황제 시대부터 현재까지 물가와 임금을 동결하려 했던 모든 시도가 실패로 끝난 것처럼 이번 시도도 조만간… 완전한 실패로 끝나고 억눌린 인플레이션이 다시 고개를 들 것이다"**47**라고 밝혔다. 미국 노동총연맹 산업별 조합회의 AFL-CIO 회장인 조지 메니는 임금 동결에 배당금이나 기업 이윤에 대한 동결은 포함돼 있지 않다는 사실을 지적하면서 이는 닉슨 대통령의 과감한 계획에서 나올 이득 대부분이 경영진과 주주들 차지임을 의미한다고 비판했다. 이는 중요하지 않았다. 미국은 닉슨 대통령이 경제에 대해 뭔가 거대하고 담대한 대책을 세우기를 기다리고 있었고, 닉슨의 "새로운 경제 프로그램"은 대다수 사람이 생각했던 법

　　　　　　　　　　　　　　　　존 메이너드 케인스

안에 잘 맞았다. 게다가 얼마간은 그런 기대가 적중했다. 2년간 실업률이 6퍼센트에서 5퍼센트로 감소하고 성장률이 다시 5퍼센트를 넘어서면서 인플레이션율은 5퍼센트에서 3퍼센트 이하로 떨어졌다. 1971년 여름에는 전 국민 중 73퍼센트라는 엄청난 수가 닉슨식 경제 조치에 찬성하지 않았었다. 하지만 닉슨의 연설이 있고 1주 후 실시된 백악관 여론 조사에서는 국민의 75퍼센트가 그의 새로운 계획에 찬성했다. 조사회사는 이렇게 말했다. "이 일을 오랫동안 해왔지만 진주만 공격에 대한 조사 외에 이렇게 압도적인 결과는 처음 봤습니다."[48]

하지만 미국을 제외한 세계는 경악했다. 브레튼우즈 협정을 갑자기 파기한 닉슨의 행동은 미국의 경제 패권이 완전히 붕괴됐다는 것을 예고했다. 미국은 제2차 세계대전이 끝나면서 그들이 고집스럽게 확립한 국제 시스템을 날려버렸고, 미국의 이런 결정에는 잔혹한 베트남전을 끝내지 않으려는 의도도 있었다. 닉슨은 그의 선언에 대해 국제 금융시장이 어떤 대응을 해야 할지, 또 세계 통화 질서가 어떤 조정을 해야 할지 대비할 시간도 주지 않는 무분별한 태도를 보였다. 금융시장이 공황 상태에 빠지거나 붕괴되지 않는 것이 오히려 놀라울 지경이었다.

그리고 미국 경제에 또 다른 트라우마가 될 파도가 밀려오고 있었다. 닉슨은 1972년 사우스다코타주의 조지 맥거번 상원의원에게 압승을 거둔 후 물가 통제를 해제했다. 물가는 1973년을 거쳐 치솟았고 그해 가을에 아랍 석유수출국기구OAPEC가 욤키푸르 전쟁에서

이스라엘을 지원한 미국에 보복하기 위해 석유 수출 금지를 선언하면서 또 한 번 덜컹거렸다. 유가가 네 배나 상승하면서 소비자를 강타했고 석유에 의존하는 모든 것(사실상 모든 것)의 가격이 상승했다. 소비자물가지수는 1974년에 11퍼센트, 1975년에 9퍼센트가 올랐다. 1974년 7월에 연준은 이 극심한 인플레이션과 싸우기 위해 금리를 거의 13퍼센트까지 올렸고 미국 경제는 불황으로 치달았다. 실업률은 꾸준히 증가해 1975년 2분기에는 8.9퍼센트에 도달했다. 만약 정책입안자들이 새뮤얼슨의 경제 관리 도구인 금리와 예산 적자에 의존했다면 그들은 진퇴양난에 빠졌을 것이다. 낮은 금리와 대규모 예산 적자로 고용을 개선시킬 수는 있겠지만 그에 따른 인플레이션이 근로자들의 임금 삭감을 불러오기 때문이다. 그렇다고 금리를 인상하고 정부 지출 규모를 줄이면 급여는 안정되지만 해고 사태를 일으킬 것이다.

갤브레이스는 닉슨의 물가 통제가 잘못됐다고 주장했다. 물가는 조명 스위치처럼 켰다 껐다 할 것이 아니라, 여러 정책 요인에서 영구적인 역할을 담당해야 했다. 하지만 이런 비판은 여론을 거의 움직이지 못했다. 경제학자들은 이제 실업률 증가와 인플레이션 상승이라는 두 가지 현상을 "스태그플레이션"이라는 이름으로 불렀다. 대중에게는 닉슨이라는 비난할 악당이 있었고, 물가 통제라는 비난할 정책이 있었다.

1974년 8월 9일에 리처드 닉슨은 미국 대통령 자리에서 스스로 물러난다. 워터게이트 수사 결과 닉슨과 그의 고위 참모들은 1972년 대선에서 선거자금을 유용해 민주당 경선을 불법 방해했고 이런 범

존 메이너드 케인스

죄를 은폐하기 위해 대중에게 계속해서 거짓말을 하고 정의를 침해한 것으로 밝혀졌다. 닉슨이 추구했던 모든 정책은 그의 불명예 하야와 함께 얼룩졌다.

대공황 기간에 부상했던 정치 이론 중 가장 영향력이 높았던 것은 케인스 경제학과 프리드리히 하이에크의 신자유주의였다. 둘 다 권위주의와 전쟁이라는 양대 악으로부터 사회를 보호하기 위해 고안된 이론이었다. 하지만 1970년대 중반이 되자 두 이론이 집단 폭력을 막는 데 이용되고 있었다. 케네디, 존슨, 닉슨 행정부는 하나같이 베트남 전쟁을 추진하기 위해 케인스의 재정 전략과 가격 통제 이론을 활용했지만 그 전쟁은 백만 명이 넘는 민간인의 목숨을 앗아간 덧없는 갈등으로 끝이 났다. 한편 하이에크와 프리드먼은 칠레에서 피노체트를 자문하고 있었는데, 그는 민주적으로 선출된 정부를 폭력으로 전복하고, 수천 명의 정치범을 살해하고, 수만 명 이상을 투옥하고 고문한 독재자였다. 하이에크의 이론이 민주주의에 필요한 견제뿐 아니라 독재자들이 민주 정권을 축출하는 데 적절한 방법으로도 활용되고 있었다. 그는 "저 개인적으로는 자유주의가 결여된 민주 정부보다 자유주의 독재 정부를 더 지지할 겁니다"[49]라는 선언으로 독재자를 두둔했다. 그리고 《법, 입법, 그리고 자유Law, Legislation and Liberty》에는 뉴딜 방식의 사회 민주주의가 시행되면 "오직 일부 독재 권력만이 타파할 수 있는 완전히 경직된 경제 구조"가 만들어질 뿐이라고 썼다.[50] 심지어 케인스 경제학을 가장 그럴듯한 좌익 사상으로 공식화한 조앤 로빈슨조차 북한의 공산체제와 중국의 문화혁명을 칭송함으로써 자신의 명성에 오점을 남겼다. 민주주의에 대한 그녀의 애착은 가난과 전쟁을 끝내려는 그녀의 집념보다 유연했다.

케인스 체제가 무너지자 이를 즉각적으로 대체할 경제사상이나 정치집단이 없었다. 한편, 베트남전과 워터게이트는 미국 정부에 대한 대중의 믿음에 큰 구멍을 냈다. 수십 년 만에 처음으로 과격한 반정부 메시지가 진보주의의 약속을 전달하는 것처럼 보였다. 정부는 솔직하지 않았다. 민주당이나 공화당이나 하나같이 거짓말로 사람들을 죽음으로 내몰았다. 케인스주의는 1972년의 경제를 조작해서 1972년의 선거를 조작하려 했다는 빈정거림의 대상이 됐다. 그리고 저명한 케인스 학자들은 닉슨의 경제 계획을 칭찬했지만 프리드먼은 그것이 인플레이션을 유도하는 착각에 불과하다고 주장했고, 이런 상황을 민주당 지도부도 알고 있었다. 프리드먼의 정치색이 무엇이든 그의 주장은 그럴듯했다.

1976년에 지미 카터가 대통령에 당선되자 그는 신자유주의 사상에 전반적으로 동조하는 경제팀을 꾸린 후 규제 완화 정책을 추구하기 시작했는데, 이는 몇 가지 측면에서 테드 케네디(1980년 대선 민주당 예비선거에서 카터의 적수가 될)와 급진적 소비자 옹호자인 랠프 네이더의 지지를 얻었다. 그들은 정부 규제가 업계를 막론하고 사업 비용을 높이는데, 기존 대기업은 이 비용을 쉽게 부담할 수 있으므로 오히려 규제가 대기업을 보호하는 경우가 많다고 여겼다. 카터의 자문가 다수는 노동자들의 단체교섭 계약 행태가 노동 비용을 상승한다고 주장하며 고질적인 인플레이션을 노조 탓으로 돌렸는데, 이런 주장은 미제스와 갤브레이스의 이론에 뿌리를 두고 있었다.

코넬대학의 경제학자로 카터 행정부의 민간항공위원회 위원장으로 정부의 항공사 규제 법안들을 철폐하기 시작한 알프레드 칸은 "저는 트럭 운전사 조합원들의 형편이 더 나빠졌으면 합니다"라고 말했다. "자동차 제조사 노동자들도 더 가난해졌으면 좋겠고요. 제 말이 비인간적으로 들릴 겁니다. 노골적인 발언인 건 맞지만 저는 비경쟁 업종에서 보호받는 특정 노동자 집단이 업무 성과나 자유시장 원리와 상관없이 평균을 훨씬 상회하는 임금 인상 혜택을 받는 상황이 없어졌으면 합니다."[51]

하지만 가장 극적인 변화는 연방준비제도이사회에서 벌어졌다. 밀턴 프리드먼은 통화주의를 정부가 적극적인 경제 관리 주체에서 배제되는 자유시장 이론으로 설명했었다. 하지만 이런 주장에는 어폐가 있었다. 프리드먼은 단지 권력의 주체를 입법부나 대통령으로부터 월가가 가장 큰 영향력을 행사할 수 있는 정부기관인 중앙은행으로 옮겼을 뿐이었다. 프리드먼은 오랫동안 대중의 마음속에서 베리 골드워터의 반정부 메시지와 연관돼 있었다. 그리고 1979년에 있었던 이란 혁명 이후 두 번째 유류 파동이 시작되자 소비자 비용이 11.25퍼센트 이상 상승하면서 10년간 이어진 인플레이션이 새로운 위기 국면에 진입했다. 1967년에 프리드먼이 연설에서 설파했던 자기 강화적 인플레이션의 예언이 적중한 것이다.

1979년 7월에 카터 대통령은 닉슨 행정부의 재무장관이었던 폴 볼커를 연준 의장으로 임명했다. 물가안정을 달성함에 있어 통화정책이 가지는 중요성은 1951년에 재무부와 연준 간의 합의가 이뤄진 후 워싱턴에서 서서히 정당성을 쌓아왔다. 볼커 체제에서 통화 정책은 정부가 경제 정책을 운용하는 가장 중요한 도구가 되었다. 1980년 2월에 연준은 인플레이션을 억제하기 위한 전면적 노력에 따라 금리를 17.81퍼센트로 인상했다. 실업률이 7.8퍼센트로 치솟았지만 물가는 1981년까지도 하락하지 않았고 이로써 카터 대통령의 재선 가능성은 희박해 보였다. 로널드 레이건 대통령이 취임한 후 볼커는 연방기금 금리를 19퍼센트 수준으로 올리며 힘겨운 작업을 재개했다.

대담한 긴축통화 정책이 으레 그렇듯 볼커는 사실상 인플레이션의 기반을 해체했다. 그 과정에서 거의 모든 것이 파괴되었다. 일단 부채에 의존했던 회사들이 무너졌다. 주택담보대출 시장도 붕괴되었다. 레이건의 임기 첫해인 1982년 12월에 실업률은 10.8퍼센트로 정점을 찍었고 미국은 대공황 이후 최악의 경기침체에 빠졌다. 노조에 반대하는 레이건의 노선에 경기까지 하락하자 미국의 노동조합은 무력해졌고 워싱턴에서는 정치적으로 양보하고 단체교섭 계약에서는 임금을 양보해야 하는 압박에 놓였다. 이것이 핵심이었다. 볼커는 실업률을 의도적으로 높여서 노동자들의 임금과 인플레이션을 낮추려 했던 것이다. 임금을 높여야 하는 노조의 희생은 환영할 만한 일이었다.

카터 대통령은 케인스주의 경제학자에 대해서는 그들이 어떤 분파이든 민주당의 정치적 후원을 철회했고, 그러면서 20년 이상 계속되었던 케인스 사상의 학문적 정당성은 거의 무너졌다. 워싱턴의 후원자가 사라지자 젊은 경제학자들은 다른 사상을 추구하기 시작했

존 메이너드 케인스

다. 폴 크루그먼과 조지프 스티글리츠 등 MIT의 새뮤얼슨 제자들은 이런 폭풍 속에서도 케인스주의의 명맥을 이어나갔고 이들은 갤브 레이스를 경멸했다. 크루그먼은 이렇게 토로했다. "갤브레이스는 정 치와 경제의 관계에서 중요한 영역을 깨부쉈다. 그는 유명인(여기서 유명인은 일반적인 정의대로 유명해져서 유명한 사람을 말한다)이 된 최초의 경 제학자였다. 그가 정책 사업가로서 부상한 것은 미국의 정치 담론에 서 실체보다 스타일(그에게 아주 풍부했던)이 점점 더 중요해지는 현상 을 보여준 하나의 지표였다."[52] 갤브레이스가 진지한 경제학자들 집 단에서 외면당했을 때 새뮤얼슨은 그의 경제학 교과서 덕분에 계속 성공적인 삶을 즐기고 있었다. 하지만 이 또한 교과서 개정판이 나 올 때마다 감세, 금융시장의 미덕, 프리드먼의 통화주의 같은 보수 적 사상에 지면을 크게 양보했기 때문에 가능한 일이었다.[53]

이제 경제학 분야는 보수적 사상들이 점령하고 있었다. 볼커가 경제학에서 화폐의 공급 목표를 정확하게, 혹은 효과적으로 정할 수 없다는 사실을 발견하자 통화주의는 금세 존재감을 잃었다. 그리고 미래의 노벨상 수상자인 로버트 루카스가 고안한 합리적 기대 가설 로 대체되었다. 합리적 기대 학파는 기본적으로 가격 전망에 프리드 먼의 사상을 채택해서 정부 정책에 적용했다. 루카스는 합리적인 사 람이라면 세율이나 규제의 변화가 미래에 미칠 영향을 고려해서 경 제적 판단을 한다고 주장했다. 이 사상에서는 경제 활성화를 위해 정부 지출을 늘리는 것은 헛된 전략이 된다. 왜냐하면 사람들은 그 에 따른 예산 적자가 결국에는 인상된 세금을 통해 채워져야 한다는 것을 깨닫게 되고, 그래서 향후 발생할 세금을 생각해 돈이 생기면

쓰지 않고 모아둔다는 것이다. 결과적으로 정책입안자들이 거시경제를 관리해서 국민들의 삶을 지속적으로 개선하는 것은 불가능한 일이었다. 시장은 재빨리 조정에 나서고 결국 정부의 개입을 압도할 것이다. 이제 케인스는 아예 존재하지 않았던 사람 같았다. 불확실성은 초합리성과 미래를 내다보는 능력에 자리를 내주었다. 루카스는 심지어 자신의 연구를 통해 거시경제학 전체가 허황된 분야라는 것이 입증되었다고 주장했다.

지적 조류가 케인스주의를 쓸어버렸지만, 레이건은 결코 그럴 수 없었다. 레이건은 재임기간 내내 볼커가 진두지휘한 금리 정책의 파괴적 영향력에 대항하고자 막대한 군사비와 감세 정책에 의존했다(또 볼커가 실업률은 등한시한 채 너무 강경하게 인플레이션 억제에만 고집을 피우자 그를 해고하고 앨런 그린스펀을 그 자리에 앉혔다). 레이건 정부는 취임 첫해에 790억 달러의 적자를 기록했는데 이 수치는 인플레이션율을 감안해도 1971년의 닉슨 행정부 때보다 두 배 이상 높았다. 1986년이 되면 재정적자는 2,210억 달러가 넘었다. 레이건 시절 정부 지출은 매년 GDP의 20퍼센트를 상회했는데 이는 존슨 행정부 때보다 높았으며 제2차 세계대전 전 프랭클린 루스벨트의 뉴딜 정부와 비교하면 그 두 배가 넘었다. 프리드먼은 원래 적자재정을 칭송했었다. 그는 "정부의 재정수입이 줄면 결국 지출을 줄일 수밖에 없다"고 말했다. 하지만 그로부터 10여 년 후, 딕 체니 부통령은 부유층에게 혜택을 몰아주는 감세안을 강력히 요구하면서 또 다른 교훈을 얻었다. 그는 재무장관인 폴 오닐에게 "레이건 대통령은 적자가 중요하지 않다는 사실을 증명했다"고 말했다. 미국의 이라크 전쟁 자금은

존 메이너드 케인스

잘 확립된 보수적 케인스주의 전통에 따라 부채로 조달된다.

　진실의 순간에 선도적 신자유주의 학자들은 경제 현실을 인정했다. 작은 정부를 예찬한다는 레이건의 말과 그의 정책은 서로 부합하지 않았다. 그는 가공할 만한 권력을 가지고 역사적으로 무자비한 행태를 보인 연준과 함께 수구 케인스주의 정부를 운영하고 있었다. 레이건을 골드워터의 복제인간이라 여긴 프리드먼은 그들을 "근본적으로 같은 프로그램과 같은 메시지를 가진 두 사람"[54]이라 부르며 레이건 임기가 끝났을 때 그에 대한 실망감을 인정했다. 프리드먼은 "레이건은 정부의 규모를 줄이는 방법에 대해 말해왔습니다. 하지만 실패했죠"[55]라고 말했다. 그 임무를 완수하려면 민주당이 필요했다.

JOHN MAYNARD KEYNES

제2의
도금시대

17

1993년 1월 7일, 민주당에서 가장 총명하고 우수한 경제인들이 아칸소주 리틀록에 있는 주지사 저택에 모였다. 이 모임은 골드만삭스 전임 회장인 로버트 루빈이 소집한 것으로, 당시 그는 의회에 발의할 차기 대통령의 경제회복 계획을 지휘하고 있었다. 루빈은 이 법안을 빌 클린턴의 취임 100일째 날까지 통과시킬 작정이었는데, 대통령 취임 100일은 프랭클린 루스벨트 때부터 미국 대통령의 성과를 평가하는 전통적인 지표가 되었다. 취임식까지 아직 2주가 남아 있었지만 루빈은 이미 예정보다 뒤처져 있었다.

대통령이 교체되려면 어쩔 수 없겠지만 루빈의 새로운 상관인 빌 클린턴은 벌써 두 달째 혼란의 시기를 감독하고 있었다. 대선 후 일주일 만에 〈NBC 뉴스〉 기자인 안드레아 미첼은 신임 당선자에게 동성애자도 공개적으로 군 복무를 할 수 있게 만들겠다는 선거 공약을

존 메이너드 케인스

이행할 계획이냐고 물었다. 클린턴이 천진난만하게 그렇다고 대답하자 아직 클린턴이 공식적으로 권력을 휘두르지 못하는 상태에서 대규모 정치적 설전이 벌어졌다. 표면적으로는 진보적인 〈뉴 리퍼블릭New Republic〉조차 "미국다운" 내각을 구성하겠다는 클린턴의 선언을 "한쪽 성별이나 인종을 위해 정부 부서를 속이고 있다"는 말로 저격했다. 페미니스트 조직들이 클린턴이 행정부에 더 많은 여성을 임명해야 한다고 목소리를 높이자, 대통령은 그들이 "할당 게임"을 벌이면서 "빈 카운터bean counter(모든 문제를 숫자와 데이터로 바꿔 분석하는 재무담당자-옮긴이)"같이 행동한다고 반격했다.[1] 며칠 후 〈뉴욕타임스〉는 클린턴이 지명한 법무장관 후보가 페루에서 온 불법체류 노동자를 보모와 운전기사로 고용한 적이 있다고 폭로했다. 야당인 공화당과 워싱턴의 엘리트 집단은 새로 취임하는 대통령 가족을 이 나라 수도에서의 세속적이고 우아한 삶에 적합하지 않은 순진한 촌뜨기로 여겼고, 워싱턴이 처음인 클린턴 부부는 그런 엘리트층의 대변인 역할을 하는 워싱턴의 언론 매체를 다루는 데 서툴렀다.

클린턴 부부는 실제로 준비가 미숙했다. 내각 인선도 교착상태인 상황에서 루빈이 리틀록으로 데려온 인사 중 몇몇은 새로운 행정부에서 자신이 맡을 임무조차 정확히 몰랐다. 루빈은 클린턴이 자신을 위해 특별히 신설한 국가경제위원회의 의장을 맡게 돼 있었고 이때문에 기존에 있던 경제자문위원회CEA의 위상이 한 단계 내려가게 되었다. CEA는 경제학자들을 위한 단체이고 루빈은 예일대 법대 출신이었으므로 자연스럽게 이뤄진 조치였다.

그래도 다들 제시간에 주지사 저택에 도착했다. 로라 타이슨

CEA 회장과 부회장, 프린스턴대학의 경제학자인 앨런 블라인더가 차기 부통령인 앨 고어와 로이드 벤슨 재무장관, 리언 페네타 예산국장, 맥 맥라티 비서실장, 진 스펄링 선거 정책 책임자, 그리고 조만간 재무부 수뇌부가 될 로저 알트먼과 래리 서머스가 그 자리에 있었다. 정작 대통령 당선자는 늦게 도착했다. 그가 정치 인생 전부는 아닐지라도 선거운동 전체를 지연시켰던 것은 아니었는지 생각이 드는 순간이었다. 클린턴은 중산층 세금을 10퍼센트 인하하고, 공공사업 예산을 "집중적으로" 관리하면서, 연간 600억 달러를 교육 및 보육에 "투자하겠다"는 공약으로 민주당 지명을 거쳐 대통령 자리에 올랐지만, 이런 교육 활동은 나중에 더 큰 사회적 혜택으로 돌아올 것이므로(정부 프로젝트를 옹호하는 이들이 우선순위로 밀어붙이는 사업에 으레 이런 식으로 느끼듯이) 전형적인 정부 지출로는 생각되지 않았다.

게다가 클린턴은 1997년 재선 캠페인에서 균형예산을 선거 공약으로 삼게 된다. 하지만 루빈이 리틀록에서 주요 인사들을 소집하기 하루 전인 1월 6일에 퇴임하는 부시 행정부가 클린턴에게 달갑지 않은 놀라움을 선사했다. 당시 정부 예산이 연간 2,900억의 적자 상태에 있었던 것이다. 적자 규모가 이전에 추정했던 수치보다 3분의 1이나 더 올라가 있었다.[2] 그해 여름에 7.8퍼센트로 최고치를 찍었던 실업률은 7.1퍼센트로 여전히 높은 수준을 유지하고 있었다.[3] 고약한 시절이었다.

전통적인 케인스주의자라면 클린턴에게 분명한 현실을 보여줬을 것이다. 즉 실업률과 예산 적자를 동시에 공격적으로 줄일 수는 없었다. 하지만 1990년대가 되면 민주당의 고위 자문가들조차 존 메

존 메이너드 케인스

이너드 케인스의 사상을 완전히 신임하지 않았다. 서머스는 밀턴 프리드먼과 조지프 슘페터에게게서 더 많은 영감을 받았지만 페테타는 스스로를 "적자 매파"라 부르는 전직 공화당원이었다. 맥라티는 천연가스 회사의 경영자였다. 1970년으로 거슬러 올라가 존 케네스 갤브레이스는 그해 11월 있었던 상원의원 선거에서 텍사스 진보 세력에게 벤슨의 적수인 공화당 후보에게 표를 던지라고 촉구했다. 왜냐하면 두 사람 다 "똑같이 보수적이고 똑같이 나쁘며"[4] 보수적인 공화당 후보를 선출한다고 해서 민주당의 진보주의적 성향이 바뀌지는 않는다는 것이 그 이유였다. 벤슨은 갤브레이스의 지원 없이 승리했다. 그의 상대인 조지 H. W. 부시는 패배를 순순히 받아들였다.

　루빈과 그 동료 전문가들은 한때 뉴딜주의자들이 연방정부에 약속했던 번영을 금융시장의 힘으로 이룰 수 있다는 공통된 믿음이 있었다. 6시간 동안 이어진 격렬한 회의에서 그들은 클린턴에게 국가 부채에 대해 월가와 신용을 쌓으면 부시 임기 때 옥죘던 족쇄가 풀릴 수 있다고 말했다. 적자가 줄어들면 은행가들과 채권 거래자들이 금리를 인하하도록 설득할 수 있었다. 정부가 어음을 지불하고 정부 부채에 투자하는 사람들이 채무 불이행이나 인플레이션 가능성에 대해 불안해하지 않으면, 더 낮은 금리로 부채를 사려는 이들이 많아질 것이다. 금리가 그렇게 낮아지면 경제에 반향을 일으켜 신용 비용이 저렴해지고 기업들도 새로운 장비 투자에 박차를 가할 것이다. 저금리로 소비자 대출 비용이 줄어들면 세금을 인하할 때보다 더 많은 소비를 유도할 수 있었다. 물론 채권 시장은 예측할 수 없었고 연준은 항상, 특히 극단적 보수주의자인 앨런 그린펀드 의장 체제에서는 민감한 사안일 수밖에 없었다. 그러나 민주당의 신임 경제 팀은 클린턴에게 계산된 도박을 하도록 촉구했다. 다시 말해, 정부 부채를 사고파는 월가 투자회사 천하인 채권 시장을 길들여서 실업률과 적자 규모를 한꺼번에 감소시키자는 것이었다.

워싱턴의 베테랑 언론인 밥 우드워드에 따르면 클린턴은 당시 눈에 띄게 화를 냈다고 한다. "제 프로그램과 재선 가능성이 연준과 빌어먹을 채권 거래자들에게 달려 있다니, 진심입니까?" 클린턴은 대통령으로서 대담한 계획과 원대한 아이디어들을 전개하고 싶었다. 냉전은 끝났다. 그는 미국 최초의 베이비붐 세대 대통령이었다. 클린턴에게는 다가올 백 년의 도전을 정의하고, 미국을 흥미진진하고 새로운 미래로 인도할 기회가 있었다. 헌데 그의 수뇌부 인사들은 이자율 같은 이야기나 하고 있었다.

진보적 상원의원의 아들로 아버지로부터 정치에 대한 애정을 물려받아 14년간 의정 활동을 한 고어가 논의의 틀을 다시 짜보려 했다. 적자에 초점을 맞추자 일이 너무 커졌기 때문이다. 클린턴에게는 제2의 루스벨트로서 정국을 다스릴 기회가 있었다. 그는 말했다. "1930년대를 생각해보세요. 프랭클린 루스벨트 대통령이 정치적으로 환영받지 못한 일을 좀 했지만 그의 담대함은 이 나라 전체에 영감을 주었습니다." 사람들이 1992년에 클린턴을 지지한 이유는 그가 경제에 대해, 그리고 더 나은 내일을 만들기 위해 필요한 것들을 현실적으로 제시했기 때문이었다. 클린턴은 공화당도 감히 시도하지 못했던 방식으로 정부를 축소할 수 있을 것 같았다. 그는 거칠어 보였고 어쩌면 사회보장제도를 폐지할지도 몰랐다. 이런 측면이 여

존 메이너드 케인스

론조사에서 인기를 얻는 데는 큰 효과가 없어 보였지만 거대하고 단호함이 필요한 의제들에 있어서는 클린턴이 옳은 일을 하고 있다는 인식을 유권자들에게 심어줄 수 있었다. "당신이 대담하다면 사람들은 따르게 돼 있습니다."

"루스벨트는 사람들을 도우려고 애썼습니다. 하지만 우리가 채권 시장을 도우면 우리에게 표를 던진 사람들을 다치게 할 뿐입니다."[5]

클린턴은 자신의 지지층을 보호해야 한다고 느꼈다. 그는 남부의 포퓰리스트로서 정계에 입문했다. 그는 1974년 28세의 나이로 보수적인 아칸소 지역에서 공화당 현직 의원에게 도전장을 내밀었는데 당시 클린턴은 선별적 임금, 물가 통제, 기업 복지제도에 대한 공격, 그리고 연준에 대한 의회의 감독 강화를 집중 공략했다. 특히 마지막 공약은 당시 인플레이션율을 낮추려는 중앙은행의 고금리 정책으로 감당할 수 없는 빚더미에 올라앉은 농부들에게 특히 중요했다.[6] 클린턴은 의회 경선에서 아깝게 패배했지만 비슷한 메시지를 통해 1976년 아칸소주 검찰총장을 거쳐 1978년에 주지사로 선출된다. 1980년 2년 임기만 마치고 자리에서 내려온 클린턴은 아칸소주에서 가장 큰 기업인 타이슨 푸드 및 월마트와 손을 잡았고, 농부들이 아닌 남부 백인 유권자층을 집중 공략함으로써 정치 전략을 조정했다. 그리고 이는 승리를 위한 성공적인 조합으로 판명되었다. 주지사로서 클린턴의 두 번째 임기는 10년간 지속되었다.

클린턴은 진보 정치인이라는 정체성을 유지했지만, 이를 위해서는 종종 정신 훈련이 필요했다. 그는 역대 아칸소 주지사 중 그 누구보다 더 많은 수의 흑인을 주정부 고위직에 임명했지만, 그와 동시에 인종차별적 투표권 제한을 주도해서 민권단체인 법률방위기금으로부터 세 건의 소송을 당하기도 했다. 그는 한 전자제품 공장과 셔츠 제조사가 아칸소에서 매장을 철수하겠다고 발표하자 월마트를 끌어들여 월마트 매장에서 두 회사 제품을 판매할 수 있게 해주었다. 그러던 중 그의 부인인 힐러리 로드햄 클린턴이 월마트 이사회에 합류했고, 그러자 노조 지도자들이 클린턴이 월마트 경영진을 통해 그의 정책을 노동권에 마음대로 반영하려 했다고 비난했다. 한 노조원은 상황을 이렇게 요약했다. "빌 클린턴은 당신의 등을 토닥거린 다음 당신의 다리에 오줌을 갈긴 사람이요."[7]

1980년대 후반이 되자 클린턴의 이런 기록은 남부와 서부 내륙 지역의 보수적 민주당원 중심으로 결성된 민주지도자회의DLC의 주목을 끌게 되었다. DLC는 로널드 레이건의 공화당으로 유입됐던 백인 노동자층을 탈환해야 민주당이 생존할 수 있다고 여겼다. 이런 관측은 정치인들 사이에서 큰 논란거리가 아니었다. DLC는 범죄에는 강경하게, 외교정책에는 더 강경하게, 공공자금에는 한층 더 강경하게 대응한다는 전략을 갖고 있었지만 페미니스트 문제와 동성애자 권리에 있어서는 일절 관여하지 않았다. 보수적 진보주의자들에게 DLC는 그들의 핵심 원칙에 어긋나는 집단이었다. 아서 M. 슐레진저 주니어는 DLC의 "미투 레이건주의Me-too Reaganism"가 선거 참패로 이어질 것이라고 경고했다.[8] 민주당 지도자 중에 한 사람인 제시 잭슨 목사는 DLC를 "남부 백인 소년들의 전당대회"나 "유한계급 민주당"이라고 일축하며 한층 더 냉담한 태도를 보였다.[9]

클린턴은 1990년에 DLC 의장직을 맡기로 했고, 1991년 클리블

존 메이너드 케인스

랜드에서 열린 DLC 전당대회 기조연설을 통해 전국 무대에서 대선 주자로 급부상했다. 그는 열광하는 청중에게 이렇게 설파했다. "과거에 우리에게 표를 던졌던 유권자 중 너무 많은 분들이, 그러니까 여러 부담으로 힘겨운 중산층분들이 전국선거에서 저희를 신뢰하지 않았습니다. 즉 해외에서 우리의 국익을 옹호하거나, 그들의 가치를 국내 사회정책에 반영하거나, 그들의 세금을 가지고 원칙적인 소비를 하는 데 저희를 믿지 못한다는 겁니다. 이런 인식부터 전환해야 합니다. 그렇지 않으면 우리는 국민 정당으로 계속 존립할 수 없습니다."

하지만 DLC의 얼굴이 된 클린턴은 그 조직이나 그들의 이상에 완전히 헌신하지 않았다. 그는 DLC 의장직을 맡기까지 너무 오래 망설였고, 그로 인해 DLC의 설립자인 알 프롬은 다른 후보를 의장으로 임명하기 직전까지 갔었다. 클린턴은 마침내 제안을 수락했지만 이후에도 프롬은 클린턴에게 소외될 때가 많다며 자주 투덜댔다. 클린턴은 공항과 호텔을 오가는 차 안에서만 프롬을 위한 일정을 잡았고, 그가 말하는 의제들에 대해서 거의 관심이 없어 보였다. 어느 날 프롬은 클린턴과 덧없는 대화를 나눈 후 그에게 이런 쪽지를 보냈다. "이런 메모를 쓴다는 것 자체가 너무 싫지만, 그렇지 않으면 당신이 내 혼을 쏙 빼놓고는 결국 아무 변화도 없는 상황이 반복될 것 같소."

흑인 유권자들 사이에서 클린턴의 압도적 인기는 계속되었다. 그는 아칸소주에서 95퍼센트 이상의 흑인 지지율을 꾸준히 얻었고 대통령 선거에서도 비슷한 결과를 얻었다. 심지어 그는 법무부의 최고 민권책임자에 라니 기니에르를 임명하려고 했는데, 알고 보니 그녀는 리틀록 주정부를 상대로 한 법률방위기금의 투표권 소송에 앞장섰던 여성이었고 결국에는 보수당의 반발로 기니에르의 지명이 철회되었다.

1993년 1월에는 클린턴도 자신이 어떤 대통령이 되고 싶은지 명확하지 않았다. 그의 경제 고문들은 백악관과 월가가 마지못한 타협이라도 해야 한다고 간청했지만 클린턴의 정치팀은 국민건강보험, 연방교육기금, 육아지원, 가족 휴가 등 그의 대선 공약에만 관심이 있었다. 하지만 클린턴이 의회 및 앨런 그린스펀 연준 의장과 논의를 시작하자 사실 하나가 분명해졌다. 현재 정부의 적자 문제를 진지하게 따져볼 경우, 클린턴이 가진 모든 야심은 당시 계획하고 있던 경제회복 법안으로 품기에는 그 규모가 너무 컸다.

그래서 클린턴 경제팀이 리틀록에서 회의를 연 지 일주일 만에 민주당 여론조사 전문가이자 클린턴 세력 중 가장 믿을만한 진보주의자인 스탠 그린버그는 "대통령직을 빼앗겼다"는 결론을 냈다. 공화당처럼 나라를 통치한다면 도대체 민주당 정치인이 되는 게 무슨 의미가 있을까? "우리는 왜 선거운동을 했을까?" 클린턴은 자신처럼 낙담한 선거 보좌관 집단에 물었다.[10] 1992년에 클린턴 선거운동본부의 최고 전략가였던 제임스 카빌은 동의했다. 그는 행정부가 "전문가와 똑똑한 척하는 여자들[11]에 의해 장악됐다"고 말했다.

클린턴은 진보에서 우선시하는 몇 가지 쟁점들을 대규모 적자감축 법안에 넣어 이런 실망감에 대응했다. 교육과 보육에 대한 "투자"는 상대적으로 중요하지 않은 예산을 감축해서 비용을 상쇄할 수 있

존 메이너드 케인스

었는데, 백악관 참모들이 일등석 대신 일반석을 타고 이동하는 것도 그에 속했다. 또한 극상위 부유층의 세금을 인상해서 세수를 높이는 방안도 있었다. 하지만 이런 내용이 담긴 법안이 의회에 상정되자 세금 인상을 제외한 거의 모든 법안이 적자 감축이라는 명목으로 배제되었다. 클린턴은 현충일인 주말에 또 한 명의 대선 베테랑인 폴 베갈라에게 "이번 작전은 실패인 것 같네요"라고 말했다. 루빈은 클린턴에게 세금 인상을 너무 많이 거론하지 말라고 경고했다. 클린턴이 사업가들을 소외시키고 있다는 것이었다. 루빈은 이렇게 말했다. "경제를 돌아가게 하는 사람들이 그들입니다. 그런 사람들을 공격하면 결국 경제를 더 망칠 겁니다." 부자라는 말조차 금기시되었다.[12]

하지만 클린턴 팀은 의회의 부채 감축안 결정으로 인해 충격에 휩싸였다. 그 법안은 공화당의 반대와 보수적인 민주당원들의 저항으로 계속 보류되고 있던 상태였다. 투표 결과도 좋아 보이지 않았다. 클린턴 행정부 관료들은 그들의 민주당 대통령이 처음으로 추진한 주요 입법 의제가 굴욕적인 패배를 면하도록 민주당 의원들이 법안에 찬성표를 던지도록 설득했다. "민주당원들은 어디에 있는 겁니까?" 우드워드에 따르면 화가 난 클린턴은 참모들에게 으르렁거렸다. "우리가 아이젠하워 수하의 공화당원들과 같다는 것을 여러분 모두 알았으면 합니다. 지금 우리는 아이젠하워의 공화당으로서 레이건의 공화당과 싸우고 있는 겁니다. 우리는 지금 적자 감축과 자유무역, 채권시장을 수호하고 있다고요. 대단하지 않습니까?"[13]

빌 클린턴은 결국 1993년 예산 싸움에서 이겼다. 적자 감축 법안은 하원에서 두 표 차로 통과했고 상원에서도 캐스팅보트 역할을 한 앨 고어 부통령 덕분에 51대 50의 결과로 가결되었다. 상원에서 이 법안에 반대했던 민주당 의원 6명 중 5명은 클린턴이 제안했던 것보다 훨씬 더 대규모로 지출 삭감을 원했던 남부나 서부의 보수주의자들이었다. 하지만 이 법안은 세금 인상과 지출 삭감까지 결합된 덕분에 이후 5년간 5,000억 달러 가까운 적자를 줄일 수 있었다. 마지막 순간에 마지못해 클린턴 편을 들었던 밥 케레이 네브라스카 상원의원은 "세계 역사상 정말 중요한 이때 미국에게 필요한 위대함을 과시하기에는 너무 작은 수치다"라며 불평했다.[14]

이 법안은 처음부터 끝까지 엉망이었다. 그러나 클린턴의 임기 말, 정부는 이 법안을 미국 역사를 전환하는 사건으로 재천명했다. 클린턴의 경제자문위원회^{CEA}에서 2000년에 발표한 최종 보고서는 현 정부가 출범했을 때 적자 감축을 정부의 최우선순위로 정함으로써 저금리와 대외무역 확대, "금융 및 통신에 대한 규제 완화"가 저금리, 기업투자 증대, 기술 혁신의 '선순환'을 창조하는 "신경제"의 토대를 마련했다고 결론지었다.[15] 고어 부통령이 1993년 1월 7일 회의에서 프랭클린 루스벨트를 빗댄 것은(대통령은 단번에 일축했지만) 클린턴 행정부의 공식적인 일화로 남았다. 클린턴 정부는 금융시장과 세계화의 혁신 잠재력을 터뜨려서 대대적인 사회변화와 전례 없는 번영의 시대를 열었다.

예산 싸움은 클린턴 대통령의 국정 철학을 확립했다. 이후 클린턴은 세금부터 무역, 빈곤, 금융규제까지 모든 정책에서 하나의 통일된 경제 비전을 집요하게 추구했다. 클린턴 행정부는 개원 때마다

존 메이너드 케인스

권력을 정부로부터 금융시장으로 이양했는데, 이는 1950년대에 몽페를랭 소사이어티 모임에나 어울릴 만한 상당히 월가 우호적인 정책이었다.

케인스 사상은 철저히 포기한 정책이었다. 이들에게 《고용, 이자 및 화폐에 관한 일반이론》은 금융시장의 위험과 한계를 다룬 책이었다. 미래의 불확실성을 감안할 때, 어떤 금융 자산에 결부된 위험을 시장이 정확한 가격으로 산정하기는 불가능했다. 투자자들은 새롭고 예기치 않은 정보와 행동들을 끊임없이 처리했다. 만약 어떤 사회가 자원 할당과 연구개발과 산업 개선 과정에서 지나치게 금융시장에 의존한다면 케인스는 그 끝에는 낮은 실적, 불안정성, 실업이 있을 것으로 믿었다. 그는 금융시장이 국가 권위에 복종하는 이론과 정책 의제를 설계했는데, 정부가 이렇게 통합된 행동을 취하면 금융시장은 일시적 사고를 통해서만 확보할 수 있는 사회의 투자 욕구를 충족시킬 수 있다고 믿었다. 클린턴 정부는 케인스의 처방과 정반대되는 전술을 취하고 있었다. 즉 미국 민주주의의 통치 의제와 세계 경제발전 모두를 국제 자본시장의 조류에 그대로 맡겼다.

클린턴 경제학자들이 밝힌 그들의 성과는 기껏해야 절반만 사실이었다. 클린턴 시절에는 재정적자와 금리 사이에 명확한 관련성이 없었다. 1993년에 힘겹게 적자 감축 법안을 가결했지만, 그 결과 극적인 금리 인하는 바로 일어나지 않았고, 미국 정부의 국채 금리는 클린턴 임기 내내 변동이 심했는데 이는 적자였던 연방 예산이 꾸준히 개선되면서 흑자로 돌아서던 패턴과 상당히 달랐다. 미국 국채 금리는 정부 지출 패턴을 따라가지 않았고 소비자 대출 금리도 마찬가지였다. 30년 만기인 주택담보대출 상품의 금리도 출렁거려 클린턴 임기 초기에는 8퍼센트 정도에서 시작해 임기 말에는 7퍼센트 정도로 마감했다.

경기가 좋을 때는 비평가들이 그런 세부사항에 주목하지 않았다. 클린턴의 전임 대통령 네 명의 경제 성적과 비교해봐도 그의 관리 능력은 상당히 좋아 보였다. 클린턴이 퇴임할 무렵에는 중간 가계 소득이 6,000달러나 증가했고, 실업률은 거의 절반으로 줄었으며, 인플레이션은 거의 존재하지 않았고, 빈곤율은 감소했다. 그러나 노벨상 수상자인 조지프 스티글리츠가 명명한 소위 "90년대의 호황roaring nineties"은 근본적으로 불안정했다. 미국인들이 몇 년간 짧게 누린 번영은 통제할 수 없는 자본으로 넘쳐나는 변덕스럽고 규제되지 않은 금융 부문에 크게 기인했다. 소득 불평등은 1990년대에 폭발적으로 증가했고, 엔론 사태와 닷컴 붕괴가 벌어질 무렵이 되면 클린턴 시대에 누린 경제적 이득은 미국 소득 상위 1퍼센트를 제외한 모든 이들에게서 이미 사라진 상태였다. 클린턴이 퇴임하고 10년이 채 지나지 않아 그의 경제 정책이 힘을 실어준 이 권력 세계의 대가들은 그들의 은행과 글로벌 경제를 폭파시켜 미국과 전 세계를 대공황 이후 최악의 불황 속으로 몰아넣을 것이다. 우리는 그에 대한 대가를 오늘날까지 치르고 있다.

클린턴은 선거 유세장에서 국제무역에 대해서는 그렇게 많이 언급하지 않았다. 그는 조지 H. W. 부시가 1992년에 북미자유무역협정NAFTA 협상을 완료했을 때도 그에 대한 입장을 표명하지 않았고,[16]

존 메이너드 케인스

선거 전단지에 자신은 "강력하고 효과적인 무역법"을 제정할 것이고 "새로운 시장을 개방하겠다"고 약속했는데 이는 강성 보호주의자들과 자유무역론자들이 모두 지지할 만한 공약이었다.[17]

클린턴의 예산안이 통과되고 5주 후, 그는 부시, 카터, 포드 등 전직 대통령들의 초상화가 걸린 백악관 이스트룸으로 레드카펫을 따라 들어가 의회와 국민들에게 그의 행정부가 NAFTA에 전적으로 힘을 실어줄 것이라는 메시지를 전했다. 클린턴은 이전에 추진했던 법안이 거의 실패에 가까운 취급을 받자 정치적 도박을 하고 있었다. NAFTA는 논란의 대상이었다. 공화당 의원들조차 의견이 엇갈렸고 민주당 의원들은 대부분 NAFTA에 반대했다. 노먼 에인절과 밀턴 프리드먼의 생각이 일부 담긴 연설에서 클린턴은 국가가 그의 리더십을 따르도록 대담한 모습을 보여야 한다는 고어의 충고를 받아들였다. 그는 무역협정을 베를린 장벽 붕괴와 이스라엘과 팔레스타인 지도자들이 당시 막 서명한 오슬로 평화협정과 연결시켜 말했다. 그는 시장의 힘과 기술 혁신을 어떤 정부도 거스르지 않을 변화의 바람이라고 밝혔다. "희망과 평화의 정신 안에서 낡은 세계는 죽고 새로운 세계가 태어나고" 있었다. NAFTA는 "남미에 자유 민주주의에 대한 자극을 주고 미국에도 새로운 일자리를 창출할 것"이다. 이 협정은 미국 노동자들에게 과거의 일자리와 산업에 매달리지 않고 "경쟁하고 승리할 수 있는", 그리고 "미래에 자신 있게 대면할 수 있는" 기회를 선사했다.[18]

NAFTA는 클린턴이 세계 경제를 완전히 바꾸기 위해 변화를 모색한 세 가지 무역정책 중 그 첫 번째였다. 세계무역기구WTO의 창설, 그리고 중국과 영구적인 무역관계 정상화와 더불어 NAFTA는 1970년대에 붕괴됐던 브레튼우즈 체제를 대체하는 새로운 국제무역 질서를 세우려는 의식적 노력이 구체화된 것이었다. 브레튼우즈는 자국 화폐의 가치를 조작해서 무역에서 불공정한 이익을 취하는 것을 막기 위해 고정환율에 의존하자는 것이었다. 그 체제에 실제로 어떤 장점이 있든, 브레튼우즈는 효과가 없었다. 미국은 그들이 창조한 시스템을 그들 손으로 날려버렸다. 그래서 클린턴 정부는 다른 노선을 취했다. 돈에 집중하는 대신, 다른 것들에 집중하기로 한 것이다.

신자유주의 이론가들이 수십 년간 내놓은 연구 결과에 감화된 클린턴은 국제시장, 특히 금융시장이 지배적인 중앙은행 한 곳에 휘둘리는 대신 자유무역이라는 비전을 실현하고자 했다. 자유로운 금융시장이 수익성 있는 기회를 파악하고 변화하는 국제환경에 부응하며 순조롭게 기능하려면, 미국은 새로운 무역협정을 작성하고 WTO라는 국제무역에 대한 새로운 규제기관을 마련해서 각국 정부가 불공정한 장벽을 치지 못하게 해야 했다. 이런 불공정한 장벽으로는 오랜 세월 자유무역이 있는 곳이면 어김없이 등장해온 관세가 대표적이었지만 그 밖에도 각 정부가 일상적으로 짊어질 다수의 다양한 책무들도 속했다. 환경보호 규정부터 특허 기간, 그리고 과도한 금융 투기에 대한 제한까지 모든 것이 국제사회의 검토 대상이 되어야 했다.

클린턴과 그의 신자유주의 추종자들은 이전에는 한 번도 시도되지 않은 새로운 방안들을 추진하고 있었다. 1914년 이전까지 자유

존 메이너드 케인스

무역이라는 개념은 금본위제와 불가분의 관계에 있었다. 브레튼우즈 체제에서 자유무역은 냉전의 핵심 주체 중 하나였던 미국 편에 있었다. 이제 자유무역은 각국에 그들이 통제할 수 있는 것과 통제할 수 없는 것을 말해주는 상세한 국제법 체계와 같았다. NAFTA가 체결되고 몇 년 후 밀턴 프리드먼은 "경제학자들은 애덤 스미스 이후로 다른 쟁점에 관해 어떤 이념적 입장을 취하든, 국제적 자유무역이 무역국들과 세계의 이익에 가장 잘 부합된다는 생각에는 사실상 모두 의견 일치를 봤다"고 밝혔다.[19] 그의 말은 사실이었지만, 그 이유는 "자유무역"이라는 용어가 실제로 무엇을 의미하든 역사적으로 특정 순간에 경제학자들이 선호하는 국제정치 질서를 탁월하고 유연하게 대변해온 덕분이었다.

경제학자들은 클린턴의 세계화 계획에 압도적 지지를 보냈다. 클린턴은 백악관 출입 기자들 앞에서 NAFTA에 대한 입장을 밝히면서 경제학자들의 승인을 받았다는 사실을 피력했다. 경제학자들이 NAFTA에 관해 수행한 19건의 진지한 연구 중 18건은 이 협정으로 인해 미국이 일자리 측면에서 입을 순손실은 없을 것으로 결론을 냈다. 대다수 경제학자의 전망에 따르면, 이 조약이 시행된 후 몇 달 동안 기업들은 낮은 임금으로 비용 절감을 시도할 것이고 이에 따라 미국의 많은 고임금 일자리가 멕시코로 넘어갈 터였다. 멕시코에서 일자리 수요가 증가하면 그쪽 임금도 빠르게 상승할 것이고, 멕시코 노동자의 임금이 인상되면 미국과 멕시코에서 생산되는 제품에 대한 전반적인 수요가 모두 상승하게 된다. 궁극적으로 볼 때, 관세가 낮아지면 무역이 확대되고 이는 무역균형으로 이어지게 된다. 다시 말해, 더 많은 일자리와 더 높은 급여를 낳을 수 있다. NAFTA는 윈 윈 조약이 분명했다.

경제 전문가들은 WTO 전망에 대해서도 비슷한 합의를 이뤘다. 〈뉴욕타임스〉 기자인 토머스 L. 프리드먼은 기사에서 이렇게 설명했다. WTO 조약이 미국 노동자들을 위협할 것으로 여기는 "경제학자는 거의 없다."[20] 관세를 철폐하면 "세계 최대 규모의 감세"[21] 효과를 낳고 "5조 달러에 이르는 신규 무역을 촉진할 것이다."[22] WTO에 반대했던 상원의원들은 세계 그리고 최신 경제학과 "이념적으로" 발을 맞추지 못하고 "정처 없이 헤매는" 늙은이 취급을 받았다.[23]

앞서 밀턴 프리드먼도 그랬지만 클린턴은 무역의 신자유화를 억압받는 사람들이 정치적 자유에 한 발자국 더 가까이 가는 조치로 묘사했고, 이는 냉전이 종식된 시점에서 미국이 세계의 해방을 위해 추진할 만한 논리적인 시도였다. 세계적인 경제기구가 국가들의 독단적 결정이 아니라 금융시장에 의해 확립되면 평화와 번영의 꽃을 더 쉽게 피울 수 있다는 것이 합리적인 기대 가설이 가미된 노먼 에인절의 생각이었다. 클린턴은 나중에 이런 글을 썼다. "NAFTA는 멕시코와 중남미 관계뿐 아니라 보다 통합적이고 협력적인 세계를 만들려는 우리의 의지를 위해서도 꼭 필요했다."[24]

2000년에 클린턴은 조지프 매카시 시절 이후로 미국 정계의 골칫거리였던 중국과의 무역관계를 영구적으로 정상화하는 법안으로 그의 임기와 WTO 프로젝트를 모두 마무리 지었다. 중국을 WTO 체제에 끌어들이는 것은 하나의 도박이어서 WTO 관계자들조차 중국을 "비시장 경제"로 간주하며 중국이 WTO 규정을 준수하려면 정

존 메이너드 케인스

부와 상업 간 관계 전체에 재정비가 필요할 것으로 예상했다. 하지만 클린턴은 중국과의 무역법안이 그들의 "인권과 정치적 자유에 지대한 영향을 미칠 것이며" 중국 지도자들이 "정치적 개혁을 선택"하게끔 만드는 압박이 될 수 있다고 자신했다. 클린턴은 이런 주장에 회의적인 사람들에게 이렇게 충고했다. 중국을 세계 경제 공동체에 끌어들인다고 해서 그들이 민주 정부를 채택한다는 보장은 없지만 "경제적 변화가 일어나는 과정에서 중국은 그런 선택에 더 빨리 직면하게 될 것이며 올바른 선택을 위한 의무감을 더 강하게 부여할 겁니다." 그는 이런 말도 했다. "중국의 WTO 가입은 우리 제품을 더 많이 수입하겠다는 동의일 뿐 아니라 민주주의가 가장 소중히 여기는 가치 중 하나인 경제적 자유를 수입하는 데 동의하는 겁니다."[25]

이런 고매한 원칙들은 중국과의 무역에서 기대되는 온당하고 긍정적인 혜택들에 대한 경제적 분석으로 뒷받침되었다. 미국 국제무역위원회는 이 조약으로 미국 경제가 17억 달러 더 성장할 것으로 예측했는데 이는 10조 달러에 이르는 미국의 경제 규모와 비교하면 미미한 숫자였다.[26] 피터슨 국제경제연구소는 중국의 WTO 가입으로 미국의 수출이 30억 달러 증가할 것으로 예상했다.[27] 한편 1970년대의 무역 패턴에 대한 실증적 연구로 노벨상을 수상하게 되는 폴 크루먼은 〈뉴욕타임스〉 독자들에게 "이 무역에 대한 산술적 계산 결과 중국이 양보한다면 노조 집단이 혜택을 보게 될 것"으로 시사했다. 그는 중국이 미국 시장에 영구적으로 접근할 수 있는 보상을 받기 전에 민주적 개혁 능력부터 입증해야 한다는 주장을 일축했고, 기업 노조들이 중국과의 무역 확대를 거부하기 위해 "중국에서 그 무엇이든 정치적 완벽성에 못 미치는 요소를 찾아" 문제 삼을 것이라고 주장함으로써 경제학자 대부분의 견해를 대변했다.[28]

역사학자인 퀸 슬로보디안의 연대기를 보면, 신자유주의 이론가들 중에는 당시 클린턴의 무역 프로젝트를 전 세계 엘리트층과 국가의 민주주의 사이에서 권리와 권력을 재정비하는 일종의 국제적 정치 조직으로 이해한 이들도 있었다. 하지만 미국의 정책을 진척시키기 위해 사용된 주장들은 이보다 더 단순했다. 이들은 정치를 세계정세를 조화롭게 만들려는 시장의 자연스럽고 불가피한 과정을 방해하는 인위적인 것으로 간주했다. 1993년에 클린턴은 "우리는 세계적 변화를 멈출 수 없습니다"라고 말했었다. "우리는 어디에서나 벌어지는 국제적 경제 전쟁을 중지할 수 없습니다. 우리가 할 수 있는 것은 자국의 이익을 추구하려는 에너지를 활용하는 것뿐입니다."[29] 하지만 NAFTA, WTO, 중국을 둘러싼 이런 장밋빛 약속과 예측만으로 정치적 현실을 극복할 수 없었으므로 이런 전략은 결국 허물어질 것이다. 케인스가 수십 년 전에 책에서 밝혔듯이 시장과 돈은 근본적으로 정치적 산물이었다. 정부가 사라졌을 때 실현될 수 있는 이상적인 시장 프로세스는 없었다.

이런 사실은 WTO 조약 규칙들을 검토해보면 더 분명해진다. 지적재산권 규제가 대표적인 예로, WTO 조약은 모든 국가가 새로운 발명품에 대해 20년간 특허권을 부여하도록 요구했다. 이는 미국이 정한 특허 보호기간인 17년보다 더 길었다. 특허는 신제품에 대해 정부가 부여하는 독점적 권한으로 특허권 보유자는 자신의 혁신에 대해 원하는 만큼 비용을 청구할 수 있었다. 이렇게 보면 대부분의 자유무역 지지자들은 글로벌 경쟁이 치열해질수록 상품 가격은 내려갈 수밖에 없다고 강조했지만 WTO는 신제품에 대한 독점권 기간을 연장해서 가격을 의도적으로 올리고 있었다.

무엇보다 제약품의 특허권 기간이 길어지면 약품이 탈식민지 세계의 약소국으로 수출될 때 치명적인 결과를 초래할 수 있었다. 특허에 대한 WTO 조약이 체결됐던 해에 남아프리카 공화국은 국민투표로 넬슨 만델라를 그들의 첫 대통령으로 선택했다. 만델라는 남아공의 공중보건이 위기에 처했을 때 취임했다. HIV 감염률이 급속히 증가하고 있었고 3,900만 인구 중 약 10퍼센트가 이미 감염된 상태였다.[30] 미국의 제약회사들은 HIV를 치료하기 위해 효과적인 신약을 개발했는데, 이 약으로 환자의 수명을 수년, 심지어 수십 년까지 연장할 수 있었다. 하지만 문제는 가격이었다. 이 약을 쓰려면 특허권 때문에 연평균 국민소득이 약 2,600달러밖에 안 되는 남아공에서 에이즈와 HIV 치료에만 환자당 연간 1만 2,000달러를 들여야 했다.[31] 당시 남아공의 국내총생산GDP는 1년에 약 1,400억 달러였으므로[32] 에이즈와 HIV를 앓는 모든 환자를 치료하려면 매년 국가 전체 재산의 3분의 1을 해외 제약회사에 보내야 했다.

클린턴 정부는 WTO의 지적재산권 원칙이 제약사들에게 만델라 행정부의 간섭 없이 자신들이 원하는 가격을 청구할 수 있는 확실한 권리를 부여했다고 주장했다. 만델라가 자국 정부가 외국의 약품 중 더 저렴한 것을 선택해서 구입할 수 있게 하는 법에 서명하자 미국은 무역제재로 보복하겠다고 위협했고, 만델라의 비행으로 "특허권이 폐기될 것"이라고 압박했다.[33] 에이즈 위기는 계속 확산되고 있었지만 만델라는 법률 시행을 보류했다. 2000년이 되자 남아공 국민의 22퍼센트 이상이 에이즈에 감염됐다. 그동안 인도의 제약회사인 시플라는 하루 1달러의 "인도주의적" 가격으로 미국 HIV 약의 제네릭 상품을 생산하기 시작했다. 하지만 클린턴 행정부는 "국제 협정"을 근거로 남아공에 대한 제재를 계속해서 제네릭 약품을 수입하지 못하도록 압박했다. 그러다 앨 고어 부통령의 2000년 대선 운동 유세장에 시위대가 나타나 고어의 살인적 탐욕을 폭로하는 "아프리카에 의약품을"이라는 배너를 카메라에 들이대자 그제야 제재를 철회했다.[34] 클린턴이 에이즈 약을 두고 만델라와 싸우는 동안 수백 명의 남아공 국민이 사망했다. 〈타임스〉에서 토머스 프리드먼의 기사를 읽은 사람이라면 관세, 경제성장, 일자리에 대한 문제로 설명되는 무역분쟁의 실체를 확인했을 것이다.

한편 경제학자들은 NAFTA, 그리고 미국과 중국의 새로운 무역협정의 궁극적 성과에 당혹감을 느꼈다. 미국은 멕시코와 중국과의 무역에서 모두 만성 적자 상태로 급속히 빠져들었기 때문이다. 강력한 노조도 없고 국가 인프라를 개발하거나 근로자를 보호하려는 정치적 의지도 없던 멕시코는 열광적 NAFTA 지지자들이 약속했던 번영을 이루지 못했다. 노조화된 제조업 일자리가 멕시코로 이전되자 미국에서는 중산층 정도의 생활 수준이 확보된 자리가 국경 아래에서는 2018년까지도 고작 시급 1달러의 삶으로 하락하고 말았다.[35] 또 멕시코 농부들의 경우에는 NAFTA 조약에 따라 연방정부의 보조를 받더라도 미국의 농업 대기업들과 경쟁이 안 된다는 것을 깨달았다. 멕시코에서는 490만 명에 달하는 농민들이 NAFTA에 의해 대체

존 메이너드 케인스

되었고, 임금은 거의 변하지 않았으며 경제 성장률은 겨우 1퍼센트에 그쳤다. 일부 지표에 따르면 빈곤율은 NAFTA 체결 후 20년 동안 오히려 증가했다.[36] 조약은 윈윈 전략이 아니라 민망한 실패로 끝났다.

중국의 경우는 더 심했다. 1980년대 중반 이후로 미국 제조업의 총 일자리 수는 1,700만 개 정도를 유지했다. 2000년 가을에 중국의 무역협정 법안이 승인되자 미국의 제조업 일자리 수가 갑자기 1,730만 개에서 1,430만 개로 고꾸라졌고, 2007년에 경제위기가 시작되고 300만 개의 일자리가 더 사라지기 전까지 그 수준을 유지했다. 이후 8년간 이 중 150만 개의 일자리만 복구되었다.[37]

이는 기술 혁신과 고도의 자동화에 따라 로봇이 인간의 자리를 가로챘기 때문이 아니었다. 생산성 지표에는 자동화 속도가 반영돼 있으며 미국의 전반적인 생산성은 1970년대부터 2008년까지 원만히 상승했다. 2000년에 갑자기 바뀐 것은 중국에 대한 미국의 무역 정책이었다. 금융 위기가 한창일 때, 1990년대부터 세계화를 열렬히 지지했던 많은 이들은 대중 무역적자가 미국을 더 깊은 경제적 수렁으로 몰아넣고 있다고 여겼고, 크루그먼 같은 학자들은 미국의 제조업 일자리 유출을 막기 위해 중국에 관세를 부과해야 한다고 주장했다.

제조업 일자리가 사라진 것이 순전히 중국 탓은 아니었다. 경제학자인 데이비드 H. 오토, 데이비드 도른, 고든 H. 한센은 중국과의 무역으로 손실된 일자리를 (1999년부터 2011년까지) 98만 5,000개로 집계했다.[38] 오토와 공동 연구자들은 실업자가 된 이전 공장 근로자들이 더 이상 소매업과 외식에 돈을 쓰지 않게 되면서 지역사회가 받는 타격을 감안하면 "차이나 쇼크"로 인한 일자리 손실이 200만 개에서 240만 개 사이일 것으로 예상했다. 중국과의 무역협정이 미친 영향력을 경제적으로 분석한 자료 대부분은 미국의 어떤 지역 공동체에 속해 있던 공장이 문을 닫으면 직장이 없어진 사람들이 일자리가 더 많은 곳으로 이주함으로써 그들의 임금을 극대화할 것이라고 가정했다. 제조업 경제의 패배자들은 서비스 경제의 승자가 될 것이다. 하지만 인간은 모든 현실을 무시하고 이익만 극대화하지 않는다. 인간은 그들의 가족, 친구, 거주지를 소중하게 여긴다. 일자리가 사라져도 그들은 원래 있던 공간을 떠나지 않곤 한다.

클린턴이 2000년에 예상했던 중국의 정치개혁도 전혀 실현되지 않았다. 2018년에 중국의 시진핑은 국가 주석의 임기 제한을 폐지하고 수십만 명에 달하는 무슬림 위구르족을 체포해 수용소로 보내면서 영구적이고 개인적인 독재 통치의 문을 열었다. 미국과 유럽연합EU 회원국 등 더 부유한 나라에서는 세계화가 경제적 불평등을 심화해서 기업의 수익과 주가를 끌어올리는 반면 근로자 임금은 하향 곡선을 그리도록 압력을 가했다. 조지프 스티글리츠가 결론 내린 것처럼 세계화는 "선진국과 개발도상국에서 모두 근로자와 소비자, 일반 시민의 희생 하에 대기업이 주도한 전략"이었다.[39] OECD에 따르면 시민과 주주의 사회적 환경은 점점 더 분리되어 재산뿐 아니라 교육과 신체적 건강에서도 불균형이 초래됐으며, 소득 계층의 아래로 갈수록 시험 점수도 낮아지고 기대수명마저 짧아진다.[40] 그 결과 정치적 긴장은 다른 국가들 사이뿐 아니라 개별 국가 안에서도 고조되어 왔다. 경제적으로 불안정한 국민들은 그들이 실제로 부유한 이웃들과 동일한 정치적 프로젝트에 속해 있는지 의문을 품는다. 경제학자인 대니 로드리크는 "세계화가 사회 분열에 기여했다"고 주장한다.[41]

이런 정치적 피해 속에서 세계화를 옹호하는 더 정교한 학자들은 세계화의 성공을 뒷받침하는 그들만의 논리를 재구성해왔다. 그들은 자유무역이 모든 배를 움직이는 밀물이라고 주장하는 대신, 미국 중산층의 퇴보는 인정하면서도 이런 문제가 개발도상국의 발전으로 충분히 상쇄될 수 있다고 주장한다. 하지만 이후에도 세계 빈곤층 문제가 꾸준히 개선된 것은 아니다. 2000년에 월드뱅크는 하루에 2달러 이하로 살아가는 사람들의 숫자가 1990년대를 거치면서 사실상 증가했다고 발표했다.[42] 2012년에는 상황이 조금 나아졌다. 월드뱅크는 2000년부터 12년간 세계 최빈국의 "극빈자" 수를 절반으로 줄이는 목표를 달성했다고 발표했다.[43] 하루 생활비가 1달러 90센트 미만인 사람들의 수(월드뱅크는 극빈자에 대한 지표를 2달러에서 1달러 90센트로 조정했다)는 1990년에 약 18억 명이었지만 오늘날에는 약 8억 명으로 줄었다. 그러나 이 지표를 조금만 조정해도 개선 수준이 훨씬 덜 미약해진다. 세계화의 성공을 평가하는 것들의 다수는 단지 극빈자층 사람들을 일반 빈민층 집단으로 옮겨 놓음으로써 이뤄진다. 아직도 18억 명의 사람들은 하루에 2.5달러 이하로 버틴다.[44] 그리고 1.9달러로 하루를 사는 사람들의 감소분의 절반 정도는 중국에서 발생했는데, 중국인들의 생활 수준 향상은 민주주의 국가와의 자유로운 교류 때문이 아니라 독재 정부에 의해 엄격하고 효과적으로 관리되는 보호무역주의 산업정책의 결과로 이뤄진 것이다. 게다가 생활 수준의 향상으로 엄청난 대가까지 치르고 있다. 중국은 산업 호황으로 세계 최대의 온실가스 배출국이 되었다.[45] 게다가 이산화탄소 배출량의 대부분은 미국과 유럽으로 수출할 상품을 생산하는 공장들에 전기를 공급하는 석탄발전소에서 나오는데, 이는 21세기에 미국이 이런 더러운 생산작업을 주로 중국에 외주해서 자국의 탄소 발자국을 개선했다는 것을 보여준다.[46] 스모그로 가득한 중국의 북부 도시에 사는 가족의 기대수명은 그들의 장기가 대기오염에 만성적으로 노출된 결과로 3.1년이나 감소한다.[47]

1990년대에 경제학자들은 깔끔하게 조정된 합리적 시장들을 국제 정치의 복잡하고 잔인한 현실로 대체하려 함으로써 무역을 망쳐놓았다. 세계화를 위한 조정 작업은 임금과 가격 평형의 신속하고 원활한 전환이 아닌 협상, 항의, 정치적 투쟁을 통해 전개되었다.

클린턴이 취임했을 무렵 몇몇 경제학자들은 당시 정치적 화두로 급부상하던 자유무역 협정에 반대하는 목소리를 냈다. 조앤 로빈슨은 세상을 뜨기 몇 년 전인 1979년에 지속적인 무역적자가 미국과 영국에 얼마나 큰 위험을 야기하고 있는지를 〈포스트 케인스 경제학 저널Journal of Post-Keynesian Economics〉에 기고했다. 그녀는 특히 제조업이 그런 위험에 취약해 보이며 자유무역 마니아들이 가장 탁월한 해결책으로 제안하는 환율변동 또한 영국에서는 효과가 없었던 것 같다고 주장했다. 그녀는 "국제경제는 자율균형 시스템이 아니기 때문에 영국과 미국이 특별히 취약"한 상황이며 대부분의 경제학자가 현실이 아닌 "이상화된 가정을 바탕으로 논거를 펼쳐서 파멸을 자초하고 있다고 주장했다. 로빈슨은 무역 쇼크가 1970년대 발생한 오일 쇼크와 마찬가지로 파괴적인 위력을 발휘할 수 있다고 믿었고, "새로운 형태의 무역 규제가 필요하고 불황에 대해 어떤 대책이 나오든 신중하게 고안된 보호책이 함께 마련되어야 할 것"이라고 경고했다. 그녀의 논리는 케인스 사상을 국제사회에 응용한 것이었다. 경제가 (세계 경제든 국가 경제든) 문제를 스스로 해결할 것이라고 주장하는 것은 결코 좋은 경제학이 아니었다. 국가 경제가 높은 실업률을 통해 균형에 안착할 수 있는 것처럼 국제무역도 만성적인 불균형과 기능 장애에 빠져들 수 있다.

로빈슨은 경제학계 주류에서 쫓겨난 학자들을 위해 무명의 전문지에 글을 쓰고 있었다. 클린턴의 입장에서 무역 정책에 대한 경제학자들의 절대적인 합의는 지구 온난화나 오존층에 대한 과학적 판단과 같은 현상이었다. 또 그것은 클린턴이 그의 무역 정책으로 인해 맞닥뜨린 정치적 역풍을 극복해야 하며, 자신들이 대통령에게 그런 힘을 주겠다는 사실을 알리는 명망 높은 학자들의 평결이었다. 노조, 환경 단체, 소비자 옹호 단체, 공중 보건 전문가들은 전통적으로 진보적인 민주당 우방들의 연합 전선인 NAFTA에 반대하는 쪽에 줄을 섰다. 미국 기업인들은 대부분 클린턴의 무역 협정이 실행되기를 원했지만, 1993년 당시에는 클린턴이 대기업 편에 서는 것이 과연 정치적으로 현명한 작전인지 명확하지 않았다. 그는 그저 43퍼센트의 득표율로 대통령에 당선되었고, 의회에는 클린턴에 맞서는 공화당 의원들이 기다리고 있었다. 1992년 선거에서 수백만 명의 부동층으로부터 표를 받은 억만장자 로스 페롯은 NAFTA에 반대하는

1인 시위를 1년 내내 하고 있었으며 이는 케이블 뉴스들이 가장 주목하는 이슈 중 하나가 되었다. 클린턴의 입장에서 이 조약에 반대한다는 것은 민주당의 전통적인 선거구를 강화시키는 동시에 그에게 투표하지 않았지만 공화당도 내키지 않아 하는 사람들에게 화해의 손길을 뻗는 행위가 될 수 있었다. NAFTA에 반대한 민주당원들이 북동부와 중서부 상단의 진보적 보루 지역에 국한돼 있었던 것은 아니었다. 이 조약에 반대표를 던진 민주당 하원의원 65명은 남부와 서부 지역에서 환영을 받은 반면, NAFTA 문제에서 클린턴의 편을 든 의원 중 3분의 1은 중간선거에서 공화당 의원들로 교체되었기 때문이다. 〈워싱턴 포스트〉 기자인 존 해리스는 "NAFTA는 클린턴에게 정치적 고통이 되었다"[48]라고 결론지었다.

클린턴이 이전 공화당 정부의 경제 플랫폼을 꽤 많이 사용한 것 (NAFTA는 원래 조지 H.W. 부시가 추진했던 정책이었다)은 소위 "삼각관계화"라는 정치 전략의 하나로, 그는 자신의 정책들을 자유주의와 보수주의가 벌이는 논쟁의 양극단 사이 절충안인 동시에 닳고 닳은 당파 싸움을 초월한 형태로 제시하였다. 클린턴은 단순한 중도주의가 아니라 그의 비평가들보다 지식과 도덕성 측면에서 더 고차원적으로 움직이는 중도주의자였다. 1994년 중간선거에서 민주당이 돌풍을 일으킨 이후로 클린턴은 삼각관계화가 좋은 브랜드라고 믿게 되었다. 그는 삼각관계화가 자신을 좋은 역사적 동반자로 만들 것이라 상상했다. 아서 슐레진저 주니어를 광적으로 신봉했던 클린턴은 케네디 행정부에 대한 그의 해설서인 《존 F. 케네디가 백악관에서 보낸 1000일의 기록A Thousand Days: John F. Kennedy in the White House》의 영향

존 메이너드 케인스

을 많이 받았다. 이 책은 케네디 정권 시절을 프랭클린 루스벨트의 뉴딜주의 유산과 연결시키려는 의도로 쓰였었다. 1949년에 슐레진저는 《생명력의 원천: 자유정치The Vital Center: The Politics of Freedom》를 발표했는데, 이는 뉴딜정책을 전면적인 기술 변화로 표류 중인 미국을 구한 중간지대로 찬양하는 책이었다. 하지만 슐레진저는 프랭클린 루스벨트가 파시즘과 권위주의적 공산주의 사이의 "중심"에서 국정을 통치했다고 여겼다. 클린턴은 골드만삭스와 월마트의 사이 어딘가의 영역을 차지하고 있었다.

의회가 공화당 텃밭이 된 직후 클린턴은 조지아, 웜 스프링스에 있는 프랭클린 루스벨트FDR 별장에서 연설을 했는데, 당시 그는 자신의 행정부를 대공황에서 나라를 구한 루스벨트 행정부와 연계시킬 작정이었다. 슐레진저와 갤브레이스도 연설에 초대되었다. 하지만 두 학자 모두 클린턴의 말에 어떤 감화도 받지 못했다. 갤브레이스는 〈워싱턴포스트〉와의 인터뷰에서 "루스벨트 대통령은 적들의 존재를 즐겼습니다. 저는 빌 클린턴도 그렇게 되기를 바랍니다"라고 말했다. 슐레진저는 공화당과 유화 정책을 벌이는 클린턴을 비난했다. 대조적으로 루스벨트는 "좋은 논쟁을 즐겼다." 기사를 읽은 클린턴은 분노가 "폭발했고" 슐레진저에게 불쾌감이 역력히 드러나는 답장을 보냈다. "지난 2년간 저와 치열하게 싸웠던 사람들은 제가 좋은 논쟁을 얼마나 즐기는지 잘 알고 있을 겁니다."[49] 대통령은 자신이 영웅시했던 인물에게서 정말 큰 상처를 입었다. 하지만 실망은 그것으로 끝이 아니었다.

클린턴의 무역 정책은 대중 사이에서도 끊임없이 논쟁을 키웠다. NAFTA 체결은 클린턴이 처음으로 추진했던 예산안을 의회에서 통과시킨 것만큼 힘겨운 일이었다. WTO 대표단이 1999년 11월 말에 시애틀에 모였을 때는 수만 명의 시위자가 회의장에 집결하는 바람에 도시가 사실상 폐쇄되었다.[50] 반면 클린턴이 발의한 국내 금융 정책에 대해서는 대중들의 반응이 거의 없었다. 다만 그 결과는 폭약에 버금가는 수준이었다.

그렇다고 규제 받지 않는 금융권과 관련된 위험 경고가 충분하지 않았던 것은 아니었다. 1995년에 멕시코에서 단행된 금융 자유화로 페소의 위기와 금융붕괴는 절정에 달했고, 이 때문에 멕시코는 미국과 국제통화기금IMF의 긴급 원조가 필요했다. 1997년에 태국에서 발생한 금융 위기는 다른 많은 동남아 국가로 빠르게 확산되었고 IMF는 다시 행동에 나섰다. 한편 미국의 금융시장은 1997년이 되자 클린턴 시절을 꽤나 잘 헤쳐 나간 것 같았다. 스탠더드앤드푸어스S&P 500 주가지수는 클린턴이 취임한 이후로 두 배 이상 상승했고, 실리콘밸리 기술주들의 기준이 됐던 나스닥 지수 역시 상승세로 돌아섰다. 클린턴과 공화당 의회는 자본차익에 대한 세율을 28퍼센트에서 20퍼센트로 인하해서 투자자들에게 호시절을 즐기도록 유도했다. 1991년에서 2011년까지 전체 자본이익의 절반 이상이 0.1퍼센트의 최고 부유층 가구에서 발생했으며, 이런 상황은 부유층이 재산을 더 불리는 동시에 주식시장에 더 많은 돈을 투자하도록 자극했다.[51]

그해 12월에 스웨덴 왕립과학원은 월가의 주식 투자자들을 위해 획기적인 도구를 개발한 마론 스콜스와 로버트 머튼에게 노벨 경제학상을 수여했다.[52] 두 경제학자들은 수학적 확률, 주가 변동, 옵션 지속기간을 고려해서 스톡옵션의 정확한 가치를 결정하는 방정식을 개발했다. 스톡옵션은 투자자에게 특정 날짜에 특정 가격으로 주식을 살 권리를 부여한다. 투자자 입장에서는 이후 주가가 올라갈지 내려갈지에 대해 근본적으로 베팅을 하는 것이다. 머튼과 스콜스는 이런 베팅의 가치를 산정하는 방법을 확립해서(수익이 날 것인지 알 수 없는 상태에서) 파생상품 시장의 폭발적 성장에 일조했다. 단순한 형태의 파생상품은 수 세기 동안 존재해왔다. 선물 계약 덕분에 농부들은 그들이 재배한 농작물의 가격을 헤지하거나 항공사들이 몇 달 전에 연료 가격을 정할 수 있었다. 하지만 갑자기 파생상품이 우후죽순 생겨났고 사람들은 거의 모든 것, 심지어 기업의 채무불이행 가능성에도 돈을 걸 수 있었다. 파생상품 시장은 1990년대 초에 다섯 배가량 증가했지만 새로운 상품의 범위가 너무 넓어서 시장을 정의하기조차 어려웠고 폭발적인 성장에 대해 믿을 만한 수치를 제시하기는 더더욱 어려웠다.[53]

스콜스와 머튼은 세계 최대의 헤지펀드 회사인 롱텀 캐피털 매니지먼트LTCM의 공동설립자로 그들이 개발한 수학 원리를 사업에 활용했다. 1994년에 12억 5,000만 달러로 시작한 LTCM은 불과 몇 년 만에 국채와 통화 가격에서 작은 갭을 발견하고 거기에 엄청난 베팅을 해서 투자자들의 돈을 네 배 이상 불려주었다. LTCM은 막대한 규모의 돈을 빌렸고 그렇게 조성한 회사 펀드를 활용해 상대적으로 미미한 가격 변화로도 극단적으로 높은 이익을 만들어냈다. 시장이 합리적으로 행동하고, 가격이 확률 지표에 의해 정해진 기준을 벗어날 만큼 변동하지 않는 한 헤지펀드는 놀라운 수익을 회수할 수 있었다. 1995년과 1996년 두 해 동안 헤지펀드 규모는 40퍼센트나 폭등해 늘 떠들썩한 주식시장까지 크게 앞질렀다.

하지만 수학적 모델이 미래까지 예측할 수는 없었다. 1998년 8월에 러시아에 금융 위기가 닥치자 LTCM의 거래 모델은 완전히 박살이 났다. LTCM은 순식간에 46억 달러의 손실을 입었는데 이는 헤지펀드 투자로는 천문학적인 금액이었다. 1998년에 48억 달러의 자본금으로 사업을 시작한 LTCM에는 1,200억 달러의 부채도 있었다. 만약 LTCM이 파산한다면 월가의 주요 금융사와 채권사들이 일시에 무너질 수 있었다. 워싱턴의 그 누구도 그 여파를 상상하고 싶지 않았다.

이에 따라 루빈, 그린스펀, 서머스는 산업 기금으로 36억 달러의 구제금융을 조성했고, LTCM은 덕분에 안전하고 순조롭게 위기에서 벗어날 수 있었다. 월가는 다 같이 안도의 한숨을 내쉬었다.

하지만 LTCM의 붕괴는 경제학자와 정책입안자들에게 모두 경종을 울렸어야 했다. 노벨상에 빛나는 LTCM의 트레이딩 방식은 무모해 보이지 않았다. 그들은 신중하고 꼼꼼한 조사분석을 통해 베팅을 했고 일련의 계산된 리스크에 대비해 투자를 헤지했다. LTCM을 곤경에 빠지게 한 것은 금융 전문가들이 소위 "레버리지"라 말하는 막대한 부채였다. 사업이 호황일 때는 레버리지로 이익이 증대하지만, 1998년에는 손실이 그만큼 무시무시하게 증대했다. LTCM의 수학 모델은 회사 경영에 잘못된 안전의식을 심어주었다.

이것이 새로운 문제는 아니었다. 스콜스와 머튼은 리스크와 그 회피 방법을 수량화할 수 있는 전문가였다. 그런 그들이 무너진 이유는 불확실성 때문이었다. 케인스는 1921년에 확률과 불확실성을 전체적으로 다룬 책을 출판했었고 그 개념은 더 나중에 출판된《일반이론》의 토대가 되었다. 케인스는 책에서 금융시장이 안정기에만 합리적으로 보인다고 강조했었다. LTCM이 적용한 리스크 지표는 과거 경험에서 도출한 추정치였다. 전쟁, 자연재해, 예상치 못한 선거 결과, 이례적으로 나쁜 작황 등 새롭거나 기대하지 못했던 요인이 등장하는 순간 회사가 도출한 모든 고급 계산의 결과들은 의미가 없어진다. 금융시장은 세상이 변하지 않을 때만 안정적으로 기능했고, 안정기에도 자산을 사고팔기 위한 판단은 객관적인 사실이나 주요 거시경제 지표들만큼 기대와 가정을 바탕으로 이뤄졌다.

LTCM의 몰락은 미국의 은행권뿐 아니라 클린턴 경제팀이 추진한 국내외 경제 프로젝트 전체에 분명한 의미를 시사하는 케인스의 통찰력을 기가 막히게 상기시켰다. 자유시장과 자유무역의 신자유주의 버전이 전 세계에 금융 불안을 전파하고 있었던 것이다. 사업투자, 과학연구, 사회복지 서비스 등 중요한 사회 기능들이 금융시장을 중심으로 돌아간다면 그런 기관들도 금융시장만큼 약해질 수 있었다.

클린턴의 경제팀은 이런 경고에 주의를 기울이기보다는 주요 금융권에 더 힘을 실어줄 만한 기회들을 잡았다. LTCM의 위기는 언론매체의 1면을 장식했다. 루빈, 서머스, 그린스펀은 〈타임스〉의 특별 커버 기사에 등장했으며 세 사람은 "세상을 구하는 위원회"로 불렸다. 하지만 이들이 헤지펀드를 구하기 위해 움직이는 동안 워싱턴의 관료체제 안에서는 훨씬 더 은밀한 전쟁이 벌어지고 있었다. 브룩슬리 본 상품선물거래위원회CFTC 위원장은 파생상품 시장의 급격한 성장이 위험해지고 있다고 경고했다. 특히 변종 파생상품인 신용부도스와프CDS가 과잉 투기의 수단으로 끝없이 확대되고 있는 듯했다.

CDS는 1990년대 초반에 보험 상품으로 등장했다. 위험도가 큰 기업의 채권을 사들인 투자자가 채무불이행 피해를 당하지 않도록 일종의 지급보증을 해주는 것이다. 채권을 발행한 회사가 파산할 경우에는 CDS를 인수한 기업이나 투자자가 그 비용을 대신 지급하게 된다. 하지만 CDS를 인도한 이가 이 자산을 실제로 소유해야 한다는 조건은 없었다. 그 결과 CDS가 투기 수단으로 둔갑했다. 은행이나 헤지펀드는 물론 투기꾼들까지 CDS를 이용해 다른 회사의 파산 여부를 두고 도박을 했다.

상품선물거래위원회는 워싱턴 관료체제의 서열에서 강력한 기관이 아니었기 때문에, 파생상품 시장의 위험성을 경고한 브룩슬리 본은 루빈과 서머스, 그린스펀, 증권거래위원회 위원장인 아서 레빗에 의해 바로 차단되었다. 그린스펀은 의회에서 "전문가들이 개인적으로 협상을 하는 파생상품 거래에 규제는 불필요합니다"라며, 그런 규제에는 "유용한 목적이 없고 시장 효율성을 저해할 뿐입니다"라고 주장했다. 루빈은 금융감독 기관 책임자 중 유일한 여성인 본이 너무 "경솔"했고 자신을 비판하는 사람들과 "건설적인 대화"를 거부한다며 비난했다. 서머스도 빠지지 않았다. "이런 계약의 당사자들은 자기 자신을 충분히 보호할 수 있는 사람들입니다."[54] 그래서 의회는 CDS에 대한 연방 규제를 금지하는 법안을 통과시켰고 심지어 주정부의 도박 금지법에서도 제외되었다. 클린턴 대통령은 거의 아무 생각 없이 법안에 서명했다.

클린턴은 또한 은행들이 증권거래용 예금을 유치하지 못하도록 대공황 시대에 제정했던 글래스스티걸법을 폐지하는 법안에 대해서도 그다지 에너지를 낭비하지 않았다. 글래스스티걸법은 은행 고객의 돈으로 베팅을 하는 등의 이해상충 행위를 막고 은행의 저렴한 자금원인 정부보증 예금이 오히려 위험한 투자활동을 부추기는 상황을 방지하기 위해 고안된 조치였다. 그러나 금융감독 당국은 지난 몇 년간 뉴딜 때 정해진 정책들을 조금씩 약화시키고 있었고, 시티은행이 대형 보험사인 트래블러를 인수하겠다고 발표하자 의회와 행정부는 유형이 다른 이 금융기관 간의 합병에 대한 최종 장벽을 기다렸다는 듯이 허물어버렸다. 특히 클린턴 대통령이 1994년에 은행들이 여러 주에 걸쳐 지점을 열고 다른 주 은행들과 합병할 수 있게 허용하는 법안을 승인한 이후로는 은행 간 합병이 폭증했다. 이제 이 열풍은 증권, 보험, 그리고 LTCM 같은 헤지펀드 회사로도 확대될 수 있었다. 시장가격이 효율적으로 산정된다는 약속에 도취된 경제학자들은 다양한 사업조직을 거느린 대기업들이 더 안정적이고 효율적으로 리스크를 헤지하고 분리된 사업부문에서 발생한 손실을 더 잘 보완할 수 있게 만들었다. 그들은 수십 개의 다양한 사업부와 수천억 달러의 자산을 보유한 기업을 감독할 때 생기는 관리상 맹점이나, 한 사업부에서 발생한 예기치 못한 사업적 충격이 대기업 전체를 무너뜨릴 수 있다는 가능성에 대해 우려하지 않았다.

시티그룹은 트래블러와의 합병에 서명했다. 화요일에 재무부에서 사퇴한 로버트 루빈은 향후 10년간 1억 2,600만 달러의 보수를 받는 조건으로 시티그룹의 공동회장직을 수락했다.[55] 2004년 회고록에서 클린턴은 루빈이 받은 보수에 대해 이런 농담을 한 것으로 나온다. "그가 소득 최상위층에 대한 세금 인상안을 포함한 1993년 경제계획을 지지했을 때, 나는 '밥 루빈은 중산층 구제를 위해 백악관에 입성한 사람입니다'라고 농담처럼 말하곤 했는데 백악관을 떠날 때 보니 그가 바로 소득 최상위층이 돼 있었다. 이제 밥은 공직을 떠났으니 그런 걱정을 해봐야 무슨 소용이 있겠는가."[56]

하지만 이 이야기는 좋은 결말을 보지 못한다. 2010년에 금융위기조사위원회는 루빈이 시티라는 거대 은행이 서브프라임 모기지subprime mortgage(주택 담보 대출 심사를 통과하지 못했거나 신용 등급이 낮은 사람들을 위한 대출-옮긴이) 사태에 직면한 것에 대한 "물적 정보를 공개하지 않은 데 '직간접적으로' 책임이 있다"는 혐의로 그를 기소했다.[57] 2008년 금융 붕괴 이후 시티그룹은 미국의 다른 어떤 금융기관보다 연방정부로부터 더 많은 지원을 받았다.

하지만 1999년과 2000년에는 아무도 이를 문제 삼지 않았다. 미국의 주요 신문들은 글래스스티걸법이 폐지된 사실을 1면 기사로 다루지 않았고 저녁 뉴스 또한 이 소식에 고작 20초 정도를 할애했다. 법안 폐지 직후 실시된 여론조사에서 응답자의 절반 이상은 이 사실을 전혀 들어본 적이 없다고 답했다. 주요 일간지 중 파생상품 법안을 취재하도록 전담 기자를 배치한 매체조차 없었다.[58] 존 해리스가 2005년에 클린턴의 백악관 재임 시절에 대한 전기를 냈을 때 그는 워싱턴에서 LTCM, 글래스스티걸법, 파생상품 등 금융 관련 쟁

존 메이너드 케인스

점들이 논의되었다는 내용을 담지 않았는데 그 이유는 단순했다. 실제로 그런 논의가 없었기 때문이다.[59] 클린턴 또한 979쪽에 달하는 자서전 어디에서도 금융에 대한 자신의 초당적 업적을 과시하지 않았다.[60]

하지만 2014년이 되면 클린턴이 임기 말에 강조했던 경제적 성과는 그의 약점이 된다. 사모펀드계의 대부호인 피터 G. 피터슨이 주최한 적자감축 회의에서 클린턴은 글래스스티걸법이 폐지되면서 파산한 은행은 "단 한 곳도 없다"고 주장했다. 엄밀히 말하면 사실이었다. 은행이 망하기 전에 연방정부가 구제해줬기 때문이다. 하지만 그런 클린턴의 자기변호에는 당시의 정치적, 지적 기류를 드러내는 말이 포함돼 있었다. "만약 제가 그 결정으로 은행권에 대한 감독과 증권거래위원회의 감시가 끝난다는 것을 알았다면 그 법안에 서명을 했을까요? 아닐 겁니다. 그러면 그 법안이 통과됐을까요? 네, 그랬을 겁니다. 여러분의 기억을 되살려 드리자면 그 법은 90대 8로 통과했습니다."[61] 1920년대의 윈스턴 처칠처럼 클린턴은 현실 세계의 아우성을 일련의 조화로운 개념으로 대체하려고 했던 전문가들의 합의에 힘입어 재앙을 초래했다.

2000년 8월에 클린턴은 존 케네스 갤브레이스를 백악관으로 초청했고, 91세의 경제학자에게 일반인으로서 미국 최고의 영예인 대통령 자유훈장을 수여했다. 진보계의 명사인 제시 잭슨, 조지 맥거번, 사겐트 슈라이버와 함께 갤브레이스를 칭송하고자 마련된 그 행사는 에너지와 상상력이 남달랐던 오래전 이상주의자 세대를 축하하는 자리 같았다. 냉전 시대는 가고 그 자리에 정보화 시대가 들어서 있었다. 떠들썩한 사건들이 정치인들의 마음을 사로잡은 사이에 경기침체와 권위주의는 기술과 혁신에 대체돼 있었다. 클린턴은 개인적으로 갤브레이스에게 "진보적 가치를 지켜나가는" 방법에 대한 책을 같이 내자고 제안했다. 이는 다양한 문제들을 해결해나갔던 각각의 시대를 이어주는 가교로만 의미가 있는 프로젝트였다. 갤브레이스는 노령의 나이와 건강을 이유로 클린턴의 제안을 거절했다.[62]

시대에 뒤떨어져 보이는 것은 갤브레이스만이 아니었다. 그의 모든 지적 전통도 마찬가지였다. 학계에서 케인스 사상에 대한 토론과 논쟁은 정치적 영향력이 전혀 없는 지식인들에 의해 유지되는 전문 저널로 밀려났고, 그들보다 더 권위 있는 학자들이 다룰 때는 악의 없는 기행으로 용인되었다. 그렇다고 누가 그들을 비난할 수 있겠는가? 빌 클린턴은 미국이 30여 년 만에 경험한 최고의 경제적 호황기 8년을 통치한 대통령이었다. 실업률이 급락했는데도 인플레이션은 조금 꿈틀대는 수준이었고 눈부신 신기술로 새로운 부가 창출되었다. 인터넷부터 CDS에 이르기까지 실리콘밸리와 월가의 혁신은 20세기의 위험과 우려를 기우로 만드는 것 같았다. 갤브레이스는 닷컴 주식에 대한 투기 열풍으로 또 한 번의 거대한 경제 붕괴가 올수 있다고 경고했지만 닷컴 열풍으로 인한 경기 침체가 단기간의 가벼운 혼란으로 끝나면서 그의 우려가 유난스러운 것처럼 보였다.

2001년 와이오밍주 잭슨 홀에서 연준 관계자들이 콘퍼런스를 열었을 때 서머스와 그와 함께 일했던 전 재무부 차관 브래드 드롱은 "데이터 처리와 데이터 커뮤니케이션을 구현하는 현대 기술"은 경제의 본질 자체를 바꾸는 "거대한 혁신"이라고 주장했다. 기술 혁신은 인류가 대처할 미래에 "미시경제학적으로 심오한 영향"을 미칠 것이다. 그들은 "새로운 경제가 '슘페터적'"[63]이라는 결론을 냈다. 이는 오스트리아의 보수적 경제학자인 조지프 슘페터가 1930년대에 설명했던 "창조적 파괴" 과정으로 정의되는 시대가 올 것이라는 말로, 새로운 혁신을 통해 낡은 질서를 가진 기술과 전통이 파괴되고 사회의 경제적 토대를 변화시킬 것이라는 주장이었다. 서머스와 드롱은 이에 따라 경제 경쟁의 틀이 "자연 독점"의 세계에 자리를 내줄 가능성이 높다고 믿었다. 변화하는 경제 지형에 부응하기 위해서는 새로운 시대에 맞는 새로운 법 구조와 규범이 필요했다. 미래에는 지적재산권과 교육과 관련된 문제들이 부각될 것으로 보였고, 그 밖에 또 어떤 문제가 대두될지는 아무도 몰랐다.

콘퍼런스 분위기는 두 사람의 발표 내용으로 상당히 과열되었다. 하지만 그중 많은 내용이 타당해 보였으므로 잭슨 홀에 모인 청중들은 매료되었다. 21세기에 진입한 후 우리는 실제로 새롭게 등장한 디지털 업체들이 업계를 독점하는 상황을 목격해 왔고, 서머스와 드롱이 2001년에 설명한 것처럼 정부가 이와 관련된 법적 난제들을 해결하지 못하면서 기존 언론 및 음악 산업 패러다임이 소멸되는 것은 물론이고 외국 정부에 의해 미국 선거가 혼란에 빠지고, 젊은이들 사이에 불안, 우울증, 자살이 만연하는 심각한 사회적, 경제적 문제들을 겪고 있다.

그러나 잭슨 홀 연설은 존 메이너드 케인스와 그의 제자들이 제시한 연구 내용과는 근본적으로 대립되는 경제사 및 사회 변화 이론을 제시했다. 《일반이론》은 다른 무엇보다 불평등과 사회적 진보에 관한 책이었다. 케인스는 20세기의 가장 중대한 문제들은 불평등을 완화할 때 가장 잘 해결될 수 있다고 주장했다. 그의 이론에서는 기업 및 경제의 성장이 특출난 천재나 부유층의 막대한 재산이 아니라 새로운 시장을 창출하는 일반 대중의 구매력에 의해 주도될 수 있었다. 사람들이 일하게 하려면, 정부는 부유층에 대한 새로운 혜택 대신 빈곤층과 중산층을 위한 지원 시스템을 마련해야 했다. 하지만 서머스와 드롱은 불평등이 사회적 발전의 동력이던 17세기로 완전히 퇴보할 만한, 케인스와는 완전히 상반된 이야기를 전했다. 두 사람은 조심스레 밀레니엄의 전환을 한 세기 전 있었던 도금시대와 비교했다. 그들이 말하는 도금시대는 위대한 기술적 변화로 "평균적인 미국인들"의 생활 수준은 향상됐지만 엄청난 불평등과 자본주의의 남용을 초래한 시기였다. 시카고의 도축 공장의 노동 현장은 업튼 싱클레어로 하여금 《정글The Jungle》이라는 사회 고발성 책을 쓰게 만들었지만 일반 대중은 덕분에 더 건강하고 맛 좋은 고기를 즐길 수 있었다. 마이크로프로세서 또한 이전에는 상상하지 못했던 새로운 차원의 경이로움을 선사하면서 특정 집단에 엄청난 혜택을 부여하는 동시에 모든 이들에게 새로운 삶의 방식을 가져다줄 수 있었다.

아무리 20세기 경제학을 크게 지배했다 할지라도, 적자지출같이 익숙한 도구로 관리되는 완전고용이라는 목적은 새로운 변혁의 시대에 맞는 새롭고 대담한 "대체 패러다임"으로는 기묘하고 불충분해 보였다. 케인스의 시대는 끝난 것 같았다.

존 메이너드 케인스

JOHN MAYNARD KEYNES

글을 마치며

2008년 6월에 국회의사당에 도착한 도나 에드워즈에게 그녀의 새로운 동료들은 느긋한 여름을 기대하라고 말했다. 에드워즈는 가장 어려운 의회 선거 사이클에서 한 번도 아니고 두 번이나 승리했고, 새내기 하원의원으로서는 의외의 시기에 워싱턴에 도착한 상태였다. 그녀는 미국에서 가장 진보적인 지역에서 15년 동안이나 터줏대감 역할을 한 민주당 의원인 앨버트 윈과 선거에서 맞붙었었다. 윈은 여러 대형 노조와 미국 은행협회 AT&T, 록히드 마틴 등 기라성 같은 대기업들의 지원을 받고 있었다.[1] 그러나 윈은 이라크 전쟁을 지지한 동시에 미국에서 새로운 정치 실세가 된 급진적인 블로거들이 악덕 신용카드사를 위한 지원금으로 간주했던 2005년 파산법을 옹호한 인물이었다. 한편 에드워즈는 미국의 수도에서 가장 진보적이고 급진적인 대의를 위해 기금 활동을 벌이는 아르카 재단의

존 메이너드 케인스

대표였다. 그녀는 윈이 진보적 개혁가의 도전에 쉽게 무너질 수 있다는 것을 알 만큼 워싱턴에 익숙했다. 또 윈을 물러나게 할 조직을 만들 수 있을 만큼 정치적 능력도 출중했다. 치열한 경선 끝에 에드워즈는 2008년 2월에 민주당 공천을 확정받았다.

하지만 그녀의 시련은 끝난 게 아니었다. 윈은 심기일전해서 로비스트로 새로운 경력을 쌓기로 했고 남은 임기를 레임덕으로 채우는 대신 일찍 공직에서 물러나기로 했다. 윈의 탈당으로 갑작스레 생긴 공석을 채우기 위한 특별 선거가 진행되었다. 이에 에드워즈는 다시 후보로 나섰고 그 선거에서도 이겼다. 그녀는 8월의 휴회를 6주 앞두고 마침내 취임 선서를 하게 되었지만 6월은 전통적으로 국회의원들이 워싱턴의 열기를 피해 자신의 지역구로 돌아오는 시기였다. 게다가 2008년은 국회의원들에게 비생산적이기로 악명 높은 대통령 선거도 있는 해였다. 이는 에드워즈가 국회의원으로서 새로운 삶을 여유 있게 출발할 수 있다는 것을 의미했다.

하지만 예상은 빗나갔다. 세계 금융 시스템이 붕괴된 것이다. 2008년 6월 9일에 리먼브라더스는 2분기 실적으로 28억 달러의 손실을 발표했고, 60억 달러의 신주를 발행해서 재정을 확충할 계획을 밝혔지만 시장의 우려는 해소되지 않았다.[2] 헤지펀드 매니저들과 사모펀드 업계의 거물들은 연준 관계자들에게 리먼이 불과 몇 달 전 베어스턴스를 무너뜨린 디지털 뱅크런에 부딪치는 것은 시간문제라고 전했다.[3] 한 세기 만에 최악의 금융 위기가 다시 시작됐다.

2008년에 있었던 금융 붕괴는 미국의 주택시장과 국제 신용에 거대한 거품이 쌓인 결과였다. 1996년부터 2006년까지 미국의 집값은 전례 없는 호황을 누렸다. 인플레이션율을 감안해도 전국적으로 집값이 3분의 2 이상 치솟았고, 캘리포니아와 라스베가스 같은 일부 지역에서는 두 배에서 세 배까지 오르기도 했다.[4] 이렇게 치솟은 주택 가격은 월가가 밀어붙인 모기지 사업이 광적으로 확대된 결과이자 원인이었다. 주택 가격이 계속 상승하자 평범한 주택 소유자 중 상당수는 감당할 수 없는 주택 가격으로 생긴 거래 절벽으로 오히려 주택시장에서 배제되었다. 중산층의 생활비는 높아지는데 소득은 증가하지 않았으므로 중산층은 대부업체에 위험도 높은 베팅 대상이 되었다. 은행들은 사업을 계속하기 위해 서브프라임 모기지 상품과 더불어 불과 몇 년 전만 해도 30년 상환 주택담보대출 자격이나 얻었을 신용도가 낮은 대출자들을 위해 고안된 이색 주택담보대출 상품들을 내놓았다. 그 결과, 2000년부터 2003년까지 주택담보대출 시장의 전체 규모가 4배 가까이 증가했는데, 이에 비해 미국 국민들의 주택소유율은 67.1퍼센트에서 68.6퍼센트로 간신히 오른 기현상이 발생했다.[5]

수많은 서브프라임 대출은 음흉한 사업자들이 가능한 한 모든 것의 책임을 대출자들이 지게 만든 그야말로 약탈적인 행위였다. 은행들은 대출자의 소득조차 기록하지 않는 대출 상품을 제안해서 아무도 납득할 수 없는 대출을 합당한 거래인 것처럼 둔갑시켰으므로, 그런 대출 거래는 대부분 노골적인 사기라고 할 수 있었다. 하지만 이보다 훨씬 더 흔한 시나리오는 은행권이 일상적으로 하는 위험 대비 보상 산정법이었다. 금융기관은 주택대출자가 대출금을 상환하지 못할 가능성이 높을수록 잠재적 손실분을 보상하기 위해 그

존 메이너드 케인스

들에게 더 큰 비용을 부과한다. 물론 서브프라임 대출자들이 위험하다고 여겨지는 이유는 그들이 떠안은 주택 부채의 규모에 비해 그들의 소득이 상대적으로 낮았기 때문이다. 그들은 금융업체가 더 많은 위험을 부담하는 대가로 요구하는 더 높은 비용을 지불할 능력이 사실상 없었다. 그래서 서브프라임 상품 설계사들은 상환 일정 후반에 갚아야 할 돈의 비중을 더 높였다. 처음에는 상환할 대출금이 적지만, 몇 년이 지나면 대출금 금리가 올라가거나 거액의 수수료를 물게 하는 것이다. 1990년대 후반부터 소비자 권리 옹호자들은 서브프라임의 홍수 속에서 대출자들이 상황을 잘 이해하지도 못하고 상환할 여력도 없는 차용인들을 잡아 삼킬 것이라고 연방 규제 당국에 경고하기 시작했다. 그러나 규제자들은 그런 경고를 무시한 채 위험의 값을 정확히 산정해서 자본을 배분하는 금융시장의 지혜를 믿으면서 서브프라임 부문이 전체 시장의 4분의 1을 잠식하도록 내버려 두었다.[6]

위험도 높은 주택담보대출의 폭발적 증가는 민간 대출기관에서 시작됐지만, 2003년에는 주택 소유를 촉진하는 공적 임무를 담당하는 거대 민간기관인 페니메이와 프레디맥이 이 시장에 뛰어들면서 거품이 정점에 달했을 때는 연간 1조 달러가 넘는 이 모기지 시장의 근 5분의 1을 장악했다.[7]

그럼에도 불구하고 주택담보대출은 세계 금융시장을 궁극적으로 붕괴시킬 폭발적인 부채 증가에서 극히 일부를 차지할 뿐이었다. 주택대출은 복합증권으로 일괄 포장돼 투자자들에게 팔렸다. 이런 증권들은 이후 한층 더 복잡한 채무상품으로 해체되었다. 그러면 투기꾼들은 그런 상품, 혹은 그런 상품을 만든 투자은행이나 상품을 구입한 투자자들에 CDS를 걸어서 관련 증권에 베팅했다. 2007년 말까지 미국 은행권이 미결 처리한 CDS 총액은 14조 4,000억 달러가 넘었는데, 이는 미국의 1년 경제생산량에 맞먹는 수치였다. 참고로 국제 CDS 시장은 액면가로 61조 2,000억 달러로 증가해서 전 세계의 연간 경제생산량보다 컸다.[8] 금융시장은 이런 리스크를 경제의 더 안전한 영역으로 재분배하는 데 일조하지 않았다. 그들은 상환되지 않을 수도 있는 종이 채권들로 터무니없이 거대한 카지노장을 만들었다.

이 모든 부채의 피라미드가 무너지는 데 필요한 것은 약간의 집값 하락이 전부였다. 서브프라임 모기지의 논리는 주택대출자들의 대출금리가 더 비싸고 감당할 수 없는 수준으로 재설정되기 전에 대출금을 차환할 수 있어야 지속될 수 있었다. 집값이 계속 오르는 한 대부분의 대출자들에게는 차환 대출이라는 비상구가 있었다. 그러나 집값이 떨어지자마자(적은 금액이라도) 그들은 소유한 집의 가치보다 더 많은 빚을 지게 되면서 차환이 불가능해졌다. 그 결과 집이 불가피하게 차압되었고 이는 시스템을 통해 전 세계 주택투자 시장의 손실로 확산되었다.

2006년 5월에 미국의 주택 가격은 마침내 안정세를 되찾았지만 이후 다시 하락하기 시작했다. 주택대출에 대한 디폴트 사태는 가속화되었고 은행들은 부동산 투자에서 막대한 손실을 기록하기 시작했다. 2007년 8월에 투자은행인 베어스턴스의 헤지펀드사 두 개가 파산했고 2008년 3월에 연방준비제도 이사회는 JP모건이 긴급 합

존 메이너드 케인스

병 형태로 베어스턴스를 인수할 수 있도록 290억 달러를 수혈했다. 미국의 주요 금융사들은 전부 위기에 직면했고 월가는 그해 가을에 어떤 도미노 사태가 발생할지 두려움에 휩싸였다. 미국의 연기금과 아시아 국가들의 중앙은행들은 특히 리먼브라더스와의 거래를 줄이기 시작했고, 시티그룹은 리먼에 사업을 계속하려면 "구제기금"이라는 명목으로 수십억 달러를 자신들에게 넘겨야 한다고 요구했다.[9] 2008년 초에 60달러가 넘었던 리먼의 주가는 20달러 아래로 곤두박질쳤다.

연준은 곤경에 빠진 은행들에게 엄청난 속도로 자금을 빌려줬다. 2008년 6월에 중앙은행은 세 건의 긴급 대출 프로그램을 이행하기 시작했고, 다른 어디서도 단기 자금을 구할 수 없는 은행들에는 기록적인 규모의 최단기 대출인 오버나이트 론을 발행했다. 리먼이 문제의 수익 보고를 한 이후에는 이런 프로그램들이 더 확대되었고 단지 자금이 부족한 은행을 연명시키기 위해 하루에만 수십억 달러가 은행권에 투입되었다. 은행에 주식, 채권, 기타 금융자산 등 괜찮은 담보물만 있으면 연준에 자산을 제공해서 단기 대출을 받은 후 긴급 채무를 이행할 수 있었다. 며칠, 혹은 몇 주 후 긴급 자금을 수혈받은 은행은 대출금을 갚고 담보물을 돌려받거나 대출 기간을 연장했다. 경제적 공황 상태에서는 은행에 가치 있는 자산이 있어도 합당한 가격에 팔 수 없었으므로 그대로 파산시키면 안 된다는 것이 그들의 생각이었다.

하지만 긴급 대출만으로는 여러 은행, 특히 리먼에서 일어나는 기관들의 대규모 자금 인출 상황을 멈출 수 없을 것 같았다. 집값이 떨어지자 일반적인 담보대출 상품도 막대한 손실이 불가피했다. 그래서 행크 폴슨 재무장관은 의회에 패니메이와 프레디맥에 대한 새로운 규제를 만들자고 요청했다. 아직은 예비 조치지만 새로운 법안이 통과되면 사태가 정말 악화될 경우 부시 행정부가 패니메이와 프레디맥을 국영화할 수 있었다. 만약 은행들이 부실 자산을 괜찮은 가격에 팔고 싶다면 페니와 프레디가 그것을 인수한 다음 손실액을 공공 대차대조표에 반영하는 것이다. 거대 주택 모기지 기관을 국가의 감독 아래 두면 정부는 주택 시장의 기본 요소들이 금융 위기 속에서 그대로 사라지는 것을 막을 수 있었다. 담보대출 채권을 구입해 줄 페니와 프레디 같은 기관이 있다면 대출을 꺼리는 은행들도 계속해서 주택담보대출 상품을 발행할 것이다. 에드워즈는 국회의원으로 처음 행사한 의결권 중 하나로 이 법안에 찬성표를 던졌다. 이윽고 9월 6일 토요일에 폴슨은 페니메이와 프레디맥을 국유화하는 방아쇠를 당겼다.

하지만 전 세계 금융거래 전문가들 사이에 퍼지는 두려움은 줄어들지 않았다. 채권단은 계속해서 리먼으로부터 자금을 회수했고 9월 9일 화요일에 은행 주가는 전날보다 55퍼센트 빠진 7.79달러에 마감했다.[10]

리먼의 공식 회계 자료만 보면 이런 당혹스러운 상황이 전혀 이해되지 않았다. 리먼은 전 분기에 이익이 났고, 최근에는 손실이 났지만 은행에는 아직 260억 달러의 자본이 있어서 산술적으로는 이런 상황이 계속된다고 해도 아홉 분기 연속의 악재를 흡수할 수 있었다.

존 메이너드 케인스

문제는 아무도 리먼의 해명을 믿지 않는다는 점이었다. 리먼브라더스는 2003년과 2004년에 다섯 개의 모기지 전문업체를 인수했다. 리먼의 원래 목적은 그 업체들을 통해 주택 시장에 베팅을 원하는 외부 투자자들에게 팔 만한 복합증권 상품을 구성하는 담보채권들을 모으는 것이었다. 그러나 2006년에 집값이 사상 최고치에 이르자 수익을 높이려고 리먼도 부동산을 직접 매입해 그들의 장부에 기록하기 시작했다. 2007년 11월이 되자 리먼이 보유한 총 부동산 자산은 520억 달러에서 1,110억 달러로 두 배 이상 증가했다.[11]

적어도 리먼의 장부에는 그렇게 기록돼 있었다. 하지만 치솟던 부동산 가격은 하락세로 접어들었고 다들 이 사실을 알고 있었다. 리먼이 증권거래소에 보고한 내용은 중요치 않았다. 그 자산의 가치가 과거 얼마였든 그것이 의미가 있을까? 게다가 리먼이 채무 이행을 위해 그 부동산을 급히 헐값에 내놓을 수밖에 없다는 것을 잠재 구매자들이 안다면, 리먼브라더스가 보유한 부동산 자산의 진짜 가치는 얼마나 될까? 나중에 수사관들이 JP모건 체이스의 최고경영자인 제이미 다이먼에게 금융붕괴가 일어나는 동안 경쟁사인 리먼에 지급 능력이 있다고 믿었는지 묻자 그는 철학적인 대답을 내놓았다. "지급 능력이 있다는 게 어떤 의미인가요?"[12]

다이먼은 대답을 회피한 것이 아니었다. 2008년에 다른 모든 주요 은행들과 마찬가지로, 리먼의 지급 능력은 토지와 부동산 가치의 단기 흐름뿐 아니라 그 토지에 대한 대출 상환과 관련된 엄청나게 복잡한 증권들, 그런 자산들에 막대한 투자를 한 금융사를 정부가 과연 지원할 것인지 등 여러 전망에 대한 일련의 판단에 달려 있었다. 이는 부동산 매매나 모기지에 대한 채무불이행 패턴, 혹은 고용시장에 대해 더 좋은 정보가 있다고 답할 수 있는 질문이 아니었다. 6개월, 아니 6주 후에 일어날 일조차 아무도 몰랐다. 다들 리먼이 무모하다는 것은 알았지만 시장은 그들에게 과연 지급능력이 있는지 판단할 힘이 없었다. 1914년 런던의 금융 시스템과 마찬가지로 세계 금융 시스템 또한 극심하고, 줄일 수 없는 불확실성에 의해 지배되고 있었다. 또 전쟁의 발발로 금본위제라는 국제 지불 시스템이 혼란에 빠진 1914년처럼, 정치적 권위만으로는 위기를 해결할 수 없었다.

하지만 부시 행정부와 연준의 최고 관리자들은 시장규율에 상황을 이임하고 공적 지원은 거둘 때라는 결정을 내렸다. 2008년 3월에 연준이 베어스턴스에 구제의 손길을 보냈을 당시 그런 구제금융으로 대중의 분노가 촉발되지는 않았지만 투자자들과 은행 경영진 사이에는 정부가 비틀거리는 다른 은행들도 지원해줄 것이라는 기대감이 조성되었다. 부시 정권은 경제가 위기에 봉착했다는 것을 알고 있었기에 2월에 모든 미국 가정에 600달러의 세금을 환급해주는 법안을 승인했다. 이는 예전 케인스가 촉구했던 형태의 부양책이었다. 하지만 미국 내 모든 거대 은행을 구제한다는 생각이 2008년 여름에는 터무니없어 보였다. 부시 행정부의 대다수 고위 관료들처럼 행크 폴슨, 벤 버냉키 연준 의장, 티모시 가이트너 뉴욕 연은 총재도 금융시장에 대한 믿음을 놓지 않았다. 그들은 인센티브와 시장의 기대를 왜곡시킬 수 있는 정부의 조치에 회의적이었고 공적 지원은 어느 선까지만 허용해야 한다고 믿었다. 베어스턴스, 패니메이, 프레

존 메이너드 케인스

디맥 사태가 벌어지자 이들은 자신들의 입장을 알릴 대상으로 리먼 브라더스를 선택했다. 리먼이 미국에서 가장 무모한 은행은 아닐지라도[13] 그들이 처한 문제는 상당히 심각했고,[14] 리먼은 연준의 비상 체제에서 이미 수백억 달러를 지원받은 상태였다.

9월 12일 금요일에 폴슨은 뉴욕 연준 본부에 월가의 주요 은행 대표들을 소집했는데, 이는 1998년에 롱텀 캐피털 매니지먼트를 살리려 했던 때처럼 은행권 구제 방안을 중재하기 위해서였다. 폴슨은 전임 관료들인 로버트 루빈과 앨런 그린스펀처럼 기꺼이 구원자들을 모아 협상을 추진하려 했지만 공적 자금은 "한 푼도" 개입되지 않을 것이라고 분명히 밝혔다. 그날 밤, 폴슨은 영국계 은행인 바클레이스에 리먼을 매각하는 거래를 성사시켰지만 토요일 아침이 되자 영국의 재무장관인 알리스테어 달링이 거부권을 행사했다. 영국 정부는 고꾸라진 미국 은행에 영국 자금을 투입하는 것을 참을 수 없었다. 미국의 수뇌부는 시장규율의 필요성에 대한 입장을 고수하면서 리먼에 대한 지원을 거부했고, 2008년 9월 15일 월요일 이른 아침에 리먼은 파산 신청을 할 수밖에 없었다.[15]

다음 날 있었던 연방준비제도이사회 산하 공개시장위원회 회의록에 따르면 중앙은행 최고 간부들은 극도로 긴장한 상태였지만 리먼의 파산 계획을 대부분 승인했다. 리치먼드 연은 총재인 제프리 래커, 세인트루이스 연은 총재인 샘 블라드, 캔자스시티 연은 총재인 토머스 호닝은 정부가 리먼을 구제하는 대신 파산의 길로 인도한 것이 옳은 결정이었다고 입을 모았다.[16] 하지만 그날 아침에 금융 시스템을 뒤덮은 혼란은 불과 몇 시간 만에 연은의 결정을 뒤집게 만들었다. 리먼의 붕괴가 이미 사업이 경직된 거대 보험사 AIG에 과도한 부담이 될 것이 너무 자명했기 때문이다. AIG에는 리먼으로부터 아직 받지 못한 수십억 달러의 거래금이 있었기에, 그들의 운명은 앞으로 수년에 걸쳐 진행될 리먼의 파산 결과에 달려 있었다. AIG 또한 수천억 달러에 달하는 계약을 전 세계 주요 은행들과 맺은 상태였다. AIG가 무너지면 무슨 사태가 생길지 아무도 장담할 수 없었다. 2008년 9월 16일 오후 9시에, 연준은 AIG의 지분 79.9퍼센트를 얻는 대가로 850억 달러의 긴급 차관을 연장한다고 발표했다.

이제 월가의 패닉 상태는 더 이상 개별 은행의 문제가 아니었다. 달러표시 화폐제도 전체가 붕괴되고 있었다. 주택시장에 투입된 수조 달러는 상환되지 않을 가능성이 컸고 은행들의 파산으로 단지 며칠, 아니 몇 시간 안에 자금이 동결될 것을 우려한 금융기관들 때문에 곳곳에서 인출 사태가 벌어졌다. 투자자가 현금 입출금 계좌나 당좌예금 계좌로 교환해서 사용할 수 있을 만큼 안전한 투자인 머니마켓 뮤추얼 펀드까지 심각한 압박을 받았고, 대표적 리저브 펀드인 리저브 프라이머리 펀드도 손실 상태에서 환매가 동결되었다. 주요 기업들은 통상적인 비용을 충당하기 위해 사용해왔던 저렴하고 믿을 수 있는 단기대출 자금원이었던 기업어음CP을 이용할 수 없게 되었다. 게다가 패닉으로 인한 주요 은행의 예금 인출 사태는 계속되었다. 리먼이 무너지자 투자자들은 다음에는 어느 은행이 파산할 것인지 추측하면서 모건스탠리에서 자금을 빼냈다. 연준은 기업들의 단기자금 조달 창구 역할을 하는 기업어음 시장을 지원하기 위한 새로운 프로그램을 개시했고 은행들이 중앙은행으로부터 더 폭

존 메이너드 케인스

넓은 비상자금을 이용할 수 있도록 연방 헌장을 수정하는 동시에 모건스탠리와 골드만삭스가 은행지주회사로 기업구조를 전환하는 것을 승인했다.

연준은 이제 새로운 돈을 찍어내서 휘청거리는 국제 은행 시스템에 투입하기 위해 상상할 수 있는 모든 조치를 취했다. 미국 중앙은행은 금융 위기를 물리치기 위해 16조 달러 이상의 긴급 유동성 자금을 제공하는데 이 중 5조 5,000억 달러는 해외 중앙은행에 지급해서 해외 기관들이 달러표시 부채를 계속 갚을 수 있게 도왔다. 연준은 무슨 일이 벌어지든 현금 부족으로 파산하는 기관이 없도록 조치를 취했다. 금본위제는 오래전에 사라졌으므로 금 보유고가 바닥날까 봐 걱정할 필요는 없었다.

하지만 금융 위기는 대차대조표와 채무라는 영역 밖에서도 전개되고 있었다. 세계 금융 시스템의 존립 가능성에 대한 믿음이 깨졌기 때문이다. 신뢰를 회복하는 유일한 방법은 세계 각국 정부가 은행 시스템이 붕괴되도록 내버려 두지 않을 것이라는 사실을 설득력 있게 보여주는 정치 성명을 내는 것이었다. 이에 따라 폴슨과 버냉킹은 국회의사당에 모인 의원들에게 사태의 심각성을 설명하고 의회의 지원을 요청하는 일련의 화상회의를 했다.

도나 에드워즈에게 이는 본격적인 시련이 되었다. 그녀는 50세의 나이에 이미 워싱턴에서 굵직한 경력을 쌓은 상태였다. 그녀는 아르카 재단으로 옮기기 전인 1990년대에 가정폭력 근절을 위한 전국 네트워크의 사무국장으로서 여성폭력방지법을 통과시키는 데 혁혁한 공을 세운 바 있었다. 에드워즈는 중대한 입법 문제에 얽힌

드라마를 이전에도 여러 번 겪었으므로 정치적 압박이 극심한 상황에서도 평정심을 유지할 수 있었다. 하지만 이번에는 달랐다.

그녀는 폴슨과 나눴던 대화를 떠올리며 "사실은 무서웠어요"라고 말했다. "문득 지금 근처 ATM에 가면 몇백 달러라도 인출할 수는 있는 걸까, 라는 생각이 들더라고요."[17]

플로리다주 공화당 소속인 멜 마르티네즈 하원의원은 금융 위기 조사위원회에 "아마겟돈이 떠올랐던 기억이 납니다"라고 전했다.[18] 펜실베이니아주 민주당 의원인 폴 칸조르스키에 따르면 폴슨은 그에게 "아시겠지만 우리의 경제 체제와 정치 체제에 종말이 임박했습니다"라고 분명히 말했다고 한다.[19] 부시 정권은 리먼을 구출할 수 있는 그들의 권한을 주저하다 못 쓴 이후로 정부의 신뢰를 강화하는 방법을 찾지 못하고 있었다. 이런 혼란을 끝내려면 의회의 도움이 필요했다.

하지만 의원들은 폴슨이 국회의사당에 보낸 법안에 모욕감을 느꼈다. 요약하자면 그 법안은 재무부 장관에게 7,000억 달러를 준 후 그가 원하는 대로 자금을 운용할 수 있도록 권한을 주자는 내용이었다. 자금 운용을 감독하는 기구도 없었고 그 결과의 성과를 판단하는 지표도 없었다. 에드워즈는 당혹감에 빠졌다고 한다. "고작 종이 세 장을 내밀면서 7,000억 달러를 달라고 하더라고요."

폴슨은 남들의 눈치를 보느라 힘들어하는 사람이 아니었다. 그는 재무장관에 임명되기 전에 골드만삭스의 CEO였고, 그곳에서 사람들에게 지시를 하고 그 지시에 복종하게 만드는 데 익숙한 사람이 되었다. 그는 권위 면에서 골드만삭스 이사회와 다름없는 국회의원

존 메이너드 케인스

들이 그를 신뢰하지 않을 것이라고는 상상하지 못했다. 게다가 시간이 없었다. 하루가 지날 때마다 위기는 더 심해졌다. 완벽한 법안을 쓰거나 의심쩍어하는 의원을 일일이 붙들고 설득할 시간이 없었다. 낸시 펠로시 하원 의장과 공화당 원내 대표인 존 베이너는 폴슨에게 이것저것 압박을 해봤지만 표결을 위해 법안을 상정할 수밖에 없었고, 고조되는 긴박감 속에서 다른 의원들의 비평이 더해지기를 바랐다. 투표 결과가 집계되는 동안 다우존스 산업평균지수가 하락하기 시작했다. 단 몇 분 만에 지수는 700포인트 이상 급락했다. 그리고 구제금융 투표는 부결되었다. 긴급 구조자금이 없으면 은행권은 붕괴될 수밖에 없었다. 두 번째 대공황이 눈앞에 들이닥친 것 같았다.

상원은 폴슨이 원래 제안한 법안의 외형을 조금 바꿔서 시장을 진정시켰다. 그들은 새로운 감독 기관 두 곳을 추가했고 이틀 후에 개정된 법안이 큰 표차로 통과되었다. 그러나 하원이 문제였다. 국회 지도부는 주저하는 하원의원들을 조롱하기 시작했다. 당시 민권운동의 아이콘이었던 조지아주의 존 루이스 하원의원은 이렇게 털어놓았다. "하원의 찬성표 205표 중 140표가 민주당에서 나왔지만 그 법안에 가장 격렬하게 반대한 이들은 진보적 민주당 의원들이었습니다.[20] 정작 가난한 흑인, 가난한 백인, 원주민, 라틴계 미국인 같은 빈곤층은 도움도, 보조도 거의 받지 못할 테니까요. 그런데 우리에게 월스트리트를 구제해 달라더군요. 저는 그럴 준비가 돼 있지 않았습니다."[21] 이런 정서는 의회 흑인 이익 단체CBC 의원들 사이에서 특히 강했다. 볼티모어 출신의 진보 운동가인 엘리야 커밍스는 에드워즈가 비슷한 반대 입장을 밝힌 가운데 기자회견을 열고 월가에 어떤 식의 구제금융이 제공되든 그 안에 힘겨워하는 주택 보유자들에 대한 지원도 포함되어야 한다고 목소리를 높였다.

의원 사무실마다 월가를 구제해준다는 계획에 분노하거나 본인도 파산할지 모른다는 두려움에 떠는 유권자들의 전화가 쇄도했다. 구제금융 법안에 반대표를 던졌던 에드워즈는 "첫 번째 투표가 부결된 후 의원들이 많은 압박을 받았습니다. 그런데 그 다음 주와 주말에 벌어진 일로 찬물이 끼얹어진 꼴이었습니다. 시장이 완전히 뒤바뀌더라고요. 제 지역구의 소상공인분들과 전화로 얘기했던 기억이 나네요. 중고서점을 운영한다는 남자분도 있었는데, 신용대출은 완전히 중지됐고 그 주에 직원들 급여를 줄 수 있을지 걱정이 된다고 말씀하셨어요"라고 전했다.

에드워즈 후보처럼 회의론자에게 유일하게 믿음을 심어줄 수 있는 사람이 민주당 대선 후보였던 버락 오바마 일리노이주 상원의원이었다. 명민한 정치인인 오바마는 진보 인사들의 이런 망설임이 정부 개입을 사상적으로 반대하거나 투표로 인한 역풍을 두려워해서가 아니라는 것을 알고 있었다. 에드워즈, 루이스, 커밍스는 모두 민주당 텃밭에서 큰 지지를 받고 당선된 의원들로 그들이 찬성표를 던진다고 정치적으로 이득이 없었다. 그들은 구제금융 법안 내용을 더 진보적으로 바꾸거나 은행권에 대한 구제금융이 아예 없었으면 했다. 오바마는 이들과 여러 번 통화한 끝에 자신의 임무를 완수했다. 10월 3일에 구제금융 법안은 통과되었다. 그리고 은행들은 구조되었다.

오바마는 개인적인 약속으로 구제금융을 구제했다. 만약 진보적

존 메이너드 케인스

민주당 의원들이 은행 구제를 지지한다면 그가 백악관에 입성한 후 대대적인 주택차압에 대한 반대 정책을 시행할 것이라는 약속이었다. 커밍스와 에드워즈는 특히 새로운 파산법을 원했는데, 이는 주택 가치가 주택담보대출 채무액 이하로 떨어졌을 때 재정적 압박을 받는 가정에 과도한 부채를 면제해주는 법이었다. 진보주의자들은 위험한 베팅으로 부동산 거품을 만든 은행들이 그 죄를 면할 수 있다면, 피해자인 일반인들도 자신들의 몫을 확실히 챙겨야 한다고 믿었다. 오바마는 에드워즈 의원과 대화를 하면서 자신이 당선되면 파산법을 개정하겠다고 약속했다. 에드워즈와 커밍스는 찬성 쪽으로 표를 바꿨다. 투표 후 백악관은 오바마가 개인적으로 한 약속을 공개했다.

오바마의 경제고문이었던 래리 서머스는 2009년 1월 15일에 국회의원 전원에게 "우리는 경제적 압박을 받지만 책임감 있는 주택 소유자들의 대출금을 줄이는 한편 파산법을 개정하고 주택과 관련된 기존 계획들을 강화해서 피할 수 있는 주택 압류 건수를 줄이는 현명하고 공격적인 정책을 펼칠 것"이라고 밝혔다.[22] 2월에 오바마는 은행에 대한 구제금융 자금으로 마련된 750억 달러어치 프로그램을 가지고 주택대출자들의 월 납입금을 줄이고 주택담보대출 빚을 탕감해줘서 최대 400만 가구가 주택 압류 피해를 보지 않게 될 것이라고 발표했다.

이 중 실제로 지켜진 것은 하나도 없었다. 오바마는 에드워즈와 재정적 어려움에 처한 수백만 가정에 한 약속을 조용히 저버렸다. 6월에 모기지 파산 법안이 상원에 제출됐지만 필리버스터 상정에 필요한 60표 중 15표가 모자랐다. 민주당 상원 서열 2위인 딕 더빈 의원은 일리노이주의 한 라디오 방송에서 이런 결과에 격분했다. "아직도 연방의회에서 힘이 가장 센 압력단체는 은행권입니다. 그들이 사실상 국회를 소유하고 있습니다."

수천억 달러의 구제금융 자금으로 무장한 인기 많은 신임 대통령이 그 자금을 무너진 금융 시스템에 대한 정치적 지렛대로 사용해서 의회를 점령한 은행들을 물리칠 수 있었을지는 모르지만, 아무도 장담할 수 없는 일이었다. 어쨌든 오바마는 더빈 의원의 법안에 어떤 정치 자본도 투입하지 않았다. 전화도, 회의도, 편지도, 아무것도 하지 않았다. 그는 주택에 대해 점차 무관심해졌다. 오바마와 티모시 가이트너 재무장관이 이미 할당된 750억 달러의 주택차압 기금을 집행하는 데 의회의 도움은 필요하지 않았다. 하지만 정부인사 중 그 프로젝트를 이미 할당된 예산이 집행되지 못하는 희귀한 정부 프로그램으로 만드는 데 진지하게 앞장선 사람은 없었다(정부는 궁극적으로 그 프로젝트에 199억 달러를 썼다[23]). 가이트너는 이 프로그램을 대형 은행들이 운영하도록 맡겼고 이들은 불법적인 방식으로 대출자들을 더욱 압박해서 결국 주택을 압류했다. 오바마 정부는 2012년에 전국을 휩쓴 부당한 압류 처리를 두고 미국의 최대 은행들로부터 250억 달러라는 막대한 합의금을 얻어냈다.[24] 이는 정부의 주택 정책이 잘못됐다는 것을 고발하는 강력한 증거였지만, 이 합의금 중 극히 일부만 피해를 받은 가구에 돌아갔고 그것마저 너무 늦게 돌아가 압류를 피하는 데는 전혀 도움이 되지 않았다.[25] 2006년부터 2014년까지 930만 가정이 집을 잃었고[26], 방대한 경제연구 결과 압

존 메이너드 케인스

류로 인해 무너진 부동산 재산은 금융 위기 동안 실업률 증가에 크게 기여했다.[27] 주택 담보대출을 받은 가구들은 돈이 바닥날 때까지 대출금을 계속 갚느라 스스로를 핍박했다. 집이 압류될 때쯤 저축한 돈은 사라졌고, 가계지출은 고꾸라졌으며, 소비자 수요는 붕괴되었고, 제조사들은 직원 임금을 삭감할 수밖에 없었다.

2011년 6월에 있었던 언론 인터뷰에서 캘리포니아주의 민주당 의원인 데니스 카도자는 이렇게 말했다. "아무리 생각해도 저는 미국 가정들이 걱정된다고, 또 우리 지역사회가 걱정한다고 말하는 공동체의 리더가 미국의 가장 큰 문제 중 하나를 외면할 수 있는지 이해가 안 됩니다. 실패를 지적하면 나오는 그들의 방어적인 태도만 봐도 그들은 자신이 해야 할 역할을 전혀 모르는 게 확실합니다."[28]

2008년과 2009년의 구제금융은 세계 금융 시스템을 구제했다. 그러나 미국의 중산층은 구제하지 못했다.

부시 정권과 오바마 정권은 모두 2008년부터 시작된 금융 위기를 완화하는 데 케인스식 도구들을 사용했다. 부시 행정부가 집행한 세금 환급 경기부양책을 시작으로 두 행정부는 거듭 돈을 풀었고, 적자재정으로 통화 시스템을 회복시키고 총수요를 증가시키고 고용을 촉진했다. 그러나 두 정부 중 어느 쪽도 이런 정책에 열광적이지는 않았다. 그런 전술이 필요하다 할지라도 그들 입장에서는 볼품없었고, 좀 난처한 데다, 정부 간소화나(부시 정권의 경우) 연방정부의 장기적인 부채 부담을 낮추는 데(오바마 정부의 경우) 중요한 국책 사업과는 불행히도 방향이 맞지 않았기 때문이다.

오바마 정권의 경제자문위원회CEA 보고서에 케인스 사상에 대한 이런 양면성이 분명히 드러난다. 2010년에 대불황으로 실업률이 연간 최고치에 달했을 때, CEA는 "연방정부의 재정적자 길들이기"를 정부의 최우선 과제로 강조하면서 "적자가 증가하면 민간투자를 저해한다"고 경고했고 "개인의 저축 증가는 투자를 장려하는 경향이 있다"고 주장했는데 이는 케인스가 《일반이론》에서 저축이 아닌 지출이 수요를 진작해서 투자를 촉진한다고 제시한 것처럼 명백한 모순임을 알 수 있다.[29] 이듬해인 2011년에 실업률이 3개월을 제외하고는 모두 9퍼센트를 웃돌면서 CEA는 연차보고서의 20쪽가량을 "숙련된 노동자에 대한 수요가 증가해 공급을 앞지르고 있다"[30]는 주장에 할애해서 부족한 기술 교육이 실업을 유도하고 있는 것처럼 설명했는데, 사실 이런 현상은 리먼브라더스가 무너졌던 당시 일시적으로 불거진 문제였다. 2013년 말까지도 오바마 행정부의 CEA는 경제성장을 명목으로 1조 5,000억 달러의 적자를 추가 감축했고 2009년 이후 확정된 2조 5,000억 달러의 적자 삭감을 계속 고집했다.[31] 심지어 "오바마케어"로 더 유명한 부담적정보험법에 대해서도 CEA는 빈곤층의 부담을 덜어준 측면이 아니라 장기적인 정부지출 감소에 도움이 됐다는 데 최고의 찬사를 보냈다. CEA 보고서는 2013년 말 제이슨 퍼먼이 CEA 의장을 맡고 나서야 비로소 진보적 접근법을 공개적으로 수용하기 시작했고, 퍼먼은 오바마를 불평등에 대항하는 전사이자 프랭클린 루스벨트와 린든 존슨의 유산을 잇는 계승자로 제시했다.

그러나 주요 경제 정책에 대한 정부의 결정은 확실히 더 보수적

존 메이너드 케인스

이었다. 2009년에 통과된 오바마의 경기부양 법안은 7,840억 달러라는 규모에도 불구하고 직접 투자 측면에서는 특징적인 내용이 거의 없었다. 그중 개인과 기업에 대한 감세 혜택이 1,940억 달러를 차지했고, 2,710억 달러는 주로 실업급여 형태로 개인에 대한 직접적인 재정 지원 용도로 투입될 예정이었으며, 또 다른 1,740억 달러는 주 정부의 의료 및 교육 예산을 충당하게 돼 있었다. 이 모든 돈은 상황이 악화되는 것을 막는 데 도움이 되었다. 교사들에게 돈을 지불하고, 병든 사람들을 치료하고, 국민들의 소비 진작을 위해 보조금을 지급해서 결과적으로 더 많은 지출을 이끌어 고용을 높였다. 하지만 케인스식 경기부양 전략의 핵심은 언제나 정부의 직접투자였고, 오바마 정부의 전체 투자액 중 정부의 직접투자 비중은 1,470억 달러에 불과했다. 기업에 대한 감세 혜택이 이 법안의 정치적 행로를 정당화하는 데 도움이 됐을 수도 있지만 고용이나 경제 성장을 증진하는 데에는 거의 도움이 되지 않았다. 기업이 내는 세금은 그들의 수익을 근거로 산출되고 불황기의 가장 큰 문제는 기업이 수익을 많이 낼 수 없다는 사실이다.

그렇다고 경기부양책이 효과가 없었다는 말은 아니다. 초당파 조직인 의회예산국은 연구를 통해 오바마의 경기부양 법안으로 10퍼센트로 정점에 도달했던 실업률[32]이 0.6에서 1.8퍼센트포인트 정도 떨어졌다고 밝혔고, 경제학자인 앨런 S. 블린더와 마크 잔디는 경기부양책으로 270만 개의 일자리를 구했다는 결론을 냈다.[33] 오바마 대통령 임기 말에 실업률은 4.8퍼센트로 회복되었고 경제성장률은 1.5퍼센트에 달했으며 미국의 금융 시스템은 비록 웰스 파고와 그

외 은행들의 파행에도 불구하고 미국의 일상적인 신용 수요를 충족시킬 수 있었다.

하지만 이런 회복은 카터 대통령 시절부터 미국 경제에서 포착된 우려할 만한 추세를 더욱 악화시켰다. 버클리대학의 경제학자인 에마뉘엘 사에즈에 따르면 소득수준 상위 1퍼센트에 속하는 가구는 이렇게 경기가 회복되는 동안 49퍼센트의 경제적 이득을 얻었다.[34] 상위 10퍼센트 가구의 소득은 기록상 그 어느 때보다 더 많은 연간 국부를 차지했다. 또한 사에즈의 동료 교수인 게이브리얼 저크먼에 따르면 상위 0.1퍼센트에 속하는 사람들과 그 외 사람들 간의 소득 격차는 광란의 1920년대 이후로는 볼 수 없던 수준에 도달했다.[35] 이는 부시, 오바마, 의회, 연준이 실행한 경기회복 전략이 반영된 결과였다. 구제금융은 금융업계를 회복시켰고, 경기부양으로 소비지출이 증가했으며, 연방준비제도이사회는 금융자산의 가치를 높이기 위해 저금리 정책을 유지했다. 저금리로 대출 이익이 억제되면 투자자들은 돈을 주식시장에 투자하여 주가를 올리게 된다. 이 모든 상황은 경제에 도움이 되었다. 상승한 자산 가치는 경제 신뢰도와 향후 수익에 대한 전망을 높여 경제 활동이 더욱 활발해졌다. 하지만 오늘날 전체 금융주의 80퍼센트를 소득 상위 10퍼센트의 가구가 소유하고 있다.[36] 뉴딜 이후 미국 중산층에게 가장 중요한 금융자산은 집이었고, 집은 미국 정부가 구제해주지 않은 유일한 자산이었다. 페니메이와 프레디맥, 연준은 주택담보대출 파이프라인이 계속 기능할 수 있도록 보장해줬지만 압류에 직면한 주택 보유자들은 두려움에 병이 들고 그 동네의 부동산 가치도 함께 떨어지도록 내

존 메이너드 케인스

버려 두었다. 케인스는 《일반이론》의 결론을 불로소득자는 안락사 시켜야 한다는 말로 끝맺었다. 반면 오바마는 미국의 주택 보유자들과 미국 중산층의 주요 소득원에 타격을 주었다. 특히 유색인종 가구가 그 피해를 크게 받았다. 연준 자료에 따르면 2010년에 주택 자산을 포함한 백인 가구의 중위 재산은 13만 6,375달러였지만 흑인 가구의 중위 재산은 고작 1만 7,210달러에 그쳤다. 경제 회복기였던 2016년까지 백인들의 재산은 16만 2,770달러로 증가했지만, 흑인 재산은 1만 6,600달러로 감소했다.[37]

2008년에 도나 에드워즈는 오바마 대통령에게 다른 길을 선택해 달라고 요구했다. 월가를 구할 필요가 있다면 그렇게 해도 되지만 같은 재난에 휘말린 가정들도 똑같이 책임져줘야 한다는 것이었다. 오바마가 그 계획을 거부한 것은 정치적 선택이었다. 그에 뒤따른 국가적 비극은 민주주의 정부가 억제할 수 없는 경제 세력의 무자비함이 최고조에 달했기 때문이 아니었다.

어떤 의미에서 보면 오바마 행정부는 필연적으로 케인스주의자들이었다. 그들은 케인스가 정립한 몇 가지 개념에 의존하는 동시에 케인스의 제자들이 발전시키고 오랜 시간 검증된 정책적 장치들로 미국 경제를 관리했기 때문이다. 2008년 금융 위기는 신자유주의와 신고전주의 학자들의 신뢰를 깎아내리고 케인스주의의 지적 권위를 되살렸다. 금융 위기로 금융시장이 자원과 자본 분배를 스스로 관리하게 하는 신자유주의적인 정책 처방이 실패했다는 것을 공개적으로 자인하는 결과를 낳았기 때문이다. 은행들이 스스로 붕괴됐다는 점에서 금융시장은 분명 합리적이지 않았고, 번영으로 가는 예측 가능하고 안정적인 길을 제공한다고 주장할 수도 없었다. 금융권의 추락으로 시작된 불황이 대중의 고통을 야기했다.

이렇게 보면 케인스식 정책 도구는 클린턴 정권에서만 지배력을 발휘하지 못했다. 1980년대에 폴 볼커가 통화주의로 불황을 야기했을 때에도 로널드 레이건은 부유층 대상의 감세 정책으로 수요를 자극하고 군비를 확충하면서 존 F. 케네디가 발전시킨 수구 케인스주의식 의제를 추구했다. 2001년 9월 11일 사태 이후 조지 W. 부시가 사람들에게 쇼핑을 권했을 때, 그는 대공황 시기에 케인스가 영국 주부들에게 했던 조언을 그대로 했던 것이다. 부시가 2008년에 전 국민에게 제공한 600달러의 세금 환급금은 그야말로 케인스식 경제 부양책이었다. 21세기의 진지한 미국 경제학의 세계, 즉 권력자들이 실제로 의존했던 경제학 영역은 케인스 사상의 여러 분파로 나뉜다. 이는 경제학 분야에서 가장 보수적인 실무자들이 정치적으로 편리하다고 여기든 말든 사실이다. 미국 정부는 국가 경제를 지원하기 위해 거의 항상 돈을 쓰고 적자를 내고 있다. 문제는 그 돈을 누가, 어디에 쓰느냐이다.

하지만 케인스라는 이름과 결부된 학파는 이제 더 이상 그가 소중히 여겼던 도덕적 정치적 이상과 관련이 없어졌다. 넓은 의미에서 케인스주의는 한동안 진보적 국제주의, 즉 현명하고 인간적인 경제관리가 권위주의적 선동가들이 부르는 사이렌 노래로부터 민주주의를 보호하고 전 세계에 평화와 번영을 확산시킬 수 있다는 생각과 동의어로 인식됐었다. 그런 케인스주의는 특히 19세기 유럽의 제

존 메이너드 케인스

국주의와 좋은 삶이라는 개념에 뿌리를 두고 있는데, 그 제국주의적 기원과는 달리 좋은 삶에 대한 이상은 1세기 전과 마찬가지로 오늘날에도 설득력이 있다. 케인스는 어렸을 때 대영제국을 세계정세에서 인도주의적이고 민주적인 힘을 발휘하는 주체로 찬양했다. 제1차 세계대전과 파리평화회의를 통해 추악한 진실을 깨닫게 된 케인스는 약탈로 확립된 국제 시스템을 전쟁에 의지하지 않고 정의, 안정, 미적 우수성의 시스템으로 탈바꿈하겠다는 희망과 함께 젊은 시절 꿈꿨던 이상을 충족시킬 새로운 세계 질서를 창조하는 지적 프로젝트를 시작했다. 19세기의 제국이 그런 세상을 만들 수 없다면 케인스 자신이 그런 시스템을 고안하면 됐다.

국제적 비전을 구현하는 핵심은 국내 경제 정책을 수립하는 데 있었다. 국제정치의 안정성은 국내의 경제적 불평등을 완화해야 달성될 수 있거나 최소한 촉진될 수 있었다. 소비자 수요를 진작하기 위해서는 공공사업과 공공보건에 대한 정부지출을 세금 재분배 정책과 결합하는 동시에 위대한 예술이 번성할 수 있는 환경을 구축해야 했다. 중년에 접어든 케인스는 급진주의자들에게 거래를 제안했다. 폭력적 갈등에 내재된 위험과 비극을 피하면서 해방적 혁명의 문화적 도덕적 목표인 더 평등한 사회와 훨씬 더 민주적 책임감을 가진 정치적 리더십을 구현할 수 있다는 것이었다. 케인스는 19세기 제국주의와 19세기 자본주의로 확립된 사회질서는 그렇게 경직되지 않아서 전복되기보다는 개혁될 수 있다고 주장했다.

거의 한 세기 동안 시험을 거친 지금, 이런 케인스주의는 그 명예를 실추하지도 않았지만 정당성을 입증받지도 못했다. 뉴딜, 베버리지 사회보장 계획, 위대한 사회는 모두 영국과 미국 국민의 삶을 근본적으로 재정비하면서 그 사회를 더 평등하고, 더 민주적이고, 더 번영하게 만들었다. 1930년대에 미국 흑인들은 너무 가난해서 그들의 경제 수준을 평가하려는 시도조차 없었다. 1950년대의 흑인 빈곤율은 50퍼센트가 조금 넘었고 오늘날에는 20퍼센트 정도이다. 불평등이 개선된 것이다. 하지만 이는 1930년대에 미국 공산당이 프랭클린 루스벨트는 재계 엘리트들의 도구일 뿐이라고 비난하며 약속했던 세계와는 분명 다르다. 또 1960년에 블랙 파워Black Power 혁명가들이 제시한 해방된 꿈에도 전혀 근접하지 못했다.

미국 백인들은 더 많은 혜택을 받았지만 그 역시 불평등하고 불안정했다. 미국 질병통제예방센터에 따르면 2016년과 2017년에 미국인들의 기대수명이 낮아졌는데 이는 마약, 음주, 자살 등 깊은 절망감으로 인해 증가한 백인 남성들의 죽음 때문인 것으로 나타났다.[38] 세계에서 가장 부유한 나라는 안에서부터 썩어가고 있고 고장난 미국 정치는 내부 깊숙이 존재하는 사회적 부조화가 반영된 것이다. 이 모든 상황은 1930년에 케인스가 예언한 대로 세계의 경제적 엔진이 아주 강력해져서 개인의 재산과 기업의 이익을 재분배하면 전 세계의 빈곤이 사라질 수도 있었던 시기에 벌어졌다. 2008년에 조지프 스티글리츠는 48조 달러의 세계 경제를 단순히 모든 인구에 분배하면 4인 가족의 경우 2만 8,000달러를 받게 되는데, 이는 생활비가 비교적 높은 미국은 물론이고 그 외 모든 나라에서 빈곤을 종식시키기에 충분한 금액이다.[39] 2018년 기준으로 전 세계 경제 규모는 85조 8,000억 달러에 인구는 75억 명으로 1인당 1만 1,440달러

존 메이너드 케인스

를 생산하는데 4인 가족 기준으로는 4만 5,000달러가 넘는 금액이다. 인류가 겪는 경제적 문제는 더 이상 생산의 문제가 아니라 분배의 문제, 즉 불평등의 문제이다.

이런 불행의 이면에 어떤 하나의 원인이나 단순한 설명 같은 것은 없다. 게다가 케인스주의자들은 오늘날의 이런 비극을 케인스주의 정책의 실패라기보다는 케인스주의 사상을 완전히 구현하지 못한 결과라고 논리적으로 주장한다. 전후 세계는 케인스가 주창했던 국제통화체제 대신 브레튼우즈 협정으로 미국의 패권을 확립했다. 진보적 국제주의는 협력적 경제 외교가 아닌 이라크 전쟁과 오바마 정부의 드론 프로그램 같은 제국주의 사업과 결부돼왔다. NAFTA와 WTO는 글로벌 엘리트들의 경제 이익을 우선시하는 국제교류규칙을 제정했다. 그리고 지난 35년 동안 미국과 영국은 하이에크의 신자유주의가 표방하는 계급적 규제완화 의제와 케인스의 재난관리 의제(구제금융과 경기부양 프로그램)를 결합해왔다.

21세기에 있었던 정치적 격변 대부분은 그 책임이 신자유주의에 있다고 해도 무방하다. 금융시장의 힘에 대한 신자유주의의 믿음은 2008년의 금융 위기를 남겼고, 그 재앙의 여파는 전 세계에서 수많은 증오의 행위들을 부채질했다. 경제 붕괴 이후로 미국이 케인스식 부양책을 지속적으로 추진하지는 않았지만 대부분의 유럽 국가들은 케인스주의 사상을 아예 내던졌다. 유럽의 중앙은행과 IMF는 독일 총리인 앙겔라 메르켈 행정부와 손을 잡고 위기에 직면한 국가들이 긴축재정으로 재정적자를 줄여서 스페인, 이탈리아, 포르투갈, 그리고 그리스에서 파괴적인 경기침체를 유도했다. 그 프로젝트는 지역 산업의 파괴, 치솟는 실업률, 옹졸한 사회안전망과 함께 경제적 파탄을 몰고 왔고, 일부 국가에서는 정치 기반을 위협하고 또 다른 국가들에서는 주류 보수주의로 잘 흡수된 네오파시스트 정당에 활력을 불어넣었다. 헝가리의 빅토르 오르반부터 이탈리아의 마테오 살비니, 프랑스의 마린 르펜, 영국의 보리스 존슨, 미국의 도널드 트럼프까지 1930년대 이후로는 볼 수 없었던 극우 선동가들의 시대가 되었다.

그러나 신자유주의에 손가락질하는 것은 케인스와 그의 옹호자들에게 불편한 의문을 제기한다. 왜 케인스주의는 표면상 진보적인 정당과 국가들 사이에서도 정치적 존재감이 그렇게 약했을까? 평화, 평등, 번영에 중점을 둔 케인스식 협상은 민주주의에서 거부할 수 없어야 마땅하지 않을까? 하지만 케인스식 접근법은 덧없고 너무 나약했다. 민주주의는 경제적 존속성이 거부당할 때 폭정으로 빠진다고 케인스는 믿었다. 그렇다면 왜 그렇게 많은 민주주의 국가들이 경제적 존속성을 거부하기로 선택했을까?

필자에게도 이런 질문들에 대한 만족할 만한 답은 없다. 래리 서머스는 시장은 합리적인 개인이 사적 이익을 표현하는 방식으로 기능한다는 생각을 "주위를 보세요. 멍청이들이 있잖아요"라는 말로 일축한 적이 있었다.[40] 그의 격언은 시장을 통해 사회를 정비하려는 노력뿐 아니라 민주주의 그 자체에도 반한다. 케인스는 좋은 아이디어가 결국 나쁜 아이디어를 몰아낼 것이고, 사람들이 종국에는 좋은 주장을 분별하고 그들의 생각을 바꿀 수 있다고 믿었다. 그의 믿음은 존경스러운 구석이 있었다. 또 다른 면에서 보면 케인스가 비극

존 메이너드 케인스

적으로 순진하다는 1970년대 조앤 로빈슨의 평가도 부정하기 어려울 것이다. 어쩌면 그가 꿈꾼 사회의 변화는 그가 그토록 피하려 했던 혁명의 도덕적 수렁에 의해서만 달성될 수 있는 것인지도 모른다. 미국의 경험만 봐도 그렇다. 민주주의와 평등을 위한 미국의 가장 위대한 승리, 즉 19세기 노예제도의 종말과 20세기 파시즘의 패배는 총부리 끝에서 이루어졌다.

지금이 민주주의의 암흑기라는 것은 불과 몇 년 전만 해도 미국과 유럽의 지도자들에게는 상상도 할 수 없는 발언이었다. 현재의 세계적 위기는 수십 년간 이어진 잘못된 관리와 학습의 부재가 낳은 만큼 몇 가지 새로운 법이나 선거로는 되돌릴 수 없다.

하지만 사람들은 권위주의로 침몰하고 있는 이 무시무시한 세계가 존 메이너드 케인스가 약 75년 전에 제안한 메커니즘을 통해 반전될 수 있을 것처럼 행동한다. 현재의 경제 체제는 너무나 많은 돈을 극소수 사람들 손에만 쥐여 주지만 이를 바꿔서 그들과 그들 자녀들을 위해 사회를 개선할 수 있을 것처럼 무엇인가를 조직하고, 계획하고, 투표한다. 미국에서는 활동가들과 정치인들이 프랭클린 루스벨트의 유산을 되살려 공공투자를 통해 기후 변화와 싸우는 그린뉴딜을 추진하고 있다. 주류 경제학자들도 이제는 "신자유주의를 뛰어넘어" 움직이고 있다고 공개적으로 목소리를 내고 있으며,[41] 학계에서는 1990년대에 확립된 세계질서를 국제경제에 이익이 되는 새롭고 조화로운 질서로 대체하기 위해 새로운 브레튼우즈 회의에 대해 논의하고 있다.

이런 낙관주의자들이 성공할 수도 있고 실패할 수도 있다. 하지만 그들은 세 번의 세계적 위기를 통해 케인스를 계승하고 다른 쪽에 더 나은 세상이 있을지도 모른다는 의심을 극복하며 그들의 비전을 추구하고 있다. 이렇게 가장 순수하고 단순한 형태의 케인스주의는 경제학의 사상적 학파라기보다는 대부분의 인류 역사에서 정당화되지 못했고, 깊은 불황이나 맹렬한 전쟁으로 그것이 가장 필요할 때에도 정확히 떠올리기 힘든 급진적 낙관주의 정신이라 할 수 있다.

하지만 그런 낙관주의는 일상생활에 생명력을 주는 꼭 필요한 요소이다. 그것은 우리가 피할 수 없는 고통에 직면해도 계속 살아가도록 활력을 주고, 우리의 가슴이 무너져내렸을 때도 사랑에 빠지게 하며, 이런 힘든 시기에도 우리는 일생을 충만하게 채워줄 충분한 아름다움으로 둘러싸여 있다고 믿게 하면서 아이들을 세상에 내놓을 용기를 준다.

1903년에 21세의 케인스는 이렇게 외쳤다. "우리가 버려지고 저주받았다고 선언하는 사람들을 타도하라. 구제와 보복을 일삼는 모든 계략을 처단하라!"[42] 세상의 여러 민족이 협력해서 서로의 번영을 이끈다면 더 나은 미래는 우리의 통제력 밖에 있지 않을 것이다. 27년 후, 케인스는 젊은 시절 그가 주장했던 경제전략을 재고하지만 내일을 향한 그의 베팅은 재고하지 않았다. 우리는 빅토리아 시대의 자기부정이나 구조에 대한 막연한 기대에 의해서가 아니라, 바로 오늘 행동을 취함으로써 미래를 만들 것이다. 케인스는 《화폐론》에서 독자들에게 이렇게 물었다. "세계 7대 불가사의가 절약에 의해 만들어졌을까? 그렇지는 않을 것이다."[43]

오늘날도 마찬가지다. 이 모든 것에도 불구하고 우리는 케인스를 다시 찾게 된다. 이는 단지 적자재정이 지속적인 성장을 가능하게 하거나 금리가 유동성 선호도에 따라 결정되기 때문이 아니라 우리가 지금, 여기에 있으며, 갈 곳이 미래밖에 없기 때문이다. 종국에는, 모두가 죽는다. 하지만 종국에는 거의 모든 것이 가능하다.

이 책은 아내인 지아 린 양이 2016년 봄에 나를 부추기지 않았다면 존재하지 않았을 것이다. 금융 및 정치 기자로 10년을 일했을 때, 아내는 내게 뭔가 더 장기적인 일에 착수할 때가 됐다고 말했다. 남편을 격려하는 아내의 말로는 일반적이지 않았다. 그녀는 작가로부터 최대한의 것을 끌어내도록 훈련된 전문 편집자로 자신의 소임을 아는 사람이다. 지난 3년 동안 아내는 내게 단순한 지원군이 아니라 논점을 더 날카롭게 하고, 글을 더 단단하게 만들며, 나쁜 생각들을 일축하는 지적 동반자였다. 그녀는 각 장에 수록된 모든 내용을 샅샅이 검토했고, 일일이 셀 수 없을 정도로 많은 저녁 식사 자리에서 유동성과 베르사유 조약 같은 문제들을 나와 토론했다. 아내가 내 책과 성격이 아주 다른 책을 직접 집필하기 시작하면서 프로젝트가 좀 꼬였지만 우리는 같이 여행을 했고, 보스턴에 있는 존 F. 케네디 대통령 도서관과 미주리 인디펜던스에 있는 해리 S. 트루먼 대통령 도서관에 나란히 앉아 조사를 했으며, 워싱턴 국회도서관은 시도 때도 없이 드나들었고, 집필용 칩거를 위한 휴가를 수도 없이 냈다. 사랑하는 아내와 함께한 지난 8년은 평생의 기억으로 소장될 스릴 넘치는 경험이었음을 밝힌다.

모든 책은 아이디어에서 시작되지만 개념은 프로젝트가 진행되면서 변하기 나름

존 메이너드 케인스

이다. 적어도 조금이라도 장점이 있는 책이라면 말이다. 그런 점에서 이 책이 시작될 때부터 아이디어 개발에 도움을 준 닐 어윈에게는 특별한 빚이 있다. 그는 올바른 에이전트를 찾는 일부터 초안 완성을 제대로 축하하는 방법까지 저널리스트이자 작가인 내 삶에 코치가 돼줬다. 또 유능한 데다 포기를 모르는 에이전트인 하워드 윤은 이 과정의 모든 단계를 함께 헤쳐 나간 나의 파트너이자 성실하고 경험 많은 전문가로, 그의 창조적 조언은 프로로서 탄탄한 통찰력만큼 중요한 역할을 했다.

랜덤하우스의 편집자인 몰리 터핀은 내게는 보이지 않았던 연결고리들을 발견하고, 사소해 보이는 주제들을 주요 서사로 발전시켰으며, 가치 있어 보이지만 지엽적이고 소모적인 것으로 나타난 소재는 버리고, 본질에 철저히 초점을 맞추는 모습을 몸소 보여줬다. 그녀의 명료함과 캐릭터 발전에 대한 고집을 따라가기가 늘 쉽지는 않았지만, 그 덕분에 백 년간의 경제 정책을 다룬 이 책에 문학적 색채를 부여할 수 있었다. 2017년 봄에 그녀에게 출간 제의를 했을 때는 상상도 못한 일이다. 만약 그녀보다 더 좋은 편집자가 존재한다면 그 사람의 능력은 의심할 필요가 없을 것이다.

케임브리지, 킹스칼리지 기록 보관소의 패트리샤 맥과이어 박사와 피터 몬티스에게도 특별히 감사를 드린다. 두 분의 안내 덕분에 압도적인 양으로밖에 설명할 수 없는 존 메이너드 케인스의 자료들이 그곳에서 훨씬 더 값진 시간을 보낼 수 있었다.

현대의 모든 케인스 학자들의 여정은 로버트 스키델스키 경의 연구를 통해 시작된다. 그가 집필한 세 권짜리 전기는 그 내용에 동의하든 동의하지 않든 이후 케인스에 관한 글을 쓰는 모든 이들에게 해석적 토대를 확립해왔다. 이 프로젝트에 대해 논의하면서 그가 해준 말들, 그의 인내심, 그의 폭넓은 지식에 감사드린다. 그와 이견이 있을 때면 나는 종종 목숨을 건 사람처럼 흥분하곤 했지만 그는 항상 관대함의 정신을 잃지 않았다. 또한 내게 아버지의 삶과 업적에 대해 열정적이지만 객관적인 지침을 준 제임스 K. 갤브레이스에게도 고마움을 전한다. 케인스에 대한 그만의 해석과 교정도 케인스라는 학자를 이해하는 데 엄청난 도움이 되었다. 내 원고는 뉴딜 역사학자인 에릭 로치웨이의 의견을 수용한 후 눈에 띄게 개선되었다. 《머니메이커The Money Makers》와 《겨울 전쟁Winter War》에 담긴 그의 학식은 좀 송구한 비유지만 루스벨트 시대를 움직인 고매한 이론과 현실정치의 관계에 작용한 금본위제라 할 만하다. 또한 시간을 내서 우드로 윌슨과 베르사유 조약에 대한 통찰력을 전해준 존 밀턴 쿠퍼 주니어에게도 감사드린다. 오늘날 정치경제 분야에서 활동하는 가장 재능 있는 저널리스트인 그렉 베이스와 리처드 김도 내 원고와 서사 구조에 대해 귀중한 피드

백을 제공했다.

어떤 역사책도 외부와 단절된 채 쓸 수 없고, 나 또한 이 프로젝트를 수행하면서 학자 수십 명의 도움을 받았지만 그중에서도 특히 자신의 연구물로 내게 큰 영향을 준 몇몇 학자들이 있다. 애덤 투즈와 그의 걸작인 《대격변The Deluge》은 500페이지가 넘는 그 내용이 흥미로운 것만큼이나 두 번의 세계대전 사이에 벌어진 권력, 정치, 자원, 시장 간의 관계를 생생하게 그려주는 초상화다. 리처드 파커가 존 케네스 갤브 레이스에 대해 쓴 탁월한 전기는 서사적 우아함뿐 아니라 발표된 지 15년이 지난 지금까지도 논쟁을 일으키는 글의 힘으로도 주목할 만하다. 다니엘 스테드먼 존스의 《우주의 거장들Masters of the Universe》과 앵거스 버긴의 《위대한 설득력The Great Persuasion》, 퀸 슬로보디아의 《글로벌리스트Globalists》는 20세기에 케인스 사상에 도전장을 내밀고 그 자리를 가로챈 신자유주의 질서를 파악하는 필수 안내서이며, 주디스 맥크렐의 《블룸즈버리의 발레리나Bloomsbury Ballerina》는 리디아 로포코바를 진솔하게 보여주는 전기일 뿐 아니라 그녀의 남편에 대한 통찰력으로 가득한 초상화이기도 하다.

내 아버지인 로렌스 D. 카터는 이 책이 출간되기 전에 돌아가셨지만 이 책은 여러 면에서 아버지의 시간과 지도가 투입된 산물이다. 아버지는 내가 초등학교 때부터 경제학에 관심을 갖도록 키우셨고, 이 책의 초안에 대한 아버지의 피드백은 주요 논거를 발전시키는 데 중요한 역할을 했다. 아버지는 내가 어릴 때부터 과학 박람회 출품작이나 역사 과제, 미술 전시물에 대해 나를 지도하시면서 과학적 방법과 정확한 학문에 대한 열정을 심어주셨다. 이 책은 우리 부자가 함께한 마지막 프로젝트이자, 개인적으로는 최고의 프로젝트라고 생각한다.

나의 어머니인 보니 벨은 알파벳부터 대학교 학기 말 보고서까지 내게 작법을 가르쳐주셨다.

이 책은 어머니가 쏟으신 노고의 결실이기도 하다. 또한 이 책은 나를 위해 진로 상담사, 베이비시터, 문학평론가가 돼주신 장인어른과 장모님이 없었다면 완성되지 못했을 것이다. 특히 장인어른은 수십 년간 상무부에서 일하신 경험과 경제학자로서 가진 통찰력으로 이 책의 논법뿐 아니라 내 세계관을 형성하는 데도 큰 영향을 주셨다.

마지막으로, 나의 충직하고 끈질긴 연구 조교인 페퍼에게 고마움을 전한다. 페퍼는 글이 막혔을 때 오랫동안 숲속을 걷는 것보다 더 좋은 방법이 없다는 것을 알고 있다. 그는 넉넉한 간식 주머니를 챙겨 들고 함께 나서는 짧은 산책으로 내게 활력을 주었다.

존 메이너드 케인스

주석 ....

들어가며

1   Quoted in Robert Skidelsky, *John Maynard Keynes*, vol. 2: *The Economist as Savior*, 1920–1937 (New York: Allen Lane, 1994), 93.

2   Lytton Strachey to Virginia Woolf, February 6, 1922, in Lytton Strachey, *The Letters of Lytton Strachey*, ed. Paul Levy (New York: Farrar, Straus and Giroux, 2005), 501.

3   Virginia Woolf, *The Letters of Virginia Woolf*, vol. 2: 1912–1922, ed. Nigel Nicolson and Joanne Trautmann (New York: Harcourt Brace Jovanovich, 1976), 8.

4   Quoted in Judith Mackrell, *Bloomsbury Ballerina: Lydia Lopokova, Imperial Dancer and Mrs. John Maynard Keynes* (London: Phoenix, 2009 [2008]), 181.

5   Quoted in ibid., xviii.

6   Quoted in Skidelsky, *John Maynard Keynes*, vol. 2, 93.

7   Quoted in Alison Light, "Lady Talky," *London Review of Books*, December 18, 2008.

8   S. P. Rosenbaum, ed., *The Bloomsbury Group: A Collection of Memoirs and*

Commentary (Toronto: University of Toronto Press, 1995), 120; "The Art of Bloomsbury," Tate Modern, 2017, https://www.tate.org.uk/art/art-terms/b/bloomsbury/art-bloomsbury.

9   Keynes received £300 from *The Manchester Guardian*, £350 from the *New York World*, and £25 from the *Neue Freie Presse* of Vienna. CW, vol. 17, 354. Current value calculated using the average 1922 exchange rate of $4.43 to the pound; see "Foreign Exchange Rates, 1922–1928," *Federal Reserve Bulletin*, January 1929, https://fraser.stlouisfed.org/files/docs/publications/FRB/pages/1925-1929/28191_1925-1929.pdf; and "CPI Inflation Calculator," Bureau of Labor Statistics, https://data.bls.gov/cgi-bin/cpicalc.pl.

10   JMK to LL, May 3, 1924, JMK/PP/45/190/1/122.

11   LL to JMK, April 19, 1922, JMK/PP/45/190/9/32.

12   LL to JMK, April 24, 1922, JMK/PP/45/190/9/46.

13   John Maynard Keynes, "On the Way to Genoa: What Can the Conference Discuss and with What Hope?," *The Manchester Guardian*, April 10, 1922; in *CW*, vol. 17, 372.

14   Quoted in Adam Tooze, *The Deluge: The Great War, America and the Remaking of the Global Order 1916–1931* (New York: Penguin, 2014), 433.

15   JMK to Henry de Peyster, February 25, 1921, in *CW*, vol. 17, 219.

16   Russia owed nearly $3.5 billion to Great Britain and another $4 billion to France, accounting for a quarter of all French foreign investment. See Tooze, *The Deluge*, 425.

17   John Maynard Keynes, "Reconstruction in Europe," *The Manchester Guardian*, April 18, 1922; CW, vol. 17, 388.

18   John Maynard Keynes, "On the Way to Genoa: What Can the Conference Discuss and with What Hope?," *The Manchester Guardian*, April 10, 1922; CW, vol. 17, 373.

19   John Maynard Keynes, *A Tract on Monetary Reform* (London: Macmillan, 1923).

20   Ibid., 172–73.

21   For more on Keynes and his ideal of "civilisation," see Geoff Mann, *In*

the *Long Run We Are All Dead: Keynesianism, Political Economy and Revolution* (New York: Verso, 2017).

22 Quoted in Alan Brinkley, *American History: A Survey* (New York: McGraw-Hill, 1995).

23 See, e.g., John Maynard Keynes, "British Foreign Policy," *The New Statesman and Nation*, July 10, 1937, in CW, vol. 28, 61–65.

24 John Maynard Keynes, *The General Theory of Employment, Interest and Money* (New York: Prometheus, 1997 [1936]), 382.

25 D. M. Bensusan-Butt, *On Economic Knowledge: A Sceptical Miscellany* (Canberra: Australian National University, 1980), 34–35.

26 Rosenbaum, *The Bloomsbury Group*, 272–75.

1장 케인스, 금을 구하러 런던으로 오다

1 Bertrand Russell, *The Autobiography of Bertrand Russell, 1872–1914* (Boston: Little, Brown, 1967), 96.

2 Mark Twain and Charles Dudley Warner coined the term "Gilded Age" in their 1873 novel *The Gilded Age: A Tale of Today* to mock the opulence of the era as a thin veneer covering a dysfunctional social order. The term did not become widely used until decades later, by which time it had lost much of its venom.

3 Georges Auguste Escoffier, *Le Guide Culinaire* (Paris: Imprimerie de Lagny, 1903); Escoffier, *A Guide to Modern Cookery* (London: William Heinemann, 1907).

4 John Maynard Keynes, *The Economic Consequences of the Peace* (London: Macmillan, 1919), 8–9.

5 In early 1908, the India Office assigned Keynes the task of editing a 197-page report titled "Statement Exhibiting the Moral and Material Progress and Condition of India," which drew the ire of his superior, Sir Thomas Holderness, for portraying a "coldblooded" British response as "the country

has been terribly ravaged by plague." See *CW*, vol. 15, 11.

6   Keynes, *The Economic Consequences of the Peace*, 10.

7   Robert Skidelsky, *John Maynard Keynes, vol. 1: Hopes Betrayed, 1883–1920* (New York: Penguin, 1994 [1983]), 290.

8   Liaquat Ahamed, *Lords of Finance: The Bankers Who Broke the World* (New York: Penguin, 2009), 29.

9   "A Population History of London: The Demography of Urban Growth," The Proceedings of the Old Bailey: London's Central Criminal Court 1674 to 1913, https://www.oldbaileyonline.org/static/Population-history-of-london.jsp#a1860-1913.

10 Keynes, *The Economic Consequences of the Peace*, 9.

11 Norman Angell, *The Great Illusion* (New York: G. P. Putnam Sons, 1913 [1910]).

12 Barbara Tuchman, *The Guns of August: The Outbreak of World War I* (New York: Random House, 2014 [1962]), 13.

13 Thomas L. Friedman, *The World Is Flat: A Brief History of the Twenty-First Century* (New York: Farrar, Straus and Giroux, 2005), 421.

14 Charles Kindleberger, *A Financial History of Western Europe* (London: George Allen & Unwin, 1984), 291.

15 John Maynard Keynes, "War and the Financial System," *The Economic Journal*, September 1914, in *CW*, vol. 11, 238–71. See 246–48 for details on foreign payment difficulties.

16 John Maynard Keynes, *A Treatise on Money: The Pure Theory of Money and the Applied Theory of Money. Complete Set*, vol. 2 (Mansfield Center, CT: Martino Fine Books, 2011 [1930]), 306–7.

17 Keynes wrote about this process in an October 22, 1917, letter to Professor Charles Rist, JMK/L/17/8.

18 E. Victor Morgan, *Studies in British Financial Policy 1914–25* (London: Macmillan, 1952), 4–7.

19 Morgan, *Studies in British Financial Policy*, 4–30.

20   John Maynard Keynes, "War and the Financial System," *The Economic Journal*, September 1914, in CW, vol. 11, 254. 21. Ahamed, Lords of Finance, 30–31.

21   Ahamed, Lords of Finance, 30–31.

22   Lippmann's thoughts are described in Ronald Steel, *Walter Lippmann and the American Century* (Boston: Little, Brown, 1980), 306.

23   John Maynard Keynes, *Indian Currency and Finance* (London: Macmillan, 1913).

24   Skidelsky, *John Maynard Keynes*, vol. 1, 277; Russell, The Autobiography of Bertrand Russell, 96.

25   Russell, *The Autobiography of Bertrand Russell*, 97.

26   Basil Blackett to JMK, August 1, 1914, in *CW*, vol. 16, 3.

27   David Lloyd George, *War Memoirs of David Lloyd George*, 1915–1916 (Boston: Little, Brown, 1933), 61–75.

28   Ibid., 64–67.

29   Quoted in Tuchman, *The Guns of August*, 129.

30   John Maynard Keynes, "Memorandum Against the Suspension of Gold," August 3, 1914, in *CW*, vol. 16, 10.

31   Morgan, *Studies in British Financial Policy*, 11.

32   JMK to John Neville Keynes, August 6, 1914, in *CW*, vol. 16, 15.

33   John Maynard Keynes, "Memorandum Against the Suspension of Gold," memorandum for David Lloyd George, August 3, 1914, in *CW*, vol. 16, 12.

34   JMK to Basil Blackett, June 24, 1914, in *CW*, vol. 16, 5.

35   JMK to Alfred Marshall, October 10, 1914, in *CW*, vol. 16, 30–31.

36   John Maynard Keynes, "War and the Financial System," *The Economic Journal*, September 1914, in CW, vol. 11, 252, 255.

37   John Maynard Keynes, "The Proper Means for Enabling Discount Operations to be Resumed," memorandum for David Lloyd George, in *CW*, vol. 16, 16.

38   "The Longest Bank Holiday," Royal Bank of Scotland, November 11, 2014,

http://www.rbsremembers.com/banking-in-wartime/supporting-the-nation/the-longest-bank-holiday.html.

39 Morgan, *Studies in British Financial Policy*, 14.

40 The Federal Reserve did not formally suspend specie payments but did so in effect. See ibid., 20.

41 John Maynard Keynes, *The General Theory of Employment, Interest and Money* (New York: Prometheus, 1997 [1936]), 161–62.

42 Quoted in Virginia Woolf, *The Diary of Virginia Woolf*, vol. 1: 1915–1919, ed. Anne Olivier Bell (New York: Harcourt Brace Jovanovich, 1977), xxv.

43 JMK to John Neville Keynes, January 29, 1915, in *CW*, vol. 16, 66.

2장 피로 물든 돈

1 Virginia Woolf in S. P. Rosenbaum, ed., *Bloomsbury on Bloomsbury* (Toronto: University of Toronto Press, 1995), 48.

2 Virginia Woolf in ibid., 56.

3 Virginia Woolf in ibid., 44.

4 Virginia Woolf in ibid., 55.

5 Leonard Woolf, *Beginning Again: An Autobiography of the Years 1911 to 1918* (New York: Harcourt Brace Jovanovich, 1964), 34–35.

6 Virginia Woolf, quoted in Rosenbaum, *Bloomsbury on Bloomsbury*, 50.

7 Quoted in ibid., 110.

8 L. Woolf, *Beginning Again*, 34–35.

9 Quoted in Rosenbaum, *Bloomsbury on Bloomsbury*, 105–6.

10 Grace Brockington, " 'Tending the Lamp' or 'Minding Their Own Business'? Bloomsbury Art and Pacifism During World War I," *Immediations*, January 2004, 9.

11 Quoted in Rosenbaum, *Bloomsbury on Bloomsbury*, 58.

12 Quoted in ibid., 111.

13 John Maynard Keynes, quoted in *CW*, vol. 16, 3.

존 메이너드 케인스

14 Quoted in David Garnett, *The Flowers of the Forest* (New York: Harcourt, Brace and Company, 1956), 148–49.

15 Michael Holroyd, *Lytton Strachey: A Biography* (New York: Holt, Rinehart and Winston, 1980 [1971]), 244.

16 John Maynard Keynes, "My Early Beliefs," September 9, 1938, in *CW*, vol. 10, 433–50.

17 Ibid., 435.

18 G. E. Moore, *Principia Ethica* (Cambridge, UK: Cambridge University Press, 1922 [1903]), 21.

19 Ibid., 188–99.

20 Bertrand Russell, *The Autobiography of Bertrand Russell, 1872–1914* (Boston: Little, Brown, 1967), 94–95.

21 Wittgenstein would join the Apostles and resign quickly, only to rejoin much later in 1929; see Bertrand Russell to JMK, November 11, 1912, JMK/PP/45/349/1:

Dear Keynes,

All the difficulties I anticipated have arisen with Wittgenstein. I persuaded him at last to come to the first meeting and see how he could stand it. Obviously from his point of view the society is a mere waste of time. But perhaps from a philanthropic point of view he might be made to feel it worth going on with. I feel, on reflection, very doubtful whether I did well to persuade him to come next Saturday, as I feel sure he will retire in disgust. But I feel it is the business of the active brethren to settle this before next Saturday.

If he is going to retire, it would be better it should be before election.

Yours fraternally,

B Russell

22 Robert Skidelsky, *John Maynard Keynes, vol. 1: Hopes Betrayed, 1883–1920* (New York: Penguin, 1994 [1983]), 19, 51.

23 Quoted in Frances Spalding, *Duncan Grant: A Biography* (London:

Pimlico, 1998), 67.

24 Quoted in Rosenbaum, *Bloomsbury on Bloomsbury*, 51.

25 JMK to Duncan Grant, February 16, 1909, quoted in Spalding, *Duncan Grant*, 77.

26 Ibid. As Duncan Grant once observed, "These Apostolic young men found to their amazement that they could be shocked by the boldness and skepticism of two young women"—namely, Vanessa and Virginia. See Rosenbaum, *Bloomsbury on Bloomsbury*, 101.

27 Quoted in Holroyd, *Lytton Strachey*, 253.

28 JMK/PP/20A.

29 Russell, *The Autobiography of Bertrand Russell*, 95.

30 Quoted in Skidelsky, *John Maynard Keynes*, vol. 1, 122.

31 Carlo Cristiano, *The Political and Economic Thought of the Young Keynes* (London: Routledge, 2014), sec. 2.3.

32 Lytton Strachey, *The Letters of Lytton Strachey*, ed. Paul Levy (New York: Farrar, Straus and Giroux, 2006), 110.

33 Virginia Woolf, *The Diary of Virginia Woolf*, vol. 1: 1915–1919, ed. Anne Olivier Bell (New York: Harcourt Brace Jovanovich, 1977), 24.

34 Woolf, *Beginning Again*, 36, 184.

35 JMK to Lytton Strachey, November 27, 1914, in Strachey, *The Letters of Lytton Strachey*, 241.

36 Skidelsky, *John Maynard Keynes*, vol. 1, 302. One was Rupert Brooke, a famous poet and close friend of the Woolfs who enlisted with the British army and fought at Antwerp before dying of disease on his way to battle at Gallipoli. See Julia Briggs, *Virginia Woolf: An Inner Life* (New York: Harvest Books, 2006), 87.

37 Barbara Tuchman, *The Guns of August: The Outbreak of World War I* (New York: Random House, 2014 [1962]), 247–48.

38 "Laws of War: Laws and Customs of War on Land (Hague II); July 29, 1899," Lillian Goldman Law Library, Yale Law School, http://avalon.law.

yale.edu/19th_century/hague02.asp.

39 "Laws of War: Laws and Customs of War on Land (Hague IV); October 18,
    1907," Lillian Goldman Law Library, Yale Law School, http://avalon.law.yale
    .edu/20th_century/hague04.asp.

40 Woolf, *Beginning Again*, 184.

41 Ian Kershaw, *To Hell and Back: Europe, 1914–1949* (New York: Penguin,
    2016), 48.

42 JMK to John Neville Keynes, June 1, 1915, in *CW*, vol. 16, 108.

43 David Lloyd George, *War Memoirs of David Lloyd George, 1915–1916*
    (Boston: Little, Brown, 1933), 410.

44 JMK, "The Financial Prospects of This Financial Year," Treasury
    memorandum, September 9, 1915, in *CW*, vol. 16, 117–25; JMK, "The
    Meaning of Inflation," Treasury memorandum, September 15, 1915, in *CW*,
    vol. 16, 125–28.

45 The Cambridge War Thrift Committee, "An Urgent Appeal," November
    1915, in *CW*, vol. 16, 141–42.

46 Hermione Lee, *Virginia Woolf* (New York: Alfred A. Knopf, 1997), 339.

47 David Garnett to JMK, November 15, 1915, JMK/PP/45/116/3.

48 David Garnett to JMK, December 6, 1915, JMK/PP/45/116/6.

49 David Garnett to JMK, October 6, 1916, JMK/PP/45/116/9.

50 David Garnett to JMK, JMK/PP/45/116/13.

51 David Garnett to JMK, JMK/PP/45/116/33.

52 JMK, Treasury memorandum, September 9, 1915, in *CW*, vol. 16, 117–25.

53 Quoted in Martin Horn, *Britain, France, and the Financing of the First
    World War* (Montreal and Kingston, Canada: McGill–Queen's University
    Press, 2002), 105–7.

54 John Maynard Keynes, untitled memorandum, August 23, 1915, in *CW*, vol.
    16, 110–25.

55 Stephen Broadberry and Mark Harrison, "The Economics of World War I:
    A Comparative Quantitative Analysis," *Journal of Economic History* 66, no.

2 (June 2006), https://warwick.ac.uk/fac/soc/economics/staff/mharrison/papers/ww1toronto2.pdf, 26.

56 "Loos Memorial," Commonwealth War Graves Commission, http://www.cwgc.org/find-a-cemetery/cemetery/79500/LOOS%20MEMORIAL.

57 Lee, *Virginia Woolf*, 340; Brockington, " 'Tending the Lamp,' " 11.

58 JMK as Politicus, letter to the editor, *Daily Chronicle*, January 6, 1916, in *CW*, vol. 16, 157–61.

59 JMK to Florence Keynes, January 13, 1916, in *CW*, vol. 16, 161–62.

60 Strachey, *The Letters of Lytton Strachey*, 259–67.

61 JMK to LK, November 16, 1924, JMK/PP/45/190/2.

62 PP/45/316/5/36.

63 Keynes wrote at least one letter back to Wittgenstein, on January 10, 1915: "I am astonished to have got a letter from you. Do you think it proves that you existed within a short time of my getting it? I think so. I hope you have been safely taken prisoner by now. . . . Your dear friend Bekassy is in your army and your very dear friend Bliss is a private in ours. It must be much pleasanter to be at war than to think about [philosophical] propositions in Norway. But I hope you will stop such self-indulgence soon." JMK/PP/45/349/99.

64 JMK to "the Tribunal," February 28, 1916, in *CW*, vol. 16, 178.

65 Quoted in Skidelsky, *John Maynard Keynes*, vol. 2, 327.

66 JMK to Florence Keynes, September 8, 1915, JMK/PP/45/168/8/105.

67 JMK to Florence Keynes, June 6, 1916, JMK/PP/45/168/8/145.

68 Florence Keynes to JMK, June 6, 1916, JMK/PP/45/168/8/147.

69 Virginia Woolf, *The Letters of Virginia Woolf*, vol. 2: 1912–1922, ed. Nigel Nicolson and Joanne Trautmann (New York: Harcourt Brace Jovanovich, 1976), 133.

70 John Maynard Keynes, "The Financial Dependence of the United Kingdom on the United States of America," Treasury memorandum, October 10, 1916, in *CW*, vol. 16, 197.

존 메이너드 케인스

71 Ron Chernow, *The House of Morgan: An American Banking Dynasty and the Rise of Modern Finance* (New York: Grove Press, 2001 [1990]), 188–89. Among other achievements, Morgan had backed Thomas Edison's electricity venture, created the U.S. Steel monopoly, and single-handedly bailed out the entire U.S. financial system in 1907.

72 Adam Tooze, *The Deluge: The Great War, America and the Remaking of the Global Order, 1916–1931* (New York: Viking, 2014), 38.

73 John Maynard Keynes, "Report to the Chancellor of the Exchequer of the British Members of the Joint Anglo-French Financial Committee," October 24, 1916, in *CW*, vol. 16, 201–6.

74 John Maynard Keynes, "The Financial Dependence of the United Kingdom on the United States of America," Treasury memorandum, October 10, 1916, in *CW*, vol. 16, 197–98.

75 In what follows I draw heavily from John Milton Cooper, Jr., *Woodrow Wilson: A Biography* (New York: Vintage Books, 2009).

76 Woodrow Wilson, *A History of the American People, vol. 5: Reunion and Nationalization* (New York: Harper and Brothers, 1902), 212.

77 Woodrow Wilson, *The Papers of Woodrow Wilson*, vol. 24: January–August 1912, ed. Arthur S. Link (Princeton, NJ: Princeton University Press, 1978), 252.

78 See Don Wolfensberger, "Woodrow Wilson, Congress and Anti-Immigrant Sentiment in America: An Introductory Essay," Woodrow Wilson International Center for Scholars, March 12, 2007, https://www.wilsoncenter.org/sites/default/files/immigration-essay-intro.pdf.

79 John Maynard Keynes, "Note for Mr McAdoo," Treasury memorandum, July 20, 1917, in *CW*, vol. 16, 245–52.

80 JMK to Florence Keynes, March 23, 1918, JMK/PP/45/168/9/85.

81 JMK to Vanessa Bell, March 23, 1918, CHA/1/341/3/1.

82 JMK to Florence Keynes, March 29, 1918, JMK/PP/45/168/9/87; Garnett, *The Flowers of the Forest*, 146–47.

83 JMK to Florence Keynes, March 23, 1918, PP/45/168/9/85.

84 Virginia Woolf to Nicholas Bagenal, April 15, 1918, in Virginia Woolf, *The Letters of Virginia Woolf*, vol. 2, 230.

85 Quoted in Garnett, *The Flowers of the Forest*, 148.

86 Quoted in ibid., 40.

87 Virginia Woolf to Vanessa Bell, May 15, 1927, Virginia Woolf, *The Letters of Virginia Woolf, vol. 3: 1923–1928*, ed. Nigel Nicolson and Joanne Trautmann (New York: Harcourt Brace Jovanovich, 1977), 376.

88 JMK to Florence Keynes, December 24, 1917, in *CW*, vol. 16, 265.

89 JMK to Florence Keynes, March 29, 1918, JMK/PP/45/168/9/87.

90 Basil Blackett to H. P. Hamilton, January 1, 1918, in *CW*, vol. 16, 264.

91 JMK to Florence Keynes, December 24, 1917, *CW*, vol. 16, 265–66.

92 JMK to Duncan Grant, December 15, 1917, in Jonathan Atkin, *A War of Individuals: Bloomsbury Attitudes to the Great War* (New York: Manchester University Press, 2002), 24.

93 JMK to Florence Keynes, October 25, 1918, JMK/PP/45/168/9/131.

94 Virginia Woolf, January 14, 1918, *The Diary of Virginia Woolf*, vol. 1, 106.

95 JMK to Florence Keynes, October 13, 1918, JMK/PP/45/168/9/129.

3장 실망으로 점철된 파리평화회의

1 Quoted in A. Scott Berg, *Wilson* (New York: Berkley, 2013), 18–19.

2 Quoted in ibid., 521.

3 Margaret MacMillan, *Paris 1919: Six Months That Changed the World* (New York: Random House, 2003 [2001]), 15.

4 Quoted in Sarah Gertrude Millin, *General Smuts*, vol. 2 (London: Faber & Faber, 1936), 172–75.

5 John Maynard Keynes, *The Economic Consequences of the Peace* (London: Macmillan, 1919), 34.

6 Berg, *Wilson*, 18.

7 JMK to Florence Keynes, December 23, 1918, JMK/PP/45/168/9/141.

8 JMK to Florence Keynes, October 25, 1918, JMK/PP/45/168/9/131, "I think the prospects of peace good"; the rest is from JMK to Florence Keynes, December 23, 1918, JMK/PP/45/168/9/141.

9 JMK to Neville Keynes, January 14, 1919, JMK/PP/45/168/9/145.

10 See Keynes' biographical sketches of Winston Churchill and the German banker Carl Melchior in his 1933 book *Essays in Biography*, in *CW*, vol. 10, 53, 390, where Keynes noted the distinction between "dining-room diners" and "restaurant diners."

11 Paul Cravath to JMK, December 20, 1918, JMK/RT/1/8.

12 Henry Wickham Steed, *Through Thirty Years: 1892–1922* (London: William Heinemann, 1924), vol. 2, 266.

13 Charles G. Fenwick, "Organization and Procedure of the Peace Conference," *American Political Science Review* 13, no. 2 (May 1919): 199–212.

14 JMK to Neville Keynes, January 14, 1919, JMK/PP/45/168/9/145.

15 Quoted in Edward Mandell House and Charles Seymour, eds., *What Really Happened at Paris: The Story of the Peace Conference, 1918–1919* (New York: Charles Scribner's Sons, 1921), 336.

16 Mark Sykes, the thirty-nine-year-old author of the infamous Sykes-Picot treaty in which Britain and France had secretly agreed to divide up the Ottoman Empire between them, was killed by the flu in February. See Harold Nicolson, *Peacemaking, 1919* (London: Constable & Co. Ltd., 1943 [1937]), 214. Lloyd George was still recovering from the flu when he arrived. Keynes would fall ill in February, Wilson would contract the flu in the spring, and Clemenceau battled several weeks of "colds" in March and April—most likely a prolonged bout with the flu. See Laura Spinney, *Pale Rider: The Spanish Flu of 1918 and How It Changed the World* (New York: PublicAffairs, 2017). On William Stang's death and the atmosphere at the Hotel Majestic, see Clifford R. Lovin, *A School for Diplomats: The Paris Peace Conference of 1919* (Lanham, MD: University Press of America, 1997), 12–17.

17 Keynes, *The Economic Consequences of the Peace*, 3–4.

18 John Maynard Keynes, "Dr Melchoir: A Defeated Enemy," February 2, 1921, in *CW*, vol. 10, 390.

19 Keynes, *The Economic Consequences of the Peace*, 26.

20 *CW*, vol. 16, 387.

21 John Maynard Keynes, "Notes on an Indemnity," Treasury memorandum, October 31, 1918, in CW, vol. 16, 337–43; and John Maynard Keynes, "Memorandum by the Treasury on the Indemnity Payable by the Enemy Powers for Reparation and Other Claims," undated Treasury memorandum, in *CW*, vol. 16, 344–86.

22 John Maynard Keynes, "Memorandum by the Treasury on the Indemnity Payable by the Enemy Powers for Reparation and Other Claims," undated Treasury memorandum, in *CW*, vol. 16, 375.

23 See Marc Trachtenberg, "Reparation at the Paris Peace Conference," *The Journal of Modern History* 51, no. 1 (March 1979): 33.

24 Adam Tooze, *The Deluge: The Great War, America and the Remaking of the Global Order, 1916–1931* (New York: Viking, 2014), 293.

25 Quoted in House and Seymour, *What Really Happened at Paris*, 275–76.

26 Quoted in ibid., 259.

27 Woodrow Wilson, "Wilson's War Message to Congress," April 2, 1917, World War I Document Archive, Brigham Young University, https://wwi. lib.byu.edu/index.php/Wilson%27s_War_Message_to_Congress.

28 Ibid.

29 JMK to Allyn Young, February 29, 1920, JMK/EC/2/3/62.

30 JMK to Norman Davis, April 18, 1920, JMK/EC/2/4/27.

31 Memo from JMK to Sir John Bradbury, January 14, 1919, JMK/RT/9/1/32.

32 Nadège Mougel, "World War I Casualties," Centre Européen Robert Schuman, http://www.centre-robert-schuman.org/userfiles/files/ REPERES%20%E2%80%93%20module%201-1%20-%20explanatory%20 notes%20%E2%80%93%20World%20War%20I%20casualties%20

존 메이너드 케인스

%E2%80%93%20EN.pdf.

33 Amos Crosby to JMK, January 7, 1919, JMK/RT/1/24.

34 MacMillan, *Paris* 1919, 10.

35 "World War I Casualties," Centre Européen Robert Schuman.

36 "Redrawing the Map: How the First World War Reshaped Europe," *The Economist*, August 2, 2014.

37 Derek Howard Aldcroft, *From Versailles to Wall Street, 1919–1929* (Berkeley: University of California Press, 1977), 19.

38 JMK to Florence Keynes, October 25, 1918, JMK/PP/45/168/9/131; JMK to Florence Keynes, November 3, 1918, JMK/PP/45/168/9/134.

39 Robert Nye, *Masculinity and Male Codes of Honor in Modern France* (Berkeley: University of California Press, 1998 [1993]), 185.

40 Richard J. Evans, *The Pursuit of Power: Europe, 1815–1914* (New York: Viking, 2016), 598. See also Gregor Dallas, *At the Heart of a Tiger: Clemenceau and His World, 1841–1929* (New York: Carroll and Graf, 1993), 302–3.

41 Quoted in Dallas, *At the Heart of a Tiger*, 561.

42 Quoted in George Riddell, *Lord Riddell's Intimate Diary of the Peace Conference and After, 1918–1923* (London: Victor Gollancz, 1933), 41.

43 Keynes, *The Economic Consequences of the Peace*, 29.

44 Tooze, *The Deluge*, 175.

45 Dallas, *At the Heart of a Tiger*, 566.

46 Keynes, *The Economic Consequences of the Peace*, 26.

47 Keith Laybourn, *Modern Britain Since 1906* (London: I. B. Taurus, 1999), 20.

48 Quoted in MacMillan, *Paris* 1919, 33.

49 Quoted in Trachtenberg, "Reparation at the Paris Peace Conference," 32.

50 Quoted in Stephen Bonsal, *Unfinished Business* (New York: Doubleday, 1944), 69.

51 N. P. Howard, "The Social and Political Consequences of the Allied Food Blockade of Germany, 1918–19," *German History* 11, no. 2 (April 1, 1993): 162.

52 JMK, memorandum to Sir John Bradbury, January 11, 1919, JMK/RT/9/1.

53 Quoted in House and Seymour, *What Really Happened at Paris*, 338.

54 John Maynard Keynes, "Dr Melchoir," in *CW*, vol. 10, 397.

55 Ibid., 395.

56 House and Seymour, *What Really Happened at Paris*, 343.

57 Herbert Hoover, dispatch to Italian food minister Silvio Crespi, December 31, 1918, in *Papers Relating to the Foreign Relations of the United States 1919: The Paris Peace Conference* (Washington, D.C.: U.S. Government Printing Office, 1942), vol. 2, 688–89.

58 JMK, memorandum to Sir John Bradbury, January 14, 1919, JMK/RT/1/36–40.

59 John Maynard Keynes, "Dr Melchoir," in *CW*, vol. 10, 401.

60 Riddell, *Lord Riddell's Intimate Diary of the Peace Conference and After*, 42.

61 John Maynard Keynes, "Dr Melchoir," in *CW*, vol. 10, 405.

62 Lovin, *A School for Diplomats*, 13.

63 JMK to Florence Keynes, January 25, 1919, JMK/PP/45/168/9/149.

64 "I wrote to Walter to ask him if he advised inoculation against influenza; but he answered that he hadn't yet any vaccine that he could recommend," Keynes wrote to his mother on November 3, 1918. "Sheppard hasn't left the house at all this week for fear of the plague." JMK/PP/45/168/9/131.

65 Clive Bell to JMK, February 2, 1919, JMK/PP/45/25/32.

66 JMK to Florence Keynes, March 16, 1919, JMK/PP/45/168/9/157.

67 John Maynard Keynes, "Dr Melchoir," in *CW*, vol. 10, 416–24.

68 Cunliffe returned the favor by mocking his Treasury adversary as "Herr von K"—accusing him of pro-German sympathies. See Antony Lentin, *Lloyd George and the Lost Peace: From Versailles to Hitler, 1919–1940* (New York: Palgrave Macmillan, 2001), 24.

69 Quoted by Keynes in a March 25, 1919, memo, JMK/RT/1/71.

70 JMK to Philip Kerr, March 25, 1919, JMK/RT/1/71.

71 Quoted in House and Seymour, *What Really Happened at Paris*, 272.

72 Reproduced in Philip Mason Burnett, *Reparation at the Paris Peace*

Conference from the Standpoint of the American Delegation (New York: Columbia University Press, 1940), 776.

73 Quoted in House and Seymour, *What Really Happened at Paris*, 262.

74 Amos T. Crosby to JMK, January 7, 1919, JMK/RT/1/24.

75 JMK, memorandum to Woodrow Wilson, "The Treatment of Inter-Ally Debt Arising Out of the War," March 1919, *CW*, vol. 16, 427–28.

76 Quoted in House and Seymour, *What Really Happened at Paris*, 289.

77 JMK to Florence Keynes, April 12, 1919, JMK/PP/45/168/9/164.

78 John Maynard Keynes, "Scheme for the Rehabilitation of European Credit and for Financing Relief and Reconstruction," Treasury memo for Woodrow Wilson, April 1919, in *CW*, vol. 16, 433–35.

79 Woodrow Wilson to David Lloyd George, May 3, 1919, JMK/RT/16/33.

80 Quoted in Robert Skidelsky, *John Maynard Keynes*, vol. 1: Hopes Betrayed, 1883–1920 (New York: Penguin, 1994 [1983]), 372.

81 Ron Chernow, *The House of Morgan: An American Banking Dynasty and the Rise of Modern Finance* (New York: Grove Press, 2001 [1990]), 370–73.

82 Ibid., 280–86.

83 Quoted in Noam Chomsky, *Deterring Democracy* (New York: Hill and Wang, 1992), 39.

84 Chernow, *The House of Morgan*, 336–43.

85 Keynes, *The Economic Consequences of the Peace*, 41.

86 Eric Rauchway, *The Money Makers: How Roosevelt and Keynes Ended the Depression, Defeated Fascism, and Secured a Prosperous Peace* (New York: Basic Books, 2015), 16.

87 JMK to Florence Keynes, May 14, 1919, JMK/PP/45/168/9/168.

88 JMK to Norman Davis, June 5, 1919, in *CW*, vol. 16, 471. 89. JMK to David Lloyd George, June 5, 1919, in *CW*, vol. 16, 469.

4장 평화의 결과

1   John Milton Cooper, Jr., *Woodrow Wilson: A Biography* (New York: Vintage, 2009), 502–4; A. Scott Berg, Wilson (New York: Berkley, 2013), 600–602.

2   Woodrow Wilson, *The Papers of Woodrow Wilson*, ed. Arthur S. Link, vol. 61 (Princeton, NJ: Princeton University Press, 1990), 292–93.

3   The two men had much in common. Wilson was the first son of the American South to reach the presidency after the Civil War, while Smuts was an Afrikaner who became prime minister of South Africa under British rule. Both held paternalistic views about nonwhite peoples while proclaiming high democratic ideals. See Sarah Gertrude Millin, *General Smuts*, vol. 2 (London: Faber & Faber, 1936), 172–73.

4   Cooper, *Woodrow Wilson: A Biography*, 502–4; Berg, Wilson, 600–602.

5   Robert Skidelsky, *John Maynard Keynes*, vol. 1: *Hopes Betrayed, 1883–1920* (New York: Allen Lane, 1983), 379–80. Keynes was in Charleston from June 20 to July 9, 1919. The Treaty of Versailles was signed on June 28.

6   David Garnett, *The Flowers of the Forest* (New York: Harcourt, Brace and Company, 1956), 145.

7   JMK/L/19.

8   Lord Robert Cecil to JMK, July 31, 1919, JMK/L/19.

9   JMK to Florence Keynes, December 23, 1918, JMK/PP/45/168/9/141.

10 JMK/L/19.

11 Jan Smuts to JMK, in Millin, *General Smuts*, vol. 2, 255–56.

12 Quoted in Tom Regan, *Bloomsbury's Prophet: G. E. Moore and the Development of His Moral Philosophy* (Philadelphia: Temple University Press, 1986), 154.

13 Lytton Strachey, *Eminent Victorians: Cardinal Manning, Florence Nightingale, Dr. Arnold, General Gordon* (London: G. P. Putnam Sons, 1918).

14 John Maynard Keynes, *The Economic Consequences of the Peace* (London: Macmillan, 1919), 18.

15 Ibid., 19.

16 Ibid., 251.

17 Herbert Hoover, *The Ordeal of Woodrow Wilson* (Washington, D.C.: Woodrow Wilson Center Press, 1992 [1958]), 152.

18 Keynes, *The Economic Consequences of the Peace*, 220.

19 Michael V. White and Kurt Schuler, "Retrospectives: Who Said 'Debauch the Currency': Keynes or Lenin?," *Journal of Economic Perspectives* 23, no. 2 (2009): 213–22.

20 Edmund Burke, *Reflections on the Revolution in France* (London: John Sharpe, 1820), 138.

21 Leonard Woolf, *Downhill All the Way: An Autobiography of the Years 1919 to 1939* (New York: Harvest, 1967), 139.

22 John Maynard Keynes, *The Political Doctrines of Edmund Burke* (unpublished thesis, 1904), 57–58, JMK/UA/20/3/61–2.

23 Keynes, *The Economic Consequences of the Peace*, 11.

24 John Maynard Keynes, "My Early Beliefs," September 9, 1938, in *CW*, vol. 10, 447.

25 Keynes, *The Economic Consequences of the Peace*, 38.

26 Lytton Strachey to JMK, October 4, 1919, JMK/PP/45/316/5/61.

27 Florence Keynes to JMK, JMK/EC/1/9.

28 JMK to Arthur Salter, October 18, 1919, JMK/EC/1/21.

29 Skidelsky, *John Maynard Keynes*, vol. 1, 381.

30 Julia Briggs, *Virginia Woolf: An Inner Life* (New York: Harvest Books, 2006), 22–28.

31 John Maynard Keynes, "Mr. Lloyd George's General Election" (London: The Liberal Publication Department, 1920), JMK/EC/2/5/21.

32 Adam Tooze, *The Deluge: The Great War, America and the Remaking of the Global Order, 1916–1931* (New York: Viking, 2014), 295.

33 Austen Chamberlain to JMK, December 8, 1919, JMK/EC/2/1/8.

34 JMK to Austen Chamberlain, December 28, 1919, JMK/EC/2/1/12.

35 Reginald McKenna to JMK, December 27, 1919, JMK/EC/2/1/129.

36 Allyn Young to JMK, February 11, 1920, JMK/EC/2/3/58.

37 Paul Cravath to JMK, February 4, 1920, JMK/EC/2/3/37.

38 Amos T. Crosby to JMK, March 8, 1920, JMK/EC/2/2/7.

39 Ronald Steel, *Walter Lippmann and the American Century* (Boston: Little, Brown, 1980), 162. Keynes' American publisher, Harcourt, wrote about the decision to publish *The Economic Consequences of the Peace* in his memoir *Some Experiences*, excerpted by the publisher in a January 27, 1965, letter to John Kenneth Galbraith, available at JKG, Series 9.4, Box 941.

40 Keynes, *The Economic Consequences of the Peace*, 28–29.

41 Ibid., 36.

42 Allyn Young to JMK, June 10, 1920, JMK/EC/2/4/76.

43 Norman Davis to JMK, March 19, 1920, JMK/EC/2/4/23.

44 JMK to Norman Davis, April 18, 1920, JMK/EC/2/4/27.

45 Quoted in Miller, *General Smuts*, vol. 2, 174–75.

46 Bernard Baruch, *The Making of the Reparation and Economic Sections of the Treaty* (New York: Harper and Brothers, 1921).

47 Ibid., 5–8.

48 André Tardieu, "The Treaty and Its Critic," *Everybody's Magazine*, November 1920, JMK/EC/2/5/12.

49 Charles Homer Haskins, cited in Edward Mandell House and Charles Seymour, eds., *What Really Happened at Paris: The Story of the Peace Conference, 1918–1919* (New York: Charles Scribner's Sons, 1921), 65.

50 Paul Mantoux to the League of Nations, September 13, 1924, JMK/EC/2/6/48; Philip Mason Burnett, *Reparation at the Paris Peace Conference from the Standpoint of the American Delegation* (New York: Columbia University Press, 1940), 847, 1000.

존 메이너드 케인스

5장 형이상학의 세계에서 돈의 세계로

1   *CW*, vol. 15, 13–15.

2   David Felix, *Keynes: A Critical Life* (Westport, CT: Greenwood Press, 1999), 141.

3   Piero V. Mini, *John Maynard Keynes: A Study in the Psychology of Original Work* (New York: St. Martin's Press, 1994), 86.

4   Roberta Allbert Dayer, *Finance and Empire: Sir Charles Addis, 1861–1945* (London: Macmillan, 1988), 81.

5   JMK to Ludwig Wittgenstein, January 10, 1915, JMK/PP/45/349.

6   Bertrand Russell to JMK, March 23, 1919, JMK/PP/45/349/18.

7   Ludwig Wittgenstein to Bertrand Russell, March 13, 1919, JMK/PP/45/349/19.

8   John Coates, *The Claims of Common Sense: Moore, Wittgenstein, Keynes and the Social Sciences* (Cambridge, UK: Cambridge University Press, 1996), 129.

9   JMK to Ludwig Wittgenstein, May 13, 1919, JMK/PP/45/349/101.

10   JMK to Ludwig Wittgenstein, June 28, 1919, JMK/PP/45/349/102.

11   Ludwig Wittgenstein, *Tractatus Logico-Philosophicus* (London: Kegan Paul, Trench, Trübner, 1922), 23.

12   Bertrand Russell, *The Selected Letters of Bertrand Russell: The Public Years, 1914–1970*, ed. Nicholas Griffin (London: Routledge, 2001), 441.

13   Quoted in Robert Skidelsky, *John Maynard Keynes, vol. 2: The Economist as Savior, 1920–1937* (New York: Allen Lane, 1994), 56.

14   John Rawls' "original position" in *A Theory of Justice* is another similar attempt by philosophers to smuggle their conclusions into the basic construction of their system. Much of Rawls' work, including the difference principle, is an attempt to construct the foundations of a broadly liberal, egalitarian philosophy using Keynesian concepts.

15   Wittgenstein, *Tractatus Logico-Philosophicus*, 90.

16   The personal wealth and investment numbers that follow in this section

are from Mini, John Maynard Keynes, 84–86, and David Felix, *Biography of an Idea: John Maynard Keynes and the General Theory of Employment, Interest and Money* (New York: Routledge, 2017 [1995]).

17 John Maynard Keynes, statement to the Royal Commission on Lotteries and Betting, December 15, 1932, in *CW*, vol. 18, 399.

18 JMK to LL, September 16, 1923, JMK/PP/45/190/1/10.

19 JMK to LL, September 19, 1923, JMK/PP/45/190/1/14.

20 Alison Light, "Lady Talky," *London Review of Books*, December 18, 2008.

21 Light, "Lady Talky."

22 Judith Mackrell, *Bloomsbury Ballerina: Lydia Lopokova, Imperial Dancer and Mrs. John Maynard Keynes* (London: Phoenix, 2009 [2008]), 108.

23 Ibid., 169–72.

24 Ibid., 192.

25 LL to JMK, JMK/PP/45/190/8.

26 Mackrell, *Bloomsbury Ballerina*, 196.

27 Ibid., 1–37.

28 Virginia Woolf mocked Lydia's intellectual claims and her accent by repeating Lydia's "seerious wooman" pronunciation behind her back. See Virginia Woolf to Jacques Raverat, November 4, 1923, in Virginia Woolf, *The Letters of Virginia Woolf*, vol. 3: 1923–1928, ed. Nigel Nicolson and Joanne Trautmann (New York: Harcourt Brace Jovanovich, 1978), 76.

29 LL to JMK, March 10, 1922, PP/45/190/9/5.

30 LL to JMK, undated, located between letters sent on April 21, 1922, and April 28, 1922, PP/45/190/9/37.

31 LL to JMK, June 26, 1922, PP/45/190/10/30.

32 Mackrell, *Bloomsbury Ballerina*, 196.

33 JMK to LL, January 20, 1926, JMK/PP/45/190/1/62.

34 LL to JMK, April 26, 1922, JMK/PP/45/190/9/53.

35 LL to JMK, April 19, 1922, JMK/PP/45/190/9/32.

36 LL to JMK, undated, JMK/PP/45/190/12/23.

37 Virginia Woolf to Jacques Raverat, June 8, 1924, in Virginia Woolf, *The Letters of Virginia Woolf*, vol. 3, 115.

38 Virginia Woolf to Jacques Raverat, November 4, 1923, in ibid., 76.

39 Virginia Woolf to Vanessa Bell, December 22, 1922, in Virginia Woolf, *The Letters of Virginia Woolf*, vol. 2: 1912–1922, ed. Nigel Nicolson and Joanne Trautmann (New York: Harcourt Brace Jovanovich, 1977), 594–95.

40 LL to JMK, April 17, 1922, JMK/PP/45/190/9/26.

41 LL to JMK, April 12, 1922, JMK/PP/45/190/9/12.

42 LL to JMK, April 20, 1922, JMK/PP/45/190/9/34.

43 LL to JMK April 22, 1922, JMK/PP/45/190/9/40.

44 Mackrell, *Bloomsbury Ballerina*, 202.

45 Ibid., 181–203.

46 Ibid., 201.

47 John Maynard Keynes, *The Economic Consequences of the Peace* (London: Macmillan, 1919), 278–79.

48 Keynes received £300 from *The Manchester Guardian*, £350 from the *New York World*, and £25 from the *Neue Freie Presse* of Vienna; see *CW*, vol. 17, 354. Current value calculated using the average 1922 exchange rate of $4.43 to the pound, according to the Federal Reserve Bank of St. Louis, https://fraser.stlouisfed.org/files/docs/publications/FRB/pages/1925-1929/28191_1925-1929.pdf, and the Bureau of Labor Statistics' "CPI Inflation Calculator," https://data.bls.gov/cgi-bin/cpicalc.pl.

49 And when the United States formally entered the conflict in 1917, it used tricks of its own to effectively suspend the gold standard, as well. The Wilson administration required everyone who wanted to export gold to apply for a special license to do so from the Treasury Department, and nearly all of these applications were denied.

50 Liaquat Ahamed, *Lords of Finance: The Bankers Who Broke the World* (New York: Penguin, 2009), 155–56.

51 Ibid., 158–59.

52 "U.S./U.K. Foreign Exchange Rate in the United Kingdom," Federal Reserve Bank of St. Louis, https://fred.stlouisfed.org/series/USUKFXUKA#0; Adam Tooze, *The Deluge: The Great War, America and the Remaking of the Global Order, 1916–1931* (New York: Viking, 2014), 355.

53 Albert O. Hirschman, *The Passions and the Interests: Political Arguments for Capitalism Before Its Triumph* (Princeton, NJ: Princeton University Press, 1997), 60.

54 John Maynard Keynes, "The Stabilisation of the European Exchanges: A Plan for Genoa," April 20, 1922, *Manchester Guardian Commercial Supplement*, April 20, 1922, in *CW*, vol. 17, 355–57.

55 Ahamed, *Lords of Finance*, 161.

56 "Unemployment Statistics from 1881 to the Present Day," Government Statistical Service, UK Statistics Authority, January 1996, http://www.ons. gov.uk/ons/rel/lms/labour-market-trends--discontinued-/january-1996/ unemployment-since-1881.pdf.

57 Tooze, *The Deluge*, 359.

58 John Maynard Keynes, "The Consequences to Society of Changes in the Value of Money," *The Manchester Guardian Commercial Supplement*, July 27, 1922 in CW, vol. 9, 67–75.

59 JMK, Treasury memorandum, February 15, 1920, in *CW*, vol. 17, 184.

60 JMK to LL, April 28, 1922, PP/45/190/9/60.

61 JMK to LL, April 27, 1922, PP/45/190/9/57.

62 JMK to LL, April 17, 1922, PP/45/190/9/26.

63 It was not, however, exclusively Keynes' innovation. Other monetary reformers included in particular the Yale economist Irving Fisher.

64 John Maynard Keynes, *A Tract on Monetary Reform* (London: Macmillan, 1924), 80.

65 JMK to Charles Addis, July 25, 1924, JMK/L/24/77.

66 Virginia Woolf to Ottoline Morrell, January 1923, in Virginia Woolf, *The Letters of Virginia Woolf*, vol. 3, 8.

67 Leonard Woolf, *Downhill All the Way*, 142–43.

68 Virginia Woolf to JMK, February 12, 1923, in Virginia Woolf, *The Letters of Virginia Woolf*, vol. 3, 11–12.

69 Harold Bloom, *T. S. Eliot's The Waste Land (Bloom's Modern Critical Interpretations)* (New York: Infobase, 2007), 77–82.

70 Donald Gallup, *T. S. Eliot: A Bibliography* (New York: Harcourt Brace, 1969).

71 Virginia Woolf to Lytton Strachey, February 23, 1923, in Virginia Woolf, The Letters of Virginia Woolf, vol. 3, 14–15.

72 Virginia Woolf to JMK, March 13, 1923, in Virginia Woolf, *The Letters of Virginia Woolf*, vol. 3, 20.

73 JMK to LL, June 15, 1924, JMK/PP/45/190/2.

74 Leonard Woolf, *Downhill All the Way*, 97.

75 Ibid., 142–43.

76 A 1925 essay on the gold standard and Winston Churchill quickly went through seven thousand copies, generating profits that were recycled through Hogarth to pay for poetry and fiction. See Leonard Woolf, *Downhill All the Way*, 162.

77 Quoted in S. P. Rosenbaum, ed., *The Bloomsbury Group: A Collection of Memoirs and Commentary* (Toronto: University of Toronto Press, 1995), 281.

78 John Maynard Keynes, "Editorial Forward," *The Nation and Athenaeum*, May 5, 1923, in CW, vol. 18, 123–26.

79 JMK to LL, December 4, 1923, JMK/PP/45/190/1/147.

80 Ibid.

81 JMK to LL, December 5, 1923, JMK/PP/45/190/1/49.

82 Ibid.

83 JMK to LL, December 9, 1923, JMK/PP/45/190/1/55.

84 Winston Churchill, letter to *The Times*, January 18, 1924.

85 Quoted in Chris Cook, *The Age of Alignment: Electoral Politics in Britain: 1922–1929* (London: Macmillan, 1975), 188.

86 Sally Marks, "The Myths of Reparations," *Central European History* 11, no. 3 (September 1978): 234.

87 As a wealthy conservative, Stinnes generally opposed seeing his tax rate go up, and the Weimar government was as reluctant to alienate the rich as it was to alienate the poor—either group could bolt to support an authoritarian alternative. See Fritz K. Ringer, ed., *The German Inflation of 1923* (London: Oxford University Press, 1969), 92.

88 Ringer, *The German Inflation of 1923*, 91.

89 JMK to Rudolf Havenstein, January 17, 1923, in *CW*, vol. 18, 68.

90 Quoted in Tooze, *The Deluge*, 456.

91 Niall Ferguson, *The Ascent of Money: A Financial History of the World* (New York: Penguin, 2008), 104.

92 Tooze, *The Deluge*, 442–43.

93 Ibid., 439.

94 Josiah Stamp to JMK, CW, vol. 18, 235.

95 John Maynard Keynes, "The Experts' Reports," *The Nation and Athenaeum*, April 12, 1924, in CW, vol. 18, 241.

96 Carolyn K. Kitching, "Prime Minister and Foreign Secretary: the Dual Role of James Ramsay MacDonald in 1924," *Review of International Studies* 37, no. 3 (July 2011): 1412.

97 John Maynard Keynes, "The Progress of the Dawes Scheme," *The Nation and Athenaeum*, September 11, 1926, in CW, vol. 18, 281.

6장 사회주의로의 입문

1 David A. Andelman, *A Shattered Peace: Versailles 1919 and the Price We Pay Today* (Hoboken, NJ: John Wiley & Sons, 2008), 232.

2 JMK to LL, May 28, 1924, JMK/PP/45/190/1/161.

3 JMK to LL, May 27, 1924, JMK/PP/45/190/1/159.

4 "It was naughty of you to read out my letter about the banquet." JMK to

존 메이너드 케인스

LL, May 30, 1924, JMK/PP/45/190/1/161.

5　JMK to LL, May 30, 1924JMK/PP/45/190/1/166.

6　Quoted in Michele Barrett, ed., *Virginia Woolf: Women and Writing* (New York: Harcourt, 1997), 193–97.

7　Quoted in Richard Kahn, *The Making of Keynes' General Theory* (Cambridge, UK: Cambridge University Press, 1984), 203.

8　Ibid., 204.

9　Carnegie Endowment for International Peace, *Report of the International Commission to Inquire into the Causes and Conduct of the Balkan Wars*, 1914, https://archive.org/details/reportofinternat00inteuoft.

10　JMK to H. N. Brailsford, December 3, 1925, JMK/CO/1/98.

11　John Maynard Keynes, "Editorial Forward," *The Nation and Athenaeum*, May 5, 1923, in CW, vol. 18, 126.

12　John Maynard Keynes, "The End of Laissez-Faire" (London: Hogarth Press, 1926) based on the Sidney Ball Lecture, November 1924, in *CW*, vol. 9, 294.

13　See Jean-Jacques Rousseau, *The Basic Political Writings* (Indianapolis: Hackett, 1987).

14　John Maynard Keynes, "The End of Laissez-Faire," in *CW*, vol. 9, 291–92.

15　Ibid., 287.

16　Ibid., 287–88.

17　Ibid., 291.

18　Ibid., 288.

19　Ibid., 289.

20　Ibid., 290.

21　Ibid., 288.

22　Keynes believed Burke's most convincing arguments for laissez-faire turned entirely on empirical fact of economic scarcity. See John Maynard Keynes, "The Political Doctrines of Edmund Burke" (unpublished, 1904), JMK/UA/20/3/1.

23　Robert Skidelsky, *John Maynard Keynes*, vol. 2: *The Economist as Savior,*

1920–1937 (New York: Allen Lane, 1994), 207–8; Judith Mackrell, *Bloomsbury Ballerina: Lydia Lopokova, Imperial Dancer and Mrs. John Maynard Keynes* (London: Phoenix, 2009 [2008]), 266.

24 Quoted in Mackrell, *Bloomsbury Ballerina*, 266.

25 Ibid., 267.

26 Kahn, *The Making of Keynes' General Theory*, 169.

27 Michael Holroyd, *Lytton Strachey: A Biography* (New York: Holt, Rinehart and Winston, 1980 [1971]), 902–3.

28 JMK to LL, November 9, 1923, JMK/PP/45/190/1/33; JMK to LL, December 9, 1923, JMK/PP/45/190/1/57.

29 Lytton Strachey, *The Letters of Lytton Strachey*, ed. Paul Levy (New York: Farrar, Straus and Giroux, 2005), 478, 483, 497–98.

30 Leonard Woolf's biographer Victoria Glendenning argued that some of Virginia's attraction to Leonard was a product of his Jewishness, as it inspired in her a sense of rebellion against Victorian conventions. See Victoria Glendenning, *Leonard Woolf: A Biography* (New York: Free Press, 2006), 142.

31 See, e.g., LL to JMK, April 22, 1922, in which Lydia exults "and jews are jews very funny!" PP/45/190/9/57.

32 Quoted in Mackrell, *Bloomsbury Ballerina*, 280.

33 Virginia Woolf, *The Diary of Virginia Woolf*, vol. 3: 1925–1930, ed. Anne Olivier Bell and Andrew McNeillie (New York: Harcourt Brace Jovanovich, 1981), 43.

34 Mackrell, *Bloomsbury Ballerina*, 272.

35 John Maynard Keynes, "A Short View of Russia," in *CW*, vol. 9, 253–71.

36 Ibid., 270.

37 Ibid., 271.

38 Ibid., 258.

39 Ibid., 271.

40 Ibid., 267.

존 메이너드 케인스

41 Ibid., 268.

42 John Maynard Keynes, "Am I a Liberal?," *The Nation and Athenaeum*, August 8 and 15, 1925, in CW, vol. 9, 306.

43 Ibid., 297.

44 Ibid., 311.

45 Ibid., 309.

46 Ibid., 311.

47 "Unemployment Statistics from 1881 to the Present Day," Government Statistical Service, UK Statistics Authority, January 1996, https://www.ons.gov.uk/ons/rel/lms/labour-market-trends--discontinued-/january-1996/unemployment-since-1881.pdf.

48 Nicholas Crafts, "Walking Wounded: The British Economy in the Aftermath of World War I," Vox, August 27, 2014, https://voxeu.org/article/walking-wounded-british-economy-aftermath-world-war-i.

49 John Maynard Keynes, "The Speeches of the Bank Chairmen," *The Nation and Athenaeum*, February 23, 1924, in CW, vol. 9, 199.

50 Ludwig von Mises, *Socialism: An Economic and Sociological Analysis* (New Haven, CT: Yale University Press, 1951 [1927]), 485, https://mises-media.s3.amazonaws.com/Socialism%20An%20Economic%20and%20Sociological%20Analysis_3.pdf.

51 John Maynard Keynes, "The Economic Consequences of Mr Churchill," *Evening Standard*, July 22–24, 1925, in CW, vol. 9, 207.

52 Ibid., 220.

53 Ibid., 211.

54 JMK to Charles Addis, July 25, 1924, JMK/L/24/77.

55 Quoted in P. J. Grigg, *Prejudice and Judgment* (London: Jonathan Cape, 1948), 182–83.

56 Winston Churchill, "Return to Gold Standard," speech to Parliament, April 28, 1925, https://api.parliament.uk/historic-hansard/commons/1925/apr/28/return-to-gold-standard.

57 Quoted in Grigg, *Prejudice and Judgment*, 184.

58 John Maynard Keynes, "The Economic Consequences of Mr Churchill," *Evening Standard*, July 22–24, 1925, in CW, vol. 9, 223.

59 Stanley Baldwin, "Message from the Prime Minister," *The British Gazette*, May 6, 1926, Warwick Digital Collections, http://contentdm.warwick.ac.uk/ cdm/compoundobject/collection/strike/id/378/rec/33.

60 Skidelsky, *John Maynard Keynes*, vol. 2, 250; Leonard Woolf, *Downhill All the Way: An Autobiography of the Years 1919 to 1939* (New York: Harvest, 1967), 217.

61 Keynes issued a statement for *The New Republic* and *The Nation*, which never ran in either. When he gave *The End of Laissez-Faire* as a lecture at the University of Berlin on June 24, 1926, he also prepared some notes on the General Strike. In the notes he described the conflict as "essentially senseless" rather than "a revolution," adding that "after a few days war atmosphere intensified." "Military mind gaining control which means in England—I expect everywhere—complete collapse not only of intellect but of ordinary intelligence and of daily common sense. All the people who are too stupid to be of any value or importance in peacetime began to feel themselves essential and even to find themselves in charge." *CW*, vol. 19, 534, 543–46.

62 Leonard Woolf, *Downhill All the Way*, 162.

63 These comments are from Keynes' notes from his lecture at the University of Berlin on June 24, 1926, CW, vol. 19, 545.

64 "Chancellor Winston Churchill on Gold and the Exchequer," *Finest Hour* 153 (Winter 2011–12), https://www.winstonchurchill.org/publications/ finest-hour/finest-hour-153/chancellor-winston-churchill-on-gold-and-the-exchequer.

65 Margot Asquith to JMK, June 1, 1926, JMK/PP/45/190/3/104.

66 JMK to Margot Asquith, JMK/PP/45/190/3/100.

67 John Maynard Keynes, letter to the editor, *The Nation and Athenaeum*,

존 메이너드 케인스

June 12, 1926, in CW, vol. 19, 538–41.

68 JMK to LK, June 1, 1926, JMK/PP/45/190/3/104.

69 In *We Can Conquer Unemployment*, the Liberals put the roadbuilding jobs numbers at 850,000 in year one, of which 350,000 would be directly created by the program. In *Can Lloyd George Do It?*, Keynes and Henderson wrote, "We are satisfied on this matter that the estimates given in 'We Can Conquer Unemployment,' taken as a whole, understate rather than overstate the case." *CW*, vol. 9, 106.

70 John Maynard Keynes, "Can Lloyd George Do It?—The Pledge Examined," Hogarth Press, May 10, 1929, in *CW*, vol. 9, 99.

71 Ibid., 98.

72 "There is the far greater loss to the unemployed themselves, represented by the difference between the dole and a full working wage, and by the loss of strength and morale. There is the loss in profits to employers and in taxation to the Chancellor of the Exchequer. There is the incalculable loss of retarding for a decade the economic progress of the whole country." *CW*, vol. 9, 93.

73 Ibid.

74 Ibid., 92.

75 Ibid., 113.

76 Ibid., 125.

77 Virginia Woolf to Quentin Bell, May 11, 1929, in Virginia Woolf, *The Letters of Virginia Woolf*, vol. 4: 1929–1932, ed. Nigel Nicolson and Joanne Trautmann (New York: Harcourt Brace Jovanovich, 1979), 56–57.

78 Virginia Woolf to Quentin Bell, May 30, 1929, in ibid., 63.

79 JMK to LK, June 3, 1929, JMK/PP/45/190/4/158.

7장 대공황

1 Liaquat Ahamed, *Lords of Finance: The Bankers Who Broke the World* (New

York: Penguin, 2009), 358.

2   Churchill's visit to the New York Stock Exchange on Black Thursday is recorded in Arthur M. Schlesinger, Jr., *The Age of Roosevelt*, vol. 1: *The Crisis of the Old Order, 1919–1933* (New York: Mariner Books, 2003 [1957]), 158; Ron Chernow, *The House of Morgan: An American Banking Dynasty and the Rise of Modern Finance* (New York: Grove Press, 2001 [1990]), 315; John Kenneth Galbraith, *The Great Crash, 1929* (Boston: Houghton Mifflin, 1961), 105. His dinner with Baruch on the evening of Black Thursday is in Martin Gilbert, *Winston Churchill*, vol. 5: *The Prophet of Truth: 1922–1939* (London: Minerva, 1990 [1976]), 349–50. Gilbert cites Churchill's recollection that "I happened to be walking down Wall Street at the worst moment of the panic and a perfect stranger who recognised me invited me to enter the gallery of the Stock Exchange."

3   Quoted in Chernow, *The House of Morgan*, 314.

4   Galbraith, *The Great Crash*, 1929, 26–36.

5   Schlesinger, *The Age of Roosevelt*, vol. 1, 158.

6   Galbraith, *The Great Crash*, 1929, 104.

7   Chernow, *The House of Morgan*, 315.

8   Quoted in Matthew Josephson, *The Money Lords: The Great Finance Capitalists, 1925–1950* (New York: Weybright and Tally, 1972), 90.

9   Chernow, *The House of Morgan*, 315.

10 Galbraith, *The Great Crash*, 1929, 104.

11 Ahamed, *Lords of Finance*, 211–12.

12 Chernow, *The House of Morgan*, 322.

13 Ibid., 221.

14 Ibid., 312.

15 Quoted in ibid., 317.

16 Quoted in ibid., 314–15.

17 Herbert Hoover, *The Memoirs of Herbert Hoover: The Great Depression, 1929–1941* (New York: Macmillan, 1952), 17.

존 메이너드 케인스

18   Quoted in Ahamed, *Lords of Finance*, 354.

19   Hoover, *The Memoirs of Herbert Hoover: The Great Depression, 1929–1941*, 127.

20   Chernow, *The House of Morgan*, 315.

21   Josephson, *The Money Lords*, 93.

22   Galbraith, *The Great Crash*, 1929, 108.

23   "Bankers Halt Stock Debacle," *The Wall Street Journal*, October 25, 1929.

24   JMK to LL, October 25, 1929, in *CW*, vol. 20, 1.

25   Schlesinger, *The Age of Roosevelt*, vol. 1, 157.

26   Quoted in Maury Klein, "The Stock Market Crash of 1929: A Review Article," *The Business History Review* 75, no. 2 (Summer 2001): 329.

27   Charles P. Kindleberger, *The World in Depression, 1929–1939* (Berkeley: University of California Press, 2013 [1973]), 116.

28   John Maynard Keynes, "A British View of the Wall Street Slump," *New-York Evening Post*, October 25, 1929, CW, vol. 20, 2–4.

29   Kindleberger, *The World in Depression*, 113.

30   Ibid., 124–27.

31   Quoted in Robert Skidelsky, *John Maynard Keynes*, vol. 2: *The Economist as Savior, 1920–1937* (New York: Allen Lane, 1994), 343.

32   Quoted in ibid., 314.

33   John Maynard Keynes, *A Treatise on Money: The Pure Theory of Money and the Applied Theory of Money. Complete Set*, vol. 2 (Mansfield Center, CT: Martino Fine Books, 2011 [1930]), 175.

34   Ibid., 376.

35   JMK to LL, January 18, 1924, JMK/PP/45/190/1/60.

36   JMK to LK, November 29, 1925, JMK/PP/45/190/3/35.

37   JMK to LK, November 30, 1925, JMK/PP/45/190/3/37.

38   JMK to LK, December 3, 1925, JMK/PP/45/190/3/39.

39   JMK to LK, December 6, 1925, JMK/PP/45/190/3/42.

40   Thomas Hobbes, *Leviathan, with Selected Variants from the Latin Edition of 1688*, ed. Edwin Curley (Indianapolis: Hackett, 1994), 76.

41　*CW*, vol. 28, 253.

42　Ibid., 254.

43　Ibid., 226.

44　Ibid.

45　Keynes, *A Treatise on Money*, vol. 1, 4.

46　Keynes referenced Georg Friedrich Knapp as a kindred spirit who developed some of these ideas in Germany. Knapp published *The State Theory of Money* in 1905, but the book probably appeared on Keynes' radar only after it was translated into English in 1924.

47　Hearing of the Macmillan Committee, February 21, 1930, in *CW*, vol. 20, 84.

48　Keynes, *A Treatise on Money*, vol. 2, 152–53. This point was based on early work by Earl J. Hamilton, who eventually published the results as *American Treasure and the Price Revolution in Spain, 1501–1650* in 1934.

49　Ibid., 159.

50　Ibid., 154.

51　Ibid., 156, n. 1.

52　Niall Ferguson, *The Cash Nexus: Money and Power in the Modern World, 1700–2000* (New York: Basic Books, 2001), 23.

53　Hearing of the Macmillan Committee, February 20, 1930, in *CW*, vol. 20, 64.

54　Keynes, *A Treatise on Money*, vol. 2, 148–49.

55　Ibid., 150.

56　"Memorandum by Mr. J.M. Keynes to the Committee of Economists of the Economic Advisory Council," September 21, 1930, in *CW*, vol. 13, 186.

57　Keynes, *A Treatise on Money*, vol. 2, 291.

58　Ibid., 376.

59　"The friends of gold will have to be extremely wise and moderate if they are to avoid a Revolution." Ibid., 292.

60　Hearing of the Macmillan Committee, March 6, 1930, in *CW*, vol. 20, 126.

61　*CW*, ibid., 146–47.

62　F. A. Hayek, "Reflections on the Pure Theory of Mr. J. M. Keynes,"

Economica, no. 35 (February 1932), 44.

63 Quoted in Angus Burgin, *The Great Persuasion: Reinventing Free Markets Since the Depression* (Cambridge, MA: Harvard University Press, 2012), 30.

64 John Maynard Keynes, "The Pure Theory of Money. A Reply to Dr Hayek," *Economica*, November 1931, in CW, vol. 13, 252.

65 See, e.g., Nicholas Wapshott, *Keynes Hayek: The Clash That Defined Modern Economics* (New York: W. W. Norton, 2011).

66 Milton Friedman and Anna Jacobson Schwartz, *A Monetary History of the United States, 1867–1960* (Princeton, NJ: Princeton University Press, 1971 [1963]), 306, 308–10.

67 Robert S. McElvaine, *The Great Depression: America, 1929–1941* (New York: Three Rivers Press, 2009 [1984]), 79–80, 92.

68 "Unemployment Statistics from 1881 to the Present Day," Government Statistical Service, UK Statistics Authority, http://www.ons.gov.uk/ons/rel/lms/labour-market-trends--discontinued-/january-1996/unemployment-since-1881.pdf.

69 Barry Eichengreen, "The British Economy Between the Wars," April 2002, https://eml.berkeley.edu/~eichengr/research/floudjohnson chaptersep16-03.pdf, 55.

70 "Schact Demands War Debt Respite" and "Schact Here, Sees Warning in Fascism, Ridicules Fear of Hitler," *The New York Times*, October 3, 1930, quoted in John Weitz, *Hitler's Banker* (New York: Warner Books, 2001 [1999]), 111–12.

71 John Maynard Keynes, "Economic Possibilities for Our Grandchildren," *The Nation and Athenaeum*, October 11 and 18, 1930, CW, vol. 9, 322.

72 John Maynard Keynes, "Economy," *The Listener*, January 14, 1931, in *CW*, vol. 9, 138.

73 John Maynard Keynes, "Economic Possibilities for Our Grandchildren," October 1930, in *CW*, vol. 9, 329.

74 Ibid., 323.

75 Ibid., 325–26.

76 Ibid., 326.

77 Ibid., 329.

78 Ibid., 330–31.

79 Karl Marx, *The German Ideology*, in The Marx-Engels Reader, ed. Robert C. Tucker, (New York: Norton, 1978 [1932]), 160.

80 Ibid., 146.

81 Joseph Stiglitz, "Toward a General Theory of Consumerism: Reflections on Keynes's Economic Possibilities for Our Grandchildren," in Lorenzo Pecchi and Gustavo Piga, eds., *Revisiting Keynes: Economic Possibilities for Our Grandchildren* (Cambridge, MA: MIT Press, 2008), 41.

82 Benjamin M. Friedman, "Work and Consumption in an Era of Unbalanced Technological Advance," *Journal of Evolutionary Economics* 27, no. 2 (April 2017): 221–37.

83 Robert Solow, "Whose Grandchildren?," in Pecchi and Piga, *Revisiting Keynes*, 88.

84 Keynes, "Economic Possibilities for Our Grandchildren," 326.

85 Leonard Woolf, *Downhill All the Way: An Autobiography of the Years 1919 to 1939* (New York: Harvest, 1975 [1971]), 141, 206–9.

86 Virginia Woolf to Margaret Llewelyn Davies, September 14, 1930, Virginia Woolf, *The Letters of Virginia Woolf*, vol. 4: 1929–1932, ed. Nigel Nicolson and Joanne Trautmann (New York: Harcourt Brace Jovanovich: 1979), 213.

87 John Maynard Keynes, "Proposals for a Revenue Tariff," *New Statesman and Nation*, March 7, 1931, in CW, vol. 9, 238.

88 *CW*, vol. 20, 492.

89 Ethel Snowden to JMK, March 7, 1931, in *CW*, vol. 20, 489.

90 Hubert Henderson to JMK, February 14, 1931, *CW*, vol. 20, 483–84.

91 John Maynard Keynes, "Economic Notes on Free Trade," *New Statesman and Nation*, March 28, April 4, and April 11, 1931, in CW, vol. 20, 500.

92 John Maynard Keynes, letter to *The Times*, March 26, 1931, in *CW*, vol. 20, 509.

존 메이너드 케인스

93 John Maynard Keynes, "Put the Budget on a Sound Basis: A Plea to Lifelong Free Traders," *Daily Mail*, March 13, 1931, in CW, vol. 20, 491–92.

94 John Maynard Keynes, "Economic Notes on Free Trade," *New Statesman and Nation*, March 28, April 4, and April 11, 1931, in CW, vol. 20, 505.

95 David Ricardo, *On the Principles of Political Economy* (London: John Murray, 1817), chap. 7.

96 John Maynard Keynes, "National Self-Sufficiency," *The New Statesman and Nation*, July 8 and 15, 1933, in CW, vol. 21, 235.

97 Ibid., 236.

98 Ahamed, *Lords of Finance*, 404.

99 Barry Eichengreen, *Golden Fetters: The Gold Standard and the Great Depression, 1919–1939* (Oxford, UK: Oxford University Press, 1992), 268.

100 *CW*, vol. 20, 529, 561.

101 John Maynard Keynes, memorandum for the Economic Advisory Council, July 1931, in *CW*, vol. 20, 568.

102 Friedman and Schwartz, *A Monetary History of the United States*, 308.

103 John Maynard Keynes, "A Note on Economic Conditions in the United States," memorandum for the Economic Advisory Council, July 1931, in *CW*, vol. 20, 587.

104 Quoted in Chernow, *The House of Morgan*, 328.

105 Ahamed, *Lords of Finance*, 416–19.

106 JMK to R. F. Kahn May 29, 1931, in *CW*, vol. 20, 310; and JMK to Walter Gardner, September 16, 1931, in *CW*, vol. 20, 311.

107 Skidelsky, *John Maynard Keynes*, vol. 2, 393.

108 Ahamed, *Lords of Finance*, 424.

109 Charles Loch Mowat, *Britain Between the Wars, 1918–1940* (Boston: Beacon Press, 1971 [1955]), 382.

110 JMK to Ramsay MacDonald, August 5, 1931, in *CW*, vol. 20, 590–91.

111 Quoted in Chernow, *The House of Morgan*, 331.

112 Quoted in ibid., 330.

113 JMK to Ramsay MacDonald, August 12, 1931, in *CW*, vol. 20, 594.

114 *CW*, vol. 20, 596.

115 Virginia Woolf, *The Diary of Virginia Woolf*, vol. 4: 1931–1935, ed. Anne Olivier Bell and Andrew McNeillie (New York: Harvest, 1983), 39.

116 Chernow, *The House of Morgan*, 332.

117 Ibid., 332–33.

118 Ahamed, *Lords of Finance*, 428.

119 JMK to F. A. Keynes, August 28, 1931, in *CW*, vol. 20, 596.

120 JMK to Walter Case, September 14, 1931, in *CW*, vol. 20, 603.

121 John Maynard Keynes, "A Gold Conference," *The New Statesman and Nation*, September 12, 1931, in CW, vol. 20, 600.

122 John Maynard Keynes, notes for a speech to members of Parliament, September 16, 1931, in *CW*, vol. 20, 608.

123 Ibid., 609–11.

124 Ibid., 611.

125 Virginia Woolf, *The Diary of Virginia Woolf*, vol. 4, 45.

8장 불사조 케인스

1 JMK to Alexander Shaw, January 13, 1932, in *CW*, vol. 18, 364.

2 John Maynard Keynes, "An End of Reparations?," *The New Statesman and Nation*, January 16, 1932, in CW, vol. 18, 366.

3 Ibid., 365–66.

4 These accounts of Hitler's supposed moderation appear in Matthew Dessem, "You Know Who Else Was Always Impressing Journalists with His Newfound Maturity and Pragmatism?," *Slate*, September 10, 2017.

5 Quoted in Ronald Steel, *Walter Lippmann and the American Century* (Boston: Little, Brown, 1980), 331.

6 John Maynard Keynes, "Two Years Off Gold: How Far Are We From Prosperity Now?," *Daily Mail*, September 19, 1933, in CW, vol. 21, 285.

존 메이너드 케인스

7   JMK to Ottoline Morrell, May 2, 1928, quoted in Robert Skidelsky, *John Maynard Keynes*, vol. 2: The Economist as Savior, 1920–1937 (New York: Allen Lane, 1994), 236.

8   David C. Colander and Harry Landreth, eds., *The Coming of Keynesianism to America: Conversations with the Founders of Keynesian Economics* (Brookfield, IL: Edward Elgar, 1996), 61–62.

9   John Strachey, *The Coming Struggle for Power* (New York: Modern Library, 1935 [1932]).

10 Quoted in Skidelsky, *John Maynard Keynes*, vol. 2, 515–16.

11 John Maynard Keynes, Letter to the Editor, *The New Statesman and Nation*, November 24, 1934, in CW, vol. 28, 35–36.

12 John Maynard Keynes, "Farewell to the World Conference," *Daily Mail*, July 27, 1933, in CW, vol. 21, 281.

13 JMK to R. H. Brand, November 29, 1934, in *CW*, vol. 21, 344.

14 JMK to George Bernard Shaw, January 1, 1935, in *CW*, vol. 13, 492–93.

15 Jerome E. Edwards, *Pat McCarran: Political Boss of Nevada* (Reno: University of Nevada Press, 1982), 33–41.

16 Quoted in ibid., 49–50.

17 Quoted in Arthur M. Schlesinger, Jr., *The Age of Roosevelt, vol. 1: The Crisis of the Old Order, 1919–1933* (New York: Mariner Books, 2003 [1957]), 475–76.

18 Herbert Hoover, *The Memoirs of Herbert Hoover: The Great Depression, 1929–1941* (Eastford, CT: Martino Fine Books, 2016 [1952]), 30.

19 Quoted in Milton Friedman and Anna Jacobson Schwartz, *A Monetary History of the United States, 1867–1960* (Princeton, NJ: Princeton University Press, 1993 [1964]), 341.

20 Roger Sandilands, *The Life and Political Economy of Lauchlin Currie: New Dealer, Presidential Adviser, and Development Economist* (Durham, NC: Duke University Press, 1990), 31–38.

21 Ibid., 50.

22 Friedman and Schwartz, *A Monetary History of the United States*, 352.

23 Gerald D. Nash, "Herbert Hoover and the Origins of the Reconstruction Finance Corporation," *The Mississippi Valley Historical Review* 46, no. 3 (December 1959): 455–68.

24 Quoted in Glen Jeansonne, *The Life of Herbert Hoover: Fighting Quaker, 1928–1933* (New York: Palgrave Macmillan, 2012), 199.

25 Hoover, *The Memoirs of Herbert Hoover*, 203–4.

26 Quoted in Schlesinger, *The Age of Roosevelt*, vol. 1, 476–77.

27 Ibid., 475.

28 Friedman and Schwartz, *A Monetary History of the United States*, 326.

29 Hoover, *The Memoirs of Herbert Hoover*, 212–17.

30 Schlesinger, *The Age of Roosevelt*, vol. 1, 481.

31 For more on the assembly of the early New Deal program during the 1932 election, see Eric Rauchway, *Winter War: Hoover, Roosevelt, and the First Clash over the New Deal* (New York: Basic Books, 2018).

32 Franklin Delano Roosevelt, "First Inaugural Address of Franklin D. Roosevelt," March 4, 1933, Lillian Goldman Law Library, Yale Law School, http://avalon.law.yale.edu/20th_century/froos1.asp.

33 Friedman and Schwartz, A Monetary History of the United States, 422–27.

34 Franklin D. Roosevelt, "On the Bank Crisis," March 12, 1933, Franklin D. Roosevelt Presidential Library and Museum, http://docs.fdrlibrary.marist.edu/031233.html.

35 Ibid.

36 Quoted in Ron Chernow, *The House of Morgan: An American Banking Dynasty and the Rise of Modern Finance* (New York: Grove Press, 2001 [1990]), 357.

37 *The New York Times*, April 21, 1933.

38 Richard Parker, *John Kenneth Galbraith: His Life, His Politics, His Economics* (Chicago: University of Chicago Press, 2005), 55–57.

39 Quoted in Eric Rauchway, *The Money Makers: How Roosevelt and Keynes Ended the Depression, Defeated Fascism, and Secured a Prosperous Peace*

존 메이너드 케인스

(New York: Basic Books, 2015), 80.

40 Rodney D. Karr, "Farmer Rebels in Plymouth County, Iowa, 1932–1933," *The Annals of Iowa* 47, no. 7, State Historical Society of Iowa, 1985, 638.

41 Franklin D. Roosevelt to Edward M. House, April 5, 1933, quoted in Helen M. Burns, *The American Banking Community and New Deal Banking Reforms, 1933–1935* (Westport, CT: Greenwood Press, 1974), 78.

42 John Maynard Keynes, Open letter to FDR, *The New York Times*, December 31, 1933, in CW, vol. 21, 295.

43 John Kenneth Galbraith, *Money: Whence It Came, Where It Went* (Princeton, NJ: Princeton University Press, 2017 [1974]), 245.

44 "Consumer Price Index: All Items in U.S. City Average, All Urban Consumers," Federal Reserve Bank of St. Louis, https://fred.stlouisfed.org/series/cpiaucns.

45 Ferdinand Pecora, *Wall Street Under Oath: The Story of Our Modern Money Changers* (New York: Graymalkin Media, 1939), Kindle edition, chap. 1, loc. 60.

46 Peter Grossman, *American Express: The Unofficial History of the People Who Built the Great Financial Empire* (New York: Random House, 1987), 236–38.

47 Chernow, *The House of Morgan*, 369–71.

48 Burns, *The American Banking Community and New Deal Banking Reforms*, 89–90.

49 Quoted in ibid., 80.

50 Quoted in ibid., 65–66.

51 Ibid., 68.

52 John Kenneth Galbraith, *The Great Crash*, 1929 (Boston: Houghton Mifflin, 1961 [1955]), 196–97.

53 JMK to Alexander Shaw, January 13, 1932, in *CW*, vol. 18, 364.

54 John Maynard Keynes, "President Roosevelt Is Magnificently Right," *Daily Mail*, July 4, 1933, in CW, vol. 21, 276.

55 Charles Kindleberger, *The World in Depression, 1929–1939* (Berkeley:

University of California Press, 2013 [1975]), 224.

56 JMK to FDR, in *CW*, vol. 21, 289.

57 Ibid., 293.

58 Ibid., 294.

59 Ibid., 295.

60 JMK to Franklin D. Roosevelt, February 1, 1938, in *CW*, vol. 21, 435.

61 Walter Lippmann to JMK, April 17, 1934, in *CW*, vol. 21, 305.

62 Quoted in Arthur M. Schlesinger, Jr., "The 'Hundred Days' of F.D.R.," *The New York Times*, April 10, 1983.

63 Edwards, *Pat McCarran*, 105–6.

64 Frances Perkins, *The Roosevelt I Knew* (New York: Penguin, 2011 [1946]), 215–16.

65 *CW*, vol. 21, 321.

66 Quoted in Robert Dallek, *Franklin D. Roosevelt: A Political Life* (New York: Viking, 2017), 177.

67 Quoted in Arthur M. Schlesinger, Jr., *The Politics of Upheaval* (Boston: Houghton Mifflin, 1960), 298.

68 Hansen uttered this phrase to the Keynesian economist Walter Salant, claiming to have heard it from Harvard University president James Conant; see Don Paninkin and J. Clark Leith, eds., *Keynes, Cambridge and the General Theory* (New York: Macmillan, 1977), 46, and Walter Salant and Francis H. Heller, *Economics and the Truman Administration* (Lawrence: Regents Press of Kansas, 1981), 107.

9장 희소성의 종말

1 Quoted in Marjorie S. Turner, *Joan Robinson and the Americans* (Armonk, NY: M. E. Sharpe, 1989), 18.

2 Quoted in ibid., 12.

3 Quoted in ibid., 55.

존 메이너드 케인스

4   Quoted in ibid., 56.

5   Quoted in ibid., 55.

6   Straight claimed in his memoir that he was a reluctant spy who only passed unimportant economic reports to a Soviet agent. He went on to work in both the Kennedy and Nixon administrations, in addition to working as publisher of *The New Republic*. See Michael Straight, *After Long Silence* (New York: W. W. Norton & Co., 1983).

7   John Maynard Keynes interview with Kingsley Martin, "Democracy and Efficiency," *New Statesman and Nation*, January 28, 1939, in *CW*, vol. 21, 494–96.

8   Quoted in David C. Colander and Harry Landreth, eds., *The Coming of Keynesianism to America: Conversations with the Founders of Keynesian Economics* (Brookfield, IL: Edward Elgar, 1996), 204.

9   Joan Robinson, *The Economics of Imperfect Competition* (London: Macmillan, 1948 [1933]), 307–27.

10   Ibid., 218–34.

11   Quoted in Turner, *Joan Robinson and the Americans*, 166.

12   Mary Paley Marshall to Joan Robinson in ibid., 12–13.

13   Quoted in Colander and Landreth, *The Coming of Keynesianism to America*, 54–55.

14   Quoted in Peter Clarke, *Keynes: The Rise, Fall, and Return of the 20th Century's Most Influential Economist* (New York: Bloomsbury, 2009), 141.

15   Quoted in Colander and Landreth, *The Coming of Keynesianism to America*, 101.

16   JMK to Susan Lawrence, January 15, 1935, in *CW*, vol. 21, 348.

17   JMK to Joan Robinson, March 29, 1934, in *CW*, vol. 13, 422.

18   Roger E. Backhouse, *Founder of Modern Economics: Paul A. Samuelson*, vol. 1: *Becoming Samuelson, 1915–1948* (New York: Oxford University Press, 2017), 518–19.

19   Quoted in Turner, *Joan Robinson and the Americans*, 51–52.

20   Nahid Aslanbeigui and Guy Oakes, *The Provocative Joan Robinson: The Making of a Cambridge Economist* (Durham, NC: Duke University Press, 2009), 177.

21   Quoted in Turner, *Joan Robinson and the Americans*, 53.

22   *CW*, vol. 13, 268–69, 376–80, 638–52; *CW*, vol. 14, 134–50.

23   Joan Robinson to JMK, December 2, 1935, in *CW*, vol. 13, 612.

24   Quoted in Aslanbeigui and Oakes, *The Provocative Joan Robinson*, 55–56.

25   Ibid., 56.

26   Ibid.

27   Quoted in ibid., 57.

28   Quoted in ibid., 65.

29   Ibid., 67–87.

30   John Maynard Keynes, *The General Theory of Employment, Interest and Money* (New York: Prometheus, 1997 [1936]), x.

31   Ibid., 3n.

32   Ibid., 9.

33   John Kenneth Galbraith, *A Life in Our Times* (Boston: Houghton Mifflin, 1981), 65.

34   Jean-Baptiste Say, *Traité d'économie politique*, trans. R. R. Palmer, 1997, 76, quoted in Allin Cottrell, "Keynes, Ricardo, Malthus and Say's Law," http://users.wfu.edu/cottrell/says_law.pdf, 3.

35   Keynes, *The General Theory of Employment, Interest and Money*, 21.

36   Ibid., xi.

37   Ibid., 293.

38   Ibid., 104.

39   Ibid., 156.

40   Ibid., 157.

41   Ibid., 149–50.

42   Ibid., 155.

43   Ibid., 129.

존 메이너드 케인스

44 Ibid., 159.

45 Ibid., 378.

46 Ibid., 375–76.

47 Ibid., 164.

48 Ibid., 373.

49 Ibid., 376.

50 Ibid., 374.

51 John Maynard Keynes, "Art and the State," *The Listener*, August 26, 1936, in *CW*, vol. 28, 342–43.

52 Ibid., 344.

53 Ibid., 348.

54 Keynes, *The General Theory of Employment, Interest and Money*, 382–83.

55 Ibid., 383–84.

56 Quoted in Hyman Minsky, *John Maynard Keynes* (New York: McGraw-Hill, 2008 [1975]), 3.

57 Lorie Tarshis, "The Keynesian Revolution: What It Meant in the 1930s," unpublished, quoted in Robert Skidelsky, *John Maynard Keynes*, vol. 2: *The Economist as Savior, 1920–1937* (New York: Allen Lane, New York, 1994), 574.

10장 혁명의 도래

1 Michael Holroyd, *Lytton Strachey: A Biography* (New York: Holt, Rinehart and Winston, 1980 [1971]), 1051.

2 Virginia Woolf, *The Diary of Virginia Woolf*, vol. 4: *1931–1935*, ed. Anne Olivier Bell and Andrew McNeillie (New York: Harvest, 1983 [1982]), 64–65.

3 Leonard Woolf, *Downhill All the Way: An Autobiography of the Years 1919 to 1939* (New York: Harvest, 1975 [1967]), 146.

4 Virginia Woolf, *The Diary of Virginia Woolf*, vol. 4, 78.

5 JMK to James Strachey, November 19, 1933, in Judith Mackrell, *Bloomsbury*

Ballerina: Lydia Lopokova, Imperial Dancer and Mrs. John Maynard Keynes (London: Phoenix, 2009 [2008]), 330.

6   Robert Skidelsky, *John Maynard Keynes*, vol. 2: *The Economist as Savior, 1920–1937* (New York: Allen Lane, 1994), 633–34.

7   Duncan Grant to JMK, April 21, 1937, JMK/PP/45/109/125/9.

8   Diary entry, May 25, 1937, in Virginia Woolf, *The Diary of Virginia Woolf*, vol. 5: *1936–1941*, ed. Anne Olivier Bell and Andrew McNeillie (San Diego, CA: Harcourt Brace Jovanovich, 1984), 90.

9   LK to Florence Keynes, July 19, 1937, quoted in Mackrell, *Bloomsbury Ballerina*, 356.

10   Quoted in Skidelsky, *John Maynard Keynes*, vol. 2, 635.

11   LK to Florence Keynes, February 12, 1938, quoted in Mackrell, *Bloomsbury Ballerina*, 355.

12   Skidelsky, *John Maynard Keynes*, vol. 2, 633–35.

13   John Maynard Keynes, "King's College: Annual Report," November 13, 1937, in *CW*, vol. 10, 358–60.

14   Duncan Grant to JMK, July 21, 1937, in JMK/PP/45/109/125/9.

15   Quoted in Frances Spalding, *Vanessa Bell: Portrait of the Bloomsbury Artist* (London: Tauris Parke Paperbacks, 2016 [1983]), 299.

16   Vanessa Bell to JMK, November 30, 1937, JMK/PP/45/27/7.

17   Quoted in Keynes, "King's College: Annual Report," 358–60.

18   John Maynard Keynes, "British Foreign Policy," *The New Statesman and Nation*, July 10, 1937, in *CW*, vol. 28, 61–65.

19   Ibid.

20   Robert Solow, "Whose Grandchildren?," in Lorenzo Pecchi and Gustavo Piga, eds., *Revisiting Keynes: Economic Possibilities for Our Grandchildren* (Cambridge, MA: MIT Press, 2008), 90.

21   John Maynard Keynes, "Einstein," unpublished, June 22, 1926, in *CW*, vol. 10, 383–34.

22   Quoted in Skidelsky, *John Maynard Keynes*, vol. 2, 486.

23   Quoted in ibid., 486.

24   Ludwig Wittgenstein to JMK, March 18, 1938, JMK/PP/45/349/81; and
     Ludwig Wittgenstein to JMK, February 1, 1939, JMK/PP/45/349/88.

25   Ludwig Wittgenstein to JMK, February 11, 1939, JMK/PP/45/349/93.

26   This was a generous interpretation of Roosevelt's as-ever obscure
     motivations. In any case, America was all but useless on the refugee
     problem. A 1924 law had severely restricted immigration, and those who
     opposed admitting Jewish refugees successfully invoked the law to prevent
     them from coming to America.

27   JMK to Archibald Sinclair, April 4, 1938, in *CW*, vol. 28, 107.

28   R. F. Harrod, *The Life of John Maynard Keynes* (London: Macmillan, 1951), 497.

29   Ludo Cuyvers, "Erwin Rothbart's Life and Work," *Journal of Post-Keynesian
     Economics* 6, no. 2 (Winter 1983–84): 305–12.

30   Quoted in Robert Skidelsky, *John Maynard Keynes*, vol. 3: *Fighting for
     Freedom, 1937–1946* (New York: Viking, 2000), 13.

31   Quoted in Mackrell, *Bloomsbury Ballerina*, 358.

32   John Kenneth Galbraith, *A Life in Our Times* (Boston: Houghton Mifflin,
     1981), 35.

33   Ibid., 39.

34   Ibid., 40.

35   Real GDP grew at 10.8 percent, 8.9 percent, and 12.9 percent during 1934,
     1935, and 1936, respectively, according to data from the Federal Reserve
     Bank of St. Louis; 1934 was the first full year of FDR's presidency.

36   Historical Statistics of the United States Millennial Edition, Table Ba470-477,
     "Labor force, employment and unemployment 1890–1990," Cambridge,
     UK: Cambridge University Press, 2006.

37   Office of Management and Budget, *Budget of the U.S. Government, Fiscal
     Year 2016, Historical Tables*, 2015, https://www.gpo.gov/fdsys/pkg/
     BUDGET-2016-TAB/pdf/BUDGET-2016-TAB.pdf.

38   Ron Chernow, *The House of Morgan: An American Banking Dynasty and*

the Rise of Modern Finance (New York: Grove Press, 2001 [1990]), 390.

39 Richard V. Gilbert, George H. Hildebrand, Arthur W. Stuart, et al., *An Economic Program for American Democracy* (New York: Vanguard Press, 1938), 70–71.

40 Chernow, *The House of Morgan*, 380.

41 Ferdinand Pecora, *Wall Street Under Oath: The Story of Our Modern Money Changers* (New York: Graymalkin Media, 1939), chap. 1.

42 Quoted in Arthur M. Schlesinger, Jr., *The Age of Roosevelt, vol. 2: The Coming of the New Deal, 1933–1935* (Boston: Houghton Mifflin, 1959), 567.

43 Quoted in Josephine Young Case and Everett Needham Case, *Owen D. Young and American Enterprise* (Boston: David R. Godine, 1982), 702.

44 *Time*, April 27, 1936, quoted in Schlesinger, *The Age of Roosevelt*, vol. 2, 567.

45 Franklin D. Roosevelt speech at Madison Square Garden, October 31, 1936. Transcript available from the American Presidency Project at The University of California, Santa Barbara, https://www.presidency.ucsb.edu/documents/address-madison-square-garden-new-york-city-1.

46 Charles D. Ellis, *The Partnership: The Making of Goldman Sachs* (New York: Penguin, 2008), 1–38.

47 Case and Case, *Owen D. Young and American Enterprise*, 716.

48 Galbraith, *A Life in Our Times*, 40.

49 Larry DeWitt, Social Security Administration, "The Development of Social Security in America," *Social Security Bulletin* 70, no. 3 (2010), https://www.ssa.gov/policy/docs/ssb/v70n3/v70n3p1.html.

50 Office of Management and Budget, *Budget of the U.S. Government, Fiscal Year 2016, Historical Tables*, 2015, https://www.gpo.gov/fdsys/pkg/BUDGET-2016-TAB/pdf/BUDGET-2016-TAB.pdf, 26.

51 H. W. Brands, *Traitor to His Class: The Privileged Life and Radical Presidency of Franklin Delano Roosevelt* (New York: Anchor Books, 2008), 486.

52 Bureau of Labor Statistics, "Technical Note," 1948, https://www.bls.gov/opub/mlr/1948/article/pdf/labor-force-employment-and-unemployment-1929-39-estimating-methods.pdf.

53 Quoted in Brands, Traitor to His Class, 486.

54 Quoted in ibid., 487.

55 Quoted in ibid., 487.

56 Quoted in ibid., 487.

57 Quoted in Robert Dallek, *Franklin D. Roosevelt: A Political Life* (New York: Viking, 2017), 288.

58 Brands, *Traitor to His Class*, 491.

59 See "G.C. M'Guire Dies; Accused of 'Plot,' " *The New York Times*, March 26, 1935, https://timesmachine.nytimes.com/timesmachine/1935/03/26/93463252.html?pageNumber=13.

60 JMK to Franklin D. Roosevelt, February 1, 1938, in *CW*, vol. 21, 438.

61 Dallek, *Franklin D. Roosevelt*, 288.

62 Quoted in Schlesinger, *The Age of Roosevelt*, vol. 2, 482–87.

63 JMK to Franklin D. Roosevelt, February 1, 1938, in *CW*, vol. 21, 438–39.

64 Franklin D. Roosevelt to JMK, March 3, 1938, in *CW*, 439.

65 Quoted in Brands, *Traitor to His Class*, 494.

66 David C. Colander and Harry Landreth, eds., *The Coming of Keynesianism to America: Conversations with the Founders of Keynesian Economics* (Brookfield, IL: Edward Elgar, 1996), 40.

67 Quoted in ibid., 56.

68 Paul Sweezy, quoted in ibid., 84.

69 Paul Sweezy, quoted in ibid., 78–79.

70 Robert L. Bradley, *Capitalism at Work: Business, Government and Energy* (Salem, MA: M&M Scrivener Press, 2009), 144, n. 2.

71 Richard Parker, *John Kenneth Galbraith: His Life, His Politics, His Economics* (Chicago: University of Chicago Press, 2007), 106, n.

72 Douglass V. Brown, Edward Chamberlin, Seymour Edwin Harris, et al., *The Economics of the Recovery Program* (New York: Whittelsey House, 1934).

73 Quoted in Galbraith, *A Life in Our Times*, 90.

74 John Kenneth Galbraith, "Came the Revolution," *The New York Times Book*

Review, May 16, 1965, JKG, Series 9.2, Box 798.

75   John Kenneth Galbraith, "Joan Robinson: A Word of Appreciation," *Cambridge Journal of Economics*, September 1, 1983, JKG, Series 9.2, Box 831.

76   Quoted in Colander and Landreth, *The Coming of Keynesianism to America*, 80–81.

77   Gilbert et al., *An Economic Program for American Democracy*, ix.

78   Ibid., 90–91.

79   Parker, *John Kenneth Galbraith*, 95.

80   Henry Morgenthau, Jr., testimony before the House Ways and Means Committee, May 29, 1939. See *The Congressional Record: Proceedings and Debates of the 76th Congress, First Session, Appendix: Volume 84, Part 13* (Washington, D.C.: United States Government Printing Office, 1939), 2297.

81   Ibid., 104–6.

82   Walter Lippmann, *The Good Society* (Boston: Little, Brown, 1938), vii, 123, 329–30.

83   Ronald Steel, *Walter Lippmann and the American Century* (Boston: Little, Brown, 1980), 324.

84   Ibid., 315, 393–94.

85   Historical Statistics of the United States Millennial Edition, Table Ba47-477: "Labor Force, Employment, and Unemployment 1890–1990," Cambridge, UK: Cambridge University Press, 2006.

11장 전쟁과 반혁명

1   Richard V. Gilbert, George H. Hildebrand, Arthur W. Stuart, et al., *An Economic Program for American Democracy* (New York: Vanguard Press, 1938), 90–91.

2   Open letter from JMK to Franklin D. Roosevelt, *The New York Times*, December 31, 1933, 1934, in *CW*, vol. 21, 293.

3   For U.S. military casualties in Iraq, see "Iraq Coalition Casualty Count,"

존 메이너드 케인스

http://icasualties.org/App/Fatalities. For World War I and Vietnam War statistics, see "U.S. Military Casualties, Missing in Action, and Prisoners of War from the Era of the Vietnam War," National Archives, Defense Casualty Analysis System, https://www.archives.gov/research/military/vietnam-war/electronic-records.html.

4 Ronald Steel, *Walter Lippmann and the American Century* (Boston: Little, Brown, 1980), 165.

5 Franklin Delano Roosevelt, State of the Union Address, January 6, 1941, https://millercenter.org/the-presidency/presidential-speeches/january-6-1941-state-union-four-freedoms.

6 Quoted in Elizabeth Borgwardt, *A New Deal for the World: America's Vision for Human Rights* (Cambridge, MA: Belknap Press, 2005), 21.

7 Roosevelt, State of the Union Address, January 6, 1941.

8 Ibid., 5.

9 John Kenneth Galbraith, *A Life in Our Times* (Boston: Houghton Mifflin, 1982), 149–50.

10 David Lilienthal, a stout New Dealer who had chaired the Tennessee Valley Authority, would eventually be named head of the new U.S. Atomic Energy Commission, putting him in charge of the nation's nuclear arsenal. See Ira Katznelson, *Fear Itself: The New Deal and the Origins of Our Time* (New York: Liveright Publishing, 2013), 432.

11 Ibid., 186.

12 Alan Brinkley, *The End of Reform: New Deal Liberalism in Recession and War* (New York: Vintage, 1996), 168, 170.

13 Ed Conway, *The Summit: Bretton Woods, 1944: J. M. Keynes and the Reshaping of the Global Economy* (New York: Pegasus, 2015), 92–93.

14 John Stevenson and Chris Cook, *The Slump: Britain in the Great Depression* (London: Routledge, 2013), 20.

15 Barry Eichengreen, "The British Economy Between the Wars," April 2002, https://eml.berkeley.edu/~eichengr/research/floudjohnson

chaptersep16-03.pdf, 37.

16　John Maynard Keynes and Kingsley Martin, "Democracy and Efficiency," *The New Statesman and Nation,* January 28, 1939, in CW, vol. 11, 497–500.

17　Quoted in Mark Seidl, "The Lend-Lease Program, 1941–1945," Franklin Delano Roosevelt Presidential Library and Museum, https://fdrlibrary.org/lend-lease.

18　Virginia Woolf, diary entry, August 26, 1940, in Woolf, *The Diary of Virginia Woolf,* vol. 5: 1936–1941, ed. Anne Olivier Bell and Andrew McNeillie (San Diego, CA: Harcourt Brace Jovanovich, 1984), 311.

19　A point emphasized by Robert Skidelsky in *John Maynard Keynes,* vol. 3: *Fighting for Freedom, 1937–1946* (New York: Viking, 2000), xvii.

20　Liaquat Ahamed, *Lords of Finance: The Bankers Who Broke the World* (New York: Penguin, 2009), 432.

21　Martin Gilbert, *Winston Churchill, vol. 5: The Prophet of Truth, 1922–1939* (London: Minerva, 1990 [1976]), 229, 318–19.

22　JMK to Sir Richard Hopkins, October 27, 1940, in *CW,* vol. 23, 13–21.

23　JMK, memorandum to Nigel Bruce Ronald, March 11, 1941, in *CW,* vol. 23, 45–46.

24　"Maynard thinks we are a great and independent nation, which on the financial side is patently not true," wrote Edward Playfair, an official at the British Treasury, to S. D. Waley in the spring of 1941. *CW,* vol. 23, 79.

25　Quoted in Conway, *The Summit: Bretton Woods,* 1944, 114–15.

26　JMK, memorandum to Sir Horace Wilson, May 19, 1941, in *CW,* vol. 23, 79–91.

27　JMK, memorandum to Sir Kingsley Wood, June 2, 1941, in *CW,* vol. 23, 106–7.

28　JMK, memorandum to Sir Horace Wilson, May 25, 1941, in *CW,* vol. 23, 94–101.

29　JMK, memorandum to Chancellor of the Exchequer Sir Kingsley Wood, June 2, 1941, in *CW,* vol. 23, 108.

30　JMK, memorandum to Sir Horace Wilson, May 19, 1941, in *CW,* vol. 23, 91.

31 JMK to Sir Edward Peacock, May 12, 1941, in *CW*, vol. 23, 72n4.

32 "Lend-Lease and Military Aid to the Allies in the Early Years of World War II," Office of the Historian, United States Department of State, https://history.state.gov/milestones/1937-1945/lend-lease.

33 JMK, cable to Treasury, May 26, 1941, in *CW*, vol. 23, 101–2.

34 JMK, memorandum to Sir Kingsley Wood, June 2, 1941, in *CW*, 112.

35 Quoted in David C. Colander and Harry Landreth, eds., *The Coming of Keynesianism to America: Conversations with the Founders of Keynesian Economics* (Brookfield, IL: Edward Elgar, 1996), 141–42.

36 Walter Salant, notes from the dinner, in *CW*, vol. 23, 182–84.

37 John Maynard Keynes, *How to Pay for the War: A Radical Plan for the Chancellor of the Exchequer*, in *CW*, vol. 9, 379.

38 Ibid., 375.

39 Galbraith, *A Life in Our Times*, 139.

40 Ibid., 143.

41 Ibid., 141.

42 Richard Parker, *John Kenneth Galbraith: His Life, His Politics, His Economics* (Chicago: University of Chicago Press, 2007), 146.

43 Quoted in ibid.,140.

44 Ibid., 147.

45 Ibid., 147.

46 Doris Kearns Goodwin, *No Ordinary Time: Franklin and Eleanor Roosevelt: The Home Front in World War II* (New York: Simon & Schuster, 1994), 56.

47 Ibid., 394–95.

48 Galbraith, *A Life in Our Times*, 181.

49 Ibid., 182–83.

50 Office of Management and Budget, *Budget of the U.S. Government, Fiscal Year 2016, Historical Tables*, 2015, https://www.gpo.gov/fdsys/pkg/BUDGET-2016-TAB/pdf/BUDGET-2016-TAB.pdf.

51 Quoted in Robert Skidelsky, *John Maynard Keynes*, vol. 3, 203.

52 Ibid., 167.

53 Quoted in S. P. Rosenbaum, ed., *The Bloomsbury Group: A Collection of Memoirs and Commentary* (Toronto: University of Toronto Press, 1995), 281.

54 Quoted in Skidelsky, *John Maynard Keynes*, vol. 3, 86–87.

55 Quoted in Colander and Landreth, *The Coming of Keynesianism to America*, 169.

56 Lionel Robbins, *Autobiography of an Economist* (London: Macmillan, 1971), 154.

57 Milton Friedman, "A Monetary and Fiscal Framework for Economic Stability," *The American Economic Review* 38, no. 3 (June 1948): 245–64. This article of Friedman's was essentially erased from the economic historical record until 2002, when it was uncovered by L. Randall Wray, one of the most influential proponents of Modern Monetary Theory, a strain of radical Keynesian economics.

12장 좋은 삶을 위한 열사

1 Betsy Mason, "Bomb-Damage Maps Reveal London's World War II Devastation," *National Geographic*, May 18, 2016, https://www.nationalgeographic.com/science/phenomena/2016/05/18/bomb-damage-maps-reveal-londons-world-war-ii-devastation/.

2 JMK to Harry Dexter White, May 24, 1944, in *CW*, vol. 26, 27.

3 Nicholas Wapshott, *Keynes Hayek: The Clash That Defined Modern Economics* (New York: Norton, 2011), xi.

4 F. A. Hayek, *The Road to Serfdom: Text and Documents, The Definitive Edition* (London: University of Chicago Press, 2007 [1944]), 45.

5 Ibid., 18–19.

6 Brian Doherty, *Radicals for Capitalism: A Freewheeling History of the Modern*

존 메이너드 케인스

American Libertarian Movement (New York: PublicAffairs, 2008), 108.

7   Angus Burgin, *The Great Persuasion: Reinventing Free Markets Since the Depression* (Cambridge, MA: Harvard University Press, 2012), 88.

8   Royal Swedish Academy of Sciences Press Release, October 9, 1974, https://www.nobelprize.org/prizes/economic-sciences/1974/press-release/.

9   Hayek, *The Road to Serfdom*, 77–78.

10   Ibid., 67–68.

11   Ibid., 110.

12   Ludwig von Mises, *Bureaucracy* (New Rochelle, NY: Arlington House, 1969 [1944]), 10.

13   Robert Samuelson, "A Few Remembrances of Friedrich von Hayek (1899–1992)," *Journal of Economic Behavior & Organization* 69, no. 1 (January 2009): 1–4.

14   Quinn Slobodian, *Globalists: The End of Empire and the Birth of Neoliberalism* (Cambridge, MA: Harvard University Press, 2018), 105.

15   JMK to Friedrich von Hayek, June 28, 1944, JMK/PP/CO/3/173.

16   JMK to Friedrich von Hayek, June 28, 1944, JMK/PP/CO/3/175.

17   Bruce Caldwell, introduction to Hayek, *The Road to Serfdom*, 23. Frank Knight to University of Chicago Press, December 10, 1943, appendix to *The Road to Serfdom*, 250.

18   JMK to Friedrich von Hayek, June 28, 1944, JMK/CO/3/173.

19   JMK to Friedrich von Hayek, June 28, 1944,, JMK/CO/3/176.

20   Hayek, *The Road to Serfdom*, 216–17. The connection between scarcity and aristocracy is from Corey Robin, *The Reactionary Mind*, 2nd ed. (New York: Oxford University Press, 2018), 151–58.

21   JMK to Friedrich von Hayek, June 28, 1944, JMK/CO/3/175–7.

22   John Maynard Keynes, "Democracy and Efficiency," *The New Statesman and Nation*, January 28, 1939, in CW, vol. 11, 500.

23   Ira Katznelson, *Fear Itself: The New Deal and the Origins of Our Time* (Liveright Publishing, 2013), 351.

24 Conway, *Summit*, 205.

25 Ibid., xxvi, 4.

26 Ibid., 3, 201–3.

27 LK to Frances Keynes, July 12, 1944, quoted in Judith Mackrell, *Bloomsbury Ballerina: Lydia Lopokova, Imperial Dancer and Mrs. John Maynard Keynes* (London: Phoenix, 2008), 386.

28 Conway, *Summit*, 212, 254.

29 Quoted in ibid., 214–15.

30 James Buchan, "When Keynes Went to America," *The New Statesman*, November 6, 2008.

31 Conway, *Summit*, 254.

32 John Maynard Keynes, "National Self-Sufficiency," *The New Statesman and Nation*, July 8, 1933, in *CW*, vol. 21, 233.

33 Ibid., 238.

34 John Maynard Keynes, "The Present Overseas Financial Position of U.K.," memorandum, August 13, 1945, in *CW*, vol. 24, 410.

35 John Maynard Keynes, *A Treatise on Money: The Pure Theory of Money and the Applied Theory of Money. Complete Set*, vol. 2 (Mansfield Center, CT: Martino Fine Books, 2011 [1930]), 399–402.

36 Quoted in George Monbiot, "Keynes Is Innocent: The Toxic Spawn of Bretton Woods Was No Plan of His," *The Guardian*, November 18, 2008.

37 For more on this ill-fated effort at geopolitical realignment, see Benn Steil, *The Marshall Plan: Dawn of the Cold War* (New York: Simon & Schuster, 2018).

38 Quoted in Robert Skidelsky, *John Maynard Keynes, vol. 3: Fighting for Freedom, 1937–1946* (New York: Viking, 2001), 355.

39 Harry Truman, *Memoirs, vol. 1: Year of Decisions* (New York: Doubleday, 1955), 227–28.

40 JMK to Marcel Labordère, March 28, 1945, in Skidelsky, *John Maynard Keynes*, vol. 3, 378.

41 Mackrell, *Bloomsbury Ballerina*, 394.

42 Quoted in Skidelsky, *John Maynard Keynes*, vol. 3, 267.

43 Quoted in ibid., 269.

44 John Maynard Keynes, "The Arts Council: Its Policy and Hopes," *The Listener*, July 12, 1945, in *CW*, vol. 28, 369.

45 Ibid., 367.

46 Ibid., 371.

47 Quoted in Mackrell, *Bloomsbury Ballerina*, 396.

48 Ibid., 394–97.

49 Lionel Robbins, journal, June 24, 1944, in R. F. Harrod, *The Life of John Maynard Keynes* (London: Macmillan, 1951), 576.

13장 보수 특권층의 반격

1 John Kenneth Galbraith to Howard Bowen, October 13, 1948, in John Kenneth Galbraith, *The Selected Letters of John Kenneth Galbraith*, ed. Richard P. F. Holt (New York: Cambridge University Press, 2017), 76.

2 Winton U. Solberg and Robert W. Tomlinson, "Academic McCarthyism and Keynesian Economics: The Bowen Controversy at the University of Illinois," *History of Political Economy* 29, no. 1 (1997): 59.

3 Ibid., 60.

4 Office of Management and Budget, *Budget of the U.S. Government, Fiscal Year 2016, Historical Tables*, 2015, https://www.gpo.gov/fdsys/pkg/BUDGET-2016-TAB/pdf/BUDGET-2016-TAB.pdf.

5 "Civilian Unemployment Rate (UNRATE)," Federal Reserve Bank of St. Louis, https://fred.stlouisfed.org/series/UNRATE#0.

6 Joshua Zeitz, *Building the Great Society: Inside Lyndon Johnson's White House* (New York: Viking, 2018), 43.

7 Richard Parker, *John Kenneth Galbraith: His Life, His Politics, His Economics* (Chicago: University of Chicago Press, 2005), 196–99.

8 Solberg and Tomlinson, "Academic McCarthyism and Keynesian

Economics," 63.

9   Ibid., 64–67.

10 Ibid., 67–68.

11 Quoted in ibid., 80.

12 "Merwin K. Hart of Birch Society: Controversial Lawyer Was Head of Chapter Here," *The New York Times*, December 2, 1962.

13 Merwin K. Hart, *National Economic Council Letter*, December 6, 1946. Housing was in fact in short supply at the end of World War II. The government-directed wartime economy hadn't prioritized domestic homebuilding.

14 Merwin K. Hart, "Let's Talk Plainly," *National Economic Council Letter*, December 1, 1946, https://archive.org/details/1946NEC156.

15 *Hearings Before the House Select Committee on Lobbying Activities*, June 6, 20, 21, and 28, 1950, pt. 4 (Washington, D.C.: Government Printing Office, 1950), 132–33. See also Ralph M. Goldman, *The Future Catches Up: Selected Writings of Ralph M. Goldman, vol. 2: American Political Parties and Politics* (Lincoln, NE: Writers Club Press, 2002), 95.

16 Rose Wilder Lane, *The Discovery of Freedom: Man's Struggle Against Authority* (New York: John Day, 1943), 208, 211, https://mises-media.s3.amazonaws.com/The%20Discovery%20of%20Freedom_2.pdf.

17 Quoted in David C. Colander and Harry Landreth, eds., *The Coming of Keynesianism to America: Conversations with the Founders of Keynesian Economics* (Brookfield, IL: Edward Elgar, 1996), 67–68.

18 Roger E. Backhouse, *Founder of Modern Economics: Paul A. Samuelson*, vol. 1: *Becoming Samuelson, 1915–1948* (New York: Oxford University Press, 2017), 568.

19 Papers of Merwin K. Hart, University of Oregon Archives, Box 5, Folder 1.

20 Milton Friedman and George J. Stigler, *Roofs or Ceilings? The Current Housing Problem* (Irving-on-Hudson, NY: Foundation for Economic Education, 1946).

21 Rose Wilder Lane to Merwin K. Hart, September 29, 1947, Papers of Merwin K. Hart, University of Oregon Archives, Box 5, Folder 1.

22 R. C. Hoiles to Merwin K. Hart, August 30, 1947, Papers of Merwin K. Hart, University of Oregon Archives, Box 5, Folder 1.

23 W. C. Mullendore to Joseph F. Farley, September 4, 1947, and Thomas W. Phillips, Jr., to Joseph F. Farley, August 28, 1947, Papers of Merwin K. Hart, University of Oregon Archives, Box 5, Folder 1.

24 John Collyer to Merwin K. Hart, October 1, 1947, and Frank Gannett to Merwin K. Hart, September 29, 1947, Papers of Merwin K. Hart, University of Oregon Archives, Box 5, Folder 1.

25 A. F. Davis to Rose Wilder Lane, September 16, 1947, and A. F. Davis to Constance Dall, September 12, 1947, Papers of Merwin K. Hart, University of Oregon Archives, Box 5, Folder 1.

26 R. E. Woodruff to Rose Wilder Lane, August 25, 1947, and J. Howard Pew to Hattie De Witt, September 11, 1947, Papers of Merwin K. Hart, University of Oregon Archives, Box 5, Folder 1.

27 Colander and Landreth, *The Coming of Keynesianism to America*, 66–68.

28 Ibid., 172.

29 Quoted in Michael M. Weinstein, "Paul A. Samuelson, Economist, Dies at 94," *The New York Times*, December 13, 2009.

30 Henry Regnery to Merwin K. Hart, October 4, 1951, Papers of Merwin K. Hart, University of Oregon Archives, Box 2, Folder 34.

31 William F. Buckley, Jr., *God and Man at Yale* (Washington, D.C.: Regnery Publishing, 2001 [1951]), lxv.

32 Ibid., 42–43.

33 Quoted in Colander and Landreth, *The Coming of Keynesianism to America*, 69–70.

34 William F. Buckley, Jr., to Merwin K. Hart, April 8, 1954, and Earl Bunting to Merwin K. Hart, November 8, 1951, Papers of Merwin K. Hart, University of Oregon Archives, Box 2, Folder 34.

35 Quoted in Alvin Felzenberg, "The Inside Story of William F. Buckley Jr.'s Crusade Against the John Birch Society," *National Review*, June 20, 2017.

36 Merwin K. Hart to William F. Buckley, Jr., March 24, 1961, Papers of Merwin K. Hart, University of Oregon Archives, Box 2, Folder 34.

37 "Merwin K. Hart of Birch Society; Controversial Lawyer Was Head of Chapter Here, Target of Ickes," *The New York Times*, December 2, 1962.

38 Angus Burgin, *The Great Persuasion: Reinventing Free Markets Since the Depression* (Cambridge, MA: Harvard University Press, 2012), 89.

39 David Boutros, "The William Volker and Company," State Historical Society of Missouri, 2004. 40. Michael J. McVicar, "Aggressive Philanthropy: Progressivism, Conservatism, and the William Volker Charities Fund," *Missouri Historical Review*, 2011, http://diginole.lib.fsu.edu/islandora/object/fsu:209940/datastream/PDF/view, 198.

40 Michael J. McVicar, "Aggressive Philanthropy: Progressivism, Conservatism, and the William Volker Charities Fund," Missouri Historical Review, 2011, http://diginole.lib.fsu.edu/islandora/ object/fsu:209940/datastream/PDF/view, 198.

41 Daniel Stedman Jones, *Masters of the Universe: Hayek, Friedman, and the Birth of Neoliberal Politics* (Princeton, NJ: Princeton University Press, 2012), 91.

42 Brian Doherty, "Best of Both Worlds: An Interview with Milton Friedman," *Reason*, June 1995.

43 Quoted in Jones, *Masters of the Universe*, 114–15.

44 Buckley, *God and Man at Yale*, 62, n. 72.

45 Quinn Slobodian, *Globalists: The End of Empire and the Birth of Neoliberalism* (Cambridge, MA: Harvard University Press, 2018), 298, n. 13.

46 John Kenneth Galbraith, *American Capitalism* (Boston: Houghton Mifflin, 1956 [1952]), 2–3.

47 "Industry on Parade," Peabody Awards, http://www.peabodyawards.com/award-profile/industry-on-parade.

48 Jones, *Masters of the Universe*, 91–92.

49 The Nobel Prize winners were Hayek, Friedman, Ronald Coase, James Buchanan, Gary Becker, and George Stigler. See Brian Doherty, *Radicals for Capitalism: A Freewheeling History of the Modern American Libertarian Movement* (New York: PublicAffairs, 2007), 183–86.

50 Doherty, *Radicals for Capitalism*, 185.

51 Ibid., 291–93.

52 McVicar, "Aggressive Philanthropy: Progressivism, Conservatism, and the William Volker Charities Fund," 211, n. 77.

53 John Strachey, *The Coming Struggle for Power* (New York: Modern Library, 1935 [1932]), vii–xx.

54 John Strachey, *Contemporary Capitalism* (New York: Random House, 1956), 294.

55 John Bellamy Foster, "Remarks of Paul Sweezy on the Occasion of His Receipt of the Veblen-Commons Award," *Monthly Review*, September 1, 1999.

56 Zygmund Dobbs, *Keynes at Harvard: Economic Deception as a Political Credo* (West Sayville, NY: Probe Publishers, 1969 [1958]), https://www.bigskyworld view.org/content/docs/Library/Keynes_At_Harvard.pdf.

57 *Oakland Tribune*, October 31, 1944.

58 *Los Angeles Times*, October 31, 1944; and *New York Daily News*, October 31, 1944.

59 [York, PA.] *Gazette and Daily*, March 20, 1945.

60 *Moline* [IL] *Daily Dispatch*, January 2, 1943.

61 JMK, cable to Sir John Anderson, December 12, 1944, in *CW*, vol. 24, 208–9.

62 Quoted in "Hearings Regarding Espionage in the United States Government," July 31, 1948, https://archive.org/stream/hearing sregardin1948unit/mode/2up.

63 Roger Sandilands and James Boughton, "Politics and the Attack on FDR's Economists: From the Grand Alliance to the Cold War," *Intelligence and National Security* 18, no. 3 (Autumn 2003): 73–99.

64 Eric Rauchway, *The Money Makers: How Roosevelt and Keynes Ended the*

Depression, Defeated Fascism, and Secured a Prosperous Peace (New York: Basic Books, 2015), 116.

65 Quoted in ibid., 119.

66 Eleanor Roosevelt, "My Day," August 16, 1948, https://www2.gwu.edu/~erpapers/myday/displaydocedits.cfm?_y=1948&_f=md001046. ER also defended Alger Hiss in the same column.

67 William F. Buckley, Jr., and L. Brent Bozell, *McCarthy and His Enemies: The Record and Its Meaning* (New Rochelle, NY: Arlington House, 1970 [1954]), 366.

68 Currie is mentioned only nine times in the mass of cables that were released in 1995, in fragments that are at times incomplete and generally ambiguous. The case for his innocence rests largely on a piece of one March 20, 1945, KGB cable from Moscow that states, "Currie trusts Silvermaster, informs him not only orally, but also by handing over documents. Up to now Currie's relations with Silvermaster were expressed, from our point of view, only in common feelings and personal sympathies [material missing] question of more profound relations and an understanding by Currie of Silvermaster's role." This suggests that Currie didn't know Silvermaster was working for the Soviets. And as Currie's biographer Roger Sandilands has noted, there is no evidence that Currie ever turned over anything illegal to Silvermaster; friends in the federal bureaucracy share documents all the time. See Roger Sandilands, "Guilt by Association? Lauchlin Currie's Alleged Involvement with Washington Economists in Soviet Espionage," *History of Political Economy* 32, no. 3 (September 2000): 473–515.

69 Buckley and Bozell, *McCarthy and His Enemies*, 52, 110.

70 Papers of George A. Eddy, Harvard University Law School Library, https://hollisarchives.lib.harvard.edu/repositories/5/resources/6480.

71 Sandilands and Boughton, "Politics and the Attack on FDR's Economists."

존 메이너드 케인스

14장 풍요로운 사회에 가려진 민낯

1   Richard F. Kahn, *The Making of Keynes' General Theory* (London: Cambridge University Press, 1984), 171.

2   John Maynard Keynes and Pierro Sraffa, "An Abstract of A Treatise on Human Nature 1740: *A Pamphlet Hitherto Unknown by David Hume*," Cambridge University Press, 1938, in CW, vol. 28, 373–90; the quote is from 384.

3   John Maynard Keynes, "Newton, The Man," unpublished, in *CW*, vol. 10, 363–64.

4   Ibid., 368.

5   Ibid., 366.

6   Ibid., 365.

7   John Maynard Keynes, "Thomas Robert Malthus," 1933, in *CW*, vol. 10, 88, 98.

8   John Maynard Keynes, *The General Theory of Employment, Interest and Money* (New York Prometheus, 1997 [1936]), 297–98.

9   John Maynard Keynes, "Economic Possibilities for Our Grandchildren," *The Nation and Athenaeum*, October 11 and 18, 1930, in CW, vol. 9, 332.

10   JMK, memorandum to Steering Committee on Post-War Employment, February 14, 1944, in *CW*, vol. 27, 371.

11   Paul Samuelson, *Economics* (New York: McGraw-Hill, 1997 [1948]), 10.

12   Quoted in Kahn, *The Making of Keynes' General Theory*, 203.

13   Ibid., 159.

14   JMK to John Hicks, March 31, 1937, in *CW*, vol. 14, 79.

15   John Maynard Keynes, "The General Theory of Employment," *The Quarterly Journal of Economics*, February 1937, in CW, vol. 14, 111, 113–15.

16   JMK, memorandum to Treasury, May 25, 1943, in CW, vol. 27, 320–24.

17   This decline represented the actual number of hours paid by firms based on the number of workers employed, showing that even during the Depression with employer bargaining power exceptionally high due to the severe levels of unemployment, the amount of time expected from each

worker each week continued to drop. See Thomas J. Kniesner, "The Full-Time Workweek in the United States, 1900–1970," *Industrial and Labor Relations Review* 30, no. 1 (October 1976): 4.

18 Organisation for Economic Co-operation and Development, "Average Annual Hours Actually Worked per Worker," https://stats.oecd.org/Index.aspx?DataSet Code=ANHRS.

19 John Kenneth Galbraith, *A Life in Our Times* (Boston: Houghton Mifflin, 1981), 264.

20 Ibid., 268.

21 Richard Parker, *John Kenneth Galbraith: His Life, His Politics, His Economics* (Chicago: University of Chicago Press, 2005), 161–62.

22 Ibid., 163.

23 Galbraith, *A Life in Our Times*, 262.

24 Ibid., 261.

25 Roger E. Backhouse, *Founder of Modern Economics: Paul A. Samuelson* (New York: Oxford University Press, 2017), 570–73.

26 James Bryant Conant, *My Several Lives* (New York: Harper & Row, 1970), 440.

27 John Kenneth Galbraith, "My Forty Years with the FBI," in Galbraith, *Annals of an Abiding Liberal* (Boston: Houghton Mifflin, 1979), 155–81.

28 "Databases, Tables, & Calculators by Subject," Bureau of Labor Statistics, https://data.bls.gov/timeseries/LNU04000000?periods=Annual+Data&periods_option=specific_periods&years_option=all_years.

29 John Kenneth Galbraith, *American Capitalism* (Boston: Houghton Mifflin, 1956 [1952]), 180.

30 Ibid., 97.

31 Ibid., 178.

32 Marjorie S. Turner, *Joan Robinson and the Americans* (Armonk, NY: M. E. Sharpe, 1989), 166.

33 Galbraith, *American Capitalism*, 180.

34 Parker, *John Kenneth Galbraith*, 234.

35 Robert J. Buckley, Jr., to Frederick Lewis Allen and J. K. Galbraith, January 28, 1952, JKG, Series 3, Box 10.

36 John Kenneth Galbraith, *The Great Crash, 1929* (Boston: Houghton Mifflin, 1961 [1954]), xii–xvi.

37 Galbraith, "My Forty Years with the FBI," 170.

38 Galbraith, *A Life in Our Times*, 335. Turner, *Joan Robinson and the Americans*, 164.

39 Quoted in Turner, *Joan Robinson and the Americans*, 164.

40 Quoted in Nahid Aslanbeigui and Guy Oakes, *The Provocative Joan Robinson: The Making of a Cambridge Economist* (Durham, NC: Duke University Press, 2009), 212.

41 Quoted in Turner, *Joan Robinson and the Americans*, 109.

42 Quoted in ibid., 112.

43 "Economics Focus: Paul Samuelson," *The Economist*, December 17, 2009.

44 Soma Golden, "Economist Joan Robinson, 72, Is Full of Fight," *The New York Times*, March 23, 1976.

45 Joshua Zeitz, *Building the Great Society: Inside Lyndon Johnson's White House* (New York: Viking, 2018), 41.

46 John Kenneth Galbraith, *The Affluent Society: 40th Anniversary Edition* (Boston: Houghton Mifflin, 1998 [1958]), 191.

47 Ibid., 187–88.

48 John Maynard Keynes, "The End of Laissez-Faire," 1924, in *CW*, vol. 9, 291.

49 Galbraith, *The Affluent Society: 40th Anniversary Edition*, 258.

50 Ibid.

51 Ibid., 11.

52 Gunnar Myrdal, *Challenge to Affluence* (New York: Pantheon Books, 1963), 60.

53 Unemployment data from "Databases, Tables & Calculators by Subject," Bureau of Labor Statistics, https://data.bls.gov/timeseries/LNU04000

000?periods=Annual+Data&periods_option=specific_periods&years_
option=all_years. Poverty data from "Historical Poverty Tables: People
and Families—1959 to 2018," United States Census Bureau, https://www.
census.gov/data/tables/time-series/demo/income-poverty/historical-
poverty-people.html.

54 Zeitz, *Building the Great Society*, 54.

15장 끝의 시작

1 Kevin Hartnett, "JFK the Party Planner," *The Boston Globe*, November 7,
2013.

2 John Kenneth Galbraith, *A Life in Our Times* (Boston: Houghton Mifflin,
1981), 53.

3 Ibid., 53–55, 355.

4 Richard Parker, *John Kenneth Galbraith: His Life, His Politics, His
Economics* (Chicago: University of Chicago Press, 2005), 408.

5 Galbraith, *A Life in Our Times*, 373–74.

6 Robert Dallek, *An Unfinished Life: John F. Kennedy, 1917–1963* (New
York: Little, Brown, 2003), 162–63.

7 "McCarthy, Joseph R., undated," Papers of John F. Kennedy,
JFKPOF-031-024, John F. Kennedy Presidential Library and Museum,
https://www.jfklibrary.org/Asset-Viewer/Archives/JFKPOF-031-024.aspx.

8 Eleanor Roosevelt, "On My Own," *The Saturday Evening Post*, March 8,
1958.

9 Galbraith, *A Life in Our Times*, 357.

10 Ibid., 375–76. Parker, *John Kenneth Galbraith*, 332.

11 "Council of Economic Advisers: Oral History Interview—JFK #1, 8/1/1964,"
John F. Kennedy Presidential Library and Museum, August 1, 1964,
https://www.jfklibrary.org/Asset-Viewer/Archives/JFKOH-CEA-01.aspx. A
confidential internal memo from August 1960 detailed the JFK campaign's

존 메이너드 케인스

problems with "a large and vocal faction" of "Kennedy doubters"—liberal voters generally, including "the Jews" and "some Negro elements"—who viewed JFK's liberal convictions as "emotionally thin." This coterie harbored "an unrelenting sense of indignation over Kennedy's past reluctance to speak out on the McCarthy censure." Kennedy staffers worried these voters would stay home on election day or—particularly if Nixon was able to exploit anti-Catholic feeling—even convert to the Republican ticket. The memo called for the committee to reach out to these doubters through special events where they would be "addressed by the persons they most respect," including top-tier politicians "Adlai Stevenson, Eleanor Roosevelt and Herbert Lehman" and top-tier intellectuals including Galbraith. These figures would "stress that Nixon is a dangerous demagogue with a most immoral history . . . whereas Kennedy is an intellectual, a scholar, a committed liberal . . . a man in sympathy with the views of Stevenson, Bowles, Reuther and Galbraith." See Lisa Howard, campaign memo to Robert Kennedy, August 4, 1960, John F. Kennedy Presidential Library and Museum, Meyer Feldman Personal Papers, Series 2, Box 8.

12   Jerry N. Hess, "Oral History Interview with Leon H. Keyserling," May 3, 1971, Harry S. Truman Library & Museum, https://www.trumanlibrary.org/oralhist/keyserl1.htm.

13   Robert L. Hetzel and Ralph F. Leach, "The Treasury-Fed Accord: A New Narrative Account," Federal Reserve Bank of Richmond *Economic Quarterly* 87, no. 1 (Winter 2001): 33–55, https://www.richmondfed.org/~/media/richmondfedorg/publications/research/economic_quarterly/2001/winter/pdf/hetzel.pdf.

14   John Kenneth Galbraith to John F. Kennedy, November 10, 1960, JKG, Series 6, Box 529.

15   Parker, *John Kenneth Galbraith*, 339.

16   "Council of Economic Advisers: Oral History Interview—JFK #1, 8/1/1964."

17   Lawrence H. Summers, "In Memory of Paul Samuelson," April 10, 2010,

http://larrysummers.com/wp-content/uploads/2015/07/In-Memory-of-Paul
-Samuelson_4.10.10.pdf.

18 "Council of Economic Advisers: Oral History Interview—JFK #1, 8/1/1964."

19 Quoted in Israel Shenker, "Samuelson Backs New Economics," *The New York Times*, March 6, 1971.

20 John Cassidy, "Postscript: Paul Samuelson," *The New Yorker*, December 14, 2009.

21 Parker, *John Kenneth Galbraith*, 345.

22 "The Natural Rate of Unemployment," *The Economist*, April 26, 2017.

23 Daniel T. Rodgers, *Age of Fracture* (Cambridge, MA: Belknap Press, 2011), 48.

24 Parker, *John Kenneth Galbraith*, 345.

25 "Council of Economic Advisers: Oral History Interview—JFK #1, 8/1/1964."

26 Herbert Stein, *The Fiscal Revolution in America* (Chicago: University of Chicago Press, 1969), 379.

27 Arthur M. Schlesinger, Jr., *A Thousand Days: John F. Kennedy in the White House* (Boston: Houghton Mifflin, 2002 [1965]), 138.

28 Ibid., 1010.

29 Subsequent work downgraded the severity of the increase. The unemployment rate for February 1961 was now officially 6.9 percent. But the Kennedy team didn't know this at the time.

30 "Council of Economic Advisers: Oral History Interview—JFK #1, 8/1/1964."

31 John Kenneth Galbraith, *Letters to Kennedy*, ed. James Goodman (Cambridge, MA: Harvard University Press, 1998), 3–4.

32 Schlesinger, *A Thousand Days*, 628.

33 Ibid., 629.

34 Stein, *The Fiscal Revolution in America*, 386.

35 Quoted in Joseph Thorndike, "Paul Samuelson and Tax Policy in the Kennedy Administration," Tax Analysts, December 29, 2009, http://www.taxhistory.org/thp/readings.nsf/ArtWeb/AAFB5F763226FD37852576A80075F253?OpenDocument.

36 Dwight D. Eisenhower, "Military-Industrial Complex Speech, Dwight D. Eisenhower, 1961," Lillian Goldman Law Library, Yale Law School, http://avalon.law.yale.edu/20th_century/eisenhower001.asp.

37 John F. Kennedy, "Commencement Address at Yale University," June 11, 1962, John F. Kennedy Presidential Library and Museum, https://www.jfklibrary.org/archives/other-resources/john-f-kennedy-speeches/yale-university-19620611.

38 Schlesinger, *A Thousand Days*, 644–66.

39 Ibid., 636.

40 Stein, *The Fiscal Revolution in America*, 413.

41 FDR had agreed to reduce corporate taxes in 1938 in the face of his recession, but had reversed them in 1940 as the country prepared for war.

42 Dallek, *An Unfinished Life*, 507.

43 John F. Kennedy, "Address to the Economic Club of New York," December 14, 1962, John F. Kennedy Presidential Library and Museum, https://www.jfklibrary.org/Asset-Viewer/Archives/JFKWHA-148.aspx.

44 Stein, *The Fiscal Revolution in America*, 420–21.

45 Schlesinger, *A Thousand Days*, 649.

46 Quoted in Joshua Zeitz, *Building the Great Society: Inside Lyndon Johnson's White House* (New York: Viking, 2018), 56.

47 Galbraith, *Letters to Kennedy*, 53.

48 Dallek, *An Unfinished Life*, 585.

49 Quoted in ibid., 584.

50 Galbraith, *Letters to Kennedy*, 112.

51 Quoted in Dallek, *An Unfinished Life*, 456.

52 Galbraith, *Letters to Kennedy*, 100–103.

53 Dallek, *An Unfinished Life*, 456–61.

54 Galbraith, *A Life in Our Times*, 445.

55 Parker, *John Kenneth Galbraith*, 408.

56 Zeitz, *Building the Great Society*, 40.

57 Galbraith, *A Life in Our Times*, 449.

58 Ibid., 445.

59 Zeitz, *Building the Great Society*, 54.

60 Galbraith, *A Life in Our Times*, 452.

61 Zeitz, *Building the Great Society*, 51.

62 Robert Solow, "Son of Affluence," *National Affairs*, Fall 1967, 100–108.

63 Shenker, "Samuelson Backs New Economics."

64 Galbraith, *A Life in Our Times*, 449–50.

65 Holcomb B. Noble and Douglas Martin, "John Kenneth Galbraith, 97, Dies; Economist Held a Mirror to Society," *The New York Times*, April 30, 2006.

66 Lyndon B. Johnson, "Remarks at the University of Michigan," April 22, 1964.

67 Emmanuel Saez and Gabriel Zucman, "Wealth Inequality in the United States Since 1913: Evidence from Capitalized Income Tax Data," *The Quarterly Journal of Economics* 131, no. 2 (May 2016): 519–78, http://gabriel-zucman.eu/files/SaezZucman2016QJE.pdf.

68 "Percent Change of Gross Domestic Product," Federal Reserve Bank of St. Louis, https://fred.stlouisfed.org/series/CPGDPAI#0.

16장 19세기의 부활

1 Joan Robinson, "The Second Crisis of Economic Theory," *The American Economic Review* 62, nos. 1–2 (March 1972): 1–10.

2 "Combatting Role Prejudice and Sex Discrimination: Findings of the American Economic Association Committee on the Status of Women in the Economics Profession," *The American Economic Review* 63, no. 5 (December 1973): 1049–61, https://www.jstor.org/stable/1813937?seq=1#page_scan_tab_contents.

3 "Amartya Sen: Biographical," Nobel Prize, https://www.nobelprize.org/prizes/economic-sciences/1998/sen/biographical.

존 메이너드 케인스

4   Marjorie S. Turner, *Joan Robinson and the Americans* (Armonk, NY: M. E. Sharpe, 1989), 183.

5   Richard Parker, *John Kenneth Galbraith: His Life, His Politics, His Economics* (Chicago: University of Chicago Press, 2005), 484.

6   Ibid., 481–85.

7   Quoted in Angus Burgin, *The Great Persuasion: Reinventing Free Markets Since the Depression* (Cambridge, MA: Harvard University Press, 2012), 177.

8   Ibid., 160.

9   Quoted in Quinn Slobodian, *Globalists: The End of Empire and the Birth of Neoliberalism* (Cambridge, MA: Harvard University Press, 2018), 269.

10 Quoted in Burgin, The Great Persuasion, 190.

11 Quoted in ibid., 177.

12 Quoted in ibid., 175–76.

13 Milton Friedman, *Capitalism and Freedom: Fortieth Anniversary Edition* (Chicago: University of Chicago Press, 2002 [1962]), 3–4.

14 Burgin, *The Great Persuasion*, 201.

15 Ibid.

16 Jeremy D. Mayer, "LBJ Fights the White Backlash: The Racial Politics of the 1964 Presidential Campaign," *Prologue* 33, no. 1 (Spring 2001), https:// www .archives.gov/publications/prologue/2001/spring/lbj-and-white-backlash-1.html.

17 Rowland Evans and Robert Novak, "Inside Report: The White Man's Party," *The Washington Post*, June 25, 1963.

18 Barry Goldwater, *The Conscience of a Conservative* (Princeton, NJ: Princeton University Press, 2007 [1960]), 31.

19 Quoted in Burgin, *The Great Persuasion*, 202.

20 Quoted in ibid., 201–2.

21 Friedman, *Capitalism and Freedom: Fortieth Anniversary Edition*, 15, 4.

22 Ibid., viii–ix.

23 Daniel Stedman Jones, *Masters of the Universe: Hayek, Friedman, and the*

Birth of Neoliberal Politics (Princeton, NJ: Princeton University Press, 2012), 119–20.

24 In the pages of *Newsweek*, Friedman made similar arguments against enfranchising the black population of Rhodesia (modern Zimbabwe). See Slobodian, *Globalists*, 178–79.

25 "With Rose Friedman. 'Record of a Trip to Southern Africa, March 20–April 9, 1976.' Unpublished typescript transcribed from a tape, dictated April 7–9, 1976. Excerpts published in *Two Lucky People: Memoirs*, by Milton and Rose Friedman, 435–40. Chicago: University of Chicago, 1998," https://miltonfriedman.hoover.org/friedman_images/Collections/2016c21/1976TRipToSouthAfrica.pdf.

26 John Kenneth Galbraith, *Economics in Perspective* (Boston: Houghton Mifflin, 1987), 274. 27. "Real Gross Domestic Product," Federal Reserve Bank of St. Louis, https://fred.stlouisfed.org/series/GDPC1#0; "Consumer Price Index: All Items in U.S. City Average, All Urban Consumers," Federal Reserve Bank of St. Louis, https://fred.stlouisfed.org/series/CPIAUCSL#0; "Unemployment Rate," Federal Reserve Bank of St. Louis, https://fred.stlouisfed.org/series/UNRATE.

27 "Real Gross Domestic Product," Federal Reserve Bank of St. Louis, https://fred.stlouisfed.org/series/GDPC1#0; "Consumer Price Index: All Items in U.S. City Average, All Urban Consumers," Federal Reserve Bank of St. Louis, https://fred.stlouisfed.org/series/CPIAUCSL#0; "Unemployment Rate," Federal Reserve Bank of St. Louis, https://fred.stlouisfed.org/series/UNRATE.

28 Quoted in Parker, *John Kenneth Galbraith*, 438.

29 Milton Friedman, "The Role of Monetary Policy," *American Economic Review* 58 (March 1968): 1–17, https://miltonfriedman.hoover.org/friedman_images/Collections/2016c21/AEA-AER_03_01_1968.pdf.

30 Milton Friedman, "The Counter-Revolution in Monetary Theory," Institute of Economic Affairs, occasional paper no. 33, 1970, https://miltonfriedman.hoover.org/friedman_images/Collections/2016c21/IEA_1970.pdf.

존 메이너드 케인스

31 Jones, *Masters of the Universe*, 208–9.

32 Thomas W. Hazlett, "The Road from Serfdom: An Interview with F. A. Hayek," *Reason*, July 1992.

33 John A. Farrell, *Richard Nixon: The Life* (New York: Vintage, 2017), 446.

34 Quoted in ibid., 243.

35 Parker, *John Kenneth Galbraith*, 492.

36 Rick Perlstein, *Nixonland: The Rise of a President and the Fracturing of America* (New York: Scribner, 2008), 603.

37 "Galbraith Urges Wage-Price Curb," *The New York Times*, July 21, 1971.

38 "U.S. Spent $141-Billion in Vietnam in 14 Years," *The New York Times*, May 1, 1975.

39 Parker, *John Kenneth Galbraith*, 491–92.

40 Ibid., 495.

41 Daniel Ellsberg, *Secrets: A Memoir of Vietnam and the Pentagon Papers* (New York: Penguin, 2003), 418.

42 Parker, *John Kenneth Galbraith*, 493.

43 Perlstein, *Nixonland*, 601.

44 Parker, *John Kenneth Galbraith*, 495.

45 Quoted in ibid., 497.

46 Quoted in ibid.

47 Milton Friedman, "Why the Freeze Is a Mistake," *Newsweek*, August 30, 1971, https://miltonfriedman.hoover.org/objects/57976/why-the-freeze-is-a-mistake.

48 Perlstein, *Nixonland*, 598, 603.

49 Slobodian, *Globalists*, 277.

50 F. A. Hayek, *Law, Legislation and Liberty, Vols. 1–3: A New Statement of the Liberal Principles of Justice and Political Economy* (New York: Routledge, 2013 [1982]), 430.

51 Quoted in Thomas Frank, *Listen, Liberal: Or, Whatever Happened to the Party of the People?* (New York: Metropolitan Books, 2016), 54.

52 Paul Krugman, *Peddling Prosperity* (New York: W. W. Norton, 1994), 14.

53 Mark Skousen, "The Perseverance of Paul Samuelson's Economics," *Journal of Economic Perspectives* 11, no. 2 (Spring 1997): 137–52.

54 Quoted in Burgin, *The Great Persuasion*, 207.

55 Ibid.

17장 제2의 도금시대

1 John Harris, *The Survivor: Bill Clinton in the White House* (New York: Random House, 2005), xxvii.

2 Bob Woodward, *The Agenda: Inside the Clinton White House* (New York: Simon & Schuster, 1995), 70–72.

3 "Unemployment Rate," Federal Reserve Bank of St. Louis, https://fred. stlouisfed.org/series/UNRATE#0.

4 Patrick Cockburn, "Profile: Mr Right for Wall Street: Lloyd Bentsen: The Next US Treasury Secretary Is a Wily Old Pro Who Doesn't Make Many Mistakes," *The Independent*, December 13, 1992.

5 Woodward, *The Agenda: Inside the Clinton White House*, 73–81.

6 Patrick J. Maney, *Bill Clinton: New Gilded Age President* (Lawrence: University of Kansas Press, 2016), 18.

7 Ibid., 25–27.

8 Ibid., 31.

9 Quoted in Harris, *The Survivor*, xvi.

10 Woodward, *The Agenda*, 84.

11 Ibid., 84, 91.

12 Ibid., 213, 240.

13 Ibid., 160–61.

14 Karen Tumulty and William J. Eaton, "Clinton Budget Triumphs, 51–50: Gore Casts a Tie-Breaking Vote in the Senate," *Los Angeles Times*, August 7, 1993.

15 *Annual Report of the Council of Economic Advisers*, December 29, 2000,

존 메이너드 케인스

https://www.govinfo.gov/content/pkg/ERP-2001/pdf/ERP-2001.pdf.

16 "The NAFTA Debate," *Larry King Live*, CNN, November 9, 1993.

17 "Bill Clinton for President 1992 Campaign Brochures: 'Fighting for the Forgotten Middle Class,' " 4President.org, http://www.4president.org/brochures/billclinton1992brochure.htm.

18 William J. Clinton, "Remarks at the Signing Ceremony for the Supplemental Agreements to the North American Free Trade Agreement," September 14, 1993, https://www.gpo.gov/fdsys/pkg/PPP-1993-book2/pdf/PPP-1993-book2-doc-pg1485-2.pdf.

19 Milton Friedman and Rose D. Friedman, "The Case for Free Trade," Hoover Institution, October 30, 1997, https://www.hoover.org/research/case-free-trade.

20 Thomas L. Friedman, "President Vows Victory on Trade," *The New York Times*, September 29, 1994.

21 Thomas L. Friedman, "Congress Briefed on Funds for GATT," *The New York Times*, July 15, 1994.

22 Thomas L. Friedman, "Congress Loath to Finance GATT Treaty's Tariff Losses," *The New York Times*, April 14, 1994.

23 Thomas L. Friedman, "President Vows Victory on Trade," *The New York Times*, September 29, 1994.

24 Bill Clinton, *My Life* (New York: Vintage, 2005), 547.

25 "Full Text of Clinton's Speech on China Trade Bill," *The New York Times*, March 9, 2000.

26 "Assessment of the Economic Effects on the United States of China's Accession to the WTO," U.S. International Trade Commission, September 1999, xix, https://www.usitc.gov/publications/docs/pubs/332/PUB3229.PDF.

27 Gary Clyde Hufbauer and Daniel H. Rosen, "American Access to China's Market," *International Economic Policy Briefs*, no. 00-3, April 2000, 5, https://piie.com/publications/pb/pb00-3.pdf.

28 Paul Krugman, "Reckonings; A Symbol Issue," *The New York Times*, May 10, 2000.

29 William J. Clinton, "Remarks on Signing the North American Free Trade Agreement Implementation Act," December 8, 1993.

30 Quarraisha Abdool Karim and Salim S. Abdool Karim, "The Evolving HIV Epidemic in South Africa," *International Journal of Epidemiology* 31, no. 1 (February 2002): 37–40, https://academic.oup.com/ije/article/31/1/37/655915.

31 William W. Fisher III and Cyrill P. Rigamonti, "The South Africa AIDS Controversy: A Case Study in Patent Law and Policy," Harvard Law School, February 10, 2005, https://cyber.harvard.edu/people/tfisher/South%20Africa.pdf.

32 "South Africa," World Bank Data, https://data.worldbank.org/country/south-africa.

33 "USTR Announces Results of Special 301 Annual Review," Office of the United States Trade Representative, May 1, 1998, https://ustr.gov/sites/default/files/1998%20Special%20301%20Report.pdf; "USTR Announces Results of Special 301 Annual Review," Office of the United States Trade Representative, April 30, 1999, https://ustr.gov/sites/default/files/1999%20Special%20301%20Report.pdf.

34 Zach Carter, "How Rachel Maddow Helped Force Bill Clinton's Support for Mandela's AIDS Plan," *Huffington Post*, December 6, 2013.

35 Dudley Althaus, "NAFTA Talks Target Stubbornly Low Mexican Wages," *The Wall Street Journal*, August 29, 2017.

36 Mark Weisbrot, Lara Merling, Vitor Mello, et al., "Did NAFTA Help Mexico? An Update After 23 Years," Center for Economic and Policy Research, March 2017, http://cepr.net/images/stories/reports/nafta-mexico-update-2017-03.pdf?v=2.

37 "All Employees: Manufacturing," Federal Reserve Bank of St. Louis, https://fred.stlouisfed.org/series/MANEMP.

38 David H. Autor, David Dorn, and Gordon H. Hanson, "The China Shock: Learning from Labor-Market Adjustment to Large Changes in Trade,"

존 메이너드 케인스

Annual Review of Economics 8 (October 2016): 205–40, http://www.ddorn. net/papers/Autor-Dorn-Hanson-ChinaShock.pdf.

39 David Brancaccio, "How to Make Globalization Fair, According to Economist Joseph Stiglitz," *Marketplace*, December 1, 2017.

40 OECD Centre for Opportunity and Equality, "Understanding the Socio-Economic Divide in Europe," January 26, 2017, https://www.oecd.org/els/ soc/cope-divide-europe-2017-background-report.pdf.

41 Asher Schechter, "Globalization Has Contributed to Tearing Societies Apart," ProMarket, March 29, 2018, https://promarket.org/globalization-contributed-tearing-societies-apart/.

42 World Bank, "Global Economic Prospects and the Developing Countries 2000," http://documents.worldbank.org/curated/en/589561468126281885/ pdf/multi-page.pdf; and World Bank, "Entering the 21st Century: World Development Report 1999/2000," https://openknowledge.worldbank. org/bitstream/handle/10986/5982/WDR%201999_2000%20-%20English. pdf?sequence=1.

43 Lesley Wroughton, "UN Reducing Extreme Poverty Goal Met, World Bank Says," *Huffington Post*, April 29, 2012.

44 "Goal 1: No Poverty," United Nations Conference on Trade and Development, http://stats.unctad.org/Dgff2016/people/goal1/index.html.

45 Lucy Hornby and Leslie Hook, "China's Carbon Emissions Set for Fastest Growth in 7 Years," *Financial Times*, May 29, 2018, https://www.ft.com/ content/98839504-6334-11e8-90c2-9563a0613e56.

46 "West Cuts Pollution—by Exporting It to China," University of Leeds, http:// www.leeds.ac.uk/news/article/423/west_cuts_pollution__by_exporting_it_ to_china.

47 Avraham Ebenstein, Maoyong Fan, Michael Greenstone, et al., "New Evidence on the Impact of Sustained Exposure to Air Pollution on Life Expectancy from China's Huai River Policy," *Proceedings of the National Academy of Sciences of the United States of America*, September 11, 2017,

http://www.pnas.org/content/early/2017/09/05/1616784114.full.

48 John Harris, *The Survivor: Bill Clinton in the White House* (New York: Random House, 2005), 95.

49 Ibid., 176–77.

50 John Burgess and Steven Pearlstein, "Protests Delay WTO Opening," *The Washington Post*, December 1, 1999; Lynsi Burton, "WTO Riots in Seattle: 15 Years Ago," *Seattle Post-Intelligencer*, November 29, 2014.

51 Jia Lynn Yang and Steven Mufson, "Capital Gains Tax Rates Benefitting Wealthy Are Protected by Both Parties," *The Washington Post*, September 11, 2011.

52 Their colleague Fischer Black had helped Merton and Scholes develop the model but died before the Nobel Committee presented the award for the work that had gone into the model, and the Nobel Prize is not given posthumously.

53 Saul S. Cohen, "The Challenge of Derivatives," *Fordham Law Review* 63, no. 6, article 2 (1995), https://ir.lawnet.fordham.edu/cgi/viewcontent.cgi?article=3169&context=flr.

54 Maney, *Bill Clinton*, 230, 228.

55 William D. Cohan, "Rethinking Robert Rubin," *Bloomberg Businessweek*, September 30, 2012.

56 Clinton, *My Life*, 857.

57 Stephen Gandel, "Robert Rubin Was Targeted for DOJ Investigation by Financial Crisis Commission," *Fortune*, March 13, 2016; Aruna Viswanatha and Ryan Tracy, "Financial-Crisis Panel Suggested Criminal Cases Against Stan O'Neal, Charles Prince, AIG Bosses," *The Wall Street Journal*, March 30, 2016.

58 Maney, *Bill Clinton*, 225, 235.

59 Harris, *The Survivor*.

60 Clinton, *My Life*.

61 Zach Carter, "Austerity Fetishists Are Finally Giving Up," *Huffington Post*,

존 메이너드 케인스

May 14, 2014.

62 Parker, *John Kenneth Galbraith*, 647–51.

63 J. Bradford DeLong and Lawrence H. Summers, "The 'New Economy': Background, Historical Perspective, Questions, and Speculations," Federal Reserve Bank of Kansas City, August 30, 2001, https://www.kansascityfed.org/Publicat/econrev/Pdf/4q01delo.pdf.

글을 마치며

1 "Rep. Albert R. Wynn–Maryland," Center for Responsive Politics, https://www.opensecrets.org/members-of-congress/summary?cid=N00001849&cycle=CAREER&type=I.

2 Lehman Brothers Holdings Inc., Form 8-K, June 9, 2008, U.S. Securities and Exchange Commission, https://www.sec.gov/Archives/edgar/data/806085/000110465908038647/0001104659-08-038647-index.htm.

3 The Financial Crisis Inquiry Commission, *The Financial Crisis Inquiry Report: Final Report of the National Commission on the Causes of the Financial and Economic Crisis in the United States*, January 2011, http://fcic-static.law.stanford.edu/cdn_media/fcic-reports/fcic_final_report_full.pdf, 325.

4 "S&P/Case-Shiller U.S. National Home Price Index/Consumer Price Index: Owners' Equivalent Rent of Residences in U.S. City Average, All Urban Consumers," Federal Reserve Bank of St. Louis, https://fred.stlouisfed.org/graph/?g=786h#0; "All-Transactions House Price Index for California," Federal Reserve Bank of St. Louis, https://fred.stlouisfed.org/series/CASTHPI; "S&P/Case-Shiller NV-Las Vegas Home Price Index," Federal Reserve Bank of St. Louis, https://fred.stlouisfed.org/series/LVXRNSA.

5 "Homeownership Rate for the United States," Federal Reserve Bank of St. Louis, https://fred.stlouisfed.org/series/RHORUSQ156N.

6 "I think this house of cards may tumble some day, and it will mean great losses for the investors who own stock in those companies," William

Brennan, director of the Home Defense Program at the Atlanta Legal Aid Society, told the Senate Special Committee on Aging in 1998. Quoted in Kat Aaron, "Predatory Lending: A Decade of Warnings," Center for Public Integrity, May 6, 2009, https://publicintegrity.org/business/predatory-lending-a-decade-of-warnings/. For data on the size of the subprime market, see Gene Amronmin and Anna Paulson, "Default Rates on Prime and Subprime Mortgages: Differences and Similarities," Federal Reserve Bank of Chicago, September 2010, https://www.chicagofed.org/publications/profitwise-news-and-views/2010/pnv-september2010.

7   The real explosion in subprime lending took place in 2003, when subprime mortgages nearly quadrupled as a share of the total mortgage market. See "Where Should I Look to Find Statistics on the Share of Subprime Mortgages to Total Mortgages?," Federal Reserve Bank of San Francisco, December 2009, https://www.frbsf.org/education/publications/doctor-econ/2009/december/subprime-mortgage-statistics/.

In 2000, the total value of subprime mortgage-backed securities purchased by Fannie Mae and Freddie Mac was negligible. By 2003, it had eclipsed $100 billion, and in 2005 it was over $200 billion. But this accounted for only a small fraction of the broader market. In 2003, Wall Street issued roughly $300 billion in exotic mortgage-backed securities, and roughly $800 billion in 2005. Including the market for private-label jumbo loans, Fannie and Freddie accounted for less than a fifth of the overall exotic mortgage activity at the height of the bubble. See Mark Calabria, "Fannie, Freddie, and the Subprime Mortgage Market," Cato Institute Briefing Papers, no. 120, March 7, 2011, https://object.cato.org/pubs/bp/bp120.pdf, 8; Laurie Goodman, "A Progress Report on the Private-Label Securities Market," Urban Institute, March 2016, https://www.urban.org/sites/default/files/publication/78436/2000647-A-Progress-Report-on-the-Private-Label-Securities-Market.pdf, 1.

8   See "OCC's Quarterly Report on Bank Trading and Derivative Activities,

존 메이너드 케인스

Fourth Quarter 2007," Comptroller of the Currency, https://www.occ.treas.gov/publications-and-resources/publications/quarterly-report-on-bank-trading-and-derivatives-activities/files/pub-derivatives-quarterly-qtr4-2007.pdf; Iñaki Aldasoro and Torsten Ehlers, "The Credit Default Swap Market: What a Difference a Decade Makes," *BIS Quarterly Review*, June 5, 2018, https://www.bis.org/publ/qtrpdf/r_qt1806b.htm; "GDP (Current US$)," World Bank, https://data.worldbank.org/indicator/ny.gdp.mktp.cd.

9   The Financial Crisis Inquiry Commission, *The Financial Crisis Inquiry Report*, 328.

10 Ibid., 330.

11 Rosalind Z. Wiggins, Thomas Piontek, and Andrew Metrick, "The Lehman Brothers Bankruptcy A: Overview," Yale Program on Financial Stability Case Study 2014-3A-V1, Yale School of Management, October 1, 2014, https://som.yale.edu/sites/default/files/files/001-2014-3A-V1-LehmanBrothers-A-REVA.pdf, 5.

12 The Financial Crisis Inquiry Commission, *The Financial Crisis Inquiry Report*, 325.

13 The U.S. government eventually committed $182 billion in emergency support for AIG, $331 billion for Bank of America, and $472 billion for Citigroup. See Congressional Oversight Panel, *The Final Report of the Congressional Oversight Panel*, March 16, 2011, https://www.govinfo.gov/content/pkg/CHRG-112shrg64832/pdf/CHRG-112shrg64832.pdf.

14 In addition to its bad real estate assets, Lehman Brothers was extremely dependent on short-term funding, and the lousy quality of its assets made it hard to summon up the collateral for Federal Reserve loans, since the Fed wouldn't accept junk bonds at its emergency lending facilities.

15 The Financial Crisis Inquiry Commission, *The Financial Crisis Inquiry Report*, 334.

16 "Meeting of the Federal Open Market Committee on September 16, 2008," https://www.federalreserve.gov/monetarypolicy/files/

FOMC20080916meeting.pdf, 36, 48, 51.

17 Donna Edwards, interview with author, June 2017.

18 The Financial Crisis Inquiry Commission, *The Financial Crisis Inquiry Report*, 372.

19 Interview with Paul Kanjorski, C-SPAN, January 27, 2009, https://www.c-span.org/video/?c4508252/rep-paul-kanjorski.

20 "Final Vote Results for Roll Call 674," September 29, 2008, http://clerk.house.gov/evs/2008/roll674.xml.

21 Zach Carter and Ryan Grim, "The Congressional Black Caucus Is at War with Itself over Wall Street," *The New Republic*, May 27, 2014.

22 Only half of the $700 billion bailout fund was released by the October 3 vote. In January 2009, Obama needed congressional approval to deploy the second batch. Summers' letter was intended to win over liberal skeptics—if they backed the second $350 billion tranche, Obama would throw the book at the foreclosure epidemic. See Lawrence H. Summers, letter to congressional leaders, January 15, 2009, https://www.realclearpolitics.com/articles/summers%20letter%20to%20congressional%20leadership%201-15-09.pdf.

23 See "Bailout Tracker," *ProPublica*, updated February 25, 2019, https://projects.propublica.org/bailout/.

24 David Dayen, *Chain of Title: How Three Ordinary Americans Uncovered Wall Street's Great Foreclosure Fraud* (New York: New Press, 2016).

25 Journalist David Dayen chronicled the problems of the National Mortgage Settlement in a series of magazine articles and a book. See David Dayen, "A Needless Default," *The American Prospect*, February 9, 2015, https://prospect.org/article/needless-default; Dayen, "Special Investigation: How America's Biggest Bank Paid Its Fine for the 2008 Mortgage Crisis—with Phony Mortgages!," *The Nation*, October 23, 2017; Dayen, *Chain of Title*.

26 Laura Kusisto, "Many Who Lost Homes to Foreclosure in Last Decade Won't Return—NAR," *The Wall Street Journal*, April 20, 2015.

27 Atif Mian and Amir Sufi, "What Explains the 2007–2009 Drop in Employment?," February 2014, http://www.umass.edu/preferen/You%20 Must%20Read%20This/Mian%20Sufi%20NBER%202014.pdf; Atif Mian and Amir Sufi, *House of Debt: How They (And You) Caused the Great Recession, and How We Can Prevent It from Happening Again* (Chicago: University of Chicago Press, 2014); International Monetary Fund, "United States: Selected Issues Paper," July 2010, https://www.imf.org/external/pubs/ft/scr/2010/ cr10248.pdf.

28 Zach Carter and Jennifer Bendery, "How Failed Obama Foreclosure Relief Plan Contributes to Jobs Crisis," *Huffington Post*, August 3, 2011.

29 *Economic Report of the President*, February 2010, https://obamawhitehouse. archives.gov/sites/default/files/microsites/economic-report-president.pdf, 31, 146, 30.

30 *Economic Report of the President*, February 2011, https://www.govinfo. gov/content/pkg/ERP-2011/pdf/ERP-2011.pdf, 70.

31 *Economic Report of the President*, March 2013, https://www.govinfo.gov/ content/pkg/ERP-2013/pdf/ERP-2013.pdf, 30.

32 Bureau of Labor Statistics, "The Recession of 2007–2009," https://www.bls. gov/spotlight/2012/recession/pdf/recession_bls_spotlight.pdf.

33 Congressional Budget Office, "Estimated Impact of the American Recovery and Reinvestment Act on Employment and Economic Output from January 2011 Through March 2011," May 2011, https://www.cbo.gov/sites/default/ files/112th-congress-2011-2012/reports/05-25-arra.pdf; Alan S. Blinder and Mark Zandi, "How the Great Recession Was Brought to an End," July 27, 2010, https://www.economy.com/mark-zandi/documents/End-of-Great-Recession.pdf.

34 Emmanuel Saez, "Striking It Richer: The Evolution of Top Incomes in the United States," March 2, 2019, https://eml.berkeley.edu/~saez/saez-UStopincomes-2017.pdf.

35 Gabriel Zucman, "Global Wealth Inequality," *Annual Review of Economics*

11 (2019): 109–38, http://gabriel-zucman.eu/files/Zucman2019.pdf.

36 Edward N. Wolff, "Household Wealth Trends in the United States, 1962 to 2016: Has Middle Class Wealth Recovered?," National Bureau of Economic Research Working Paper no. 24085, November 2017, https://www.nber.org/papers/w24085.

37 "Survey of Consumer Finances (SCF)," Board of Governors of the Federal Reserve System, October 31, 2017, https://www.federalreserve.gov/econres/scfindex.htm.

38 "Life Expectancy," Centers for Disease Control and Prevention, National Center for Health Statistics, https://www.cdc.gov/nchs/fastats/life-expectancy.htm. See also Lenny Bernstein, "U.S. Life Expectancy Declines Again, a Dismal Trend Not Seen Since World War I," *The Washington Post*, November 29, 2018.

39 Joseph Stiglitz, "Toward a General Theory of Consumerism: Reflections on Keynes's Economic Possibilities for Our Grandchildren," in Lorenzo Pecchi and Gustavo Piga, eds., *Revisiting Keynes: Economic Possibilities for Our Grandchildren* (Cambridge, MA: MIT Press, 2008), 41.

40 Ryan Lizza, "Inside the Crisis: Larry Summers and the White House Economic Team," *The New Yorker*, October 12, 2009.

41 Suresh Naidu, Dani Rodrik, and Gabriel Zucman, "Economics After Neoliberalism," *Boston Review*, February 15, 2019, http://bostonreview.net/forum/suresh-naidu-dani-rodrik-gabriel-zucman-economics-after-neoliberalism.

42 Quoted in Robert Skidelsky, *John Maynard Keynes*, vol. 1: *Hopes Betrayed, 1883–1920* (New York: Penguin, 1994 [1983]), 122.

43 John Maynard Keynes, *A Treatise on Money: The Pure Theory of Money and the Applied Theory of Money. Complete Set* (Mansfield Center, CT: Martino Fine Books, 2011 [1930]), vol. 2, 150.

필자가 이 책을 쓰기 수행한 기본 조사는 대부분 본문에 등장하는 주요 인물들에 대한 개인 논문들을 통해 이루어졌다. 다음은 중요도 순으로 나열한 해당 논문들이다.

- 킹스칼리지 기록보관소에 있는 존 메이너드 케인스에 관한 논문들 (영국, 케임브리지)
- 존 F. 케네디 대통령 도서관에 보관된 존 케네스 갤브레이스에 관한 논문들 (매사추세츠, 보스턴)
- 듀크대학교 루벤스타인 도서관에 보관된 폴 A. 새뮤얼슨에 관한 논문들 (노스캐롤라이나, 더럼)
- 스탠퍼드대학교 후버연구소 웹사이트에 있는 밀턴 프리드먼에 관한 자료들 (캘리포니아, 팔로 알토)
- 오레곤대학교 중앙도서관의 특수자료실에 보관된 머윈 K. 하트에 관한 논문들 (오레곤, 유진)
- 해리 S. 트루먼 대통령 도서관에 보관된 레온 H. 키설링에 관한 논문들 (미주리, 인디펜던스)
- 해리 S. 트루먼 대통령 도서관에 보관된 월터 S. 샐런트에 관한 논문들 (미주리, 인디펜던스)

다음은 이 책을 쓰는 데 참고한 주요 논문 및 자료들이다. 전체 참고자료는 주석 (notes)에 장별로 정리한 자료 목록을 참고하길 바란다.

Ahamed, Liaquat. *Lords of Finance: The Bankers Who Broke the World.* New York: Penguin, 2009.

Angell, Norman. *The Great Illusion.* New York: G. P. Putnam Sons, 1913 [1910].

Aslanbeigui, Nahid, and Guy Oakes. *The Provocative Joan Robinson: The Making of a Cambridge Economist.* Durham, NC: Duke University Press, 2009.

Backhouse, Roger E. *Founder of Modern Economics: Paul A. Samuelson.* New York: Oxford University Press, 2017.

Baruch, Bernard. *The Making of the Reparation and Economic Sections of the Treaty.* New York: Harper and Brothers, 1921.

Bell, Anne Olivier, and Andrew McNeillie, eds. *The Diary of Virginia Woolf, Vols. 1–5.* New York: Harcourt Brace Jovanovich, 1977–1984.

Bensusan-Butt, D. M. *On Economic Knowledge: A Sceptical Miscellany.* Canberra, Australia: Australian National University Press, 1980.

Berg, A. Scott. *Wilson.* New York: Berkley, 2013.

Borgwardt, Elizabeth. *A New Deal for the World: America's Vision for Human Rights.* Cambridge, MA: The Belknap Press of Harvard University Press, 2005.

Brands, H. W. *Traitor to His Class: The Privileged Life and Radical Presidency of Franklin Delano Roosevelt.* New York: Anchor Books, 2008.

Brinkley, Alan. *The End of Reform: New Deal Liberalism in Recession and War.* New York: Vintage, 1996.

Broadberry, Stephen, and Mark Harrison. "The Economics of World War I: A Comparative Quantitative Analysis." *Journal of Economic History* 66, no. 2 (June 2006).

Brockington, Grace. " 'Tending the Lamp' or 'Minding Their Own Business'? Bloomsbury Art and Pacifism During World War I." *Immediations* #1 (January 2004).

존 메이너드 케인스

Buckley, William F. *God and Man at Yale*. Washington, D.C.: Regnery Publishing, 2001 [1951].

Buckley, William F., and L. Brent Bozell, *McCarthy and His Enemies: The Record and Its Meaning*. New Rochelle, NY: Arlington House, 1970 [1954].

Burgin, Angus. *The Great Persuasion: Reinventing Free Markets Since the Depression*. Cambridge, MA: Harvard University Press, 2012.

Burke, Edmund. *Reflections on the Revolution in France*. London: John Sharpe, 1820 [1790].

Burnett, Philip Mason. *Reparation at the Paris Peace Conference from the Standpoint of the American Delegation*. New York: Columbia University Press, 1940.

Burns, Helen M. *The American Banking Community and New Deal Banking Reforms, 1933–1935*. Westport, CT: Greenwood Press, 1974.

Case, Josephine Young, and Everett Needham Case. *Owen D. Young and American Banking Enterprise*. Boston: David R. Godine, 1982.

Chernow, Ron. *The House of Morgan: An American Banking Dynasty and the Rise of Modern Finance*. New York: Grove Press, 2001 [1990].

Churchill, Winston. *The World Crisis Volume IV: The Aftermath, 1918–1922*. New York: Bloomsbury Academic, 2015 [1929].

Clinton, Bill. *My Life*. New York: Vintage, 2005.

Colander, David C., and Harry Landreth, eds. *The Coming of Keynesianism to America: Conversations with the Founders of Keynesian Economics*. Brookfield, IL: Edward Elgar, 1996.

Conway, Ed. *The Summit: Bretton Woods, 1944: J. M. Keynes and the Reshaping of the Global Economy*. New York: Pegasus Books, 2015.

Cook, Chris. *The Age of Alignment: Electoral Politics in Britain: 1922–1929*. London: Macmillan, 1975.

Cook, Chris, and John Stevenson. *The Slump: Britain in the Great Depression*. London: Routledge, 2013 [1977].

Cooper, John Milton Jr., *Woodrow Wilson: A Biography*. New York: Vintage,

2009.

Cristiano, Carlo. *The Political and Economic Thought of the Young Keynes.* London: Routledge, 2014.

Currie, Lauchlin. *Supply and Control of Money in the United States.* Cambridge, MA: Harvard University Press, 1934.

Dallas, Gregor. *At the Heart of a Tiger: Clemenceau and His World, 1841–1929.* New York: Carroll and Graf, 1993.

Dallek, Robert. *Franklin D. Roosevelt: A Political Life.* New York: Viking, 2017.

———. *An Unfinished Life: John F. Kennedy, 1917–1963.* New York: Little, Brown, 2003.

Davenport-Hines, Richard. *Universal Man: The Lives of John Maynard Keynes.* New York: Basic Books, 2015.

Doherty, Brian. *Radicals for Capitalism: A Freewheeling History of the Modern American Libertarian Movement.* New York: PublicAffairs, 2008.

Edwards, Jerome E. *Pat McCarran: Political Boss of Nevada.* Reno: University of Nevada Press, 1982.

Evans, Richard J. *The Pursuit of Power: Europe, 1815–1914.* New York: Viking, 2016.

Farrell, John A. *Richard Nixon: The Life.* New York: Vintage, 2017.

Friedman, Milton. *Capitalism and Freedom: Fortieth Anniversary Edition.* Chicago: University of Chicago Press, 2002 [1962].

———. "The Counter-Revolution in Monetary Theory." Institute of Economic Affairs, occasional paper no. 33 (1970).

———. *Essays in Positive Economics.* Chicago: University of Chicago Press, 1966 [1953].

———. "The Role of Monetary Policy." *American Economic Review* 58 (March 1968).

Friedman, Milton, and Rose Friedman. "Record of a Trip to Southern Africa, March 20–April 9, 1976." The Collected Works of Milton Friedman at the Hoover Institution at Stanford University.

Friedman, Milton, and Anna Schwartz. *A Monetary History of the United States, 1867–1960*. Princeton, NJ: Princeton University Press, 1971 [1963].

Friedman, Milton, and George J. Stigler. *Roofs or Ceilings? The Current Housing Problem*. Irving-on-Hudson, NY: Foundation for Economic Education, 1946.

Galbraith, John Kenneth. *The Affluent Society: 40th Anniversary Edition*. Boston: Houghton Mifflin, 1998 [1958].

———. *American Capitalism*. Boston: Houghton Mifflin, 1961 [1953].

———. *Annals of an Abiding Liberal*. Boston: Houghton Mifflin, 1979.

———. *Economics in Perspective*. Boston: Houghton Mifflin, 1987.

———. *The Great Crash, 1929*. Boston: Houghton Mifflin, 1961 [1954].

———. *A Life in Our Times*. Boston: Houghton Mifflin, 1981.

———. *Money: Whence It Came, Where It Went*. Princeton, NJ: Princeton University Press, 2017 [1974].

———. *The New Industrial State*. Boston: Houghton Mifflin, 1967.

Garnett, David. *The Flowers of the Forest*. New York: Harcourt Brace and Company, 1956.

Gilbert, Martin. *Prophet of Truth: Winston Churchill, 1922–1939*. London: Minerva, 1990 [1976].

Gilbert, Richard V., et al. *An Economic Program for American Democracy*. New York: Vanguard Press, 1938.

Glendenning, Victoria. *Leonard Woolf: A Biography*. New York: Free Press, 2006.

Goldwater, Barry. *The Conscience of a Conservative*. Princeton, NJ: Princeton University Press, 2007 [1960].

Goodman, James, ed. *Letters to Kennedy: John Kenneth Galbraith*. Cambridge, MA: Harvard University Press, 1998.

Goodwin, Doris Kearns. *No Ordinary Time: Franklin and Eleanor Roosevelt: The Home Front in World War II*. New York: Simon & Schuster, 1994.

Griffin, Nicholas, ed. *The Selected Letters of Bertrand Russell: The Public Years 1914–1970*. London: Routledge, 2001.

Hall, Peter A., ed. *The Political Power of Economic Ideas: Keynesianism Across Nations*. Princeton, NJ: Princeton University Press, 1989.

Hamilton, Earl J. *American Treasure and the Price Revolution in Spain, 1501–1650*. Cambridge, MA: Harvard University Press, 1934.

Harris, John. *The Survivor: Bill Clinton in the White House*. New York: Random House, 2005.

Harrod, Roy F. *The Life of John Maynard Keynes*. London: Macmillan, 1951.

Hayek, F. A. *The Constitution of Liberty: Definitive Edition*. Chicago: University of Chicago Press, 2011 [1960].

———. *Law, Legislation and Liberty, Vols. 1–3: A New Statement of the Liberal Principles of Justice and Political Economy*. New York: Routledge, 2013 [1982].

———. *Prices and Production and Other Works: F. A. Hayek on Money, The Business Cycle, and the Gold Standard*. Auburn, AL: Ludwig von Mises Institute, 2008.

———. *The Road to Serfdom: The Definitive Edition*. Chicago: University of Chicago Press, 2007 [1944].

Heller, Francis H. *Economics and the Truman Administration*. Lawrence: Regents Press of Kansas, 1981.

Hobbes, Thomas. *Leviathan, with Selected Variants from the Latin Edition of 1688*. Indianapolis, IN: Hackett, 1994.

Holroyd, Michael. *Lytton Strachey: A Biography*. New York: Holt, Rinehart and Winston, 1980 [1971].

Holt, Richard P. F., ed. *The Selected Letters of John Kenneth Galbraith*. New York: Cambridge University Press, 2017.

Hoover, Herbert. *The Memoirs of Herbert Hoover: The Great Depression, 1929–1941*. Eastford, CT: Martino Fine Books, 2016 [1952].

———. *The Ordeal of Woodrow Wilson*. Washington, D.C.: Woodrow Wilson Center Press/Baltimore: Johns Hopkins University Press, 1992 [1958].

Horn, Martin. *Britain, France, and the Financing of the First World War*. Montreal and Kingston, Canada: McGill–Queen's University Press, 2002.

존 메이너드 케인스

House, Edward Mandell, and Charles Seymour, eds. *What Really Happened at Paris: The Story of the Peace Conference, 1918–1919*. New York: Charles Scribner's Sons, 1921.

Johnson, Elizabeth, Donald Moggridge, and Austin Robinson, eds. *The Collected Writings of John Maynard Keynes, Vols. 1–30*. New York: Cambridge University Press for the Royal Economic Society, 1971–1982.

Jones, Daniel Stedman. *Masters of the Universe: Hayek, Friedman, and the Birth of Neoliberal Politics*. Princeton, NJ: Princeton University Press, 2012.

Kahn, Richard. *The Making of Keynes' General Theory*. Cambridge, UK: Cambridge University Press, 1984.

Katznelson, Ira. *Fear Itself: The New Deal and the Origins of Our Time*. New York: Liveright Publishing, 2013.

Keynes, John Maynard. *The Economic Consequences of the Peace*. London: Macmillan, 1919.

———. *The General Theory of Employment, Interest and Money*. New York: Prometheus Books, 1997 [1936].

———. *Indian Currency and Finance*. London: Macmillan, 1913.

———. *A Tract on Monetary Reform*. London: Macmillan, 1923.

———. *A Treatise on Money, Vols. I and II*. Mansfield Center, CT: Martino Publishing, 2011 [1930].

———. *A Treatise on Probability*. London: Macmillan, 1921.

Kindleberger, Charles. *A Financial History of Western Europe*. London: George Allen & Unwin, 1984.

———. *The World in Depression, 1929–1939: 40th Anniversary Edition*. Berkeley: University of California Press, 2013 [1973].

Lane, Rose Wilder. *The Discovery of Freedom: Man's Struggle Against Authority*. New York: John Day, 1943.

Lee, Hermione. *Virginia Woolf*. New York: Alfred A. Knopf, 1997.

Levy, Paul, ed. *The Letters of Lytton Strachey*. New York: Farrar, Straus and Giroux, 2006.

Link, Arthur, ed. *The Papers of Woodrow Wilson, Vol. 24: January–August 1912.* Princeton, NJ: Princeton University Press, 1978.

Lippmann, Walter. *The Good Society.* Boston: Little, Brown, 1938.

Lovin, Clifford R. *A School for Diplomats: The Paris Peace Conference of 1919.* Lanham, MD: The University Press of America, 1997.

Mackrell, Judith. *Bloomsbury Ballerina: Lydia Lopokova, Imperial Dancer and Mrs. John Maynard Keynes.* London: Phoenix, 2009 [2008].

MacMillan, Margaret. *Paris 1919: Six Months That Changed the World.* New York: Random House, 2003 [2001].

Maney, Patrick J. *Bill Clinton: New Gilded Age President.* Lawrence: University of Kansas Press, 2016.

Mann, Geoff. *In the Long Run We Are All Dead: Keynesianism, Political Economy and Revolution.* New York: Verso, 2017.

McElvaine, Robert S. *The Great Depression: America, 1929–1941.* New York: Three Rivers Press, 2009 [1984].

McGuinness, Brian. *Wittgenstein: A Life: Young Ludwig, 1889–1921.* Berkeley, CA: University of California Press, 1988.

Millin, Sarah Gertrude. *General Smuts, Vols. I and II.* London: Faber & Faber, 1936.

Mini, Piero V. *John Maynard Keynes: A Study in the Psychology of Original Work.* New York: St. Martin's Press, 1994.

Minsky, Hyman. *John Maynard Keynes.* New York: McGraw-Hill, 2008 [1975].

Mises, Ludwig von. *Bureaucracy.* New Rochelle, NY: Arlington House, 1969 [1944].

———. *Socialism: An Economic and Sociological Analysis.* New Haven, CT: Yale University Press, 1951 [1927].

Moore, G. E. *Principia Ethica.* Cambridge, UK: Cambridge University Press, 1922 [1903].

Morgan, E. Victor. *Studies in British Financial Policy, 1914–25.* London: Macmillan, 1952.

존 메이너드 케인스

Mowat, Charles Loch. *Britain Between the Wars, 1918–1940*. Boston: Beacon Press, 1971 [1955].

Nicolson, Nigel, and Joanne Trautmann, eds. *The Letters of Virginia Woolf, Vols. 1–5*. New York: Harcourt Brace Jovanovich, 1976–1979.

Paninkin, Don, and J. Clark Leith, eds. *Keynes, Cambridge and the General Theory*. New York: Macmillan, 1977.

Parker, Richard. *John Kenneth Galbraith: His Life, His Politics, His Economics*. Chicago: University of Chicago Press, 2005.

Pecchi, Lorenzo, and Gustavo Piga, eds. *Revisiting Keynes: Economic Possibilities for Our Grandchildren*. Cambridge, MA: MIT Press, 2008.

Pecora, Ferdinand. *Wall Street Under Oath: The Story of Our Modern Money Changers*. New York: Graymalkin Media, 1939.

Perkins, Frances. *The Roosevelt I Knew*. New York: Penguin, 2011 [1946].

Perlstein, Rick. *Nixonland: The Rise of a President and the Fracturing of America*. New York: Scribner, 2008.

Rauchway, Eric. *The Money Makers: How Roosevelt and Keynes Ended the Depression, Defeated Fascism, and Secured a Prosperous Peace*. New York: Basic Books, 2015.

———. *Winter War: Hoover, Roosevelt, and the First Clash over the New Deal*. New York: Basic Books, 2018.

Regan, Tom. *Bloomsbury's Prophet: G. E. Moore and the Development of His Moral Philosophy*. Philadelphia: Temple University Press, 1986.

Ricardo, David. *On the Principles of Political Economy*. London: John Murray, 1817.

Riddell, George. *Lord Riddell's Intimate Diary of the Peace Conference and After: 1918–23*. London: Victor Gollancz, 1933.

Ringer, Fritz K., ed. *The German Inflation of 1923*. London: Oxford University Press, 1969.

Robin, Corey. *The Reactionary Mind*, 2nd ed. New York: Oxford University Press, 2018.

Robbins, Lionel. *Autobiography of an Economist*. London: Macmillan, 1971.

Robinson, Joan. *The Economics of Imperfect Competition*. London: Macmillan 1938 [1933].

———. "The Second Crisis of Economic Theory." *The American Economic Review* 62, no. 1/2 (March 1972).

Robinson, Joan, and Francis Cripps. "Keynes Today." *Journal of Post-Keynesian Economics* 2, no. 1 (1979).

Rodgers, Daniel T. *Age of Fracture*. Cambridge, MA: The Belknap Press of Harvard University Press, 2011.

Rosenbaum, S. P., ed. *The Bloomsbury Group: A Collection of Memoirs and Commentary*. Toronto: University of Toronto Press, 1995.

Rousseau, Jean-Jacques. *The Basic Political Writings*. Indianapolis, IN: Hackett, 1987.

Russell, Bertrand. *The Autobiography of Bertrand Russell, 1872–1914*. Boston: Little, Brown, 1967.

Samuelson, Paul. *Economics: The Original 1948 Edition*. New York: McGraw-Hill, 1997 [1948].

Sandilands, Roger. "Guilt by Association? Lauchlin Currie's Alleged Involvement with Washington Economists in Soviet Espionage." *History of Political Economy* 32, no. 3 (Fall 2000).

Schlesinger, Arthur M., Jr. *The Coming of the New Deal*. Boston: Houghton Mifflin, 1959.

———. *The Crisis of the Old Order*. Boston: Houghton Mifflin, 2002 [1957].

———. *The Life and Political Economy of Lauchlin Currie: New Dealer, Presidential Adviser and Developmental Economist*. Durham, NC: Duke University Press, 1990.

———. *The Politics of Upheaval*. Boston: Houghton Mifflin, 1960.

———. *A Thousand Days: John F. Kennedy in the White House*. Boston: Houghton Mifflin, 2002 [1965].

———. *The Vital Center*. Boston: Houghton Mifflin, 1949.

Schumpeter, Joseph, et al. *The Economics of the Recovery Program*. New York: Whittelsey House, 1934.

Skidelsky, Robert. *John Maynard Keynes*, vol. 1: Hopes Betrayed, 1883–1920. New York: Penguin, 1994 [1983].

———. *John Maynard Keynes*, vol. 2: *The Economist as Savior, 1920–1937*. New York: Allen Lane, 1994.

———. *John Maynard Keynes*, vol. 3: *Fighting for Freedom, 1937–1946*. New York: Viking, 2001.

Slobodian, Quinn. *Globalists: The End of Empire and the Birth of Neoliberalism*. Cambridge, MA: Harvard University Press, 2018.

Solberg, Winton U., and Robert W. Tomlinson. "Academic McCarthyism and Keynesian Economics: The Bowen Controversy at the University of Illinois," *History of Political Economy* 29, no. 1 (1997).

Spalding, Frances. *Duncan Grant: A Biography*. London: Pimlico, 1998.

———. *Vanessa Bell: Portrait of the Bloomsbury Artist*. New York: Tauris Parke Paperbacks, 2016 [1983].

Steel, Ronald. *Walter Lippmann and the American Century*. Boston: Little, Brown, 1980.

Stein, Herbert. *The Fiscal Revolution in America*. Chicago: University of Chicago Press, 1969.

Stiglitz, Joseph. *Globalization and Its Discontents*. New York: W. W. Norton & Co., 2003.

———. *The Roaring Nineties: A New History of the World's Most Prosperous Decade*. New York: W. W. Norton & Co., 2004.

Strachey, John. *The Coming Struggle for Power*. New York: Modern Library, 1935 [1932].

———. *Contemporary Capitalism*. New York: Random House, 1956.

Strachey, Lytton. *Eminent Victorians: Cardinal Manning, Florence Nightingale, Dr. Arnold, General Gordon*. London: G. P. Putnam Sons, 1918.

Tarshis, Lorie. *The Elements of Economics*. Boston: Houghton Mifflin, 1947.

Tooze, Adam. *The Deluge: The Great War, America and the Remaking of the Global Order, 1916–1931*. New York: Penguin, 2006; Viking, 2014.

Trachtenberg, Marc. "Reparation at the Paris Peace Conference." *The Journal of Modern History* 51, no. 1 (March 1979).

Truman, Harry. *Memoirs: Year of Decisions*. New York: Doubleday, 1955.

Tuchman, Barbara. *The Guns of August: The Outbreak of World War I*. New York: Random House, 2014 [1962].

Turner, Marjorie S. *Joan Robinson and the Americans*. Armonk, NY: M. E. Sharpe, 1989.

Wilson, Woodrow. *A History of the American People, Volume V: Reunion and Nationalization*. New York: Harper and Brothers, 1902.

Wittgenstein, Ludwig. *Tractatus Logico-Philosophicus*. London: Kegan Paul, Trench, Trübner, 1922.

Wolfensberger, Don. "Woodrow Wilson, Congress and Anti-Immigrant Sentiment in America: An Introductory Essay." Woodrow Wilson Center International Center for Scholars, March 12, 2007.

Woodward, Bob. *The Agenda: Inside the Clinton White House*. New York: Simon & Schuster, 1995.

Woolf, Leonard. *Beginning Again: An Autobiography of the Years 1911 to 1918*. New York: Harcourt Brace Jovanovich, 1964.

———. *Downhill All The Way: An Autobiography of the Years 1919 to 1939*. New York: Harcourt Brace Jovanovich, 1967.

Zeitz, Joshua. *Building the Great Society: Inside Lyndon Johnson's White House*. New York: Viking, 2018.

존 메이너드 케인스